CRÉPUSCULE SUR L'ISLAM

Voyage au pays des croyants

DU MÊME AUTEUR

aux Éditions Albin Michel

Guérilleros, 1981

aux Éditions Gallimard

Une maison pour Monsieur Biowas, 1964

Le Masseur mystique, 1965

Miguel Street, 1967

L'Inde sans espoir, 1968

Un drapeau sur l'île, 1971

V. S. Naipaul

CRÉPUSCULE SUR L'ISLAM

VOYAGE AU PAYS DES CROYANTS

Traduit de l'anglais par
NATALIE ZIMMERMANN
et
LORRIS MURAIL

Albin Michel

Édition originale anglaise:
AMONG THE BELIEVERS — AN ISLAMIC JOURNEY
André Deutsch Limited, Londres

Traduction française:

22, rue Huyghens 75014 Paris
ISBN 2-226-01149-8

Sommaire

Dans les premiers temps, l'histoire du monde n'avait pour ainsi dire consisté qu'en une suite d'événements indépendants les uns des autres, dont les origines et les aboutissements étaient aussi éloignés que les lieux où ils se produisaient, mais, à partir de maintenant, l'histoire devient un tout organique : les affaires de l'Italie et de l'Afrique sont directement liées à celles de l'Asie et de la Grèce, tous les événements sont interdépendants et tendent vers un but unique.

POLYBE (mort en 118 avant J.-C.)
à propos de la grandeur de Rome
(d'après la traduction de Ian Scott-Kilvert)

Mais je n'excellais pas seulement dans la poésie. J'étais très doué pour la mécanique et plusieurs de mes inventions suscitèrent l'admiration de la cour. J'imaginai une roue animée d'un mouvement perpétuel qu'il était à peine besoin d'entretenir pour qu'il se prolongeât indéfiniment. Je créai diverses sortes de papier de couleur ; j'inventai un nouveau modèle d'encrier ; et m'apprêtais à me lancer dans la confection de vêtements lorsque Sa Majesté elle-même m'arrêta, me disant : « Quémandeur, restez-en à votre poésie ; quand je désire des habits, mes marchands me les rapportent d'Europe ! »

JAMES MORIER,
Les Aventures d'Hadji-Baba d'Ispahan (1824)

I

IRAN

Les révolutions jumelles

« Cette ville de Kôm est un endroit où, sauf pour parler de religion, et déterminer qui mérite d'être sauvé et qui doit être damné, personne n'ouvre la bouche. On ne peut y rencontrer quelqu'un qui ne soit un descendant du Prophète ou un homme de loi... Peut-être ne sais-tu pas, ami Hadji, qu'ici réside le vénéré Mirza Abdul Cossim, le premier *mujtahid* (chef sacré) de Perse ; un homme qui, s'il voulait s'en donner la peine, pourrait amener le peuple à adopter n'importe quelle doctrine qu'il aurait choisi de répandre. Son influence est telle que beaucoup croient qu'il pourrait anéantir l'autorité du Chah et pousser ses sujets à considérer ses firmans comme sans valeur, comme autant de chiffons de papier. »

JAMES MORIER,
Les Aventures d'Hadji-Baba d'Ispahan (1824)

1

Le pacte

DE TÉHÉRAN, Sadeq devait m'accompagner jusqu'à la ville sainte de Qom, à quelque cent cinquante kilomètres au sud. Je ne l'avais jamais rencontré ; nous étions convenus de tout par téléphone. Il me fallait un interprète iranien, et quelqu'un, dans une ambassade, m'avait communiqué son nom.

Sadeq était libre car, comme nombre d'Iraniens après la révolution, il avait perdu son emploi. Il possédait une voiture. Lors de notre conversation téléphonique, il m'assura qu'il vaudrait mieux que nous nous rendions à Qom dans son automobile ; souvent conduits par des inconscients à des vitesses effarantes, les cars iraniens étaient épouvantables.

Nous décidâmes d'un prix pour l'utilisation de la voiture, ses services de chauffeur et d'interprète ; ses prétentions me parurent raisonnables. Il me conseilla de partir aussi tôt que possible le lendemain matin, pour échapper à la chaleur de ce jour d'août. Il déposerait sa femme au bureau – elle avait conservé sa place – puis me rejoindrait directement à l'hôtel. Que je me tienne prêt pour sept heures et demie.

Il arriva peu avant huit heures. Petit, soigneusement vêtu, bien de sa personne, le cheveu coupé de frais, il approchait de la trentaine. Il me déplut immédiatement. Sadeq m'apparut comme un homme d'origine modeste, sans grande éducation, affectant une fierté hautaine, à la fois déférent et hostile, et qui se méprisait pour ce qu'il était en train de faire. Il était de ceux qui, sans idéal politique, mais pleins de rancœur, avaient fait la révolution iranienne. Il eût été intéressant de discuter avec lui pendant une heure ou deux ; mais les quelques jours que je m'étais engagé à passer en sa compagnie s'annonçaient pénibles.

Malgré son sourire, Sadeq m'apportait une mauvaise nouvelle. Il craignait que sa voiture ne puisse nous conduire à Qom.

Je ne le crus pas. Je le soupçonnais d'avoir simplement changé d'avis.

« La voiture, c'était votre idée », dis-je. « Moi, je voulais prendre le car. Que s'est-il donc passé depuis hier soir ?

– L'auto est tombée en panne.

– Pourquoi ne m'avez-vous pas téléphoné avant de partir de chez vous ? Si vous m'aviez prévenu, nous aurions pu monter dans le car de huit heures. Nous l'avons raté, maintenant.

– J'avais déjà conduit ma femme à son travail quand la voiture m'a lâché. Vous voulez absolument vous rendre à Qom aujourd'hui ?

– Qu'a-t-elle donc, cette automobile ?

– Si vous tenez vraiment à aller à Qom, nous pouvons toujours tenter notre chance. Une fois partie, tout va bien. Le problème, c'est de la faire démarrer. »

Nous allâmes jeter un coup d'œil sur la voiture. Elle était étonnamment bien garée, au bord de la chaussée, non loin de l'entrée de l'hôtel. Sadeq s'installa derrière le volant. Il héla un passant, l'un des innombrables travailleurs désœuvrés de Téhéran, qui aussitôt entreprit de m'aider à pousser. Un jeune homme muni d'une serviette, sans doute un employé de bureau qui se rendait à son travail, vint spontanément nous prêter main-forte. La route était défoncée et poussiéreuse, la voiture particulièrement sale. Il faisait chaud. Les gaz des automobiles et des camions rendaient l'air plus étouffant encore. Nous poussions tantôt dans le sens de la circulation, tantôt à contre-courant ; et, pendant tout ce temps, Sadeq resta sereinement assis derrière le volant.

Des gens descendaient du trottoir, nous aidaient un moment, puis reprenaient leur chemin. Je songeai soudain que je ferais mieux de les imiter. Pousser la voiture de Sadeq d'avant en arrière n'était pas la meilleure façon de parvenir à Qom ; ce qui avait commencé sous de mauvais augures menaçait de s'achever tout aussi mal. Alors, sans rien dire à personne, je m'éclipsai, abandonnant Sadeq, sa voiture et ses aides bénévoles pour rentrer à mon hôtel.

Je téléphonai à Behzad. On me l'avait, lui aussi, recommandé comme interprète. Mais j'avais eu quelque difficulté à le trouver – il était étudiant, libre et sans attaches, dans la grande ville de Téhéran ; et la veille, quand il avait pu me joindre, l'affaire était déjà conclue avec Sadeq. Je racontai à Behzad que mes projets étaient tombés à l'eau. Il se montra très compréhensif et je lui en sus gré. Il me dit que rien ne l'empêchait de me rejoindre dans une heure.

Behzad n'était pas d'avis de se rendre à Qom en voiture. Le car revenait moins cher et j'aurais ainsi l'occasion de côtoyer le peuple iranien. Il me conseilla en outre d'avaler un repas substantiel avant le départ. C'était le ramadan, mois au cours duquel les Musulmans jeûnent du lever au coucher du soleil. A Qom, la cité des mollahs et des ayatollahs, il ne serait possible ni de manger ni de boire. Dans certaines régions du pays, sous la pression du fanatisme islamique ambiant, des gens avaient été fouettés pour avoir rompu le jeûne.

Même au téléphone, Behzad se distinguait nettement de Sadeq. Le petit Sadeq, qui commençait son ascension, et ne se trouvait, peut-être, qu'à un ou deux échelons au-dessus de la condition paysanne, avait tenté de me faire croire qu'il occupait déjà une position supérieure à celle de l'Iranien moyen. Mais il n'en était rien ; ses yeux souriants exprimaient trop de l'hystérie et de la confusion qui régnaient en Iran. En expliquant son pays, en le défendant tout entier, Behzad parvenait cependant à paraître plus objectif.

Lorsque, à l'heure dite, nous nous rencontrâmes dans le hall de l'hôtel, je me sentis tout de suite à l'aise en sa compagnie. Plus jeune, plus grand, il était aussi plus brun que Sadeq. Et de meilleure éducation ; il n'avait rien d'un dandy, rien de la nervosité ni de la morgue naissante de Sadeq.

Des taxis de ligne – des taxis urbains observant un parcours déterminé – nous conduisirent à la gare routière, dans le sud de Téhéran. Le nord de Téhéran – qui s'étendait jusqu'aux collines rougeâtres, lesquelles disparaissaient dans la brume du jour – regroupait les quartiers chics de la ville. Là se trouvaient les parcs, les jardins, les boulevards rectilignes, les immeubles luxueux, les hôtels et les restaurants. Le sud de Téhéran restait une ville orientale, plus populeuse, plus tortueuse, évoquant un vaste bazar et grouillant de gens venus des campagnes ; la foule, dans la pagaille de la gare routière poussiéreuse, ressemblait à une foule paysanne.

Quelqu'un, dans un petit bureau crasseux, indiqua à Behzad qu'un car partait pour Qom d'ici une demi-heure. Le véhicule en question était garé, vide, sous le soleil brûlant. Ni sacs ni ballots sur le toit, aucun paysan en train d'attendre patiemment à l'extérieur ou de cuire à l'intérieur. Ce car semblait devoir rester là toute la journée. Je ne pus croire qu'il s'ébranlerait une demi-heure plus tard ; Behzad partageait cet avis. Il existait cependant un autre service de cars à Téhéran, où l'on pouvait bénéficier de l'air conditionné et réserver des places assises. Behzad chercha un poste téléphonique, trouva quelques pièces, les introduisit, mais n'obtint aucune réponse. La chaleur d'août s'était installée, emplissant l'air de poussière.

Un taxi de ligne nous conduisit à l'autre gare, située celle-ci dans le centre de Téhéran. Sur des tableaux, au-dessus d'un long comptoir, figuraient les noms de lointaines villes iraniennes ; je remarquai même un service quotidien à destination de l'Europe, via la Turquie. Mais le car du matin pour Qom était déjà parti ; il faudrait attendre le prochain plusieurs heures. Nous approchions de midi. Il ne nous restait plus qu'à rentrer à l'hôtel pour réfléchir.

Incapables de trouver place dans un taxi, nous allâmes à pied. La circulation était très dense. Depuis la révolution, Téhéran ne pouvait plus être considérée comme une cité en pleine activité ; mais les gens possédaient des voitures et la ville oisive – tant de projets interrompus, tant de grues immobiles au sommet de bâtiments inachevés – produisait au premier abord une impression de grande effervescence.

La ville devait cette apparente fébrilité à la façon dont conduisaient les Iraniens : comme des gens qui découvrent l'automobile. Ils conduisaient comme ils marchaient ; à Téhéran, les files n'existaient pas et le flot de la circulation, rendu chaotique par les arrêts et les embardées intempestifs, ressemblait à la foule turbulente des trottoirs. Mais il ne faut pas croire qu'une bonne étoile autorisait les Iraniens à piloter de la sorte. Chaque automobile avait la portière ou le pare-chocs défoncé, ou bien présentait des traces de réparation. Un article paru dans un journal local (reprochant au Chah de n'avoir pas doté la capitale d'un réseau routier plus moderne) affirmait que les accidents de la circulation constituaient la principale cause de mortalité à Téhéran ; deux mille morts ou blessés chaque mois.

Nous parvînmes à un carrefour. Et c'est là que je perdis Behzad. J'attendais l'interruption du trafic. Mais Behzad n'eut pas cette patience. Il entreprit simplement de traverser, s'occupant, à tour de rôle, de chacune des voitures qui approchaient ; tantôt s'immobilisant, tantôt se précipitant, tantôt bifurquant, sans regarder jamais en arrière, tel un homme franchit un fossé en forêt grâce à l'étroit tronc d'arbre tombé là. Il ne se retourna que lorsqu'il eut atteint le trottoir opposé. Il me fit signe de le rejoindre, mais je ne pus bouger. Les feux de signalisation ne fonctionnaient plus et les automobiles ne s'arrêtaient jamais.

Behzad comprit mon désarroi. Il retraversa la circulation puis, comme une poule d'eau faisant franchir à son petit le courant rapide d'une rivière, il me guida parmi les dangers qui menaçaient à tout moment de me happer. Il me prit par la main ; et, comme la poule d'eau se place en aval de son poussin pour que le courant n'emporte pas à tout jamais la petite créature, Behzad me fit un rempart de son corps, marchant un peu devant moi et légèrement de côté, en sorte qu'il s'offrait le premier à un choc éventuel.

Quand nous eûmes gagné le trottoir opposé, il me dit : « Il faut toujours me donner la main. »

C'était, en effet, ce que j'avais déjà commencé à faire. Sans Behzad, sans lui qui me rendait accessible la langue du pays, je me fusse retrouvé à Téhéran comme un homme à demi aveugle. Il eût été particulièrement frustrant d'errer, sans comprendre la langue, dans ces rues couvertes et recouvertes de slogans multicolores tracés à la bombe de cette fluide écriture persane, ces rues placardées d'affiches révolutionnaires et de caricatures qui se distinguaient par un goût prononcé pour le sang. Désormais, en compagnie de Behzad, les murs parlaient ; nombre de détails gagnèrent une signification ; et la ville se métamorphosa.

Au début, Behzad me sembla affecter une certaine neutralité dans ses commentaires, et je mis cela sur le compte de sa correction, de son désir de ne pas outrepasser sa fonction d'interprète. Mais cette attitude ne correspondait chez lui qu'à une sorte de trouble. Il se sentait révolutionnaire et avait accueilli avec plaisir le renversement du Chah ; mais la révolution religieuse qui était intervenue en Iran ne répondait nullement à ses vœux. Il n'était pas croyant.

Comment cela se pouvait-il ? Comment, ayant été élevé dans une ville provinciale d'un pays comme l'Iran, avait-il pu apprendre à se passer de religion ? C'était très simple, m'expliqua Behzad. Ses parents ne lui avaient pas inculqué la foi, et ne l'avaient pas davantage envoyé à la mosquée. L'islam est une religion compliquée. Celle-ci ne repose ni sur une philosophie ni sur des spéculations. C'est une religion révélée, qui a son prophète et tout un ensemble de lois. Pour croire, il faut posséder quelques connaissances sur les racines arabes de cette religion, et se sentir concerné par ce savoir.

L'islamisme iranien est encore plus complexe. C'est un rameau divergent de la foi d'origine ; et ce schisme se produisit à l'occasion d'un affrontement politico-racial lors de la succession du prophète, qui mourut en 632 après Jésus-Christ. Presque depuis sa naissance, l'islam a été une puissance aussi bien impérialiste que religieuse, dont l'histoire, à son début, rappelle étonnamment une version accélérée de celle de Rome, avec son État-cité s'étendant aux dimensions d'une péninsule, puis d'un empire, et de similaires temps forts à chacune des étapes.

Les dissidents iraniens édictèrent leurs propres dogmes, et de ce schisme naquirent d'autres scissions. Les Iraniens reconnurent une lignée du Prophète différente. Mais un groupe fidèle au quatrième descendant de la branche iranienne, le quatrième imam, s'était constitué ; une autre faction soutenait le septième descendant. Seul l'un des imams, le huitième (empoisonné, comme le quatrième), fut enterré en Iran ; sa tombe, dans la cité de Machhad, non loin de la frontière russe, devint un lieu de pèlerinage.

« Beaucoup de gens ont été assassinés ou empoisonnés », dit Behzad, comme si cela expliquait son absence de foi.

L'islam iranien, islam chi'a, était une affaire bien embrouillée. Pour cultiver d'anciennes querelles, pour que survive le désir de vengeance personnelle même après mille ans, pour que reste dans les mémoires une liste particulière de héros, de martyrs et de traîtres, l'instruction était une nécessité. Behzad ne la possédait pas ; il s'en était simplement tenu à l'écart. En fait, son père, communiste, l'avait même élevé dans l'incroyance. Il lui avait parlé des pauvres, plutôt que des saints. Le souvenir que Behzad vénérait le plus concernait le jour où son père l'avait entretenu pour la première fois de la pauvreté – de sa pauvreté, et de celle des autres.

Sur le trottoir, devant l'ambassade de Turquie, deux guérisseurs enturbannés au visage tanné par le soleil se tenaient près de leur étalage de poudres, de racines et de minéraux multicolores. J'avais déjà vu des guérisseurs à Téhéran et les avait pris pour les équivalents locaux des sorciers homéopathes indiens. Mais les autorités auxquelles ces Iraniens faisaient référence – comme me l'apprit Behzad après les avoir écoutés vanter leur marchandise à un groupe de paysans – étaient Avicenne, Galien et Hippocrate.

Avicenne ! Pour moi, ce nom n'évoquait qu'une figure du Moyen Age européen : il ne m'était jamais venu à l'idée qu'il pût être persan. Ces médecines poussiéreuses étalées sur le trottoir témoignaient de la gloire passée des Arabes, mille ans auparavant, quand leur foi s'étendit par la conquête à la Perse, à l'Inde et à certains vestiges du monde antique, et quand la civilisation musulmane devint le phare de l'Occident.

Cela n'impressionnait pas Behzad autant que moi. Il se moquait de l'histoire musulmane ; et il ne croyait pas en la médecine des rues. Les réalisations architecturales du Chah ne l'intéressaient pas davantage : en l'occurrence, les motifs perses de la Banque centrale d'Iran et le passé aryen, pré-islamique, qu'ils voulaient rappeler. Cet attachement à la Perse antique et ses premiers monarques n'était, pour Behzad, que la manifestation de la vanité du Chah.

Il considéra la Banque, ses bronzes, ses marbres, et déclara sans passion : « Cela ne représente rien pour moi. »

Était-il donc complètement iconoclaste ? Ne se montrait-il persan ou iranien que dans sa façon d'aimer le peuple d'Iran ? Ses convictions politiques avaient-elles fait table rase de tout ?

Nullement. Téhéran avait vécu sa révolution. Mais, par d'étranges chemins, la vie normale avait repris, et, parmi les slogans et les affiches sanguinaires, les trottoirs accueillaient des marchands d'images. Ils proposaient des photographies aux couleurs passées de lacs suisses et de forêts allemandes ; on voyait sur ces paysages de rêve des rivières et des arbres. Ils vendaient aussi des portraits de très belles femmes et d'enfants – mais femmes et enfants pleuraient. De grosses larmes gélatineuses, dessinées avec amour, bien au milieu des joues.

Behzad, dont le père enseignait la littérature persane, m'affirma : « La poésie persane est empreinte de tristesse.

– Mais pleurer pour pleurer, Behzad... », dis-je.

D'un ton ferme, comme quelqu'un qui n'était pas disposé à discuter l'évidence, ni à entendre quelque jugement artistique, il décréta : « Ces larmes sont *belles*. »

Nous en restâmes là. Puis, tout en marchant, nous oubliâmes les larmes pour en revenir à la révolution. Il y avait deux affiches que j'avais remarquées dans de nombreux endroits de la ville. De même format, de même style, elles se complétaient visiblement. L'une montrait un petit groupe de paysans travaillant aux champs – utilisaient-ils une charrue ou une brouette, le dessin ne permettait pas de le déterminer. La seconde représentait une foule silhouettée brandissant fusils et mitraillettes comme en un salut. C'étaient bien les affiches d'un peuple en révolution ; un peuple debout, victorieux ; la dignité retrouvée du travail. Mais que signifiait la légende inscrite en haut ?

Behzad traduisit : « Douzième imam, nous t'attendons.

– Qu'est-ce que cela veut dire ?

– Cela veut dire que nous attendons le douzième imam. »

Le douzième imam était le dernier descendant de la lignée iranienne du Prophète. Cette dynastie s'était éteinte onze siècles auparavant. Mais le douzième imam n'était pas mort ; il continuait de vivre quelque part, attendant de revenir sur terre. Et ses fidèles l'attendaient ; la révolution iranienne était l'offrande qu'on lui destinait.

Behzad ne put m'éclairer davantage ; il ne put me faire comprendre cet état extatique. Il m'énonçait des faits, rien de plus. Behzad n'était pas croyant, mais il baignait dans une atmosphère religieuse dont il comprenait la charge émotionnelle. Il lui paraissait suffisant de dire – comme il le faisait, sans la moindre intention ironique – que le douzième imam était le douzième imam.

Plus tard, au cours de mon voyage dans l'Islam, tandis que je me familiarisais avec la complexité de l'histoire et de la généalogie, et que les événements devenaient non plus de simples faits mais des articles de foi immédiatement intelligibles, je me mis à comprendre un peu la passion musulmane. Mais, quand Behzad me traduisit la légende de ces affiches révolutionnaires, je me sentais complètement perdu.

Ce n'était pas pour parler de ce messie caché que les Iraniens, avant la révolution, couvraient d'inscriptions les murs de Londres et d'autres capitales étrangères. Ils évoquaient – en anglais – la démocratie ; la torture pratiquée par la police secrète du Chah ; le « fascisme » du Chah. *A bas le Chah fasciste* était le slogan qui revenait le plus souvent.

Je n'avais pas suivi de très près l'affaire iranienne ; mais, à lire les graffiti des Iraniens de l'étranger, il m'avait semblé que la religion n'avait joué qu'un rôle tardif dans le soulèvement. Je ne compris qu'après le début de la révolution qu'elle était conduite par un chef religieux, qui revenait d'un long exil. Le personnage de l'ayatollah Khomeiny ne m'avait paru émerger que lentement. A mesure que la révolution se développait, sa sainteté et son autorité étaient affirmées, au point d'apparaître finalement comme absolues depuis toujours.

En pleine lumière, l'ayatollah se révéla pour les Iraniens ni plus ni moins que l'interprète de la volonté divine. En se manifestant, il annula, ou rendit futiles, les protestations de ceux qui avaient taxé le Chah de « fascisme ». Et il accepta ce rôle. C'est en tant qu'interprète de la volonté de Dieu qu'il s'adressa « aux chrétiens du monde » dans un message paru dans le *New York Times* du 12 janvier 1979, trois semaines avant de quitter son exil français pour rentrer en Iran.

Dans la première moitié du texte, Dieu distribuait Ses grâces et Ses bénédictions. « Dieu Tout-Puissant accorde Sa grâce et Sa bénédiction au Christ sanctifié... à Sa mère pleine de gloire... Grâces au clergé... aux chrétiens épris de liberté. » La seconde partie du message rappelait aux chrétiens qu'il faut prier les jours saints et mettait en garde « les dirigeants de certains pays chrétiens qui soutiennent la tyrannie du Chah de leur pouvoir satanique ».

Et, se posant en interprète de la volonté divine, en juge ultime de ce qui était islamique ou ne l'était pas, Khomeiny dirigeait l'Iran. Voici ce qu'il déclara à la radio, quelques jours après mon arrivée à Téhéran : « Je dois vous dire que Dieu appréciait les grèves et les sit-in organisés contre l'ancien régime dictatorial. Mais, maintenant que le gouvernement est musulman et national, l'ennemi a entrepris de comploter contre nous. Les grèves et les sit-in sont donc interdits par la religion, car ils sont contraires aux principes de l'islam. »

Ce discours m'était déjà familier et concevable intellectuellement au bout de quelques jours passés à Téhéran ; il exprimait bien l'autorité toute particulière de l'homme qui s'était érigé à la fois en chef politique et en représentant de Dieu. Mais l'idée qu'il y avait derrière la révolution quelque chose de plus, une offrande au douzième imam, celui qui avait disparu en l'an 873 et, depuis, restait « caché », était plus difficile à saisir. Et la parodie de l'imagerie révolutionnaire de la fin du XXe siècle – les affiches célébrant la paysannerie et la guérilla urbaine, l'attirail guevariste des Gardiens de la Révolution – la rendait plus déconcertante encore.

Behzad traduisait ; les murs parlaient ; étrange Téhéran. Le nord de la ville – coûteux fragment d'Europe bâti à grands frais sur le sable et le roc des collines, création du Chah et de l'importante classe moyenne qu'avait engendré le pactole pétrolier – semblait une extravagance. Il y avait des gratte-ciel, des hôtels internationaux, des magasins proposant des produits de luxe au nom des plus prestigieuses marques du monde entier ; mais cette grande cité avait été greffée sur le sud de Téhéran. C'était de cette communauté traditionnelle qu'avait surgi, trop rapidement, la ville nouvelle. Et Téhéran sud, fidèle à la volonté de Dieu et au douzième imam, n'en avait fait qu'une bouchée.

La petite communauté indienne de la Trinité, au sein de laquelle je suis né, comprenait des musulmans ; et on pouvait donc dire que j'avais fréquenté les musulmans toute ma vie. Mais je connaissais peu de chose de leur religion. J'appartenais pour ma part à une famille hindoue, et fus élevé dans l'idée que les mahométans, quoique liés à l'Inde par leurs origines et donc semblables à nous de bien des façons, étaient des gens différents. On ne m'enseigna jamais l'histoire religieuse et peut-être personne, dans ma famille, ne la connaissait-il vraiment. Ce qui séparait les hindous des musulmans, notamment le sentiment d'appartenir à un groupe distinct, avait quelque chose de mystérieux : les haines que nos ancêtres respectifs avaient rapportées des Indes s'étaient peu à peu muées en une simple tradition colportant la déloyauté et la fourberie du camp adverse.

Je n'étais pas croyant moi-même. Bien que j'eusse grandi parmi les rites et les cérémonies, je les comprenais à peine. A la Trinité, où se mêlent tant de races, mon hindouisme était une façon de proclamer mon attachement à ma famille et à ses coutumes, de proclamer ma différence ; et j'imaginais qu'il existait des attachements et des particularismes similaires chez les musulmans et autres confessions.

Je ne connaissais de l'islam que ce que savaient tous les non-musulmans. Ses fidèles vénéraient un prophète et un livre ; ils croyaient en un Dieu unique et condamnaient la représentation par l'image ; ils avaient une conception du paradis et de l'enfer – idée qui m'est toujours restée étrangère. Ils avaient leurs martyrs. Une fois l'an, ils promenaient des mausolées factices par les rues ; des hommes « dansaient », portant de lourds croissants de lune qu'ils balançaient d'un côté puis de l'autre ; on battait le tambour et, parfois, s'engageaient des luttes rituelles au bâton.

Ces combats étaient censés évoquer une ancienne bataille, mais la procession portait le signe du deuil, car elle commémorait la défaite qui s'en était suivie. Où cette bataille avait-elle eu lieu ? Quelle en avait été la cause ? Enfant, je ne l'avais jamais demandé ; plus tard seulement, j'appris que ce rituel – auquel hindous comme musulmans prenaient part – était essentiellement un rituel chi'ite, que l'affrontement avait opposé ceux qui se disputaient la succession du Prophète, qu'il s'était déroulé en Irak, et que l'homme dont on pleurait tant la mort était le petit-fils du Prophète.

D'après ce que j'en pouvais voir de l'extérieur, l'islam semblait moins métaphysique et plus direct que l'hindouisme. Cette religion fondée sur la peur et la récompense, qui s'accommodait curieusement de la guerre et des souffrances quotidiennes, me rappelait par bien des aspects le christianisme – plus apparent et plus « officiel » à la Trinité ; et j'en arrivais à croire que je la connaissais. Sa doctrine, ou ce que je pensais savoir d'elle, ne m'attirait guère. Elle ne me semblait pas digne d'intérêt ; et, avec les années, malgré mes voyages, je n'ajoutai guère d'informations à celles glanées lors de mon enfance à la Trinité. Les temps glorieux de cette religion appartenaient à un lointain passé ; elle n'avait jamais vécu sa Renaissance. Les pays musulmans qui échappaient au colonialisme étaient des États totalitaires ; et presque tous, avant le pétrole, baignaient dans la misère.

L'idée de me rendre dans certains pays musulmans m'était venue au cours de l'hiver précédent, pendant la révolution iranienne. Je me trouvais dans le Connecticut, et, parfois, le soir, regardais le journal télévisé. Les Iraniens vivant aux États-Unis qu'on interviewait à l'occasion de certains programmes me passionnaient autant que les événements qui se déroulaient en Iran.

Je me rappelle un homme en veste de tweed qui s'exprimait sur un mode purement marxiste mais se révélait plus complexe que son langage ne le laissait supposer. Il avait un petit côté dandy et se montrait très fier de sa capacité à manier le jargon qu'il avait assimilé ; on eût dit un homme restituant les idiomes appris par cœur d'une langue étrangère. Il parlait avec orgueil de sa révolution iranienne – elle lui donnait du prestige. Mais, parallèlement, il comprenait que l'aspect religieux de la révolution n'apparaîtrait pas des plus séduisants aux téléspectateurs ; avec sa veste de tweed, son jargon et ses manières, il voulait avoir l'air aussi évolué que ceux qui le regardaient et d'appartenir à la même culture.

Plus tard, lors d'une autre émission, une Iranienne voilée nous affirma que l'islam protégeait la femme et sa dignité. En Arabie, il y avait mille quatre cents ans, on enterrait vivantes les petites filles ; l'islam avait mis fin à cette pratique.

Peut-être, mais nous ne vivions pas tous en Arabie (elle non plus d'ailleurs), et bien des choses s'étaient passées depuis le VIIe siècle. Les femmes – et notamment celle qui s'adressait à nous de façon si virulente – avaient-elles encore besoin du genre de protection que leur assurait l'islam ? Avaient-elles besoin du voile ? Fallait-il qu'elles soient exclues de la vie publique ?

Voilà les interrogations qui me vinrent à l'esprit. Mais le journaliste, qui posait chaque jour sa liste de questions préparées à l'avance, ne s'attarda pas. Il passa au problème suivant, et demanda à son interlocutrice quel type de régime islamique elle souhaitait voir s'instaurer en Iran. Désirait-elle qu'il s'inspirât de l'Arabie Saoudite ? Vindicative jusqu'alors, elle laissa franchement éclater sa colère ; avec son visage masqué par le *tchador*, elle faisait penser à une religieuse courroucée, exprimant sa réprobation. Beaucoup de gens commettaient cette erreur, dit-elle, mais l'Arabie Saoudite n'était *pas* un état islamique. A l'écouter, l'Arabie Saoudite était une nation notoirement barbare, bien différente de ce que l'État islamique d'Iran allait devenir.

Un troisième Iranien vanta, lui, les beautés de la loi islamique. Que faisait-il alors à étudier le droit dans une université américaine ? Quel pouvoir d'attraction exerçait donc sur ces Iraniens les États-Unis et la civilisation qu'ils représentaient ? Auraient-ils seulement pu le définir ? Cette fascination existait ; il y avait là plus qu'un besoin d'instruction et de formation. Mais ils ne l'auraient pas admis ; et cette attirance, trop humiliante pour un peuple fier au passé chargé d'histoire, s'accompagnait d'un malaise évident qui les poussait au dandysme, au mimétisme, à l'arrogance et à une attitude hostile.

La femme au *tchador* avait acquis ses compétences et son autorité grâce à une éducation américaine ou, en tout cas, non islamique. Et maintenant, elle semblait discuter la valeur du genre de personne qu'elle était devenue ; elle reniait certaines de ses propres qualités. Ces Iraniens interviewés à la télévision savaient qu'ils s'adressaient à un public américain et donnaient l'impression de ne pas dire tout ce qu'ils pensaient. Peut-être ne parvenaient-ils pas à exprimer clairement ce qu'ils ressentaient ; peut-être préféraient-ils taire certaines choses (je ne compris qu'en Iran l'allusion de la femme au *tchador* à propos de l'Arabie Saoudite. Il s'agissait d'une querelle confessionnelle, qui eût pu paraître trop embrouillée aux téléspectateurs ; les Arabes et les Persans appartiennent à des sectes distinctes, reconnaissent des dynasties différentes, et de vieilles rancunes les opposent).

J'en appris davantage, à peu près à cette époque, grâce à la lecture d'un remarquable roman iranien. Les gens peuvent se retrancher derrière le discours direct ; la fiction, qui emprunte apparemment des chemins détournés, met en lumière les motivations cachées. Ce récit, *L'Étrangère,* que son éditeur américain présentait comme le premier roman écrit en anglais par un auteur iranien, était l'œuvre d'une jeune femme, Nahid Rachlin. Il sortit en 1978, alors que le Chah gouvernait encore. Son propos n'est pas politique mais on devine la contestation sous-jacente ; en évacuant le contenu politique, on intensifie le caractère passionnel ; et, sous des allures innocentes, il s'agit d'un roman agressif, d'un constat d'impuissance et d'échec.

Féri, la narratrice, une Iranienne de trente-deux ans, vit à Boston. Elle a suivi ses études aux États-Unis, a épousé un professeur d'université américain, et travaille comme biologiste dans un institut de recherches. Brusquement, elle décide de retourner à Téhéran pour y passer quinze jours de vacances. Elle retrouve la ville pleine d'automobiles et d'immeubles « occidentaux » (l'auteur préfère curieusement le mot « occidental » à d'autres, comme « nouveau » ou « moderne ») ; mais c'est loin d'être une cité de rêve. Les rues ne sont pas toujours très sûres ; et, dans les cours retirées des vieilles maisons, les familles vivent à l'étroit dans la crasse ; des souvenirs lui reviennent ; des propositions incestueuses, une conversation de femmes à propos d'un viol et de menstruations, l'image de femmes qui écoutent le sermon mensuel du prêtre musulman et se lamentent une fois de plus sur le sort tragique des héros de la Chi'a d'Iran.

Mais Féri ne retrouve pas dans la maison familiale ce qu'elle attendait. Sa mère a quitté la ville pour aller vivre avec un autre homme ; son père s'est remarié. Féri décide d'écourter ses vacances et de rentrer à Boston. Pour cela, il lui faut un visa de sortie iranien, qu'elle ne peut obtenir sans le consentement de son mari. On commence à comprendre qu'elle s'est prise au piège toute seule et qu'elle ne reverra plus la lumière de la banlieue bostonienne.

Elle va voir sa mère et, dans une bourgade en ruine, découvre une femme triste et brisée. Sa mère a besoin d'aide ; mais Féri, la biologiste de Boston, a plus encore besoin d'amour. Auprès de sa mère, elle redevient une enfant, et tombe malade. On la conduit à l'hôpital le plus proche. Elle s'inquiète de ce qui l'attend mais le médecin en poste la rassure. L'équipement èst moderne, et lui-même a fait ses études aux États-Unis. Il aurait pu y rester mais – pour des raisons qu'il ne peut préciser, sauf que les Iraniens qui se rendent aux États-Unis ont du mal à s'acclimater –, il a préféré rentrer. Puis, lui explique-t-il, pendant un mois, il a cherché à retrouver sa sérénité en visitant des mosquées et des mausolées.

Féri se laisse ébranler par les propos du docteur et, dans sa chambre d'hôpital, porte un œil critique sur son existence américaine. Là-bas, elle s'est toujours sentie étrangère, seule malgré son mari et ses amis, désorientée tant sur le plan sexuel que social ; elle ne peut dire ce qui a motivé sa conduite, pourquoi elle s'est prêtée au mode de vie américain. Elle a travaillé dur, mais, maintenant, ses activités professionnelles – les expériences, les recherches – lui apparaissent sans fondement, le travail pour le travail, travailler pour faire comme tout le monde. De sa vie aux États-Unis, malgré ses études, son métier, son mari, il ne lui reste qu'un sentiment de vacuité. Alors, le docteur apprend à Féri que ses maux d'estomac lui viennent d'un vieil ulcère. « Vous l'avez amené avec vous déclare-t-il. Vous n'avez plus le droit, maintenant, d'avoir peur de l'hôpital, de moi ou de votre pays. Vous souffrez d'un mal occidental. »

L'époux américain de Féri, qu'on a appelé, vient la chercher. Il est décrit comme un étranger mais le portrait est impartial (et cette honnêteté est une des qualités du roman) : un homme intelligent, qui se donne à son travail, secret plutôt que solitaire, indépendant, un homme d'une autre civilisation qui, en se mariant avec une Iranienne, a commis là sa seule entorse aux conventions. Féri ne peut plus retourner au vide de sa vie américaine, avec un homme aussi éloigné d'elle. Elle perdra son poste. Mais elle s'en moque.

Elle va abandonner cette vie déprimante et superficielle, tout entière vouée au travail et à l'intellect. Elle suivra l'exemple du docteur et visitera, elle aussi, les mausolées et les mosquées ; pour cela, elle devra revêtir le *tchador*. Elle sent qu'elle n'a jamais été vraiment heureuse et trouve la sérénité dans le renoncement (curieusement – idée astucieuse de l'auteur – lui viennent alors des sujets de recherches qu'elle n'entreprendra jamais).

Alors – quoique la romancière ne l'exprime pas clairement – c'est comme si Féri et le médecin, tournant le dos à une vie d'efforts intellectuels, s'associaient dans un pacte à vie avec l'Iran. En se replongeant avec émotion dans la religion chi'ite, qui est tellement liée à eux, ils redécouvriront l'estime de soi, la plénitude, et retrouveront la pureté. Ils ne devront plus se contenter de suivre les autres, sans savoir où les rails les mènent. Ils ne seront plus jamais les derniers, ni même les seconds. Et la vie s'écoulera. D'autres qu'eux, dans des contrées spirituellement désertes, continueront à fabriquer l'équipement que le docteur est si fier de posséder et les revues médicales qu'il est si heureux de lire.

Cette attente – attente que les autres continuent à produire, que la civilisation étrangère et nécessaire se perpétue – est implicite dans l'acte de renoncement, et là se trouve la faille.

2

Le règne d'Ali

EN AOÛT 1979, six mois après le renversement du Chah, les renseignements qui nous parvenaient d'Iran faisaient toujours état d'exécutions. L'agence de presse officielle iranienne tenait les comptes et publiait régulièrement les nouveaux bilans. Les dernières victimes en date étaient des prostituées et des tenanciers de bordel ; la révolution islamique s'était engagée dans cette sinistre voie. On nous apprit que l'ayatollah Khomeiny avait proscrit la musique. Et l'on rendait plus rigoureuses encore les lois islamiques concernant les femmes. On avait interdit les baignades mixtes ; les gardiens de la révolution surveillaient les plages des stations balnéaires de la mer Caspienne et séparaient les sexes.

A Londres, l'employé de l'agence de voyages m'affirma que l'Iran était un pays d'où les gens s'enfuyaient. Personne n'y entrait. J'aurais l'avion pour moi tout seul. Il n'en fut rien. Le vol d'Iran Air avait été annulé ce jour-là, et il y avait foule dans l'avion de la British Airways à destination de Téhéran.

La plupart des passagers – l'affluence cosmopolite de l'aérogare passant et repassant par le crible des portes et des galeries pour se répartir plus ou moins selon l'ethnie dans les divers points de rencontre – étaient iraniens ; et ils n'avaient pas plus l'air de fuir la révolution islamique que de la rallier. Aucune des femmes ne portait le voile, ni ne dissimulait ses cheveux, et une ou deux d'entre elles me parurent même habillées à la dernière mode. Tous avaient fait beaucoup d'emplettes et tenaient à la main des sacs de plastique imprimés aux couleurs des grands magasins londoniens : Lillywhite, Marks and Spencer, Austin Reed.

Dans l'avion, je me retrouvai assis entre deux Iraniens. Près du hublot, avait pris place une femme entre deux âges à la peau cuivrée et aux cheveux dorés. Sa chevelure paraissait teinte et sa peau fardée ; il se dégageait d'elle un air oriental et antique, égyptien ; un maquillage séculaire au service d'une idée antique de la beauté. Elle ne parlait pas l'anglais et se comportait comme quelqu'un qui n'a pas l'habitude de prendre l'avion. Elle semblait incommodée par l'air conditionné et s'adressa à l'homme installé à ma gauche. Elle était forte, lui petit. Je crus avoir séparé le mari et la femme, et proposai à l'homme d'échanger mon siège contre le sien.

Il refusa, et m'apprit, en anglais, que sa famille se trouvait de l'autre côté de l'allée ; son fils, sa fille et sa ravissante épouse, qui ne parlait pas l'anglais mais me pardonna mon erreur d'un sourire.

Il était médecin. Lui et sa famille revenaient des États-Unis, où ils avaient été voir leur autre fils, âgé de dix-huit ans.

Je compris que nous allions sombrer dans une conversation tout à fait orientale, indienne même, et je répondis comme je crus devoir le faire : « Mais cela a dû vous revenir très cher.

— Très cher. Huit cents livres par personne, rien que pour le trajet. Sauf pour la petite, qui a moins de douze ans. Au-dessus de douze ans, on paie plein tarif. Connaissez-vous les États-Unis ?

— Je viens d'y passer un an.

— Vous êtes médecin aussi ? »

Me rendant en Iran, il me sembla préférable de taire ma profession d'écrivain. « Je suis enseignant », dis-je. Mais, sentant que j'avais visé trop bas, je précisai : « Professeur.

— Ah ! Très bien. » Puis, comme si ces indications au sujet de ma profession et de mon séjour en Amérique l'avaient rassuré, il poursuivit : « Cette révolution est terrible. Ils ont anéanti le pays. L'armée, tout. Ils ont massacré tous les officiers. Téhéran était une belle ville. Les restaurants, les cafés. Maintenant, il ne reste plus rien. C'est pourquoi j'ai envoyé mon fils à l'étranger. »

Le jeune homme était parti pour les États-Unis après la révolution, et il s'était déjà bien débrouillé. Il suivait des études dans une école préparatoire de médecine, dans l'Indiana. Mais les États-Unis représentaient plus qu'un endroit où l'on pouvait acquérir une formation. C'était aussi — pour le médecin iranien comme pour les nouveaux riches de tant de pays troublés, les politiciens et les hommes d'affaires arabes, sud-américains, antillais ou africains — un sanctuaire.

« J'ai acheté une maison, là-bas, dit le médecin.

— Combien l'avez-vous payée ?

— Soixante-quatre mille. Quarante-quatre comptant et vingt à crédit.

— Les étrangers peuvent acheter des propriétés aux États-Unis ?

— Pour vous dire la vérité, je l'ai acquise au nom de mon frère. » Ainsi le refuge avait-il été préparé, et l'émigration commencée, avant la révolution. « Mais, maintenant, je l'ai mise au nom de mon fils. Pour l'instant, nous la louons. Quatre cents par mois. Ça paie le crédit. Vous gagnez combien, vous, les professeurs ? »

Combien pouvaient-ils gagner ? Quel chiffre pouvais-je raisonnablement avancer devant cet homme qui venait de dépenser six mille dollars en billets d'avion pour les vacances familiales ? « Quarante mille dollars, lançai-je. Et vous ?

– Le matin, je travaille dans un hôpital public et ça me rapporte quinze cents.

– Je pensais que les docteurs étaient mieux payés que ça, en Iran.

– Oh, mais, l'après-midi, je m'occupe de ma clinique privée, vous comprenez. Et, avec ça, je me fais dans les trente mille par an.

– Alors, en tout, ça fait dans les quarante-huit. »

Face aux quarante que j'avais annoncés.

Sur la défensive, il reprit : « Mais je travaille dur. J'ai quand même quarante-quatre ans. Et maintenant, ajouta-t-il, balayant son avantage, égalisant nos conditions, je me demande ce qui va se passer. Ces musulmans forment un peuple étrange. Ils ont une mentalité *ancienne*. Très *ancienne*. Ils acceptent très mal les minorités. »

Qu'était-il, alors ? Chrétien, arménien, zoroastrien, juif ? Vu le tour oriental qu'avait pris notre conversation, je ne pouvais pas me permettre de lui poser la question ; mais à la fin, me jugeant digne de confiance, il me le révéla. Il était baha'i. Je connaissais le nom, rien de plus.

Il n'avait pas baissé le ton pour me parler de la révolution et de l'attitude hostile des musulmans. J'en déduisis qu'il était sûr de ses compagnons de voyage ; que je me trouvais parmi un groupe de Baha'is. De ce fait, le visage fardé et les cheveux teints de ma voisine ne m'en parurent que plus exotiques, plus troublants.

« Nous formons une communauté internationale, reprit-il. Nous avons un temple en Amérique. Un joli petit temple. »

Mais, même s'il parlait ouvertement de ses gains et de son métier, le médecin fut loin de se montrer loquace au sujet de sa religion. Comme Behzad devait me l'apprendre plus tard, les Baha'is avaient leur propre lubie secrète, laquelle dérivait de la lubie des chi'ites iraniens. Ces derniers attendaient le douzième imam ; les Baha'is croyaient, qu'au XIXe siècle, un envoyé ou un émissaire du douzième imam, ou peut-être celui-ci en personne, était venu puis reparti, et que seuls eux, les Baha'is, l'avaient reconnu. Behzad m'expliqua qu'à l'origine, ils avaient été révolutionnaires mais s'étaient laissé corrompre par les Anglais qui disputaient alors aux Russes le contrôle de l'Iran.

Cette vision me parut quelque peu fantaisiste – je savais que Behzad n'accordait de valeur qu'à ce qui était révolutionnaire. Mais elle contenait en fait une part de vérité. La résistance chi'ite, qui naquit dans les premiers temps de l'Empire islamique, était en réalité une contestation d'ordre politique et racial émanant des sujets de cet empire arabe ; et la foi qui avait grandi au cours de cette lutte avait conservé ce caractère politique, ou était restée soumise aux manipulations politiques. Reconnaissant leur propre dynastie du Prophète, pleurant chaque année leurs martyrs, ces hommes dont on avait repoussé les justes revendications, les Chi'ites demeuraient méfiants vis-à-vis de l'autorité de l'État. Au XIXe siècle, le mouvement baha'i était des plus subversifs. Très tôt, il appela à « couper des têtes, à brûler livres et documents, à des démolitions et des saccages, au massacre général » ; en 1852, il y eut une tentative d'assassinat contre le roi.

Politiquement, sinon du point de vue de la doctrine, ce mouvement agissait comme celui de Khomeiny contre le Chah. Mais, politiquement, il avait échoué ; comme tant d'autres sectes musulmanes, les Baha'is furent abandonnés à la complexité quasi impénétrable de leur foi ; révélation sur révélation, divergence sur divergence.

Le médecin disait cependant vrai à propos des persécutions. Les Chi'ites iraniens considèrent comme le plus terrible des blasphèmes le fait que les Baha'is se réclament du douzième imam ; après le soulèvement islamique – preuve du bien-fondé de la vraie foi – ils furent victimes de joyeux débordements populaires et d'exécutions sporadiques « au nom de la révolution ». D'où la nécessité du sanctuaire américain.

Nous fîmes une escale technique à Koweit, pour le ravitaillement ; personne ne quitta l'avion. Il faisait encore sombre, mais l'aube pointait déjà. Comme la nuit reculait, nous découvrîmes que l'aéroport – qui, du ciel, nous était apparu comme un entrelacs de feux électriques – avait été construit sur le sable. L'air sortait chaud des bouches de ventilation. Dehors, il faisait quarante degrés, et la journée commençait à peine.

Il ferait plus frais à Téhéran, nous assura le steward. La ville n'était plus qu'à une heure de vol au nord-est ; toujours le désert, ici et là des bandes de maigre végétation, ici et là des accumulations de terre ridée qui parfois arrivaient à l'altitude de montagnes.

Après tout ce que j'avais entendu dire à propos des grands projets du Chah pour son pays, l'aéroport de Téhéran me causa une vive déception. Le hall d'accueil ressemblait à un vaste hangar. Des taches rectangulaires plus claires bordées de poussière rougeâtre – images fantômes dans des cadres fantômes – indiquaient les endroits où, sans aucun doute, avaient figuré des photographies du Chah, de sa famille et de ses réalisations. Des tracts et des caricatures révolutionnaires étaient fixés au ruban adhésif sur les murs et les piliers ; et, scotchés de la même façon (le papier collant et l'écriture manuscrite conférant à des événements considérables un caractère familier assez curieux), figuraient des portraits en couleur de l'ayatollah Khomeiny, représenté comme l'eût dessiné un ennemi, lubrique, fourbe, l'expression maligne et le regard dur.

La succursale de la Banque Melli située dans l'aéroport – de simples tables, trois employés, des monceaux de papier, un sol qu'on n'avait pas balayé depuis longtemps — évoquait l'échoppe d'un bazar indien. Sur le comptoir, une note rédigée à la main disait : *Chers invités. Dieu est Grand. Bienvenue dans la République islamique d'Iran.* Des morceaux de papier kraft traçaient des pointillés sur le tableau des franchises douanières. Les rectangles bruns masquaient les inscriptions relatives à l'entrée des boissons alcoolisées ; c'était ainsi que la République islamique nous souhaitait la bienvenue.

Le tapis roulant qui aurait dû nous apporter nos bagages demeura longtemps immobile. Les passagers iraniens (parmi lesquels le médecin et sa famille), leurs sacs de plastique londoniens à la main, semblaient s'être métamorphosés. A l'aéroport de Londres, ces Iraniens venus du pays merveilleux de l'or noir et de l'argent, étaient des acheteurs ; ici, dans le hall d'accueil minable, patientant dans leur cadre et au milieu des leurs, ils faisaient penser à des paysans revenant de la ville.

Le douanier portait une petite moustache brune taillée en brosse. « Whisky ? » me demanda-t-il. Sa prononciation et son sourire semblaient transformer la question en plaisanterie. Lorsque je lui répondis que non, il me crut sur parole et, l'air jovial, m'invita de la main à sortir dans la lumière estivale, où m'attendait la rapacité des taxis d'aéroport qui, après six mois de révolution, ressassaient plus que jamais les souvenirs du bon vieux temps, où les hommes d'affaires du monde entier se rendaient à Téhéran, où il n'y avait jamais une chambre d'hôtel libre et où les chauffeurs ne soupiraient pas après les courses.

Les couleurs de la ville s'avérèrent aussi poussiéreuses et délavées qu'elles m'étaient apparues vues du ciel. La poussière balayait la route, recouvrait les arbres et ternissait la peinture des automobiles ; elle teintait uniformément la brique et le plâtre. Les immeubles inachevés paraissaient à l'abandon et près de s'écrouler ; saisissant raccourci d'une époque, les murs étaient couverts de slogans persans et de portraits de Khomeiny exécutés au pochoir.

A la périphérie de la ville, dans une sorte de terrain vague, j'aperçus la forme basse d'une tente kaki, une queue où se mêlaient hommes et femmes voilées, et quelques militaires aux uniformes dépareillés. Je crus qu'il s'agissait de réfugiés affluant des campagnes, venant chercher ici un quelconque secours. Mais, remarquant alors une seconde tente et une nouvelle file qui s'étirait devant un immeuble inachevé, je me rappelai que c'était un jour d'élections, la seconde manifestation de la volonté populaire depuis la révolution. La première fois, il s'était agi d'un référendum ; le peuple avait opté pour une République islamique. Il était aujourd'hui question d'élire une « assemblée d'experts » qui rédigerait une constitution islamique. Khomeiny avait recommandé les religieux aux suffrages.

Il fallait des experts, car il n'était pas si simple d'établir une constitution islamique. Rien de tel n'existait ni n'avait jamais existé. Il allait donc falloir la créer de toutes pièces ; et elle devrait être conforme aux enseignements du Prophète. Le problème était qu'après avoir fondé au VIIe siècle son État arabe le Prophète, guidé en toutes choses par la révélation divine, avait pour l'essentiel exercé le pouvoir en solitaire. C'était là que commençait le rôle des religieux. Peut-être n'avaient-ils aucune idée de ce qu'était une constitution – concept après tout étranger au monde musulman – mais leur connaissance du Coran et des actes du Prophète leur permettrait de déterminer ce qui était contraire à l'islam.

Mon hôtel se trouvait en plein centre de Téhéran. C'était l'un des plus vieux de la ville. Un mur élevé le protégeait ; on passait devant la loge du portier puis on prenait un chemin circulaire goudronné entre des îlots de gazon plantés d'arbres et de buissons. L'endroit était mieux tenu que je ne l'avais craint ; je vis même quelques voitures. Mais une chaîne barrait la porte vitrée de l'édifice vers lequel me conduisit le chauffeur. Quelqu'un nous appela, d'un point situé à l'autre extrémité du parc. Le bâtiment duquel nous nous étions approchés, le plus ancien de l'hôtel, était fermé. Lors du boom économique, on avait construit un second corps de bâtiment et celui-là seul restait ouvert.

Quelques jeunes gens – les chauffeurs attachés à l'hôtel, qui conduisaient les voitures garées sur l'esplanade – traînaient, oisifs, dans un coin du hall, près du bureau. Hormis ces employés, le hall était désert. Un immense tapis à motifs occupait le centre de la salle ; les sièges disposés tout autour paraissaient attendre une foule. Deux des murs étaient percés de baies vitrées. L'une donnait sur la cour, les buissons et les pins poussiéreux, le parc automobile ; de l'autre côté, s'étendant jusqu'au mur d'enceinte, on apercevait désert lui aussi le petit solarium dallé d'une piscine, miroitant sous le soleil ; des chaises métalliques avaient été entassées sous un auvent.

On me conduisit à une chambre de belle taille, garnie de meubles de bois massifs, et dont deux murs étaient lambrissés de boiserie jusqu'à la cimaise. Par une baie vitrée, on découvrait Téhéran nord ; une porte-fenêtre permettait d'accéder au balcon. Mais de l'eau s'écoulait par la grille d'aération du conduit d'air conditionné, et, dans le vestibule, la moquette bleue était tachée, détrempée.

L'employé de l'hôtel – il était difficile, malgré l'uniforme, de lui accorder le statut professionnel de « chasseur », compte tenu de l'atmosphère indolente qui régnait dans l'établissement – me désigna en souriant le plafond du doigt et me dit : « Salle de bains », comme si l'explication suffisait. L'homme qu'il dépêcha à l'étage au-dessus parla de condensation ; il feignit de trouver la fuite normale, pour ne pas dire nécessaire. Puis – toute discussion brutalement abandonnée – on m'attribua une autre chambre.

Elle était meublée comme la première et on y jouissait de la même vue. Cependant, sur la télévision, on avait déposé un carton blanc qui tenait debout, plié en deux. Il donnait les programmes pour la semaine des émissions « internationales » en langue anglaise de la télévision iranienne. Ces émissions avaient été supprimées depuis longtemps. Les programmes dataient de six mois. La révolution avait brutalement surpris cet hôtel.

C'était le ramadan, mois de jeûne des musulmans ; et, en ce vendredi, jour de repos, avaient lieu les élections. Un calme inhabituel régnait dans Téhéran, mais cela, je ne le savais pas ; quand, l'après-midi, je sortis me promener, j'eus l'impression qu'une catastrophe s'était abattue sur la ville. Les magasins des artères principales étaient fermés et leurs rideaux de fer baissés. A tous les étages, les enseignes hurlaient les noms de produits d'importation : Seiko, Citizen, Rolex, Mary Quant of Chelsea, Aiwa ; et, en cet après-midi de fermeture, ces noms semblaient surgis d'un Téhéran révolu.

Les trottoirs étaient défoncés. Nombre d'enseignes étaient brisées ou bien avaient perdu quelques-unes de leurs lettres. Il y avait partout une telle couche de crasse et de poussière, les inscriptions lumineuses paraissaient tant avoir été noircies par la fumée, que l'œil ne remarquait pas tout de suite les immeubles qui avaient véritablement été la proie des flammes. Les chantiers donnaient l'impression d'être abandonnés ; les tas de gravier et de moellons paraissaient déposés là depuis longtemps, inamovibles.

On ne voyait sur les murs que des affiches révolutionnaires, et, dans les kiosques, des magazines datant de la révolution. L'un de ces derniers présentait en couverture un montage photographique du Chah en jolie baigneuse ; sa tête surmontait le corps d'une jeune femme en bikini – mais le bikini avait été badigeonné d'un épais trait noir, pour ne pas choquer la pudeur. Une autre caricature montrait le Chah en costume, la cravate desserrée, et assis, pantalons baissés, sur le siège des cabinets, une mitraillette à la main. A côté de lui se trouvait une valise portant les destinations *Israël* et *Bahamas* ; un sac de toile ouvert laissait apparaître une bouteille de whisky et un exemplaire du *Time magazine*.

De jeunes hommes en chemise ajustée à col couvert flânaient dans la rue. Ils étaient beaux et d'un type racial nettement défini, petits, épaules larges et hanches étroites. Cet après-midi là, on lisait sur le visage de ces ouvriers d'extraction paysanne un petit air arrogant et bravache : ils devaient se sentir encore mobilisés par les prières collectives du vendredi. Leurs vêtements, et notamment leur chemise, avaient ce côté criard, évoquant invariablement pour moi depuis mon séjour en Inde les peuples qui, à peine libérés de leurs coutumes, s'étaient déjà persuadés qu'ils pouvaient tout choisir par eux-mêmes, les habits comme le reste.

L'après-midi déversait son flot d'automobiles et de motocyclettes, conduites à la manière iranienne. Je fus le témoin de deux collisions. Je remarquai qu'une boutique avait changé de nom. Le poulet du Kentucky était devenu « Notre poulet frit » et l'on avait rendu l'effigie du colonel sudiste tout à fait méconnaissable (sauf pour ceux qui se souvenaient de lui[1]). Les gardiens de la révolution, de jeunes hommes armés, cessèrent de m'étonner ; en ce jour consacré à l'Éternel, ils fasaient partie intégrante du paysage révolutionnaire. Il y avait foule devant les cinémas ; et, quoique ce fût Ramadan, les gens achetaient des pistaches et des bonbons dans les *confiseries*[2] – ainsi les appelait-on – restées ouvertes.

Très au nord, au bout d'une longue avenue bordée de platanes, voie qu'avait fait percer le père du Chah, se trouvait l'hôtel Royal Hilton de Téhéran. Il n'était désormais plus « royal ». Le mot ne figurait plus sur les panneaux indicateurs et l'on avait effacé l'inscription placée à l'entrée. Mais, à l'intérieur de l'hôtel, il s'accrochait comme une mauvaise herbe, surgissant, propre et net, sur les serviettes, les notes, les menus et la vaisselle.

Le salon était presque vide ; le silence qui régnait là, parmi les serveurs et les clients éparpillés, ressemblait à un silence embarrassé. Des samovars iraniens s'intégraient au décor (ces samovars s'étaient beaucoup vendus à l'étranger comme objets décoratifs typiques ; j'en avais vu un certain nombre transformés en pieds de lampe dans les magasins de Londres, environ deux ans auparavant). On ne servait plus d'alcool ; mais, aux gens chics (et non chrétiens) qui éprouvaient le besoin de siroter une boisson non alcoolisée avec style, on proposait un *Orange Blossom*, un *Virgin Mary* ou un *Swinger*.

Le restaurant français du Hilton s'appelait *Chez Maurice*. La salle était arrangée comme il convenait avec, au mur, un papier brun clair, des lambris d'appui plus sombres et des appliques à l'électricité. Sur les vitres, en lettres blanches disposées en arcs-de-cercle, on pouvait lire : *Vins et Liqueurs. Le Patron mange ici. Gratinée à toute heure*[2]. Dans la grande salle à manger, où auraient pu tenir une centaine de personnes, seule une table était occupée, dont les cinq convives avaient l'air aussi mal à l'aise que les clients du salon. Le consommé, ainsi que l'esturgeon qui suivit, était indigeste et accompagné d'une sorte de pâte brunâtre. Mais les garçons continuaient de déplier les serviettes, de s'activer et de servir avec la même distinction ; ce qui ne faisait qu'ajouter à la gêne.

Toutes les tables étaient mises. Sur chacune d'elles, une rose fraîchement coupée et de petites offrandes pré-révolutionnaires : la carte postale en couleur (le restaurant avait été fondé en 1975, quatre ans auparavant) ; le calepin d'une dizaine de pages, objet dont les clients qui

1. Allusion aux *Kentucky fried chicken*, célèbre chaîne de restaurants fondée par un colonel américain *(N.d.T.)*.
2. En français dans le texte.

fréquentaient ce genre d'établissement étaient censés avoir besoin : *Chez Maurice Tehran's Most Distinctive Restaurant – Le Restaurant le plus sélect de Téhéran* [1]. Six mois après la révolution, ces babioles – calepins, cartes postales – existaient toujours ; lorsque le stock serait épuisé, on ne le renouvellerait pas.

La piscine de l'hôtel était fermée pour assainissement, à en croire la pancarte. Mais la grande carcasse de béton qui jouxtait l'hôtel, projet d'annexe au Royal Hilton de Téhéran, avait été abandonnée, et l'on avait laissé sur place le matériel de construction et les grues. On ne voyait plus de « voyageurs », désormais, me dit le garçon ; et les entrepreneurs avaient quitté le pays. Du Hilton, on avait vue sur les collines voisines de Téhéran nord et sur de nouvelles bâtisses creuses et inachevées qui, elles aussi, paraissaient à l'abandon. La révolution avait surpris la cité internationale de Téhéran nord en plein développement.

En rentrant à mon hôtel, je me dis qu'on pouvait trouver dans l'affiche révolutionnaire fixée sur la porte vitrée de l'entrée un symbolisme involontaire. Elle était imprimée des deux côtés. Celui qui regardait l'esplanade, présentait une photo, très populaire parmi les rebelles, de Yasser Arafat, chef de l'Organisation de libération de la Palestine, portant des verres fumés et un keffieh à carreaux rouges.

Au verso, figurait une allégorie appelant au meurtre et à la vengeance. Au premier plan, un paysage uniforme : une terre plate et monotone, coupée par une route noire rectiligne, elle-même divisée par le pointillé d'une ligne blanche. Sur cette route, une femme voilée, vue de dos, gisait, à bout de forces, levant dans un dernier effort son enfant vers le ciel, comme pour l'offrir au paradis. Elle avait le dos ensanglanté ; plus haut, la route était elle aussi maculée de sang, taches d'où avaient jailli des tulipes rouges géantes qui avaient percé la croûte épaisse du bitume et ses traits blancs ; au-dessus des tulipes, dans le ciel, apparaissait le visage aux sourcils froncés de Khomeiny, le sauveur.

Khomeiny le sauveur, Khomeiny le vengeur. Mais les tulipes qu'il avait fait naître du sang des martyrs avaient pour toujours endommagé la route moderne (si soigneusement rendue par l'artiste) ; la route dans le désert ne menait plus nulle part.

Il était à remarquer que, dans cette allégorie de la révolution, figurait un seul visage, celui du vengeur. La femme blessée, minuscule au premier plan, et dont les souffrances avaient provoqué le soulèvement, était voilée, anonyme ; elle n'incarnait que sa douleur. C'était là la volonté de l'allégoriste ou du caricaturiste ; et il n'y aurait rien eu là de très étonnant, si je n'avais remarqué, tout au long de la journée, tant de personnages sans visage sur les affiches et les dessins.

Sur une affiche électorale, une foule anonyme – les femmes voilées

1. En français dans le texte.

réduites à de simples silhouettes triangulaires – brandissait les photographies des candidats d'un certain parti. Dans un journal, le visage d'Ali, le héros chi'ite, cousin et gendre du Prophète, était représenté de façon surréaliste, en transparence sur un paysage. Sur une affiche, il ne restait de Khomeiny lui-même que le turban, les joues et la barbe, ses traits étant remplacés par un poing serré.

L'anonymat semblait en train de devenir un leitmotiv islamique. Et c'était précisément contre cela que s'élevait le dernier numéro de l'*Iran Week* (titré à la manière de *Newsweek*), journal post-révolutionnaire en langue anglaise que j'avais acheté dans un kiosque. L'hebdomadaire soutenait la révolution, mais contestait certains de ses décrets : la proscription au nom de l'islam de l'alcool, des programmes télévisés occidentaux, de la mode, de la musique, des baignades mixtes, des sports féminins et de la danse. L'illustration de couverture montrait une salle de séjour à l'étrange perspective, dont les murs avaient été remplacés par des barreaux. La famille qui posait dans ce salon – le père, la mère et leurs deux enfants – était vêtue à l'occidentale ; mais, là où auraient dû figurer leurs visages, n'apparaissaient que des blancs.

L'individu devait s'effacer devant le sauveur, le vengeur. Mais, une fois l'épisode révolutionnaire achevé, l'individualisme – dans la grande cité bâtie par le Chah – allait redevenir un culte.

Ce matin-là, la circulation était très dense sur le saut-de-mouton, à gauche de l'hôtel. Au nord, la lumière adoucissait le versant des montagnes que, déjà, la brume estompait.

Je téléphonai au rédacteur en chef de l'*Iran Week* et il me proposa de venir le voir aussitôt. Il me conseilla cependant de bien faire attention car il y avait deux immeubles portant le nummméro 61 dans la même rue. Et, quand j'aurais trouvé le bon, il faudrait me souvenir que, si je prenais l'ascenseur, le bureau serait au sixième étage, mais que, si je montais à pied, il se trouverait au quatrième.

Le chauffeur de l'hôtel eut du mal à repérer le moindre 61 ; et celui que nous découvrîmes enfin, après avoir effectué bon nombre de manœuvres à l'iranienne dans la circulation de Téhéran, était le mauvais. Aussi poursuivîmes-nous notre chasse, tandis que la matinée s'écoulait ; enfin nous aperçûmes le second 61. Sixième étage par ascenseur, quatrième par l'escalier, m'avait-on dit. Mais, dans l'entrée, le tableau situait le journal au cinquième étage ; et pas la moindre trace d'ascenseur. Le chauffeur et moi-même commençâmes notre ascension.

Les locaux étaient étonnamment spacieux, et une jeune fille à l'air distant occupait le bureau de la première pièce. Lorsque je me présentai devant lui, M. Abdi, le jeune rédacteur en chef, qui m'avait si promptement invité, puis si longtemps attendu, ne cacha pas sa déception. Contrairement à ce qu'il avait cru, je ne travaillais ni pour un journal anglais ni pour un journal américain. Il m'apprit qu'il ne pourrait me consacrer qu'une dizaine de minutes ; inutile, donc, de renvoyer mon chauffeur.

Mais, une fois dans son propre bureau, il tempéra ses manières autoritaires, et, en véritable Iranien, commanda obligeamment du thé, qu'on apporta dans de petits verres. Il me dit que, pour comprendre l'Iran, il fallait se rendre dans la ville sainte de Qom et parler aux gens, dans la rue. Je lui répondis que je ne parlais pas le persan ; et lui me répliqua qu'eux ne parlaient pas l'anglais. Tout cela ne nous avançait guère.

Radouci, il me promit – mais d'une façon qui laissait entendre que je n'avais rien à espérer – qu'il tenterait de m'arranger un rendez-vous avec l'un de ses reporters.

A cet instant précis, le responsable du service reportage entra dans le bureau. Il m'assura qu'il verrait ce qu'il pourrait faire. Le travail clandestin les avait fort accaparés pendant trois ans, me dit-il ; et maintenant ils étaient toujours débordés. Cet homme au visage grave, plutôt grand pour un Persan, tenait à la main une jolie serviette de cuir. Mais il n'était pas aussi élégant que son rédacteur en chef qui, par ailleurs, était d'une beauté exceptionnelle, et dont l'attitude autoritaire trahissait une certaine dureté.

Je posai les questions que m'inspirait la couverture de l'*Iran Week*. La famille iranienne, même dans les classes moyennes, était-elle aussi « nucléaire », aussi ultra-moderne que le suggérait le montage ? J'aurais cru les familles iraniennes plus traditionnelles, plus nombreuses. D'un ton coupant, comme pour me détourner du sujet de la polygamie musulmane, M. Abdi m'affirma que les familles de la classe moyenne iranienne étaient telles que le représentait la couverture.

Au mur, il y avait une grande carte des Caraïbes et du golfe du Mexique. Je crus qu'elle se trouvait là en l'honneur de Cuba et du Nicaragua, l'ancien et le nouveau foyer de la révolution. Mais non. M. Abdi s'était rendu à Cayenne, en Guyane française, pour écrire sur l'île du Diable un article destiné à un magazine persan qui publiait une série de reportages sur les prisons.

« C'est mauvais de voyager tout seul, me dit-il. Vous devriez avoir une fille. »

Lui s'était trouvé une compagne lors de son séjour à Cayenne ; les Antillaises étaient adorables. Une Antillaise ? Une femme noire pour M. Abdi ? Mais il ajouta : « Je me suis trompé. Elle n'était pas antillaise. Elle était *mexique.* » Il releva un peu la tête, comme pour se perdre dans ses souvenirs ; et son regard noir devint vacant.

Je découvrais là le côté snob de la révolution. Une journée à Téhéran m'avait suffi pour comprendre – malgré le conseil qui m'avait été prodigué d'aller à Qom et de causer avec les gens – quelle distance séparait la révolution populaire de Khomeiny de celle-ci. Six mois plus tard, lorsque au terme de mon voyage islamique je revins à Téhéran, il était devenu difficile de trouver l'*Iran Week*.

Le jour suivant serait férié, lui aussi – c'était la fête de la Constitution, qui commémorait la rédaction tardive, en 1906, de la première constitution écrite d'Iran – et une grande animation régnait dans les rues commerçantes.

Avenue Nadir-Chah (Nadir Chah était le roi persan qui, lors d'un raid sur Delhi en 1739, vola puis fracassa le trône en forme de paon de Shah-Jahan pour en ôter les joyaux qui font encore partie du trésor national iranien) les marchands ambulants, le soleil et la poussière donnaient l'impression que l'Inde était toute proche. Et, dans la rue Firdusi, où les guérites des changeurs faisaient face au long mur d'enceinte aveugle abritant les locaux de l'ambassade britannique, l'atmosphère rappelait un peu celle d'un quartier réservé, où chacun rôde, dans l'espoir d'accoster quelqu'un ou d'être accosté.

Les changeurs offraient des taux plus intéressants que ceux des banques. Ils avaient tous une plaque à leur nom, et certains présentaient une vitrine de pièces et de billets factices ; à cela près, les petites baraques ne renfermaient que le minimum indispensable : un bureau, des chaises, un téléphone, des caisses métalliques, un portrait de Khomeiny. L'attitude des changeurs se limitait elle aussi au strict nécessaire : ils levaient les yeux, faisaient non, puis regardaient ailleurs. Ils ne voulaient pas de mes traveller's chèques. Seul M. Nasser se montra intéressé ; mais il exigea tous les chèques que je possédais ; et il tenta ensuite de me vendre pour cinq cents livres le vieux tapis de soie qui pendait au mur.

Certains des changeurs travaillaient dans des brèches ouvertes dans le mur. D'autres n'avaient pas d'emplacement du tout ; plus soigneusement vêtus que les précédents, ils arpentaient la rue Firdusi, leur attaché-case à la main.

En haut de la rue, près d'un kiosque à journaux, j'aperçus un petit homme entre deux âges, dont le type me parut plus indien que persan. Je crus d'abord qu'il prenait l'air ; puis qu'il était changeur. C'est aussi ce qu'il pensa de moi quand je l'abordai.

Il était effectivement indien, musulman chi'ite originaire de Bombay, et vivait en Iran depuis une vingtaine d'années. Il ne vendait pas, il achetait ; il était venu rue Firdusi pour trouver des dollars. On lui en avait proposé à cent quinze rials. Ce qui me parut raisonnable ; mais il était habile en affaires et pensait que s'il s'obstinait, s'il continuait à se montrer, il finirait peut-être par pousser l'un des changeurs ambulants à baisser ses tarifs d'un rial ou deux.

Un jeune homme – indien, pakistanais ou iranien – s'approcha de nous avec circonspection. Il s'agissait d'un ami ou d'un parent à charge du petit homme de Bombay. Il avait accompagné ce dernier pour l'aider à acheter les dollars et avait été prendre ses renseignements de son côté.

Puis, comme s'il sentait qu'il me fallait quelques éclaircissements, l'Indien m'expliqua : « Dans le temps, ces baraques étaient bourrées de devises. Bourrées. Et cela n'intéressait personne. Tout le monde voulait des rials. » Mais il ne regrettait pas le règne du Chah. « Veuillez pardonner mon langage. Le Chah était un salaud. »

Le mot n'était pas tendre ; il encouragea le jeune homme à sortir de sa réserve et à parler. Ils abandonnèrent la question des devises pour m'entretenir des injustices du Chah, chacun renchérissant sur l'autre jusqu'à ce que, s'excitant mutuellement dans cette rue poussiéreuse bordée de platanes que se partageaient les cireurs et les changeurs à la sauvette, ils finissent par atteindre le même degré de passion.

Lorsque le Chah gouvernait l'Iran, il avait tout détourné à son seul profit. Les richesses qu'il avait soustraites à son pays se comptaient par milliards ; il l'avait livré au pillage des compagnies étrangères, abandonné aux conseillers et techniciens occidentaux. Ces étrangers touchaient des salaires énormes et occupaient les plus belles maisons ; les Américains avaient même leurs propres programmes de télévision. Le peuple iranien sentait que son pays lui échappait. De plus, le Chah n'avait jamais vraiment montré son attachement à la chère foi chi'ite.

« Qu'il est aujourd'hui réconfortant, s'exclama l'homme de Bombay, de voir arriver le règne d'Ali ! Plus de femmes sans voile, plus de femmes à la télévision. Plus d'alcool. »

Surprenante conclusion, après tant d'emportement. N'y avait-il rien d'autre à retenir des commandements d'Ali ? Le millénium chi'ite n'offrait-il aucune perspective plus élevée ? L'Indien et son compagnon ne purent m'en apprendre davantage, n'avaient rien d'autre à dire ; ou, peut-être, n'osaient pas m'avouer que les véritables récompenses de cette révolution – en effaçant l'outrage causé à Ali et à la vraie foi, aussi bien qu'en renversant l'infidèle – ne leur étaient promises... qu'au Paradis.

L'homme de Bombay me réservait une nouvelle surprise. Il n'avait pas l'intention de profiter du règne d'Ali. Après avoir subi pendant vingt bonnes années la loi du mauvais Chah, il quittait l'Iran pour rentrer dans son pays. C'était pourquoi il était venu se procurer des dollars rue Firdusi. Il lui fallait payer son excédent de bagages (que je supposais considérable) avec des dollars.

Il ajouta, et l'on eût pu croire que c'était un autre homme qui parlait : « Je ne sais pas ce qui va se passer ici, maintenant. »

A l'*Iran Week*, on m'avait accordé dix minutes. Au *Tehran Times*, c'est tout juste si l'on ne me proposa pas une place. Le *Times* était le nouveau quotidien de langue anglaise ; il avait pour devise : « Que triomphe la Vérité. » Il régnait dans les bureaux neufs et bien équipés une activité fiévreuse à laquelle participaient quelques collaborateurs américains ou européens.

M. Parvez, le rédacteur en chef, Iranien d'origine indienne, était un homme distingué d'une quarantaine d'années. On déposait sans cesse des épreuves sur son bureau et je n'eus pas l'impression de retenir beaucoup son attention en lui exposant les raisons de ma visite. Notre conversation prit bientôt un tour assez curieux.

« Êtes-vous musulman ? me demanda-t-il.

– Non. Mais je ne crois pas que cela soit indispensable.

– L'islam est un sujet plutôt délicat, ici. » Sur le mur, derrière M. Parvez, se trouvait le grand portrait d'un Khomeiny à l'air sévère.

« Je sais.

– Combien comptez-vous en tirer ? me demanda M. Parvez en examinant une épreuve.

– De quoi, monsieur Parvez ?

– De ce que vous désirez écrire pour nous ? »

Nous en restâmes là – en fait, comme je l'appris ultérieurement, dans ce journal, c'était l'argent le sujet délicat ; il s'y faisait rare – et l'on m'envoya à M. Jaffrey, homme plus âgé, qui, au bureau voisin, tapait sur sa machine un article, un reportage ou un éditorial, mais s'interrompit pour causer avec moi.

M. Jaffrey était, lui aussi, un Indien chi'ite, originaire, très précisément, de Lucknow. Il me raconta qu'en 1948 on lui avait « purement et simplement » déclaré qu'il n'y avait guère d'avenir dans l'Indian Air Force pour un musulman. Aussi avait-il émigré au Pakistan. Mais, là-bas, en tant que chi'ite, il s'était heurté à des difficultés d'un autre ordre, ce qui, au bout de dix ans, l'avait amené à choisir l'Iran. Aujourd'hui, la situation iranienne l'emplissait d'inquiétude.

Il ne s'embarrassait pas de mots inutiles ; tout ce qu'il disait avait été mûrement réfléchi. « Les musulmans ont tendance à mettre leur foi en un seul homme. Pendant les années soixante, les Iraniens vénéraient le Chah. Maintenant, ils adorent Khomeiny. Je n'aurais jamais cru que Khomeiny s'arrogerait un jour la position du Chah. » L'ayatollah aurait dû s'effacer devant l'administration, mais il ne l'avait pas fait ; et le pays était maintenant tombé aux mains de « fanatiques ».

Quelqu'un apporta à M. Jaffrey des œufs sur le plat et une assiette de *pappadums*, ces feuilles craquantes de pâte frite que les Indiens mangent en guise de pain.

« Et le ramadan ? » m'étonnai-je.

Toujours aussi direct, il me répondit : « Je ne jeûne pas. »

Il avait soutenu Khomeiny durant la révolution car, sous le règne du

Chah, le choix était devenu simple : la religion ou l'athéisme. Le Roi avait laissé s'introduire en Iran toutes les formes de corruption : pots-de-vin, prostitution, pédérastie... Le Chah n'était pas à l'écoute de son peuple ; il s'était rendu compte trop tard de ce qui se passait.

« Déjà, à l'époque, continua M. Jaffrey, je pensais que l'islam était la réponse. »

Je ne le suivais pas très bien. La religion, la pratique religieuse, solution d'un problème politique ?

« La réponse à quoi, monsieur Jaffrey ?

– A la situation de ce pays. Les quatre piliers de l'islam sont la fraternité, l'honnêteté, l'ardeur au travail et la juste récompense de l'effort. »

Je ne saisissais toujours pas. Pourquoi n'observait-on pas ces quatre règles ? Pourquoi ne s'en contentait-on pas ? Pourquoi devait-on, pour les respecter, passer par l'islam ?

« Voyez-vous, dit M. Jaffrey, d'un ton soudain plus chaleureux, toute ma vie, j'ai voulu voir le véritable *jama'a tawhidi*. On pourrait traduire cela par le rassemblement des croyants. »

Toujours et encore le commandement d'Ali : le rêve d'une société où seule la foi régnerait. Mais la foi de M. Jaffrey me parut beaucoup plus profonde que celle de l'homme de Bombay ; pour lui, les commandements d'Ali ne se limitaient pas à ordonner aux femmes de remettre le voile. Le rassemblement des croyants de M. Jaffrey prenait sa source au début même de l'islam, quand le Prophète transmettait les lois divines, conduisait son peuple dans la guerre comme dans la prière, où chaque acte de la vie, aussi matériel fût-il, servait la cause de la vraie foi.

C'était à ce genre de rassemblement que devait aspirer l'Iran. Et M. Jaffrey (sous l'influence de son éducation indo-britannique et comme inspiré par une autre facette de sa personnalité) pensait qu'un tel rassemblement pouvait être consolidé par les institutions : en renvoyant les mollahs dans leurs mosquées, en amenant Khomeiny à se retirer, en confiant l'administration aux politiques et aux gestionnaires. Ainsi, même si M. Jaffrey ne le disait pas, fallait-il, pour garantir son rêve d'unité, séparer l'Église et l'État. Sa foi, son éducation et son sens politique l'avaient enfermé dans cette contradiction.

Tout se présentait plus simplement pour l'homme de Bombay. Heureux d'avoir vu arriver le règne d'Ali, il pouvait s'en aller. M. Jaffrey, lui, constatait avec déchirement que Khomeiny avait déjà brisé un rêve qui avait été bien près de se réaliser.

Et il me fallait aussi reconnaître que je n'avais pas ma place dans ce rassemblement des croyants. A la rédaction de ce journal – derrière les machines à écrire, les épreuves, les téléphones, malgré, aussi, la langue anglaise et la devise « Que triomphe la Vérité » – rien de ce qui constituait pour moi le fondement de la vie intellectuelle n'était pris en considération; les rares convergences de sentiments ou de raisonnements tenaient de la pure coïncidence.

En bas, du vestibule, un homme m'interpella d'une voix de patron à l'américaine : « Puis-je vous être utile ? »

Il s'agissait de l'un des « directeurs » iraniens du journal, et il correspondait aussi peu que possible à l'image qu'on pouvait se faire d'un serviteur du *jama'a tawhidi*. Jeune, séduisant, il était rasé de frais mais portait une moustache noire. Du bout des doigts, il retenait une veste chocolat qui épousait bien sa carrure et mettait en valeur ses pantalons fauves, sa chemise sable et sa large cravate.

Il crut sans doute avoir affaire à l'un de ces Indiens chi'ites anglophones à la recherche de quelques rials; légèrement en sueur à cause de tous les vêtements qu'il portait, il entreprit, en homme conscient de ses responsabilités, de me faire marcher de long en large, me bombardant de questions, baissant un front soucieux et accueillant chacune de mes réponses par un « certainement, certainement ». Lorsqu'il eut compris que je ne briguais pas une place dans son journal, il me planta là, ne me rendant, en guise de salut, qu'un : « Bien sûr, bien sûr. »

Rappelez-vous ce directeur. Rappelez-vous la rédaction affairée de ce journal; ce M. Jaffrey assis derrière une machine à écrire; et les épreuves s'accumulant sur le bureau de l'aimable rédacteur en chef qui était prêt à offrir du travail à un étranger. Six mois plus tard, quand je revins à Téhéran, je retrouvai ces locaux déserts.

L'un des magazines en langue anglaise que j'achetai était publié dans la ville sainte de Qom. Il s'intitulait le *Message de la Paix*, et, comme son titre l'indiquait, ses pages étaient pleines de hargne.

Il se répandait en imprécations contre le Chah; contre les « diables » de l'Occident et leur technologie maudite; il s'en prenait même à ce pauvre M. Desai, le vieux premier ministre indien, qui, ayant proscrit l'alcool (une bonne chose, du point de vue musulman), buvait de l'urine (comportement déplorable, de ce même point de vue). Mais, si j'avais acheté ce magazine, ce n'était pas pour y lire ces violentes diatribes, les discours de Khomeiny, ou les biographies des imams chi'ites, mais un article portant sur la conception islamique de l'urbanisme.

Une telle chose pouvait-elle exister? Apparemment; et, même, le besoin s'en faisait cruellement sentir. L'islam, c'était une façon de vivre; il ne distinguait pas le matériel du spirituel. Il devenait donc urgent, en plus d'éviter les excès matérialistes de l'industrialisation, d'établir une société « théocentrique ». Une telle société devait aussi assurer la protection des femmes. Quels problèmes! Mais l'existence même de ces problèmes prouvait la nécessité d'un projet islamique sensé. Et il y avait une solution.

Quatre zones de résidence construites aux coins d'un carré imaginaire, chacune équipée d'une mosquée, d'un dispensaire et d'une crèche : voilà délimité le territoire des femmes. Les hommes, eux, iront travailler. Très précisément en un lieu situé au centre du carré. Au milieu de cette zone de travail se trouvera une mosquée suffisamment grande pour contenir l'ensemble de la population masculine. Un endroit sera consacré aux offrandes, puisque l'offrande tient dans l'islam une place aussi importante que celle de la prière, du jeûne ou du pèlerinage à La Mecque.

Autour de la mosquée, en rond, sera disposé un bazar ; et ce dernier sera lui-même ceint d'un anneau de bâtiments réservés aux bureaux. A la périphérie de cet ensemble se trouveront les hôpitaux, les maternités et les écoles, pour que les hommes aient la possibilité d'emmener leurs enfants en classe en se rendant à leur travail, ou, en cas d'urgence, de se précipiter à l'hôpital ou à la maternité.

Pour se distraire, les femmes peuvent se réunir et bavarder. Les hommes peuvent faire de l'équitation ou de l'aviation. « Il est souhaitable de ne pas trop encourager de tels amusements qui pourraient nuire à la conscience religieuse de la communauté. »

Mais ce ne sont pas là les seules exigences de l'islam. Les eaux recyclées ne doivent pas être utilisées, sauf pour l'irrigation. « Le concept de propreté, et de l'eau en tant que médium de la propreté du corps, est très fort dans l'islam. L'eau ne peut être purifiée que par l'eau elle-même, et les processus chimiques et biologiques ne sont pas acceptables d'un point de vue religieux. »

Les maisons des zones résidentielles doivent être disposées en sorte que l'appel à la prière les atteigne toutes sans le recours d'un haut-parleur. Enfin, un dernier détail. « Les éléments du cabinet de toilettes, telle la cuvette des waters, doivent être fixés de façon que l'utilisateur ne regarde jamais la cité de La Mecque, ni ne lui tourne le dos. »

Les montagnes situées au nord de Téhéran apparaissaient à l'aube, puis s'évanouissaient dans la brume du jour pour n'être plus au crépuscule qu'une fine silhouette améthyste. Les lumières s'allumaient ; ici et là commençait le petit ballet des enseignes au néon. Le rugissement de la circulation montait dans la ville. Mais, au cours de cette journée apparemment fiévreuse, au sommet des immeubles inachevés, les grues n'avaient pas bougé d'un millimètre.

La technologie était un fléau. E. F. Schumacher [1] *(Small is beautiful – Une société à la mesure de l'homme)* l'avait bien dit ; le *Message de la Paix* le citait abondamment, fustigeant l'Occident avec ses propres

1. Ernst Friedrich Schumacher (1911-1977), économiste britannique d'origine allemande. *(N.d.T.)*

mots. A Téhéran, la technologie était partout présente, mais elle avait été, en partie du moins, soit si bien islamisée, soit si bien mise au service de la religion, qu'on ne pouvait plus lui reprocher ses origines étrangères.

Les lectures du Coran diffusées par son auto-radio aidaient le chauffeur de l'hôtel à patienter dans les embouteillages de fin de journée ; et, de retour à l'hôtel, il y aurait des mollahs à la télévision. Certains outils et biens de consommation modernes – automobiles, radios, télévisions – étaient nécessaires ; le fait de les posséder satisfaisait une certaine fierté musulmane. On ne leur accordait aucune signification en soi ; on ne les associait à aucune foi ou civilisation particulières ; on les considérait comme les marchandises d'un grand bazar universel.

Seul l'argent permettait d'acquérir ces biens. Et l'argent, en Iran, était devenu le véritable don de Dieu, la récompense de la vertu. Que Téhéran travaille ou pas, soixante-dix millions de dollars enrichissaient chaque jour les comptes extérieurs du pays, où l'on pouvait puiser si besoin était : monnaies étrangères, soutenues par des lois et des institutions étrangères, pour permettre à la révolution islamique de tenir.

Mais une partie de la population était de mauvaise humeur. Elle avait des raisons de l'être, dans ces restaurants déserts où les plats proposés par les anciens menus ne pouvaient plus être servis. On manquait de clients, mais on ne pouvait s'empêcher de haïr ceux qui se présentaient. A mon hôtel, ils avaient un motif supplémentaire de se montrer mécontents. Après la révolution, les propriétaires avaient quitté le pays. La gestion de l'établissement avait été reprise par un *Komité* révolutionnaire et, pour ceux d'en bas, il importait de faire bonne figure (à l'étage, c'était une autre affaire. Un matin, la femme de chambre me fit comprendre par gestes que je ne devais pas compter sur la blanchisserie de l'hôtel ; elle laverait elle-même mes vêtements. Je ne fus pas déçu. L'après-midi, quand je revins, je découvris mes effets pendus un peu partout dans le couloir aux boutons de porte des chambres inoccupées).

Un soir, Nicholas, un jeune journaliste britannique vint me voir et – à partir de rien – se mit à se disputer franchement avec le réceptionniste à propos des tarifs de voitures de l'hôtel. Le ton monta très vite dans le hall désert.

Le surmenage avait rendu cet Anglais grand et mince, qui portait une petite barbe, assez irritable : les longues heures passées à effectuer son travail de correspondant étranger, à trier sans cesse ce qu'il appelait la « désinformation », le nombre imposé de mots qu'il lui fallait envoyer chaque jour... la nature même des événements qu'il rapportait commençaient à l'exaspérer.

Le réceptionniste était un gros homme ventripotent au teint olivâtre et aux cheveux noirs et frisés. Il portait un complet et l'orgueil se lisait sur son visage. Cette fierté, et la virulence de Nicholas, lui firent perdre son sang-froid. Il retrouva les mots et les attitudes d'une époque révolue.

« Si l'hôtel ne vous convient pas, vous pouvez partir ! » lança-t-il.

Le prenant de haut, Nicholas laissa tomber avec mépris : « Par bonheur, *rien* ne m'oblige à y demeurer. »

Pour les calmer tous les deux, je louai la voiture au prix indiqué. Nicholas s'appuya sur le bureau, mais regarda ailleurs. Le réceptionniste entreprit de remplir la fiche de louage. Malgré les apparences, c'était un homme de la campagne. Il avait dépensé une coquette somme d'argent pour offrir à sa mère un pèlerinage à La Mecque ; ses principaux sujets d'inquiétude étaient l'argent, l'éducation de ses enfants, et l'avenir en général. Au temps du boom économique, il lui avait paru envisageable d'envoyer son fils étudier dans une université américaine, mais il lui fallait maintenant reconsidérer la question.

Nicholas refusa de se laisser attendrir. Lui aussi se souvenait du boom, de l'époque où les hôtels affichaient complet et où, comme bien d'autres, il avait dû dormir sur un lit de camp, dans la salle de bal d'un grand hôtel, pour cinq dollars la nuit.

« Depuis sept mois, personne, dans ce pays, n'a rien fait de ses dix doigts, commenta-t-il. Où donc pourriez-vous vous comporter ainsi et continuer à vivre ? »

La révolution suivait son cours. Le résultat des élections montrait que – malgré la dénonciation de trucages – le peuple avait suivi les consignes de Khomeiny et élu des mollahs et des ayatollahs comme experts chargés de former l'Assemblée constituante. Un homme fut exécuté pour avoir entretenu une liaison pendant deux mois avec une femme mariée. Le Comité révolutionnaire pour les corporations conseilla aux coiffeuses (pour la plupart arméniennes) de cesser de « perdre leur jeunesse » à couper les cheveux des hommes. Et certains laveurs de tapis affolés commencèrent à afficher qu'ils garantissaient un « nettoyage islamique » – ce qui équivalait à rincer trois fois chaque tapis à l'eau claire.

Une commande de F-14 américains s'élevant à cinq milliards de dollars fut annulée, sous prétexte que leur système de missile était « trop compliqué et onéreux ». Outre les deux centrales nucléaires ouest-allemandes pour lesquelles l'Iran devait un milliard de dollars, on renonça à bien d'autres grands projets datant d'avant la révolution. La réalisation d'une autoroute à six voies menant au port de Bandar-Abbas, au sud du pays, fut retirée à un consortium américain pour être confiée à un entrepreneur iranien : « En un premier temps, nous nous contenterons de construire deux voies. » On parla de sabotages : les Israéliens étaient accusés d'avoir entravé le « bon fonctionnement » de l'Arya National Shipping Line [1]. Au nord-ouest, les Kurdes se

1. Compagnie nationale aryenne de navigation.

rebellaient ; au sud-ouest, les Arabes se montraient récalcitrants.

Les discours succédaient aux discours. Le ministre du Travail et de l'Aide sociale en prononça un et eut droit à sa photo dans les journaux ; il déclara que la mosquée n'était pas seulement un lieu de culte mais aussi « un lieu d'où seraient lancés les mouvements anticolonialistes, dans un esprit d'unité, de réflexion et d'action ». L'Unité, tel était le thème d'un grand article paru un vendredi, jour férié, dans le *Tehran Times*. « D'où vient le potentiel révolutionnaire de l'islam ? »

Unité, union, les dos se courbaient et, dans la prière, s'opérait la fusion, la foi d'un seul devenait la foi de tous, la foi de tous sublimant la foi d'un seul et se faisant divine, annihilant tout sentiment d'individualité et d'impuissance : l'union, la soumission, l'anonymat, le paradis.

« Comment avez-vous trouvé le Hilton ? » me demanda l'un des employés de l'hôtel. Il était un peu moins renfermé que les autres : il se livrait à un petit trafic de pièces d'argent et était sur le point de m'en vendre deux.

« Vide.

– Tous les hôtels sont vides. Cela changera d'ici deux mois. Il n'y a pas de gouvernement, pour l'instant. Dans deux mois, nous en aurons un. Enfin, c'est ce qu'ils disent. »

C'était un dévot, comme tous les autres membres du personnel de l'hôtel. Aucun des sermons qui passaient à la télévision ne lui semblait trop long.

En Iran, on ne parlait que de l'unité de la foi et de l'action. Cette unité avait renversé le Chah et son armée. Et, si quelque chose restait nécessaire, c'était bien cette unité. Mais les Iraniens s'abusaient. Après des siècles de despotisme, ils croyaient profondément que l'État possédait la faculté particulière de se survivre à lui-même et de n'avoir jamais besoin d'être relevé. Et, même alors qu'ils s'acharnaient, avec leur foi, à accélérer sa décomposition – à l'échelle de l'hôtel, de la ville, du pays tout entier – ils attendaient que tout redémarre, que tout soit de nouveau comme avant.

C'est à ce moment-là que je décidai de me rendre dans la ville sainte de Qom : et que je rencontrai Behzad. Il me guida dans la circulation et me dit : « Il faut toujours me donner la main. » Ces mots me plurent ; ils comblaient mon attente. Sans la compréhension de la langue, et perdu au milieu de toutes ces contradictions iraniennes, j'avais maintenant besoin d'être conduit par une main assurée.

Puis Behzad me traduisit la légende figurant sur l'affiche révolutionnaire – « Douzième imam, nous t'attendons » – et cela fut la source de nouveaux étonnements.

3

La ville sainte

BEHZAD ET MOI nous rendîmes à Qom en voiture. Il était midi passé quand nous regagnâmes l'hôtel ; et les chauffeurs de l'établissement, si désœuvrés fussent-ils, n'avaient guère envie de faire la longue route à travers le désert. Un seul homme se proposa – celui qui m'avait fait écouter la lecture du Coran, un soir, dans sa voiture – mais il réclamait soixante-dix dollars. Behzad décréta que c'était trop cher ; il connaissait quelqu'un dont les prétentions seraient moins élevées.

Nous attendîmes longtemps le chauffeur annoncé, et ce pour découvrir qu'entre le moment de nos négociations téléphoniques et celui de son arrivée ses tarifs avaient grimpé. Ce petit homme noueux nous apprit qu'il n'était pas musulman. Ou, plus exactement, qu'il n'était ni chi'ite, ni même persan. Il appartenait à la tribu des Lures, dans la région du Luristan, à l'ouest du pays.

Qom abritait un célèbre tombeau, celui de la sœur du huitième imam chi'ite ; la ville était un lieu de pèlerinage depuis quelque mille ans. Elle possédait en outre plusieurs écoles de théologie. Khomeiny avait enseigné et prêché à Qom ; de retour en Iran, après la chute du Chah, il avait établi à Qom son quartier général. Là-bas, il était entouré par des ayatollahs – titre qu'ils s'attribuent eux-mêmes – et c'était l'un des personnages de cette cour, l'ayatollah Khalkali, que j'espérais rencontrer.

Khomeiny recevait, prêchait et bénissait ; Khalkali pendait. Il était l'exécuteur des hautes œuvres de Khomeiny. Khalkali avait instruit la plupart de ces procès islamiques expéditifs qui s'étaient achevés par des exécutions dont on nous infligeait les clichés « avant et après » : portraits des condamnés avant qu'ils ne soient tués puis, après, photographiés morts et nus dans les tiroirs de la morgue.

Khalkali avait récemment accordé plusieurs interviews, dans lesquelles il insistait sur ses activités de juge, et le bruit courait à Téhéran que, tombé en disgrâce, il avait accepté de rencontrer des journalistes dans le but d'entretenir sa notoriété. Auprès du *Tehran Times*, il s'était vanté d'avoir « sans doute » condamné à mort quelque quatre cents personnes à Téhéran. « Certaines nuits, ajoutait-il, il y avait dans les camions qui sortaient des prisons plus de trente cadavres. » Il affirmait aussi avoir signé l'arrêt de mort de nombreuses personnes dans la province du Khouzistan. Il s'agissait de la province arabe, située dans le sud-ouest du pays, là où se trouvait le pétrole.

A un autre journal, il déclara qu'il y avait eu un complot – fomenté à partir de l'ambassade coréenne – pour faire évader Hoveyda, ancien Premier ministre du Chah, ainsi que d'autres personnalités importantes, des prisons de Téhéran. Aussitôt que lui, Khalkali, avait eu vent de cette conspiration, il avait décidé – pour couper l'herbe sous le pied de la C.I.A. et du sionisme – de revoir tous les jugements. « J'ai réexaminé tous les cas en une nuit et fait mettre tout le monde devant le peloton d'exécution. » Au *Tehran Times*, il décrivait en détail la mort de Hoveyda. La première balle l'atteignit au cou, mais ne le tua pas. Le bourreau – un religieux – lui ordonna alors de relever la tête ; le second projectile le toucha en pleine tête, et l'acheva.

« Accepterait-il de me recevoir ? » avais-je demandé au correspondant d'une agence à qui je parlais de Khalkali.

« Il en serait *ravi*. »

Behzad pensait que cela pouvait se faire. Il me promit de téléphoner au secrétaire de Khalkali lorsque nous arriverions à Qom.

Un téléphone, un secrétaire : ces références au monde moderne pouvaient surprendre. Mais Khalkali se considérait lui-même comme un homme de son époque. « Il a déclaré, rapportait le *Tehran Times*, que les chefs religieux s'efforçaient de faire régner la loi du Vénéré Prophète Mahomet en Iran. Au temps du Prophète, on se battait à l'épée, aujourd'hui on utilise des Phantoms. » Les Phantoms : pas une réalisation américaine, pas le produit d'une science étrangère, mais une arme aussi internationale que l'épée, faisant partie des marchandises proposées par le grand bazar mondial, et qu'il suffisait d'acheter pour qu'elle devînt islamique.

Bien qu'il ne fût pas croyant, mais communiste, comme son père, qui l'avait tenu à l'écart de la religion, Behzad avait tendance, lui aussi, à raisonner de cette façon confuse. Son père avait connu les prisons du Chah, et le jeune homme avait hérité de lui l'espoir de voir s'imposer une « vraie » révolution. Mais c'était un soulèvement d'un autre ordre qui avait ébranlé l'Iran ; cependant, Behzad, recourant à la dialectique qu'il avait apprise, se contraignait à reconnaître dans la ferveur religieuse de la révolution khomeiniste, la promesse des transformations attendues. Et, alors que, faisant route vers le sud, nous traversions Téhéran – d'abord semblable à un vaste bazar, puis à un camp planté au milieu du désert pollué – c'était le centre de la révolte prolétarienne que Behzad avait hâte de me montrer.

Les basses constructions de brique étaient couleur de poussière ; les murs avaient un air d'inachevé ; comme leur peinture, les intérieurs aux tons vifs donnaient l'impression de ne pas devoir durer. Les populations venues de la campagne n'avaient cessé d'étirer Téhéran sur l'immense plateau qui s'étendait au sud ; et les groupes de maisons de pisé carrées au toit-terrasse faisaient penser à des villages traditionnels.

Nous dépassâmes une grande usine. Sous chaque fenêtre, les murs étaient couverts d'une sorte de fourrure beige. Behzad m'apprit qu'il s'agissait d'une fabrique de vêtements, laquelle avait constitué l'un des foyers importants de la révolution. L'armée l'avait prise d'assaut, et de nombreux ouvriers avaient alors trouvé la mort.

Passé la raffinerie de pétrole et ses torchères, nous nous retrouvâmes en plein désert. Plus un seul arbre et, à perte de vue, buttes, collines et petites montagnes. La route s'élevait, s'enfonçait au creux de larges vallées. Les collines et les monts dessinaient de douces courbes et, parfois, sous certains angles, on apercevait de loin sur l'ocre le reflet vert des touffes de végétation qui, on le constatait bientôt, étaient en fait très espacées.

Du haut d'une colline, nous découvrîmes, à notre gauche, le lac salé qui figurait sur notre carte. Il nous apparut petit et blanc, comme s'il allait se figer en une croûte de sel ; et cette tache blanche était auréolée d'un halo vert pâle. Behzad m'affirma que, certains jours, on voyait le lac entièrement bleu. Les hélicoptères de la police secrète du Chah avaient lâché là de nombreux cadavres. Ce lac était en réalité plus grand qu'il le semblait. Le paysage alentour n'offrait que désolation ; près de la rive, les eaux vertes se confondaient avec l'horizon. Nous traversâmes ensuite un site plus heurté. Le contour de montagnes plus escarpées se découpa contre le ciel.

Dans cette contrée déserte, la seule animation était due à la route ; de temps en temps, nous dépassions une cabane où l'on proposait des boissons fraîches, des melons. Behzad suggéra que nous mangions ou buvions quelque chose avant d'arriver à Qom ; là-bas, on observait le jeûne d'une manière très stricte, et nous ne trouverions rien à avaler avant le coucher du soleil.

Nous nous garâmes devant un arrêt de cars et de poids lourds qu'agrémentaient un grand café d'allure méditerranéenne sommairement installé et, sur un terre-plein, en bordure de route, un étal de pastèques. Assis derrière ses fruits à l'abri d'une fine toile de coton qui ne lui procurait presque pas d'ombre, le marchand dormait, la tête sur les bras.

Nous le réveillâmes pour lui acheter un melon, et il nous prêta un couteau et des fourchettes. Behzad ouvrit le fruit, découpa la chair en morceaux et nous nous accroupîmes tous trois autour de la pastèque — le chauffeur nous ayant rejoints sans que nous le lui ayons demandé — pour le manger tel quel, comme dans un même plat. Je me rendis compte que Behzad appréciait ce moment du partage et du repas. On pouvait y voir un rite musulman ; les musulmans aimaient à mettre ainsi la nourriture en commun, et le chauffeur s'était joint à nous tout naturellement. Mais ce dernier n'était qu'un employé ; Behzad partageait la nourriture avec un homme du peuple et, à cet instant précis, en plein désert, il imposait son propre rite.

On avait planté deux arbrisseaux sur le terre-plein. L'un était sec, écorcé, l'autre à moitié mort. Entre eux se tenait une vieille femme en noir au visage maladif et tanné par le soleil, pauvre débris humain dont la présence, à une heure de route de Téhéran, ne s'expliquait pas. Le vent chassait de l'étal des lambeaux de papier journal qui filaient sur le sable et s'enroulaient autour des troncs d'arbre. Un camion s'était arrêté de l'autre côté de la route, le tuyau d'échappement fumant ; et, pas un instant, la circulation ne se calma.

Accroupis sur le sable, nous mangions. Le chauffeur recrachait les pépins de pastèque sur la route. Je l'imitai ; et Behzad fit de même, quoique avec plus de distinction. Brusquement, sans mot dire, le petit chauffeur à la tête carrée planta sa fourchette dans le melon et descendit du terre-plein. Visiblement, il avait assez mangé. Il traversa la cour crasseuse et déserte qui nous séparait du café, à la recherche des toilettes ; le cérémonial de Behzad était terminé.

J'avais imaginé Qom, la ville sainte, construite à flanc de colline : pleine de murs naturels, d'ombres et de boyaux étroits taillés dans le roc, pleine de cellules et de grottes consacrées à la méditation des hommes pieux. Elle était posée au milieu d'un plateau sans relief, et ses accès ressemblaient aux environs de n'importe quelle autre ville du désert : taudis, stations-service. Puis la route devint mieux entretenue ; les baraques cédèrent la place aux maisons. Un jardin s'épanouissait au centre d'un rond-point – les jardins iraniens ont en général ce côté soudain, circonscrit qu'ont les oasis. Un dôme miroitait au loin, entre deux minarets. C'était le dôme du fameux tombeau.

« Il est entièrement fait d'or », me dit Behzad.

En fait, le bulbe avait été doré au cours du siècle dernier. Mais c'était le pétrole qui avait véritablement enrichi la ville dans laquelle nous pénétrions ; et elle évoquait une ville de marché, sans rien de très remarquable, à l'exception de son dôme d'or et de ses minarets.

« Comment dois-je vous présenter ? s'enquit Behzad. Comme journaliste ? Khalkali adore les journalistes.

– Ce n'est cependant pas en tant que tel que je veux lui parler. Tout ce que je souhaite, c'est bavarder un peu avec lui. Je voudrais comprendre comment il est devenu ce qu'il est.

– Alors, je dirai que vous êtes écrivain. De quel pays dois-je dire que vous venez ? »

Cela posait un problème. Parler de l'Angleterre aurait été la solution la plus honnête, mais aurait créé un malentendu. Citer La Trinité eût tout embrouillé et laissé planer la même équivoque. L'Amérique du Sud représentait une possibilité, mais mieux valait l'éviter.

« Serait-il possible de dire que je viens des Amériques ? Cela correspond-il à quelque chose, en persan ?

– Je dirai que vous venez d'Amérique, mais que vous n'êtes pas américain », conclut Behzad.

Nous décidâmes d'aller jusqu'au dôme et nous arrêtâmes dans un parking situé devant le mausolée. Nous étions au milieu de l'après-midi et il faisait plus chaud en ville que dans le désert ; le bulbe d'or paraissait brûlant. Malgré notre festin sacramentel de pastèque, le chauffeur grognait qu'il avait faim. Ramadan ou pas, il voulait prendre la voiture et sortir de Qom pour chercher quelque chose à manger ; il désirait donc savoir quelles étaient nos intentions.

De l'autre côté de la route, près de l'étal de melons placé devant l'entrée du mausolée, se trouvait une cabine téléphonique vitrée de conception allemande. Behzad alla téléphoner au secrétaire de Khalkali.

Le mur d'enceinte du mausolée était couvert d'inscriptions en persan tracées au pinceau ou à la bombe. J'en remarquai deux en anglais : WE WANT REPUBLIC – KHOMEINY IS OUR LEADER (Nous voulons la République – Khomeiny est notre chef) qui devaient être destinées aux caméras des télévisions étrangères. Ce second slogan était une traduction littérale de *Khomeiny e Imam*, laquelle ne rendait pas tout le sens original mais suggérait seulement (éclairée par le premier slogan) le transfert de légitimité qui s'était opéré entre le Chah et Khomeiny, sans mentionner que le nouveau chef tenait son autorité de Dieu et ouvrait à ses fidèles les portes du paradis. En Iran, où l'on attendait le retour du douzième imam depuis onze cents ans, le simple nom d'imam était chargé de sens ; et plus encore ici, à Qom, où reposait la sœur du huitième. Ouvrir le chemin du paradis, rejeter un règne qui n'était pas de droit divin, voilà quels étaient les buts de la « république » proclamée ici.

Behzad poussa la porte de la cabine téléphonique, et, tenant le combiné d'une main, de l'autre, m'adressa un signe.

Lorsque je me fus approché de lui, il m'annonça : « Le secrétaire dit que Khalkali est en train de prier. Il vous verra ce soir à neuf heures, quand il aura pu se rassasier. »

Il était quinze heures trente. Nous avions certifié au chauffeur que nous ne resterions que trois ou quatre heures à Qom.

« Que dois-je répondre au secrétaire ? demanda Behzad.

– Dites-lui que nous irons. »

Puis nous allâmes apprendre au Lur impatient la mauvaise nouvelle – ou la bonne, car je le payais à l'heure. Il prononça quelques mots que Behzad ne crut pas devoir me traduire. Alors il partit, en quête de nourriture, nous laissant, Behzad et moi, réfléchir à la façon dont nous allions passer plus de cinq heures dans cette ville suffocante et apathique où nous ne pourrions ni boire ni manger jusqu'au soir.

Les boutiques situées en face du mausolée vendaient des souvenirs – assiettes à l'effigie de Khomeiny, poteries bon marché – ainsi que des gâteaux : de petites galettes brunes, moelleuses, apparemment très sucrées, s'émiettant sur le bord. Behzad me dit qu'on avait le droit de vendre de la nourriture aux étrangers pendant le Ramadan ; mais mieux valait s'en dispenser. Il n'y avait pas grand monde dans les parages. Une vieille femme estropiée, sans doute venue en pèlerinage, passait dans son fauteuil roulant, devant les échoppes. Nous surprîmes un garçon grassouillet à grappiller des miettes sur l'un des gâteaux bruns de son étal ; il ne jugea pas bon de se méfier de nous, et nous sourit (pourtant, deux jours auparavant, on avait fouetté deux personnes qui avaient rompu le jeûne).

Les boutiques de souvenirs vendaient aussi de petites tablettes de terre cuite portant des inscriptions en arabe. L'argile provenait des cités arabes de La Mecque et de Médine (sans doute quelqu'un faisait-il de bonnes affaires, là-bas) ; ainsi, les croyants, prosternés dans la prière, le front posé sur ces tablettes, touchaient la terre sainte. Tout en haut de la façade du mausolée, en céramique bleue et blanche, figurait, du moins le supposai-je, une citation du Coran. Behzad ne put me la traduire ; elle était en arabe, langue qu'il ne comprenait pas.

L'Arabie ! Pourtant, sa présence en Iran n'aurait pas dû me surprendre. Mais, d'un côté, j'avais appréhendé l'Iran au travers de son histoire classique et étais très impressionné par son antiquité : pays qui avait conquis l'Égypte, rivalisé avec la Grèce et résisté à Rome ; de l'autre, je l'avais vu à travers l'Inde où, au moins dans le nord-ouest, on a conservé de la Perse l'image d'une grande civilisation – comparable à celle de la France, autrefois, en Europe – tant par sa langue, sa poésie et ses tapis que par sa cuisine. Au Cachemire, la *Farsi khanna*, la nourriture persane, est la cuisine la plus réputée ; et l'ombre du *chenar*, le faux platane ou sycomore de Perse (si présent dans la peinture perse et indienne moghole) est même censée avoir des propriétés médicinales. A Qom, il fallait renoncer à une telle vision de l'Iran. Ici, l'on considérait l'austère Arabie comme la source.

Behzad suggéra que nous allions visiter le mausolée. Si l'on me posait des questions, je n'avais qu'à me faire passer pour musulman. Je lui répondis que je ne saurais jamais. Je n'avais aucune idée de la façon dont je devais me comporter. Fallait-il entrer dans la mosquée du pied droit et dans les toilettes du gauche ? Ou était-ce le contraire ? N'était-ce pas les Sunnites qui, durant leurs ablutions, laissaient couler l'eau de l'avant-bras vers les doigts ? Et les chi'ites, à l'inverse, la faisaient-ils couler de la main vers le coude ? Comment devait-on marquer son respect et sa dévotion ? Les pièges étaient trop nombreux.

Même si je suivais Behzad et imitais ses gestes, le résultat ne paraîtrait pas très convaincant.

« Vous seriez bien en peine de m'imiter, dit Behzad. Car je ne sais pas moi-même ce qu'il faut faire. Je ne vais jamais à la mosquée. »

Mais nous pouvions au moins pénétrer dans la cour et cela sans avoir à ôter nos chaussures. Elle était vaste et baignée de lumière. A l'une de ses extrémités s'élevait une tour ornée d'une horloge, laquelle, sévère et moderne, ne portait pas de chiffres. L'entrée du mausolée proprement dit se trouvait de l'autre côté. Haute et en renfoncement, elle était comme tapissée d'argent, semblable à une grotte d'argent, à une voûte d'argent que surmontait une demi-coupole. Mais ce que j'avais pris pour de l'argent n'était que du verre, des milliers de fragments, autant de facettes réfléchissant la lumière. C'était là, dans cette cour, que se rassemblaient les pèlerins, les paysans à la peau brûlée par le soleil, des familles entières venues de très loin. Ils s'étaient installés dans les niches du mur qui ceignait la cour (chacune d'elles contenait le tombeau d'une personnalité célèbre ou de sang royal) et cette foule réunissait des types raciaux distincts; réminiscences de l'ancienne Perse, peuple né du mouvement des tribus et des migrations transcontinentales.

Me désignant un groupe de type mongoloïde, Behzad m'apprit qu'il était composé de Turkhmènes. Ce nom ne me disait pas grand-chose. Dans *Hadji-Baba,* roman anglais paru en 1824 (dont j'avais acheté, à mon hôtel, un exemplaire dans une édition pirate en offset des Oxford World's Classics), il y avait des bandits turkhmènes. Un jour, dans une salle des ventes londonienne, j'avais vu un dessin indien du XVIIe siècle représentant un prisonnier turkhmène sous le joug, les mains coincées dans le bloc de bois qui pesait sur sa nuque. Ainsi, les Turkhmènes formaient un peuple d'Asie centrale qu'autrefois on avait craint. Mais, comment ils intervenaient dans l'histoire perse, cela, je ne le savais pas; il ne subsistait pas grand-chose du guerrier ou du bandit des temps passés chez les misérables pèlerins du mausolée. Petits, tannés, en haillons, on eût dit des épaves aux confins d'une civilisation qui, elle-même, était si longtemps restée aux confins du monde.

Près de la mosquée se trouvait une bâtisse de brique ocre haute de deux étages où Khomeiny avait enseigné et prêché. Elle n'avait rien de très remarquable; et, pour l'instant, rien ne semblait s'y passer. Behzad et moi nous dirigeâmes vers le bazar. Pour la plupart des marchands, c'était l'heure de la sieste. Dans une échoppe, où s'empilaient des couronnes d'une sorte de pain sucré, le commerçant était allongé sur une étagère ou un comptoir placé contre un mur latéral et paraissait se servir d'une partie de sa marchandise comme oreiller. Behzad acheta un journal. Il faisait très chaud; il n'y avait pas grand-chose à voir; Qom vivait à l'abri des regards. Nous nous mîmes en quête d'un endroit ombragé, pour nous y asseoir et attendre.

Nous arrivâmes devant un petit hôtel. L'intérieur en était exigu, mais meublé de neuf. Les deux hommes installés derrière le bureau feignirent de ne pas nous voir et nous allâmes prendre place dans le petit salon ; personne d'autre ne l'occupait. Au bout de quelques minutes, l'un des deux hommes s'approcha et nous demanda de partir. L'hôtel était fermé pendant la durée du ramadan ; c'était pourquoi, expliqua-t-il d'une façon désarmante, son ami et lui ne nous avaient rien dit lorsque nous étions entrés.

Nous ressortîmes dans la lumière et la poussière, repassâmes devant les boutiques de souvenirs, leurs piles de gâteaux dorés et leurs tablettes d'argile arabe ; enfin, l'on nous permit de nous asseoir dans le café vide situé juste en face de l'inscription KHOMEINY EST NOTRE CHEF. C'était une vaste salle, sommairement aménagée, mais aux piliers revêtus de marbre.

Il n'y avait rien à boire – une simple bouteille de boisson au cola renfermait tous les dangers de la chimie – dans cet endroit que réchauffait la puissante odeur du mouton qui cuit. Mais l'ombre était rafraîchissante ; et sentir se détendre mon corps épuisé, pendant que Behzad lisait son journal persan, adoucit mon attente.

Au fond, dans un coin, à une table près du comptoir, avait pris place ce qui me sembla être une famille : le père, deux garçons et une petite fille qui portait une longue robe noire et le voile. Si jeune, me dis-je, et déjà voilée. Mais elle était très vive ; elle parlait sans arrêt et les autres, qui paraissaient trouver tout ce qu'elle racontait très drôle, l'y encourageaient. De temps en temps, l'homme me souriait, comme pour me faire partager sa fierté. Tout en hurlant, la petite grimpa les marches jusqu'à la terrasse et, là-haut, poussa quelques nouveaux cris, suscitant d'autres rires à la table qu'elle venait de quitter. Elle redescendit et montra aux autres ce qu'elle rapportait de là-haut. Elle se retourna – ce qui nous permit de voir pour la première fois son visage – et s'approcha de Behzad et de moi.

Ce n'était pas une petite fille. Elle était minuscule, environ un mètre vingt, très vieille, et apparemment folle. Elle nous présenta ce qu'elle tenait dans les mains : une assiette de riz créole que complétait un petit losange de viande de mouton brun foncé. Était-elle satisfaite de ce qu'on lui avait donné ou se plaignait-elle ? Behzad ne me le dit pas. Il l'écouta parler, mais ne lui répondit rien. Puis elle sortit :

« Je croyais qu'il s'agissait d'une famille, dis-je à Behzad. Je croyais que c'étaient les propriétaires.

– Oh non, fit-il. Pas du tout. Ce sont les employés. »

Nous sortîmes à notre tour, pour téléphoner de nouveau au secrétaire de Khalkali et voir si l'on ne pouvait pas avancer l'heure du rendez-vous. Il était près de cinq heures et demie et il faisait un peu plus frais.

La rue s'animait. Notre chauffeur était rentré ; il n'avait rien trouvé à manger.

Behzad téléphona. Puis, à peine sorti de la cabine, il se mit à discuter avec deux jeunes hommes barbus en tenue de mollah. N'ayant pas quitté Behzad des yeux, je ne les avais pas vus approcher.

Jusque-là, je n'avais vu de mollahs qu'à la télévision, en noir et blanc, des gros plans de leurs têtes enturbannées. Je fus surpris de découvrir qu'ils étaient vêtus avec une telle recherche. Leur allure contrastait avec celle des autres passants : turban noir, tunique blanche sans col, longue robe vert pâle ou bleu clair sans revers fermée par deux boutons, et fin manteau de coton noir rappelant les toges que portent maîtres et étudiants à Oxford, Cambridge, ou Saint-Andrew's, en Écosse. L'origine cléricale de l'habit de ces universités venait certainement du fait que, comme Qom aujourd'hui, elles étaient, au Moyen Age, les centres de l'enseignement religieux.

Toujours théâtral, peut-être, le costume, marque du rang, conférait aussi une certaine noblesse et une stature physique, comme je pus le constater quand Behzad conduisit vers moi les deux jeunes gens. En fait, ils étaient d'assez petite taille, et bien plus jeunes que leur barbe ne le laissait supposer.

« Vous vouliez rencontrer des étudiants », me dit Behzad. Nous en avions certes parlé dans la voiture, mais sans savoir comment arranger cela.

« Le secrétaire de Khalkali m'a dit que nous pourrions venir à huit heures. »

J'étais bien persuadé que nous aurions pu nous rendre chez l'ayatollah à n'importe quelle heure et qu'on ne nous faisait attendre que pour préserver la dignité de Khalkali.

Les deux jeunes gens étaient pakistanais. Ils voulurent savoir qui j'étais, et quand Behzad leur apprit que je venais d'Amérique, mais n'étais pas américain, ils parurent satisfaits ; puis, lorsque Behzad leur affirma que mon plus cher désir était d'en apprendre davantage sur l'islam, ils devinrent aussitôt tout à fait chaleureux. Ils m'assurèrent qu'ils possédaient à leur hôtel des livres en anglais qui ne manqueraient pas de m'intéresser. Nous pourrions nous rendre d'abord là-bas, puis au séminaire, pour y rencontrer des étudiants venus de nombreux pays.

Behzad nous installa dans la voiture. Il me fit asseoir à côté du chauffeur lur, qu'impressionnaient un peu les turbans, les robes et les barbes ; mon interprète prit place à l'arrière, avec les Pakistanais. Agréable surprise, ils indiquèrent au chauffeur une charmante rue résidentielle. Mais ils ne purent retrouver les livres qu'ils voulaient me donner ; aussi nous remîmes-nous en route, non pour le séminaire mais pour un bâtiment administratif situé juste en face.

Là, dans l'entrée, nous fûmes arrêtés par un responsable, homme d'une quarantaine d'années qui était vêtu comme les étudiants, sauf le bonnet de laine noire qu'il portait à la place du turban. Contrairement aux étudiants, les explications de Behzad ne semblèrent pas le satisfaire pleinement. En fait, il se montra même extrêmement méfiant.

« Il vient d'Amérique ? »

Tous trois maintenant engagés à fond dans leur histoire, Behzad et les étudiants protestèrent : « Mais il n'est pas américain.

– Il n'a pas à parler aux étudiants, coupa l'homme au bonnet de laine. Il n'a qu'à discuter avec moi. Je parle anglais. »

Lui aussi venait du Pakistan. Il était maigre et avait le même visage hâve que M. Jinnah, le fondateur de cet État. Il avait les joues creuses, les lèvres blanches et desséchées à cause du jeûne.

« Ici, me dit-il, nous publions des livres et des magazines. Vous y trouverez toutes les informations que vous cherchez. »

Il adressa quelques mots, en persan ou en ourdou, à l'un des étudiants, qui sortit pour revenir bientôt muni d'un magazine. Il s'agissait du *Message de la Paix,* Numéro Un, Volume Un.

C'était donc d'ici que tout sortait, les diatribes au sujet des démons des démocraties occidentales comme les hagiographies des imams chi'ites. C'était ici qu'on lisait Schumacher et Toynbee et qu'on reprenait leurs phrases – à propos de la technologie et de l'écologie – pour fustiger l'Occident.

« Mais je connais votre magazine », assurai-je au responsable pakistanais.

Il parut désarçonné et me regarda avec incrédulité.

« J'ai lu le Numéro Deux, Volume Un. Celui qui comportait un article sur un projet d'urbanisme islamique. »

Il n'eut pas l'air de comprendre.

« Je l'ai acheté à Téhéran. »

La mine sévère, il nous fit signe d'entrer. Aussi, après avoir ôté nos chaussures, nous rendîmes-nous dans son bureau. Les marches de terrazzo étaient larges, les couloirs spacieux ; dans les vastes pièces, des tapis recouvraient le carrelage.

L'homme au bonnet de laine, que j'imaginais maintenant être le directeur, s'assit derrière son bureau moderne en acier. L'un des étudiants prit place à sa gauche. Behzad, l'autre étudiant et moi-même nous installâmes sur des chaises alignées le long du mur, face au bureau. Nous commençâmes à parler, aussi cérémonieusement que nous nous trouvions placés.

L'étudiant assis à la gauche du directeur nous déclara que seul l'islam rendait l'homme humain. Il parlait avec douceur et conviction ; et, pour comprendre sa conception, il fallait essayer d'imaginer que, pour lui, un monde privé du Prophète et de la révélation eût été un monde de chaos.

Le directeur se frotta le nez, l'air approbateur. Je remarquai sur son bureau une série de tampons de caoutchouc, une mappemonde toute neuve, une agrafeuse, et un appareil téléphonique d'un modèle récent. Sur les étagères, à côté de piles de dossiers, j'aperçus l'Oxford English Dictionary et un dictionnaire persan-anglais.

Ils m'apprirent que Qom accueillait quatorze mille étudiants en théologie (arrivés à la plus mauvaise heure de la journée, nous avions pourtant trouvé les rues désertes). Les études duraient un minimum de six ans.

« Six ans ! »

Mon exclamation fit sourire le directeur. « Qu'est-ce que six ans ? Certains étudient pendant quinze, vingt, ou trente ans. »

A quoi pouvaient-ils bien consacrer tout ce temps ? Qom n'était ni un centre de recherches ni un centre d'études modernes. Ces étudiants étaient des hommes de foi. Quelle pouvait bien être, dans l'islam, la matière de tant d'études ? Eh bien, il y avait la langue arabe ; la grammaire sous toutes ses formes ; la logique et la rhétorique ; le droit – un cours concernant le droit islamique, un autre les principes du droit ; la philosophie de l'islam ; la civilisation islamique – biographies, généalogies, « corrélations », traditions coraniques fondées par le Prophète et ses disciples.

J'aurais attendu quelque chose de moins rigide, de plus personnel : le maître, un saint homme, et l'étudiant, son disciple. Je n'avais pas imaginé cette organisation de l'enseignement, cette survivance des méthodes classiques de l'antiquité. Je commençais à entrevoir pourquoi tant d'années étaient nécessaires. Ici, la foi et le monde matériel restaient confondus. Et, comme dans l'Europe moyenâgeuse, il n'y avait pas de limites au savoir théologique.

L'un des plus éminents professeurs de Qom, un homme qui continuait à donner des conférences et dirigeait la prière cinq fois par jour, était l'auteur (ou avait réuni la documentation) d'un commentaire en vingt-cinq volumes consacré à un ouvrage célèbre concernant la conception chi'ite de l'imam. Sept tomes avaient déjà paru. Tout un groupe d'étudiants – chargés sans doute de rassembler leurs notes de cours selon la méthode moyenâgeuse de la propagation des écrits – travaillait sur les dix-huit tomes restants. Khomeiny lui-même, réputé pour ses conférences sur le droit et la philosophie islamiques, avait à son actif dix-huit volumes portant sur des sujets divers.

Cette vie vouée à la prière et à l'enseignement, à l'exégèse et à la réinterprétation, s'était presque éteinte pendant les dernières années du règne du Chah. Khomeiny avait été banni ; les forces de l'ordre avaient envahi Qom ; et même les étudiants pakistanais avaient été traqués par la police secrète.

L'étudiant assis à la gauche du directeur dit en baissant la voix : « S'il n'y avait pas eu la révolution, l'islam aurait été balayé. »

Les étudiants appartenaient tous deux à des familles de mollahs, originaires de petites villes du Pendjab, et, depuis l'enfance, leur voie était toute tracée. Leur séjour à Qom ne devait pas excéder huit ans. Ils suivaient les cours de langue arabe, qui duraient deux ans, ainsi que ceux de logique et de rhétorique (en rhétorique, on apprenait tout simplement à exposer une thèse selon la méthode classique) ; mais ils n'étudiaient pas la littérature. L'histoire ne faisait pas non plus partie de leur programme, mais ils étaient libres d'approfondir leur culture personnelle. C'était pour son enseignement de la philosophie islamique qu'ils avaient choisi Qom. On n'étudiait cette matière d'une façon aussi poussée dans aucune autre université ; et, avoir suivi leurs cours à Qom, la ville de Khomeiny, de Marachi et de Chariat Madari (tous trois éminents ayatollahs et professeurs) leur vaudrait la considération des autres chi'ites lorsqu'ils rentreraient au Pakistan.

Behzad me traduisit les propos de l'étudiant assis à sa gauche : « Pour moi, cet endroit est comparable à Berkeley ou à Yale. »

« Je suis surpris qu'il cite ces noms-là, fis-je remarquer à Behzad.

— Il n'a pas dit Berkeley et Yale, répondit mon interprète. J'ai traduit ainsi pour que vous compreniez mieux. »

Les trois Pakistanais échangèrent quelques mots, puis l'étudiant assis au bureau du directeur décrocha le combiné téléphonique et composa un numéro.

« Ils souhaitent que vous rencontriez leur professeur, l'ayatollah Chirazi, me dit Behzad. Il lui téléphone pour obtenir un rendez-vous. »

Avec ma naïveté naturelle, je me sentis une nouvelle fois ahuri que, dans ce monde d'érudits apparemment inchangé depuis le Moyen Age, on téléphonât aux ayatollahs, ces grands hommes, pour prendre rendez-vous. La perspective de rencontrer Chirazi m'impressionnait comme m'eût intimidé celle de m'entretenir (en admettant qu'une telle chose fût possible) avec Pierre Abélard ou Jean de Salisbury, ou même avec quelque autre figure médiévale de moindre envergure. J'ignorais tout de la spécialité de Chirazi ; je n'allais savoir que lui dire.

L'étudiant raccrocha. Sa réserve et sa déférence cédèrent la place à l'excitation. « L'ayatollah Chirazi vous recevra à sept heures, dit-il. Il a accepté de vous rencontrer dès que je lui ai parlé de vous. »

Le visage du directeur s'éclaira pour la première fois, comme si l'empressement de Chirazi à me recevoir légitimait ma présence dans son bureau et ma conversation avec des étudiants encore si candides. Il n'avait cessé de se frotter le nez, me laissant supposer que le jeûne, qui avait gercé et blanchi ses lèvres, avait aussi asséché ses narines d'une façon irritante. Maintenant, il paraissait plus détendu ; il voulut me faire visiter l'immeuble. Nous nous levâmes ; notre entretien affecté était terminé.

A la sortie du bureau, j'essayai d'en savoir plus sur ce que gagnaient et dépensaient les étudiants. Mais je ne pus obtenir de réponse précise ; ce fut donc Behzad qui m'apprit — en me faisant comprendre que mieux valait ne pas trop insister sur la question – que les études, quelle que fût leur durée, étaient payées par la fondation religieuse de Qom.

Dans une pièce située de l'autre côté du large couloir, un scribe était à l'œuvre, en train de calligraphier le Coran. Agé d'une quarantaine d'années, il portait un pantalon et une chemise et travaillait sur un pupitre. Sa main forte et raide se mouvait sans effets ni élégance ; mais il parut content que nous admirions son labeur, tandis qu'il trempait sa large plume dans l'encre noire. Son visage portait les stigmates d'anciennes souffrances ; maintenant, accomplissant sa nouvelle tâche de copiste, en sécurité dans sa cellule moderne, il avait retrouvé la paix.

Le directeur me montra des photographies d'une réunion à laquelle avaient participé les responsables des grandes universités musulmanes, à Qom, deux ans auparavant. Une fois encore, contre toute logique, je ne pus m'empêcher d'être surpris : on me prouvait l'existence d'un monde caché, d'un monde parallèle, d'un enseignement médiéval sous sa forme islamisée, encore vivants en cette fin de XXe siècle. Selon les dires du directeur, le recteur de l'université d'Al Azhar, au Caire, avait été si favorablement impressionné par ce qu'il avait vu à Qom qu'il avait déclaré que des équivalences seraient accordées aux étudiants de Qom qui désireraient s'inscrire chez lui.

Nous descendîmes les marches. Des publications du centre s'empilaient contre un mur – non seulement le *Message de la Paix*, mais aussi deux nouveaux titres en format de poche parus en persan. L'un relatait la vie de Fatima, la fille de Mahomet, qui avait épousé Ali, le héros chi'ite cousin du Prophète ; il s'intitulait la *Femme de l'islam*. L'autre livre, ou plutôt la plaquette, avec sa couverture sépia, avait pour auteur, m'apprit le directeur, un Iranien qui venait de passer une année apparemment pénible en Angleterre. L'ouvrage avait pour titre : *L'Occident est malade*.

La maison de Chirazi était située dans un autre quartier de la ville, dans une ruelle délimitée par des murs sales et nus. Les deux pentes transversales de la chaussée se rejoignaient en son milieu où passait un caniveau peu profond, qui ne charriait que poussière.

Nous frappâmes à une porte close encastrée dans le mur ; des enfants qui traînaient dans la ruelle se moquèrent des Pakistanais, les menaçant de la colère de Chirazi, qui les attendait à l'intérieur. Cela semblait un jeu rituel, une moquerie autorisée qui n'insultait en rien la religion : le « clerc », le séminariste en habit, constituait une cible coutumière, comme, peut-être, c'était le cas dans l'Europe du Moyen Age. Ce fut pourtant un moment désagréable pour les Pakistanais, qui essayèrent de chasser les enfants, tout en s'efforçant de conserver leur dignité, de rester polis devant Behzad et moi, et de se préparer à l'important entretien qui allait suivre.

La porte s'ouvrit. Nous entrâmes dans un vestibule, ôtâmes nos chaussures, gravîmes des marches recouvertes d'un tapis, pour parvenir à une galerie contournant par la droite une cour fermée et dallée où poussaient des figuiers abrités par une toile blanche qui adoucissaient la lumière et les couleurs de telle façon, qu'après la chaleur et la poussière de la ruelle, le climat désertique de plein été nous parut soudain agréable et parfaitement adapté à l'homme.

J'aurais aimé m'arrêter un peu, pour admirer la cour ombragée et ses figuiers. Mais mon étonnement se mua bientôt en stupeur : à quelques mètres de moi, se tenait un homme, pieds nus sur le tapis de la galerie, un fusil mitrailleur de fabrication israélienne entre les mains : le garde du corps de Chirazi. Il ne bougea pas de son poste. Nous entrâmes dans une pièce vide située sur notre droite et nous assîmes en silence sur le tapis, près du ventilateur électrique ; nous attendîmes. Les étudiants pakistanais m'adressèrent des sourires à la fois impatients et encourageants.

« Le voilà ! dit Behzad. Levez-vous. »

Nous nous levâmes tous. Une entrée est toujours une cérémonie, et celle de Chirazi fut impressionnante, royale. C'était un homme imposant au visage plein et rond ; sa barbe, aussi soigneusement taillée que sa moustache, laissait difficilement deviner son âge. Sa robe fermée par deux boutons était chamois ; son manteau noir, du plus fin coton.

Les étudiants se jetèrent aussitôt à ses pieds – tourbillon de manteaux noirs et de turbans. Lui, offrant sa main à baiser, leur accorda sa bénédiction. Nous nous assîmes tous. Il ne dit rien, se contentant de sourire. Les étudiants gardèrent eux aussi le silence.

« C'est très aimable à vous de me recevoir, commençai-je. Vos étudiants ici présents m'ont parlé de vous comme d'un homme de grand savoir. »

Behzad traduisit mes paroles, et Chirazi se mit à parler, lentement, d'une voix mélodieuse, avec des intonations qui, pour moi, étaient nouvelles. Il s'exprima longtemps mais la traduction de Behzad tint en quelques mots.

« C'est très aimable à eux de dire ce qu'ils ont dit. C'est très aimable à vous de dire ce que vous dites. »

Le monologue de Chirazi n'en finissait plus.

« L'éducation ne commence jamais trop tôt, traduisit Behzad. J'aimerais qu'on amène les enfants à l'école dès le berceau. Le cerveau humain est un magnétophone. C'est ce que pensait Hitler. » De son propre chef, Behzad ajouta : « Il veut savoir quelle est votre religion.

– Que dois-je répondre ?

– Il faut me le dire.

– Dites que je suis encore en recherche. »

Le visage paisible, Chirazi parla longuement, tout en me jaugeant de ses grands yeux souriants. Son élocution était claire, posée et bien modulée. Sa bouche lippue s'ouvrait largement, découvrant des dents blanches.

« Il veut savoir ce que vous étiez avant d'être en recherche. Vous avez dû être élevé dans une religion ou dans une autre. »

C'était la présence des étudiants pakistanais qui me troublait le plus. On leur avait dit – ce qui, sans être faux, n'était qu'une simplification des choses – que je venais d'Amérique mais n'étais pas américain. Apprendre maintenant que mes ancêtres étaient hindous n'eût pas manqué de les mettre mal à l'aise : il existait un violent antagonisme entre hindous et musulmans dans le sous-continent indo-pakistanais. Ils se seraient sentis dupés ; et ils s'étaient montrés si accueillants, si ouverts. C'était grâce à eux que j'avais pu rencontrer leur éminent professeur dont, à aucun moment, ils ne détachaient leur regard – un regard qui exprimait plus de béatitude que d'obédience ou même de crainte.

« Pouvez-vous lui dire que je n'ai jamais eu la moindre religion ? demandai-je à Behzad. Expliquez-lui que je suis né très loin d'ici, aux Amériques, et qu'on ne m'a jamais inculqué la foi.

– Vous ne pouvez lui affirmer une chose pareille. Dites que vous êtes chrétien.

– Si vous voulez. »

Dès que Behzad eut commencé de parler, je regrettai de l'avoir laissé proférer ce mensonge. Chirazi n'avait pas été dupe de mes hésitations ; il sentait qu'on lui cachait la vérité. Je résolus, pour la suite de mon voyage islamique, de ne plus embrouiller ainsi la situation, sous l'empire de la nervosité ou par désir de simplification, et de ne plus fausser de la sorte les réactions de mes interlocuteurs. Cela m'eût demandé un peu plus de courage, mais il eût été plus intéressant – et cela eût mieux servi mon propos – d'obtenir que Chirazi me répondît comme à un agnostique, issu d'une communauté au mysticisme idolâtre et animiste.

Chirazi s'exprimait avec des intonations particulières, propres aux mollahs, comme Behzad devait me l'expliquer plus tard, son accent et ses inflexions rappelant plus la langue arabe que persane. Il prononçait islam « ess-lam » ; et, dans sa bouche Allah devenait un mot de trois syllabes, qu'il formait en arrondissant les lèvres : « « Oll-lor-*huh*. »

« A quelle confession appartenez-vous exactement ? » me demanda-t-il.

Je réfléchis. « Protestante.

– Ainsi, vous êtes plus près de la vérité.

– Pourquoi ?

– Les catholiques sont inflexibles. »

Ce n'était pas tout à fait ce qu'il voulait dire. Il portait un regard de chi'ite sur les divisions chrétiennes. Les chi'ites, qui reconnaissaient une lignée du Prophète rejetée par les autres musulmans, se considéraient comme une minorité en lutte.

La conversation prit alors un tour aussi difficile que je l'avais craint. Je lui demandai s'il avait étudié l'histoire de la civilisation islamique. Il se méprit sur le sens de ma question. Croyant que je l'interrogeais sur la théologie musulmane, il me répondit qu'il connaissait bien sûr l'histoire islamique : lorsque le Prophète délivra pour la première fois son message, les gens de son village refusèrent de l'écouter, et il dut prendre le chemin du village voisin. Alors que j'essayais de lui faire parler des besoins d'ordre scientifique des pays musulmans et de la façon dont il envisageait l'avenir de l'Iran après la révolution, chaque fois, ses références théologiques nous plongeaient dans la confusion de ses certitudes. Dans un véritable islam, la science s'épanouirait : allez et instruisez-vous, avait dit le Prophète. Un véritable islam garantissait la liberté (il entendait par là la liberté d'être musulman et chi'ite, d'être soumis à la loi divine) ; et tout naissait de la liberté (il prenait là le mot liberté dans un tout autre sens que la première fois).

Il y eut un long silence.

« Vous paraissez serein, remarquai-je.

— Je vous remercie de le dire », répliqua-t-il. Mais il ne me retourna pas le compliment.

Je souhaitais prendre congé.

« Dites-lui que je crains d'abuser de son temps », fis-je à l'adresse de Behzad.

Chirazi répondit en souriant : « Je suis libre jusqu'au moment de rompre le jeûne. »

Il n'était que sept heures et demie. « Demandez-lui à quelle heure il va rompre le jeûne, dis-je à Behzad, dans le seul but d'alimenter la conversation.

— Je ne peux lui poser une telle question, protesta mon interprète. Vous oubliez que je suis musulman. Je suis censé connaître ces choses. »

Quelqu'un entra, un religieux turkhmène en turban blanc, pâle d'avoir vécu en reclus depuis le début du ramadan ; il ne ressemblait en rien aux pèlerins turkhmènes décharnés, à la peau brûlée par le soleil, que nous avions aperçus dans la cour du mausolée. Une petite fille au visage blême l'accompagnait. Chirazi les accueillit chaleureusement. Nous nous levâmes, pour nous retirer. Les étudiants se prosternèrent à nouveau devant Chirazi et lui baisèrent la main. Chirazi sourit, et il souriait encore quand, après qu'il eut pris congé de nous, la petite fille se précipita vers lui pour lui embrasser la main.

La toile qui abritait la cour et ses figuiers avait été descendue. La lumière avait pris une teinte dorée ; les ombres s'estompaient. Nos chaussures nous attendaient au bas des marches ; et, dans une petite pièce voisine du vestibule, le garde du corps aux pieds nus, sans avoir lâché son fusil mitrailleur, jouait, plié en deux, avec un enfant.

Dehors, dans la ruelle, où la poussière semblait presque se confondre avec les rougeoiements du couchant, les étudiants pakistanais tournèrent vers moi des visages radieux, et l'un d'eux me demanda : « Comment l'avez-vous trouvé ? »

A leur sens, l'entretien s'était parfaitement bien passé. Ils nous prièrent Behzad et moi de dîner avec eux, de rompre le jeûne en leur compagnie et de goûter la nourriture simple des étudiants. Mais cette invitation (comme l'indiquait le choix de cette expression : la nourriture simple des étudiants) relevait de la pure courtoisie, n'était qu'une façon de nous saluer, de nous laisser remonter dans notre voiture et de reprendre le fil, par nous interrompu, de leurs habitudes vespérales en temps de ramadan.

De nombreuses silhouettes en manteau noir animaient la ruelle et la rue dans laquelle elle donnait ; on eût dit une vieille gravure représentant une scène de rue à Oxford. Mais, ici, les habits cléricaux n'étaient pas des costumes d'emprunt ; ils avaient une authenticité et conservaient toute leur signification ; ici, l'islam médiéval était toujours vivant, ainsi que l'organisation remarquable de son enseignement, qui avait ébloui certains hommes du haut Moyen Age européen.

Ces rues n'évoquaient pas seulement le vieil Oxford. Cette ville du désert – avec ses murs aveugles qui abritaient des cours intérieures, ses trottoirs rectilignes plantés d'arbres, ses jardins luxuriants mais circonscrits – rappelait par sa topographie les bourgades que j'avais traversées en Amérique latine, du Yucatan, dans le Sud-Est mexicain, à la pampa argentine. Le véhicule avait été l'Espagne : conquise par les Arabes entre 710 et 720, soit quatre-vingts ans après la Perse, elle avait été intégrée à l'empire médiéval musulman, la grande civilisation universelle de l'époque. Avant de conquérir les Amériques, l'Espagne avait repoussé le monde musulman et c'était dans ce rejet qu'elle avait puisé sa vigueur et son propre fanatisme. Mais ici, en Iran, cinq siècles plus tard, ce monde musulman survivait, vaguement conscient de sa grandeur passée, mais ignorant (comme l'attestait l'article du *Message de la Paix* sur le projet d'urbanisation islamique) du rôle réel qu'il avait joué autrefois et du continent lointain dont il avait indirectement influencé le destin.

Les étudiants pakistanais avaient indiqué son chemin à notre chauffeur lur. Comme nous roulions en direction du domicile de l'ayatollah Khalkali, l'exécuteur des hautes œuvres de Khomeiny, Behzad me dit : « Savez-vous pourquoi je ne pouvais pas dire à Chirazi que vous n'avez été élevé dans aucune religion ? Il se demandait si vous n'étiez pas communiste. Si je lui avais raconté que vous n'étiez pas croyant, il en aurait déduit que vous étiez communiste. Et cela n'aurait pas arrangé vos affaires. »

La demeure de Khalkali était située tout au bout d'une impasse, rue récemment refaite où, sur les trottoirs, poussaient de jeunes arbres. Le soleil était presque couché ; le ciel du désert flamboyait. Nous dûmes nous arrêter une ou deux maisons avant celle de l'ayatollah, que gardaient des hommes en armes. Behzad s'approcha de l'un d'eux, lui parla, puis m'appela. C'était une maison neuve, en béton, pas très grande, qu'une petite cour pavée séparait du trottoir.

Sous la véranda, ou galerie, nous fûmes fouillés par un jeune homme plutôt petit au torse épais moulé par un étroit tricot bleu, qui, pour les palper, fit glisser ses mains calleuses le long de nos jambes ; puis nous pénétrâmes dans une petite pièce au sol recouvert d'un tapis. Six à huit personnes s'y trouvaient déjà, parmi lesquelles un couple d'Africains, assis par terre, le corps droit et immobile. Au complet gris anthracite que portait l'homme, il était difficile de deviner sa nationalité exacte ; mais, d'après le costume de la femme, j'imaginais qu'ils venaient des Somalis, au nord-est de la corne africaine.

Je ne m'étais pas attendu à une telle affluence – une petite cour, en fait. J'avais espéré un entretien plus intime avec cet homme qui, du moins le supposais-je, avait été écarté du pouvoir et, peut-être, se sentait oublié.

Un juge sanguinaire, une figure de la terreur révolutionnaire, rendant la justice aux jeunes comme aux vieux, aux hommes comme aux femmes : mais le petit homme barbu, haut d'un mètre soixante à peine, qui, précédé par un solliciteur obséquieux, sortait en cet instant d'une pièce adjacente, avait tout du bon vivant et, derrière ses lunettes, ses yeux pétillaient.

Il avançait à petits pas raides. Il avait le teint pâle et portait une calotte blanche, mais ni turban ni robe ou manteau clérical ; sa tenue était quelque peu en désordre, avec sa tunique à rayures brunes froissée et à longs pans, sous laquelle on apercevait un gilet de coton, et qui dépassait sur des pantalons blancs informes.

Ce négligé vestimentaire – chez quelqu'un qui, considérant la prestance de Chirazi, aurait pu prendre modèle sur ce dernier – était peut-être un trait que Khalkali cultivait ou, du moins, pour lequel il était connu ; dès qu'il apparut, les Iraniens présents se mirent à sourire. L'Africain fixa sur lui un regard empli d'un respect craintif mais Khalkali le traita avec bienveillance, allant même jusqu'à le saluer personnellement. En revanche, l'ayatollah se montra des plus rudes avec Behzad et moi. Le changement d'attitude fut brusque, délibéré, digne d'un acteur : le clown révélait l'autre face de sa personnalité. Je ne me laissai pas désarçonner pour autant ; cela disait clairement que la présence dans cette pièce d'un nouvel étranger venu tout exprès de loin le flattait.

« Je suis très occupé, décréta-t-il. Je n'ai pas le temps d'accorder des interviews. Pourquoi n'avez-vous pas prévenu ?

– Nous avons téléphoné deux fois », protesta Behzad.

Khalkali ne répondit rien. Il introduisit un autre solliciteur dans la pièce voisine.

« Il est en train de réfléchir », commenta Behzad.

Mais je savais bien que c'était tout décidé et que la perspective d'une interview était trop tentante pour qu'il s'en privât. Lorsqu'il ressortit – et avant de faire entrer une nouvelle personne – il me lança, avec la même feinte rudesse : « Écrivez vos questions. »

Encore et toujours du théâtre, mais, cette fois-ci, cela m'ennuyait. J'avais espéré l'amener à raconter sa vie ; j'aurais aimé entrer dans son esprit, voir le monde tel qu'il le voyait. J'avais compté sur le tour que prendrait la conversation. Je ne pouvais savoir quelles questions je désirais lui poser avant d'avoir commencé à causer avec lui. Mais je devais m'exécuter : les Iraniens et les Africains attendaient de me voir obéir à ses instructions. Comment allais-je pouvoir conduire ce juge implacable à me révéler un peu plus que le personnage public ? Comment faire pour que ce demi-clown à l'instruction moyenâgeuse s'enflamme devant moi ?

Rien de bien extraordinaire ne me vint à l'idée ; je résolus d'être direct. Sur une feuille de papier prise dans un hôtel que je gardais sur moi, j'écrivis : *Où êtes-vous né ? Qu'est-ce qui vous a poussé à entreprendre des études religieuses ? Que faisait votre père ? Où avez-vous fait vos études ? Où avez-vous prêché pour la première fois ? Comment êtes-vous devenu ayatollah ? Quel est le plus beau jour de votre vie ?*

Le résultat fut décevant. Lorsqu'il réapparut enfin, il parut satisfait de voir la liste de questions dans la main de Behzad, et vint s'asseoir en tailleur, juste en face de nous. Nos genoux se touchaient presque. Au début, il répondit d'une façon très simple. Il était né en Azerbaïdjan. Son père était un homme très pieux. Un fermier.

« Aidiez-vous votre père ? demandai-je.

– J'étais berger quand j'étais enfant. » Alors, il se mit à faire le pitre. Montant le ton, et illustrant son propos du geste, il ajouta : « Maintenant, je sais comment on tranche la tête à un mouton. » Les Iraniens présents – y compris certains des gardes du corps – se tordirent de rire. « J'ai fait tous les métiers. J'ai même été marchand. Je sais tout. »

Mais comment le berger était-il devenu mollah ?

« J'ai étudié pendant trente-cinq ans. »

Je n'obtins rien d'autre. Je ne pus tirer de lui aucun récit de sa vie, de ses luttes ou de son ascension. Il avait vécu, un point c'est tout ; il n'avait jamais cherché à approfondir ses expériences. Et, si vaniteux qu'il fût (« je suis très malin, très intelligent »), les questions concernant son passé ne l'intéressaient pas. Il préférait parler de ses actuels pouvoirs, ou de sa position proche du pouvoir ; et c'est ce qu'il entreprit de faire, ignorant le reste de mes questions écrites.

« L'ayatollah Khomeiny a été mon maître, vous savez, me dit-il. Et j'ai été celui de son fils. » Il me donna une tape sur l'épaule et ajouta malicieusement, pour le plus grand amusement des Iraniens présents : « Ainsi, je ne peux pas dire que je suis *très* proche de l'ayatollah Khomeiny. »

Sa bouche s'ouvrit toute grande, et resta béante tandis qu'il s'étouffait de rire, me montrant ses gencives, sa langue et le fond de son gosier. Quand il se fut repris, il dit en agitant brièvement sa main droite : « Les mollahs vont diriger le pays, maintenant. Et la république islamique durera dix mille ans. Que les marxistes gardent leur Lénine. Nous, nous suivrons la voie de Khomeiny. »

Il se tut. Repliant bien ses jambes sous lui, soudain grave, levant, derrière ses lunettes, son regard vers moi, il poursuivit, brisant le silence qu'il avait lui-même créé : « J'ai tué Hoveyda, vous savez. »

Pour les Iraniens, la fixité de ses traits faisait partie de la plaisanterie. Affalés sur le tapis, ils n'en pouvaient plus de rire.

Ses attributions de juge révolutionnaire étaient ce qui lui importait le plus. Il avait déjà accordé de nombreuses interviews à propos de sa sentence à l'encontre du Premier ministre du Chah ; mais il ne se lassait pas d'en parler.

« Vous l'avez tué vous-même ? demandai-je.

– Non, me dit Behzad. Il en a seulement donné l'ordre. Hoveyda a été exécuté par le fils d'un ayatollah célèbre.

– Mais j'ai conservé l'arme », m'assura Khalkali, comme si c'était l'objet le plus précieux du monde.

A nouveau, les Iraniens se tordirent de rire sur le tapis. Et même l'Africain, qui n'avait jamais détaché son regard brillant de Khalkali, esquissa un sourire.

« Un gardien de la révolution lui en a fait cadeau, me précisa Behzad.

– L'avez-vous sur vous ? m'enquis-je.

– Elle se trouve à côté », répondit Khalkali.

Ainsi, dans cette pièce emplie d'éclats de rire, il avait fini par m'obliger à jouer le faire-valoir.

Le moment était venu de rompre le jeûne, non plus le moment de s'attarder mais celui, pour tous les visiteurs exceptés les Africains, de quitter les lieux. Depuis quelques minutes, des jeunes gens disposaient des victuailles sur le sol de la véranda. A peine Khalkali nous eut-il congédié qu'il sembla nous oublier. Nous n'eûmes pas le temps de remettre nos chaussures et d'atteindre la porte d'entrée qu'il avait déjà pris place pour le dîner en compagnie du couple d'Africains. Les mets étaient copieux ; le clown avait bon appétit.

Enfin, il fut permis à notre chauffeur lur de manger et à Behzad de répéter avec lui le rituel du partage de la nourriture. Nous retournâmes dans le centre de la ville, près du mausolée, et ils dînèrent dans le café où nous avions patienté, plus tôt dans l'après-midi, au milieu des odeurs de cuisine.

On leur servit du riz, du mouton et une sorte de pain persan très plat. Il n'y avait rien d'autre au menu. Je les laissai dîner, allai acheter des fruits secs à un étal puis me mis à marcher le long de la rivière, parmi les familles qui campaient et mangeaient sur les quais obscurs. De l'autre côté de la route qui longeait la rive, des enseignes au néon éclairaient les melons et fruits divers qui s'entassaient sur les tréteaux ; rafraîchissante scène nocturne, après la lumière écrasante de la journée.

Alors que je revenais vers le café par le quai opposé, je passai devant un magasin de chaussures illuminé. Un grand portrait en couleur de Khomeiny y était affiché. Je m'arrêtai pour examiner à nouveau ce visage fourbe : le front plissé, les épais sourcils, le regard dur, les lèvres sensuelles. Dans la lumière du magasin, je regardai la poignée de noix et de raisins *kichmich* que je m'apprêtais à engloutir. Il s'y trouvait une punaise. Sans cette halte devant la photo de Khomeiny, je me serais blessé la bouche d'une façon que je préfère ne pas imaginer ; et ma journée d'incroyant passée à Qom, la ville sainte, la ville de Khomeiny, se serait achevée sur une méchante surprise.

La circulation était assez dense sur la route de Téhéran. La lune brillait mais les phares des automobiles et des cars massacraient le paysage. On ne pouvait admirer que par intermittence le désert, le clair de lune, et le contour des collines. Behzad était fatigué ; il s'assoupit. Lorsqu'il se réveilla, il demanda au chauffeur d'allumer l'auto-radio, pour les informations.

Mauvaises nouvelles pour Behzad. *Ayandegan*, le journal de la gauche, le journal qu'il lisait et dont il m'avait parlé, venait d'être interdit par le procureur islamique de Téhéran. On accusait la publication d'avoir propagé « des thèses et des idéologies déviationnistes parmi les musulmans révolutionnaires d'Iran » ; d'avoir essayé de « diviser les différents groupes musulmans du pays » — référence aux minorités raciales et non chi'ites ; d'avoir falsifié les chiffres de son tirage ; d'avoir fait parvenir des exemplaires incomplets dans certaines régions d'Iran en vue d'économiser du papier journal ; et, enfin, d'avoir « publié des articles cherchant à nuire à l'unité de la nation ». Les biens du journal avaient été confisqués au profit de la Fondation pour le secours aux démunis ; et les gardiens de la révolution occupaient ses locaux.

Malgré Chirazi et Khalkali, Behzad revendiquait encore la révolution, estimant que d'un mouvement populaire pouvait — s'il n'était déjà en marche – en naître un autre. Cependant, la révolution se retournait maintenant contre lui. Mais tout bon révolutionnaire se doit d'être patient ; Behzad avait appris cela de son père. La disparition du journal était un rude coup – elle m'eût éprouvé durement si cette cause avait été la mienne – mais Behzad surmontait bien sa déception.

Il ne se rendormit pas. De temps en temps, tandis que nous traversions le désert baigné de lune, il devenait pensif. Nous laissâmes sur notre droite le lac salé blanc, là où, d'après lui, la police secrète du Chah se débarrassait autrefois des corps ; sur la gauche, le cimetière, où avaient été ensevelis certains des martyrs de la révolution, et que nous aurions visité s'il avait encore fait jour ; puis, sur la droite, ce fut la raffinerie de Téhéran, la torchère crachant ses jets de flammes : l'Iran s'enrichissant pendant son sommeil.

Il était près de minuit quand nous rentrâmes à l'hôtel. Ce fut alors que le Lur nous annonça le montant du supplément, somme sur laquelle il avait dû méditer pendant des heures. Il tenait compte à la fois du kilométrage et du temps passé ; il facturait également les heures supplémentaires ; le total excédait ce que nous avait demandé le chauffeur de l'hôtel. Mais la journée avait été plus pénible que ce qui avait été prévu au départ ; on l'avait privé du déjeuner tant désiré ; j'avais contemplé pendant si longtemps, et avec une tendresse grandissante, la nuque de sa petite tête carrée ; l'entrain avec lequel il avait attaqué son plat de riz et de mouton, après une si longue attente, m'avait tellement touché ; le visage osseux et bosselé qu'il avait tourné vers moi dans la lumière tamisée de la voiture pour me réclamer son supplément avait quelque chose de tellement émouvant ; il incarnait si bien l'image idéale que se faisait Behzad du bon et brave travailleur ; que je payai sans discuter.

4

Le train de nuit de Machhad

BEHZAD était originaire d'une ville de province, l'une des célèbres cités de la Perse antique. Son père était professeur de littérature. Behzad n'avait rien à dire de sa mère — il se contentait de la mentionner — et j'en déduisis qu'elle venait d'un milieu plus simple. Le jeune homme avait étudié pendant quelque temps dans une école américaine et parlait couramment l'anglais, sans accent caractéristique. Maintenant, à vingt-quatre ans, il suivait des cours de sciences dans un institut de Téhéran. Pleines d'une délicatesse toute persane, ses manières trahissaient une certaine aisance et une bonne éducation. Il était grand, mince, athlétique. Il faisait du ski, de l'alpinisme, et pratiquait assidûment la natation.

Une-famille provinciale (dont l'une des branches était sans doute de mentalité purement traditionnelle), l'école américaine, l'institut scientifique dans la capitale, les activités sportives : le monde offrait à Behzad, qui avait passé presque toute sa vie sous le règne du Chah, des possibilités auxquelles ses grands-parents n'avaient même jamais rêvé.

C'était là ma vision des choses. J'avais deux fois l'âge de Behzad. J'étais né à une époque coloniale statique ; et, à La Trinité, où j'avais passé les dix-huit premières années de ma vie, j'avais connu la pauvreté et les limites culturelles d'une colonie agricole qui, selon les estimations d'alors, ne proposait que quatre-vingts types d'emplois différents. En conséquence, dans des pays comme l'Iran, je me tenais à l'affût des changements. Il en allait autrement pour Behzad. Né dans l'Iran de 1955, il considérait comme acquise la prospérité de la nation ; il trouvait naturel l'élargissement de son propre milieu social ; seules lui importaient les injustices qui subsistaient encore dans cette société.

Pour moi, il appartenait à une classe aisée, voire privilégiée. Lui s'estimait pauvre et croyait le prouver en disant qu'il n'avait pas même une veste à se mettre sur le dos : l'hiver, il devait se contenter d'un pull-over. Cette conception de la pauvreté lui avait été inculquée par son père qui, communiste, avait séjourné pendant quelque temps en prison sous le règne du Chah. Celle que je m'en étais fait, vingt-cinq ans auparavant, à La Trinité, était bien différente.

Encore enfant – ce devait être vers 1965 – Behzad avait un jour demandé à son père : « Pourquoi n'avons-nous pas de voiture ? Pourquoi n'avons-nous pas de réfrigérateur ? » Alors, son père s'était mis à lui parler de la pauvreté et de l'injustice et avait commencé à l'initier aux idées révolutionnaires. Sous le toit familial, on ne puisait plus ses forces dans la foi religieuse mais dans l'idéal révolutionnaire. Comme chez d'autres la religion, cet idéal révolutionnaire, chez Behzad, n'était pas sans liens avec la piété filiale. Et, au sujet de ses croyances, le jeune homme se montrait aussi intransigeant que n'importe quel mollah de Qom à propos des siennes. Il jugeait les hommes et les pays selon leurs vertus révolutionnaires. En dehors de la littérature persane, à laquelle il était particulièrement sensible, il lisait exclusivement des écrivains révolutionnaires, ou qu'il considérait comme tels, et qu'il n'eût d'ailleurs peut-être pas été capable de situer dans leur époque : Cholokhov, Steinbeck, Jack London... Il n'avait jamais été tenté d'élargir son horizon.

Deux jours après notre voyage à Qom, nous marchions dans le centre de Téhéran lorsqu'il me déclara qu'en Occident la véritable liberté n'existait pas. On exploitait les travailleurs, qui n'obtenaient en échange de leur labeur que le strict minimum. Le monde n'avait connu la véritable liberté qu'une seule fois, en Russie, entre 1917 et 1953.

« Mais ce fut au prix d'immenses souffrances. Un nombre considérable de personnes furent emprisonnées et exécutées », protestai-je.

La réplique fusa aussitôt : « Quel *genre* de gens ? »

Il n'était pas croyant. Mais il avait été élevé dans l'Iran chi'ite et, pour lui, il n'existait pas de justice pour les purs et les opprimés sans châtiment pour les méchants. Il rêvait l'époque stalinienne comme les chi'ites rêvaient le règne d'Ali – le successeur légitime du Prophète.

« Certains de vos amis n'ont-ils pas viré de bord et décidé qu'ils sont désormais musulmans ? demandai-je.

– Quelques-uns. Mais ils ne savent pas ce qu'ils sont vraiment. »

Il me montra les hauts lieux de la révolution. Dans cette avenue commerçante bordée d'arbres, dans cet immeuble incendié (dont on ne remarquait pas tout de suite les trous béants des fenêtres au milieu de cette rue noircie par les fumées), les soldats du Chah avaient pris position. Ils avaient tiré sur les manifestants. Et ici, sur le seuil de cette porte, un homme était tombé. Six mois plus tard, les traces de sang restaient à peine visibles : juste quelques petites taches sombres sur le béton poussiéreux. En deux endroits, à l'aide d'un feutre noir, quelqu'un avait écrit en caractères persans pas plus gros que s'il s'était agi d'une note personnelle : *Ceci est le sang d'un martyr.* Le mot « martyr » avait une signification religieuse précise ; mais Behzad pouvait aussi lui conférer une valeur politique.

Avenue de la Révolution, ancienne avenue Chah-Reza, face aux grands bâtiments entourés de grilles en fer de l'Université de Téhéran, se trouvaient les éditeurs (en alternance avec les boutiques de mode pour hommes) ainsi que les étals des bouquinistes, des marchands de cassettes ou d'images. Les cassettes contenaient des enregistrements de discours de Khomeiny et d'autres ayatollahs ; quoique Khomeiny eût condamné la musique, on pouvait aussi acheter des cassettes de chansons populaires persanes ou indiennes. Certains bouquinistes proposaient des livres en persan sur la révolution, ses idéologues et ses martyrs. D'autres présentaient des piles plus conséquentes de littérature communiste, des livres de poche persans, et toute une série de volumes reliés en provenance de Russie : des œuvres de Marx et Lénine traduites en anglais. Une révolution semblait déboucher sur l'autre.

On trouvait aussi des albums de photographies sur la révolution. Ils avaient pour thèmes principaux la mort, le sang et la vengeance. On y découvrait des portraits de victimes tombées sous le règne du Chah ; des images de la révolte : du sang dans les rues, des corps dans les morgues, des slogans barbouillés en lettres de sang sur des carreaux blancs ; toute une série de gens exécutés après la révolution, qu'on montrait morts, page après page, cadavre après cadavre. L'un d'eux était celui de Hoveyda, le Premier ministre du Chah, qu'on avait en pleine nuit tiré précipitamment de sa prison, sur les ordres de Khalkali, pour l'abattre de deux balles, l'une au cou et l'autre en pleine tête : et l'on distinguait nettement sur le cliché le petit trou noir du projectile dans le cou du vieil homme.

C'étaient là les albums-souvenirs que la révolution avait inspirés à des éditeurs rivaux. Ainsi l'autre face de l'esprit iranien, la sentimentalité, apparaissait dans le stock des marchands d'images, côtoyant les paysages de rêve, paysages d'eau et d'arbres, les portraits d'enfants et les beaux visages de femmes aux joues mouillées de grosses larmes mystérieuses. Behzad aimait ces larmes.

Tous les bâtiments de l'université – fondée par le père du Chah – disparaissaient sous les slogans. L'université était le grand point de rencontre de Téhéran et, même en un jour comme celui-ci, que ne marquait aucun événement particulier, des groupes nombreux y discutaient avec animation. « C'est comme ça tout le temps », me dit Behzad. Mais de quoi parlaient-ils ? « Toujours des mêmes choses, m'affirma Behzad. L'islam, le communisme, la révolution. » Cela avait l'air d'une scène de campus tout à fait pacifique ; comment associer ces jeunes gens en jeans et jolies chemises aux bains de sang que célébraient livres et albums, de l'autre côté de la rue ?

Mais il y avait de la violence dans l'air et, juste après que nous eûmes repassé le portail principal, nous fûmes témoins d'un incident. Un étudiant de petite taille, portant des lunettes et une chemise blanche, entreprit de scotcher une feuille sur les barreaux de la grille, d'une façon si maladroite qu'elle en frisait le comique. Le tract protestait contre la fermeture d'*Ayandegan*, le journal de la gauche. Un ouvrier qui se trouvait au bord du trottoir, près d'un étal, s'approcha lentement, dessina en rouge un marteau et une faucille sur la feuille, la barra d'un grand X et gifla par deux fois l'étudiant, au milieu des passants : alors, sans hâte, il remit du ruban adhésif pour fixer plus solidement le tract ainsi biffé.

L'étudiant s'était baissé pour protéger ses lunettes et ses yeux. Personne ne fit un geste pour lui venir en aide. Même Behzad ne bougea pas. Il se contenta de dire, comme s'il attendait de moi que je rende la justice : « Vous avez vu ça ? Vous avez *vu* ça ? »

En apparence, les deux révolutions s'accordaient, celle de Khomeiny et celle que Behzad eût considéré comme la véritable révolution du peuple. Mais il n'en était rien. Le week-end précédent, Behzad et quelques-uns de ses amis s'étaient rendus dans un village pour y participer à des travaux. Ils avaient eu des ennuis avec les gardiens de la révolution : chaque village possédait son *komité* constitué de jeunes hommes armés qui, désormais, représentaient la loi un peu partout en Iran. Les gardiens, des musulmans, ne voulaient pas de communistes dans le village.

Qui étaient ces militants musulmans ? « Des lumpen [1], me répondit Behzad. Vous connaissez ce mot ? » Les gardiens du village étaient des *lumpen*, tout comme l'ouvrier qui avait giflé l'étudiant. Puiser dans un vocabulaire doctrinaire rassurait Behzad ; cela lui permettait de continuer d'avoir foi dans le peuple.

Une scène bien différente nous attendait à l'université le lendemain matin. C'était à nouveau un vendredi, jour férié, et le troisième vendredi successif qui voyait se tenir, sur le campus, une grande prière collective.

Behzad et moi quittâmes l'hôtel à pied et, arrivés avenue de la Révolution, on eût dit que la moitié de Téhéran marchait avec nous. Aucun car, aucun camion n'avait amené ces gens jusqu'ici ; ils étaient venus à pied. Une foule dense se pressait devant l'université ; les voitures avançaient au pas ; au milieu de la cohue s'étaient formés de petits groupes qui hurlaient des slogans, à peine audibles dans le brouhaha général.

Nous dépassâmes les bouquinistes et les marchands d'images installés sur le trottoir puis, longeant les grilles de l'université, tournâmes à

1. Abréviation de « lumpenprolétariat », terme marxiste issu de l'allemand qui caractérise la fraction du prolétariat dépourvue de conscience politique, généralement sans ressources ni emploi stables. *(N.d.T.)*

droite. La rue, qui remontait vers Téhéran nord, était large, bordée de platanes et d'étroits caniveaux où l'eau s'écoulait rapidement. Devant les grilles, un jeune homme barbu, tenant un fascicule dans chaque main, hurlait : « Ces livres dénoncent le communisme et l'impérialisme ! »

« Pour eux, ces deux mots signifient la même chose », commenta Behzad d'un ton désolé.

Un peu plus loin, ayant laissé l'homme derrière nous, Behzad me retint brusquement. « Ici, nous devons respecter la loi islamique. Ce côté de la route est réservé aux femmes. »

Nous traversâmes, marchâmes un moment près du caniveau, puis, pendant une heure ou plus, sur le trottoir des hommes (du moins le pensions-nous), et, à l'ombre de plus en plus étroite d'un platane, regardâmes la foule qui débouchait de l'avenue de la Révolution pour remonter la rue, les femmes drapées et voilées de noir d'un côté, et les hommes de l'autre. Éparpillés le long du caniveau, avec une ferveur passionnée, des hommes faisaient leurs ablutions rituelles puis s'éloignaient précipitamment ; on eût dit qu'ils rivalisaient de fanatisme ou jouaient à qui montrerait le plus d'ardeur. Quand Behzad et moi cessions de parler, nous n'entendions plus que le martèlement des pas, la rumeur de la foule en marche ou, parfois, le cri d'un enfant. Un léger nuage de poussière s'éleva au-dessus du campus.

De temps à autre, des groupes surgissaient, qui réclamaient l'unité à grand renfort de slogans ; à un moment, nous aperçûmes même une troupe en uniforme de parachutiste, armée de fusils G-3. Des gardiens de la révolution surgirent pour faire avancer le flot des fidèles, veiller à ce que les hommes restent séparés des femmes. Je reconnus un Kurde, ou, du moins, le costume qu'il portait : une tunique de cotonnade très lâche, ceinturée, des culottes bouffantes lui battant les chevilles. Soudain, à notre grande surprise, une jeune femme bien en chair, en jeans étriqués et talons hauts, passa sur notre trottoir, vaquant visiblement à des occupations d'un tout autre ordre. Elle marchait aussi vite que ses talons le lui permettaient, sans regarder personne.

La foule s'épaississait, hommes et femmes formaient maintenant deux courants bien distincts, les hommes continuant d'avancer, les femmes contraintes de ralentir, arrêtées un peu plus haut par l'encombrement qui bouchait l'entrée qu'elles devaient emprunter. Les haut-parleurs commencèrent à déverser un discours prononcé d'une voix hachée et passionnée ; cela ne fit qu'ajouter au climat d'exaltation. Il ne resta bientôt plus le moindre espace libre sur le trottoir des femmes. Certaines d'entre elles s'assirent par terre, sur des feuilles de papier journal ou des bouts de chiffon, d'abord à l'ombre mouchetée de lumière des platanes, puis un peu partout. Elles envahirent notre trottoir, ou plus exactement celui que nous considérions comme tel. Sans nous prêter attention, elles fouillaient dans leurs paniers, en sortaient des bouts de chiffon, de tissu, des morceaux de journal, qu'elles étendaient à nos pieds ; sorties du flot noir, anonyme et imposant, elles redevenaient des paysannes au visage fatigué, qui défendaient âprement leur petit carré de trottoir ou de chaussée.

Un gardien de la révolution s'approcha et nous interpella durement; « Il dit que nous devons laisser prier les femmes », m'informa Behzad.

L'attirail guévariste du gardien, les lunettes noires, le fusil, tout cet accoutrement révolutionnaire au service d'une telle cause : sur le moment, l'incongruité m'irrita au plus haut point. Mais Behzad me dit doucement : « Avançons avec les gens. »

Nous rejoignîmes les hommes, toujours en marche, mêlant nos pas au martèlement général, et Behzad dit : « J'aime marcher avec le peuple. » Puis il ajouta : « Ce n'est pas un événement religieux mais un événement politique. »

Au portail des croyantes s'était formé un rempart de musulmanes voilées et drapées de noir, les unes, à l'intérieur, incapables de bouger, les autres, à l'extérieur, en attente. Un nuage de poussière flottait au-dessus de cette masse noire. Le carrefour, au nord de l'enceinte universitaire, était surveillé par des hommes en tenue de combat, armés de fusils. La partie nord du campus était réservée aux hommes ; ceux-ci occupaient déjà la moitié de la chaussée. Tous les portails étaient gardés. Ce fut par l'une des entrées situées au nord (on en avait prévu beaucoup plus pour les hommes que pour les femmes) que Behzad me fit pénétrer sur le campus, après avoir répondu à la question de pure forme posée par l'un des gardiens de la révolution que, oui, j'étais musulman.

Behzad voulait voir la foule. Moi, j'avais peur de me laisser surprendre par le début de la cérémonie. Behzad comprit. Il me dit que cela ferait mauvais effet de partir juste au moment où les prières commenceraient ; et, bien sûr, si nous restions, nous ne saurions comment nous comporter, ce qui nous attirerait plus d'ennuis encore. Mais nous disposions d'un certain temps avant le début des prières. C'était encore l'heure des discours, et ils pouvaient durer indéfiniment, comme s'était éternisée cette première harangue (prononcée avec ferveur par un ayatollah de moindre importance et qui ne méritait pas d'être traduite) crachée par tous les haut-parleurs.

Le gros de la foule s'était rassemblé au milieu du campus, autour de la mosquée de l'université. Mais, jusqu'à quelques mètres des portails, des hommes s'étaient installés pour la prière, profitant de l'ombre ténue de chaque arbre, de chaque buisson. Certains se protégeaient la tête à l'aide de mouchoirs ou de vêtements pliés ; d'autres portaient des chapeaux de papier ou des casquettes de carton, comme des supporters assistant à une rencontre sportive.

Deux ouvriers entrèrent en courant, qui affichaient avec ostentation leur enthousiasme. Ils nous bousculèrent délibérément et l'un d'eux s'écria : « Si le père du Chah avait su à quoi ressemblerait son université un jour comme celui-ci, il ne l'aurait jamais fait construire. »

L'ayatollah qui tenait le micro demanda à la foule assise de chanter. Elle lui répondit inlassablement, noyant le son des haut-parleurs. Les chants parlaient d'unité. Unité, union, anonymat, en un immense magma humain : ce qui faisait la joie de la foule ne tarda pas à devenir oppressant pour moi – ne serait-ce que parce que je ne m'étais jamais trouvé dans un espace clos en compagnie d'un million de personnes – et je découvris avec soulagement, quand nous nous échappâmes par l'une des sorties situées à l'est pour rentrer à l'hôtel, qu'à l'extérieur, pour d'autres gens, la vie continuait.

Nous pûmes manger quelque chose au restaurant de l'hôtel. Le son de la radio nous parvenait, puissant, de la cuisine ; à l'université, les discours se succédaient toujours.

Les seuls autres clients présents dans la grande salle à manger étaient quelques Italiens abandonnés qui logeaient à l'hôtel depuis plusieurs jours. La compagnie qui les employait devait sans doute payer leur note d'hôtel, et ils ne disposaient apparemment pas d'argent liquide. Ils étaient élégants, la trentaine, et portaient tous des pantalons d'une coupe féminine typiquement italienne : moulants, taille haute, arrondissant les hanches. Ils sortaient rarement ; ils prenaient tous leur repas à l'hôtel ; et, au fil des jours, au fil des repas, leur vivacité et leur belle prestance allaient diminuant. L'hôtel, autrefois réputé pour sa cuisine, avait perdu son chef après la révolution.

Et qu'écoutait la foule de l'université – comme nos serveurs en tenue – après la marche, l'exaltation et l'attente sous le soleil ?

« Les Iraniens doivent veiller à ce que la flamme de l'islam ne s'éteigne jamais. »

Ils avaient déjà entendu cela auparavant, mais cela faisait partie du rite. L'orateur était le bien-aimé ayatollah Taleghani, l'homme qui conduisait les prières. C'était Taleghani qui avait organisé cette prière collective à l'université de Téhéran, pour que se manifeste l'unité révolutionnaire, comme en rappel du temps du Prophète et des tribus du désert. Taleghani était un vieillard et il devait mourir quelques semaines plus tard. Même la gauche le considérait comme le plus intelligent et le plus modéré des ayatollahs ; mais, à sa mort, on apprit qu'à l'époque il était en fait le chef du Conseil de la Révolution.

Le Prophète lui-même, disait l'ayatollah Taleghani, avait sans doute songé à la révolution iranienne en prédisant que les Persans, les descendants de Salman-e-Farsi, seraient « les pionniers de l'Islam en un temps où le monde se serait détourné de la foi ».

En 637, soit cinq ans après la mort du Prophète, les Arabes commencèrent à envahir la Perse et tout le glorieux passé de cet empire, jusqu'à l'Islam, fut déclaré âge de ténèbres. L'orgueil perse ne se perdit pas : les Persans en vinrent à croire qu'ils représentaient la foi musulmane la plus pure. C'était le fondement même de leur passion chi'ite, de leur animosité envers ceux qui ne partageaient pas leur croyance.

Les ayatollahs, ces grands prélats, s'étaient dispersés pour le ramadan, chacun, tel un seigneur du Moyen Age, se retirant pour la durée de ce mois près de la source de son pouvoir. Khomeiny gouvernait depuis Qom ; et, à Qom, Khalkali se trouvait près de Khomeiny. Taleghani conduisait les prières à Téhéran. A Machhad, à huit cents kilomètres au nord-est, près des frontières russe et afghane, Chariat Madari cultivait sa cour turque. On le disait maussade, mécontent de la façon dont s'étaient déroulées les élections pour l'Assemblée constituante.

Machhad représentait un excellent fief pour un ayatollah. La ville abritait un tombeau plus sacré encore qu'à Qom, la sépulture de la sœur du huitième imam ; à Machhad se trouvait le mausolée du huitième imam lui-même. Il mourut en 817, un an après avoir été désigné comme le nouveau guide du monde musulman tout entier ; et les chi'ites prétendent qu'il fut empoisonné par un fils de l'une des grandes figures des *Mille et Une Nuits*, Haroun al-Rachid. Conflits dynastiques, intrigues de palais, succès et revers des Persans au sein de l'empire islamique, voilà quelle était la substance de la théologie chi'ite.

Ce jour-là, Behzad et moi aurions dû nous trouver sur la route de Machhad. Mais il y avait eu des complications. D'abord, il fut question que la mère de Behzad monte à Téhéran ; puis que sa petite amie vienne pour le week-end. La jeune fille comptait beaucoup pour lui. Elle avait vingt-cinq ans, était diplômée en sciences économiques, mais l'Iran d'après la révolution ne lui avait pas offert d'emploi ; et je crus comprendre qu'elle était allée passer quelque temps en province. Puis, curieusement, il s'avéra qu'elle séjournait à Machhad.

Ainsi, rien ne s'opposait plus à ce que nous nous rendions dans cette ville ; Behzad et son amie pourraient rentrer à Téhéran ensemble. Mais Machhad accueillait énormément de visiteurs pendant le ramadan et les voyageurs qui faisaient la queue à la gare, ce matin-là, dès sept heures, ne partiraient pas avant deux jours. Aussi décidâmes-nous de prendre l'avion et eûmes-nous la chance, après avoir attendu l'ouverture des portes d'Iran Air, d'obtenir les derniers billets disponibles pour le lendemain.

C'étaient des billets de première classe mais Behzad (qui prétendait emporter l'essentiel de sa garde-robe dans sa serviette) s'étala avec la plus grande aisance sur le large siège. Les hôtesses ne portaient pas le voile : à Iran Air, tout au moins dans le ciel, le style pré-révolutionnaire prévalait toujours.

Nous survolions des terres où le brun prédominait. Les champs verts qui occupaient le plateau à l'est de Téhéran s'effacèrent rapidement ; bientôt, nous ne vîmes plus que des montagnes pelées, tantôt évoquant les anneaux d'un mille-pattes, tantôt creusées de cratères, tantôt abruptes et déchiquetées, tantôt douces et aux flancs striés par le ruissellement des eaux, à la fonte des neiges. Les formes et les textures évoluaient continuellement; les couleurs variaient de l'ocre au rouge sombre puis à l'anthracite. Avec surprise, on découvrait parfois des taches vertes, les lacets d'un chemin au fond d'une vallée ou le trait rectiligne d'une route traversant une immensité brune. Partout où les hommes pouvaient vivre, on décelait leur présence; ce paysage était séculaire. A une heure de vol de Téhéran, les terres cultivées se multiplièrent; verdâtres sur fond brun, ou verdâtres sur fond rouge pâle; puis, passées les montagnes, apparut la vaste plaine où reposait Machhad : lointaine, isolée, au cœur de cette région millénaire, et qui, peut-être, fut toujours un point de rencontre, un lieu de pèlerinage, bien avant l'Islam et le huitième imam.

Quoique appartenant à une chaîne américaine, l'hôtel Hyatt 'Umar Khayyam continuait à travailler. Grâce à sa clientèle de pèlerins aisés, il pouvait maintenir son standing de palace international: un grand hall de marbre, des éclairages sophistiqués, une piscine (avec des horaires différents selon le sexe), un salon de thé ensoleillé dont la baie vitrée donnait sur les plantes vertes d'un jardin nain, une sombre et luxueuse salle de restaurant ornée de tapis sur laquelle régnait un maître d'hôtel en habit noir. Style déconcertant en pleine ville de Machhad; et il était plus curieux encore de découvrir, dans la chambre d'hôtel, parmi les fournitures habituelles, un morceau d'argile mecquois ou médinois, enveloppé avec goût dans une serviette de toilette brune: le sol sacré de l'Arabie, gracieusement offert par le Hyatt.

Mais ce qui me paraissait incongru le semblait moins à Behzad. « Regardez cette famille, me dit-il au restaurant. Seule la vieille femme est vraiment pieuse ou croyante. Elle est venue ici pour l'imam. Ses filles et ses gendres sont venus pour l'hôtel, pour nager, se détendre et manger. Ils peuvent manger pendant le ramadan parce que les voyageurs en ont le droit et qu'ici, à Machhad, on les considère comme des voyageurs. »

Ainsi le Hyatt 'Umar Khayyam continuait-il de vivre sur sa splendeur passée — dans la librairie de l'hôtel, on trouvait encore des livres en anglais à la gloire du Chah. Mais tous les hôtels de la chaîne Hyatt n'avaient pas été ainsi épargnés; et, parmi les prospectus et morceaux de littérature divers que je découvris dans ma chambre, le dépliant aguichant du Hyatt Regency Caspian apparaissait comme la voix de l'Amérique évoquant avec tristesse un passé dont il ne subsistait presque plus rien. *Vous souvenez-vous du temps où l'on ne pouvait séjourner nulle part sur la côte de la mer Caspienne?* MAINTENANT IL Y A UN HYATT.

Behzad ne parvenait pas à joindre son amie. Aussi, après le déjeuner, décidâmes-nous de sortir. Le Chah avait consacré beaucoup d'argent à l'embellissement de Machhad. Les grands travaux publics commencés dans le quartier du mausolée, à l'autre extrémité de la ville, avaient été abandonnés. Les dômes, les minarets et les cours se tenaient au milieu d'un immense cercle poussiéreux écrasé par le soleil.

Entre les grilles et l'enceinte des cours, nous vîmes des gardiens ou des policiers emmener sans ménagement un ivrogne au poste de police. Un petit attroupement s'était formé. Behzad me dit que l'homme serait sans doute fouetté, mais pas en public. Peu après la révolution, on avait procédé à des flagellations publiques, pour faire revivre la loi islamique, mais les réactions de la population avaient été négatives.

« Négatives ?

– Les gens en voulaient à l'homme qui tenait le fouet, me répondit Behzad. Cela lui rendait la vie difficile. »

Les cours respectives de la mosquée et du mausolée étaient pleines de montagnards qui campaient dans les *iwan* [1] au-dessus des caveaux. Étendus à l'ombre des galeries, petits, la peau tannée par le soleil, ils étaient misérables, peut-être plus pauvres encore que les pèlerins que nous avions vus à Qom.

Ces visages de montagnards faisaient sentir la proximité de l'Asie centrale. Et, dans la cour du mausolée, surgit une vision ; une grande femme à demi voilée en jupes courtes à volants d'un jaune vif, marchant les reins arqués, les épaules rejetées en arrière, ses hauts talons marquant chacun de ses pas, précis et réguliers, son éclatante jupe jaune et ses jupons épousant le rythme de ses hanches, tout son corps se balançant lentement d'un côté puis de l'autre : une démarche de danseuse. Quel spectacle. L'univers caucasien de Lermontov et de Tolstoï, transporté ici !

Behzad ignorait d'où elle venait ; il put seulement me dire qu'elle était pauvre et originaire d'un village. Nous l'observâmes traverser la cour – un homme ainsi qu'une femme plus âgée et non voilée l'accompagnaient – et la vîmes pénétrer dans la cabane située près de l'entrée du mausolée pour laisser ses chaussures à hauts talons au gardien. Nous attendîmes qu'elle ressorte, mais en vain : une porte latérale permettait d'accéder directement de la cabane au mausolée. Tant de gens avaient quitté leurs montagnes pour accomplir un dur voyage ; un voyage pour lequel une jeune villageoise n'avait pas hésité à revêtir, du moins le dernier jour, sa plus belle jupe à volants.

« Vous savez pourquoi ils prient ? me demanda Behzad. Pour obtenir de l'argent, du travail, un fils. »

Dans le musée, attachés aux vieilles grilles de cuivre qui protégeaient le tombeau de l'imam, nous vîmes les vestiges d'anciennes prières, jusque-là restées sans réponse. Quand un pèlerin faisait une prière ou

1. Cellules. *(N.d.T.)*

demandait une faveur particulière, il nouait une bande d'étoffe au portail ; tous les barreaux et les traverses accessibles – cylindres de cuivre reliés par des sphères du même métal – disparaissaient sous les lambeaux de tissu. Lorsque la bande se détachait, la prière était exaucée ; parfois, des visiteurs frottaient les barreaux pour faire tomber un ou deux morceaux d'étoffe et favoriser ainsi le souhait d'un de leurs frères musulmans. De l'autre côté des grilles, le sol était jonché de ces fragments de tissu qui retenaient la poussière. Le bas du portail avait été touché par tant de mains que certains des barreaux de cuivre manquaient.

Ceux dont les souhaits étaient particulièrement difficiles à exaucer posaient des cadenas bon marché (pour la plupart fabriqués en Chine) dans les trous qui perçaient les sphères de cuivre. Comment ces cadenas pourraient-ils s'ouvrir tout seuls ? Qu'est-ce que les suppliants avaient fait de la clé ? Ne défiaient-ils pas ainsi la providence ? Behzad n'en savait trop rien. Il pensait que, plus vraisemblablement, le pèlerin remettait la clé à un ami, lequel, un jour, viendrait à son tour à Machhad et, avec un peu de chance, trouverait la bonne serrure.

Behzad n'avait pas l'adresse de son amie. Il ne possédait qu'un numéro de téléphone et ce numéro ne répondait jamais, ni à l'heure du déjeuner, ni en fin d'après-midi.

Le coup de téléphone qu'il accepta de passer pour moi ne donna pas plus de résultats. On m'avait confié le nom d'un étudiant islamique de l'université de Machhad, mais, apparemment, il ne souhaitait pas rencontrer d'étrangers. Il prétexta qu'il venait d'être transféré à Téhéran et, occupé à faire ses bagages, ne pouvait me recevoir. Puis, alors que je lui proposais de sortir prendre au moins une tasse de café avec moi, il affirma qu'il avait la migraine et devait rester allongé sur son lit. Peut-être irait-il mieux d'ici deux ou trois jours ; que je le rappelle le lendemain matin.

Contrairement à ce qui avait été prévu, Behzad et moi passâmes donc la soirée ensemble. Nous sortîmes après dîner, non sans avoir encore téléphoné aux quartiers de ramadan de l'ayatollah Chariat Madari. Son secrétaire nous apprit que l'ayatollah recevait entre dix et onze heures du soir, après avoir rompu le jeûne. Puis il prononçait un discours ; ensuite, il allait se coucher et se relevait pour la prière, à quatre heures trente précises, juste avant de prendre le dernier repas de la nuit. Repas, jeûne, sommeil, repas, tel était le rythme qu'imposait le ramadan aux croyants.

Lorsqu'il sut où nous allions, le maître d'hôtel, souriant et amical, nous prévint : « Faites attention. Machhad est une ville où il peut arriver à tout moment des choses désagréables aux étrangers. » L'avertissement était judicieux et partait d'une bonne intention. Cependant, par courtoisie, il ajouta : « Mais vous, ça va. Les Indiens, les Égyptiens, les Pakistanais, ça va. Les Américains et les Allemands sont mal vus. Le Chah les a fait venir ici et ils sont devenus les seigneurs de ce pays. C'était un mauvais roi. » Il sourit de nouveau, l'œil pétillant, la moustache frémissante. « Ou un roi stupide. »

La maison où Chariat Madari recevait, se trouvait dans une petite allée tortueuse qui s'écartait de la rue principale. La ruelle était sombre et calme, en contraste avec la circulation et les lumières nocturnes. Les empreintes de pas dans la poussière et la crasse trahissaient le passage des fidèles ; mais il n'y avait ni foule ni bousculade.

L'entrée était gardée, mais d'une façon toute formelle, par deux jeunes hommes assis, sur des chaises, devant la grille, et qui ne montraient pas leurs armes. Ayant écouté les explications de Behzad, ils nous laissèrent entrer. Nous eûmes l'impression de pénétrer dans un monde de rêve : un jardin clos où des globes blancs illuminaient des pêchers chargés de fruits, des fleurs, des roses, des pelouses. Devant nous, à même le sol, étaient disposés des tapis sur lesquels priaient quelques hommes ; une étroite bande de tapis rouge courait le long du jardin jusqu'au haut mur couvert de lierre. Tout au bout, de l'autre côté d'un bassin peu profond carrelé de bleu, éclairée par d'autres lumières, se dressait une tente où nous aperçûmes des gens assis aussi sur des tapis.

Nous ôtâmes nos chaussures et, contournant le bassin, nous dirigeâmes vers la tente pour nous installer face aux coussins noirs auxquels s'adosserait Chariat Madari à son arrivée. La maison située au fond du jardin, près de la tente, était neuve, toute de béton et de verre ; non moins modernes, des balustrades de fer forgé encadraient les marches carrelées du perron. Behzad ne sut pas me dire s'il s'agissait de la demeure personnelle de Chariat Madari, ou d'une propriété appartenant à une fondation religieuse et payée par les aumônes des croyants. Un vieillard et un jeune homme passèrent parmi nous pour proposer du thé, du sucre et de l'eau ; il y avait déjà des coupes contenant des morceaux de sucre sur le tapis.

« Chariat veut faire monter sa cote de popularité, m'expliqua Behzad. Il saisit l'occasion. Les affaires publiques accaparent Khomeiny. Alors, Chariat est venu ici et il en profite pour soigner son image. »

Nous nous levâmes tous quand Chariat Madari fit son entrée. Il paraissait difficile de prêter un quelconque machiavélisme politique au vieil homme inoffensif qui remontait le tapis rouge, une expression apparemment souriante sur le visage ; mais peut-être n'était-elle due qu'à l'effet combiné de ses lunettes, de sa barbe et du dessin de sa bouche. Il avait une barbe blanche, un teint clair et rose, et ses traits rappelaient étrangement ceux d'un vieil Écossais. Son habit religieux était immaculé. A côté des mollahs de l'assistance, si souvent sales et ventripotents, et menant même peut-être une vie de débauche (comme dans la légende populaire), il faisait figure de prince. Sa cape noire était d'une étoffe très fine, brodée ou imprimée, et nouée d'élégants lacets ; elle laissait apparaître une robe de couleur fauve.

Il avait bien l'allure de ce qu'il était, une grande figure du savoir médiéval. Entre autres choses, il avait étudié à Qom, en 1920, la philosophie et l'astronomie auprès d'un célèbre théologien : bien des siècles auparavant, l'astronomie avait contribué à l'expansion intellectuelle musulmane, mais, tout comme la philosophie, elle s'était depuis longtemps figée en une discipline théologique.

Dès qu'il se fut assis contre les coussins noirs, les gens se précipitèrent pour lui baiser la main. Deux hommes entreprirent de tout organiser, rangeant les visiteurs en une queue qui sortait de la tente et rabattant le tapis rouge près du mur couvert de lierre. Les hommes et les jeunes garçons portaient la main droite de l'ayatollah à leurs lèvres, à leur front, à leurs yeux. Un homme lui baisa la main deux fois, la seconde pour qu'un ami pût le prendre en photo ; il y avait beaucoup d'appareils photos.

Pas un instant, Chariat Madari ne sembla cesser de sourire, remarquant à peine les gens qui se jetaient à ses pieds et à qui il abandonnait sa main. Déjà, il ne prêtait plus attention qu'aux pétitions que deux ou trois personnes, trompant la vigilance des gardes et des mollahs, avaient réussi à lui remettre. Ces derniers, coiffés de leur curieux turban noir ou blanc et portant la barbe, noire ou blanche, se pressaient autour de lui. Les corps prosternés, les robes claires, les têtes regardant toutes vers un même point, les turbans, les barbes, tout cet ensemble, se découpant en pleine lumière contre la toile nue, donnait un effet pictural ; on eût dit que tous posaient pour un tableau.

Une foi comme celle-ci – foi dans la foi, foi en la voie tracée par le guide – avait fait la révolution. En conflit avec Khomeiny, Chariat Madari appartenait maintenant au camp des perdants, victime de la foi d'autres croyants. Mais il avait été l'un des chefs de la révolution ; et, en sa présence, même Behzad ne pouvait s'empêcher d'éprouver une crainte respectueuse.

La file des fidèles s'immobilisa quand Chariat Madari entreprit d'écrire sur l'une des pétitions. Il semblait difficile de s'emparer pour la baiser de la main droite de l'ayatollah tandis qu'il écrivait – pourtant, une ou deux personnes tentèrent de le faire.

Behzad et moi étions assis tout près, et les raisons de notre visite n'apparaissaient pas clairement. Nous ne brandissions ni pétition ni appareil photo ; nous ne cherchions pas à lui baiser la main. Nous finîmes par attirer l'attention. Chariat Madari lui-même nous jeta une ou deux fois un bref coup d'œil interrogateur. Behzad pensa qu'il valait mieux nous déplacer un peu. Nous récupérâmes nos chaussures et nous dirigeâmes vers l'arrière du jardin. Des mollahs continuaient d'arriver. L'un d'eux était aveugle. Ses pieds n'émettaient qu'un léger bruissement sur le tapis rouge alors qu'il avançait en faisant de grands cercles des deux bras. Personne ne se préoccupa de lui. Les gens se contentaient d'esquiver le mouvement de ses mains et de le laisser aller. A l'autre extrémité du jardin, dans la pénombre, des femmes s'étaient rassemblées dans l'espace qui leur était réservé.

Nous attendîmes jusqu'à ce que Chariat Madari commence à parler. Si nous avions admiré les splendeurs du cadre, le jardin, le bassin, les lumières éclaboussant les pêchers aux fruits verts et duveteux, l'allure de l'homme lui-même, nous fûmes déçus par ses propos. Le Chah était un mauvais monarque et n'avait rien fait de bon. Il avait interdit la polygamie et, par là, causé grand tort aux femmes. L'islam protégeait la femme ; il la protégeait notamment en cas de divorce. Rien de tout cela n'était bien nouveau; n'importe quel mollah aurait pu le dire.

Mais la cérémonie n'en demeurait pas moins un événement – un soir de ramadan marqué par le discours d'un ayatollah ; et, à la sortie, repassant devant les gardes armés pour tourner dans la ruelle, nous la trouvâmes pleine d'arrivants.

La grand-rue était encombrée d'automobiles et de deux-roues ; une boutique offrant toutes sortes de fruits secs iraniens nous éblouit par ses effets de néon et de miroirs ; des gaz d'échappement flottaient dans l'air, tels des relents de cuisine nauséabonds.

Une fois revenus à l'hôtel, Behzad tenta à nouveau de joindre son amie, mais toujours sans succès.

Le lendemain matin, il ne parvenait plus à dissimuler son inquiétude. Il avait cessé de croire que la ligne était en dérangement.

« J'espère qu'elle n'a rien fait qui puisse la conduire en prison, me dit-il. Une ville comme Machhad peut s'avérer dangereuse, avec tous ces gardiens de la révolution.

– Pourquoi l'arrêteraient-ils ?

– Elle est communiste. »

Quant à mon étudiant, celui qui allait être transféré à Téhéran, faisait ses bagages, avait la migraine et était allongé, il souffrait toujours de maux de tête.

« Connaissez-vous l'*Encyclopédie de l'Islam* ? me demanda-t-il. C'est une publication hollandaise. Vous y trouverez toutes les informations que vous désirez concernant l'Islam et Machhad. »

Migraine ou pas, je ne pensais pas être venu à Machhad pour qu'on m'envoie promener en me conseillant la lecture d'un vieux bouquin.

« J'ai vraiment mal à la tête, continua l'étudiant. Avez-vous visité le mausolée ? Le musée ? La bibliothèque ? Allez voir la tombe de Firdusi. Oui, c'est ça, allez sur cette tombe. »

Nous suivîmes son conseil. Elle était située à quelques kilomètres de Machhad, dans une vaste plaine desséchée que l'irrigation verdissait çà et là : paysage désolé pour la sépulture du plus grand poète du pays, lequel, quatre cents ans après l'invasion arabe, écrivit en langue perse à l'exclusion de mots arabes, et, comme me l'apprit Behzad, s'éleva contre la prépondérance de la culture arabe en Perse.

Je découvris avec surprise que la tombe n'était pas ancienne. Le Chah l'avait fait élever récemment : une tour carrée de marbre flanquée aux quatre coins de colonnes de style perse, manifestation de l'effort du Chah pour faire revivre le passé iranien d'avant l'Islam. Le mur qui suivait les marches menant au caveau était orné de bas-reliefs évoquant, dans un style antique, les passages les plus célèbres des poèmes épiques de Firdusi. Mais toutes les inscriptions avaient été effacées ; et masquées les références au Chah, à la famille royale et à la monarchie. Là où se détachaient autrefois les lettres, on avait appliqué une couche grossière de ciment ou de plâtre. Partout, sur le marbre, apparaissaient des photographies de Khomeiny.

On eût dit que l'étudiant de Machhad m'avait envoyé visiter le monument funéraire de Firdusi moins par admiration pour le poète que pour me faire constater ces témoignages de la colère du peuple. Et j'en découvris les ravages – plus apparents dans cette ville riche et nouvellement reconstruite qu'à Téhéran – à notre retour à Machhad : les immeubles dévastés par les flammes (parmi lesquels le *Broadway cinema*, avec son enseigne en anglais et sa façade imitée de Las Vegas), tous les ornements pré-islamiques de style achéménide caractéristiques de l'architecture du Chah détériorés, dans les jardins, les piédestaux fracassés, noircis par le feu, et délestés de leurs statues royales. La ville sainte m'apparut également comme une cité de violence.

Behzad se montra plus enjoué au déjeuner.

« J'ai eu la sœur de mon amie au bout du fil, m'apprit-il. Tout va bien. C'est le téléphone qui est en dérangement. J'ai parlé au standardiste, et il m'a donné le numéro de la sœur. Je vais les voir ce soir. Je commençais à m'inquiéter vraiment.

– La sœur est communiste, elle aussi ?

– Non, mon amie est la seule de la famille. Tous les autres sont très religieux. »

En Iran, vous étiez soit religieux soit communiste : il n'y avait ni moyen terme ni autres solutions.

Après le déjeuner, nous décidâmes d'aller acheter nos billets pour le train de Téhéran qui partait le lendemain. Mais le chauffeur de taxi informa Behzad que les guichets de la gare n'ouvraient que de six heures à midi.

« J'irai faire la queue à six heures du matin ! se résigna Behzad.

– Vous pensez que le chauffeur a dit vrai ? hasardai-je.

– Pourquoi mentirait-il ?

– Ce n'est pas ce que j'ai voulu dire. Je me demandais seulement si ces affirmations étaient exactes. »

A défaut de la gare, nous allâmes au mausolée, puis à la bibliothèque. Fermés.

« Que faisons-nous ? s'enquit Behzad.

– Si nous allions voir à la gare ? »

Une fois là-bas, nous constatâmes que les guichets étaient ouverts et qu'on y vendait des billets pour Téhéran. Behzad s'abstint de tout commentaire. Il y avait un compartiment libre, en première. Je pensais qu'il serait plus judicieux de louer les quatre couchettes. Tout d'abord, Behzad sembla approuver. Mais, soudain, il déclara : « Vous n'aimez pas les pauvres, n'est-ce pas ? »

Les pauvres ? Depuis quand voyageaient-ils en première ? Mais je cédai à son chantage et ne pris que trois billets, Behzad payant le troisième, celui de son amie.

Le train, de fabrication suisse ou allemande, attendait en gare. Le panneau extérieur de l'une des doubles vitres était brisé, comme sous l'impact d'une pierre, d'un caillou. « La révolution », commenta Behzad.

Nous trouvâmes notre compartiment, mais il n'était pas question de patienter là. L'air conditionné ne se mettrait en marche qu'avec le train ; et il régnait une chaleur quasi intolérable dans la voiture plus ou moins bien isolée. Dans un compartiment voisin, une scène familiale – se déroulant autour d'un seau de plastique vert empli d'eau – réveilla mes inquiétudes à propos du futur occupant de la couchette vacante. Mais je ne dis mot et nous redescendîmes sur le quai, auquel une toiture bétonnée à consoles donnait un peu de fraîcheur, attendre l'amie de Behzad.

Presque aussitôt, le jeune homme m'abandonna, m'assurant qu'il serait de retour à temps. Il n'en fut rien. Je me trouvais seul dans le compartiment quand, juste avant le départ du train, l'amie de Behzad fit son apparition. Petite, elle portait des lunettes et avait la peau abîmée (peut-être par la chaleur de l'été). Ni jolie ni laide, elle était vêtue de pantalons bleus et d'une chemise. Sa sœur n'était pas seule à être venue lui dire au revoir. Apparemment toute une famille, ou presque, avait accompagné la jeune fille à la gare. *Sa* famille ! De bons musulmans, en vérité ! Je commençais à comprendre les difficultés auxquelles Behzad avait dû faire face au cours du week-end et pourquoi il nous avait menti, à moi comme à d'autres.

Behzad ne regagna le compartiment qu'après le départ du train. Il ne me présenta jamais vraiment son amie, ne me donna pas même son nom ; il s'excusa simplement pour elle, me disant qu'elle ne parlait pas anglais. Elle répondit à mon salut mais ne me regarda jamais en face. Tout comme Behzad, elle se laissait encore influencer par les vieux préjugés.

Cependant, la présence dans le compartiment de cette femme en pantalons et au visage découvert, de cette femme libre et décontractée, excepté peut-être la fébrilité avec laquelle elle bougeait les jambes, faisait rapidement oublier qu'en Iran le *tchador* était de rigueur et qu'il s'agissait du jour le plus calme du calendrier chi'ite, l'anniversaire de la mort d'Ali : ce matin-là, pour seule musique, retentissaient dans le Hyatt 'Umar Khayyam les discours déversés par la radio.

A la périphérie de Machhad, nous dépassâmes un village de maisons en pisé au toit-terrasse. Tout en bas du remblai, des gamins du coin entreprirent, farouchement mais sans méchanceté, de bombarder les wagons avec des pierres. S'ils y mettaient tant d'acharnement, c'était simplement que le train passait très vite et que le jeu consistait à le toucher autant de fois que possible. La révolution, avait dit Behzad, en voyant la vitre brisée. Peut-être, en effet; peut-être ce jeu avait-il été inspiré par cette époque héroïque. Mais j'étais content qu'accaparé par son amie il ne se fût aperçu de rien.

Avec la jeune fille, il se montrait docile comme un enfant; ils ne cessaient de bavarder entre eux. Ils se mirent presque aussitôt à jouer aux cartes – elle en avait apporté un paquet. Elle ne connaissait qu'un seul jeu, me dit Behzad, se souvenant un instant que j'existais; et les règles en étaient fort simples. Ils y jouèrent jusqu'à n'en plus pouvoir.

Paysage de montagnes, de collines et de plaine irriguée. Le train décrivait de larges courbes entre les collines espacées. Les champs récemment moissonnés s'étendaient, tout dorés; et, dans la lumière du couchant, les mamelons lointains prenaient une chaude teinte brune. A cette hauteur, le passage des cours d'eau avait modelé la terre, tranchant parfois dans la roche au point de créer de petits à-pics ; mais maintenant, au cœur de l'été, il ne subsistait plus des torrents que des rus sinueux larges d'à peine un mètre et profonds de quelques centimètres. Des troupeaux d'agneaux paissaient sur le chaume. De loin en loin, on apercevait quelques vanneurs. Mais on ne perdait jamais de vue la route bitumée et ses camions aux couleurs vives; et les pylônes électriques jalonnaient la plaine.

Les villages étaient couleur de boue; les maisons étaient couvertes d'un toit d'argile (on ne trouvait pas facilement du bois de charpente dans cette région), prolongé de tuyaux obliques destinés à l'écoulement des eaux. Vus du train, les dômes semblaient se toucher; les gouttières saillantes, dont les ombres inclinées se profilaient nettement sur les murs de pisé, évoquaient des canons miniatures; et, aux angles de l'enceinte formée par les maisons jointes, se dressaient des tours rondes, semblables à des tours de guet. Les collines plissées et ridées, telle une face humaine, s'adoucirent. Peu à peu, le paysage se faisait désertique. Ici et là, pareils à des taupinières géantes, des puits bordés de terre trouaient le sol; parfois, dans cette étendue désolée, des murs de boue séchée enserraient des bouquets de peupliers merveilleusement verts.

Les derniers rayons du soleil donnaient sur le côté de la voiture qu'occupait Behzad. La terre poudroyait : nous pénétrions en plein désert, fit remarquer Behzad. Il refusa de convenir que la plaine était bien cultivée et qu'un effort important avait été accompli pour étendre les réseaux routiers et électriques jusqu'aux villages. Il était avec son amie ; en sa compagnie, il n'avait d'yeux que pour les injustices, et ce sens de l'iniquité était l'une des choses qui les unissaient. Il m'affirma – traduisant aussitôt ses propos à l'intention de la jeune fille – que soixante-quinze pour cent des villages iraniens vivaient à l'écart des routes et des lignes électriques.

Mais le pays était immense, ingrat, et ses villages très dispersés. Et, bien que Behzad m'assurât que nous nous trouvions dans une région stérile – et qu'il vînt d'allumer le plafonnier, dont la lumière, reflétée dans la vitre, brouillait le paysage qui, peu à peu, s'obscurcissait – j'aperçus, tant qu'il fit jour, les bandes et les carrés des terres cultivées de la plaine.

L'amie de Behzad nous offrit à manger – peut-être par habitude, en cette période de ramadan, elle avait attendu la tombée de la nuit. Son sac Adidas était chargé de poches de plastique, pleines de gâteaux et de beignets – auxquels Behzad me dit qu'il n'avait jamais goûté – ainsi que de fruits secs, en particulier des figues. Elle les rapportait de Machhad, à l'intention de ses amis de Téhéran. Je choisis les fruits – une petite variété de figue fripée, craquelée, couleur d'argile à l'extérieur, mielleuse à l'intérieur, dont on sentait qu'elle avait mûri sur les terres qui s'étendaient derrière nous, et qui évoquait le soleil, le désert et les jardins clos. Behzad prit un beignet ; la jeune fille un gâteau.

Elle s'adossa contre la fenêtre, étendant sa jambe gauche sur la banquette, et se mit à lire un petit livre flambant neuf dont la couverture jaune portait en rouge l'étoile, le marteau et la faucille. Behzad m'apprit que ce fascicule venait juste d'être publié par le Parti – un parti indépendant, que rien ne liait à Moscou – dans le but d'expliquer pourquoi il n'avait pas présenté de candidats aux élections pour l'Assemblée constituante.

La jeune fille lisait avec détermination, mais ne semblait guère captivée par l'ouvrage. Elle cessa bientôt de tourner les pages, posa la brochure ouverte sur le siège et se remit à causer avec Behzad. Elle retira sa jambe de la banquette et tous deux recommencèrent à jouer aux cartes, toujours le même jeu enfantin.

Le train fit un arrêt dans une gare. Et moi qui, à Machhad, avais renoncé à louer la quatrième couchette à cause de la réflexion de Behzad sur mon attitude à l'égard « des pauvres », je vis mes deux compagnons se mettre à glousser nerveusement, dans la crainte de voir surgir un nouvel occupant. Behzad tira les rideaux côté couloir.

Le train s'ébranla. On frappa un coup à la porte qui, presque aussitôt, coulissa. C'était l'employé des wagons-lits. Il nous lança des sacs bleus contenant le nécessaire de couchage : une couverture, un oreiller avec une taie, des draps.

On frappa de nouveau. Behzad écarta l'un des rideaux et moi l'autre. Il s'agissait d'un jeune homme armé, en uniforme de soldat. Il fit glisser le panneau, adressa quelques mots à Behzad, puis partit en refermant la porte derrière lui. Il portait des bottes noires.

« Une militaire ? demandai-je.

– Il appartient à un *komité*, répondit Behzad. Il m'a dit qu'il ne fallait pas jouer aux cartes. Savez-vous comment il m'a appelé ? '' Frère ''. Je suis son frère d'islam. Je ne dois pas jouer aux cartes. C'est une nouvelle règle. »

Sa stupeur laissa place à de la colère. La jeune fille eut la même réaction. Elle n'ouvrit pas la bouche ; mais son visage se ferma. A Behzad, maintenant, de tenir son rôle d'homme ; ce fut vers moi, témoin de son humiliation, qu'il se tourna pour exprimer, en anglais, son exaspération.

« Les cartes, je m'en moque bien. C'est ce comportement qui est insupportable. Il n'agit ainsi que pour faire la démonstration de son pouvoir. De leur pouvoir. Je ne vois pas comment Mahomet aurait pu interdire les cartes. A son époque, elles n'étaient pas encore inventées.

– Mais il a condamné les jeux d'argent, dis-je.

– Bien sûr. Mais notre partie n'était pas intéressée.

– L'homme du *komité* ne pouvait pas le savoir.

– Il le savait. Évidemment qu'il le savait. »

Cette irruption m'avait troublé, moi aussi. L'intervention de l'homme en kaki avait altéré le voyage, donné un caractère irrationnel à un paysage que j'avais étudié, dans les dernières lueurs du jour, avec un intérêt qui me semblait maintenant absurde et sans fondement : camions, routes, pylônes et villages n'étaient pas ce qu'ils avaient paru.

« Vous voyez, c'est bien ce que je vous disais, reprit Behzad. Le pouvoir doit revenir au peuple. Aux ouvriers et aux paysans. Les classes dominantes n'ont qu'un désir, montrer leur puissance. »

Je croyais, pour ma part, que le pouvoir appartenait déjà au peuple et que la scène à laquelle je venais d'assister était précisément la manifestation de cet état de fait.

« L'homme du *komité* était-il donc un bourgeois ?

– Certainement. L'armée sert toujours les classes privilégiées. C'est pourquoi je considère qu'il est lui-même un bourgeois. »

Nous en restâmes là ; ni l'un ni l'autre ne souhaitions nous disputer. Sa dialectique m'eût été aussi étrangère que celle à Qom de l'ayatollah Chirazi.

Il n'avait jamais vraiment eu envie de jouer aux cartes ; son amie ne savait jouer qu'à ce seul jeu, trop simple. Maintenant, ils étaient comme deux enfants à qui l'on avait interdit de s'amuser. Les cartes étaient encore étalées entre eux sur la banquette. La jeune fille avait simplement laissé tomber les siennes, d'un geste résigné, semblable à un soupir. Son expression, déjà fermée, se butait un peu plus. Je me dis qu'il eût mieux valu qu'ils fussent seuls tous les deux, que, sans la présence du témoin que j'étais, Behzad se fût senti moins embarrassé. Sa fierté me gênait un peu.

« L'homme du *komité* n'a aucune importance, dis-je. Oubliez-le. Vous ne pouvez pas lutter sur tous les fronts. Battez-vous pour l'essentiel. »

J'avais prononcé ces paroles pour l'apaiser. « Ce ne sont pas les cartes qui me préoccupent. Je n'ai pas l'intention d'en faire toute une histoire. Mais s'ils en venaient à se mêler de nos lectures... à demander à mon amie pourquoi elle lit ce livre-ci... » Il ne finit pas sa phrase.

La brochure reposait toujours, ouverte, sur la banquette. J'avais eu l'impression, même lorsqu'elle l'avait abandonnée, qu'elle exhibait sa couverture jaune marquée de l'étoile rouge, du marteau et de la faucille, comme dans l'espoir que quelqu'un la remarquerait en passant dans le couloir.

Toujours sans un mot, et avec un geste de lassitude bien féminin, elle rassembla les cartes.

« Vous savez ce qu'ils nous reprochent, n'est-ce pas ? me dit Behzad. Ils ont remarqué que mon amie » – une fois encore, les vieux usages l'empêchèrent de prononcer son nom – « ne porte pas le *tchador*. C'est pourquoi ils veulent nous montrer leur autorité. »

Elle se leva, désigna le couloir d'un signe de tête, et ils sortirent tous deux, s'éloignant, supposai-je, pour être seuls et aussi pour braver ceux qui pourraient se choquer de voir, en ce jour sacré d'Ali, une jeune fille allant nu-tête, en chemise et pantalons.

Ils s'absentèrent un bon moment.

A leur retour, Behzad me dit : « L'homme qui nous a apporté la literie... je crois que c'est lui qui nous a dénoncés. Il nous a vus jouer aux cartes et l'a répété. »

Il aimait le peuple. Mais qui, à présent, était le peuple, en Iran ?

Moins d'une heure plus tard, la jeune fille déclara qu'elle voulait dormir. Behzad me demanda d'attribuer les places. Songeant à l'intimité de son amie, je suggérai qu'elle s'installât sur l'une des couchettes supérieures tandis que je prendrais celle du dessous, et que Behzad dormirait sur l'autre couchette inférieure ; pour finir, je proposai aussi que l'on descendît la quatrième couchette, afin d'éviter les reflets dans le miroir.

Elle comprit ce que je venais de dire et entreprit immédiatement de grimper à l'échelle.

« Mais... », commença Behzad.

Alors, suivant son regard, je remarquai soudain, comme la jeune fille se tenait sur le premier barreau de l'échelle, que son pied gauche ne semblait pas tout à fait normal, que la jambe qui m'avait paru trop agitée était en réalité plus courte que l'autre et qu'une légère atrophie affligeait la hanche correspondante.

Mais elle insista pour monter. Et Behzad ne dormit pas sur la couchette que je lui avais indiquée mais au-dessus, face à son amie. Il ne portait pas de pyjamas ; il n'en possédait pas ou, en tout cas, n'en avait pas emporté dans sa petite serviette. Il faisait preuve d'une incroyable témérité, dans un pays comme l'Iran.

Tard dans la nuit, nous traversions encore le désert, les montagnes. Au matin, je découvris les puits bordés de terre, les canaux d'irrigation, les murs de boue séchée protégeant les bosquets et les jardins, les paysans à l'ouvrage dans les champs fertiles et soignés ; des villages ; les environs de Téhéran. Un employé nous apporta du thé, servi dans des verres et que l'on était censé boire à la manière persane, à travers un morceau de sucre posé sur la langue.

Behzad n'avait pas bien dormi ; son inquiétude ne s'était pas dissipée. Juste avant d'entrer dans la ville (des climatiseurs fixés à l'arrière de maisons plus invraisemblables les unes que les autres) nous vîmes passer dans le couloir l'homme du *komité* : juvénile, très petit, décontracté, et ne se souvenant visiblement pas, quand il jeta un coup d'œil dans le compartiment, de son intrusion de la nuit précédente.

L'amie de Behzad me dit au revoir, sans même paraître me voir. Pendant toutes les heures que nous avions passées ensemble, elle ne m'avait jamais regardé en face. Sur le quai de la gare de Téhéran, je les laissai marcher devant : elle, petite et boitillante, lui, grand, athlétique, protecteur, légèrement penché vers elle. La jeune fille était attendue par des amis ; ils l'enlevèrent à Behzad. Des enfants de la révolution, des jeunes gens qui vivaient dangereusement ; mais, pour eux, une calamité s'était abattue sur la ville vers laquelle nous revenions en ce jour.

Au cours du week-end, de violents affrontements avaient opposé musulmans et militants de gauche, qui avaient mal tourné pour ces derniers.

Une semaine auparavant, comme Behzad et moi rentrions de Qom, l'autoradio nous avait appris la fermeture d'*Ayandegan*, le journal de la gauche. Au fil des jours, la riposte s'était organisée ; et des groupes musulmans avaient commencé à contre-attaquer.

A la suite des prières du vendredi à l'université de Téhéran – que Behzad, dont la propre sensibilité révolutionnaire avait été attisée par le spectacle de la foule, avait considérées comme une manifestation politique plus que religieuse – des centaines de musulmans avaient marché sur les bureaux d'*Ayandegan*. Une trentaine d'employés du journal avaient refusé d'évacuer les locaux ; les gardiens de la révolution les en avaient éjectés de force. Cinq de ces employés furent blessés et durent être transportés à l'hôpital militaire ; vingt autres furent arrêtés. Le dimanche, lors d'une manifestation de gauche à l'université de Téhéran, de sévères bagarres s'étaient déroulées, à coups de bâtons et de couteaux; il y eut beaucoup d'autres blessés. Le lundi – alors que nous nous apprêtions à prendre le train à Machhad – des groupes musulmans avaient saccagé le siège de l'organisation communiste à laquelle appartenait Behzad, expulsant tout le monde, jetant les documents à la rue, saisissant toutes les armes – grenades, mortiers, grenades lacrymogènes, fusils belges et russes.

Voilà les nouvelles qui accueillirent Behzad et son amie. Ils les apprirent – comme je le sus plus tard – des amis qui étaient venus attendre la jeune fille. Mais Behzad, après l'humiliation de la veille, ne m'en souffla mot. Il me raccompagna à l'hôtel puis – notre contrat se terminant là – me laissa découvrir les événements par moi-même, dans le *Tehran Times*.

Les articles de journaux : langage convenu, phrases toutes faites, qui laissaient libre cours à l'imagination. Mais, un peu plus tard, comme je me rendais à l'hôtel Intercontinental pour le déjeuner, ces articles devinrent d'une actualité à peine croyable.

Un gratte-ciel, un jardin, une sculpture; une rue latérale barrée par une voiture munie d'un gyrophare; des hommes armés en tenue de combat; des sacs de sable entassés aux coins du jardin attenant au gratte-ciel et des mitrailleuses en batterie. Et, de l'autre côté de la rue animée, les communistes expulsés, de jeunes hommes vêtus comme des ouvriers, en pantalons et chemise ouverte. Un dispositif de combat à la persane; chacun des camps attendant et observant l'autre avec intensité, les citadins toujours accaparés par leurs occupations, comme autrefois les paysans, vaquaient à leurs tâches habituelles pendant que les armées se battaient pour déterminer qui allait régner.

Cet après-midi-là, rue Firdusi, la rue des changeurs, j'entendis une sirène, et un camion découvert chargé de musulmans en armes fila devant moi, suivi d'une voiture de police. Plus tard, avenue de la République islamique, anciennement avenue du Chah, la sirène retentit de nouveau et je revis passer le camion et ses musulmans armés. Aucune urgence ne les appelait. Ils se contentaient de sillonner la ville à toute allure, faisant hurler leur sirène comme ils eussent fait sonner le clairon; ainsi qu'aurait pu dire Behzad, ils ne se comportaient de la sorte que pour faire la démonstration de leur puissance.

Deux jours plus tard, à l'occasion de ma dernière soirée à Téhéran, je revis Behzad quelques minutes. Le soleil l'avait bruni. Se joignant à ses camarades communistes persécutés, il avait bravé les mitrailleuses mises en batterie derrière les sacs de sable. Il me parut triste mais calme. Il avait livré son combat. Je lui demandai des nouvelles de sa mère qui, venue lui rendre visite à Téhéran, séjournait chez lui. Mais – toujours les vieilles coutumes – il ne m'en dit presque rien; et il ne fit pas la moindre allusion à son amie.

Que de passion, que de bravoure; et, chose inévitable en Iran, sa cause, qui égalait en simplicité celle de l'ennemi, n'en était, au bout du compte, rien d'autre qu'une version pas tellement différente. Les deux camps s'appuyaient sur une vérité révélée et sur une lecture particulière des événements historiques ; tous deux exigeaient une foi absolue. Et tous deux brûlaient des mêmes désirs : justice, unité, vengeance.

Ma prochaine étape serait le Pakistan. J'avais initialement projeté de m'y rendre en car, de descendre graduellement vers le sud-est en passant par de vieilles cités aux noms merveilleux : Ispahan, Yazd (important centre du zoroastrisme, la religion des Persans d'avant l'islam et dont les fidèles ont été depuis longtemps bannis d'Iran, leurs descendants s'étant réfugiés en Inde où on les connaît sous le nom de Parsis, Perses), puis Kirman et Zahedan. J'avais eu mon content de traversée du désert en été avec mes voyages à Qom et Machhad ; je préférais éviter d'avoir affaire aux *komités* dans des lieux trop reculés ; et je ne pus obtenir aucune information sûre sur les moyens de traverser la frontière. Je décidai donc de prendre un avion qui m'amènerait directement à Karachi.

Les vols étaient rares. Je choisis celui de sept heures trente du matin ; à la Pakistan International Airlines, on me conseilla vivement de me présenter trois heures à l'avance. J'arrivai à temps, persuadé que l'avis était judicieux. Je passai rapidement tous les contrôles, muni de mon petit sac Lark. Une demi-heure plus tard, l'aube pointait : une queue interminable s'était formée et progressait très lentement.

Tout comme les Iraniens avaient envahi, chargés d'achats effectués en Europe ou aux États-Unis, le point de rencontre de leur vol, à Heathrow, Londres, l'aéroport de Téhéran était maintenant plein de travailleurs émigrés pakistanais qui, eux, avaient fait leurs courses en Iran. Ils ployaient sous les boîtes, les malles, les grandes valises de carton attachées par des ficelles, de grands emballages bruns portant les noms les plus fameux, Aiwa, Akaï, Toshiba, National, ces marques du nouveau bazar universel où les marchandises ne paraissaient plus dépendre d'une culture, d'une volonté ou d'une civilisation particulières, mais n'étaient que des produits issus des richesses naturelles du monde.

L'avion qui devait décoller à sept heures trente n'arriva pas avant dix heures. Il commença à rouler sur la piste à onze heures vingt-cinq mais dut s'immobiliser aussitôt, pour une heure encore, afin de laisser s'envoler les Phantoms américains des forces aériennes iraniennes. Je crus qu'il s'agissait d'un entraînement. En fait, obéissant aux ordres de Khomeiny, ils mettaient le cap sur l'ouest pour attaquer les rebelles kurdes. Plus tard, à Karachi, j'appris que deux des Phantoms s'étaient écrasés ; curieusement, cette nouvelle me révolta : avoir vu ces avions fin prêts, si redoutables et songer qu'à l'intérieur se trouvaient des hommes si vulnérables, si mal entraînés, presque des victimes, et qui, pourtant, mus par une folie meurtrière, avaient, ce matin-là, obéi aveuglément à la volonté de Dieu et du douzième imam !

A la suite du raid, l'ayatollah Khalkali se rendit au Kurdistan, lui, le juge islamique de Khomeiny, entretenant toujours avec le pouvoir des liens aussi étroits qu'il s'en était vanté, à Qom, dix jours auparavant. En un rien de temps, se déplaçant avec célérité malgré la chaleur du mois d'août, il avait condamné à mort quarante-cinq personnes. Après trente-cinq ans d'études, il ne se trouvait jamais en mal de jugement islamique. Quand, dans une ville kurde, la famille d'un prisonnier se plaignit qu'on avait arraché trois dents et les yeux à leur malheureux parent, Khalkali condamna le tortionnaire à un semblable châtiment. La première partie de la peine fut appliquée sans retard. Les plaignants, s'estimant suffisamment vengés, pardonnèrent au bourreau et demandèrent qu'on lui épargnât la vue.

Telle était la justice islamique : expéditive, adaptée à chaque cas, satisfaisante ; elle répondait aux désirs élémentaires des croyants. Mais, sous l'ancien régime, on ne nous avait jamais parlé de cette soif de justice coranique. Cet aspect de la révolution avait été laissé dans l'ombre, voire escamoté ; *A bas le Chah fasciste*, voilà ce que, principalement, nous avions lu. Seuls les Iraniens et quelques spécialistes étrangers savaient que le père de Khomeiny avait été assassiné par un personnage proche du pouvoir, alors que le futur ayatollah était encore enfant et que les rois qadjars régnaient sur l'Iran ; que le meurtrier avait été pendu en place publique ; que la mère de Khomeiny avait emmené son fils à la pendaison et, ensuite, lui avait dit : « Sois en paix, maintenant. Le chacal a bu la coupe de ses actes mauvais. »

Dans le placard paru dans un numéro du *New York Times* en janvier 1979, Khomeiny, encore en exil en France, s'était adressé à « tous les chrétiens du monde » comme au peuple d'une civilisation sœur. Ce fut un Khomeiny différent qui, sept mois plus tard, le jour de l'Ascension de Mahomet (jour où les Phantoms furent lancés contre les Kurdes), déclara : « Les gouvernements du monde devraient savoir que l'Islam ne peut être vaincu. L'Islam sera victorieux dans tous les pays du monde, l'Islam et les enseignements du Coran régneront sur le monde entier. »

Il ne se serait pas adressé de cette façon aux lecteurs du *New York Times*. Il n'aurait pu non plus leur tenir le discours qu'il prononça lors du dernier vendredi du ramadan (excellent exemple de la « logique » et de la « rhétorique » moyenâgeuses qu'on enseignait à Qom : répétition de certains mots clés, employés dans des combinaisons différentes, au point d'en déformer finalement le sens) : « Quand les démocrates parlent de liberté, leurs phrases sont inspirées par les grandes puissances. Ils veulent conduire notre jeunesse dans des lieux de corruption... Si c'est vraiment ce qu'ils veulent, alors, oui, nous sommes réactionnaires. Vous autres, intellectuels, réclamez la prostitution et la licence. Vous considérez que corrompre la morale, c'est la liberté, que la prostitution, c'est la liberté... Ceux qui parlent de liberté désirent celle d'avoir des bars, des bordels, des casinos, de l'opium. Nous, nous voulons que notre jeunesse forge une nouvelle ère dans l'histoire. Nous ne voulons pas des intellectuels. »

C'était là son appel aux fidèles, à ces gens que Behzad avait qualifiés de *lumpen*. Il n'exigeait d'eux qu'une foi aveugle. Mais l'imam connaissait aussi la valeur du pétrole iranien pour les pays qui ne vivaient que par la machine, et envoyait à l'occasion les Phantoms et les tanks contre les Kurdes. Interprète de la volonté de Dieu, guide des croyants, il exprimait toute la confusion de son peuple, en la faisant apparaître glorieuse, comme si elle était inhérente à leur foi familière : la confusion d'un peuple de culture médiévale découvrant le pétrole et l'argent, le sentiment de sa propre puissance et de l'impunité, l'existence de la grande civilisation moderne qui les cernait. On ne pourrait soumettre cette civilisation. Alors, il fallait la rejeter ; et, en même temps, accepter l'idée qu'on dépendait d'elle.

II

PAKISTAN

Les montagnes de sel d'un rêve

GONZALO. – Seigneur, si je pouvais fonder une plantation dans cette île...
ANTONIO. – Il y sèmerait des orties.
SÉBASTIEN. – De la patience ou des mauves.
GONZALO. – ... et si j'en étais roi, que ferais-je ?
SÉBASTIEN. – Vous éviteriez de vous enivrer par manque de vin.
GONZALO. – En mon État j'instituerais les choses tout à l'inverse des coutumes établies ; je n'admettrais aucune espèce de trafic ni aucun nom de magistrat ; les lettres seraient inconnues ; il n'y aurait ni richesse ni pauvreté, non plus qu'usage de service ; j'abolirais contrats et successions, limites et bornes, cultures et vignobles ; point de métaux, de blé, d'huile ou de vin ; point d'occupations non plus : tous les hommes seraient oisifs, et les femmes aussi, au sein de l'innocence et de la pureté ; je ne voudrais nul pouvoir souverain...
SÉBASTIEN. – Et pourtant il voudrait être roi !
ANTONIO. – La fin de sa constitution ignore son début.

WILLIAM SHAKESPEARE,
La Tempête (1611)

[C'est une nation, diroy je à Platon, en laquelle il n'y a aucune espece de trafique ; nul cognoissance de lettres ; nulle science de nombres ; nul nom de magistrat, ny de superiorité politique ; nul usage de service, de richesse ou de pauvreté ; nuls contrats ; nulles successions ; nuls partages ; nulles occupations qu'oysives ; nul respect de parenté que commun ; nuls vestemens ; nulle agriculture ; nul metal ; nul usage de vin ou de bled. Les paroles mesmes qui signifient le mensonge, la trahison, la dissimulation, l'avarice, l'envie, la detraction, le pardon, inouïes.]

MONTAIGNE,
Essais (1580)

1

Déplacements

Le règne d'Ali était arrivé en Iran : l'État iranien se désagrégeait. L'observateur pouvait saisir le rapport. Mais l'homme de foi savait jongler avec ces grands événements en les dissociant l'un de l'autre ; et, même alors qu'il s'apprêtait à fuir son pays, rien ne l'empêchait de se réjouir de la victoire de l'Islam. On pouvait avoir du Pakistan une semblable vision. Il apparaissait comme un pays divisé, à l'économie stagnante, soumis à un régime despotique et dont l'élite se comportait de façon quasi hystérique. Mais le Pakistan était aussi l'État qui avait été fondé plus de trente ans auparavant pour devenir la patrie des musulmans d'Inde et en lequel de ce fait, on voyait le pionnier de la renaissance islamique.

Un article du *Tehran Times* comparait les deux pays. « L'histoire du Pakistan et la révolution islamique iranienne sont là pour nous rappeler le pouvoir de la religion et l'inanité des cultes séculiers. Savoir comment tourne le monde est du ressort de la science, savoir comment il faut gouverner la société est du ressort des hommes politiques, mais il appartient à l'Iran et au Pakistan de comprendre l'ensemble de ces rouages. Dans l'Islam, la politique est étroitement liée à la religion. L'Iran et le Pakistan peuvent se donner la main pour prouver au monde que l'islam est autre chose qu'une foi passéiste, perpétuant d'anciens rites. »

C'était la logique de la foi. Le journaliste évoquait, puis oubliait, ce qui manquait aux deux pays : les sciences modernes, la capacité de diriger un état du XXe siècle ; ensuite, par un tour de passe-passe intellectuel, une formule creuse (« comprendre l'ensemble de ces rouages »), il présentait l'attachement à la foi comme un objectif qui surpassait tous les autres. Pour parvenir à un tel résultat – et présenter sans la moindre ironie le chaos comme son contraire (« sont là pour nous rappeler le pouvoir de la religion et l'inanité des cultes séculiers ») – l'auteur de l'article devait taire bien des choses.

Il faisait référence à l' « histoire du Pakistan ». Mais il n'approfondissait pas la question et ignorait la spécificité de cette histoire : le problème du déracinement et des migrations massives après la fondation de l'état en 1947 ; l'absence d'un gouvernement représentatif ; la mise à feu et à sang de la terre de la foi ; les luttes entre communautés ; l'arrivée au pouvoir de l'armée en 1958 ; la sécession sanglante du lointain Bangladesh, en 1971. L'article ne faisait pas la moindre allusion au fait que le Pakistan était de nouveau soumis à un régime militaire et à la loi martiale ; aucune allusion au fait que M. Bhutto, le seul Premier ministre jamais élu dans ce pays, déposé par l'armée en 1977, arrêté sur une accusation de meurtre, jugé et condamné à mort, avait été pendu après avoir passé dix-neuf mois en prison ; aucune allusion au fait que cette pendaison, vieille de quatre mois seulement, avait bouleversé, démoralisé et achevé de diviser le pays.

Toute l'histoire du Pakistan, toutes ces décennies de souffrances et d'échecs, avaient été conjurées par la logique de la foi.

Le désert pakistanais prolongeait celui de l'Iran. A dix mille mètres d'altitude, les vastes étendues désolées du Baloutchistan, région partagée entre les deux pays, apparaissaient vaguement brunes et noires, plus un éclat diffus qu'une couleur.

Il y avait un peu de gaz naturel, au Baloutchistan, mais le désert pakistanais ne recelait pas de pétrole. L'Iran était une terre à pétrole, donc une terre riche ; ici, le désert était le désert. Avec sa population de trente-cinq millions d'habitants, l'Iran tirait soixante-dix millions de dollars par jour du pétrole ; deux fois plus peuplé, le Pakistan tirait cent quarante millions de dollars par mois de ses exportations de riz, de cuir et de coton. L'Iran venait d'obtenir devant une cour fédérale américaine un remboursement de trente millions de dollars de la compagnie American Bell International. En une année, le Pakistan n'était capable de dépenser que vingt millions de dollars pour les routes de la vaste province du Sind. L'Iran pouvait se permettre de consacrer des milliards à l'équipement militaire – le pétrole se transformait en argent qui partait en fumée ; dans un article on mentionnait que le Pakistan s'apprêtait à demander à l'Iran un prêt de cent cinquante millions de dollars. Plus loin – le monde rapetissant de plus en plus – on rapportait qu'une somme de cent quarante mille dollars avait été accordée à trente associations sportives pakistanaises. Un pays plus grand que l'Iran, mais une économie dont on devinait la faible envergure à la seule lecture des annonces publicitaires du journal : une compagnie d'assurances, des vêtements tropicaux, des téléviseurs, un pesticide pour le coton (fabriqué en collaboration avec la firme britannique May and Baker), du ciment, un régulateur de tension, des barres et des triangles de cuivre et de laiton, un savon de toilette, une marque de lames de rasoir.

Le recours à des titres administratifs ronflants dans cette économie naine pouvait parfois faire penser à un jeu de société. Le *Dawn* [1], le principal journal de Karachi en langue anglaise, publiait sur deux colonnes une annonce haute d'une quarantaine de lignes de l'Organisation scientifique et technologique pour la Défense (QG), ministère de la Défense, informant de la mise aux enchères d'un réfrigérateur et de quatre placards (« en bois, munis de portes vitrées fixées par des charnières »).

Sur quatre-vingts lignes, ce même journal annonçait un « programme gouvernemental d'aide à l'éducation pour la jeunesse ». En quoi consistait-il ? Le gouvernement accordait deux mille roupies, soit deux cents dollars, à un millier d'écoles campagnardes pour l'achat de pupitres et de petit matériel. Quatre-vingts lignes pour cela ? Et comment ? Voici : « ... Ce programme de formation sera adapté aux besoins immédiats de chaque communauté locale et ira dans le sens des intérêts des élèves, afin que soit tiré de ce projet le maximum de bénéfices. Les responsables gouvernementaux ont expliqué que ce programme serait fondé sur une conception modulaire prenant en compte des aptitudes bien précises, mises au service de la communauté... »

Quand l'argent se faisait rare, les mots prenaient la relève. *Un pas en avant dans la mécanisation de l'agriculture :* ainsi titrait avec optimisme le *Dawn*. Et voilà ce que disait l'article : « Hier, nous avons appris que le programme de modernisation agricole avait accompli un pas décisif dans la province du Sind par la mise en service de machines supplémentaires destinées à l'exploitation des terres... »

Dès lors, il devenait moins surprenant de découvrir les offres d'emploi, à deux cents dollars par mois, pour l'Arabie Séoudite. « Quelle que soit leur situation de famille, les postulants seront engagés sur la base d'un contrat célibataire. Leur sera fourni, contre déduction sur leur salaire des charges correspondantes, un logement à partager avec un autre occupant, équipé du mobilier nécessaire, et garanti l'accès à la cantine comme aux installations sanitaires. » C'était sur des devises gagnées de cette façon, aussi bien que sur ses exportations de riz, de cuir et de coton, que vivait le Pakistan.

Le journal parlait aussi d'une bombe atomique « islamique » de fabrication pakistanaise ; en page deux, un long article accusait le « sionisme international » de vouloir s'opposer à la construction de cette bombe. Le Pakistan était pauvre ; mais c'était une terre où régnait la foi, avec son cortège d'obsessions. *Indira vend à Israël les informations du KGB* ; ainsi s'intitulait un article signé du correspondant à Londres du *Dawn* : le KGB avait fourni certaines informations à Mme Gandhi alors qu'elle occupait la fonction de Premier ministre, informations qu'elle avait elle-même transmises à Moshe Dayan, ministre des

1. En anglais « L'Aurore ». *(N.d.T.)*

Affaires étrangères israélien, contre une somme de six millions de dollars. Le journaliste indiquait comme source un manuscrit inédit rédigé par un diplomate ougandais (l'Ouganda d'Amin se réclamant du monde musulman).

Loin de ces magouilles judéo-soviéto-indiennes, les fidèles pakistanais s'apprêtaient à se rendre en pèlerinage à La Mecque. La Compagnie maritime pan-islamique avait organisé douze traversées à destination de Djedda, le port d'arrivée des pèlerins (deux cent quatre-vingts dollars aller et retour pour une « place d'entrepont », dont vingt-six dollars pour la nourriture ; quatre cent vingt dollars en première classe, dont cinquante-sept pour la nourriture) ; le général Zia, président de la République et de la cour martiale, avait décrété qu'un gouverneur de province ou un ministre fédéral différent devrait assister au départ de chacun des bateaux. Pour sa part, un jour ou deux plus tard, le général Zia se rendrait tranquillement en Arabie par avion, pour accomplir ses dévotions en toute discrétion (et revenir avec un modeste prêt saoudien de cent millions de dollars).

En arrière-plan, montait une agitation qui semblait prolonger les événements d'Iran. Au Pakistan, nombreux étaient ceux qui réclamaient une plus stricte application de la loi islamique, et, à l'université de Karachi, s'étaient déroulés des affrontements au Sten [1], entre étudiants de gauche et de droite – mots qui mériteraient, pour chaque pays, une nouvelle définition, et signifiaient ici, la droite, ceux qui combattaient Ali Bhutto et se servaient de l'islam pour le discréditer et, la gauche, ceux qui s'affligeaient du sort de l'ancien Premier ministre et rêvaient d'abattre ses ennemis.

En Iran, en dépit de ce qu'on pouvait dire de la rapacité du Chah, on sentait que même les plus humbles avaient profité de la nouvelle richesse du pays. L'argent, les biens et les outils qu'il permettait d'acquérir donnaient une illusion de puissance islamique. Soixante-dix millions de dollars faciles par jour tenaient à flot ce pays nonchalant et paraissaient garantir la viabilité de la révolution. Au Pakistan, la pauvreté tenait un rôle identique. Les tensions engendrées par la misère et le désarroi politique se confondaient avec les tensions d'ordre religieux. Trente-deux ans après sa fondation en tant qu'État islamique, que patrie des musulmans indiens, le Pakistan restait un pays fiévreux où l'islam apparaissait toujours comme une voie possible : l'échec conduisait encore et encore à la réaffirmation de la foi.

Une fois l'idée formulée, il ne fut plus possible de s'opposer à la création d'un État indien musulman indépendant. Elle fut lancée en 1930 par un poète inconnu, sir Mohammed Iqbal (1876-1938), à l'occa-

1. Mitrailleuse légère ultra-rapide. *(N.d.T.)*

sion d'un discours prononcé devant la Ligue musulmane pan-indienne, principale organisation politique mahométane de l'Inde unifiée.

Voilà quels étaient les arguments d'Iqbal. L'Islam n'est pas seulement une éthique ; c'est aussi une « forme particulière d'État ». Pour un musulman, la religion n'est pas une question de conscience ou de pratique personnelles, au contraire de la religion chrétienne pour un Européen. Selon Iqbal, il n'y a jamais eu une forme de gouvernement typiquement chrétienne ; et, en Europe, après Luther, « l'éthique universelle de Jésus » avait été « remplacée par des systèmes éthiques et politiques nationaux ». Il ne peut y avoir de Luther dans l'Islam car il n'existe pas d'ordre ecclésiastique islamique contre lequel un musulman puisse se rebeller. Et il faut aussi considérer « la nature de l'expérience religieuse du Prophète, telle qu'elle est révélée dans le Coran... Il s'agit d'une expérience individuelle créatrice d'un ordre social ».

Accepter l'islam, c'est accepter certains « concepts légaux ». Ces concepts – qui tiennent de la révélation mais ne doivent pas être sous-estimés pour autant – ont une « signification civique ». « Par conséquent, l'idéal religieux islamique est lié organiquement à l'ordre social qu'il a créé. Le rejet de l'un impliquerait au bout du compte le rejet de l'autre. Donc, l'élaboration d'une politique strictement nationale, si elle doit faire entorse au principe de la solidarité islamique, est tout simplement inconcevable pour un musulman. »

En fait, Iqbal dit d'une manière philosophique que, dans une Inde unifiée, l'Islam serait en danger, connaîtrait le sort de la chrétienté en Europe et cesserait d'être lui-même. Les musulmans, pour pouvoir vivre leur religion, ont besoin d'une politique musulmane, d'un État musulman. Iqbal laisse entendre qu'un tel État est tout particulièrement nécessaire aux musulmans d'Inde ; car « l'Inde est peut-être le seul pays au monde où l'Islam, en tant que force de rassemblement populaire, a pu donner toute sa mesure ». Iqbal proposait une solution simple : les régions à majorité musulmane du nord-ouest de l'Inde seraient détachées de ce dernier pays pour devenir un État véritablement musulman.

Dix-sept ans plus tard (et neuf ans après la mort d'Iqbal), la partition se produisait – et, aux provinces du nord-ouest, fut ajoutée la partie orientale du Bengale, à majorité musulmane et distante de quelque quinze cents kilomètres. Mais la création de cet État musulman s'accompagna de massacres civils de part et d'autre des nouvelles frontières. Il y eut des millions de morts et plus encore de personnes déracinées. Ensuite seulement, il apparut que ce projet de création du Pakistan, apparemment logique et répondant aux aspirations des musulmans, avait un simple, un terrible défaut.

Les passions musulmanes étaient les plus fortes là où les Mahométans se sentaient le plus menacés, c'est-à-dire dans la partie du sous-continent qui devait rester indienne. Ni la totalité, ni la moitié, ni même le quart de ces musulmans ne pouvaient émigrer au Pakistan. Les organisations politiques musulmanes ayant le plus d'expérience étaient implantées en Inde plutôt qu'au Pakistan. Du jour au lendemain, les hommes politiques musulmans d'Inde, qui, après avoir fait campagne en faveur de la scission, avaient émigré au Pakistan, perdirent leur électorat. Privés d'une grande partie de leur audience et de leur réputation, désormais sans cause, ils ne voulurent pas se risquer à provoquer des élections dans ce qui s'avérait un pays bien étrange. Aucune vie politique ne se développa dans le nouvel État : les institutions et l'administration demeurèrent ce qu'elles étaient au temps de l'empire britannique.

On commença à désigner les immigrés venus d'Inde d'un mot particulier : *mohajirs*, étrangers. Et, notamment dans la province du Sind, où Karachi était en train de devenir une ville *mohajir*, les antagonismes locaux donnèrent naissance à des tendances séparatistes.

Seule l'armée s'épanouissait dans le nouvel État. Au début, on la considéra comme la force défensive, voire conquérante de la nation islamique. Puis il devint clair qu'elle représentait le seul pouvoir structuré du pays. Elle régna en maître, État dans l'État. Les effectifs de l'armée venaient principalement du Pakistan occidental, avec tous les préjugés culturels que cela supposait ; plus tard, elle devait, par son attitude, pousser le Pakistan oriental à faire sécession et à devenir le Bangladesh. Le Pakistan eut alors la chance de trouver un leader national en la personne de M. Bhutto, un homme du Sind qui fut le premier dirigeant de ce pays à y être né. Il appartenait au Parti du Peuple ; il gouverna de façon despotique pendant près de six ans. Puis il fut déposé par l'armée et pendu, et le pays déjà fragmenté acheva de se désagréger.

Les calamités s'ajoutaient aux calamités. Les musulmans bengalis avaient le Bangladesh : le peuple du Pakistan occidental gardait le Pakistan. Les musulmans biharis n'avaient rien. Ils avaient émigré du Bihar, au nord-est de l'Inde, vers le Bengale pakistanais. Mais, par la langue et la culture, ils étaient plus proches des musulmans de l'ouest. Lorsque le Bangladesh obtint son indépendance, il ne voulut plus d'eux, pas plus que le Pakistan, et ils devinrent une communauté perdue, que leur utopie musulmane avait jetée dans les limbes.

L'État dépérissait ; mais pas la foi. Les échecs ne contribuaient qu'à la renforcer. La nation avait été créée pour être la patrie des musulmans. Si le projet échouait, on ne pouvait en rendre responsables ni l'idée initiale ni la religion ; les coupables étaient obligatoirement les hommes, qui n'avaient pas cru suffisamment. On appela le peuple à manifester une foi de plus en plus pure. Et, dans cette quête d'un absolu islamique – une société des croyants où chaque acte devait être dicté par le culte – les hommes perdirent de vue les origines politiques de leur pays. Ils oublièrent les desseins séculiers de M. Jinnah, le véritable fondateur de la nation, qui (d'une façon moins philosophique qu'Iqbal) désirait simplement la création d'un État où les musulmans ne seraient pas écrasés par les non-musulmans. On délaissa même la mémoire d'Iqbal. On commença à avoir des prétentions extraordinaires pour le Pakistan : il avait été fondé comme le pays des purs ; il allait devenir le premier État véritablement islamique depuis le temps du Prophète et de ses disciples.

A la fin de mon séjour au Pakistan, je rencontrai un homme d'âge moyen, poète et fonctionnaire. Il avait cherché à me voir pour me donner ses œuvres. Mais, désormais, la situation de son pays le préoccupait davantage que la poésie. Ce fut du Pakistán qu'il me parla, avec une rage diffuse qui l'amenait au bord des larmes.

« Quand j'étais enfant, en Inde, me raconta-t-il, et que j'ai appris qu'on nous avait donné le Pakistan, je ne puis exprimer ce que j'ai ressenti. Pour moi, cette terre du Pakistan, c'était comme le paradis. »

Mais n'était-ce pas là l'origine de l'échec ? N'aurait-il pas été préférable que la création du Pakistan fût considérée comme un succès politique, à partir duquel il fallait bâtir, et non comme une victoire de la foi, laquelle se suffisait à elle-même ? La faille du discours d'Iqbal ne résidait-elle pas là ? « L'histoire des musulmans m'a enseigné quelque chose, avait conclu Iqbal. Aux moments critiques de leur histoire, c'est l'islam qui a sauvé les musulmans et non le contraire. » Les musulmans n'auraient-ils pas agi plus judicieusement en comptant moins sur la foi salvatrice et en se mettant sérieusement au travail pour élaborer des institutions ? N'était-ce pas, après tout, une étape essentielle de l'histoire de la civilisation : la conversion en institutions d'idéaux éthiques ?

Le poète n'était pas de cet avis. De la foi aurait dû naître naturellement l'État musulman. Ce sentiment que le Pakistan était le paradis aurait dû faire toucher au pays les sommets.

Qu'est-ce qui s'était passé, alors ?

Il me répondit que les hommes étaient mauvais. Ils n'arrivaient pas à s'élever au niveau de leur foi.

Au Pakistan, on en revenait toujours là.

Par une fin d'après-midi, dans un village poussiéreux situé au cœur du Sind, à plus de cent cinquante kilomètres de Karachi, je rencontrai le maulana, ou professeur de théologie. Il enseignait dans une école réputée qui, pour des raisons qui m'échappèrent, était tombée en décrépitude sous le gouvernement d'Ali Bhutto.

Les bâtiments délabrés, faits de briques séchées au soleil, ressemblaient à n'importe quelle maison de village, ou habitation paysanne — rien, ici, de la grandeur de Qom : pas de bureaux d'acier, de téléphones design ou de tapis sur les sols. On réservait aux visiteurs une petite hutte ne comprenant qu'une seule pièce, que jouxtait une cour fermée, le tout bâti d'argile séchée, d'aspect irrégulier, et retournant à la poussière. La chambre était pourvue d'un ventilateur fixé au plafond, de trois lits de corde sur lesquels, roulée, se trouvait la literie, d'une niche, dans le mur, contenant trois étagères ; et c'était tout. Rien ne cachait le sol d'argile. Devant comme derrière, on avait grossièrement percé des portes et des fenêtres, ouvertes à la poussière. Nous nous trouvions près de l'Indus, et les nappes souterraines alimentées par le fleuve irriguaient les champs et permettaient aux arbres de croître, mais tout semblait naître de la poussière.

La chambre du maulana était plus close que celle des invités, mais non moins nue. Je le trouvai allongé sur son lit de corde, mais il s'assit pour me parler. Assez âgé, mais encore vigoureux et plutôt brusque, il portait la barbe et le turban. Dans la pénombre du soir, que ne parvint pas à percer, une fois allumée, l'ampoule électrique de faible intensité, dans la poussière et la nudité de son logis de paysan, une ferveur religieuse qui ressemblait à de la haine le tenait en vie : sa passion pour la vraie foi le conduisant, presque immanquablement, à évoquer les périls que courait l'islam, la nécessité d'une guerre sainte et la menace de l'ennemi.

Il me demanda ce que je faisais, où j'avais séjourné. Je lui répondis que je venais d'Iran.

« Khomeiny est un homme bien, me dit-il. Il agit selon l'islam.

– Qu'est-ce qui vous fait dire cela ? » Je m'étais attendu à ce que cet homme, si rigoureux, si intransigeant, considérât l'Islam chi'ite de Khomeiny comme une déviation.

« Il a interdit aux femmes d'apparaître à la télévision », expliqua-t-il.

C'était tout ce qu'il savait de l'Iran depuis la révolution.

« Nous n'avons pas de véritable gouvernement islamique, ici », déplora-t-il.

Comment pouvait-il dire une telle chose ? Le gouvernement avait ordonné aux fonctionnaires d'observer chaque jour des pauses pour dire leurs prières. Il avait légiféré pour que soient appliqués des châtiments coraniques comme le fouet ou la lapidation. Il était question de lever une taxe coranique, dont le produit serait distribué en aumônes aux pauvres. Le président venait juste d'accomplir le pèlerinage de La Mecque. Que désirait donc de plus le maulana ?

« Ils n'ont pas interdit aux banques de prendre des intérêts. » Le Prophète avait proscrit l'usure ; un système bancaire fondé sur l'intérêt n'était donc pas islamique.

Comment envisageait-il le fonctionnement du système bancaire ? Comment voulait-il que soient conduites les finances du pays ?

Il ne savait pas. Il n'y avait pas réfléchi. Mais peu lui importait. « Si le Pakistan gagne son argent d'une manière islamique, le reste viendra tout seul », déclara-t-il. Satisfait de cette formule – la logique était l'une des matières qu'on enseignait dans son école – il la répéta lentement.

Il faisait un peu de politique et avait ainsi acquis une certaine influence locale ; et sa critique du gouvernement trahissait sans aucun doute des rancunes d'ordre personnel ou régional. Mais il faisait preuve d'une certaine honnêteté ; il vivait selon ses principes. Son univers s'était réduit aux dimensions d'une hutte, dans un village en ruine. Il acceptait même la perspective de descendre plus bas encore, pour autant que sa religion fût respectée.

A quelques kilomètres de là, alors que la nuit tombait, dans un champ labouré, des paysans s'apprêtaient à lancer leurs chiens sur un ours. Les bêtes jappaient et leurs maîtres les flattaient. L'ours enchaîné reniflait la terre retournée et salivait. Les quatre chiens furent lâchés. Ils sautèrent sur l'ours, le mordirent sauvagement et le renversèrent ; la foule poussa un cri. Mais les pattes de l'animal s'abattirent sur tout ce qui passa à leur portée. Puis l'ours se redressa et la foule hurla de nouveau ; à partir de ce moment, à chacun des mouvements de la bête, l'assistance manifesta bruyamment. Alors, usant de la flexibilité de sa colonne vertébrale, l'ours s'assit et se laissa tomber en avant, commençant à écraser les deux chiens qu'il avait réussi à déloger puis à prendre au piège, étouffant l'un de son arrière-train et broyant l'autre à mort de toute la masse de son corps ; bientôt, coincé sous la fourrure brun sombre de l'ours, le chien agonisant jeta un regard empreint d'une douceur incrédule ; l'ours, en s'asseyant dessus, avait brisé l'échine de son autre assaillant. Les propriétaires des deux chiens survivants se portèrent à leur rescousse ; les bêtes s'accrochaient encore à la peau de l'ours, là où elles avaient mordu.

Le combat avait duré trois minutes. C'était une distraction villageoise qui, au même titre que la foi, faisait partie intégrante de la vie traditionnelle du désert.

Les Anglais n'entrèrent au Sind que tardivement, en 1843, et, après une courte bataille qui se déroula non loin de l'endroit où j'avais assisté au combat de l'ours, dominèrent la région pendant une centaine d'années. Les villes indigènes du Sind étaient situées sur l'Indus, à l'intérieur des terres. En 1843, Karachi était un village de pêcheurs, sur la côte. En 1947, quand les Anglais quittèrent le pays, c'était un port moderne et la ville principale du Pakistan occidental. Sa population atteignait alors trois cent mille habitants. Un tiers d'entre eux, hindous ou non musulmans, durent partir ; mais des millions de musulmans indiens s'apprêtaient à immigrer. Maintenant, une bonne trentaine d'années plus tard, après le grand exode des musulmans indiens et les incessants déplacements de population à l'intérieur du Pakistan, Karachi comptait quelque cinq ou six millions d'habitants – personne ne connaissait le chiffre exact.

J'avais déjà vu la ville, en 1962, mais très rapidement, et en avais conservé un souvenir des plus fantasmagoriques. J'allais en Inde, pays de mes ancêtres, pour la première fois – et m'y rendais par petites étapes. J'accomplissais le trajet d'Alexandrie à Bombay à bord d'un cargo, et Karachi faisait partie des escales.

Je fus surpris de découvrir des Africains sur les quais de la métropole pakistanaise : descendant des esclaves qui, libérés lors de l'annexion du pays par les Britanniques en 1843, s'étaient retrouvés à la rue, leur situation n'avait guère évolué depuis. Je vis pour la première fois des dromadaires attelés à des chariots aux longs brancards inclinés. A l'entrée de l'hôtel, se tenaient deux nains en uniforme blanc et turban vert.

Des Africains, des dromadaires attelés, des nains en turban vert : je ne pouvais me fier à aucun de ces souvenirs. Je crus alors que ces images avaient été suscitées par mon état nerveux, l'excitation de me trouver pour la première fois dans le sous-continent, un vague sentiment de tristesse inspiré par les vestiges (les immeubles, les pancartes) du colonialisme britannique, une nervosité et un abattement qui, accentués par la chaleur humide et salée, confinaient au malaise physique, si bien qu'après deux heures seulement, je préférai me réfugier sur le bateau.

Maintenant, ces souvenirs flous se précisaient et se révélaient exacts. Je découvris qu'il y avait effectivement des dockers africains à Karachi. A l'écart de la circulation automobile des grandes artères, j'aperçus des dromadaires attelés. Ils trottaient en levant bien haut leur tête allongée. Leur lippe pendante, leur façon de jeter en l'air leurs gros sabots ronds et crevassés, donnaient à ces animaux un air triomphant, celui de l'athlète souriant qui, toujours, arrive le premier.

Plus frappants encore que les dromadaires, et que j'avais néanmoins oubliés, il y avait les ânes. C'étaient les plus petits ânes que j'eusse jamais vus, vifs, doux, et si minuscules qu'une imagination un peu fantaisiste les eût fait paraître proprement lilliputiens, semblables – presque – à des setters, par la taille et le caractère. La finesse de leur arrière-train, barré de noir par le harnais, n'était pas sans rappeler celle d'un chien ; ils avaient les pattes fines. Au repos, ils se tenaient tranquilles, par couples, sur des terrains pelés ; et, eux qui paraissaient trotter si joyeusement avaient soudain l'air triste, et plus triste encore d'avoir perdu leur compagnie.

Et il y avait effectivement eu deux portiers nains à l'hôtel Métropole. On ne les voyait plus devant l'entrée, mais rien de fâcheux ne leur était arrivé. Tout simplement, m'apprit-on, on les employait désormais à l'intérieur. Club Road, la rue où se trouvait le Métropole, me parut beaucoup plus animée qu'en 1962 ; et les nains n'étaient plus tout jeunes. Le temps n'avait pas épargné non plus le Métropole. Il avait cessé d'être le plus grand hôtel de Karachi, maintenant supplanté par l'Intercontinental. Et d'autres hôtels modernes prenaient la relève -- le

Sheraton, le Hyatt Regency (jouant la carte de l'Islam, même après les événements iraniens), et le Holiday Inn.

C'était la ville aux cinq millions d'habitants que je désirais voir. Mais l'adolescent, ou le jeune homme, auquel me confia la compagnie de taxis nourrissait d'autres projets. Il voulait m'emmener visiter les tombes de Chaukhundi, à environ vingt-cinq kilomètres de Karachi ; il me fallut refuser fermement.

Avec son air d'enfant gâté un peu madré, mon chauffeur était de petite taille, et avait le visage rond. Sa tenue se composait de pantalons lâches de coton bleu ardoise, d'une chemise à pans et à manches longues. Sa compagnie ne m'inspirait guère confiance : ce côté égaré, ce mélange de rusticité et d'arrogance propre aux citadins. Mais, indéniablement, il avait du style.

« Je suppose que vous êtes étudiant ? » avançai-je.

Cela lui plut. « L'histoire de ma vie est triste, dit-il. Et, pour cette raison, je ne vous la raconterai pas. Je vais vous montrer Karachi. » Il soupira.

Il s'arrêta peu après, dans l'une des grandes rues résidentielles de la vieille ville bâtie par les Britanniques. Le long mur de la maison face à laquelle nous nous étions garés était couronné de barbelés.

Mon chauffeur étreignit son volant, comme un homme soudain très accablé, et me dit : « La maison de M. Bhutto. »

J'aurais préféré ne pas voir la demeure de celui qu'on avait pendu quatre mois auparavant, et qu'habitaient encore sa femme et sa fille. Mais j'avais déjà compris qu'au Pakistan il était difficile d'ignorer les passions qu'avait soulevé le cas d'Ali Bhutto, tous ces mois d'un emprisonnement dégradant et les circonstances de son exécution. L'événement avait déjà dépassé le cadre de la simple politique. On le rapportait comme la légende d'un saint ou d'un martyr et c'était une légende musulmane, avec tout ce que cela pouvait comporter de ferveur, de violence et d'exhortations à la vengeance.

Dans sa prison de Lahore, m'avait-on dit, on l'avait enfermé dans une cellule qui, l'été, était baignée presque toute la journée par les impitoyables rayons du soleil. Il avait demandé qu'on fasse bouillir l'eau qu'il buvait ; on lui apporta un thermos d'eau bouillante ; il lui fallut attendre le soir pour qu'enfin refroidie elle fût buvable. Il vivait simplement, se contentant de manger une galette de pain azyme par jour ; mais il dépensait deux mille roupies, soit deux cents dollars, tous les jours pour les autres prisonniers. Cet homme autrefois vêtu comme un dandy lavait lui-même ses vêtements. Au fur et à mesure que son statut légal se dégradait, la qualité de sa nourriture baissait.

A la prison de Rawalpindi – où il devait être pendu – on remplaçait constamment ses gardiens parce qu'ils devenaient trop vite compatissants. Mais il s'en trouva un qui ne ménagea pas le condamné. « Pourquoi vous obstinez-vous à vouloir lire le *Time* ou *Newsweek*, alors que vous n'avez plus que quelques jours à vivre ? » Au moment de son exécution, il pesait moins de quarante kilos. Quand on vint lui apporter la tenue du condamné, il déclara : « Je porterai mes propres vêtements. Si quelqu'un a l'intention de me faire enfiler ceux-ci, qu'il essaie. » Une version de l'histoire affirme qu'il marcha jusqu'à l'échafaud. Il demanda qu'on lui détache les mains, disant : « Cela fait mal. » Une autre version raconte qu'il fallut le porter jusqu'à la potence sur une civière. Selon une troisième, il fut exécuté dans sa cellule : un prisonnier, réveillé tôt, un matin, et à qui l'on avait ordonné d'aller laver le corps d'un supplicié, fut conduit dans une cellule où il découvrit le cadavre de M. Bhutto, déjà si froid, si raide, qu'il fallut arracher les vêtements. Et tout ceci n'était vieux que de quatre mois.

Cessant d'étreindre son volant, le chauffeur m'annonça : « Je vais vous faire visiter la ville. »

Il me conduisit vers le front de mer : les brisants, la brise, la plage ensoleillée d'une baie vaseuse et, tout au bout, la silhouette d'immeubles de béton tout neufs : un îlot de richesse au milieu des restrictions économiques, le boom immobilier de Karachi. « Les appartements sont à la mode, maintenant, dit le chauffeur. On ne fait plus de bungalows. »

Sur le sable, se dressaient des tréteaux où l'on vendait des jouets et des souvenirs. J'eus faim. « Jeûnez-vous ? lui demandai-je.

— Non. Je suis fâché avec Dieu. Vous êtes musulman ?

— Non.

— Les musulmans sont mauvais. Ils mentent trop. Oui, ces musulmans ont trop tendance à mentir. C'est une triste histoire. Je préfère ne pas vous la raconter. »

Nous continuâmes à rouler le long du bord de mer. Il me désigna, au bout de la route, un grand bâtiment recouvert de marbre. « Devinez ce que c'est. Dites quelque chose.

— Un hôtel, hasardai-je.

— Un casino. Du temps de M. Bhutto. »

Il n'était pas terminé. Juste à côté, se trouvait un édifice de béton plus petit et lui aussi inachevé.

« Pour le personnel. C'était du temps de M. Bhutto. Plus de casino, maintenant. Plus de jeux. Plus de courses de chevaux. Ce gouvernement est mauvais. Il est toujours contre tout. »

Nous nous dirigeâmes vers un quartier résidentiel : de grands terrains, des jardins, d'imposantes demeures de béton. « Les gens riches habitent ici. Les étrangers, les Arabes. Quelques Pakistanais, aussi. Cette maison appartient à l'émir d'Abu Dhabi. » Il s'agissait d'une immense bâtisse située dans un parc qu'entouraient de hauts murs. « Cinq cents serviteurs. Et cette maison ne sert qu'un mois par an.

L'émir d'Abu Dhabi vient ici tous les ans pour chasser. Ces oiseaux ont trop tendance à proliférer au Pakistan. Maintenant, je vais vous montrer ma maison.

– Vous vivez par ici ?

– Je vais vous montrer. Comme je vous l'ai dit, c'est une bien triste histoire. »

A quelques rues de là – où les jardins étaient plus modestes – nous nous arrêtâmes devant un portail. Seul le dernier étage apparaissait au-dessus du mur. Le jeune homme klaxonna. Personne ne répondit. Il me pria de l'excuser, sortit de la voiture et appela. Il ouvrit la grille et j'aperçus une maison de béton un peu prétentieuse et plus petite qu'on l'aurait pu croire. Personne n'en sortit. Mais la tête d'un serviteur surgit au-dessous d'un mur mitoyen, au milieu de la verdure du jardin. L'inconnu et mon chauffeur se mirent à discuter familièrement en ourdou.

Revenu dans la voiture, le chauffeur me dit : « Il n'y a plus personne, ici. Ils ont tout emporté. Tout.

– Qui a tout emporté ?

– Ce gouvernement. Quelle question ! Mon père soutenait le gouvernement précédent. »

Devais-je le croire? On accusait entre autres choses Ali Bhutto d'avoir, pendant son passage aux affaires, détruit l'équilibre social du pays et favorisé l'ascension de canailles, leur confiant même des responsabilités. Le père de mon chauffeur avait-il fait partie des bénéficiaires du régime d'Ali Bhutto ? Située dans un quartier aisé, la maison n'avait cependant rien d'extraordinaire et, en tout cas, paraissait certainement moins grandiose que se l'était imaginé l'homme qui l'avait fait construire. Mon chauffeur semblait bien la connaître ; il connaissait aussi le domestique de la maison voisine. Qu'était-il donc arrivé à son père ? Le jeune homme me dit qu'il devait désormais subvenir seul aux besoins de sa mère, de ses deux sœurs et de son frère. Il avait abandonné ses études pour devenir chauffeur. La voiture ne lui appartenait pas. La compagnie de taxis le payait trois cent cinquante roupies par mois ; et c'était tout.

Pourtant, m'ayant enfin raconté son histoire, m'ayant montré la propriété qui témoignait de sa richesse passée, il ne me parut pas trop affecté. Il me conduisit à la mosquée moderne, coiffée d'un énorme dôme de béton (« Sans piliers », commenta-t-il fièrement) et dont le minaret évoquait la flèche d'une église. Il m'emmena voir la tombe de M. Jinnah, le fondateur du Pakistan, et me raconta la triste histoire (encore une) de cet homme qui était mort trois mois seulement après l'instauration de l'État pakistanais. Si Mohammed Ali Jinnah avait vécu, le destin du pays eût été bien différent, m'affirma le chauffeur.

Triste histoire peut-être, mais la tombe était impressionnante ; elle plaisait au jeune homme. Il aimait les grands immeubles modernes de

Karachi ; il aimait ce style. Il m'affirma que les architectes pakistanais étaient les meilleurs du monde. C'était toujours eux que les Arabes choisissaient pour faire construire leurs mosquées.

« Nous, les Pakistanais, nous sommes musulmans. Les musulmans aiment Dieu. J'aime Dieu.

– Je croyais que vous étiez fâché contre Lui ?

– Fâché, oui. Mais Dieu c'est Dieu. Dieu n'est pas comme les hommes. Maintenant, je vais vous faire visiter le Karachi d'avant le Pakistan. »

Dans le flot dense de la circulation, nous pénétrâmes dans la vieille ville commerçante. Les motocyclettes crissaient et pétaradaient. Des fumées grises et brunes emplissaient l'air brûlant.

« Que faisait votre père ? » demandai-je.

Il feignit de ne pas comprendre.

« Était-il fonctionnaire ?

– Je vous l'ai dit, il soutenait le gouvernement. »

A l'entendre, on eût dit qu'il s'agissait d'un métier. Mais il ne désirait pas s'expliquer davantage, et je ne pus déterminer si sa réponse signifiait que son père faisait de la politique ou bien que ce dernier s'était simplement enrichi sous Ali Bhutto.

Il s'arrêta devant une parfumerie pour acheter des essences et du henné qu'il offrirait à ses sœurs à l'occasion de la fête de rupture du ramadan. Du henné pour rougir les paumes des jeunes filles – présent qui témoignait de l'attachement à sa famille du fils aîné, gâté par ses sœurs et sa mère. Il m'affirma que cette boutique était la seule de tout Karachi où l'on pouvait acheter de telles choses. Il resta longtemps dans le magasin ; il semblait connaître les commerçants.

Des Africains en costume sindhi donnaient un air de *Mille et Une Nuits* à la rue, rue à l'architecture extravagante, orientale. Les immeubles du bazar, dans ce Karachi « d'avant le Pakistan », étaient de simples constructions de béton, mais magnifiquement ornées de balcons en fer forgé, d'arcades sarracéniques, de colonnes corinthiennes ou doriques, de fenêtres gothiques ou pseudo-gothiques. Tous les styles qui marquèrent la fin de l'Empire britannique se mêlaient à plaisir, comme à l'un de ces festins extraordinaires où aucune friandise ne saurait être négligée. Je ne tardai pas à découvrir l'origine de ce penchant pour le gothique, au premier abord si déconcertant. Il s'agissait du monument anglais construit en style gothique victorien qu'on appelait la tour Mereweather, au centre du quartier commercial de Karachi. Que signifiait cette tour ?

« C'est une *tour*, me dit le chauffeur. Comme celle de Paris. »

Puis il m'emmena voir les pèlerins en partance pour La Mecque, dans le centre d'accueil que le gouvernement avait aménagé pour eux près des quais du port. Il y régnait autant d'ordre que dans un camp militaire ; tels des acteurs tirés à quatre épingles dans un décor de théâtre, des vieillards arpentaient les allées soigneusement balayées, venus, en costume régional, de toutes les provinces du Pakistan : Pendjabis, Baloutches (qui se distinguaient par le turban), Sindhis (qui portaient des calottes), Pathans, originaires de la frontière afghane. Leur visage n'exprimait que sérénité et satisfaction. Quels que fussent les événements extérieurs, quels que fussent leurs dirigeants, ces hommes voyaient enfin approcher le paradis.

« Je n'ai pu vous conduire ici que parce que vous aussi vous avez l'air d'un Pakistanais, me confia le chauffeur. Si vous étiez américain, vous n'auriez pas pu y entrer. »

Mon chauffeur, que j'avais vu si vindicatif, semblait maintenant aussi calme que les pèlerins. Et, entre les mosquées, l'impressionnant tombeau blanc de M. Jinnah et le centre d'accueil des pèlerins, son sentiment religieux s'était métamorphosé. Lui qui se disait fâché contre Dieu et indifférent à l'islam se montrait maintenant un musulman aussi fervent et convaincu que les autres.

Restait sa triste histoire. J'avais conçu quelques doutes à ce propos. Mais la vérité est parfois brutale et, par la suite, je jugeai dans ses grandes lignes son récit vraisemblable. J'imaginai que son père s'était élevé très vite au temps d'Ali Bhutto, élevé au point de devenir le voisin d'un émir arabe, et que, suivant dans sa chute le Premier ministre, il avait tout perdu et été écarté d'une façon ou d'une autre : drame de bas étage, petit changement consécutif à la tragique affaire Bhutto, épisode soulignant la corruption qui atteignait la vie publique d'un État musulman où, dans les faits, la foi faisait office d'unique morale et, aussi, de baume éternel.

« Maintenant, je vais vous montrer le Karachi d'avant le Pakistan. » C'était une façon de contourner les embûches de l'histoire. Ici, en 1947, il n'y avait pas de Pakistan ; seules existaient la province indienne du Sind et la ville de Karachi construite par les Britanniques. De ce passé, subsistaient des immeubles et des noms : Club Road, Bleak House Road, Clifton, McNeil Road, Jutland Lines, Jacob Lines, Abyssinia Lines, Clayton Quarters, Napier Barracks, Soldier Bazaar. Certains rappelaient même la domination indienne : Tamil Colony, Ranswamy, Dadabhoy Nouroji Road. La Motilal Nehru Road avait disparu mais il y avait toujours un Gandhi Garden.

Et, un après-midi, descendant depuis l'Intercontinental la route longue de trois kilomètres qui, à travers des marais assainis arrachés aux palétuviers, menait à la Chinna Creek et au Napier Mole Bridge, j'eus la surprise, arrivé à la baie, de découvrir au pied du pont, sur le chantier du nouveau port, une plaque commémorative portant des noms hindous.

Le mur où elle était apposée constituait la façade d'un ghât pour le bain, sorte de paliers descendant jusqu'à la mer, construit en 1943 – quatre ans avant la création du Pakistan – par l'Association hindoue de bienfaisance pour les ghâts de bain. Il y avait deux portes de bois sculpté sur lesquelles figuraient encore les inscriptions anciennes : « Cette entrée est réservée aux femmes hindoues » et « Cette entrée est réservée aux hommes hindous ». L'une des portes était décorée d'éléphants affolés, l'autre de cygnes paisibles.

Les marches avaient été préservées. On les apercevait depuis le Napier Mole Bridge (quoique l'escalier des femmes fût isolé par des murs de béton), noircies par le goudron que rejetaient les eaux polluées du port. Sur les paliers supérieurs étaient disposés des bancs de pierre ; de ce côté-ci, face au port et aux palétuviers qui poussaient sur la rive opposée de la crique, le mur était peint en vert vif ; il y avait des pigeons sur les dômes de style moghol. Sur le pont lui-même se trouvait une dalle rappelant la date de la construction, 1864, et le nom de ses ingénieurs anglais.

Un petit garçon âgé d'une douzaine d'années s'approcha de moi. Il m'observait depuis un moment. Il me désigna de la tête les marches maculées du ghât et m'expliqua : « Les musulmans n'ont pas le droit d'entrer. Seulement les hindous, les Parsis et les Anglais ont le droit. Mais pas les musulmans. » Pour lui, cette interdiction représentait la caractéristique essentielle du ghât. Il était hindou, l'un des derniers représentants de la population hindoue sindhi, mais libre encore du fardeau de l'histoire (je devais le revoir environ une semaine plus tard, dans un hôtel, à l'occasion d'un mariage musulman).

Le ghât gênait visiblement les travaux du nouveau port. J'allais ultérieurement rencontrer l'homme qui était intervenu pour le sauver de la destruction. Il m'apprit que le ghât ne servait plus depuis longtemps. Ses deux gardiens avaient fait de l'endroit leur domicile. Quelqu'un avait proposé de mettre une enseigne publicitaire au néon sur le toit en dôme du bâtiment, ce qui aurait permis de pourvoir à son entretien ; mais l'homme qui avait sauvé le ghât jugea préférable de conserver les lieux tels qu'ils étaient, baignés par les eaux polluées du port, et de laisser le temps accomplir son œuvre.

Les hindous avaient pratiquement disparu. Mais c'était de l'histoire ancienne. Depuis, s'étaient produites des spoliations d'une autre ampleur. Karachi, avec ses millions d'immigrés, était une ville du Pakistan ; elle avait cessé d'être seulement la capitale du Sind. Le Sind avait accueilli le gros des musulmans venus de l'Inde ; et la politique musulmane telle qu'elle s'était développée au Pakistan n'avait pas ôté aux Sindhis l'impression qu'ils avaient été agressés puis colonisés et qu'on menaçait à la fois leur terre et leur langue. Maintenant, comme en réponse à leurs aspirations autonomistes, on parlait de faire de Karachi un district fédéral détaché de la province du Sind.

Le rêve d'une patrie musulmane avait eu d'étranges conséquences.

Et la plus étrange de toutes était celle-ci : ce pays qui était apparu à certains comme le paradis, la récompense terrestre offerte aux croyants, ne vivait pas tant sur ses exportations agricoles ou sur le produit de son maigre secteur industriel que grâce à l'expatriation de ses travailleurs. Dans les journaux, les annonces appelaient cela : « exportation de main-d'œuvre ».

L'idée d'un État musulman paradisiaque ne s'était jamais muée en quoi que ce soit de plus rationnel, n'avait jamais débouché sur une quelconque organisation économique ou politique. L'économie du Pakistan – quinze cents kilomètres de la mer à l'Himalaya et plus de soixante-dix millions d'habitants – dépendait des subsides envoyés par les travailleurs émigrés. Le boom immobilier de Karachi était partiellement nourri par les salaires de ces expatriés qui se répartissaient sur tout le globe, de façon plus ou moins légale. Ils ne choisissaient pas seulement les pays musulmans, l'Arabie Saoudite, les émirats, la Libye ; on les rencontrait aussi au Canada, aux États-Unis et dans de nombreux pays d'Europe.

Le trafic était bien organisé; tels des comptables examinant les régimes fiscaux, les experts pakistanais de l'exportation de main-d'œuvre jonglaient avec les lois internationales d'immigration pour placer leurs bataillons d'émigrants : ici, prolongation possible des visas touristes (dans la plupart des pays européens), là, la possibilité d'envoyer des parents (Grande-Bretagne), là celle de convertir des visas étudiants (Canada et États-Unis), ailleurs celle de demander l'asile politique (Autriche et Berlin-Ouest), ailleurs encore, juste sous le cercle arctique, la possibilité de se passer de visas (Finlande). Ils partaient par avions entiers. L'aéroport de Karachi était aménagé en fonction de ce trafic. Certains passaient; d'autres étaient refoulés. *Les Allemands tirent sur quatre Pakistanais : entrée illégale.* Voilà ce que rapportait un article du *Dawn*, envoyé par le correspondant en Turquie, sur la route de l'exode ; il racontait comment on avait estropié ces hommes en leur tirant dans les jambes et capturé tout un groupe de clandestins.

A l'étranger, les émigrants s'en remettaient aux organisations de protection des libertés civiles. Ils cherchaient à s'abriter derrière les lois du pays où les avions les avaient conduits. Ils savaient, eux ou leurs représentants, trouver les mots justes pour parler de ce qui séparait pays pauvres et pays riches, le sud et le nord. Ils s'élevaient contre les discriminations raciales et prônaient la fraternité entre tous les hommes. Ils en appelaient aux idéaux de ces civilisations étrangères dont, chez eux, ils niaient les vertus.

Mais, dans l'esprit du croyant, il n'y avait là aucune contradiction. Sa patrie était sa patrie; ailleurs, c'était différent; les paroles œcuméniques qu'il prononçait à l'étranger n'y changeaient rien. Presque aussi vénéré que Dieu, l'État musulman était une chose à part qu'il fallait sans trêve purifier et défendre. Comme l'écrivait le *Tehran Times* à propos de la montée de l'islam : « Grâce à la réforme et à l'adaptation aux besoins actuels en totale conformité avec le Coran sacré et la sunna » – la tradition du Prophète – « l'Iran et le Pakistan, par la clarté de leurs desseins et une sincère coopération, peuvent faire la preuve que l'islam est un mode de société achevé ».

2

Fantasmagorie

Le Pakistan jouissait d'une très haute réputation au sein du monde musulman. Il apparaissait comme le pionnier de l'Islam du XXe siècle et on avait fait état pendant un certain temps de ses « expériences » islamiques. On disait que le Pakistan mettait en application le droit islamique en levant un impôt-aumône coranique destiné à alimenter les caisses de l'aide sociale et en supprimant le recours à l'intérêt dans le système bancaire.

Je désirais voir ces expériences de plus près. Mais, au bout de quelques jours passés à Karachi, il devint évident que je n'y parviendrais pas tout seul et qu'il me fallait un guide. J'avais lu dans le *Tehran Times* qu'il existait au Pakistan une banque islamique « placée sous le haut patronage d'un grand maître musulman, le maulana Maudoodi ». Mais, partout, à Karachi je n'aperçus que les enseignes vertes de la Habib Bank. Situé dans le centre-ville, le siège de la Habib occupait une tour de béton digne de New York; et la banque venait juste d'ouvrir une succursale en Europe. Ce succès, assuraient les annonces parues à cette occasion dans les journaux, avait été obtenu « par la grâce d'Allah ». Mais la Habib n'avait rien d'une banque « expérimentale ».

Ayant besoin d'aide, j'allai voir M. Deen, le fonctionnaire responsable du département de l'Information. Son bureau se trouvait dans un bâtiment de béton qui devait être une ancienne caserne britannique.

Dans le large couloir central, une porte de saloon à deux battants permettait d'accéder au bureau de M. Deen. Le tapis de coton était usé, ses motifs rouges et blancs ternis par le soleil et la poussière. La détrempe ocre qui recouvrait les murs s'écaillait, laissant apparaître la couche de chaux; les fenêtres au châssis grossier étaient protégées par un grillage qui figurait des losanges; dehors, dans un nuage de fumée bleue, quelqu'un faisait rugir une motocyclette de façon assourdissante. On avait percé deux lucarnes en haut du mur pour la circulation de l'air ; au plafond, un ventilateur tournait au-dessus de la vieille banquette fournie par l'État qui, je le découvris en m'asseyant, était un peu bancale ; le gouvernement se serrait la ceinture.

Ma requête stupéfia M. Deen. Il s'était montré très courtois, envoyant même le fourgon de service – qu'il appelait « la chose à quatre roues » – me prendre à l'hôtel. Mais c'était un homme très occupé. Ce matin-là, le départ des pèlerins pour La Mecque retenait toute son attention – le gouvernement avait décrété qu'il s'agissait d'un événement important – et il examinait les photographies officielles représentant la scène dont j'avais été témoin, la veille, sur les quais. A l'évidence, certains clichés ne satisfaisaient pas M. Deen. Et maintenant, la justice islamique, les banques islamiques, les expériences islamiques ? Il paraissait perdu.

Ainsi, je n'avais pas lu les journaux qu'il fallait ?

« On parle effectivement de toutes ces choses, me répondit M. Deen sur le ton las du responsable accablé. Mais ceux qui parlent espèrent toujours que les autres feront le travail. »

Dix jours par mois, un Conseil idéologique islamique se réunissait ; mais cela se passait à Islamabad, la capitale, très loin, dans le nord. M. Deen ne voyait pas ce qu'il pouvait faire pour moi à Karachi. Il avait une bonne cinquantaine d'années, portait des pantalons gris et une chemise blanche ; quant à la cravate rayée qui pendait au mur, derrière lui, elle eût pu, dans un autre pays, être aux couleurs d'une quelconque association.

Un collègue, M. Sherwani, entra. C'était un homme corpulent, plus fort que M. Deen ; il avait la peau lisse et était vêtu d'une chemisette à manches courtes. M. Deen lui expliqua ce qui m'amenait et il me dévisagea avec insistance. « Mais il ressemble à Qutub, dit-il en ourdou à l'adresse de M. Deen. Quand je suis entré, je me suis dit : " Mais c'est Qutub ! " » M. Deen me considéra avec un surcroît d'intérêt et convint avec une tendre nostalgie qu'en effet je ressemblais à Qutub. Ils m'apprirent que Qutub était un peintre pakistanais.

« Quel âge avez-vous ? me demanda M. Sherwani.

– Quarante-sept ans.

– Moi, j'en ai quarante-huit et je me porte mieux que vous. Non, non, ne dites pas le contraire. Vos yeux sont fatigués. Ce sont ceux d'un vieillard. C'est signe de carence en vitamines.

– Il veut voir l'islam à l'œuvre », le coupa M. Deen.

Je n'aurais su mieux dire.

« Il devrait lire le Coran, assura M. Sherwani. La traduction de Marmaduke Pickthall est sans doute celle qui vous conviendrait le mieux.

– C'est plutôt une interprétation, fit remarquer M. Deen.

– Vous devez vous familiariser avec cette philosophie », reprit M. Sherwani.

Répétant l'excellente formule de M. Deen, j'insistai : « Je veux voir l'islam à l'œuvre. »

M. Sherwani me répondit que beaucoup de gens se prétendaient musulmans mais que rares étaient les authentiques fidèles. L'islam représentait un véritable mode de vie et il était difficile au plus grand nombre de s'y conformer. J'évoquai l'Iran. M. Sherwani m'expliqua avec une immense patience toute paternelle que le chi'isme iranien constituait une déviation.

Un homme apporta quelques photographies dans le bureau. Abandonnant la conversation, M. Deen les examina puis s'adressa avec véhémence à l'homme qui les lui avait présentées.

Ignorant ces éclats de voix et la pétarade de la motocyclette, M. Sherwani me demanda si j'avais des convictions religieuses. Je lui répondis que non et, à ma grande surprise, cela parut l'enchanter. Il me dit que cela m'éviterait d'être influencé par des préjugés ; il importait d'aborder l'islam sans le moindre à priori.

L'homme qui avait apporté les photos quitta le bureau, suivi de M. Deen.

« Un homme comme vous..., commença M. Sherwani. Je vais vous prédire quelque chose. Vous, vous serez musulman avant d'en avoir terminé avec vos recherches. »

M. Deen revint. « Je viens de lui dire qu'il allait devenir musulman », lui annonça son collègue.

Le beau visage de M. Deen, encore assombri par les soucis du bureau, s'éclaira d'un sourire. Puis, lui et M. Sherwani s'interrogèrent sur la façon dont ils pourraient m'aider. J'entendis répéter plusieurs fois l'expression « Conseil idéologique ». J'avais l'impression de les accaparer, de leur faire perdre leur temps aves des problèmes qui n'entraient pas dans leurs attributions. « Cela nous change de ce que les journalistes attendent généralement de nous », m'assura M. Deen. Et ils continuèrent à discuter entre eux. Comment faire comprendre l'islam à un étranger ?

Ils optèrent pour les pèlerins. Le lendemain matin, un nouveau bateau de pèlerins embarquait pour Djedda. Pourquoi n'accompagnerais-je pas les employés du service qui se rendraient sur place pour couvrir l'événement ? M. Sherwani trouva l'idée excellente : tant que je n'aurais pas vu ces pèlerins en partance pour La Mecque, et que je ne leur aurais pas parlé, je ne pourrais saisir la profondeur de leur foi. Et d'abord, les mosquées, décidèrent-ils. Que je visite donc les mosquées de Karachi, dès ce soir. Aucune soirée ne pouvait être mieux choisie, me dit M. Sherwani ; il s'agissait en effet de la nuit du ramadan qui commémorait la première révélation faite au Prophète, en l'an 610 ; les prières dites en cette occasion valaient mille fois les autres. En Iran, le ramadan était un mois de deuil où l'on pleurait sur les malheurs des héros chi'ites à qui l'on avait refusé la dignité de successeurs du Prophète. Pour les musulmans sunnites du Pakistan, le ramadan était davantage un mois de réjouissance, celui de la révélation et de la naissance de la religion.

Voilà donc quel était le programme : visite des mosquées, dans la soirée, en compagnie de M. Sherwani et, le lendemain matin, les quais et l'embarquement des pèlerins pour La Mecque.

« Je vais vous raconter une histoire, commença M. Sherwani. Écoutez bien. Un lord anglais avait deux fils. Ils partirent, dans les mêmes dispositions que vous. Leur idée était de voyager pour découvrir l'Islam. Ce qu'ils firent. Ils se rendirent à Ajmer, où se trouve un fameux mausolée, et commencèrent à suivre l'enseignement d'un maître musulman. Le maître avait deux filles. Les fils du lord anglais se convertirent à l'islam et épousèrent les filles du maître. Quand vous aurez vous aussi adopté la foi musulmane, vous vous souviendrez de cette histoire. »

Des lords anglais, des mariages jumelés, des émirs arabes mobilisant cinq cents serviteurs pour un seul mois : à Karachi – dont, déjà, il me restait l'image de chameaux, de nains et d'Africains – les *Mille et Une Nuits* n'étaient jamais loin.

M. Deen me raccompagna jusqu'à l'hôtel dans le fourgon de service. Il était originaire de l'Inde ; il avait quitté Delhi juste après la partition. Que ce soit dans le cadre de son travail ou autrement, il avait souvent eu la possibilité de retourner à Delhi. Mais, pour une raison qu'il ne pouvait expliquer, il s'en était gardé. Il avait quitté l'Inde ; il avait tiré un trait sur le passé ; mieux valait ne pas rouvrir la blessure.

Le soir, M. Sherwani et un jeune collègue du département de l'Information passèrent me prendre avec le fourgon et nous nous mîmes en route pour les mosquées de Karachi. Le jeune homme gardait le silence ; M. Sherwani faisait la conversation et je sentis que c'était pour lui une bonne façon de se détendre avant d'entamer cette longue nuit de prières : aller de mosquée en mosquée et, entre-temps, parler de la foi à quelqu'un qui lui prêtait une oreille plus qu'attentive.

Les mosquées étaient bondées et tout illuminées. Des tubes au néon étaient disposés à des fins décoratives, bâtons de lumière bleutée ; et des guirlandes d'ampoules multicolores pendaient le long des murs, tels les motifs de tapis éblouissants. Des lectures du Coran en arabe débitées d'un seul trait – certains mollahs faisant la démonstration de leur connaissance des écritures, de la maîtrise de leur diction, et du parfait contrôle de leur respiration – étaient suivies de commentaires en ourdou. A chaque mosquée, telle une abeille ne négligeant aucune fleur, M. Sherwani priait et, dès que l'occasion s'en présentait, se joignait à la réponse des fidèles.

Dans les mosquées des beaux quartiers, on avait l'impression que les hommes ne priaient pas à l'unisson, mais qu'ils étaient plongés dans des dévotions personnelles. Dans les quartiers pauvres, on sentait les fidèles en communion. Là, pendant que le mollah psalmodiait, nous fûmes même témoins d'une distribution de bonbons ; les enfants s'agglutinèrent tant et si bien autour du généreux personnage qu'il sembla décoller du sol et se mouvoir dans la cour sans plus se servir de ses pieds, brandissant bien haut sa boîte de carton et avançant grâce aux actives petites jambes d'une multitude d'enfants, tel un cafard mort transporté, comme sur des roues invisibles, par des fourmis. Ce remue-ménage n'affecta en rien le caractère sacré de l'occasion ; il s'agissait d'un événement communautaire, les enfants et les bonbons faisaient partie de la fête.

L'islam représentait pour chacun le salut ; mais aussi, la foi elle-même et la vie du Prophète ; il était encore la communauté, cimentée par d'innombrables fêtes et gestes communs. L'unité, la foi, la discipline, tels étaient les trois piliers de l'islam, me déclara M. Sherwani, et, plus tard seulement, j'appris qu'il avait emprunté ces mots à Mohammed Ali Jinnah, le fondateur du Pakistan. Le sentiment communautaire était renforcé par quelque chose d'autre : l'inquiétude qu'inspirait la vie future. Cela était important, c'était même fondamental, car l'angoisse de savoir si le jugement dernier réservait à tel ou tel les tourments éternels ou la félicité soudait ensemble tous les composants de la foi. M. Sherwani m'affirma que, par sa propre pratique religieuse, il n'avait pu qu'entrevoir le paradis ; il était donné aux meilleurs d'entre les croyants d'en apprendre davantage.

Peu à peu, M. Sherwani perdait sa jovialité et son désir de tout expliquer. Les prières le retenaient de plus en plus ; bientôt, en homme dont le temps est précieux, il me ramena à mon hôtel et repartit précipitamment. En cette nuit de révélation, où les prières avaient tant de prix, M. Sherwani entendait bien prier jusqu'au lever du jour. Un musulman dévôt avait toujours des choses précises à accomplir ; il devait sans cesse se confronter à des règles ; toujours vivre sa foi dans la ferveur et ne jamais perdre de vue ce qui rendait sa religion unique.

Mais le monde continuait de tourner. Cette nuit-là, une autre révélation se préparait, qui éclata le lendemain matin à la une du quotidien gouvernemental, le *Morning News :*

COMPLOT CONTRE LE PAKISTAN :
Benazir prépare un coup d'État soutenu par les États-Unis — Reproduction de lettres à Murtaza.

Ce que le journal publiait sur six colonnes était les lettres que Benazir, la fille d'Ali Bhutto, avait adressées à son frère, à Londres. Elles avaient été écrites dans la maison que m'avait montrée mon chauffeur. L'une avait été rédigée neuf jours avant la pendaison de M. Bhutto, l'autre quatre jours avant l'exécution. Il s'agissait d'une correspondance intime et la publier constituait une violation manifeste ; Benazir y suggérait à son frère – d'une façon extraordinairement lucide compte tenu des circonstances – les moyens d'exercer des pressions et d'organiser des pétitions, dans l'espoir de sauver leur père. La charge que le *Morning News* retenait contre elle était qu'en échange du soutien américain dans ses démarches, Benazir Bhutto s'engageait à obtenir l'abandon du programme nucléaire pakistanais. On présentait ces lettres manuscrites comme des preuves ; mais la reproduction était médiocre et l'on n'en donnait aucune transcription. En fait, l'article du journal constituait une falsification pure et simple.

C'était là l'envers d'une société régentée par la foi. La religion reposait sur un ensemble de règles. En politique, il n'en existait aucune. La foi n'avait pas engendré des règles politiques parce qu'elle était censée n'engendrer que des croyants ; elle ne pouvait tolérer d'associations ou de particularismes séculiers. Pour tous, dans la vie politique officielle, l'islam était le prétexte, l'instrument et l'absolution. Voilà ce qui justifiait, en ce monde, le recours à la violence.

M. Sherwani m'avait sans doute assez vu ; ou peut-être le devoir l'appelait-il. Lorsqu'au matin je me rendis au bureau de M. Deen, je découvris qu'un autre fonctionnaire devait m'accompagner au port pour assister au départ des pèlerins.

Le fonctionnaire en question était une jeune femme en sari vert. Mince, presque maigre, elle parlait un anglais parfait. Fait rare, elle avait obtenu un diplôme de journalisme à l'université de Karachi. Puis elle avait passé un concours pour entrer dans l'administration pakistanaise ; à la suite de quoi, elle avait suivi un stage de huit mois. Ce n'était pas elle qui avait choisi le département de l'Information ; on l'avait affectée là et cela ne la satisfaisait guère. Dans ce service, elle devait se contenter de suivre les instructions qu'on lui donnait ; c'était peu pour quelqu'un qui possédait un diplôme de journaliste et désirait écrire ses propres articles.

Elle me dit tout cela ouvertement dans le bureau de M. Deen, mais sans chercher à nous impressionner, ni lui ni moi. Elle était aussi tendue et mal dans sa peau que le suggérait sa maigreur ; et je me demandais bien pourquoi – si importante que soit l'administration fédérale au Pakistan – elle s'accrochait à ce poste. Je m'enquis de la profession de son mari. Elle me répondit que tous les membres de sa famille étaient fonctionnaires ou militaires et que son mari travaillait autrefois dans l'administration. Autrefois ? Oui ; son mari était décédé. « Il s'est tué dans un accident d'hélicoptère. »

Quoique la famille de son mari l'aidât financièrement, l'éducation de ses enfants l'obligeait à garder son emploi ; elle tenait à ce qu'ils suivent leurs études aussi bien en anglais qu'en ourdou, car, à l'étranger –

elle entendait par là en Arabie Saoudite et dans les pays musulmans – seuls trouvaient du travail ceux qui parlaient l'anglais.

Ainsi, elle préparait déjà ses enfants à quitter le Pakistan, à devenir des émigrants ?

« Je n'ai pas le choix, me dit-elle. Nous appartenons à une minorité. Nous ne sommes pas musulmans. »

Elle portait le sari. Était-elle donc hindoue ou parsie ?

Avant que j'aie pu lui poser la question, elle ajouta : « Nous croyons au Prophète. Mais, il y a trois ans, le gouvernement a décrété que nous n'étions pas des musulmans. Nous sommes ahmadis.

– Pourquoi ont-ils décidé que vous n'étiez pas musulmans ? Quelles pressions a-t-on exercées sur eux ?

– Il faut le demander à Benazir Bhutto. Elle vous expliquera pourquoi son père en est arrivé là. Il se montrait très bienveillant envers nous et puis, soudain, voilà ce qu'il a fait. »

La secte, m'expliqua-t-elle, s'était constituée autour d'un homme nommé Ahmad, né dans le nord de l'Inde à la fin du siècle dernier. En 1906 (mais, comme je l'appris quelques semaines plus tard, elle se trompait sur la date ; il s'agissait de 1890), un certain nombre de signes l'amenèrent à prendre conscience qu'il était le Mahdi, le Messie annoncé. C'était un homme très pieux ; il lutta longtemps contre cette conviction mais finit par capituler. Certains musulmans croyaient que le Messie ne viendrait qu'au jour du jugement dernier ; mais une autre interprétation de la prophétie affirmait que le Messie apparaîtrait lorsque l'islam aurait dégénéré et, en 1906, l'islam avait déjà dégénéré.

« Ainsi, fis-je remarquer, vous êtes comme les Baha'is d'Iran ? Ils croient que l'Imam caché, ou quelqu'un de semblable à lui, est apparu au siècle dernier. »

Mais elle n'avait jamais entendu parler des Baha'is.

Elle avait choisi de se convertir à la foi des Ahmadis. Et, m'apprit-elle, les Ahmadis eux-mêmes étaient divisés. Certains – dont elle faisait partie – croyaient que le Messie aurait un successeur ; les autres pas.

Mais comment, elle, une musulmane, avait-elle pu accepter l'idée d'un nouveau messie ? Cette conception aurait dû lui paraître haïssable. Pour les musulmans, Mahomet était le dernier prophète ; croire au messie indien revenait à renier cette conviction et, donc, à négliger un caractère fondamental de la nature du Prophète. Étant musulmane, cette seule pensée avait dû, tout d'abord, la faire frémir d'horreur. Comment avait-elle réussi à franchir le pas ?

En fait, me dit-elle, ses parents avaient fait un mariage mixte. Elle était chi'ite d'un côté, et sunnite orthodoxe de l'autre. Tout la disposait donc à adopter une foi hétérodoxe. Et puis, elle avait épousé un ahmadi. Il lui avait alors fallu se convertir. L'hérésie lui avait donc été donnée, elle l'avait vue approcher et l'avait délibérément embrassée. Son mari lui avait parlé, l'avait instruite ; elle était maintenant une croyante si fervente qu'elle ne pouvait évoquer le messie, Ahmad, sans un léger frémissement : l'homme bon, l'homme pieux qui, ne pouvant nier les nombreux signes adressés par Dieu, avait dû se soumettre à sa mission.

Cette hérésie – par laquelle seuls les musulmans pouvaient se sentir pleinement concernés – régissait désormais sa vie ; elle la contraindrait peut-être même à fuir sa patrie musulmane. Un bureau de l'administration à la détrempe écaillée et aux meubles branlants ; une jeune femme en sari vert, journaliste diplômée de l'université de Karachi, une femme fonctionnaire dans un pays musulman : tout cela paraissait déjà remarquable. Mais, à Karachi, sous les apparences, sous ce qui se décelait immédiatement, la foi régnait, une foi fiévreuse, qui se manifestait de diverses façons, et conférait presque toujours à une rencontre une certaine magie.

La fantasmagorie continuait. Je sortis dans le couloir pour attendre la jeune femme en sari vert. Et, encore sous le choc de ce que je venais d'entendre, ne doutant pas un instant qu'elle allait m'accompagner jusqu'aux quais d'où partiraient les pèlerins, je ne fis pas attention où m'entraînaient ces hommes qui ne parlaient pas l'anglais, ne m'aperçus pas qu'on m'avait séparé d'elle, me laissai emmener, sans comprendre pourquoi pour un court trajet en fourgon, ne me rendis pas compte qu'on me conduisait à un autre département, dans un autre bureau, et finis par me retrouver dans une grande pièce, beaucoup plus vaste que celle occupée par M. Deen, où un vieux monsieur était assis derrière un bureau encombré, face à deux ou trois hommes, et où l'on me fit signe de m'installer, dans un coin, près de la bouche du climatiseur, sur une chaise ou une banquette recouverte de skaï, et non de simple coton comme celle de M. Deen.

Je me trouvais dans le bureau d'Ahmad (un autre Ahmad, pas le visionnaire, depuis longtemps disparu, dont je venais d'entendre parler). Sur le côté de sa table était placée une étagère sur laquelle reposaient cinq téléphones et Ahmad lui-même avait bien du mal à repérer celui qui sonnait. A la suite de quelque embrouille bureaucratique, que je ne me sentis pas en mesure de démêler, l'Ahmad de ce bureau s'était approprié ma personne. M. Deen et M. Sherwani, ces hommes surmenés, m'avaient tranquillement livré à leur collègue – et, avec eux, s'en était allée la jeune femme ahmadi au sari vert.

Ce furent donc deux hommes du bureau d'Ahmad qui m'accompagnèrent au port. Mais leur anglais laissait à désirer, ils préféraient converser entre eux en ourdou ; sur les quais, ils furent tellement accaparés par leurs tâches professionnelles, tellement impressionnés par la nature hautement officielle de la cérémonie du départ (le gouverneur du Baloutchistan devait la présider) que j'assistai à toute la scène sans bénéficier du moindre commentaire ; des images brutes, vues avec un certain recul : le navire blanc, de construction britannique, vieux et lépreux là où la peinture manquait ; les couches et les ballots dans la soute à bagages ; des vieillards, hommes et femmes pleins de contrition et d'espoir qui évoquaient tout autant des réfugiés que des pèlerins ; les ordures déjà amassées en petits tas ; sur l'étroit pont supérieur, quelques hommes âgés – qui, indifférents à l'agitation des officiels, accumulaient les témoignages de ferveur – accomplissaient leurs ablutions rituelles avant la prière – la dévotion, en islam, s'accompagnant toujours d'un rite corporel précis et rassurant.

Le général Rahimuddin, gouverneur du Baloutchistan, arriva. Sur l'appontement, les joueurs de cornemuse en tartan commencèrent à défiler en soufflant dans leurs instruments : ce style militaire hérité des Anglais convenait à merveille au général en casquette à visière, lunettes à verres sombres, portant étoiles et bâton, dont on avait imposé la présence pour le départ de ce pèlerinage qui perpétuait une tradition antérieure à l'islam, prenant ses racines dans les anciens cultes tribaux arabes, et que le Prophète avait intégrée aux rites islamiques : ainsi se superposaient les strates de l'histoire.

Un responsable du port fit un discours, retransmis par des haut-parleurs dans tous les coins du bateau et aussi, en bas, sur les quais où, en dehors du périmètre (abrité pour l'occasion par un dais de feuillage) qu'occupaient les soldats et les joueurs de cornemuse, se pressait une petite foule de travailleurs. Le général prononça une allocution légèrement plus longue. Elle conclut l'adieu officiel aux pèlerins exigé par le président (deux jours, plus tard, dans le *Dawn*, le communiqué gouvernemental occupait près de cent lignes) ; et l'on me ramena au sombre bureau climatisé d'Ahmad.

Je ne revis jamais ni M. Deen ni M. Sherwani, non plus d'ailleurs que la jeune veuve en sari vert. Son histoire me tourmentait. La secte ahmadi avait été proscrite et beaucoup la tenaient en horreur ; ce ne fut qu'au terme de mon séjour pakistanais que je pus en apprendre davantage à son sujet.

On me confia aux bons soins d'Ahmad. Le matin, il avait fait preuve à mon égard d'une curiosité tout officielle – au Pakistan, c'était la loi martiale et l'on montrait une certaine nervosité concernant les étrangers et le programme nucléaire national – mais cette attitude s'était modifiée peu après que j'eus pris place dans son bureau. Assis à sa table, face à ses subordonnés, il m'avait observé avec attention ; et j'avais subi l'examen avec succès.

On avait dû lui rapporter qu'un visiteur posait des questions au sujet des institutions islamiques. Il trouva cela louche. Mais, quand il découvrit que j'étais sincère, il ne cacha pas son vif intérêt. Il y avait une raison à cela. Approchant la soixantaine, Ahmad était un pécheur repenti. Selon ses propres dires, il avait mené dans sa jeunesse une vie dissolue et était encore en proie aux tourments de la chair. Venu sur le tard à la religion, la foi, désormais, le consumait, au point qu'il ne pouvait s'empêcher d'en être lui-même impressionné. Il ne désirait pas seulement en parler, comme M. Sherwani; je crois qu'il cherchait aussi un témoin, quelqu'un de l'autre bord, celui qu'il avait quitté.

Il était bien bâti, droit, énergique et encore séduisant, très brun, avec un nez aquilin et une lèvre inférieure pleine et bien dessinée. C'était un homme du Sind et il m'assura (avec peut-être un romantisme excessif) qu'il appartenait à la race originelle du Sind pré-aryen, celle des bâtisseurs des grandes cités de Mohenjo-Daro et d'Harappa, les fondateurs de la civilisation indusienne que l'invasion aryenne avait balayée en 1500 avant Jésus-Christ. Au Pakistan, déplora-t-il, beaucoup se comportaient comme si le monde avait commencé en 1947, lors de la création de l'État. Ses racines sindhis lui donnaient une autre vision de l'histoire.

Et sa conscience de l'histoire n'était pas étrangère à son sentiment islamique. C'était la plus jeune des grandes religions du monde et, de ce fait, la plus évoluée. Il ne condamnait pas les religions plus anciennes; mais il les considérait comme des étapes du développement spirituel de l'homme. Prenez les religions révélées. Moïse, dit-il, incarnait la loi; voie bien rébarbative. Jésus n'était que compassion. « Dans un monde où il existe des gens comme les Africains, les nègres, cela n'a aucun sens. Si vous tendez l'autre joue à un frère primitif, il ne comprend plus. » La beauté de l'islam résidait dans son équilibre entre la loi et la compassion. Si je voulais découvrir le meilleur de l'islam, ce qu'il pouvait porter de charité, que j'aille visiter certains des vieux mausolées de l'intérieur du Sind – il arrangerait cela. Il tenait particulièrement à ce que je voie l'un de ces endroits où l'on vénérait un saint et mystique musulman. Là-bas, se trouvait une confrérie à laquelle appartenaient des hommes qui avaient renoncé à leur métier et au monde pour aller vivre dans le désert, où ils servaient et nourrissaient les pauvres.

C'est ainsi que cet après-midi-là, d'une seule tirade, laissant s'épancher sa passion, Ahmad définit à grands traits sa foi, ses positions et les projets qu'il concevait pour moi. Il me raccompagna à l'Intercontinental et nous continuâmes à discuter dans la voiture presque jusqu'au coucher du soleil. Finalement, avec une sollicitude à laquelle je ne m'attendais pas, il pressa son index au milieu de mon front et déclara : « C'est là que ça vous travaille. Si vous étiez dans les affaires, vous auriez déjà eu une congestion. Vous êtes un intellectuel. Vous êtes à la recherche de la vérité. Et c'est dans vos yeux que cela se manifeste. Il vous faut reposer vos yeux. Vous devriez regarder de préférence des choses de couleur verte. »

Mes yeux, encore! Or, le lendemain matin, il advint que l'un des verres de mes lunettes tomba et se brisa sur le sol carrelé de ma chambre. Ainsi, le premier service qu'Ahmad eut à me rendre fut de m'emmener chez un oculiste.

Quoique soudaine, notre amitié me semblait sincère ; je sus toujours pouvoir compter sur elle. Mon enquête sur les institutions et expériences islamiques – enquête qui m'avait conduit à Ahmad – se poursuivait ; et Ahmad fut l'homme rationnel auquel je retournai après avoir approché les islams d'autres hommes.

On m'avait présenté M. Mirza comme l'un des hommes les plus éminents du Pakistan, l'un des esprits les plus brillants du pays et quelqu'un qui saurait me dire tout ce que je désirais apprendre sur l'islamisation des institutions. Mais celui qui m'avait parlé de lui et avait arrangé la rencontre, ne faisait partie que des relations très subalternes de M. Mirza. Et je fus reçu comme un parent de cet intermédiaire, venu en solliciteur, dans le bureau climatisé du grand homme qui, lorsque vint mon tour, s'adressa à moi comme si nous nous trouvions dans un lieu sacré.

La pièce était encombrée de livres jaunis, ouvrages politiques en anglais des années trente et quarante, qui rappelaient l'époque où M. Mirza avait étudié en Angleterre. Attentifs, les yeux brillants, deux jeunes gens étaient assis, penchés en avant, devant le bureau de notre hôte, lequel, d'une voix douce, m'expliqua qu'il échangeait quelques mots avec « ses jeunes collègues ». J'acceptai cette définition, mais elle n'était que l'expression de la feinte humilité du grand homme. En fait, les jeunes gens, tout comme moi, n'avaient été introduits là que pour recevoir la bonne parole.

Il ne s'agissait en rien d'une conversation : de la bouche de M. Mirza s'écoulait un flot de mots régulier et jamais interrompu, prononcé d'un ton bas et monocorde. Nous vivions une époque satanique ; personne ne recherchait plus la vérité ; les professeurs d'université se moquaient de la vérité. Aujourd'hui, nous étions noyés sous les informations, mais trop d'informations nuisait, autant que pas assez. Personne ne pouvait prédire l'avenir ; les « impondérables » étaient trop nombreux ; la vision tolstoïenne de l'histoire était la bonne. M. Mirza détenait-il seul la vérité ? Où tout cela menait-il ? Cela le conduisait à répéter que nous vivions une époque satanique, à rappeler la nécessité d'une foi islamique.

Les jeunes gens se levèrent, éperdus de joie, et M. Mirza, redoublant de douceur, les gratifia d'un au revoir en forme de bénédiction. Puis j'eus droit à ma dose. Pour moi, cependant, pas de Tolstoï ; je dus me contenter d'un obscur Arabe. « Cet érudit arabe du Xe siècle – peut-être fut-il le plus grand des philosophes arabes de l'époque abbasside – mourut en 1011, si bien que son œuvre, écrite à la charnière de deux siècles, appartient plus au Xe qu'au XIe. Il disait que les prophètes ne sont pas des hommes comme les autres. »

Ce n'était pas pour entendre cela que j'étais venu voir M. Mirza. Je souhaitais, moi, en apprendre davantage sur l'application de l'islam aux institutions, au mode de gouvernement, à la justice.

« Laissez-moi terminer », coupa M. Mirza ; il ne pouvait supporter d'être interrompu. Et il reprit son monologue. Les prophètes étaient ceux par qui Dieu exprimait sa volonté ; l'islam reposait sur l'idée qu'un jour viendrait où les prophètes ne seraient plus nécessaires.

Où cela les avait-il menés, lui et son pays ? Au point où les institutions et les lois pakistanaises, telles qu'elles étaient, n'avaient rien de divin. Malgré ses livres et sa réputation, M. Mirza n'avait pas su dépasser ce point. Son érudition ne servait qu'à nourrir sa vanité ; n'importe quel mollah m'en aurait dit autant que lui. En fait, en bon prêcheur de l'islam qu'il était, M. Mirza avait des visées politiques. Après la disparition d'Ali Bhutto et la suppression du parti qui le soutenait, avec l'arrivée au pouvoir d'un gouvernement militaire islamique, M. Mirza pouvait prétendre parvenir à des sommets.

Je manifestai mon intention de me retirer. M. Mirza parut déçu ; il lui restait encore beaucoup de choses à me dire. Il me proposa de me faire raccompagner. J'acceptai. Tandis que nous attendions la voiture, il tenta de mener sa propre interview. « Sans doute pensez-vous, commença-t-il, que je devrais me trouver dans un monastère et non dans la vie active.

— Pas le moins du monde.

— Mais, voyez-vous, dans l'islam, les choses ne sont pas séparées de cette façon. C'est un mode de société achevé. »

Il sortit une sorte de chapelet et, tout en marmonnant, entreprit d'en entrechoquer les grains. Je fixai des yeux un point situé derrière son oreille gauche, puis derrière son oreille droite. Clac-clac faisaient les perles, et lui de dire : « Dieu est ma drogue. » Je regardai par-dessus son épaule gauche, puis par-dessus la droite. Clac-clac, faisaient les perles ; et je le laissai marmonner, jusqu'au moment où la voiture arriva.

M. Salahuddin, le rédacteur en chef du journal, avait, comme M. Mirza, la réputation d'être un musulman « pur et dur ». Mais il n'avait pas le côté mystique ou intellectuel de ce dernier et je préférais ses façons directes.

Au Pakistan, où l'on comptait quatre-vingt-cinq pour cent d'illettrés, les tirages des journaux restaient faibles. Le quotidien en langue anglaise *Dawn* (m'avait dit un journaliste de son concurrent le *Morning News*) tirait à trente mille exemplaires. Quant au *Morning News*, dont la diffusion, du temps d'Ali Bhutto, était tombée à quatre mille, il avait depuis remonté la pente et frisait maintenant les dix mille. Aussi M. Salahuddin, dont le journal en langue ourdou tirait à trente-cinq mille exemplaires, représentait-il une véritable force dans le pays. Le rédacteur adjoint qui me reçut m'apprit que M. Salahuddin avait passé trois ans en prison sous Ali Bhutto. M. Salahuddin, poursuivit-il, était un homme de principes.

Situés dans le centre de Karachi, les locaux se trouvaient au sommet d'un immeuble de béton tout neuf de quatre ou cinq étages. Une rue défoncée et poussiéreuse donnant sur le bazar; des enfants à la peau sombre en train de jouer au football; un déchet d'humanité gisant en plein soleil sur les planches d'une charrette bricolée. Une cour au sol irrégulier et jonché de gravats, cour sur laquelle donnait directement la porte de l'ascenseur. Étrange cet ascenseur, qui arrivait là, quasi surréaliste.

Mais il fonctionnait. Au dernier étage de l'immeuble, sous la véranda, comme en un simulacre de salle d'attente (et semblant répondre à la parodie d'urbanisme moderne de la rue), se trouvaient trois chaises cannées, toutes trois dépourvues de fond. Les pièces étaient séparées en boxes par des cloisons, formant une enfilade de petits cubes. Ainsi, le box du rédacteur en chef donnait sur deux autres bureaux; dans l'un d'eux travaillaient les calligraphes, qui couvraient de leur écriture les calques qui, plus tard, seraient livrés à l'offset. Des mouches bourdonnaient sur les vitres des petites fenêtres. Au mur, était accroché un portait au crayon de M. Jinnah.

M. Salahuddin était un petit homme d'une quarantaine d'années. Il avait la bouche bien dessinée, des yeux noirs et brillants, et portait une barbe poivre et sel qui s'achevait en fourche. J'essayai de me le représenter en prison: je me dis que l'internement n'avait en rien dû entamer son ardeur. Né en Inde, il était arrivé au Pakistan à l'âge de douze ans.

En Inde, m'expliqua-t-il, les musulmans pouvaient pratiquer librement leur religion; ce n'était pas pour obtenir la liberté de culte que l'on avait fondé le Pakistan. Le Pakistan avait pour mission d'être un État islamique, gouverné selon les principes de l'islam. Qu'entendait-on par là? Y avait-il déjà eu un État semblable? « Oui, me répondit-il, la nation que dirigèrent pendant trente-deux ans le Prophète, puis les quatre premiers califes. »

Ainsi, nous y revenions toujours — ce rêve de retrouver non seulement l'État islamique primitif, œuvre du Prophète, mais aussi l'époque où la loi divine régissait et guidait les musulmans: opérer la fusion de l'histoire et de la théologie en un alliage indestructible nommé foi. Cette ère de pureté pouvait régner de nouveau; les musulmans pouvaient la ressusciter. Il leur suffisait de suivre les lois. Ces lois existaient; elles se trouvaient dans le livre saint et dans la tradition. Ce n'était pas pour Dieu que les règles de l'islam avaient été transmises, me dit M. Salahuddin; c'était pour le salut du peuple. La liberté venait avec l'obéissance; les lois rendaient les hommes libres.

Et – dans son bureau de Karachi où, sans cesse, pénétraient des hommes pressés par les affaires du journal (certains d'entre eux porteurs de liasses de roupies) et d'où l'on apercevait, dans la pièce voisine, les calligraphes préparant, sur leurs longues tables, les calques destinés à l'impression – M. Salahuddin défendait la cause de l'État islamique et de la liberté qui lui était propre. Il avait fait de la prison au temps d'Ali Bhutto ; et je le sentais prêt à y retourner.

Il me proposa d'emporter quelques fascicules. Certains ne paraissaient pas très modernes : des réimpressions, supposai-je, d'ouvrages publiés à l'origine au temps du colonialisme européen, par des missions musulmanes, quand l'Islam, appauvri et politiquement inexistant, ne pouvait négliger aucune des aides offertes par le vieux continent.

Le Coran et la science moderne, écrit par un Français montrait que le Prophète avait annoncé nombre d'idées découvertes par l'Europe contemporaine. *L'Islam – Religion première et ultime* (« édition abrégée réunissant *Les Charmes de l'Islam* et *L'Islam, notre choix* ») établissait que toutes les autres religions, dans leurs livres saints, avaient prophétisé la venue de Mahomet. Il y avait aussi un hommage de Napoléon à l'islam, auquel il déclarait adhérer : « Je souhaite que vienne bientôt le temps où je serai en mesure d'unir tous les sages et les érudits de tous les pays et d'établir un régime unique fondé sur les principes du Coran qui seuls sont justes et peuvent conduire les hommes au bonheur. »

Après celles de Napoléon, venaient les déclarations « d'hommes d'État et de diplomates » anglais de l'époque victorienne, tous nobles, et dont les noms évoquaient apparemment encore quelque chose dans le monde musulman mais n'étaient pas aussi connus qu'il l'eût fallu dans leur patrie : des gens comme Al-Haj Lord Headley Al-Farooq (1855- ?), « pair, écrivain et homme d'État », de surcroît militaire, ingénieur et rédacteur en chef du *Salisbury Journal;* Sir Abdullah Archibald Hamilton (1876- ?), « baronnet et homme d'État », lui aussi militaire (« lieutenant de l'Armée royale ») ; Sir Jalaluddin Lauder Brunton (pas de dates précisées), « baronnet et homme d'État », carrière inconnue (« baronnet anglais et homme de grande réputation »). Enfin, un savant, le professeur Haroun Mustapha Leon, licencié ès lettres, docteur en philosophie, docteur en droit, « géologue distingué », « philosophe éminent » qui, également licencié ès lettres de l'Université de Potomac (USA), avait embrassé l'islam en 1882, alors qu'il rédigeait une série d'articles sur « L'étymologie du dialecte mannois », pour l'*Isle of Man Examiner*.

Dans cette liste de musulmans blancs, le seul Américain était Mohammed Alexander Russel Webb, « diplomate, écrivain et journaliste », rédacteur en chef de la *St. Joseph Gazette* et du *Missouri Republican,* qui, né en 1846, mourut en 1961, à l'âge de cent quinze ans : un personnage à la Mark Twain de « Hudson, comté de Columbia » qui rejeta « les paroles mielleuses ou peut-être, plus exactement, infantiles, d'une église presbytérienne » pour l'islam, et passa sa vie immensément longue à prêcher sa nouvelle religion.

Ce fut par l'intermédiaire de M. Salahuddin que j'entrai en contact avec Khalid Ishaq. C'était l'un des plus éminents juristes de Karachi. Il avait suffisamment bien réussi pour pouvoir se consacrer en grande partie aux affaires publiques. Il appartenait au Conseil idéologique islamique qui se réunissait dix jours par mois dans la capitale pour déterminer les mesures susceptibles de faire progresser le pays sur la voie de l'islamisation ; il faisait également partie d'une commission gouvernementale chargée — sans grand succès, me sembla-t-il — de combattre la corruption.

Lui aussi avait émigré d'Inde. Grand, solidement bâti, une cinquantaine d'années, il avait tout à fait le profil du juriste, l'humour flegmatique et caustique, l'œil inquisiteur et le goût de l'anecdote. La façon passionnée dont il vivait sa foi s'accommodait fort bien de cette manière d'être. J'eus l'impression que, pour lui, l'islam représentait plus qu'une croyance personnelle ; ce musulman du sous-continent, installé dans un Pakistan encore fragile, considérait l'islam comme sa civilisation et sa culture ; cette conviction entrait pour une part fondamentale dans l'idée qu'il se faisait de lui-même ; c'étaient des valeurs qu'il estimait devoir servir et défendre, en tant qu'homme aussi bien que comme juriste.

M. Salahuddin m'avait affirmé que Khalid Ishaq possédait une prodigieuse bibliothèque et consacrait vingt mille roupies par mois, soit deux mille dollars, à l'achat de livres. Mais cela ne suffit pas à me préparer à ce que je découvris chez l'homme de loi.

Au moment de pénétrer dans sa cour, je lui fis remarquer qu'il habitait une grande maison. Dans son langage concis de juriste, il me répondit qu'il s'agissait en effet d'une vaste demeure, mais qu'elle ne l'était pas assez. Et il disait vrai. Les livres emplissaient pièce après pièce ; étagères sur étagères, des étagères sur tous les murs ; des mètres et des mètres de rayonnages et, là où il n'y avait pas de bibliothèques, des placards. Une grande pièce était consacrée tout entière à de nombreuses exégèses en plusieurs volumes du Coran — lourds tomes en arabe. « Et, ajouta-t-il, des commentaires sur les exégèses. » Il achetait tout.

Sa piété égalait-elle son zèle de collectionneur ? Comme il avait le sens de l'humour, j'estimai pouvoir lui poser la question. « Je n'affirmerai pas que je suis très pieux, répondit-il. Je n'ai pas manqué une seule prière en trente-trois ans. » Soit depuis 1946, l'année précédant la fondation du Pakistan ; et il voulait parler des cinq prières quotidiennes.

Nous nous installâmes dans son bureau, clairière au milieu de cet amas de livres, pièce spacieuse avec une grande table de travail et, groupés ensemble, suffisamment de sièges pour tenir une réunion.

Nous nous assîmes sous des ventilateurs dont le ronflement couvrait le bruit des deux-roues et des taxis passant dans la rue.

Il expliquait sa passion pour l'islam de façon très simple. « Émotionnellement, notre peuple rejette l'Occident. Nous pouvons en dépendre matériellement. Les Pakistanais peuvent se rendre à l'étranger pour améliorer leur condition. Mais, aussi long que soit ce séjour, ils reviennent toujours, ne serait-ce que pour mourir. » Et c'était en fonction de ce rejet du monde extérieur que Khalid Ishaq concevait le besoin d'institutions spécifiquement islamiques – des institutions qui ne fussent ni occidentales ni socialistes mais en accord avec les aspirations émotionnelles du peuple.

Et, pour comprendre ces besoins, il fallait comprendre l'idée que l'islam se faisait de l'égalité. « Ici, le serviteur nous apporte du thé et des sucreries. C'est son travail. Mais il sait aussi qu'en certaines occasions nous ne serons plus que de simples hommes et nous assiérons côte à côte. » Tel était le rôle de la mosquée : tous les vendredis, chaque fidèle, quelle que fût sa condition, allait écouter les mollahs lui dire qu'il ne fallait pas suivre les lois des hommes si elles s'opposaient aux enseignements du Coran.

Ainsi l'islam lançait-il un formidable pari : il s'agissait de l'élaboration réfléchie – ayant pour seul guide le Coran – d'un mécanisme étatique qui serait susceptible de fonctionner dans le monde moderne et ne ressemblerait à rien de ce qui avait été conçu jusqu'alors. Une telle entreprise ne pouvait reposer que sur d'énormes capacités intellectuelles. Le Pakistan les possédait-il ? Y avait-il une véritable vie culturelle dans ce pays ? Pas vraiment, m'avoua Khalid Ishaq ; les livres coûtaient cher et la télévision écrasait toute vie intellectuelle qui pouvait se manifester au Pakistan.

Qu'avait accompli jusqu'à présent le Conseil idéologique ? Pas grand-chose, laissait entendre Khalid Ishaq. Il en était toujours à discuter du problème de l'intérêt bancaire. Il avait soumis au gouvernement un projet prévoyant que chacun porterait désormais les mêmes vêtements et conduirait la même voiture ; mais il n'avait pas abouti.

Il y avait de nombreux problèmes, constata Khalid Ishaq. D'abord, un courant « moderniste » parmi les islamistes. Il s'agissait de gens qui s'étaient tournés vers la religion et souvent sur le tard pour quelque raison personnelle. Ils lisaient quelques livres sur l'islam et pensaient tout savoir ; mais, en réalité, ils connaissaient bien peu de choses. Ces hommes avaient beau être mystiques, ils ignoraient tout des institutions (il me sembla que cette critique visait M. Mirza). Et il y avait les mollahs. Quand le gouvernement militaire avait décidé l'islamisation, il s'était tourné vers eux.

« Les mollahs n'avaient aucune idée de ce qu'on attendait d'eux. Leur seule préoccupation était de découvrir l'homme ou les hommes " idéaux " sur qui l'on pourrait se décharger de tout. Je les ai rencontrés et je suis certain que la plupart d'entre eux n'ont pas même commencé à entrevoir la nécessité de créer des institutions, quelles qu'elles soient. Ils ne comprennent pas de quoi nous parlons. »

Tout cela me donna à penser que ce ne serait pas au Pakistan que je pourrais étudier une expérience islamique et que les choses étaient bien telles que me l'avait affirmé, dès le début, M. Deen : ici, chacun attendait que les autres mettent le Pakistan sur la voie de l'islam. La grande entreprise islamique du Pakistan existait, mais seulement en tant qu'idéal, à la fois expression de la foi la plus fervente et de l'insécurité politique où vivaient les mahométans dans la patrie musulmane.

Lorsqu'en 1930 il avait lancé l'idée d'un État indien musulman séparé, le poète Mohammed Iqbal avait parlé d'une politique ou d'un ordre social musulman qui découlerait naturellement du « principe islamique de solidarité ». Cette politique existait au Pakistan. Mais l'État islamique auquel se référaient maintenant les gens était plus abstrait que celui d'Iqbal. On ne pouvait se contenter de décréter un tel État ; il fallait l'inventer et la foi n'y suffisait pas, loin de là. La foi, pour le moment, ne pouvait que dresser la liste des interdits qui répondaient aux besoins émotionnels populaires : pas d'alcool, pas d'immodestie féminine, pas d'intérêts dans les banques. Mais, au Pakistan, le but était de l'allonger bientôt de la façon suivante : plus de partis politiques, plus de parlement, plus de divergences, plus de tribunaux. On jugeait donc les institutions existantes comme non islamiques et l'on souhaitait les faire disparaître ; on privilégiait la foi parce qu'elle seule paraissait universelle ; et, dans un tel vide, seule l'armée pouvait gouverner.

Khalid Ishaq me reconduisit à l'Intercontinental. Arrivé dans Club Road, il prit la direction des terrains du Gymkhana de Karachi, le club britannique de l'époque coloniale.

Il se faisait tard ; tout était tranquille dans les lumières douces du soir. Quelques vieillards occupaient la salle de bridge ; mais la large véranda – au vieux plancher sombre et inégal – qui courait le long du bâtiment était déserte. Les Anglais avaient construit Karachi et le Gymkhana. A cette heure-ci, le club semblait encore leur appartenir ; mais leur rêve de bâtir un empire avait été absorbé par un autre rêve.

Ahmad devait m'emmener dîner chez lui et je descendis l'attendre dans le hall de l'Intercontinental. Je venais de m'asseoir sur une banquette quand un jeune homme, dont j'avais à peine remarqué la présence, quitta son siège pour se précipiter à côté de moi, dans un mouvement si soudain, si brusque et si intime que j'en restai éberlué.

Il portait la longue chemise pakistanaise et des pantalons de coton flottants ; son corps trapu et son visage rond me rappelèrent le chauffeur qui m'avait fait visiter Karachi. Son anglais était laborieux et difficile à suivre. « Cafétéria » – était-ce bien ce qu'il me demandait ?

« Cafétéria, chuchotait-il. Où est la cafétéria ? »

Je lui indiquai le salon de thé. Mais cela ne parut pas le satisfaire. « Rien d'autre ici ? continua-t-il. Là-haut ?

– Des chambres.

– Des chambres ? Seulement des chambres ? Vous habitez ici ?

– Pour quelques jours.

– Seulement des chambres, hein ? Piscine, où est piscine ? Vous savez la piscine ?

– Elle est fermée.

– Fermée. Ce gouvernement islamique l'a fermée. »

Le hall était animé. Les équipages des compagnies d'aviation étrangères – les principaux clients de l'Intercontinental – entraient et sortaient. Une grande et jeune Allemande, aux hanches voluptueuses, et aux cheveux ramenés sur le côté en une queue de cheval, attira l'attention du garçon.

« La femme est un don de Dieu pour l'homme, déclara-t-il. Vous croyez ?

– Oui. Vous venez ici souvent ?

– La première fois. »

Il s'avéra qu'il ne se trouvait dans le hall que depuis vingt-cinq minutes. Il était venu avec un ami – cet homme plus âgé et plus mince vêtu de la tenue brune des paysans à côté duquel il se tenait assis tout à l'heure.

« Nous sommes venus voir le trafic », m'expliqua mon jeune interlocuteur.

Il me raconta qu'il était étudiant. Je lui demandai en quelle matière. Alors, il m'avoua qu'en fait il tenait une boutique ; il m'avait dit qu'il était étudiant parce qu'il aurait voulu être docteur ; sa famille avait toujours voulu qu'il soit docteur et qu'il réussisse. Il avait vingt-quatre ans et venait de Sukkur, qu'il plaçait à six cents kilomètres au nord-est de Karachi (c'était en réalité bien plus près). Là-bas, il vendait des vêtements. Il était descendu à Karachi avec son frère pour « faire une petite affaire ». L'affaire conclue, il avait commencé à s'ennuyer. Et l'ami de Sukkur, assis sur l'autre chaise, qui connaissait mieux les ressources de Karachi, lui avait suggéré une virée à l'Intercontinental pour y voir le « trafic ».

En ce jour de ramadan, ils n'avaient pas encore rompu le jeûne (au salon de thé de l'Intercontinental, une pancarte indiquait qu'on ne servait pas les musulmans pendant le jeûne) et son ami semblait épuisé, paraissant même sur le point de s'endormir. Les yeux mi-clos, il dodelinait de la tête. « Votre ami est en train de s'endormir », fis-je remarquer à mon voisin. Je crus que le jeune homme me répondait : « Mon ami est aveugle, peut pas voir. » C'était plausible. Mais, en réalité, mon interlocuteur me disait seulement : « Mon ami ne peut pas parler anglais. »

Le trafic profita d'abord à son ami. Trois Français sortirent de l'ascenseur, un homme et deux femmes. Du trio, c'était l'homme qui attirait véritablement le regard, mince, tout de blanc vêtu, le coton éponge de son polo contrastant avec la toile fine de ses pantalons. Il resta debout ; mais l'une des deux femmes qui l'accompagnaient s'assit à côté de l'ami somnolent de mon jeune voisin.

Il s'éveilla et, malgré ses yeux embués de sommeil, parvint en se tortillant à toucher la jeune femme. Il connaissait le trafic de l'Intercontinental ; il savait que les étrangers non musulmans et leurs femmes impudiques pouvaient être traités avec un tel mépris. La jeune Française sortit quelques photographies en couleur de son sac. Le Pakistanais se pencha par-dessus son épaule pour regarder. Mais les photos s'avérèrent moins excitantes qu'il l'avait sans doute espéré ; et la somnolence reprit bientôt possession de lui. Jetant devant lui un regard vide, il était trop épuisé pour examiner encore les gens qui entraient et sortaient des ascenseurs.

Je présentai Ahmad quand il arriva. Ce fut une erreur de jugement. Ahmad était pakistanais, non un visiteur, et cela ne l'amusa pas. Dans la voiture, il me dit que les jeunes gens de Sukkur (qu'il avait chaleureusement salués, pensant qu'il s'agissait d'amis à moi) n'étaient que des villageois, des paysans. Ce genre d'individus venaient à l'Intercontinental pour reluquer des femmes non voilées ou même en bikini. Certains riches Pakistanais s'y rendaient pour les mêmes raisons ; ils louaient des chambres avec vue sur la piscine. Les Palestiniens – des musulmans – avaient favorisé cette manie. Un certain nombre d'entre eux (j'imaginai, quoique Ahmad n'en ait rien dit, des guérilleros vivant de subsides) étaient venus à Karachi accompagnés d'Européennes, qui s'étaient prélassées en bikini autour de la piscine de l'Intercontinental ; la chose n'avait pas tardé à se savoir.

Ahmad n'avait aucune considération pour le genre d'hommes que je venais de rencontrer. C'étaient ceux-là – provinciaux désireux de connaître ce qui se passait à l'Intercontinental, qui avaient l'aplomb de braver les portiers et s'imaginaient avoir tout compris du monde – qui finissaient par devenir communistes. Au Pakistan, la politique n'était parfois pas plus compliquée que cela.

« Aujourd'hui, se lamenta Ahmad, le monde est sens dessus dessous. Les gens ne savent plus où ils en sont. Souvent, il n'y a plus la moindre harmonie dans leur vie. »

Je lui rapportai le point de vue de Khalid Ishaq à propos du rejet émotionnel de l'Occident. Dans quelle mesure ce refus n'était-il pas une façon de s'abuser ? Pouvait-on véritablement repousser une civilisation aussi présente, une civilisation dont les gens, ici, dépendaient tant ?

Ahmad était partagé. Il reconnut que pour sa part il n'aimait pas beaucoup se trouver à l'étranger. Il s'y sentait toujours « sous pression ». Et cela, à cause du « facteur temps ». Lorsqu'il séjournait dans une grande ville étrangère, il était soumis à la contrainte des horaires. Cela lui pesait, l'obsédait; il n'avait plus l'impression d'être son propre maître. « Mais, ajouta-t-il, quand les gens, ici, parlent de rejet émotionnel de l'Occident, ils pensent généralement à quelque chose de précis. Les femmes. »

Ahmad était assez pointilleux sur le sujet des femmes. Il se considérait comme un libéral; mais son libéralisme était empreint – bien plus qu'il ne l'eût reconnu – de préoccupations d'ordre religieux. Devenu pieux sur le tard, la conception musulmane de la responsabilité le hantait. Je le soupçonnai de craindre d'avoir à rendre des comptes sur son propre passé de libertin; et maintenant, ses filles, charmantes et nanties d'une éducation libérale, se trouvaient au centre de ses inquiétudes. Pendant la crise du Bangladesh, des bruits selon lesquels les soldats pakistanais violaient les femmes bengalis l'avaient plongé dans des affres intolérables. Pour un musulman, le viol était plus qu'un attentat physique contre la personne d'une femme; cela lui faisait perdre son honneur; et, donc, anéantissait sa vie; ce déshonneur rejaillissait sur toute la famille. « Durant deux mois, me confia Ahmad, tant que cela dura, je ne pus dormir. »

La grande bâtisse de béton où il habitait était située dans l'un des nombreux quartiers neufs de Karachi. Mais, si importante que fût sa situation, Ahmad vivait simplement. Faiblement éclairée par un plafonnier, la salle de séjour paraissait nue; elle ne contenait que le mobilier nécessaire et deux postes de télévision, dont l'un était cassé.

Le fils d'Ahmad entra. Médecin, âgé de trente ans à peine, il travaillait dans un hôpital local et n'avait pas l'intention de partir pour l'étranger. Il déclara qu'il désirait servir le peuple du Pakistan, et je le crus. Plus petit et plus pâle que son père, il avait les traits plus aryens et paraissait doux, aussi effacé qu'Ahmad était exubérant. Il semblait heureux de laisser son père parler pour lui.

Tel un homme faisant une déclaration de foi publique, Ahmad lança d'une voix qui emplit toute la pièce: « Je voulais que tous mes enfants travaillent dans des hôpitaux. Comme médecins, infirmières ou même filles de salle. Parce que, dans les hôpitaux, on soulage la souffrance des autres. »

Ahmad m'affirma qu'il n'avait pas imposé sa religion à son fils; il l'avait laissé libre de choisir. Et le fils, avec une ferveur toute romantique, était profondément préoccupé par la question de la foi.

« Au commencement de l'humanité, déclara-t-il, les hommes ont vénéré les pierres. Puis le feu. Aujourd'hui, un tel culte nous paraît curieux. Les hommes de demain ne trouveront-ils pas curieux nos rites d'aujourd'hui ? »

Ahmad le laissa dire. Puis il se remit à parler à sa place. « Quand des gens viennent réclamer de l'argent pour des causes religieuses, savez-vous ce qu'il leur dit ? Il leur répond qu'ils feraient mieux de donner leur sang aux malades. »

Le fils acquiesça, les yeux baissés, approuvant ce que son père venait d'affirmer, mais se faisant tout petit sous l'hommage.

La femme d'Ahmad apporta le dîner. Seuls Ahmad et moi devions y prendre part. Son fils allait se contenter de rester assis à notre table ; et, de même, l'homme qui venait d'arriver. Comme souvent dans ce pays, la conversation porta sur la situation du Pakistan.

« Je vais vous résumer l'histoire de ce pays en deux phrases, commença Ahmad. Au cours du premier quart de ce siècle, les Hindous ont mis sur le compte des étrangers et de l'influence étrangère tout ce qui allait mal en Inde. Puis, pendant les vingt-cinq années suivantes, les musulmans de l'Inde se sont éveillés. Une double haine les animait. Ils haïssaient à la fois les étrangers et les Hindous. Ainsi, le Pakistan s'est construit sur la haine et sur rien d'autre. Notre peuple n'était pas prêt pour l'État musulman, et celui qui n'est pas digne de recevoir ne devrait pas demander. »

De nombreux conservateurs mahométans partageaient cet avis : les musulmans d'Inde n'avaient pas été assez purs pour mériter un État islamique.

« Puis, continua Ahmad, ils ont commencé à distribuer les biens des Hindous qui avaient quitté le Pakistan. Ainsi, nombre d'émigrés venus d'Inde se sont vu offrir quelque chose sans avoir rien à donner en retour. C'était la tendance, au début. Ça l'est encore aujourd'hui. Mais, maintenant, je suis trop vieux pour que cela m'attriste. Cela arrive, vous savez. Un jour, vous découvrez que vous êtes vieux et vous cessez de vous en faire pour certaines choses. Laissons ces soucis aux jeunes. J'ai cinquante-neuf ans. A cet âge-là, on n'est plus qu'un mort en sursis. »

Alors, on introduisit dans la maison un homme de grande taille, presque un géant, apparemment un paysan, et l'amertume d'Ahmad se dissipa. Il se leva pour accueillir son visiteur et le convia cérémonieusement à entrer. Le nouveau venu était immense, mesurant près d'un mètre quatre-vingt-dix, et bâti comme un lutteur. Un visage poupin, incongru, surmontait cette masse : des traits que n'avaient marqués ni la passion, ni la rancœur, ni l'espoir. Il portait la tenue des paysans pakistanais, plutôt défraîchie, et la calotte des Sindhis. Pour un homme de sa corpulence, il se déplaçait lentement, à tout petits pas. Il ne parlait pas anglais et, d'ailleurs, ne disait pas grand-chose ; et, même lorsqu'il se joignit à nous, s'asseyant loin de la table, il ne se départit pas de sa réserve.

« Sans doute vous souvenez-vous que je voulais vous faire visiter un vieux mausolée situé dans le Sind ? me dit Ahmad. Je vous ai parlé de ces gens qui ont renoncé au monde pour servir les pauvres – vous vous rappelez ? Il vient de là-bas. »

Mais son visage me parut moins celui de quelqu'un qui a décidé de servir les autres que celui d'un homme désorienté et résigné, un homme à qui manqueraient certaines qualités humaines essentielles.

« Je vais vous raconter ce qui lui est arrivé, reprit Ahmad. Il avait une tumeur à la jambe. Les médecins diagnostiquèrent un cancer et lui dirent qu'ils ne pouvaient rien pour lui. Alors, il alla voir les homéopathes. Ils voulurent lui injecter du venin de serpent : il devait se laisser mordre par un serpent. «

Je ne pus réprimer une exclamation.

« Une morsure de serpent peut avoir l'effet d'une injection », intervint le fils d'Ahmad.

(Quelques semaines plus tard, je lus dans un journal que la police recherchait un homme dont la spécialité était de soigner par des morsures de serpent.)

« Mais il ne put supporter l'idée de se laisser mordre par un serpent, continua Ahmad. Aussi retourna-t-il au mausolée pour prier. Il pria pendant des jours et des jours. Enfin, le courage lui vint. Il s'empara d'un couteau et extirpa la tumeur. Et, depuis, il se porte comme un charme. »

Ahmad dit quelque chose en sindhi ou en ourdou, et le géant remonta la jambe de son pantalon bouffant pour montrer la cicatrice qui barrait l'intérieur de sa cuisse énorme et puissante. La cicatrice – zone de peau brillante et plissée au relief irrégulier – faisait environ quinze centimètres de long et atteignait parfois trois centimètres de large.

Le fils d'Ahmad s'approcha pour l'examiner.

« Ce n'était pas cancéreux, déclara-t-il aussitôt. Il s'agissait d'une tumeur bénigne. Regardez, il en a une autre sur la tête, ici. »

Mais la cicatrice était bien là ; et l'acte de courage n'en demeurait pas moins. L'impression de gêne – accentuée par le fait que le géant placide, toujours assis à notre table, ne pouvait suivre notre conversation en anglais – s'évanouit lorsque nous recommençâmes à parler du Pakistan.

« Tout le monde trompe tout le monde, ici, décréta Ahmad. Les politiciens, les fonctionnaires, tous. »

Puis, Ahmad et son autre invité (qui, jusqu'à présent, n'avait pas dit grand-chose) s'accordèrent à reconnaître que les gens se tournaient vers l'islam parce que tout le reste les avait déçus. La vague islamique avait même submergé l'université et son enseignement.

Mais, demandai-je, un pays comme le Pakistan pouvait-il vraiment éviter de tomber dans un tel piège ? Le peuple ne pouvait-il admettre aujourd'hui qu'il vivait dans un pays véritablement musulman et que le

Pakistan était devenu ce que la foi en avait fait ? Cela avait-il un sens – après des siècles d'histoire islamique – de prétendre qu'aucune expérience islamique n'avait été tentée ?

« Non, répondit gravement Ahmad. Rien de tel n'a jamais été tenté. »

3

Le petit Arabe

A SOIXANTE kilomètres à l'est de Karachi se trouvait la petite ville de Banbhore, un ancien port dont la fondation remontait au premier siècle avant Jésus-Christ. Banbhore avait acquis sa renommée à la suite de fouilles qui avaient mis au jour les ruines de ce qu'on estimait être la toute première mosquée du sous-continent, édifice construit au cours du premier siècle de l'Islam, en 712, peu après la conquête du Sind par les Arabes. Ahmad m'y emmena le dernier vendredi du ramadan, qui marquait aussi la fin du jeûne.

Le mois de Ramadan s'achève et, dès que la nouvelle lune apparaît, on proclame la fête de l'Ide. On attendait la fin du ramadan pour le jeudi ; mais la commission gouvernementale chargée d'observer la lune n'avait pas encore aperçu le premier croissant. Aussi le ramadan dura-t-il au Pakistan un jour supplémentaire et M. Salahuddin, le journaliste, dut-il remettre la parution du supplément prévu pour l'occasion et se hâter de rédiger un éditorial ordinaire. Si la fête de l'Ide était tombée le vendredi, Ahmad aurait été trop occupé à recevoir et à rendre des visites pour pouvoir m'accompagner à Banbhore.

Nous ne nous y rendîmes pas directement. Nous allâmes d'abord à une mosquée où Ahmad voulait me faire rencontrer des gens. Mais ils ne s'y trouvaient pas. Nous fîmes un tour dans la banlieue de Karachi. Puis, l'heure de la prière de midi approchant, Ahmad s'impatienta et décida de revenir vers la mosquée de son quartier.

Je lui demandai s'il croyait véritablement à une vie future.

« Oh ! oui ! » répondit-il. Il ouvrit grands les yeux et hocha la tête, tout comme il l'avait fait en me disant qu'on n'avait jamais réellement tenté d'expérience islamique. « Oh ! oui ! J'en suis même curieux. Par certains côtés, je suis resté un enfant. » Puis il essaya de m'expliquer ses convictions. « Les gens meurent. Mais, quand je pense à eux, ils revivent dans mon esprit. Et, quand je me souviens d'eux, je ne peux croire qu'ils ont disparu. » C'était de cette façon qu'il espérait rester dans la mémoire des gens, jusqu'à ce que disparaissent à leur tour ceux qui l'avaient connu. Des personnes plus simples concevaient d'autres espoirs : elles croyaient en un paradis semblable à ce monde-ci, mais où tout serait parfait et... avec des femmes. Cependant, me précisa Ahmad (où c'est du moins ce que je compris), les femmes du paradis n'auraient pas de règles : elles devraient être pures.

J'aurais aimé en entendre davantage sur cette conception de la pureté, mais il me sembla qu'Ahmad, si susceptible sur la question des femmes et des relations sexuelles, aurait trouvé cet intérêt scabreux. Aussi n'insistai-je pas ; j'y reviendrai plus tard, me dis-je.

Dans la rue brûlante et poussiéreuse, la mosquée de béton aux murs ocre et chocolat se dressait, neuve, quelconque. Devant, la chaussée disparaissait sous les chiffons destinés à la foule qui affluait. C'était l'heure des grandes prières du vendredi ; le mollah venait de finir sa lecture du Coran. Ahmad sortit son tapis de prière de la voiture et s'agenouilla en plein soleil, dans la rue, avec la foule. J'attendis dans l'automobile.

Plus tard, comme nous roulions dans Karachi, j'aperçus des affiches : NOUS NOUS SOMMES SACRIFIÉS POUR LE PAKISTAN, PAS POUR LE BANGLADESH.

Ahmad ne me dit pas à quel mouvement il fallait les imputer. Mais ces placards — avec tout ce qu'ils annonçaient de troubles et de nouvelles haines dans son pays — l'irritèrent visiblement. « Personne ne s'est sacrifié, me dit-il. S'il n'y avait pas eu le Pakistan, je serais devenu un petit employé de troisième classe. Des gens comme moi ont pu obtenir des postes importants, en émigrant au Pakistan. » Au bout d'un moment, il ajouta : « Dans deux cents ans, rien n'aura changé, ici. » Puis, après un nouveau silence, son agacement s'étant mué peu à peu en tristesse, il reprit : « Quand j'étais jeune, on me disait que ma patrie était l'Hindoustan et qu'il n'y avait pas de plus beau pays au monde. Le poète Mohammed Iqbal me le disait aussi. Puis, un jour, dans les années trente, on décréta que l'Hindoustan n'était plus ma patrie et que ceux que j'avais considérés comme mes frères seraient désormais mes ennemis. Alors, on m'affirma que mon pays était le Pakistan. Je découvris que ma patrie avait rapetissé. Aujourd'hui, je sens qu'on la mutile encore. »

Avant la fondation du Pakistan, en 1947, Ahmad avait servi pendant sept ans dans la Royal Indian Navy, la marine de l'Empire britannique des Indes unifiées. En 1946, il avait pris part à la mutinerie des marins, à Bombay. Mais, trente ans plus tard, l'aspect héroïque ou politique de cette période de sa vie avait disparu ; il ne se souvenait que de ses pêchés. Il buvait. « Le whisky coûtait trois roupies la bouteille et la bière était gratuite. » Et il y avait les femmes. « Mes amis et moi formions des sortes de coopératives. Nous payions une femme pour la soirée et lui faisions l'amour à tour de rôle. »

J'aurais aimé le faire parler davantage de ces coopératives – le mot me plaisait, sinon ce qu'il laissait entendre. Mais c'était vendredi ; l'humeur d'Ahmad était à la pénitence ; il se mortifiait à cause de son passé et aussi, semblait-il, à cause de la situation dans laquelle se trouvait son pays.

« L'âge apaise les passions, dis-je.

– Vous croyez vraiment, vous croyez vraiment ? »

Cette réaction me plut.

Comme toujours, il conduisait vite ; il conduisait comme il parlait, d'une façon libre et fougueuse. Karachi était immense. La ville avait gagné sur les étendues désertiques ; j'aperçus de nombreuses cités nouvelles, dont certaines semblaient importantes ; alimentée par les devises qu'envoyaient les expatriés, l'économie du pays pouvait paraître prospère. Enfin, nous arrivâmes dans le désert : la chaleur de ce début d'après-midi, les immensités infinies, les maigres bouquets d'arbres inutiles. Sans l'Indus et les lacs artificiels, il n'y aurait pas eu de Karachi.

« Vous disiez à propos de ces coopératives... ? » demandai-je.

D'un ton agacé, à la fois pour s'expliquer et pour se flétrir, il répondit : « Nous le faisions plus par vice que pour le plaisir. »

Il était clair qu'il n'en dirait pas plus. Je ne pouvais insister ; je regrettais de n'avoir pas suivi mon instinct et remis le sujet à un autre jour.

Le désert. Mais le Sind était une vieille province : à vingt-cinq kilomètres de Karachi, nous arrivâmes à une nécropole vaste de plusieurs hectares, située sur une éminence, au milieu des étendues dépeuplées : des tombes vieilles de deux à quatre siècles, dont les blocs de pierre tendre sculptée étaient simplement empilés, formant de petites pyramides à degrés qui recelaient peut-être d'anciens mystères mais dont, aujourd'hui, dans le Pakistan moderne, la tradition s'était perdue.

Le Pakistan moderne... la route longeait la zone immense réservée à la Pakistan Steel, en vue du projet industriel le plus important du pays : une aciérie et un nouveau complexe portuaire ; projet controversé (comme je l'appris plus tard) qui coûtait des millions par jour et s'avérerait peut-être finalement déficitaire car il faudrait tout importer. Les Russes en assuraient la réalisation. A quelque distance de là, de l'autre côté de la route, on apercevait la cité où on les logeait. Mais le port s'appelait Ibn Qasim, en hommage au chef arabe qui avait conquis le Sind et islamisé la région.

Plus loin, toujours sur la route de Banbhore, nous attendait une autre curiosité : un grand village modèle composé de rangées et de rangées de bungalows de deux pièces, aux murs de béton surmontés d'un toit rouge, mais résolument vide, vide depuis sa construction, six ans auparavant, et qui, déjà, commençait à tomber en ruine. Le village était-il trop isolé ? Vivre dans cet étrange univers bureaucratique de formes géométriques et de toits rouges rebutait-il les gens ? Je n'obtins aucune réponse précise d'Ahmad, qui préférait ne pas trop s'étendre sur ce sujet. Il se contenta de me dire que les maisons n'avaient pas été « attribuées ».

Elles avaient été construites six ans auparavant, c'est-à-dire du temps de M. Bhutto ; et Ahmad faisait partie de ceux qui ne s'étaient pas entendus avec le premier ministre. En fait, il avait quitté l'administration dès l'arrivée au pouvoir de celui-ci, en 1971. Ali Bhutto avait « la rancune tenace » et estimait avoir un compte à régler avec la famille d'Ahmad. Aussi ce dernier démissionna-t-il ; il aurait de toute façon été congédié ; son nom figurait sur la liste des deux mille personnes que M. Bhutto voulait renvoyer. Ahmad m'affirma qu'il ne lui restait que quelques roupies en poche lorsqu'il avait renoncé à son emploi. Il se faisait construire sa maison et toutes ses économies y étaient passées. Il emprunta et vécut sur cet argent pendant un an, acceptant diverses places sans grand intérêt jusqu'à ce qu'on lui propose un poste de conseiller auprès d'un industriel.

Il était chargé des relations entre l'entreprise et l'administration. Les précédents conseillers avaient prétendu devoir dépenser des sommes énormes en pots-de-vin. Ahmad ne soudoyait personne. Il se servit de son autorité et de sa connaissance des règlements pour remplir les missions que lui confiait l'industriel ; son patron en conçut autant d'étonnement que de gratitude. Ahmad ne tarda pas à toucher un salaire considérable. Il acheva de faire construire sa maison et remboursa toutes ses dettes. Puis, sentant approcher le terme de sa vie active, il estima que le temps était venu pour lui de penser aux autres. C'est pourquoi (après la chute d'Ali Bhutto), il avait réintégré le service public où il gagnait quatre fois moins que chez son précédent employeur. Ahmad l'aimait et l'admirait toujours. C'était un homme profondément religieux, me dit-il, un musulman très pieux qui suivait à la lettre les prescriptions du Coran et consacrait une partie de sa fortune aux bonnes œuvres.

Nous quittâmes la route principale pour prendre la piste sableuse qui conduisait à Banbhore. Nous approchions du but, mais la piste tournait et bifurquait entre les touffes de végétation ; et Ahmad dut demander son chemin à un paysan qui, torse nu, ramassait des branches fraîchement coupées. Découvrir le tertre excavé d'où surgissaient les fortifications d'une ville et ses demi-bastions me donna soudain l'impression de me trouver au bout du monde : un avant-poste austère, à la limite orientale de l'empire arabe, un lieu d'exil.

La ville avait été construite au bord d'une crique, mais l'eau s'était maintenant retirée assez loin. Là-bas, la petite baie s'ouvrait sur la mer. Au milieu de l'anse, on apercevait les marais salants ; sur une langue de terre blanchâtre qui paraissait intolérablement chaude s'élevaient les petites maisons neuves des sauniers ; sur une saline, au loin, se dressaient de petites pyramides de sel blanc.

Banbhore n'avait pas dû être une ville bien riche. Le musée n'exposait qu'une seule pièce d'or ; les autres étaient de simples piécettes de bronze, coulées dans les alvéoles de moules en terre cuite. Mais il y avait la mosquée ou, du moins, les vestiges qui permettaient d'en deviner la topographie, imitée de la mosquée de Kufa, en Iraq : c'était là le véritable trésor de Banbhore.

On associait l'histoire de Kufa à celle des musulmans orthodoxes du tout début de l'Islam ; ce fut l'un des premiers camps fortifiés que les Arabes établirent dans les terres conquises du nord de l'Arabie ; c'est depuis Kufa qu'Ali, cousin et gendre du Prophète, régna comme quatrième calife, de 656 à 661. La conquête d'abord, l'Islam ensuite : tel était le principe de l'expansion arabe. Ainsi, Banbhore, réplique de la Kufa du premier siècle de l'Islam, reliait le Sind et le Pakistan à cette époque glorieuse. Si ce que l'on disait était vrai, la mosquée de Banbhore avait dû être fabuleuse. Les ruines avaient été parfaitement dégagées ; on avait recarrelé le sol autour des quelques vieilles dalles qui subsistaient.

Partout, au milieu des vestiges, étaient éparpillés des fragments de poteries décorées. Et, plus souvent encore, on apercevait, mêlés à la terre, des débris d'os, blancs, nets, acérés. Ahmad m'assura qu'il s'agissait d'ossements humains. Mais en telle quantité ! Les os ne se trouvaient pas seulement à la surface ; les tranchées d'excavation faisaient apparaître sur toute leur hauteur le mélange d'os et de terre, comme si les restes humains avaient servi de fondations. La ville avait-elle été construite sur un cimetière ? Mais pourquoi les os étaient-ils broyés de la sorte ? Si Ahmad avait raison de prétendre que ces ossements étaient humains, Banbhore n'en devenait que plus mystérieux.

J'observai le jeûne de ramadan en même temps qu'Ahmad, et cela l'ennuyait. Il ne cessait de répéter qu'il aurait dû emporter quelque chose à boire pour moi. Il disait cela mais, lorsque nous eûmes quitté Banbhore, il ne sembla pas très pressé de rentrer à Karachi. Lui qui, habituellement, conduisait vite, se mit à rouler lentement. J'imaginai que cette longue journée d'abstinence, le soleil et le sel de Banbhore l'avaient peut-être fatigué lui aussi. Brusquement, alors que nous venions de dépasser l'aciérie de la Pakistan Steel et le port baptisé du nom du conquérant arabe Ibn Qasim, Ahmad s'écarta de la route et immobilisa la voiture dans les broussailles. Je crus qu'il désirait se reposer. Mais non : il cherchait simplement un endroit où il pourrait prier. « On ne peut pas se garer sur la route, m'expliqua-t-il. Les chauffeurs des cars et des voitures se font un plaisir de vous rentrer dedans. »

Je lui passai son tapis de prière. Il se dirigea d'un pas vif vers le bord de la route, droit, l'allure martiale dans son costume pakistanais gris-bleu, la longue chemise et les pantalons bouffants; alors, oubliant la circulation, longtemps, il adressa ses dévotions au ciel. Quand il revint, il me raconta que, lorsqu'il manquait une prière dans la journée, il avait le sommeil agité; sa femme devait alors le réveiller pour qu'il récitât la prière oubliée.

Ensuite, nous rentrâmes rapidement à Karachi, pour nous rendre non pas chez lui mais chez l'entrepreneur dont il avait été le conseiller, qui habitait dans l'un des quartiers résidentiels les plus huppés de la ville. Une large allée d'asphalte longeait le grand parc. Des palmiers royaux bordaient la pelouse qui s'étendait jusqu'à une terrasse courant sur toute la largeur de la maison.

Sur la terrasse, dans une chaise longue, reposait un vieil homme vêtu de brun; il était paralysé. Il s'agissait du grand-père, le chef de la famille, et, autrefois, le patron de l'entreprise. J'aperçus deux jeunes garçons, ses petits-fils, habillés à la façon des enfants arabes, robe crème et coiffure à bandes noires. Ils revenaient juste de La Mecque où, de toute évidence, ils avaient effectué, avec leur père, un pèlerinage dans les règles. Le père, homme de grande taille, était vêtu de blanc, la couleur des pèlerins, et portait une calotte, blanche elle aussi. Son visage était doux et sa voix suave. Il m'apparut tel qu'Ahmad me l'avait décrit: dans ses habits de pèlerin, on eût pu le prendre aussi bien pour un homme de religion que pour un homme d'affaires.

Ahmad, son ancien patron et moi nous assîmes sur la pelouse. Par sollicitude pour moi, Ahmad demanda si l'on ne pouvait apporter à boire. Le serviteur revint avec trois gobelets emplis d'un liquide rouge. Me méfiant de sa couleur, je ne fis qu'effleurer la boisson du bout de la langue sans la goûter vraiment et, pour ne pas avoir l'air de repousser l'hospitalité qu'on m'offrait, je demandai si l'on ne pouvait pas m'apporter plutôt un Coca-Cola.

Ahmad se montra choqué. Avec une irritation non dissimulée, il m'affirma qu'il s'agissait là d'un véritable nectar; il aidait les gens à se remettre de leur journée de jeûne; préparé grâce à des herbes rares, il coûtait très cher, trente-trois roupies la petite bouteille. Je regrettai de n'y avoir pas goûté; mais, après qu'Ahmad en eut mentionné le prix, je sentis que revenir sur mon choix n'aurait fait qu'ajouter à ma grossièreté. Ainsi, le serviteur incrédule m'apporta un Coca-Cola. Et tout au long du petit incident causé par mon refus – alors que je n'avais pas vraiment soif – l'homme à la calotte blanche ne se départit pas de son doux sourire.

Je le complimentai sur sa maison. Il m'avoua qu'elle lui paraissait bien plus belle depuis qu'il était revenu de La Mecque, à cause de la verdure. Je le questionnai à propos des hôtels de la ville sainte. J'espérais qu'il me parlerait des transformations dues à l'afflux des nouveaux capitaux arabes et musulmans; mais il se contenta de me répondre que les hôtels situés près de la Grande Mosquée et de la Kaaba étaient les plus chers et que les prix diminuaient au fur et à mesure qu'on s'en éloignait.

Sa famille était originaire de Bombay, et l'une de ses branches y gérait encore des affaires. Mais, en Inde, on ne « favorisait pas l'ascension » des musulmans. Certains avaient « réussi »; mais, d'une façon générale, on ne leur « facilitait » pas les choses. C'était plus simple au Pakistan. Le pays était neuf, tout commençait; de plus nombreuses possibilités s'y présentaient; mais, jusqu'à présent, il n'existait pas d' « infrastructure ».

Je lui demandai quelle différence ça faisait pour lui de vivre au Pakistan plutôt qu'à Bombay. En tant qu'industriel, aucune, me répondit-il; les affaires étaient les affaires. Seulement, quand vous vous trouviez en Inde ou dans quelque autre pays étranger, vous n'étiez jamais sûr que les animaux de boucherie avaient été égorgés comme il faut; si vous deviez poser la question vous n'obteniez pas toujours de réponse; il fallait parfois vous résigner à vous priver de viande. Au Pakistan, on ne rencontrait jamais ce genre de problèmes. Si, à l'étranger, l'envie vous prenait d'aller à la mosquée, celle-ci n'était pas toujours facile à localiser; vous étiez alors contraint de demander votre chemin. Ici, à l'heure de la prière, fit-il en désignant du bras l'une des extrémités de sa pelouse, puis l'autre, ici, à l'heure de la prière, on entend l'appel du muezzin de ce côté-ci puis de ce côté-là. Il n'était pas difficile, au Pakistan, de trouver une mosquée.

Je m'étais attendu à rencontrer un homme moins serein, plus tourmenté. En fait, Ahmad m'avait présenté son ancien patron moins comme un industriel que comme un homme pieux, un bon musulman, quelqu'un qui, dans ses actes et dans son cœur, respectait les règles de l'islam. M. Salahuddin, le journaliste, m'avait déclaré que les règles libéraient l'homme.

Et ce même M. Salahuddin m'avait dit que, dans l'islam, un enfant pouvait atteindre à la perfection; ce qui semblait être le cas du plus âgé et du plus potelé des fils de l'industriel. Son père nous apprit que le garçon avait déjà effectué deux fois le pèlerinage de La Mecque; par son sérieux extraordinaire, il avait encouragé les autres à ne pas faillir tout au long de ce mois de ramadan qui touchait à sa fin. Le petit garçon au visage creusé de fossettes et vêtu à la façon arabe feignit de ne pas se rendre compte qu'on parlait de lui. Debout, au bord de la terrasse, jouant avec un morceau de tuyau de caoutchouc noir, il prit un air sérieux et s'éloigna avec une moue légère, se contentant de tenir son rôle de petit Arabe.

Il était près de sept heures. D'autres membres de la famille, des femmes, commencèrent à sortir de la maison, et à se rassembler sur la terrasse autour de la chaise longue du grand-père paralytique. Le moment de rompre le jeûne approchait. Il était temps pour nous de partir.

Une fois encore, la présence arabe au Pakistan m'étonnait ; le petit garçon en vêtements arabes, la future aciérie baptisée du nom d'un conquérant arabe. En 1930, en défendant son projet d'état indien musulman, le poète Iqbal avait déclaré que l'islam indien était tout à fait spécifique, « une force incomparable pour assurer la cohésion d'un peuple ». « Je réclame donc, dans le plus grand intérêt de l'Inde et de l'islam, la création d'un véritable État musulman. » Et il avait ajouté : « Pour l'Inde, ce serait une garantie de sécurité et de paix... ; pour l'islam, une occasion de se débarrasser de l'empreinte que dut lui imposer l'impérialisme arabe. »

Mais, depuis 1930, le monde avait changé ; l'Arabie avait de nouveau son mot à dire sur la scène internationale. Le Pakistan avait lui aussi évolué depuis 1947. Recherchant aujourd'hui plus que l'État musulman prôné par Iqbal, recherchant dans l'échec une foi d'une impossible pureté, il se référait à ses origines arabes, mystiques peut-être, mais concrètes aussi. A Banbhore, ce lointain avant-poste du premier empire arabe, on marchait sur des os humains.

4

Tuer l'histoire

TELS qu'on se les représente, les Arabes du VIIe siècle, enflammés par le message du Prophète, déferlent d'Arabie en direction de l'est et de l'ouest, balayant les royaumes décadents et imposant la foi nouvelle. Ils progressent avec rapidité. A l'ouest, en 710, ils envahissent l'Espagne wisigothe; à l'est, en cette même année, ils traversent la Perse pour occuper le grand royaume bouddhiste indien du Sind. La symétrie de l'expansion renforce l'impression qu'il s'agit d'une énergie primordiale, d'un jaillissement de foi pareil à une coulée de lave. Mais le compte rendu arabe de la conquête du Sind – relatée dans le livre intitulé la *Chachnama,* dont je lus au Pakistan la réédition en poche d'une traduction anglaise initialement publiée à Karachi, en 1900 – donne une version moins apocalyptique des événements.

Les Arabes durent mener de rudes combats. Ils commencèrent à s'intéresser au Sind entre 634 et 644, pendant le règne du second calife, successeur du Prophète, et, au cours des soixante ou soixante-dix années suivantes, en tentèrent par dix fois la conquête. Comme l'indique clairement la *Chachnama,* le but de l'invasion finale n'était pas la propagation de la foi. Ses objectifs étaient commerciaux et impérialistes; il fallait en tirer un profit. Bien sûr, tout esprit de vengeance n'était pas absent; cependant, ce qu'on attendait des peuples conquis n'était pas qu'ils se convertissent à l'islam mais fournissent un tribut sous forme d'impôts, de richesses, d'esclaves et de femmes.

L'invasion était dirigée de Kufa par Hajjaj, le gouverneur d'Iraq. Quand, en pleine campagne, il reçut la tête de son vaincu, le roi du Sind, ainsi que soixante mille esclaves et sa part d'émir, soit un cinquième de ce qui avait été pillé dans la province, Hajjaj « posa son front sur le sol puis, se prosternant par deux fois, rendit grâce à Dieu et le glorifia, s'écriant : " Maintenant, j'ai obtenu tous les trésors, qu'ils soient visibles ou invisibles, ainsi que d'autres richesses et le royaume du monde " ». Il convoqua le peuple de Kufa à la mosquée fameuse de cette ville et, du haut de sa chaire, lui déclara : « Heureuses nouvelles et félicité pour le peuple de Syrie et d'Arabie, à qui j'annonce avec joie la soumission des Hindous et l'acquisition d'immenses richesses... que le Dieu tout-puissant, dans Sa grande bonté, lui a accordées. » Les populations conquises, si elles le désiraient, pouvaient se convertir à l'islam. Mais les vainqueurs étaient arabes, et le royaume du monde leur appartenait.

Si l'invasion du Pérou et du Mexique par les Espagnols peut présenter certaines ressemblances avec cet épisode, ce n'est nullement fortuit. L'occupation de l'Espagne par les Arabes, qui commença à la même époque que la conquête du Sind, marqua durablement la péninsule. Huit siècles plus tard, dans le Nouveau Monde, les conquistadors espagnols se comportèrent comme les Arabes : une foi, un fanatisme, une férocité, une avidité identiques, dans les mêmes conditions de dénuement. La *Chachnama* rappelle par bien des côtés *L'Histoire véridique de la conquête de la Nouvelle Espagne par un de ses conquérants* de Bernal Díaz del Castillo, le soldat espagnol qui, à la fin de sa vie, relata ses campagnes au Mexique en compagnie de Cortés, à partir de l'année 1520. Le thème des deux ouvrages est le même : la destruction par une puissance impérialiste, dotée d'un sens aigu de sa mission et d'une vaste connaissance du monde d'une culture lointaine sans aucune relation avec l'extérieur et n'ayant jamais eu à se défendre. Les conquérants de l'univers, les propagateurs de systèmes depuis longtemps éprouvés ont une vue plus large des choses; ils sont unis par un plus vaste dessein. Les peuples qui seront conquis ont une vision plus étroite, des connaissances plus limitées; leurs sociétés stratifiées ou fragmentées sont vouées à la soumission. Et, fait intéressant, aussi bien dans le Mexique de 1520 que dans le Sind de 710, des prophéties d'invasion avaient rendu les populations vulnérables.

Mais il existe une différence notable entre *La Conquête de la Nouvelle Espagne* et la *Chachnama*. Bernal Díaz, l'Espagnol, décrivait des événements auxquels il avait pris part. La *Chachnama* est un récit de genre arabe ou musulman, « une plaisante histoire de conquête » et fut écrite cinq cents ans après la pénétration arabe au Sind. L'auteur était Perse; il puisait ses sources dans un manuscrit arabe conservé par la famille du conquérant Ibn al-Qasim.

Le narrateur persan n'a pas profité de cette distance de cinq siècles pour tirer du récit une morale ou une signification historique supplémentaires, une nouvelle source d'étonnement ou de compassion, un jugement de ce qui est cruel ou ne l'est pas, là où même Bernal Díaz, le soldat espagnol, y parvient, avec sa seule vie pour recul. Écrivant en 1216, le Persan considère « les conquêtes du Khurasan, de l'Ajam (la Perse), de l'Irak, du Sham (la Syrie), de Rum (Byzance) et de l'Hind » comme glorieuses; elles symbolisent l'histoire de l'extension de la vraie civilisation. Il est agréable de lire ce genre de récits parce que la conquête est « fondée sur une droiture spirituelle et un idéal temporel... dont les philosophes éminents et les rois généreux seraient fiers, car tous les hommes approchent de la perfection en reconnaissant comme vraie la croyance du peuple d'Arabie ». On peut voir une certaine ironie dans cette apologie de la conquête : assez peu d'années après que ces mots furent écrits, les envahisseurs mongols déferlaient en Perse et en Iraq, disloquant et pétrifiant pour des siècles la civilisation arabe que chantait la *Chachnama*.

La *Chachnama* s'ouvre sur une évocation de la dynastie qui régnait sur le Sind avant d'être renversée par les Arabes. Dans cette partie du récit, les dates sont rares et l'on retrouve certains éléments du conte. La dynastie avait été fondée par Chach. Chach était un brahmane ascète qui vivait avec son frère dans le temple d'un village. Un jour, il se rendit au palais du roi et proposa au chambellan ses services de scribe et de secrétaire. Chach était grand et beau ; il parlait bien et était excellent calligraphe. Au début, il se contenta de transcrire la correspondance ; puis, à la mort du chambellan, il le remplaça ; ensuite, il devint Premier ministre.

Un jour, il advient que la reine, habituellement recluse dans ses appartements privés du palais, aperçoit le beau Premier ministre. Elle tombe amoureuse du brahmane et lui déclare sa flamme. Cela l'effraie. Il répond à la reine qu'il y a quatre choses auxquelles un homme ne doit jamais se fier, quatre choses qu'il ne doit jamais croire avoir domptées : le roi, le feu, le vent et l'eau. Mais la reine le supplie ; elle demande à Chach la permission de le voir une fois par jour. Elle finit par vaincre ses réticences. Chach, le brahmane ascète, devient l'amant de la reine et, désormais, dans le royaume du Sind, son pouvoir n'est inférieur qu'à celui du roi.

Les années passent. Le roi tombe malade, bientôt, il est à la mort. La reine, qui n'a pas d'enfants, craint d'être écartée puis dépouillée par les proches du souverain. Par l'intermédiaire de Chach, elle ordonne que soient apportées en secret cinquante chaînes dans le palais. Le roi expire ; la nouvelle n'est pas divulguée ; les médecins sont séquestrés. Au nom du roi, tous les prétendants au trône sont convoqués au palais. A peine sont-ils arrivés qu'on les enchaîne et les emprisonne. Alors, on fait venir les parents les plus pauvres du roi. Ils ne manquent pas de griefs ; chacun d'eux a un ennemi personnel parmi les prétendants et on lui donne maintenant l'occasion, comme sur l'ordre du roi, de couper la tête à cet homme et de s'emparer de ses biens.

Quand tous les prétendants sont tués, on annonce que le roi a choisi Chach pour régent ; ensuite seulement, on rend publique la mort du roi. On distribue des présents aux nobles les plus puissants ; la reine pose la couronne sur la tête de Chach ; et la foule acclame Chach. Le frère du roi défunt (lui-même souverain d'un État voisin) ne l'entend pas de cette oreille. Il marche sur le Sind, revendique le trône, et défie Chach en combat singulier. « Je suis un brahmane, proteste Chach. Les brahmanes ne se battent pas à cheval. » Le frère du roi disparu met pied à terre. Chach saute sur une monture et coupe la tête à son rival. Et voilà tout.

Le pouvoir est le pouvoir ; le premier devoir d'un roi est de conserver son trône. Il n'y a pas de règles. Un roi, ce qu'est maintenant devenu Chach, se doit de rester maître de ses sujets, grands et petits, barons ou manants. Tout est bon pour y parvenir. « L'une des règles de conduite qui siéent aux rois est qu'il faut user de ruse et de fourberie pour réduire un ennemi. » Un roi doit se déplacer ; il faut qu'il soit présent dans tous les coins de son royaume. Les gens ne doivent pas concevoir « l'idée arrogante... que personne ne va exiger d'eux des impôts ». Les rois ont besoin de revenus parce que le jour peut venir où un ennemi sera trop puissant pour être combattu et où, alors, il faudra acheter la paix.

« Souvenez-vous que c'est dans la perspective d'un tel jour que les rois amassent des trésors et les mettent à l'abri, car l'or est nécessaire pour lever des armées... et conduire des guerres... dans lesquelles nos souverains sacrifient leur vie pour la grandeur de leur pays et la gloire de leur nom. Par d'autres moyens, mais toujours grâce à l'or, on peut facilement convaincre un ennemi de lever le siège. Avec de l'or, un homme peut arranger de façon satisfaisante toutes les affaires de ce monde, repousser un ennemi et satisfaire ses désirs de vengeance. En même temps, il peut aussi se pourvoir comme il convient en prévision de son voyage pour l'autre monde. »

Chach – la reine ne tarde pas à disparaître du récit – règne pendant quarante ans. C'est lui qui arrête la première tentative d'invasion arabe, une attaque par mer contre le port de Debal (qui est peut-être l'ancien nom de Banbhore). A sa mort, le royaume revient à son frère, puis à son fils, Dahar.

Un jour, Dahar entend parler d'un astrologue extraordinaire, un brahmane. Et, comme il est bon pour un roi de consulter de sages brahmanes, Dahar monte sur son éléphant et se rend chez l'astrologue. A Dahar lui-même, le brahmane prédit une heureuse destinée ; mais ces augures sont assombris par ce que le devin lui annonce à propos de sa sœur. L'homme que sa sœur épousera, lui dit l'astrologue, régnera sur le royaume. Dahar est perplexe. Son Premier ministre (qui est bouddhiste) lui propose une solution : puisque le premier devoir d'un souverain est de conserver son royaume, Dahar devrait contracter une sorte de mariage avec sa sœur. Il y a cinq choses, lui dit le Premier ministre, qui « attristent le regard » quand elles ne sont plus à leur juste place : un roi qui a perdu son royaume, un ministre qui a perdu son poste, un saint homme qui a perdu ses disciples, les dents et les cheveux quand ils sont tombés, et les seins d'une femme quand l'âge les fait pendre.

Dahar est choqué par le conseil de son Premier ministre. Le Premier ministre rentre chez lui, prend un mouton, mêle à sa laine de la terre et des graines de moutarde, puis l'arrose. Au bout de quelques jours, les graines germent et le mouton devient tout vert. On promène alors l'animal dans toute la ville et les gens se précipitent pour le voir. Mais, trois jours ayant passé, la curiosité s'émousse; on trouve naturelle l'existence de ce mouton vert. « Ô roi, déclare le Premier ministre, quoi qu'il arrive, que ce soit bon ou mauvais, les gens jacassent pendant trois jours. Ensuite, personne ne se rappelle plus si cette chose était bonne ou mauvaise. » Aussi une cérémonie de mariage unit-elle Dahar à sa sœur.

Bien qu'il n'ait guère de conséquences, une grande importance est donnée à cet épisode. Il sert uniquement – dans ce récit arabo-perse – à souligner le fait que le royaume du Sind est moralement condamné et que la cause de la dynastie de Chach ne peut plus être sauvée.

Puis l'attention du lecteur est attirée sur les Arabes. La forme du récit se modifie, devient plus rigoureuse, s'appuie maintenant sur les traditions orales de l'histoire arabe (« Ceci est conté par Hazli, qui le tient de Tibui, fils de Musa, qui lui-même le tient de son père... »). Nous nous trouvons d'emblée dans un monde plus organisé, plus discipliné, moins arbitraire, un monde régi par la loi, où les hommes, quoique avides de pouvoir, de gloire et de richesse, servent aussi une cause qui les dépasse. Le soldat obéit au général, le général au gouverneur, le gouverneur au calife; et tous se battent au nom du Prophète, de l'islam et de Dieu.

Après l'échec des deux premières expéditions lancées contre le Sind, le troisième calife 'Uthman (644-656), demande un rapport détaillé sur la situation de l'« Hind et du Sind » – lois guerrières, stratégie, nature du gouvernement, structure de la société. Cette mission est confiée à Abdullah, qui lui-même en charge Hakim; et Abdullah est tellement impressionné par ce que Hakim lui rapporte qu'il envoie ce dernier en référer directement au calife.

« Ô Hakim, dit le calife, as-tu vu l'Hindoustan et tout appris à son sujet?

– Oui, ô commandeur des croyants!

– Décris-le-nous.

– L'eau y est saumâtre. Les fruits sont amers et empoisonnés. Le pays est rocailleux et la terre est de sel. Si l'armée est petite, elle sera anéantie, si elle est grande, elle mourra de faim.

– Comment est le peuple? Est-il digne de confiance ou bien n'a-t-il pas de parole?

– Il est fourbe et déloyal. »

A ces derniers mots, le calife prend peur et renonce à l'invasion du Sind.

Mais, au cours des derniers califats, le projet sera maintes fois repris. La septième expédition est conduite par Sinan, dont – le temps ayant fait son œuvre – on ne sait plus aujourd'hui qu'une chose : il naquit au temps du Prophète et ce fut celui-ci qui lui choisit son nom. La légende dit que le Prophète aurait déclaré à Salmah, le père de Sinan : « Ô Salmah, je te félicite pour la naissance de ton fils. » Mais, bien que le Prophète lui soit apparu en rêve, Sinan est tué au Sind. Et les deux expéditions suivantes finissent tout aussi mal.

Vers la fin du VIIe siècle, Hajjaj devient gouverneur de « l'Iraq, du Sind et de l'Hind ». Hajjaj doit d'abord faire face à des troubles religieux et raciaux à Kufa et dans tout l'Iraq. Puis, à son tour, il lance une armée contre le Sind : le roi Dahar a soutenu les rebelles musulmans.

L'armée d'Hajjaj est battue par le fils du roi Dahar. Le commandant arabe est tué et certains de ses hommes faits prisonniers. Le calife du moment ne veut plus entendre parler du Sind. Le pays est trop éloigné, écrit-il à Hajjaj ; son peuple est trop rusé, les expéditions reviennent trop cher et trop de musulmans y trouvent la mort. Mais Hajjaj demande une nouvelle chance ; il promet de rapporter au trésor royal le double de ce que la nouvelle invasion aura coûté. Le calife cède ; il donne par écrit l'ordre de marcher sur le Sind. Hajjaj sélectionne en Syrie six mille soldats expérimentés, nomme général Mohammed Ibn al-Qasim, son gendre âgé de dix-sept ans, et supervise les préparatifs dans les moindres détails.

L'armée – qu'accompagnent toute une caravane de chameaux bâtés et des chameliers (un animal pour quatre soldats) – doit progresser par voie de terre. Le matériel destiné au siège – comprenant des flèches enduites de naphte, des cottes de mailles, des béliers et une catapulte dont la manœuvre mobilise cinq cents hommes – empruntera la voie maritime. Ibn Qasim ne doit rien faire sans l'avis de Hajjaj ; un système de courriers permet de relier le Sind à Kufa en sept jours. Dans ses lettres, Hajjaj mêle constamment des exhortations religieuses à ses instructions militaires. « Creusez un fossé autour de votre camp... Restez éveillés la plus grande partie de la nuit ; et qu'on laisse à leur lecture ceux qui peuvent lire le Coran... » L'armée doit toujours dresser son camp en terrain découvert ; lors des batailles, l'armée doit toujours être divisée en cinq sections : centre, avant-garde, arrière-garde, aile gauche et aile droite, la cavalerie se répartissant sur les deux ailes.

Ibn Qasim arrive au port de Debal. Le matériel envoyé par mer est débarqué le même jour. Mais Hajjaj ne donne l'ordre d'engager le combat que le huitième jour. Au soir de cette journée, un brahmane sort de la ville. Il dit aux Arabes qu'un talisman protège la cité : les quatre longues oriflammes de soie verte qui pendent aux bras de la hampe perchée sur le dôme du grand temple de Debal. Tant que la hampe restera debout, explique le brahmane, le peuple de Debal luttera.

Cela est la première des trahisons qui favoriseront la conquête arabe. Mais il ne s'agit pas véritablement là de traîtrises. Elles sont l'œuvre de gens qui pensent simplement que le pouvoir est le pouvoir et croient qu'ils risquent tout au plus un changement de dirigeants ; ils ne s'imaginent pas qu'une nouvelle ère va s'ouvrir.

Ibn Qasim demande à Jaubat, qui en dirige la manœuvre, si sa catapulte peut abattre la hampe.

« Si nous ôtons deux traverses à la grosse catapulte, répond Jaubat, avec trois pierres, je pulvériserai les drapeaux, la hampe et le dôme du temple.

– Dix mille dirhams pour toi si tu y parviens, dit Ibn Qasim. Mais si tu échoues ? Et si tu endommages la catapulte du calife ?

– Que l'on coupe les mains de Jaubat », dit Jaubat.

Le marché est conclu (mais il doit être entériné par Hajjaj). Et le jour suivant, tandis que les Arabes attaquent la ville sur quatre fronts, l'énorme catapulte est installée conformément aux indications de Jaubat, les cinq cents servants tendent les cordes et les pierres sont propulsées, fracassant la hampe et le dôme. Alors, tout se passe comme l'a annoncé le brahmane : les défenseurs de Debal ouvrent les portes et implorent la clémence. Mais Hajjaj a donné des instructions précises pour cette première victoire : les habitants de Debal ne doivent pas être épargnés. Il faut que le massacre dure trois jours : voilà ce qu'Ibn Qasim déclare au peuple de Debal.

Après le carnage, le butin : le trésor et les esclaves. Un cinquième, le cinquième royal, est réservé au calife, « conformément à la loi religieuse » ; le trésorier de Hajjaj y veille (et il est curieux de constater que le cinquième royal espagnol respecté par Colomb, Cortés et autres conquérants du Nouveau Monde puisait sans doute ses origines dans les lois religieuses des Arabes). Le reste du butin de Debal est réparti en toute équité, selon les coutumes arabes : un cavalier touchant deux fois plus qu'un chamelier ou un fantassin.

La guerre est loin d'être terminée. Le Sind est vaste et comprend de nombreuses villes fortifiées. Mais la prise de Debal indique ce que sera le schéma : le siège, la trahison de nobles, de brahmanes ou de prêtres bouddhistes qui ne croient pas au massacre ; l'entrée des Arabes ; la tuerie ; l'évaluation et la répartition du butin, après déduction du cinquième octroyé au calife (dans l'une de ces places, le partage du butin dure aussi longtemps que le carnage).

C'est dans la région du Siwistan que le peuple commence à comprendre la nature de l'envahisseur. Un espion de la tribu Chanas voit les Arabes prier dans leur camp : l'armée entière, debout, donnant une image d'égalité, d'unité, d'union, le général dirigeant la prière de ses hommes, mais y participant au même titre qu'eux. L'effet produit sur le peuple Chanas est immédiat. Ils se dirigent tous ensemble vers le camp arabe – où c'est l'heure du souper – et se rendent (aujourd'hui, les Pakistanais qui ont vu les soldats chinois construire la Route de l'amitié reliant, tout au nord du pays, le Sinkiang au Pakistan, sont semblablement impressionnés par la discipline et l'unité des Chinois).

Après le massacre de Debal, les tueries se font plus choisies. On laisse les commerçants, les artisans et les paysans exercer leur métier et pratiquer leur religion; les brahmanes conservent leurs fonctions d'administrateurs. On n'exige des infidèles qu'un tribut et un impôt supplémentaire. Mais Hajjaj insiste pour que soit exterminée la classe des guerriers et réduite en esclavage leur maisonnée. Quand il reçoit la tête de Dahar et le message de victoire de Qasim, il écrit sévèrement : « Mon cher cousin, je me suis senti revivre en lisant ta lettre. En la recevant, j'ai éprouvé une joie et un bonheur sans bornes... Mais la façon d'accorder le pardon que prescrit la loi n'est pas celle que tu as adoptée... Dans le Coran, le Dieu tout-puissant a dit : " Ô, véritables croyants, quand vous rencontrez les infidèles, tranchez-leur la tête. " Cette injonction de Dieu est un commandement fondamental que l'on doit respecter et appliquer... Accepte mes compliments. Écrit par Nafia en l'an 93. » Il reviendra sur ce point, plus tard, au cours de la campagne. « Mes ordres très stricts sont que l'on exécute tous les combattants et que l'on emprisonne et retienne en otage leurs fils et leurs filles. »

Ainsi, après la prise de la grande cité de Brahminabad, Ibn Qasim « se rendit sur le lieu des exécutions et ordonna que tous les hommes appartenant à la classe militaire fussent décapités par l'épée en sa présence. On dit que quelque six mille guerriers furent massacrés en cette circonstance; certains vont jusqu'à seize mille ».

Le roi Dahar ne comprit jamais la nature de la guerre, ne comprit jamais que l'enjeu dépassait son seul trône. Pour lui, la guerre était un jeu meurtrier où les règles de la chevalerie avaient encore cours. Il aurait pu empêcher Ibn Qasim de traverser l'Indus; c'était ce qu'on lui avait conseillé de faire. Mais il trouva cela indigne. On lui suggéra alors de battre en retraite et de quitter le désert pour traiter avec l'envahisseur. Mais, de nouveau, il trouva cela indigne. Il mourut au combat. Des flèches enduites de naphte communiquèrent le feu au palanquin de son éléphant. Avec le roi, s'y trouvaient un brahmane et deux servantes, l'une qui lui donnait à mâcher les feuilles de bétel qu'elle préparait, l'autre qui lui tendait ses flèches. Affolé par le feu qui brûlait sur son dos, l'éléphant se jeta dans un lac peu profond, près des rives de l'Indus; Dahar n'eut pas le temps de s'extirper du palanquin; déjà des archers à cheval de l'armée arabe l'avaient percé de leurs flèches. Tel un guerrier, Dahar était allé à la bataille préparé à la mort et au bûcher funéraire. Lorsqu'on le retrouva (sur les indications du brahmane qui avait partagé son palanquin), son corps sentait le musc et l'essence de rose. Les servantes furent capturées; plus tard, elles identifièrent la tête tranchée du roi, qui devait être envoyée à Ibn Qasim.

La sœur de Dahar, avec qui celui-ci avait contracté un mariage blanc pour sauver son royaume, s'immola par le feu, entraînant avec elle d'autres femmes de sa suite. Quant à l'épouse qui partageait son lit (maintenant devenue la propriété du calife arabe et de l'État), elle fut achetée par Ibn Qasim en même temps qu'une partie du butin amassé au Sind. Les deux filles de Dahar furent envoyées au calife, escortées par des esclaves abyssins.

Elles furent admises dans le harem du calife. Il leur accorda quelques jours de repos. Puis, une nuit, il demanda qu'on les lui amenât. Il voulut savoir laquelle était l'aînée; il désirait la prendre en premier. Grâce à un interprète, il apprit que la plus âgée s'appelait Surijdew. Quand le calife tenta de l'enlacer, elle s'écarta et dit : « Longue vie au roi! Je suis une humble esclave et suis indigne du lit de votre majesté car le noble émir Imaduddin Mohammed Ibn al-Qasim nous a gardées avec lui pendant trois jours avant de nous envoyer à vous. Peut-être sont-ce là vos coutumes, sinon une telle infamie ne saurait être tolérée par un roi. »

Le calife se mordit la main. Il fit aussitôt écrire une lettre à Ibn Qasim, lui ordonnant « de s'enrouler dans du cuir cru et de rentrer à la résidence principale du calife ».

Ibn Qasim se trouvait sur la frontière indienne. Il obéit. Il demanda à ses hommes de l'enfouir dans une dépouille fraîche, de mettre la dépouille dans une caisse et d'envoyer la caisse au calife. Il mourut en moins de deux jours. Lorsque le cercueil arriva à Bagdad, le calife présenta le corps aux filles du roi Dahar. « Admirez, leur dit-il, comme nos officiers exécutent promptement les ordres. » Alors, Surijdew avoua qu'elle avait menti, pour se venger d'Ibn Qasim. Elle et sa sœur étaient toutes deux vierges; Ibn Qasim ne les avait pas touchées.

« Le calife ordonna sur-le-champ que les deux sœurs fussent emmurées vives. Depuis ce temps jusqu'à nos jours, la bannière de l'Ismal a flotté toujours plus haut et, de jour en jour, n'a fait que gagner en splendeur et en gloire. »

C'est de cette façon apparemment inconséquente que s'achève le récit. L'histoire d'Ibn Qasim évoque les quelques changements politiques qui se produisent à l'époque en Iraq et en Syrie; mais la facture rappelant celle des *Mille et Une Nuits,* et la dégénérescence qu'elle implique, souligne le fait que cinq siècles séparent la *Chachnama* de la conquête du Sind; la tourmente mongole va bientôt s'abattre sur les minarets et les sérails.

La conquête du Sind par les Arabes précède d'environ trois siècles les invasions musulmanes en Inde proprement dite. Le Sind soumis par Ibn Qasim représentait un grand pays, englobant à peu près le sud du Pakistan et de l'Afghanistan d'aujourd'hui; et l'on peut considérer la *Chachnama* comme un document sur les origines islamiques de l'État. Mais c'est une histoire sanglante et les bribes qu'en racontent les livres scolaires tiennent du conte de fées. Un navire arabe emportait des présents destinés au calife ; le bateau fut intercepté par le roi Dahar et des musulmans capturés. Les femmes qui se trouvaient à bord crièrent : « Hajjaj ! Sauve-nous ! » Pour les délivrer (de préférence aux soldats faits prisonniers lors de la précédente expédition arabe), Hajjaj envahit le Sind.

Mais, même dans les légendes, il faut modifier de petits détails. Les oriflammes du temple de Debal – le talisman abattu par la catapulte – étaient vertes (ainsi le dit ma traduction faite en 1900 par un Sindhi, Kalichberg) ; mais le vert étant la couleur de l'islam, dans l'un au moins de ces livres d'histoire pour les enfants, les drapeaux sont devenus rouges. Dans les petites choses comme dans les grandes, il faut servir la cause de la foi.

En septembre 1979, à l'occasion de la fête de la Défense du Pakistan, le *Pakistan Times* publia un long article sur le grand stratège Ibn Qasim, écrit d'un point de vue militaire, impartial, équitable pour les soldats des deux camps. Le journal s'attira des remontrances du président de la Commission nationale pour la Recherche historique et culturelle.

« Il est nécessaire d'employer une phraséologie appropriée quand on souhaite esquisser le portrait d'un héros. Des expressions telles que l' " envahisseur ", les " défenseurs " et l' " armée indienne " brave mais pas assez rapide pour " fondre sur les troupes qui battent en retraite ", abondent dans cet article. Plus encore, on y découvre également des jugements aussi irréfléchis que celui-ci : " Si Raja Dahar avait héroïquement défendu l'Indus et empêché Qasim de le franchir, toute l'histoire du sous-continent en eût pu être changée. " On ne comprend pas si l'auteur se réjouit de la victoire du héros ou s'il se lamente sur la défaite de son rival. »

L'ère qui précède l'islam est une ère de ténèbres : ainsi le veut la théologie musulmane. L'histoire doit se mettre au service de la théologie. La cité de Mohenjodaro mise au jour dans la vallée de l'Indus (qui fut envahie par les Aryens en 1500 avant Jésus-Christ) constitue l'une des gloires archéologiques du Pakistan et du monde entier. Les ruines étant aujourd'hui menacées par les infiltrations d'eau et l'action érosive du sel, des fonds ont été sollicités auprès d'organisations internationales. A la une du *Dawn*, un article faisait quelques suggestions à propos du site. L'auteur proposait que l'on fasse graver des versets du Coran, ou que l'on dépose des plaques, en des « endroits appropriés » de Mohenjodaro : « Dis (dis-leur, ô Muhammad) : voyagez sur la terre et voyez la nature des séquelles engendrées par la faute... Dis (ô Muhammad, dis-je aux infidèles) : Voyagez sur la terre et voyez quelle fut la conséquence pour ceux qui vous ont précédés. Pour la plupart, ils étaient idolâtres. »

C'est ainsi que pour le peuple du Pakistan, la théologie vient compliquer l'histoire. Et, pour ceux qui sentent que leur pays a échoué, que, dans la patrie musulmane, ils sont toujours des étrangers, des êtres dépossédés ou menacés de l'être, pour ceux-là, le désir d'adhérer totalement à un islam triomphant ajoute encore au malaise.

D'après la théologie orthodoxe, seuls les quatre premiers califes ont suivi la voie droite. Ensuite, le califat devient une dynastie ; les idéaux islamiques de fraternité sont trahis. La conquête du Sind par les Arabes intervient donc à une mauvaise période ; mais, comme les Arabes apportent la foi, la mauvaise période devient une époque sacrée. A l'est, les Mongols anéantissent l'Empire arabe. Les Mongols sont donc mauvais. Mais les Mongols se convertissent à l'islam et établissent le grand empire mongol en Inde ; par conséquent, nous entrons à nouveau dans une ère merveilleuse. Les Turcs chassent les Mongols ; mais, comme, à leur tour, ils deviennent musulmans et puissants, eux aussi cessent d'être considérés comme mauvais. Ainsi, cette histoire – commencée comme « un plaisant récit de conquête » – se fait terriblement déroutante. Et, profitant de cette confusion qui dépasse celle engendrée par la colonisation, certains Pakistanais se forgent, pour eux-mêmes, des personnalités qui les font à la fois musulmans et conquérants ; au Pakistan, ils évoquent un peu des hommes exilés de leur gloire. Ils s'imaginent turcs ou mongols. Ou arabes.

La *Chachnama* montre les Arabes du VIIe siècle comme un peuple stimulé, éclairé et discipliné par l'islam, qui évolue rapidement, empruntant des connaissances, des pratiques différentes et de nouvelles armes (catapultes, feu grégeois) à ceux qu'il vient de conquérir et étudiant avec intelligence ceux qu'il a l'intention de soumettre. L'espoir du courant fondamentaliste pakistanais de revenir à cette époque de pureté islamique n'a rien à voir avec une compréhension historique de l'expansion arabe. Les fondamentalistes estiment que pour ressembler à ces Arabes des premiers temps, un seul outil leur suffit : le Coran. L'islam, qui fit des Arabes du VIIe siècle les conquérants du monde, obscurcit aujourd'hui l'esprit de leurs successeurs, ou prétendus successeurs.

Le souhait du poète Iqbal était qu'un État indien musulman débarrasse l'Islam « de l'empreinte que dut lui imposer l'impérialisme arabe ». Il s'avère aujourd'hui que la politique colonisatrice des Arabes fut la plus fructueuse de tous les temps ; en effet, les croyants considèrent encore qu'en ayant été conquis par eux (puis en leur ressemblant), ils ont été sauvés.

Dans les livres scolaires pakistanais que j'ai feuilletés, l'histoire commence avec l'Arabie et l'Islam. Dans les textes les plus simples, les vies résumées du Prophète, des quatre premiers califes et, peut-être, de la fille de Mahomet, sont suivies, presque sans transition, des biographies du poète Iqbal, d'Ali Jinnah, le fondateur politique du Pakistan ainsi que de deux ou trois « martyrs », soldats ou aviateurs, qui moururent lors des guerres saintes menées contre l'Inde en 1965 et 1971.

Cette vision sélective de l'histoire conduit vite à altérer la vérité. Avant Mahomet, c'étaient les ténèbres : l'esclavage, l'exploitation du peuple. Après Mahomet, ce fut la lumière : l'esclavage et l'exploitation du peuple disparaissent. Mais est-ce vrai ? Comment peut-on affirmer ou enseigner une telle chose ? Que dire de ces esclaves sindhis que l'on envoie au calife ? Que dire des descendants d'esclaves africains que l'on rencontre encore à Karachi ? Comme il n'y a pas de réponse satisfaisante, la foi nie et occulte le monde réel.

Les militaires gouvernent ; les partis politiques sont interdits. Il y a quatre-vingt-cinq pour cent d'illettrés et le fondamentalisme écrase l'université. La science et l'industrie sont inexistantes. L'économie dépend des devises envoyées par les expatriés ; légale ou illégale, l'émigration se poursuit. Dans les livres d'école en langue anglaise de la sixième classe, les enfants apprennent ceci :

« Mon oncle, dit Salman, j'ai lu dans mon livre d'histoire qu'autrefois l'Inde était régie par un système de castes très strict. Chacun devait suivre la voie tracée par sa famille. On n'avait pas le droit de choisir un autre métier. – Oh, répondit l'oncle, en Inde, aujourd'hui, la situation n'a pas beaucoup changé. Mais nous, nous vivons dans un pays démocratique. Ici, chacun est libre d'exercer la profession de son choix. Là réside le secret de notre progrès. »

5

Hyderabad boogie-woogie

AHMAD voulait que j'aille visiter un célèbre mausolée situé près d'Hyderabad, dans le centre du Sind. De nombreux saints musulmans étaient enterrés dans cette région. L'islam avait depuis longtemps pris possession des lieux saints bouddhistes et hindous ; mais il subsistait des séquelles des anciens comportements religieux et les puristes islamiques n'approuvaient pas toujours les pratiques mystiques, ascétiques ou, même, presque idolâtres qu'on observait en certains de ces endroits.

Mais Ahmad avait ses raisons. Près du mausolée dont il m'avait tant parlé, se trouvait un centre soufite abritant une confrérie – vieille de plusieurs siècles, me dit-il – qui avait renoncé aux biens de ce monde pour vivre dans le désert et servir les pauvres. Les ascètes dirigeaient un dispensaire ; chaque jour, à l'heure du déjeuner, ils nourrissaient tous les miséreux qui se présentaient. C'était cette idée de sacrifice et d'abnégation qui séduisait Ahmad. Et, un matin, il me mit dans une voiture pour m'envoyer à Hyderabad, à cent cinquante kilomètres au nord.

De Karachi jusqu'à Hyderabad, nous ne traversâmes qu'un long désert. La « grande route nationale » était droite et rapide. Lorsque nous franchîmes l'Indus, fort large en cet endroit, ses eaux boueuses clapotaient ; de petites barques de pêche aux voiles d'un blanc sale conféraient brusquement un air antique au désert monotone. Hyderabad – indéfinissable ville du désert aux maisons basses peintes à la détrempe ocre – cuisait sous le soleil. Mais, çà et là, on apercevait des mares ; le désert était gorgé d'eau.

Lorsque j'arrivai au gîte d'étape où je pensais séjourner, une mauvaise surprise m'attendait. Je fus accueilli par deux fonctionnaires qui, grâce à leurs quelques mots d'anglais, m'expliquèrent qu'un ministre était arrivé inopinément, que ma réservation avait été annulée et qu'il me faudrait descendre à l'hôtel. « Première classe, première classe », répétaient-ils. Mais, en dépit de la climatisation, l'établissement où ils me conduisirent était sombre et sommaire ; dans ma salle de bains, la cuvette des toilettes était brisée.

Je n'eus cependant pas à passer la nuit dans cette chambre. Razak, le jeune homme qui m'accompagnait dans ce voyage, avait conçu d'autres projets pour moi. Le centre soufite d'Ahmad devrait attendre le lendemain. Razak avait l'intention de m'emmener ce soir-là dans une direction opposée, à des heures de route de la ville, pour me montrer d'autres mausolées et hauts lieux religieux. Nous partîmes au milieu de l'après-midi.

Razak était sindhi. Tout au long de ce circuit religieux, il se comporta à la fois comme un pèlerin, jamais rassasié de lieux saints, et comme un bureaucrate respectant très strictement son programme et son horaire. Il était bon et intelligent, mais nous nous heurtions au niveau du langage.

Je l'irritai dès le début. Apercevant un homme en costume sindhi sur le bord de la route, je m'exclamai : « Ici aussi, vous avez des Africains, Razak. » Il me répondit sèchement : « Ce ne sont pas des *Africains*. Ce sont des *nègres*. Des nègres *autochtones*. » L'anglais de Razak était précis, aussi précis que cela. Mais un certain nombre de Pakistanais – une succession de professeurs – s'étaient interposés entre lui et la langue parlée, et ce qu'il disait réclamait la plus grande attention. « Font-ils quelque chose de ces roseaux, Razak ? » demandai-je. « Des cordes belles », répondit-il. Je retournai l'expression dans tous les sens. Au bout d'un moment, je capitulai. « Que sont des cordes belles, Razak ? » Il dut réprimer son agacement. « On se sert des cordes belles pour y mettre des articles domestiques. » Des corbeilles : définition claire mais aussi chargée de réprobation. Et cela aurait pu se résumer ainsi : si j'étais Harpo, alors il était Chico Marx, et si j'étais Chico, il était Harpo.

De ce fait, quoique Razak eût pu m'expliquer beaucoup de choses, je traversai sans rien apprendre la région la plus anciennement peuplée du Sind, devinant à peine pourquoi le jeune homme, par moments, s'agitait : ne comprenant que plus tard, par exemple, que sur le lieu désolé appelé Mansura s'était élevée, autrefois, Brahminabad, la grande cité du roi Dahar.

Notre halte au premier mausolée se montra infructueuse. Le saint homme de l'endroit, me dit Razak, avait quelque cent mille disciples. Nous arrivâmes deux heures après la tombée de la nuit et, en franchissant l'enceinte, j'eus l'impression de pénétrer dans une ville médiévale. De jeunes garçons nous ouvrirent le grand portail et le refermèrent derrière nous. Les ruelles étaient pavées, partagées en leur milieu par un caniveau. Des gens étaient assis sur les terrasses carrelées qui bordaient la cour du grand homme. Quelqu'un écouta notre requête et alla la transmettre à l'intérieur ; un autre homme sortit pour y répondre.

Mince, assez âgé, il était vêtu de bleu et sa main gauche disparaissait dans un gant. Il nous expliqua que le grand homme ne recevait que le matin; à cette heure-ci, il se reposait.

Nous repartîmes donc et roulâmes jusqu'au tombeau de Chah Abdul Latif. Dans la sombre cour pavée de la mosquée, on entendait de la musique: les chants d'adoration du saint, vieux de deux cent cinquante ans. Et, à écouter la musique au terme de cette longue journée – au milieu d'un rassemblement de fidèles, certains endormis, d'autres qui allaient et venaient – j'eus l'impression, déjà éprouvée à Machhad dans le jardin de l'ayatollah Chariat Madari, que l'Islam avait su créer une communauté, une forme de beauté, avait réussi à donner aux gens un sentiment de plénitude – si seulement l'on pouvait fermer la porte au monde extérieur et faire oublier aux hommes ce qu'ils savaient.

Dans ma chambre, à l'auberge, la climatisation ne fonctionnait pas. Si j'ouvrais la fenêtre, les insectes entraient. Et c'est à cause d'eux que je ne dormis pas dehors, avec Razak et les autres. Pour coucher à la belle étoile, il fallait s'envelopper de la tête au pied, comme une momie; cela demandait une certaine habitude. Aussi restai-je dans l'atmosphère étouffante de ma chambre et m'y reposai-je en attendant le matin. Nous devions partir tôt, refaire la route jusqu'à Hyderabad puis continuer en direction du centre soufite d'Ahmad où nous voulions arriver à temps pour assister au repas de midi des pauvres; Ahmad avait beaucoup insisté là-dessus.

Après Hyderabad, s'étendait une mosaïque de terres cultivées, de broussailles et de sable. La lumière était aveuglante et la chaleur accablante. Les chiens des villages se tenaient, immobiles, dans l'eau boueuse et jaunâtre des mares. Nous nous trouvions dans l'une des vallées fameuses de la civilisation antique. Mais on n'avait pas l'impression d'être dans une vallée; le paysage évoquait une immense plaine, jusqu'à ce qu'on remarquât que cette étendue apparemment plate s'étageait en fait sur plusieurs niveaux, dont les plus élevés étaient coiffés de rochers, si bien que l'Indus semblait le vestige d'un courant fluvial plus important qui avait aplani tout ce que la roche ne protégeait pas. Nous longeâmes sur plusieurs kilomètres la rive droite du fleuve. Au loin, se découpaient des contreforts déchiquetés. Quelque grande commotion avait fait surgir cette chaîne de montagnes, soulevant et modelant les strates rocheuses comme une pâte; puis les eaux furieuses s'étaient frayé un chemin dans le roc. Là, le fleuve dessinait un méandre. Nous approchions du but de notre voyage.

Des photographies d'Ali Bhutto étaient accrochées dans les boutiques de la rue principale. Durant son mandat, le Premier ministre avait fait installer un nouveau portail doré devant le mausolée. On pouvait l'apercevoir de l'extérieur, de l'autre côté des grilles de fer. Une plaque scellée dans le mur commémorait le don d'Ali Bhutto; mais, depuis sa mort, une étoffe verte à franges dorées la masquait. Avant d'entrer, les pèlerins avaient un regard et pour le portail et pour l'étoffe verte.

Nous confiâmes nos chaussures à un homme assis sous un abri de toile. L'air digne sous son turban, il avait les gestes précis d'un professionnel ; il lia ensemble chaque paire de chaussures, leur attribua un numéro et nous fit payer une demi-roupie pour chacune. Cela me parut cher ; mais il n'y avait pas de concurrence ; je demandai à Razak si l'emplacement se transmettait de père en fils ou était protégé d'une quelconque façon. Il m'expliqua que ces vestiaires situés à l'entrée des mosquées étaient mis en adjudication par le gouvernement et que l'enchère pouvait atteindre quatre mille roupies, soit quatre cents dollars. L'heureux enchérisseur, de plus d'une façon, faisait une affaire.

L'intérieur de la mosquée était sombre et bondé. Des gens dormaient à même le sol de marbre usé. Ils venaient de loin et, pour les pauvres, il n'y avait aucun autre endroit où séjourner : des malheureux vivant dans le désert, dans ces villages et ces champs misérables éparpillés le long des rives de l'Indus, des gens pour qui le mausolée – comme tous les tombeaux sacrés, même ceux datant d'avant l'islam, de cette région située entre le fleuve et les contreforts rocheux – avait toujours représenté un refuge et un réconfort. Les dalles de marbre étaient grisâtres ; une multitude de mouches cherchaient à se poser sur le sol et sur les corps ; je vis même des bébés.

Le mausolée proprement dit – là où reposait le saint – était ceint d'une grille d'argent magnifiquement ouvragée et patinée par les mains des fidèles. L'un des montants d'angle avait été brisé, peut-être sous la poussée de la foule, lors d'une fête particulière ; même maintenant, il régnait une sorte de frénésie. Le tombeau était surmonté de dais superposés et protégés, juste en dessous du plafond, par un grillage destiné peut-être à arrêter les oiseaux. Une pierre enserrée dans un anneau d'argent pendait par une cordelette au cadre du premier dais. La pierre affectait la forme d'un cœur ; d'un brun pâle, elle était si lisse et si luisante d'avoir tant été touchée qu'on l'eût presque dite faite de chair. J'imaginai que cette pierre devait signifier quelque chose. Razak m'expliqua que le saint l'avait portée à son cou, de son vivant ; en cela, il avait imité le Prophète (cependant, il s'agissait sans doute de l'adaptation, pratiquée par les ascètes, d'une vieille torture arabe : Bilal, l'esclave abyssin qui, le premier, entendit le message du Prophète, fut abandonné, enchaîné, dans le désert de La Mecque, une grosse pierre pesant sur sa poitrine).

Les gens touchaient la pierre, la caressaient, puis portaient leurs mains à leurs lèvres et à leurs yeux ou bien les posaient sur leur cœur ; parfois, ils paraissaient s'étreindre eux-mêmes. Dehors, perdue dans la vallée de l'Indus, une ville accablée de chaleur ; ici, cette ferveur. Il était important de toucher : non seulement la pierre et la grille d'argent, mais aussi l'étoffe qui drapait le tombeau du saint, à l'une des extrémités duquel se trouvaient une mitre et une chape, d'allure étrangement chrétienne, ainsi qu'un turban qui, placé entre les deux, semblait faire office de tête. C'était une terre de foi, mais aussi de poussière et de sable, qui emplissaient les narines et les irritaient ; et les paysannes qui caressaient les grilles se curaient méthodiquement le nez avant de porter leurs doigts aux lèvres de leurs jeunes fils.

Nous nous rendîmes au centre soufite, ou *koli*. Il était situé au bout d'une courte ruelle de bazar Le chemin terreux n'était plus que boue noirâtre après que les boutiques d'alimentation y avaient déversé leurs eaux usées ; les commerces étaient restés ouverts et actifs quoique ce fût l'heure où l'on nourrissait les pauvres au *koli* ; à l'entrée, beaucoup tenaient à la main des galettes de pain noir.

Quand nous pénétrâmes dans le centre, vers la droite, d'où venaient le bruit, les froissements, la musique, nous aperçûmes le mausolée : les tombeaux des *pirs*, ces hommes pieux qui avaient choisi de s'installer dans la ville pour vénérer leur saint avant de devenir les chefs et les maîtres de la confrérie. Un Mondrian du désert avait créé, en posant des carreaux de salle de bains modernes sur les murs du mausolée, une version plus imposante et plus spontanée du *Broadway boogie-woogie* du peintre abstrait. Une sorte d'Hyderabad boogie-woogie, composé de lignes jaunes, blanches, bleues, rouges, noires échelonnées, qu'il était merveilleux de découvrir car il s'en dégageait une impression de pure joie.

Juste en face, se trouvait l'endroit où l'on distribuait la nourriture, un pavillon d'un étage reposant sur des piliers. Un homme montait la garde devant des pyramides de galettes de pain protégées par un morceau de tissu, pain dont la couleur brune évoquait non seulement le grain complet mais aussi la terre de la vallée de l'Indus. Un autre puisait à la louche dans une grande marmite de fer noir une soupe claire aux lentilles. A gauche, sous le porche de la bâtisse, un troisième distribuait de l'eau ; très conscient de ses responsabilités, un petit garçon tenait le tuyau qui amenait l'eau du robinet au baril.

Razak s'était mis à converser avec un homme en longue tunique bleue qui paraissait jouir d'une certaine autorité. Ce dernier était petit, solidement bâti et avait le crâne rasé ; ses traits rappelaient un peu le faciès d'Asie centrale. Il nous indiqua que le *pir* était sorti et reviendrait d'ici trois heures. Au Pakistan, l'unité d'attente était invariablement estimée à une demi-heure ; « trois heures » signifiait : pas aujourd'hui. N'y avait-il donc personne avec qui parler ? L'homme en bleu nous répondit que nous pouvions voir le secrétaire, le *mounchi*. Il nous demanda nos noms et divers autres détails. Lorsque Razak les lui eut donnés, il nous dit en anglais, avec un accent curieusement plat, nous jaugeant toujours du regard, qu'il nous invitait à être ses hôtes, à passer la nuit ici et à y rester aussi longtemps qu'il nous plairait. Le *pir* serait de retour dans trois heures ; en attendant, nous pourrions rencontrer le *mounchi* ; on nous donnerait à manger ; nous étions ses invités.

Il chargea quelqu'un de nous conduire à l'étage. Nous zigzaguâmes entre les flaques d'eau (dues au tuyau) et l'on nous fit traverser un labyrinthe de petites vérandas rectangulaires avant de nous laisser, à l'étage supérieur, dans une chambre propre qui contenait des couches garnies de coussins et de traversins. Un ventilateur tournait ; une fenêtre était ouverte. L'endroit était frais et merveilleusement reposant. Le son de deux électrophones ou radios amplifiées nous parvenait du dehors ; mais il était étouffé par le bruit du ventilateur ; les chansons – pas des chansons de film, me dit Razak, des chants religieux – se chevauchaient l'une l'autre ; et, dans la fraîcheur de la chambre, elles faisaient un bruit de fond lointain et agréable.

Le *mounchi* ne vint pas. Ni au bout de cinq minutes, ni au bout de dix. Mais un adolescent en costume pakistanais brun nous apporta le repas promis. Il était d'une grande beauté ; il paraissait étonnant qu'il eût choisi la voie du sacrifice et du dévouement. Razak (qui, à vingt-sept ans, commençait déjà à s'empâter) prétendit partager mon inquiétude au sujet de la nourriture ; mais il se jeta dessus presque immédiatement et mangea tout jusqu'à la dernière miette avec une concentration mêlée de volupté. Le *mounchi* n'arrivait toujours pas et, quand le garçon en brun réapparut avec le thé (infusé à la manière des bazars indo-pakistanais, en faisant bouillir ensemble l'eau, le sucre, le thé et le lait : à la fois très sucré, fort et désaltérant), je lui demandai de rester et de me parler de lui.

Ce ne fut pas facile. Non parce qu'il se montrait secret mais parce qu'il ne semblait guère avoir réfléchi sur sa vie. Il avait emmagasiné les expériences sans faire le lien entre elles, et il était nécessaire de lui poser de nombreuses petites questions. Il réagissait d'une façon curieusement passive et prononçait d'un ton doux, les yeux baissés, les paroles que Razak me traduisait.

Cela faisait un an qu'il vivait au sein de cette communauté. Il comptait la quitter dans un an ; il n'était pas question qu'il s'y engageât pour la vie. Mais, puisqu'il souhaitait retrouver du travail, n'aurait-il pas mieux fait de consacrer ce temps à apprendre un métier ou à étudier ? Il me répondit qu'il avait naguère travaillé au raccordement des canalisations pour la compagnie des eaux, qui le payait quatre cent cinquante roupies par mois ; il pouvait toujours reprendre cet emploi.

Il venait de Peshawar, dans la Province Frontière du Nord-Ouest, tout près de l'Afghanistan. Sa famille possédait quarante hectares de terres et un tracteur ; mais il avait six frères et s'était joint au grand exode vers le sud. Il s'était d'abord rendu à Karachi (où l'on estimait à un million le nombre de migrants pathans originaires de la Province Frontière) ; puis il avait choisi Hyderabad. Un ami lui avait parlé de la confrérie et l'avait accompagné jusqu'ici. Dans la maison, il avait rencontré deux hommes venus de son village natal. Aussi était-il revenu deux ou trois fois. Mais il ne parvenait pas à se décider; il ne s'était résolu à rester qu'après avoir rencontré le *pir*.

Ayant emmagasiné les expériences sans faire le lien entre elles, il paraissait ne pas avoir de but. C'était un voyageur. En l'écoutant, on pouvait entrevoir ce qu'avait été la vie errante dans l'Europe du Moyen Age. Cette communauté religieuse en plein désert constituait une halte; elle l'aidait à passer un moment de sa vie. Et, à coup sûr, au Pakistan (sans cesse agité de mouvements migratoires à l'intérieur comme vers l'extérieur du pays), il existait beaucoup de ses pareils, lâchés à la dérive, prenant la vie par étapes, comme elle venait.

Je lui demandai si des étrangers se présentaient parfois à la confrérie et si, en ce cas, ils s'y comportaient curieusement. Il s'anima aussitôt, leva les yeux, pris d'une excitation presque enfantine. Il raconta qu'un jour un Bengali était arrivé et avait séjourné là un mois. Il n'avait pas d'argent, rien. Finalement, un homme en voiture était venu et l'avait emmené à Karachi. A son retour, le Bengali conduisait sa propre automobile.

Était-ce de la chance? Une affaire quelconque?

De toute évidence, la réponse promettait d'être passionnante. Mais je ne la connus jamais car, juste à ce moment, l'homme en bleu – avec son crâne rasé, son ventre musclé, ses épaules carrées et son regard scrutateur – entra dans la chambre. Le jeune homme prit un air inquiet, cessa de parler, et, baissant de nouveau les yeux, desservit les tasses à thé puis sortit.

L'homme en bleu s'installa devant nous, s'asseyant sur ses talons, les genoux reposant sur la natte. Puisque le *mounchi* n'arrivait pas (mais il ne nous en dit rien), il en profitait pour venir nous parler lui-même.

« Que désirez-vous savoir? » demanda-t-il en anglais.

Je fus surpris par la précision de son accent: il s'était amélioré depuis que notre hôte nous avait adressé la parole pour la première fois, dans la cour. Ce brusque progrès traduisait une certaine agressivité, mais il s'agissait d'une agressivité vigilante: elle pouvait s'exacerber ou s'adoucir: il ne savait pas encore à qui il avait affaire. Je lui répondis que, pour le moment, j'ignorais ce que je désirais apprendre. Je serais heureux d'écouter ce qu'il avait à me dire.

« Je vais vous expliquer », commença-t-il en anglais, et les mots se mirent à jaillir. « Il existe plusieurs sortes de croyants. Certains veulent de l'argent, d'autres pensent surtout à leur vie future. Moi, je veux rencontrer Allah. On ne peut y parvenir que par l'intermédiaire d'un médium. Mon *mourchid* est mon médium. Je veux aimer mon *mourchid*. Je veux que mon *mourchid* entre dans mon cœur. Allah est avec mon *mourchid*. Et, quand mon *mourchid* entre dans mon cœur, Allah est avec moi. Cela ne fait pour moi aucun doute. Je ne peux rencontrer Allah que grâce au médium et sous la forme de mon *mourchid*. Grâce au médium et sous sa forme. »

Contrairement à ce que j'avais cru tout d'abord, le *mourchid* n'était pas le *pir*, ou maître de la confrérie. Le *mourchid* était le grand saint, celui dont nous avions été voir la tombe.

L'homme en bleu eut recours à une analogie d'ordre politique. « Le Quaïd-I-Azam (Ali Jinnah) a fondé le Pakistan. » Il symbolisait le *mourchid*. « Mais, aujourd'hui, nous obéissons au président Zia Ul Haq. » Le président symbolisait le *pir*. Notre interlocuteur désigna Razak. « Vous obéissez à Zia Ul Haq. » Puis il se tourna vers moi. « Vous obéissez à Zia Ul Haq. J'obéis à Zia Ul Haq. » je commençais à déceler une note presque incantatoire dans son discours.

« Ce n'est pas moi qui ai fait preuve d'hospitalité à votre égard, reprit-il. C'est mon *mourchid*. Je ne vous connais pas. Vous ne me connaissez pas. Mais je vous sers du mieux que je peux parce que j'aime mon *mourchid*. Je veux que mon *mourchid* entre dans mon cœur. »

Une centaine de dévots vivaient dans cette communauté. Ils nourrissaient de huit cents à mille personnes tous les jours ; ils dirigeaient aussi un dispensaire (installé dans une pièce, en bas, près de l'endroit où, tout à l'heure, un homme distribuait de l'eau fraîche). Mais d'où tiraient-ils leurs ressources ?

L'homme en bleu affirma que le précédent *pir* était un saint. « Il se vouait tout entier à Allah. Il jeûnait tout au long du jour et priait toute la nuit. Croyez-moi. Ce n'est pas facile de garder ses mains comme cela. » Il joignit ses paumes ouvertes, à la façon dont prient les musulmans, semblant lire dans leurs mains comme dans un livre. Puis il se leva, et mimant, les paumes ouvertes, l'attitude de la prière, il répéta : « Tout entier voué à Allah. Jeûnant toute la journée, priant toute la nuit. Essayez donc de garder vos mains comme cela, ne serait-ce que pendant dix minutes. » Il se rassit sur ses talons. « Il a fait des miracles. Il est resté cinquante ans sans manger. Il est resté trois ans sans rien boire. Les gens lui ont dit que s'abstenir de boire de l'eau n'était pas bon pour lui et il a décidé de ne plus s'en priver. »

Mais avec quel argent finançaient-ils la communauté ?

« C'est ce que je suis en train de vous expliquer, répondit l'homme en bleu. Ce sont tous ces sacrifices qui ont permis à cet endroit d'exister. Aujourd'hui, notre *mourchid* a de nombreux *mourids*, des fidèles, dans le monde entier. Ils viennent ici par *lacks* [1]. Ils donnent une roupie, cinq roupies, dix roupies. Et nous faisons un peu de commerce. Ce n'est pas moi qui vous ai invité. C'est mon *mourchid*. Il y a plusieurs sortes de croyants. Je veux rencontrer Allah. Et l'important est que je ne peux y parvenir que grâce à mon médium et sous la forme de mon *mourchid*. Vous comprenez ? »

1. *Lack* : mot issu du sanscrit signifiant cent mille, notamment lorsqu'il s'agit de roupies *(N.d.T.)*.

Je lui demandai ce qu'il éprouvait exactement quand il caressait la pierre qui pendait au-dessus du tombeau du *mourchid.* A ma grande surprise, il ne parut pas saisir de quoi je parlais. Quand je lui eus reposé ma question, il me répondit que la communauté l'accaparait trop.

Le jeune homme en tunique brune réapparut dans l'embrasure de la porte, une expression d'ardeur sur le visage, mais, quand il s'aperçut que l'homme en bleu était toujours accroupi près de nous, il fit demi-tour et s'éloigna, pieds nus, silencieux. Cette histoire du Bengali et de la voiture m'intriguait ; elle commença à m'obséder franchement alors que l'homme en bleu, une fois de plus, se répétait, combinant inlassablement des bouts de phrases qu'il avait déjà prononcés.

Il me raconta un autre miracle dû à l'ancien *pir*. On déplorait la mort d'un *faqir*, l'un des ascètes de la communauté. On en informa le *pir*. Il se rendit dans la chambre où reposait le corps. A son entrée dans la pièce, le cadavre leva la main droite, pour lui adresser le salut musulman. Le *pir* se mit en colère. Il piqua la dépouille de son bâton en disant : « Il faut que tu apprennes à mieux contrôler ton corps. Tu dois savoir qu'il ne sied pas à un mort de me saluer. »

Je demandai à notre hôte s'il ne pouvait pas dire au garçon de m'apporter d'autre thé. Je réitérai ma prière à plusieurs reprises. Mais nous n'aurions plus l'occasion de revoir seul le jeune homme. Nous prendrions du thé plus tard, décréta l'homme en bleu ; nous irions d'abord voir les cuisines, puis, bien sûr, les tombes des anciens *pirs*. Il n'avait plus l'intention de nous laisser ; je commençai à comprendre que c'était sa façon à lui de nous éconduire.

Je tentai de le faire parler de lui, mais cela s'avéra aussi difficile qu'avec l'adolescent. Il racontait les événements de façon décousue ; ils ne semblaient pas s'agencer dans son esprit ; il savait simplement où il se trouvait, maintenant. Lui aussi faisait partie de ces migrants qui menaient au Pakistan une vie semi-médiévale. Malgré son faciès tartare (accentué par le crâne rasé), il était, comme le jeune homme, originaire de la Province Frontière du Nord-Ouest. Il avait suivi des cours dans un collège agricole, mais n'avait pas passé les examens. Pendant quelques années, il avait fait de petits travaux. Puis il était arrivé au centre. Il y rencontra l'actuel *pir* et décida aussitôt de rester. Il n'eut pas à en demander la permission ; il resta, un point c'est tout (et Razak me précisa qu'il était maintenant le « bras droit » du *pir*). Son père était fermier dans la Province Frontière. Combien d'hectares ? Sept. De la bonne terre ? Excellente. Des frères ? Aucun. Qui allait reprendre l'exploitation, lorsque son père mourrait ? Il crut que je lui avais demandé si l'on avait besoin de lui à la ferme et me répondit qu'on pouvait louer de la main-d'œuvre et des machines. Qu'adviendrait-il des sept hectares quand il en aurait hérité ? Il ne savait pas ; il avait renoncé à cet aspect-là de la vie.

Nous descendîmes visiter les cuisines. Le repas de midi était terminé mais on préparait déjà le suivant. Nous dûmes ôter nos chaussures pour marcher, dans une couche épaisse et irritante de poussière, du bâtiment principal jusqu'aux dépendances de la cuisine. Là, on faisait bouillir du thé dans des grands pots de cuivre ; et, là, au milieu des tas de bois, traînait l'adolescent en tunique brune ; il garda ses distances.

Dans un hangar, face au fournil, un homme était penché au-dessus d'un haut pétrin de marbre, et travaillait une pâte brunâtre en y enfonçant les bras jusqu'aux coudes ; près de lui, la pâte qui levait sur une plaque de marbre attirait les mouches. Un autre homme préparait la soupe aux lentilles ; dans le fournil, un troisième s'occupait du feu. Tous avaient le crâne rasé ; leurs yeux brillaient ; leurs joues étaient pleines. Ils se montrèrent amicaux, heureux d'être observés ; c'était à eux que l'on devait la nourriture et l'abondance ; ils savaient qu'ils servaient Dieu et les indigents. Dans le nord de l'Inde, les peintres avaient souvent représenté de telles scènes : il me semblait connaître jusqu'aux visages de ces hommes.

Guidés par l'homme en bleu, nous touchâmes l'une après l'autre les tombes de tous les *pirs* qui avaient été enterrés ici, dans le *koli.* Puis nous nous installâmes sur le carrelage de la cour surchauffée qu'égayaient les lignes échelonnées multicolores du Hyderabad boogie-woogie. Timidement, l'adolescent en tunique brune nous apporta du thé. Il ne se retira pas. Nous arrivions au terme de notre visite. Je lui posai franchement la question à propos du Bengali.

« Il est allé à Karachi et il est revenu. Je vous l'ai déjà dit.

— Le Bengali ? s'enquit l'homme en bleu. Nous recevons des gens du monde entier, ici. Je ne vous connais pas. Vous ne me connaissez pas. Mais je suis à votre service... » Et, assis sur un rebord de carreaux blancs, il s'interrompit brusquement, comme agacé par la chaleur de l'après-midi, la poussière, le désert, la vie, l'ennui.

Dans la voiture, tandis que nous redescendions l'allée du bazar au sol boueux et noirâtre, entre les boutiques d'alimentation, Razak me dit : « Vous vous souvenez, quand il a parlé des ressources de la communauté ? Il a dit qu'il faisait du com-merce. Dans le *koli*, il ne devrait pas faire du com-merce. » Razak s'exprimait en bon musulman.

Nous reprîmes la route qui passait entre le fleuve et les contreforts rocheux : des couches régulières de roche plissées puis soudain rompues par le jaillissement cataclysmique des eaux, la roche se découvrant par étages, évoquant ainsi en certains endroits les gradins d'un vaste amphithéâtre de pierre fortement incliné.

Nous fîmes un arrêt face à l'une de ces brèches. Razak avait été revigoré par son déjeuner. Et une bouteille d'une version locale du Seven-Up, le Bubble-Up (le seul fait d'entendre prononcer ce nom était un plaisir) l'avait empli d'entrain et rendu indifférent à la forte chaleur.

Plus nous avancions vers elle, plus la montagne grandissait. Bientôt, son ombre nous protégea de la chaleur. L'endroit était imposant. Mais, expression de la crainte qu'inspirait ce lieu, les temples hindous, de petits édifices au toit pyramidal assez récents, datant simplement d'avant 1947, avaient été détruits, vidés, purifiés puis couverts d'inscriptions en ourdou : l'ennemi avait été définitivement exorcisé. C'était un site célèbre : du raz de marée initial qui avait éventré la montagne, et du second, moins violent, qui avait, plus tard, dénudé les strates, creusant dans la roche des cavités et des cavernes aux formes douces, il ne restait qu'une source salée, connue pour ses propriétés curatives : bleu-vert au pied de la brèche montagneuse, le petit ruisseau continuait d'éroder les roches qu'il franchissait, y déposant un limon blanc. Son lit ne recelait pas que de banals cailloux ; on y trouvait aussi des fossiles marins.

Razak avait un œil de naturaliste. Il se baissa et ramassa des pierres sur lesquelles je distinguai l'empreinte de coquillages ; il plaça dans ma main une moule entièrement fossilisée et un petit coquillage en forme de conque. L'Islam, les bouddhistes, les hindous, les Aryens, les pré-Aryens ; la vallée de l'Indus avait accueilli une civilisation avant même qu'apparaissent les bâtisseurs des anciennes cités de Mohenjodaro et d'Harappa. Mais ce qui étonnait le plus, ce qui emportait véritablement l'imagination, c'était l'idée qu'autrefois toutes ces terres avaient été englouties sous les eaux. Et la maigre source salée, jaillissant de la roche brûlante, témoignait que la mer avait jadis envahi cette contrée aujourd'hui si éloignée de son rivage, si écrasée de lumière et de chaleur, si assoiffée d'eau.

De nouveaux ennuis nous attendaient au gîte d'étape d'Hyderabad. On m'avait retenu une chambre pour la nuit précédente ; mais pas pour celle-ci. L'établissement était vide ; personne n'avait réservé. Mais Razak dut passer une heure entière au téléphone, étant renvoyé de fonctionnaire en fonctionnaire, avant d'obtenir gain de cause.

Le lendemain matin, nous n'eûmes pas à aller très loin. Dans Hyderabad même, à l'intérieur d'une des enceintes fortifiées élevées en terre par les derniers émirs musulmans ou princes du Sind, se trouvait un mausolée auprès duquel se rendaient les malades mentaux, pour y être guéris.

On y parvenait grâce à un escalier de marbre. Au bas des marches, mendiaient, pathétiques, de petites femmes rabougries, l'une d'elles portant un petit garçonnet, un peu plus haut, un homme chantait en jouant du tambour. Au sommet de l'escalier se dressaient deux petits édifices séparés par une étroite allée dallée. Dans celui de gauche, le saint avait médité ; dans celui de droite, reposait sa dépouille. Des grilles entouraient la tombe, et le gardien du mausolée, petit homme replet et avenant, était assis sur le sol carrelé, entre les piliers du porche, au milieu d'un essaim de mouches familières. A ceux qui venaient recouvrer la santé, il devait apparaître comme apparaît un marchand de bonbons à des enfants : celui qui avait tout ce qu'on peut désirer. Il s'entretenait avec un dément aux yeux injectés de sang et, pendant ce dialogue, tous deux semblaient aussi troquer ou échanger un genre de haricots.

Une ou deux personnes montèrent jusqu'au mausolée, arpentant avec lenteur l'allée qui séparait les deux édifices pour bénéficier des émanations des deux lieux sacrés à la fois. Elles promenaient leurs mains sur les grilles de fer argentées puis appuyaient leur tête sur le métal.

Derrière, deux jeunes filles voilées se tenaient face au tombeau. Elles n'étaient pas malades ; pour elles, le mausolée constituait simplement un lieu de rendez-vous, où elles pouvaient tranquillement rire et bavarder. Mais il y avait aussi là un jeune homme réellement possédé par un djinn, un esprit ; brun, physiquement ravagé, il avait à demi perdu la raison. Le gardien du mausolée se leva pour aller s'occuper de lui. Les mouches s'élevèrent de quelques centimètres, puis se reposèrent.

Nous entendîmes le gardien hurler : « *Viens donc !* » Le djinn à l'intérieur du malheureux se mit à hurler, torturé par les émanations sacrées. Mais le gardien, en homme qui ne semblait pas décidé à se laisser faire par un djinn, quel qu'il fût, continua d'entraîner le malade, tout en couvrant le démon d'imprécations ; le possédé essayait de résister. Malgré sa détresse, il savait ce qu'on attendait de lui. Et il subsistait encore en cet homme extrêmement malade un peu d'orgueil. Il était conscient que la gravité de son cas avait exigé qu'on l'amenât au mausolée ; il se retourna pour nous regarder, Razak et moi, son seul public, et s'assurer que nous nous rendions bien compte de la puissance du djinn qui le possédait, de la façon dont il hurlait et refusait de s'approcher de l'émanation du saint. Mais le possédé dut quand même avancer dans l'allée qui séparait les deux édifices ; il lui faudrait rester là jusqu'à ce qu'on le déclarât guéri. « *Assieds-toi là ! Tu m'entends !* » ordonna le gardien. Après une brève résistance, le djinn se calma et le gardien, reprenant son air jovial, revint à ses haricots et à ses mouches, qui se soulevèrent d'une quinzaine de centimètres pour l'accueillir puis se posèrent à nouveau.

Survint un Africain – on les appelait communément *sidi*, ce qui n'avait rien d'offensant. Ses cheveux étaient soigneusement arrangés ; il ne paraissait pas en mauvaise santé. Il s'assit près de la fenêtre grillagée de la cellule de méditation, à côté du possédé, maintenant devenu pacifique et même absent. Au bout d'un court instant, son visage s'altéra ; ses yeux s'enflammèrent, ses joues se creusèrent, son mal se manifesta. Une petite femme s'approcha, portant un enfant sur sa hanche. Elle en attendait déjà un autre. Puis je m'aperçus qu'elle-même sortait à peine de l'enfance, douze ou treize ans peut-être, mais que l'idée d'être déjà assez grande pour éprouver des besoins d'adulte l'excitait. Tout le monde jouait la comédie (quoique l'homme possédé par le djinn, après son sursaut de cabotinage, parût maintenant un peu trop lointain); chacun savait son rôle. Mais jouait-on encore lorsque le monde entier, ou, du moins, le monde que l'on connaissait, faisait partie de la pièce?

Ce fut ce que Razak – très impressionné par le djinn – s'efforça d'exprimer en anglais. Il avait déjà vu deux ou trois personnes sous l'emprise de djinns, me raconta-t-il. Mais il était certain que, dans des pays différents, des civilisations différentes, les gens croyaient en d'autres choses, les maladies mentales affectaient des formes particulières, et qu'on les soignait différemment.

Refaire en sens inverse le chemin de Karachi, retraverser le désert, l'Indus millénaire, c'était remonter, un à un, les paliers du développement, franchir génération après génération. Il était facile de comprendre pourquoi la grande cité – sans même songer aux attraits particuliers de l'Intercontinental – attirait les gens hors de leur village et les entraînait dans une vie d'errance.

Aux approches de Karachi, nous roulâmes pendant quelque temps derrière une camionnette découverte qui transportait les têtes fraîchement coupées de bœufs abattus selon les règles, écorchées et luisant sous le soleil mais encore pourvues de leurs cornes.

J'étais heureux qu'Ahmad m'ait envoyé visiter l'intérieur du Sind. J'avais beaucoup à lui raconter. Mais, en arrivant à Karachi, j'appris que c'était Ahmad lui-même qui avait annulé ma première réservation au gîte d'étape – aucun ministre ne s'était rendu ce jour-là à Hyderabad. Entre le moment où il m'avait mis dans la voiture et celui où nous étions parvenus à Hyderabad, il s'était produit quelque chose qui l'avait fait changer d'attitude à mon égard.

Il ne savait rien de moi lorsque nous nous étions rencontrés. Il avait répondu à mon appel simplement, d'homme à homme; j'y avais été sensible et ne m'en étais pas caché. Mais peut-être lui avait-on dit que je n'étais pas ce que je prétendais être. Il se montra froid, au téléphone; deux fois, il négligea de venir au rendez-vous que nous avions fixé. Je n'eus donc pas la possibilité de m'entretenir avec lui du centre soufite. Je ne pus discuter avec lui la question de savoir si le mélange des deux types de religions – celle de la révélation et des lois et celle de l'ascétisme et de la méditation infinie – n'amoindrissait pas les deux. Il ne me fut pas donné non plus d'en apprendre davantage sur les « coopératives » de sa jeunesse ou sur sa conception de la pureté des femmes sans menstruations, au paradis. De même que pour l'histoire du Bengali parti sans le sou pour Karachi et revenu avec une voiture, il me fallait me contenter de ce que je savais.

J'avais de l'affection pour Ahmad. Son changement d'attitude me peina et me rendit impatient de quitter Karachi.

6

Le désordre de la loi

AU PALAIS de justice de Karachi – juste derrière le bazar central – on conduisait dans la cour les prisonniers, généralement attachés par deux, et portant aux poignets des chaînes dont l'extrémité libre était tenue par un policier en uniforme kaki. La scène se déroulait dans la bonne humeur, et, dans le brouhaha de la cour, qui rappelait celui du bazar, personne n'y prêtait la moindre attention. Les prisonniers bavardaient avec leurs gardiens et, parfois, s'arrêtaient devant les marchands de *pan* [1] pour acheter des noix d'arec à mâcher. Dans l'ensemble, les visages différaient peu de ceux de la rue ; cependant, je remarquai un homme au regard fou et deux pauvres hères aux pieds nus, enchaînés l'un à l'autre, des frères peut-être, qui paraissaient débiles mentaux. Il n'y avait pas assez de chaînes pour tout le monde. Menés au bout de cordes attachées à leurs bras, certains prisonniers faisaient un peu penser à des singes savants ; mais les choses se passaient tout aussi bien.

Sur une terrasse abritée par des auvents, les notaires et les officiers ministériels attendaient le client derrière de petites tables où étaient posés des presse-papiers de verre et de petits livres jaunis. Dans une baraque, on vendait des timbres et des formulaires de toutes sortes. Dehors, sur le trottoir, se tenaient les greffiers, tapant sur de vieilles machines à écrire (parfois si vieilles qu'elles en étaient rouillées) et remplissant des formulaires tamponnés. Et il y avait les écrivains publics (« Très estimé Monsieur » – je brûlai de m'arrêter et d'en lire davantage mais, déjà, j'avais saisi le regard dissuasif et jalousement professionnel de l'écrivain).

Un peu plus loin, au coin de la rue principale, se trouvaient les guérisseurs et leurs étranges marchandises. Je crus tout d'abord que les lézards entassés étaient morts ou empaillés, ou même formaient une

1. Bétel. *(N.d.T.)*

sorte de sculpture. Mais, soudain, l'un des lézards (ou un iguane) bougea, et tous se mirent à remuer ; et il y en avait onze, attachés à une grosse pierre, retenus par le bout épais de leur queue ou emprisonnés au niveau de l'abdomen, juste au-dessus des pattes postérieures, qui tous se débattaient maintenant sur le trottoir brûlant pour se libérer. Ce fut Nusrat qui, plus tard, m'apprit à quoi étaient destinés les lézards : à redonner la virilité. Le reptile acheté, il fallait le tuer et en manger une certaine partie.

Je me rendis deux fois au palais de justice. Tout d'abord, j'y allai seul et ne vis que la scène de la cour. La seconde fois, Nusrat m'accompagnait. Nusrat était journaliste au *Morning News*. C'était un homme d'une trentaine d'années, courtaud, au visage plein, qui portait de grosses lunettes rondes et une épaisse moustache tombante. Il débordait d'une immense énergie. Il consacrait à son journal bien plus de temps que ne l'eussent exigé ses horaires. Cela l'aidait à oublier ses inquiétudes au sujet de sa femme, qui ne se portait pas bien, et les angoisses que ce qu'il considérait comme ses défaillances religieuses lui inspirait.

Une partie de sa famille était originaire du Pendjab et l'autre de Madras, si bien qu'il était à demi Pakistanais et à demi *mohajir*, soit musulman indien ; presque installé dans la vie, il craignait cependant de ne point s'acquitter assez de ses devoirs de Pakistanais et de musulman. L'une des premières phrases qu'à sa façon enjouée et désinvolte il m'adressa, fut pour me dire qu'il n'avait pas grand-chose d'un musulman. Il m'avait déclaré cela en manière d'excuses : presque aussitôt, il ajouta que ses deux principales préoccupations étaient l'islam et la vie future.

Et, au sein du brouhaha du palais de justice, parmi toutes les chambres que Nusrat me fit traverser, un seul magistrat siégeait. Dans la petite pièce, de l'autre côté de la barre du tribunal, se tenaient deux ou trois spectateurs ou, peut-être, simplement, des gens qui attendaient. L'atmosphère était détendue ; et la gravité qui émanait de l'homme au visage défait qui se trouvait dans le box des accusés (il portait une chemise bleue et des pantalons bouffants pakistanais) paraissait légèrement incongrue ; il donnait l'impression de prendre son rôle bien trop au sérieux. Il n'était pas facile de comprendre ce qui se passait. A Karachi, les gens parlaient très fort ; mais, dans cette petite pièce, ils murmuraient et le vacarme environnant m'empêcha de me rendre compte immédiatement qu'ils s'exprimaient en anglais. Il me fallut plus de temps encore pour saisir qu'il s'agissait d'un cas de vol, qu'au bout d'un an la police n'avait toujours pas réussi à produire de témoins et que l'affaire n'était venue devant le juge que pour être ajournée une fois de plus.

Tandis que le procès se déroulait, un procureur de la cour fédérale, connu de Nusrat, me fit un petit exposé concernant la procédure. Il se montra désireux que je reste pour le voir prononcer son réquisitoire contre un instituteur au service de l'État qui – impatient d'émigrer – avait donné de fausses informations en déposant sa demande de passeport. En tant que fonctionnaire, il aurait dû être en possession d'un CNO – « certificat de non-objection »; mais le malheureux, désespérant sans doute d'obtenir un tel certificat, avait dissimulé le fait qu'il était fonctionnaire. Le procureur nous assura que l'affaire allait passer en jugement dans dix minutes. L'unité d'attente était d'une demi-heure au Pakistan, dix minutes signifiaient un long moment. Nusrat et moi poursuivâmes notre chemin (et, effectivement, lorsqu'un peu plus tard nous revînmes jeter un coup d'œil, on instruisait un autre cas et notre procureur attendait toujours).

Sous la véranda, nous aperçûmes quatre garçons enchaînés qui patientaient sur un banc sans manifester la moindre inquiétude et semblaient tout disposés à raconter leur aventure. Ils travaillaient dans un hôtel et avaient été accusés de vol. Ils dirent que la police leur avait donné une « bonne » raclée. Mais ils riaient et le gardien qui tenait l'extrémité de la chaîne souriait, lui aussi, en secouant la tête. A côté d'eux se trouvaient deux hommes accusés d'avoir poignardé quelqu'un; ils avaient le regard fourbe. Le jeune homme, originaire du nord du pays, qui s'approcha alors à tout petits pas, se situait à un autre niveau dans l'échelle du crime et de la vanité. Outre les chaînes qui enserraient ses poignets, il avait les jambes entravées par des fers; et deux policiers armés l'encadraient. Ses joues pâles étaient couvertes de boutons; ses yeux étroits en forme d'amandes me parurent effrayants. Ce gibier de potence, véritable truand égaré parmi les petits délinquants, était conscient de l'émoi qu'il suscitait et avait revêtu pour l'occasion ses habits de chef : un costume pakistanais bleu pâle fraîchement repassé et un turban rouge surmonté d'une grande aigrette. Il n'était pas question de l'arrêter pour discuter un peu avec lui.

Nusrat aperçut un homme que l'on menait par une corde et s'agita soudain. « Vous voyez, ils n'ont pas assez de chaînes. Ils se servent de cordes. Il faut que je fasse un article à ce sujet. Il y a eu beaucoup d'évasions au palais de justice. Peut-être ont-ils commandé des chaînes à l'étranger et ne sont-elles pas encore arrivées. Peut-être les réservent-ils pour les prisonniers politiques. »

Dans une pièce où ne siégeait aucun magistrat, grande comme une petite salle de classe, une femme au visage découvert était assise en compagnie d'un garçonnet très maigre. Elle avait un petit visage rond et pâle et la peau rêche; ni elle ni son fils ne mangeaient à leur faim. Elle avait acheté une propriété pour quatre mille roupies, soit quatre cents dollars; mais des problèmes avaient surgi. Elle gardait ses documents dans une poche de plastique et, parmi eux, qui avait été tant de fois manipulé, le précieux reçu des quatre mille roupies. Cela faisait trois jours de suite qu'elle venait au tribunal et, aujourd'hui encore, il n'y avait pas de magistrat. Elle habitait à une vingtaine de kilomètres de Karachi. Elle nous raconta que son mari était mort, d'une crise d'asthme. Mais Nusrat ne la crut pas. Il pensait qu'elle était divorcée : il eût été trop humiliant pour elle d'avouer qu'elle était seule, rejetée.

Et, sous la véranda, tout près de là, de nouvelles affaires de meurtre. Un homme replet, moustachu, originaire de Swat, dans l'extrême nord du pays : on l'avait arrêté deux jours auparavant. Il avait un bon visage franc et paraissait décontracté, même avec les poignets entravés. Il expliqua qu'il ne craignait rien, parce qu'il n'avait rien fait. La police avait trouvé une arme sur lui ; mais la victime était réputée pour son mauvais caractère et de nombreuses personnes de la région auraient eu des raisons de la tuer.

Un important groupe de *sidis*, ces hommes de souche africaine, était venu soutenir l'un des leurs, accusé de meurtre (il y avait tant de *sidis*, ici, les plus noirs d'entre eux travaillant sur le port de Karachi, et les autres, plus métissés, venant de la côte de Makran, dans le Baloutchistan ; et tant de gens oisifs traînaient dans la cour et sous les vérandas des tribunaux...). On accusait le *sidi* du meurtre d'un musulman et, d'après ses amis, il s'agissait d'un meurtre justifié : la victime avait séduit une jeune fille.

Puis venait, enchaîné, un jeune Pathan de la Province Frontière, que l'attrait de la capitale avait arraché à son village et qui, ensuite, comme nombre de Pakistanais, s'était laissé happer par une vie d'errance. Mais cette nouvelle existence ne lui avait pas porté bonheur. Ses pieds nus étaient tout noirs. Il n'avait pas changé de vêtements depuis des semaines ; le col de sa chemise à longs pans était sale et comme maculé par de la graisse de moteur. Un avocat parlant anglais, homme qui ne manquait pas d'allure, m'expliqua l'affaire. Le garçon était accusé d'avoir enfreint le règlement des chemins de fer. En fait, c'était la façon risquée dont le jeune homme grappillait parfois quelques roupies qui constituait le délit. Il sautait dans un train en marche, se précipitait plus ou moins brutalement sur une place assise puis proposait de la céder pour une vingtaine de roupies. Le coup était classique. Le policier qui tenait la chaîne de l'inculpé sourit ; l'avocat qui racontait l'histoire sourit ; le seul qui n'eut pas l'air de trouver cela drôle était l'intéressé lui-même.

Il y avait un bureau où tout était consigné, pièce qui faisait office d'entrepôt contenant des archives, une multitude de casiers où l'on conservait des ballots enveloppés de chiffons rouges, jaunes ou blancs, des étagères et des étagères chargées de registres poussiéreux et écornés. Derrière une table, au milieu de ce capharnaüm, se tenait un vieillard à barbe blanche coiffé d'une calotte noire. L'histoire qu'il allait nous raconter était celle d'un homme voué tout entier à la justice et ayant mené une vie de bureaucrate exemplaire. Il était arrivé à Karachi à l'époque de la partition du sous-continent, en 1947, et avait passé trente-deux ans dans les tribunaux. Il venait de Jaipur, en Inde, où il avait déjà travaillé dans les cours de justice pendant trois ans. En 1947, il n'existait que six chambres de tribunal à Karachi ; désormais, il y en avait quarante. Il avait gravi un à un les échelons de la hiérarchie ; il avait fini par devenir le premier greffier de la plus importante cour de la ville. En tant que greffier, il s'asseyait au côté du juge ; il notait tout ce qui se disait. Prendre des notes, enregistrer, avait toujours été sa passion.

Finalement, il avait été transféré au greffe, cette pièce pleine de ballots, de registres et de documents. Malgré le fouillis apparent, tout était parfaitement organisé. Il pouvait trouver n'importe quoi en un quart d'heure. Il n'avait besoin de connaître que la date du jugement et celle de l'enregistrement ; la date d'enregistrement correspondait au moment où le dossier avait été déposé au greffe. Et si l'on ignorait cette date ? Alors, répondit l'homme, les choses se compliquaient. Moi, j'imaginais que la tâche devenait impossible. Il me fit la démonstration de sa méthode, choisissant une date de jugement et une date d'enregistrement, ouvrant l'un de ses registres dépenaillés, puis se reportant à un autre, en plus mauvais état encore, pour enfin – calotte noire, barbe blanche, l'index paraissant battre la mesure – suivre une série de casiers et finir par en exhumer un ballot, qu'il s'empressa d'épousseter. Je le félicitai. Il me déclara qu'il était parvenu à une telle organisation par la grâce de Dieu ; tout était l'œuvre d'Allah.

« Souhaiteriez-vous qu'on applique les lois islamiques ? demanda Nusrat.

– Certainement, répondit le vieil homme en se rasseyant derrière son bureau. Ce serait préférable. » Il y avait trop de mauvaises gens, à Karachi ; il fallait les châtier de façon plus expéditive. La plupart de ceux qui traînaient dans la cour étaient des témoins professionnels, apparaissant et réapparaissant au fil des cas ; même lui, accaparé par ses registres, reclus dans son greffe, avait fini, avec les années, par en reconnaître plus d'un.

Et quel effet cela lui faisait-il de travailler au milieu de ces scélérats ? La question ne prêtait pas à conséquence, mais il se méprit sur son sens ; il me répondit sèchement qu'il ne s'était jamais laissé acheter. Il comptait prendre sa retraite dans trois ans. Il n'avait pas de projets. Il s'en remettait à Allah pour ces dernières années, comme il l'avait toujours fait.

« Et vos enfants ? m'enquis-je.

– Ne m'en parlez pas, monsieur. »

Et il s'avérait maintenant que cet homme ayant mené une vie professionnelle si riche, si réussie, dans les tribunaux de Karachi – vie pour laquelle il remerciait Dieu – avait été cruellement frappé par le destin. Quatre de ses sept enfants souffraient de décalcification. Il employa le terme anglais. Leurs os s'effritaient. Deux étaient déjà morts. L'une de ses filles, paralysée, n'était plus qu'une charge pour la maison. Levant les bras et les croisant comme si, lui aussi, avait les poignets entravés, il nous mima la position des jambes de sa fille. Si une mouche se posait sur le visage de la malheureuse, elle ne pouvait même pas l'en chasser ; il fallait que quelqu'un le fît pour elle.

Cependant, il espérait encore que sa fille pourrait suivre un traitement médical aux États-Unis. Il avait écrit des lettres ; il avait reçu une réponse. Et, visiblement, ce maniaque du classement gardait le dossier à portée de la main, sur son bureau : des lettres manuscrites en ourdou et une autre, tapée en anglais. Les États-Unis ! Le monde du savoir placé au-dessus du monde de la foi : même là, il en allait ainsi.

Près de la balustrade de la véranda, deux paysannes étaient assises sur un banc, une jeune femme et sa vieille mère. Cette dernière, haute d'à peine un mètre trente, était sèche, toute ridée et ses lèvres disparaissaient sous une couche épaisse de pâte pourpre à la feuille de bétel ; son *orhni* de mousseline, qui couvrait ses cheveux et sa poitrine plate, en était tout maculé. Elle ne parlait pas, elle glapissait ; et sa fille – au visage prématurément vieilli, usé par le soleil, le travail et la malnutrition – rivalisait de hurlements avec elle. Avec une patience toute féminine, elles attendaient que quelqu'un leur accordât un peu d'attention. C'étaient des plaignantes et elles en étaient venues à aimer l'atmosphère du palais ; l'enceinte du tribunal était leur mur des lamentations.

Elles avaient des ennuis avec un locataire. Il refusait de quitter les lieux. Elles avaient eu toutes sortes de problèmes jusqu'à ce que les militaires s'en chargent et fassent respecter la loi. Alors, tout était rentré dans l'ordre, maintenant ? Elles avaient repris possession de leur logement ? Oui. Mais le locataire n'avait pas payé le loyer. Cinquante roupies par mois pendant cinq ans. Cinq ans ? L'avaient-elles laissé occuper les lieux gratis pendant cinq ans ?

La fille me montra les papiers. Il y avait une lettre en anglais, rédigée par un écrivain public. Cette lettre (qui me tomba sous les yeux) disait que le mari de la jeune femme désirait divorcer et qu'en conséquence cette dernière vivait dans la terreur constante d'être assassinée par son époux. Elle était allée faire cette déclaration au poste de police local. Elle habitait maintenant avec sa mère. Il ne lui restait que « trois vêtements ». Son mari, qui voulait la supprimer, avait emporté tout le reste, y compris sa *bourqua,* son voile.

Mais qu'est-ce que tout ceci avait à voir avec le locataire et le loyer impayé ?

Elles hurlèrent à qui mieux mieux que, pour elles, cela signifiait qu'elles n'avaient plus d'homme, plus de protecteur. Cela signifiait que ce loyer représentait désormais pour elles leur seule ressource.

Le bail de cette propriété leur causait aussi des ennuis. Elles avaient versé trois mille roupies à quelqu'un pour qu'il régularisât la situation. Mais l'homme avait pris l'argent et n'avait rien fait. Alors, elles avaient donné à quelqu'un d'autre huit cents roupies pour récupérer les trois mille perdues, mais celui-ci non plus n'avait rien fait.

Elles braillèrent et se lamentèrent ainsi sous la véranda du palais de justice, la vieille femme crachant l'épaisse pâte de bétel, jusqu'à ce que retentisse l'*azan*, l'appel du muezzin à la prière de la mi-journée. Le gouvernement avait décrété que les administrations cesseraient le travail à l'heure des prières. Et, dans ce tribunal où, déjà, ce matin-là, l'activité semblait des plus réduites, l'*azan* paraissait moins un appel à la prière qu'un signal permettant à ceux qui ne faisaient pas grand-chose de ne plus rien faire du tout.

« Donnez-moi votre avis, me demanda Nusrat au déjeuner. Dois-je rester ici ou bien partir pour l'Occident ?

– Que feriez-vous, là-bas ?

– Je passerai un diplôme de techniques de la communication en Amérique.

– Et ensuite ?

– Je n'ai pas l'intention d'enseigner. Je préférerais voyager, écrire. C'est cela, voyager et écrire.

– Sur quoi écririez-vous ?

– Oh ! diverses choses. Après, je trouverai un emploi dans une organisation internationale comme spécialiste des média du tiers monde.

– Et que comptez-vous faire, si vous restez ici ?

– Je me lancerai dans la publicité.

– A votre place, je resterais ici et je travaillerais dans la publicité.

– Mais c'est tellement malhonnête.

– Est-ce vraiment pire que ce que vous faites en ce moment ?

– Cela ne me plairait pas.

– Combien gagneriez-vous dans une agence de publicité ?

– Quatre mille roupies. » Quatre cents dollars. « Au journal, j'en touche deux mille. Mais je n'aimerais pas ça. Peut-être n'estimez-vous pas beaucoup le *Morning News*, mais, au moins, j'ai ma liberté. Je ne serais pas doué pour les relations publiques. Pensez-vous que quelqu'un comme moi pourrait se spécialiser dans les média du tiers monde ? Croyez-vous qu'il intéresserait les Américains et les Canadiens de venir étudier sur place les média du tiers monde ?

– Oui. Ils savent comment il faut diriger un journal. Mais vous ne seriez pas capables de nous apprendre grand-chose.

– Pourquoi dites-vous cela ?

– Vous m'avez affirmé vous-même que les deux choses qui vous préoccupaient le plus étaient l'islam et la vie future.

– Comme vous nous rabaissez. »

Un instant – mes raisons d'être irrité s'accumulant : la virulence de son journal en matière politique, son désir de vouloir rester fidèle à l'islam tout en exploitant la tolérance et les possibilités de l'autre civilisation – un instant je m'étais laissé aller à une certaine agressivité vis-à-vis de lui. Je me sentis coupable.

Sa protestation n'en était pas véritablement une. Il croyait en l'idéal islamique ; mais il sentait que le Pakistan n'était pas à la hauteur de cet idéal et méritait la nuance de mépris qu'il avait lue dans mes paroles. L'idéal islamique était le thème d'un livre paru en 1951 dont il venait de me faire présent, *Le Pakistan, État islamique*. Il m'assura que cela m'aiderait à comprendre son pays. La lecture de cet ouvrage me montra que, trente ans plus tôt, de même qu'aujourd'hui, l'idéal islamique était des plus vagues, se présentant comme le constat d'un dessein utopique et d'une histoire falsifiée (marquée par une longue période de corruption). Il disait que l'État islamique était comparable à un cerf-volant flottant très haut dans le ciel et invisible dans la brume. « Je ne peux le voir mais je sens la corde se tendre. »

Souvenez-vous de Nusrat. Six mois plus tard, quand je repassai par Karachi, me demandant qui je pourrais aller voir, ce fut à lui que je pensai tout d'abord. Je le trouvai changé. Cet homme dynamique et intelligent était devenu terne. Son désir de servir l'islam l'avait plongé dans une paranoïa aiguë ; et je regrettai plus que jamais de m'être un instant montré agressif envers lui qui, après tout, ne connaissait que le Pakistan.

En s'adressant au vieil homme du greffe, Nusrat avait fait allusion à des lois islamiques. J'avais cru qu'il s'agissait de lois qui n'avaient pas encore été promulguées. J'ignorais que, sept mois auparavant, un train de dix lois islamiques avait été adopté par le gouvernement militaire : décrets qui portaient sur les tribunaux islamiques, les impôts coraniques frappant la richesse et la production agricole, ainsi que d'autres concernant la consommation d'alcool, le vol et les relations sexuelles illicites. Mais pouvait-on parler de lois à propos de ces trois dernières ? Il s'agissait plutôt d'une liste de châtiments.

Celui qui buvait de l'alcool était passible de quatre-vingts coups de fouet. Le musulman adulte qui s'était rendu coupable de relations sexuelles illicites risquait « la lapidation à mort en place publique » ; le non-musulman n'encourait que cent coups de fouet mais, en cas de viol, pouvait être battu à mort. « La lapidation à mort prononcée en vertu des articles 5 et 6 sera exécutée comme suit : l'un des témoins qui ont déposé contre le coupable devra, autant que possible, jeter la première pierre ; la lapidation durera jusqu'à ce que mort s'ensuive, après quoi ordre sera donné de cesser les jets de pierres. »

Le vol – s'il dépassait une certaine valeur (fixée à l'équivalent de 4,457 grammes d'or), s'il n'était pas perpétré par un proche parent, un serviteur, ou un invité de la victime et ne concernait pas « l'herbe sauvage, des poissons, des oiseaux, des chiens, des porcs, des spiritueux, des instruments de musique, des denrées périssables pour lesquelles il n'existe aucun moyen de conservation » – le vol échappant à ces catégories, et en cas de première infraction, était puni d'amputation – pratiquée par un chirurgien qualifié – de la main droite à hauteur du poignet ; en cas de récidive, le coupable était passible de l'amputation du pied gauche, « à hauteur de la cheville » ; à la troisième infraction, il risquait la prison à vie. L'amputation n'était pas pratiquée « quand la main gauche ou le pouce gauche ou au moins deux doigts de la main gauche ou du pied droit du condamné manquent ou sont frappés d'infirmité ».

Pour la plupart des délits, la sanction était le fouet et l' « Ordonnance de 1979 sur l'Exécution du Châtiment de Flagellation » en fixait les règles. « Le fouet, compte non tenu de son manche, doit être d'une seule pièce ; il s'agira d'une badine, d'une branche d'arbre n'ayant ni nœuds ni coudes ou, si possible, d'une lanière de cuir ; sa longueur et son diamètre ne devront pas excéder respectivement un mètre vingt-deux et un centimètre vingt-cinq. » Si elle était susceptible d'entraîner la mort, la peine devait être administrée en plusieurs fois ou bien remise. Une femme enceinte devait être fouettée « deux mois après la naissance de l'enfant ou la fausse couche, si tel était le cas ». Il fallait aussi tenir compte des conditions climatiques. « Si [...] le temps est trop froid ou trop chaud, l'exécution de la peine sera ajournée jusqu'à ce que la température redevienne normale. » On prenait en outre en considération les règles de la décence. « On laissera sur le corps du condamné les vêtements dont les commandements de l'islam exigent le port. » Les hommes subissaient la flagellation debout, et les femmes assises.

Il ressortait du livre paru en 1951 offert par Nusrat que, pratiquement dès la fondation du Pakistan, les bons musulmans avaient commencé à parler de lapidation à mort et de mains coupées : remettre en application les châtiments « traditionnels » lorsqu'on se serait rapproché de l'idéal islamique, cet avenir encore lointain où les hommes redeviendraient aussi purs qu'ils l'avaient été (selon cette utopie) aux premiers temps de l'islam. Visiblement, le Pakistan n'en était pas encore là ; pourtant, d'après Hamid Ali, licencié ès lettres, professeur agrégé et docteur en droit, à qui l'on devait l'édition du *Précis de droit islamique, 1979* (livre auquel je me suis référé ici), les juristes n'avaient pas été les seuls à accueillir avec satisfaction les nouvelles lois. Elles faisaient la « fierté » de la nation tout entière. Ceux qui ne partageaient pas ce sentiment avaient une « conception erronée » de l'islam. « L'islam est un système dont le but est de créer une société de bien-être, progressiste et tournée vers l'avenir. » Il garantissait l' « équité » ; ses principes s'appliquaient à toutes les époques ; ses châtiments étaient destinés à « purger la société dans son ensemble ».

Si je ne m'étais pas rendu compte de l'existence de ces lois, c'était qu'en sept mois, depuis leur promulgation, elles n'avaient jamais été appliquées. Une affaire avait fait scandale. Un *pir*, saint homme d'une ville de province, avait été accusé du viol de la fille, âgée de treize ans, de l'un de ses disciples. Les accusations portées contre lui ne purent être retenues par le tribunal car la nouvelle loi islamique en vertu de laquelle il était jugé exigeait que quatre témoins aient assisté au délit.

Quatre témoins oculaires ? Il fallait voir là une allusion au fameux incident qui s'était produit dans le désert arabe, en 626 ou 627, lors des premières campagnes militaires du Prophète, à une époque où la foi nouvelle commençait à s'imposer, réduisant une à une les petites communautés hostiles. Un soir, pour quelque raison, l'épouse préférée du Prophète, 'Aïcha, alors âgée d'environ treize ans, fut laissée en arrière par la caravane. Elle ne la rejoignit qu'au matin, en compagnie d'un jeune et beau soldat. L'indignation fut générale parmi les compagnons du Prophète. Ali, le cousin de Mahomet, estima que ce dernier devait se débarrasser d' 'Aïcha. Le Prophète – qui avait déjà dépassé la cinquantaine – fut au désespoir pendant plusieurs jours. Mais Allah intervint ; Mahomet eut la révélation qu' 'Aïcha était innocente ; que rien ne prouvait un adultère s'il n'avait eu quatre témoins ; que les calomniateurs répandant des rumeurs d'adultère méritaient quatre-vingts coups de fouet.

D'après un journaliste du *Pakistan Times* – qui s'élevait contre les accusations selon lesquelles le gouvernement s'écartait de l'islam, et critiquait en outre les mollahs qui avaient inspiré les nouvelles lois islamiques – la loi concernant le viol était erronée, absurde (« car un tel crime n'est jamais accompli en public ») et reposait sur une mauvaise interprétation du Coran. La révélation du Prophète portait sur la lubricité et, notamment, sur la lubricité féminine. On ne pouvait donc dire qu'elle s'appliquait au viol. La présence de quatre témoins oculaires n'était pas nécessaire pour constater ce crime. Les témoignages ordinaires devaient suffire ; on pouvait même recourir à l'examen médical.

Qui, selon l'islam, était dans le vrai ? Les mollahs, en suivant à la lettre la révélation la plus aisément applicable du Coran ? Ou le journaliste du *Pakistan Times*, en adaptant cette révélation en fonction du cas et élargissant le sens du mot « témoin » à une notion plus moderne ? Une chose était d'instaurer des châtiments coraniques, une autre de définir des lois appropriées ; élaborer des lois avec pour seuls guides les particularités historiques, géographiques, culturelles (d'un caractère parfois simpliste) du Coran, revenait à s'enliser dans des querelles dialectiques, religieuses et sectaires de cette sorte et, très vite, à s'éloigner de l'idée d'équité.

L'auteur de l'article du *Pakistan Times* ne pouvait s'empêcher de laisser éclater sa colère contre les mollahs. L'ambition politique les dévorait ; ils avaient « habilement pris au piège » le gouvernement en lui inspirant des lois inapplicables puis en lui reprochant de ne pas les appliquer ; ils avaient divisé les musulmans en sectes rivales et fait de l'islam une caricature. La solution était d'ignorer les mollahs, d'abolir les sectes et de revenir au livre saint. Suivons cette voie et « nous trouverons partout la lumière. Mais, si nous nous écartons du Coran, nous ne récolterons que ténèbres et confusion ».

Mais était-ce aussi simple que cela ? Pour ne prendre qu'un détail : quel âge avait 'Aïcha lorsqu'elle épousa le Prophète quinquagénaire ? Six, neuf, ou dix-neuf ans ? Avait-elle, comme dans une belle histoire, emporté ses poupées et ses jouets sous la tente du Prophète ? Le Coran ne le dit pas ; il faut donc déterminer l'âge d' 'Aïcha d'après d'autres sources. La question fut longuement étudiée par le *Pakistan Times*, dans un numéro du vendredi ; et l'intérêt de la réponse dépasse un cadre strictement historique car l'âge d' 'Aïcha à son mariage – et il existe neuf estimations différentes – peut servir à fixer l'âge légal du mariage pour les jeunes filles.

Dans l'islam, et notamment dans l'islam des fondamentalistes, le précédent a force de loi. Les principes du Prophète – tels que les révèlent le Coran et la sunna – s'appliquent quelle que soit l'époque. On peut les élargir à toutes les disciplines. Le Prophète, dit-on, a affirmé que les meilleurs musulmans seraient ses contemporains, que les plus fidèles seraient ensuite ceux de la seconde génération et ainsi de suite, le déclin se poursuivant jusqu'à la fin des temps. Peut-on, à partir de là, condamner les thèses darwinistes ? C'est ce que prétendent les plus cultivés d'entre les nouveaux fondamentalistes. Cela traduit à la fois leur foi inébranlable et leur haine de la civilisation qui les entoure, civilisation qu'ils désespèrent même en tant que communauté de maîtriser.

Suivant le schéma fondamentaliste, le monde est en perpétuelle dégradation et doit constamment être recréé. La seule fonction de l'intelligence est de favoriser cette recréation. Il s'agit de réinterpréter les textes, de restaurer un modèle divin. En conséquence, l'histoire doit être au service de la théologie, la loi être distincte de l'idée d'équité et la connaissance ne pas être confondue avec le savoir. La doctrine a des aspects séduisants. Pour un étudiant de l'université de Karachi, par exemple d'origine provinciale ou paysanne, la foi traditionnelle est plus facile à assimiler que n'importe quelle discipline en vogue. Ainsi, le fondamentalisme prend ses racines dans l'université, où les lois en vigueur reviennent à nier le principe même de l'éducation. Au temps de la suprématie musulmane, l'Islam était ouvert aux sciences du monde. Aujourd'hui, le fondamentalisme fait office de thermostat maintenant au plus bas le développement intellectuel. Il régularise, réconforte, protège et préserve.

De ce fait, la foi imprègne toute chose et l'on comprend ce que veulent dire les fondamentalistes quand ils affirment que l'Islam est un mode de société achevé. Mais ce qui est vrai pour l'Islam est peut-être plus vrai encore pour les autres religions – tels l'hindouisme, le bouddhisme ou autres fois reposant sur une organisation moins tribale – à savoir qu'à un stade primitif de leur histoire, elles étaient aussi des cultures homogènes, se suffisant à elles-mêmes et plus ou moins isolées, leurs institutions, coutumes et croyances formant un tout.

Le souhait des fondamentalistes islamiques est de revenir à une telle situation d'autonomie, par la grâce de Dieu et avec la foi pour seul outil – croyances, pratiques religieuses et rites. C'est comme s'ils désiraient – en supprimant ou limitant le rôle de l'intellect, en falsifiant l'histoire – repartir de l'abstrait vers le concret, et dresser à nouveau les cloisons tribales. Cela équivaut à vouloir recréer une sorte de société tribale ou d'État-cité qui – excepté dans l'imagination des théologiens – n'a jamais existé. Le Coran n'est pas le code d'un âge d'or éternel ; c'est la transcription mystique ou oraculaire de l'histoire de la propagation d'une révolte, le Prophète entraînant sa tribu et sa tribu l'Arabie tout entière. L'Arabie était en pleine effervescence ; des éléments juifs et chrétiens se greffaient sur l'Islam, le stimulaient et favorisaient son développement. A peine le Prophète se fut-il assuré la fidélité de sa communauté, qu'il chercha à réduire ses ennemis. Ce fut pendant une campagne militaire, au cours de la cinquième année de l'ère musulmane, qu''Aïcha passa une nuit, seule, dans le désert.

L'Occident, ou la civilisation universelle qu'il domine, est émotionnellement rejeté. Il constitue une entreprise de sape, une menace. Mais, parallèlement, on a besoin de ses machines, de ses denrées, de ses médicaments, de ses avions de guerre, des devises qu'envoient les émigrés, des hôpitaux qui, peut-être, peuvent soigner les cas de décalcification et des universités qui délivrent des diplômes de techniques de la communication. Ce rejet de l'Occident repose sur le postulat qu'à l'extérieur, il existera toujours une civilisation vivante, créative, singulièrement neutre, prête à ouvrir les bras à tous. Ce rejet n'en est donc pas véritablement un. Il est aussi pour la communauté dans son ensemble, une façon d'abdiquer l'effort intellectuel. Il s'exerce de façon parasitaire ; le parasitisme est l'un des fruits inavoués du fondamentalisme. Et le flot des émigrants se déverse du pays de la foi : rien qu'à Berlin-Ouest trente mille Pakistanais, expédiés par les spécialistes de l'exportation de main-d'œuvre, réclament l'asile politique, au même titre que les Allemands de l'Est.

Au Pakistan, le saint patron des fondamentalistes islamiques était le maulana Maudoodi. Il s'opposa à l'idée d'un État musulman indien séparé, car il estimait que les musulmans n'étaient pas assez purs pour mériter une telle nation. Il pensait que c'était Dieu qui devait dicter les lois et, proposant ce genre de rêve plutôt qu'un programme pratique, il devint le point de ralliement d'une passion millénariste. Il fit campagne pour l'élaboration de lois islamiques, mais sans jamais préciser ce qu'elles devraient être.

Il mourut alors que je me trouvais au Pakistan. Mais il ne mourut pas dans son pays : la nouvelle de son décès nous parvint de Boston. Au terme d'une longue vie d'intransigeance, le Maulana avait oublié tous ses grands principes. Il avait choisi un hôpital de Boston pour tenter d'y recouvrer la santé ; aux derniers moments de sa vie, il s'en était remis à la compétence et à la science de la civilisation dont il avait essayé de détourner ses disciples. Comme me le dit quelqu'un (tous les Pakistanais n'étaient donc pas fondamentalistes), il avait cherché à moissonner le champ qu'il avait interdit à son peuple de semer. On a pu dire du Maulana qu'il s'était rendu via Boston à la place qui lui était réservée au paradis ; et qu'il avait accompli au moins une partie du voyage en Boeing.

« Si nous cherchons notre voie dans le Coran, écrivait le journaliste du *Pakistan Times*, nous trouverons partout la lumière. » Les lois des mollahs sur la flagellation et la lapidation à mort n'avaient abouti à rien, mais l'instauration d'un ordre social islamique restait possible au Pakistan. Cela exigeait une nouvelle « méthodologie ». Ignorez les mollahs ; abolissez les sectes religieuses ; cessez de vouloir mélanger l'Islam, fondé sur la souveraineté d'Allah, avec les démocraties occidentales, fondées sur la souveraineté du peuple ; supprimez les partis politiques.

Ce dernier conseil fut mis en application dans les semaines qui suivirent. Les élections promises furent remises aux calendes grecques. Mais il fallait bien gouverner l'État et continuer à maintenir l'ordre. On fit procéder à des flagellations publiques et, cette fois-ci, sans exiger la déposition d'improbables témoins oculaires. L'armée se chargea de la besogne et envoya ses fourgons dans les bazars ; loi expéditive, l'Islam sur les chapeaux de roue.

Pas à pas, à force de vouloir s'islamiser, le Pakistan avait éliminé les principes légaux hérités des Britanniques, et les avait remplacés par le néant.

7

L'essentiel

A PLUS de mille kilomètres au nord-est de Karachi – au-delà du Sind et des plaines du Pendjab, à l'extrémité de l'immense vallée arrosée par l'Indus et ses affluents – commençait la chaîne himalayenne. Au pied des montagnes s'étendaient les petites « cités jumelles » de Rawalpindi et d'Islamabad.

Islamabad, « la ville de l'Islam », la capitale du Pakistan, était une toute nouvelle métropole. Elle avait été construite vingt ans auparavant sur la décision d'un gouvernement militaire, sans véritable motif sinon, peut-être, que l'idée de bâtir une ville moderne et bien conçue, à l'écart de la confusion de l'Asie, séduisait l'esprit de ces officiers et que l'édification d'une cité de style occidental (au même titre que l'importation d'armes américaines) donnait l'impression qu'on avait enfin réussi à traiter avec le XXe siècle sur son propre terrain et que l'Islam, comme le Pakistan, était en marche.

Située à une trentaine de kilomètres d'Islamabad, Rawalpindi faisait figure de vieille cité. Sa partie ouest s'était étendue en direction de la capitale ; mais le centre de la ville avait peu changé. Dans le bazar, on trouvait toujours les hautes maisons de bois sombre, leurs vérandas et leurs treillis ; elles appartenaient autrefois aux Sikhs et aux Hindous qui dominaient la ville avant la partition et avaient par la suite été déplacés. L'ancien club britannique de Rawalpindi était toujours ouvert – lustres un peu plus ternis, murs jaunes un peu plus sales, serveurs à l'uniforme un peu plus malpropre, odeurs plus épicées à l'heure des repas.

Les Anglais avaient régné ici pendant près d'un siècle, et plus de trente ans s'étaient écoulés depuis leur départ, mais le vieux Rawalpindi demeurait une ville des Indes britanniques : dans le Mall, la rue des hôtels et des jardins ; dans les boutiques au charme désuet de

Kashmir Road; dans ses bâtiments militaires et administratifs.

Le docteur habitait une semblable bâtisse. C'était le médecin-chef d'une petite compagnie pétrolière qui forait au pied des contreforts occidentaux de la chaîne himalayenne. La compagnie, qui appartenait autrefois aux Britanniques, était maintenant contrôlée par les Arabes; mais le « complexe » résidentiel où vivaient les cadres de l'entreprise restait empreint d'une certaine dignité. Devant la maison du médecin-chef, une allée semi-circulaire traversait une vaste pelouse, pour conduire à un long porche aux piliers imposants. Le salon, pièce haute de plafond et aux murs épais, devait sa fraîcheur aux ventilateurs et à ses portes ouvertes qui permettaient d'entrevoir la verdure du jardin.

Le docteur, homme d'une cinquantaine d'années, petit, les traits fins, était conscient de la majesté de sa demeure. Mais elle ne l'écrasait pas : c'était grâce à sa foi, me confia-t-il, qu'il avait pu obtenir tout ceci. Le docteur était chi'ite. Les chi'ites – partisans d'Ali et de sa cause perdue (cause à l'origine politique, puis essentiellement anti-arabe, à mesure que s'étendait l'Empire) – les chi'ites constituaient au Pakistan une secte minoritaire. Et ce fut de sa foi « internationaliste », comme il l'appelait, que le distingué docteur (apparemment désireux d'atténuer ainsi l'excessive noblesse de sa résidence) entreprit de me parler en ce vendredi matin.

L'un des deux fils du médecin se trouvait là; le docteur me présenta ce jeune homme de vingt-trois ans, prêt à embrasser la même carrière que son père, comme un « rebelle » et un rationaliste. Étaient également présents deux journalistes et leurs femmes, eux aussi chi'ites. Je m'étais attendu à ce que le jour saint fût simplement pour eux tous l'occasion de se retrouver entre intimes. Mais, pour ces chi'ites, c'était un moment propice à la discussion sérieuse, c'est-à-dire théologique.

Mon hôte, ce fidèle d'Ali, affirma qu'il avait toujours été soutenu par sa foi, même dans les questions les plus quotidiennes. Elle reposait sur cinq convictions principales : l'unité de Dieu, la justice, sa croyance en le Prophète, sa croyance en l'imam (le règne sur terre d'un *imam*, régent de Dieu et successeur spirituel du Prophète), la *jihad*, ou guerre sainte. Pas la guerre sainte dont parlaient les mollahs, assura le docteur; il entendait par là « la lutte constante qu'on doit mener en soi pour combattre le mal ».

Je lui demandai comment des articles de foi aussi abstraits que ceux concernant l'existence du Prophète et de l'imam pouvaient l'aider dans sa vie de tous les jours.

« Je vais vous expliquer, commença-t-il. Je suis aujourd'hui le médecin-chef de la compagnie. Cela n'a pas toujours été le cas. Auparavant, je n'étais que l'assistant. Un jour, le médecin-chef a pris sa retraite. Le poste est resté vacant pendant six mois. On ne nommait personne. Il paraissait normal que je sois désigné. Je m'étais consacré tout entier à ma tâche. Mon ancien patron connaissait bien mes travaux sur les morsures et je savais qu'il avait rédigé un rapport favorable à mon sujet. Les morsures, c'était ma spécialité. Morsures de serpents, piqûres de scorpions, morsures de chiens, d'ânes, morsures de chiens sur des ânes..., je m'étais penché sur tous ces problèmes. Ce sont surtout les pauvres qui en sont victimes, et j'ai effectué de nombreuses recherches au sein de cette classe de la société. Les gens riches ne se font pas piquer par des scorpions en marchant pieds nus. Qu'un chien puisse mordre leurs ânes ou leurs chameaux ne les inquiète pas beaucoup. Alors, j'ai étudié tout cela. J'ai soigné tellement de gens qui s'étaient fait mordre par un serpent ! Ils arrivent en saignant abondamment du nez et de la bouche. Il existe des remèdes. Précisons que je parle là de la morsure de vipère. Pour le cobra et le *krait*, c'est différent.

« Finalement, je suis allé voir le directeur général et lui ai parlé de la situation, du poste vacant et de mes qualifications. Il refusa d'écouter mes arguments. Il insinua que seuls m'intéressaient le salaire et cette belle maison. Évidemment, cet aspect des choses n'est pas négligeable. Mais il n'est pas primordial. D'ailleurs, un médecin peut se faire une situation n'importe où. C'est ma foi qui m'a soutenu en cet instant, dans le bureau du directeur. Et, quand il m'a dit que, si je n'étais pas content, j'étais libre de partir – tout en me tendant une feuille de papier par-dessus son bureau – j'ai rédigé sur-le-champ ma lettre de démission. Il avait cru m'effrayer. Mais j'avais ma foi. Sans elle, je n'aurais pas écrit cette lettre. Le directeur comprit. Il refusa ma démission. Et voilà comment je suis arrivé ici. »

Mais, parmi ses articles de foi, le docteur n'avait pas mentionné la vie future, l'au-delà. Pourtant, n'était-ce pas essentiel pour un musulman ?

« Je n'ai aucune certitude concernant la vie future. Il m'arrive d'y croire. D'autres fois, je ne suis plus sûr de rien. Mais je sens qu'il faut y croire. Je vais vous raconter quelque chose. Mon fils aîné – pas celui qui est ici, son frère – faisait des études d'ingénieur chimiste. Dans cette famille, nous sommes tous attirés par les sciences. Eh bien, ce garçon qui avait fort bien réussi en première année ne suivait plus du tout en deuxième année. Cela me préoccupa énormément. Comment un garçon qui avait si brillamment commencé ses études pouvait-il obtenir maintenant d'aussi mauvais résultats ? L'affaire était importante : son avenir en dépendait. Je rejetai la responsabilité sur un quelconque ministre. Ce sont des choses qui se voient ici. Ils veulent pousser leur propre fils et s'arrangent pour qu'on fasse disparaître les copies des autres. Cela arrive.

« A cette époque, une nuit, je rêvai que je me trouvais sous un arbre énorme et magnifique. Il y avait un instrument de musique. Je me souviens seulement qu'il était en bois sombre – je ne pus m'en rappeler davantage à mon réveil. Il produisait une musique telle que je n'en avais jamais entendu auparavant. Et mon père apparut devant moi. Mais il m'apparut sous les traits de mon oncle. Mon père étant mort quand j'avais deux ans, j'ai été élevé par mon oncle. Il me dit qu'il venait me consoler. Dans mon rêve, j'éclatai en sanglots et, lorsque j'ouvris les yeux, je découvris que mon oreiller était trempé de larmes.

« Le lendemain, je me rendis à l'établissement où étudiait mon fils. J'allai voir son professeur. Il me dit que, quoique mon fils ait perdu beaucoup de points lors des premiers contrôles, il avait, dans l'ensemble, réussi ses examens de façon satisfaisante. Et, juste à ce moment, passa devant l'école un homme qui ressemblait en tous points à mon oncle, dans le rêve. Je me précipitai sur lui et l'étreignis en lui disant : " Vous ne pouvez pas savoir comme je suis heureux de vous voir. Je vous ai rencontré en rêve, la nuit dernière ". »

Cet incident – ainsi que d'autres, tout à fait similaires – incitait le docteur à croire en la vie future. En même temps, il se montrait fier du rationalisme de son fils cadet, l'étudiant en médecine, lequel, en outre, écrivait des poèmes en anglais (dont l'un des journalistes était à cet instant en train de découvrir quelques strophes). En quoi son fils était-il un rationaliste ? Prié par son père de s'expliquer lui-même, le jeune homme répondit qu'il avait du Prophète une vision exclusivement historique. Le bon et grand homme avait existé ; mais c'étaient les gens qui lui avaient conféré son caractère divin.

Syed était plus grand et plus fort que son père. Ses lunettes lui donnaient un air intellectuel ; il se comportait avec les invités du docteur en fils privilégié qui fait des études. Il était socialement plus à l'aise que son père, et plus audacieux dans ses idées, mais restait conscient de ce qu'il devait à la réussite du médecin.

Syed se plaignit de se sentir isolé à l'école de médecine. Ses camarades ne pensaient qu'à leurs examens et à obtenir leur diplôme : les questions intellectuelles ne les préoccupaient pas. Ils ne visaient que la compétence professionnelle ; contrairement à Syed, la civilisation au sein de laquelle ils exerceraient leur métier ne les intéressait pas (ce n'est pas exactement ainsi que l'exprima le jeune homme). Qu'est-ce qui l'avait poussé à se poser ce genre de problèmes ? Eh bien, il avait eu la chance de naître dans une famille de médecins – ce qui lui donnait un avantage d'une ou deux générations sur la plupart de ses condisciples. Il avait passé un an en Angleterre et s'était plongé dans la littérature anglo-saxonne.

Je le fis parler de ces lectures. Et je fus tellement passionné par la façon dont Syed décrivait son approche de l'autre civilisation – à bien des égards l'aventure d'un pionnier, qui contrastait fortement avec le rejet en bloc de l' « Occident » par des gens qui, souvent, même après avoir voyagé et appris un métier (en n'ambitionnant que la compétence professionnelle), n'avaient pas la moindre idée de ce qu'ils rejetaient – que je demandai une feuille de papier pour noter ce qu'il disait.

Il avait vingt-trois ans et pensait avoir lu jusqu'alors quelque deux cents cinquante livres en anglais – sans compter les Enid Blyton, qui avaient fait ses délices jusqu'à l'âge de douze ans, ni les « Biggles[1] » qu'il avait dévorés entre douze et quatorze ans. Le déclic s'était produit quand son père lui avait offert *La Terre chinoise*. Cela le conduisit à aborder la littérature pour adultes : James Hadley Chase, Harold Robbins, Ian Fleming. Avait-il aimé ces livres ? Ne les avait-il pas trouvés trop déconcertants ? Il me répondit que Ian Fleming ne l'avait pas accroché ; mais il avait tenu à lire quand même ses œuvres en raison de ce qu'elles représentaient, et il en allait de même pour celles d'Harold Robbins. Il voulait lire ; on lui avait enseigné qu'on apprenait beaucoup par la littérature ; pour lui, le problème était de découvrir des œuvres répondant à son attente. Il avait pris l'habitude de parcourir la liste des best-sellers du *Time*, en espérant y trouver des idées de lecture. Mais il ne lui était pas toujours facile de deviner ce que contenaient ces ouvrages.

C'est à cette époque-là – à l'âge de quinze ou seize ans – qu'il découvrit Steinbeck. *A l'est d'Eden* le marqua profondément. « J'ai adoré ça. Cette fille qui rejetait sa famille, la maison qui brûlait. C'est tout ce dont je me souviens, maintenant. Ce livre m'avait paru révolutionnaire. » Puis vint l'année passée en Angleterre. Il lut une vingtaine de Perry Mason, dont il avait vu l'adaptation télévisée[2]. Les situations n'étaient-elles pas trop difficiles à comprendre, pour lui qui appartenait à une culture si différente ? Non ; il avait suivi ces histoires sans problèmes.

Le choix de littérature populaire anglo-saxonne qui avait ordonné l'univers ébranlé et toujours plus large de Syed Hussain était curieux : œuvres purement romanesques pour la plupart, permettant d'appréhender la civilisation étrangère, offrant un mélange de moderne et de traditionnel, d'anarchie et de rituel : Enid Blyton, les Biggles, Pearl Buck, James Hadley Chase, John Steinbeck, Perry Mason.

Et l'érotisme. Sur les deux cent cinquante ouvrages qu'il avait lus, une trentaine étaient des livres érotiques. Il les avait choisis pour « trouver son équilibre ». Les gens qui n'avaient jamais lu de livres érotiques se troublaient à l'excès dès qu'ils en ouvraient un ; et ils n'avaient plus en tête que de feuilleter *Playboy*. Sa cure de littérature érotique l'en avait guéri. « J'ai aussi lu des livres traitant de la sexualité. *Le Bonheur dans le mariage*. Ce genre de choses. »

1. Héros d'une série policière pour adolescents. *(N.d.T.)*
2. Héros d'une série policière d'Erle Stanley Gardner. *(N.d.T.)*

Mais, neuf ans après avoir découvert *La Terre chinoise*, Pearl Buck restait son auteur favori. Il avait lu six ou sept de ses œuvres – et en faisait grand cas. « Ensuite, j'ai beaucoup aimé *The Wall Has Two Sides*, de Graham Greene.

– Vous voulez dire Felix Greene ?

– Peut-être. Un Greene quelconque. Non, Graham Greene, c'était *The Ugly American*[1]. Je confonds toujours les noms. Je vais vous raconter quelque chose. Ce jour-là, je me rendais en train à Lahore. La révolution iranienne venait d'éclater. J'ai rencontré un missionnaire américain, dans le train. Il m'a prié de m'asseoir près de lui et nous avons commencé à discuter. Il m'a demandé ce que je pensais de la situation en Iran. Alors, je lui ai répondu – je suis comme ça – que les Américains allaient devoir quitter l'Iran et se rabattre sur la Chine. Il n'a pas eu l'air d'apprécier. Peut-être était-ce un agent secret. »

Je ne vis pas très bien où il voulait en venir. Mais cela représentait quelque chose d'important pour lui, peut-être parce qu'il avait un instant considéré cet Américain comme un homme dangereux : la vie imitant la littérature, le monde vu à travers la littérature.

Quand il en eut fini avec son anecdote de l'Américain dans le train, il reprit : « A cette époque, en même temps qu'aux livres, j'ai commencé à m'intéresser à la variété et à la musique occidentale. Ça me plaisait vraiment. Pas ce genre de rock-and-roll qui vous casse les oreilles. Mais les chansons qui portent véritablement un message. Pas seulement les occidentales mais aussi celles qu'on chante ici, en ourdou. J'aimais beaucoup les Carpenters, un groupe formé de frères et de sœurs. Ils chantent l'innocence que chacun porte en soi. C'est du moins ce que j'ai compris. La plupart des chansons que j'écoute transmettent un message religieux, des convictions, parlent de Dieu.

– Des convictions ?

– Oui, quand on fait quelque chose en quoi l'on croit vraiment. Comme aimer quelqu'un. Ce qui est fondamental.

– Mais je croyais que vous n'étiez pas religieux ?

– D'une certaine façon, je ne le suis pas. Mais il faut bien que chaque chose ait un message à délivrer.

– Quel est le dernier livre que vous ayez lu ? »

Il ne sut me répondre. Cela datait de six mois ; il ne s'en souvenait pas. « Le meilleur écrivain que j'aie lu jusqu'à présent reste Pearl Buck, dit-il pour entretenir la conversation. Elle parle des pauvres gens. Je ne dirais pas des Chinois ou des communistes, simplement des pauvres. Elle décrit les malheureux et l'essentiel des relations humaines.

– Cet essentiel c'est quoi ?

– Cela concerne la nature de l'homme. L'innocence. Les gens

1. Autre erreur : le roman de Graham Greene est : *The Quiet American. (N.d.T.)*

essaient sans cesse de tromper leurs prochains. Les victimes et les hypocrites. Où que l'on regarde, on voit se reproduire le coup du gros poisson qui mange le petit. Les grandes puissances tentant de soumettre les nations les plus faibles. Pas seulement le Pakistan, d'autres petits pays, partout dans le monde. C'est ce qu'ils ont essayé de faire en Iran. »

Sa famille était chi'ite. L'Iran symbolisait la patrie des chi'ites ; un de leurs parents s'était récemment marié en Iran, dans la ville sainte de Machhad. « Pensez-vous que, maintenant, après la révolution, tout aille pour le mieux ? lui demandai-je.

— Non. C'est un cercle vicieux. Les choses continuent d'aller mal, en Iran. On ne peut justifier tant de meurtres, même au nom de Dieu. » Il pensait aux exécutions ordonnées par les tribunaux islamiques révolutionnaires. « Si Dieu est si grand, ce châtiment éternel — car voilà ce qu'est la mort — ne peut être juste. Dieu, s'Il est si grand, ne peut désirer cela. »

L'hypocrisie était le thème du poème qu'il avait fait lire aux invités, ce matin-là — et, précisément, le jeune homme venait de me parler des victimes et des hypocrites.

L'hypocrite est un véritable enjôleur
Il n'aboie pas mais il mord
L'hypocrite est sans reproche et sans peur
Tout ce qui brille n'est pas or.

La cruauté, l'injustice, la calomnie faisaient partie de ses thèmes de prédilection (dans sa propre langue, l'ourdou, le jeu sur les mots et sur les clichés aurait été plus inattendu et plus frappant). Le poème dédié au chirurgien ami de la famille, mort des suites d'une infection virale contractée lors d'une opération, en disait plus long sur lui (et n'était pas sans rapport avec ce qu'il m'avait déclaré au sujet de sa solitude à l'école de médecine).

Son talent n'est pas donné à toute âme
Si, de l'amour, elle ne ressent la flamme
Car il ne s'agit pas de sorcellerie
Mais d'un cœur vibrant qui a guéri.

Parlant de sa poésie, il m'expliqua : « Parfois, je suis à sec pendant trois ou quatre mois. Bien sûr, je reste actif — je voulais dire, à sec sur le plan de la poésie. Et puis cela revient tout seul. C'est ainsi. J'en écris alors deux ou trois à la suite. A ce moment-là, je n'ai plus envie de rien faire d'autre. Lorsque cela arrive, même si je suis censé étudier, j'ai le plus grand mal à me concentrer sur mes cours. Et, ensuite, je suis de nouveau à sec. »

Le poème qu'il venait d'achever s'intitulait « Le Grand Homme noir ». Curieux thème. Qui pouvait-ce bien être ? Mohammed Ali, le boxeur.

... qui jamais un roseau ne brisa
mais, au premier coup, se dresse comme un chêne. Ça ne te frappe pas ?

Vers la fin de la matinée, la discussion religieuse entre le docteur et les deux journalistes sembla tourner carrément à la querelle. Le sujet en était Ali, le héros chi'ite, cousin et gendre du Prophète. Les chi'ites estiment qu'en 632 Ali aurait dû succéder au Prophète à la tête des musulmans. Mais Ali – si formidable qu'ait été sa vie : l'un des tout premiers musulmans, l'un des proches du Prophète, ne vivant que pour voir l'Islam devenir un empire – était un piètre politique. Trois hommes avant lui furent élus califes de l'empire islamique. Il dut attendre 656 pour recevoir enfin la charge de calife ; même alors, son pouvoir fut contesté ; il fut assassiné en 661. Et voilà de quoi on débattait en ce vendredi : Ali, en tant que calife, avait commandé des armées, mais pouvait-on dire qu'il avait ordonné à des hommes de tuer ? Ou avait-il seulement permis à ses soldats de tuer pour se défendre ?

La discussion commença presque calmement, dans le salon du docteur. Mais bientôt, le ton monta : les voix devinrent plus rauques, plus vibrantes, évoquant celles des mollahs déclamant dans les mosquées. La dispute dépassait le simple cadre historique. L'échec et la mort d'Ali, l'échec et la mort de ses fils furent tant et tant ressassés que j'eus l'impression d'assister à une lente agonie, qui, treize siècles plus tard, attendait encore d'être vengée : une agonie sans résurrection. Les dissensions raciales des premiers temps de l'Empire arabe (Ali, le défenseur des opprimés) s'étaient muées en divergences d'ordre religieux ; et constituaient, en ce vendredi matin, la source de la passion qui agitait la demeure bâtie par les Anglais en plein Rawalpindi.

La querelle se poursuivit bien après l'heure du déjeuner. Je n'attendis pas qu'elle s'achevât. Avant mon départ, le docteur me remit son propre exemplaire des *Maximes d'Ali.* Il s'agissait d'un fascicule broché, édité sur place. C'était le livre auquel il devait tout, m'affirma le médecin ; il lui avait donné la force d'affronter le directeur général de la compagnie pétrolière ; il pensait que sa lecture me serait profitable.

J'y jetai un coup d'œil, plus tard dans l'après-midi, une fois revenu sur le Mall à l'hôtel Flashman. Les maximes d'Ali étaient célèbres. Le premier recueil – qui en contenait une centaine – avait été réuni il y avait plus de mille ans ; par la suite, des milliers d'autres avaient été ajoutées. Je possédais là un choix de ces maximes, dans la traduction anglaise de J. A. Chapman. Au premier abord, je fus déconcerté.

Crois en l'autre comme en toi-même.
Qu'il est laid l'homme aux deux visages.
Tous les archers n'atteignent pas la cible.
La perte d'un enfant est un mal incurable.

Mais cette sagesse populaire s'exprimait aussi d'une autre façon :

La plus grande richesse est de posséder la sagesse et le jugement; la plus grande pauvreté, d'être stupide et ignorant; il n'est pires défauts en société que la vanité, l'orgueil et la vantardise.
La perfection n'est pas de ce monde.
Les habitants de la terre ne sont que des chiens qui aboient, des bêtes chicanières. Les uns crient après les autres. Les forts dévorent les faibles; les grands soumettent les petits. Ce sont des bêtes de somme; les uns sous le joug, les autres en liberté.
Le monde est un lieu infesté de fléaux où règne la perfidie. Il n'est pas éternel et tous ceux qui passent sont voués à disparaître.
Le monde est un serpent; il est doux au toucher mais sa morsure est mortelle.

C'étaient les réflexions d'un homme vertueux miné par l'injustice et l'échec. La misanthropie, la souffrance! Pouvait-on puiser là ses forces? Mais pour les vaincus, et les fidèles, Ali était le saint homme qui avait enduré plus qu'eux tous; il anoblit les souffrances et les échecs terrestres. Et il n'était pas question ici de pardon ou de résignation : il anoblit la colère. Et je compris — en lisant dans ma chambre d'hôtel qu'un mur de parpaing ajouré protégeait du reflet de la petite piscine agrémentée aux quatre coins par des bananiers — je compris combien l'attitude religieuse chi'ite et musulmane avait imprégné le fils du docteur, qui pourtant se disait rationaliste, et dans la poésie duquel, je n'aurais jamais vu — sans cet éclairage nouveau — la moindre allusion à l'islam.

Il n'y a pas de religion plus matérialiste que l'islam. Malgré son incapacité à se substituer à la politique, aucune religion ne conduit davantage les hommes à observer la façon dont le monde est dirigé. Et, dans la poésie de Syed, toujours tournée vers l'extérieur, dans sa réponse maladroite à la civilisation universelle, sa recherche de ce qui était « fondamental », il me sembla discerner comment la ferveur islamique pourrait devenir créatrice, révolutionnaire, comment elle mènerait les hommes à un humanisme dépassant la doctrine religieuse : une véritable renaissance, des musulmans ouverts à la modernité et enrichis par elle, comme l'avaient été ceux des premiers temps de la splendeur islamique.

Les fondamentalistes, mis en porte-à-faux par leur vision non historique des événements, craignaient la contamination de l'étranger. Mais ils ne proposaient rien. Ils poussaient les hommes vers une foi inaccessible ; mais ils n'avaient pas de projet politique. Le fondamentalisme violait l' « essentiel » même de la nature humaine ; il ne pourrait jamais s'isoler du reste du monde. Et il me paraissait possible, en regardant seulement quelques pas en avant, d'envisager comment, au Pakistan, en raison des excès mêmes du fondamentalisme, l'Islam préparait peut-être sa propre mutation.

8

Dans la vallée de Kaghan

DÉJÀ, au nord de la ville, s'élevaient les premiers contreforts et, à cent cinquante kilomètres de là, se dressaient les hauteurs de l'Himalaya. L'hiver commençait tôt, dans ces régions; la neige bloquait les cols pendant des mois. En septembre, les bergers, leurs familles et leurs troupeaux commençaient à quitter leurs hauts pâturages d'été pour revenir vers les plaines. Et, pour assister à leur retour, je me rendis dans la vallée de Kaghan. Qazi, professeur à l'université d'Islamabad, se chargea d'organiser mon voyage. Il me prêta sa voiture et son chauffeur; ils devaient me conduire à Balakot. Là-bas, il me faudrait louer une jeep pour m'aventurer plus au nord, le long de la Kunhar, une rivière glacée qui était l'un des premiers affluents du grand Indus.

Mon compagnon se nommait Masood. Il étudiait les sciences. Il avait passé diplôme sur diplôme jusqu'à l'âge de vingt-sept ans et, maintenant, ne savait plus que faire. Il n'y avait aucun poste pour lui au Pakistan. Il aurait aimé poursuivre son travail de recherche et, avec cette perspective, avait obtenu des équivalences dans une université anglaise; mais ses moyens ne le lui permettaient pas.

Grand, mince, l'air mélancolique, il portait des lunettes et une moustache tombante. Sa moustache témoignait qu'il appartenait à une famille de militaires : son père avait servi dans l'armée de 1941 à 1961, dans la vieille armée britannique des Indes pendant les six premières années, et, ensuite, dans celle du Pakistan; il exerçait maintenant la profession de comptable. Sa famille était originaire de Lucknow, en Inde; au Pakistan, Masood et les siens étaient des *mohajirs*, des étrangers.

Les *mohajirs*, me déclara Masood, avaient modifié les cultures provinciales ou régionales du Pakistan; ils avaient apporté leur cuisine, leur musique, leur langue. La langue *mohajir*, l'ourdou, était aujourd'hui la langue officielle du Pakistan; et Masood ajouta – me parlant comme à un étranger à qui il fallait ôter ses idées fausses sur le pays –

que c'était une langue simple et belle. Une fois dépassées les ruines de Taxila, l'antique cité bouddhique, nous prîmes vers le nord, pour monter jusqu'à Abbotabad, et il entreprit de me donner une leçon d'ourdou. Je pus moi-même apprécier la clarté et l'élégance de son accent de Lucknow. Mais, plus tard, comme nous continuions de nous élever entre les montagnes arides et lumineuses, s'habituant à ma compagnie, il se comporta moins en porte-parole des *mohajirs* et s'autorisa à prendre un ton plus ironique.

Nombre des *mohajirs* qui avaient émigré au Pakistan, m'affirma-t-il, prétendaient avoir été en Inde des nababs ou des aristocrates. Masood ne soutenait rien de tel. Son père avait servi dans l'armée ; mais il n'avait été qu'un *havildar*, un sous-officier, l'équivalent d'un sergent. Ainsi, malgré son ourdou de Lucknow, ses moustaches militaires et ses diplômes de sciences, Masood était – dans ce Pakistan plus féodal que l'Inde, et comprenant une classe moyenne industrielle et tertiaire plus réduite – d'origine modeste ; et, en outre, chômeur.

Nous trouvâmes une place pour notre voiture à Balakot. A l'office du tourisme gouvernemental, nous dûmes marchander pour obtenir une jeep. Nous ne nous attendions pas à cela. Et le bureau lui-même nous parut tout aussi surprenant : au bout d'une pelouse, une pièce ouverte contenant deux chaises rembourrées, deux lits métalliques à matelas de mousse, deux autres sommiers appuyés contre le mur, au fond, encore deux chaises empilées l'une sur l'autre et, à l'entrée, un petit sofa : un bureau qui tenait à la fois du salon d'attente et de la salle d'hôpital désaffectée. Mais on y travaillait bel et bien : les jeeps garées sur la pelouse en étaient la preuve.

Masood me conseilla de me tenir à l'écart et de ne pas parler anglais pendant qu'il traitait l'affaire. Je m'assis sous la véranda d'un chalet donnant sur la pelouse et, au bout d'un moment, vis ressortir du bureau mon chauffeur, l'air maussade. Il m'apprit qu'ils exigeaient sept cent cinquante roupies, soit soixante-quinze dollars ; il pensait pouvoir les faire baisser jusqu'à sept cents ; mais il leur avait dit qu'il irait louer sa jeep dans le bazar.

Un homme sortit du bureau. Il proposa de conclure le marché à six cent cinquante. Masood ne lui prêta aucune attention. « Allons au bazar », me dit-il en anglais d'un ton sinistre. Nous traversâmes le bazar – une rue sale et poussiéreuse de petites boutiques crasseuses. Dans une station-service vétuste et noircie par les vapeurs d'essence, un homme faisait le plein d'une jeep en piteux état ; son prix était de neuf cents roupies. Aussi retournâmes-nous à l'office du tourisme et louâmes-nous le véhicule, non pour six cent cinquante, mais pour sept cents roupies.

Et, presque aussitôt (les employés n'avaient jamais douté de nous revoir), nous nous mîmes en route. Le conducteur de la jeep était un homme d'une extraordinaire beauté : une chevelure brune et fournie, les traits fins des Indo-Aryens, un corps mince et musclé que mettaient en valeur des pantalons bouffants blancs et une chemise brune à longs pans. Il emmenait avec lui un jeune garçon; petit, la tête carrée, celui-ci ne portait qu'une chemise légère sous son châle kaki et fumait sans cesse des cigarettes. Nous étions partis avec tant de précipitation qu'il s'écoula un certain temps avant que je l'aperçoive (pour ménager la tension dramatique) accroché à l'arrière de la jeep, le châle protégeant sa tête et ses épaules étroites; ensuite, pendant quelques kilomètres, je le pris pour un garçon du bazar de Balakot faisant du stop.

Nous parvînmes bientôt près de la Kunhar, maigre rivière coulant au fond d'une large vallée rocheuse. Après toutes ces semaines passées dans le sable et la chaleur, je demandai qu'on arrêtât la jeep pour écouter le bruit de l'eau. La route était ombragée par des arbres; bénédiction supplémentaire. Mais nous ne pouvions nous attarder; un long chemin nous attendait; et Masood m'assura que l'eau allait nous accompagner une grande partie de la route. Nous commençâmes – et, après le trajet sans problème depuis Rawalpindi, le tableau semblait presque théâtral, mis en scène – à rencontrer des bergers qui faisaient descendre leurs troupeaux. C'étaient des Afghans, étonnamment petits et frêles d'apparence, les hommes portant un turban noir, les femmes des pantalons bouffants aux couleurs vives et de longs voiles. Elles étaient affairées, ces femmes, secrètes, confinées dans leur vie de migration, tristes malgré l'éclat de leurs étoffes (rouges et noires), sous-alimentées, épuisées par le travail et la marche, le visage tanné et creusé de rides.

Des terrasses abandonnées depuis longtemps à la végétation entamaient ici et là le flanc des montagnes. Adossées à la paroi abrupte, les maisons étaient surmontées d'épais toits de pisé plats, étagés souvent sur plusieurs niveaux; d'énormes madriers soutenaient ces toits, parfois des troncs entiers – les arbres n'étaient pas rares dans la région. Fréquemment, le toit des maisons situées contre le remblai de la route parvenait à la hauteur de la piste elle-même et l'on n'entrevoyait qu'une cour de terre : les logements se trouvaient plus bas, à l'abri des regards.

Nous nous arrêtâmes dans un village pour parler avec de jeunes garçons. Ils paraissaient oisifs, mais portaient l'uniforme gris ardoise des écoliers et n'étaient pas aussi éloignés de tout qu'ils en avaient l'air. L'un avait un oncle à Lahore; un autre des frères à Karachi et un en Arabie Saoudite. Un jeune homme qui sortait d'une maison de pierre à deux niveaux et au toit-terrasse affirma qu'il pouvait se rendre quand il voulait à Karachi et y gagner deux mille quatre cents roupies par mois comme charpentier. Masood pensait qu'il n'exagérait pas : avec la grande émigration, les artisans se faisaient rares au Pakistan. Mais, devant l'arrogance de ce paysan, l'amertume de Masood ne fit que croître ; il constata avec regret qu'il ne pourrait gagner tant d'argent lui-même.

Ils n'étaient pas éloignés de tout. Mais, déjà, à quelques heures à peine de Rawalpindi, nous nous trouvions en plein pays féodal. Un homme de très petite taille, qui mesurait moins d'un mètre cinquante (comme ces montagnards étaient petits !) passa devant nous, menant un buffle. Les garçons nous dirent que la bête ne lui appartenait pas. Le buffle était la propriété de son maître, qui marchait devant lui : un homme enturbanné auquel nous n'avions prêté aucune attention, faute de comprendre que ses mains vides et son air dégagé révélaient sa position, dans le village, de propriétaire d'un buffle et d'un serf. Les garçons nous désignèrent la demeure du riche propriétaire : pas une maison au toit plat adossée au flanc de la montagne mais une bâtisse isolée, au bout d'un champ : une grande maison de pierre à deux étages, au toit incliné de tôle ondulée. Et ces hommes chétifs qui arrivaient maintenant étaient des Gujars : autochtones de la vallée, pas très évolués, pour ne pas dire franchement arriérés, et qui vivaient repliés sur eux-mêmes.

La piste montait. La rivière s'éloignait. De petites bandes de terre cultivée s'accrochaient aux montagnes abruptes : du maïs, la dernière récolte de l'été dans la vallée, croissant partout où un petit espace plat avait pu être remblayé. Et il y avait les sapins. Ils proliféraient sur la paroi montagneuse ; les jeunes plants, après une première poussée horizontale, se redressaient, attirés par la lumière, et s'élevaient, hauts et droits ; je n'avais jamais vu de sapins aussi hauts. Et puis, partout, des maisons, pas toujours faciles à discerner, dont le toit en terrasse et les murs de pierre se fondaient dans le paysage.

Nous croisions sans cesse, qui descendaient la piste, des moutons, des chèvres, des chevaux et des chameaux ; les moutons avaient le dos teint. Les Afghans manquaient du loisir de s'arrêter pour discuter. Quand ils en prenaient le temps, ils n'avaient pas grand-chose à dire. Ils vivaient là où il faisait très froid ; à cette époque de l'année, ils quittaient les hauteurs pour échapper aux neiges de l'hiver ; c'était tout. Ils faisaient corps avec leurs bêtes ; l'homme et l'animal étaient arrivés à une sorte de compréhension. De très jeunes enfants, ceux qu'on considérait encore comme des bébés, étaient attachés avec les bagages sur le dos des chameaux et des ânes. Passé cet âge, ils marchaient, déjà au travail, adultes miniatures qui tenaient à la main des badines en guise de bâtons ; et, avec leurs turbans, leurs chemises et leurs pantalons, ils paraissaient si sûrs d'eux-mêmes et indépendants que, de loin, il était difficile, surtout quand ils se trouvaient tout seuls, d'évaluer leur âge ou leur taille.

« Pour chacun de ces moutons, ils obtiendront un millier de roupies à Mansehra ou Abbotabad », fit remarquer notre séduisant chauffeur avec une sorte de jalousie tribale.

Les petits sabots des moutons qui trottaient soulevaient la fine poussière de la route; et, tandis que, dans ce nuage grisâtre, nous nous faufilions au milieu de deux ou trois troupeaux mêlés, parmi la masse mouvante des dos laineux et teints de différentes couleurs, Masood (que la vantardise de l'homme qui prétendait pouvoir gagner deux mille quatre cents roupies à Karachi avait déjà vexé), déclara : « Vous rendez-vous compte que sur cette route circulent des lacks et des lacks de roupies ? » Un lack valait cent mille roupies.

« Et que font-ils de cet argent ? demandai-je.

– Il y a leur famille, m'expliqua Masood. Ils ont toujours une fille ou un fils à marier. La fête coûte cher. Ici, la coutume veut que le jeune homme apporte vingt mille roupies à la future épousée. S'il n'a pas cette somme, il doit construire une maison ou s'arranger pour offrir des terres. Ainsi, s'il la répudie, elle ne se retrouve pas démunie. S'il ne peut remplir ces conditions, la jeune fille ne l'épousera pas.

– Je croyais qu'au Pakistan les jeunes filles devaient avoir une dot.

– Une dot ? Qu'est-ce que c'est ? »

Il me sembla que Masood savait fort bien de quoi je parlais. Sans doute n'ignorait-il pas non plus que la coutume était mal vue. « A Karachi, repris-je, on m'a dit que les familles rigoristes ne donnaient que trente-deux roupies, car c'est la somme que reçut le Prophète. »

Masood en convint.

Je ne croyais pas qu'un mouton pût valoir mille roupies. Et, quand, un peu plus tard, nous fûmes arrêtés par un nouveau troupeau, je priai Masood de poser directement la question à un berger afghan. Celui-ci s'imagina que nous étions acheteurs. Il nous désigna l'une de ses plus belles bêtes et nous affirma qu'il ne nous la céderait pas à moins de trois cents roupies. Alors, ce fut au tour du chauffeur, qui avait avancé le chiffre de mille roupies, de feindre l'incompréhension.

La rivière vert pâle dévalait les rochers et l'eau bouillonnait. Mais, aperçue d'une certaine hauteur, elle semblait se pétrifier. Les tourbillons et les remous blancs évoquaient alors les veines tortueuses du marbre poli – quoique la rumeur parvînt toujours à nos oreilles. Et il était fascinant, quand on redescendait, de voir ces motifs figés reprendre vie tandis que le fracas, de nouveau, s'accordait au mouvement.

Après un grand virage en épingle à cheveux, surgit, de l'autre côté de la montagne, un camp afghan. Une tente basse avait été dressée; on avait réuni ensemble les chameaux et les ânes; on préparait le repas. Le feu, la forme sombre de la tente constituaient un tableau attrayant et, ayant demandé au chauffeur s'ils acceptaient ce genre d'intrusion, je fis arrêter la jeep pour aller parler avec les nomades.

Nous nous adressâmes à un jeune homme vêtu à la façon pakistanaise. Il portait la moustache, avait la peau blanche mais tannée et un visage jovial de paysan. Mais il se montra circonspect; considérant notre jeep officielle, il nous prit pour des hommes du gouvernement ; et la première chose qu'il déclara à Masood fut que les gens de son camp avaient quitté l'Afghanistan bien des années auparavant et vivaient maintenant de façon permanente du côté pakistanais de la frontière.

Sans cesser de regarder le jeune homme, ni changer de ton, Masood me dit en anglais : « Il ment. Il vient de Kaboul. Il revient juste de Kaboul. Mais il ne veut pas s'attirer des ennuis d'ordre politique. »

Le jeune homme me présenta une tabatière de cuivre. Elle était pleine d'un mélange vert foncé de tabac et d'herbes, dont on était censé placer une pincée sous la lèvre inférieure. Il me proposa d'essayer. J'en mis un peu sur le bout de ma langue où le mélange, en s'humidifiant, me procura un picotement qui n'était pas désagréable. A son tour, il puisa dans ma propre réserve de tabac à priser. Il le trouva trop fort et n'essaya même pas de cacher son dégoût ; il éternua et cracha à quelques centimètres de mes pieds. Une fois remis, il tapota les lunettes de vue que je gardais dans la poche de ma chemise puis m'ôta lui-même les lunettes de soleil que je n'avais pas enlevées. La lumière était si aveuglante que j'avais oublié que je les portais encore. J'aurais dû lui laisser voir mes yeux depuis le début ; il avait raison de me faire remarquer ainsi mon manque de courtoisie.

Il nous emmena admirer sa tente. On avait fait infuser du thé, ou peut-être bouillir, à la façon du sous-continent ; de petites tasses de porcelaine sales étaient posées sur le sol. Une adolescente, ou une jeune femme, confectionnait des *roti*, galettes de pain sans levain, au-dessus d'un feu de branchages, aplatissant les boules de pâte en les faisant tourner très vite entre ses paumes, jusqu'à ce qu'elles soient très fines et bien rondes, puis, d'un geste, étendant les abaisses sur son avant-bras droit, avant de les poser sur la plaque de cuisson. Faite à partir du grain local, la farine sortait des moulins de la région, lesquels tournaient grâce aux nombreux cours d'eau qui coulaient par ici.

Le *roti* chaud que l'on nous offrit était délicieux. La tente, le feu, les montagnes, la rivière, le thé, le *roti* : j'eus la tentation de m'abandonner à cet instant de bien-être. Mais était-ce tout ce qu'ils allaient avaler, des *roti* et du thé ? Masood posa la question pour moi. « Seulement des *roti* et du *tchaï* ? Pas de *tarkari* ? » Pas de succulents plats de légumes ou de viande ? Le jeune homme éclata de rire. « Du *tarkari* ? Pourquoi nous faudrait-il du *tarkari* ? »

Le chauffeur nous dit qu'ils mangeaient parfois du *panir*, une sorte de fromage blanc. Mais cela ne semblait pas prévu au repas.

« C'est pourquoi ils se portent si bien », commenta Masood. Il craignait toujours que la nourriture fût avariée ou l'eau polluée et ne voyageait jamais sans ses pilules ; c'était un des aspects de sa nature inquiète.

Les femmes et les jeunes filles groupées sous la tente étaient splendides. Elles ne se nourrissaient pour le moment que de *roti* et de thé ;

mais elles paraissaient en meilleure santé que la plupart des femmes que nous avions croisées en chemin; et le soleil de la montagne avait donné une chaude teinte cuivrée à leur peau blanche.

Des moutons et des chèvres entraient et sortaient de la tente. Au fond, s'entassaient des couches et des couvertures. Le jeune homme nous expliqua que la partie gauche, près de l'entrée de la tente, était réservée à son père et à son oncle; les femmes occupaient le milieu; et le côté droit... mais je ne compris pas à qui pouvait échoir le côté droit. Deux frères conduisaient la caravane; c'était une famille riche. Cette femme fière mais sans beauté – assise à la place qui lui était attribuée, au milieu de la tente – parée de lourdes boucles d'oreille en argent et d'un imposant collier, d'argent lui aussi, était l'épouse de l'oncle. Elle ne leva jamais les yeux vers nous.

Sans que je le lui aie suggéré, Masood demanda au jeune homme combien il vendait ses moutons. L'Afghan désigna un campement de moindre importance, situé de l'autre côté de la piste, et répondit que ce mouton, là-bas, valait trois mille roupies. C'était une bête énorme, à la toison épaisse, et qui devait avoir quelque chose d'exceptionnel, car on la gardait dans l'une des parties habitées du camp, les deux pattes postérieures attachées à un pieu.

Près de la tente principale, on avait entravé les chameaux d'une façon nouvelle pour moi : l'une des pattes antérieures était repliée contre la cuisse et maintenue grâce à une corde, si bien que le grand animal ne pouvait plus que sautiller. Pour la première fois, je remarquai que chaque chameau avait le nez traversé par une cheville ou un clou de bois. C'était là que l'on fixait la bride. Le jeune homme nous fit une démonstration. Il tira la bride vers le bas. Le chameau blatéra, comme pour protester, mais ne bougea pas. Puis, au bout d'un instant, il s'agenouilla sur ses longues pattes dont les jointures étaient calleuses et meurtries. Les chameaux, comme les éléphants, sont plus jolis à voir de loin; de près, on s'aperçoit que leur peau est rêche et pelée.

Le jeune homme nous apprit que les adolescentes que nous avions vues sous la tente étaient ses sœurs. Elles n'étaient pas mariées, et lui non plus. Il estimait avoir seize ans. Mais, de toute évidence, c'était faux; peut-être ne savait-il pas son âge et n'avait-il pas le moyen d'évaluer la fuite du temps. Son père approchait, maintenant. Malgré son air peu amène, il était superbe : sous son magnifique turban, il paraissait presque menaçant. Ce ne fut que lorsqu'il parvint à notre hauteur que je remarquai sa très petite taille : il mesurait à peine un mètre cinquante. Mais ces nomades afghans étaient tous petits, comme d'ailleurs la plupart de leurs animaux – les bovins, les poneys, les ânes; les veaux n'étaient pas plus grands que des chiens. Seuls les moutons et les chèvres étaient beaux et vigoureux. Le père avait des yeux bleu pâle qu'il venait juste de souligner au khôl. Les extrémités de sa moustache blanche étaient cosmétiquées; sa barbe partagée en deux et bouclée;

sous le hâle, on devinait la peau blanche. Cette coquetterie, ce soin dans la toilette (il n'y avait pas d'autre mot), plus grand encore que celui dont faisaient preuve les femmes, ne manquait pas d'étonner, à cette altitude, parmi les chameaux et les chèvres !

Le jeune homme me dit que son père avait cinquante ans. Et ce dernier – ses yeux bleus pleins de méfiance et, même, de mépris – demanda à son fils qui nous étions. Le jeune homme répondit que nous parlions des langues différentes : Masood s'exprimait en ourdou et moi en anglais. C'était sa façon à lui de dire que Masood et moi étions tous deux étrangers, mais n'appartenions pas à la même tribu. Pour la forme, le père nous offrit du thé. Nous refusâmes. Dès lors, il ne nous restait plus rien à ajouter. Le père alla s'asseoir dans la partie gauche de la tente, qui lui était réservée, ainsi qu'à son frère, et, s'adossant contre des ballots, cessa de faire attention à nous.

Un âne, suivi de deux ou trois de ses petits congénères, pénétra sous la toile pour grappiller un peu d'herbe coupée qu'on réservait sans doute à un animal plus précieux. De sa main ouverte, le père donna sur le flanc de l'âne une claque retentissante. Mais la tape n'était pas destinée à faire mal ; elle n'avait été administrée que pour produire ce bruit sonore, signe de l'interdiction. L'un des jeunes fils de la famille jeta des pierres en direction des autres ânes, mais de tout petits cailloux, qu'il lançait sans violence. Tous se montraient assez doux envers leurs animaux. Ils faisaient de grands gestes menaçants avec leurs bâtons, mais ces cannes ne servaient pas à frapper ; elles flattaient, elles guidaient.

Le père, appuyé contre les bagages ficelés de la caravane, fut pris d'une quinte de toux. Alors – avec son splendide turban, ses yeux maquillés de khôl, sa barbe bouclée et sa moustache cosmétiquée – il cracha, salement, juste à côté de lui. Je m'aperçus soudain qu'il s'était installé au milieu de déjections animales ; et que, dans l'obscurité, au fond de la tente, mieux protégés que les gens eux-mêmes, se trouvaient les moutons et les chèvres les plus précieux de son troupeau.

« Ils sont comme ça, me dit Masood en considérant le vieil homme. Avez-vous été en Afghanistan ? A Kaboul ? Même la classe moyenne ne vaut pas mieux. »

Nous ne parlions pas la même langue. C'était comme s'il était convenu qu'en plus de notre tolérance et de notre intérêt respectifs dans nos relations d'étranger à étranger, il devait exister aussi du dédain, né du mode de vie spécifique de chaque homme à l'intérieur de son groupe. Le mépris de Masood n'était pas plus profond que celui qui se reflétait à notre égard dans les yeux du vieil homme. Il y avait tant de tribus dans cette petite région : Gujars, Afghans, Kaghanis, Pathans, Masood (Indien de Lucknow), moi-même. Pourtant, il fallait respecter les règles de la politesse : offrir du thé, du tabac. Notre chauffeur s'était éclipsé ; les Afghans l'ennuyaient déjà ; il n'en faisait pas mystère. Il alla s'asseoir au bord d'un à-pic, beau, plus évolué, son épaisse chevelure brune peignée à la façon d'une vedette de cinéma, et saupoudrée maintenant de la poussière de la route.

Et qui était la mère des ravissantes jeunes filles aperçues sous la tente ? Je savais que la femme assez quelconque qui se tenait à la place qui lui était réservée était l'épouse de l'oncle. Le jeune homme me dit que la mère des filles (pas nécessairement la sienne) se trouvait dans le petit campement, de l'autre côté de la route, là où l'on avait attaché ce mouton valant trois mille roupies, pour l'empêcher de vagabonder et de se blesser.

Nous traversâmes la piste. Là, nous aperçûmes l'oncle, simplement assis sur le sol ; il nous ignora. Deux femmes voilées – l'une d'elles étant la mère des jeunes filles – s'affairaient autour des bagages. Par ici, le port du voile était inhabituel et révélait le statut de la famille. L'oncle leur adressa quelques mots. Ensemble, elles étendirent une couverture sur le sol. L'oncle se déplaça et alla s'installer au milieu de la couverture. Et, tandis qu'il s'asseyait, les femmes commencèrent à dresser une tente autour de lui : une toile munie d'œillets, et trois mâts de bambous achevés par des pointes métalliques, reliés au sommet pour former un trépied. Les femmes eurent du mal à piquer les mâts. L'oncle n'y prit pas garde. Il se contenta de rester assis, attendant qu'on montât la tente et qu'on lui fît de l'ombre, une vieille boîte de lait en poudre posée devant lui. La boîte de fer contenait probablement son argent.

Le voile des femmes tomba tandis qu'elles s'escrimaient à dresser la tente. Elles ne ressemblaient guère aux jeunes filles que j'avais vues de l'autre côté de la route. Leur visage était vieilli, ridé, cuit par le soleil. Les jeunes filles à marier étaient de véritables beautés. Celles-ci, les épouses, étaient vouées au travail ; des bêtes de somme. Semblables en cela aux femmes des Indiens dakotas que Parkman découvrit en 1846 sur la piste de l'Oregon. Mais ces Afghans, comme toutes les autres tribus montagnardes, ne vivaient que dans les régions qu'ils se sentaient capables de dominer. On ne pouvait dire d'eux, comme Parkman au sujet des Indiens dakotas, qu'ils allaient être balayés de la surface de la terre.

Comme nous nous tenions devant l'oncle, Masood déclara : « Les femmes font tout le travail. Les hommes se laissent servir. Cela ne se passe pas comme ça, en Europe, n'est-ce pas ? » Mais il se montrait injuste envers les hommes. Ils ne se ménageaient pas non plus ; parmi ces nomades, personne n'imposait aux autres une discipline plus sévère qu'à soi-même. « On retrouve cette attitude vis-à-vis des femmes chez nous aussi, reconnut Masood. Mais cela commence à changer, dans les villes. » Masood avait des sœurs. Les aînées s'étaient mariées et, comme il disait, étaient devenues des « maîtresses de maison », résignées à la vie traditionnelle. Mais les plus jeunes étudiaient à l'université et Masood se préoccupait de leur avenir.

Néanmoins, sur le moment, ma réaction différa de celle de Masood. Ce campement afghan m'avait ramené aux premières leçons de géographie de mon enfance, aux illustrations de mon livre de classe intitulé *L'Habitation dans les pays lointains* : les hommes créant des foyers pour s'assurer confort et abri dans les conditions les plus extrêmes : les Africains armés d'arcs et de flèches derrière les palissades qui les protégeaient des périls nocturnes de la forêt ; les Kirghiz sous leurs tentes, au milieu de la steppe sans fin ; les esquimaux dans leurs igloos, perdus dans les immensités glacées.

Et comme les jeunes filles, sous la tente, étaient ravissantes ! Cette vie nomade et bucolique m'attirait soudain. Dans le désert du Sind, au centre soufite, près de l'Indus, entendre parler de *mourchid* et de *mourid* m'avait fait penser aux histoires caucasiennes de Tolstoï et Lermontov. Et, ici, près de l'une des rivières glacées qui grossissaient l'Indus (eau verte bien vite devenue boueuse et apportée par un canal rectiligne jusqu'à Karachi et ses marais salants tropicaux, à près de quinze cents kilomètres de là), j'eus l'impression d'être revenu aux sources : une vie de campement et de marche quotidienne, parmi les animaux. Mais ce qui n'était pour moi que l'impulsion d'un moment représentait pour eux un mode d'existence. J'irais de l'avant, entreprendrais d'autres choses ; ils resteraient tels que je les avais vus. Et ces jeunes filles, si belles, à la peau si merveilleuse, étaient véritablement des étrangères, enfermées dans les idéaux propres à leur tribu, superbes aujourd'hui, éclatantes de santé, conscientes de ce qu'elles allaient valoir, mais, demain, une fois épousées, promises à une vie de labeur.

Tout au long de l'après-midi, nous croisâmes ces bergers, remarquant combien ils se montraient plus doux envers leurs animaux qu'envers eux-mêmes : ces visages si fanés, si desséchés, si vieux, et pourtant jeunes. Peu avaient le teint et la santé des jeunes filles du campement. Une fois, j'aperçus un homme portant une chèvre ; une autre fois, une chèvre enveloppée dans une couverture et chargée sur le dos d'un âne. Une femme marchait avec un seul pied chaussé, l'autre soulier étant posé sur sa tête. La chose n'était pas exceptionnelle : plus loin, nous rencontrâmes des femmes qui portaient leurs deux chaussures sur la tête, les talons emboîtés l'un dans l'autre de façon à former une petite arche. Elles ne se chaussaient que lorsque le sol devenait caillouteux ; dès que la couche de poussière le rendait plus lisse et plus égal, elles préféraient marcher pieds nus. Les chevilles des nomades étaient noires de crasse.

Plus haut, à Shogran, le ciel était couvert et il faisait frais, froid même, lorsqu'il se mit à bruiner. Les sapins étaient immenses et, parfois, la pente devenait si abrupte que l'on avait du mal, depuis la route, à apercevoir leurs racines. Sur le versant qui dominait la corniche, on constatait le saccage accompli par les paysans : on avait écorcé les grands sapins pour obtenir du petit bois. Il n'était pas facile d'en récolter, par ici, dans cette région si pauvre en terrains plats et en végétation, où seuls poussaient des sapins dans les étroits affleurements de terre entre les rochers.

Au crépuscule, nous avions rejoint le bord de la rivière. De nombreux camps avaient été dressés près de la rive, dans une vaste clairière herbeuse. Des feux brûlaient; on préparait du thé, des *roti*; ici et là, on coupait des morceaux de viande séchée destinés au repas du soir. Les chameaux (qu'on nourrissait avant les hommes) ruminaient leur fourrage. Dans l'un des camps, ils mangeaient des branches de houx. Un peu plus bas, sur les rochers de la berge, où le soir qui tombait fondait toutes les couleurs en nuances grises et blanches, se trouvaient les poneys et autres animaux de bât, libérés au terme de la journée.

Les Afghans étendirent sur l'herbe d'épaisses couvertures de laine. J'en avais déjà remarqué de semblables, en laine brute, d'un brun soutenu, ornées de motifs simples aux couleurs vives; elles sentaient le mouton ou la chèvre, l'odeur afghane, l'odeur que répandaient ces nomades partout où ils allaient. L'une des couvertures me plut tout particulièrement; aussitôt, Masood et le chauffeur – par pur plaisir, me sembla-t-il – commencèrent à la marchander pour moi. Un vieil homme, le chef du camp, plus amical que l'élégant berger aux yeux maquillés de khôl, en demanda quatre cents roupies. Le chauffeur de la jeep estima le prix trop élevé. Mais nous nous assîmes avec les hommes du camp pour boire des tasses de thé sucré.

Masood me fit faire le tour du camp, abandonnant au chauffeur le soin de conclure le marché. Nous allâmes observer les animaux de bât qui ruminaient leurs feuilles et leurs branches; nous nous promenâmes entre les tentes et les feux; nous nous approchâmes des ânes qui se tenaient sur la berge rocailleuse. A notre retour, l'affaire était faite : trois cents roupies.

Tout le monde était content. On serra des mains à la ronde; et le chauffeur, triomphant, brandit la couverture comme s'il l'avait vraiment marchandée pour lui-même. Mais sans doute l'air de la montagne m'avait-il enivré. Lorsque, plus tard, à Rawalpindi, j'examinai la couverture, je fus surpris non seulement par sa grande taille – dans l'obscurité, près de la rivière, elle m'avait paru plutôt petite – mais aussi par l'étrangeté du dessin et des couleurs, semblables aux points et aux lignes tortueuses tracées par un illuminé, œuvre sortie d'un asile. Mais peut-être que pour vivre cette existence de nomade il fallait avoir l'esprit un peu dérangé.

La piste se remit à monter. Même dans l'obscurité, la rivière qui se fracassait contre les écueils paraissait blanche. Les rochers devinrent plus gros; puis franchement énormes; une fois ou deux, la route passa sous des surplombs rocheux. On apercevait des lueurs jaunes dans les maisons à plusieurs niveaux et au toit-terrasse adossées au flanc de la montagne. Seules ces lumières permettaient de repérer les maisons, d'en apprécier le contour ; elles donnaient une impression de solitude, de désolation.

Nous étions loin d'être seuls sur la route. Parfois, des gens campaient juste sur le bas-côté ; une fois, nous vîmes un homme endormi sur le muret de pierre qui bordait la piste. Plus loin, nous dépassâmes tout un campement dressé le long du chemin : des feux de branchage, des tentes, des moutons couchés pour la nuit, pareils, dans l'obscurité, aux rochers arrondis des berges de la rivière. Les chiens du camp, les chiens à épaisse fourrure de la région, se mirent à aboyer et à nous prendre en chasse.

Depuis que la nuit était tombée, le chauffeur n'avait cessé de passer des cassettes de musique de film indienne. Des chansons douces et mélancoliques où il était question d'amour, de séparation et de désir nous accompagnèrent tandis que nous traversions la sombre vallée ; et, chaque fois, une femme se lamentait.

> *Toum zindagi-ko ghoumka fasana bana-gé.*
> *Ankho men intizar-ki douniya jagga-gé.*
> Tu as fait de ma vie un conte de lamentations.
> Dans mes yeux tu as éveillé un monde de passion.

Ce second vers, magique, est intraduisible, avec cette image inattendue d'un monde *(douniya)* de passion *(intizar-ki)* éveillé *(jagga-gé)* dans les yeux de l'amante *(ankho)*. C'était grâce à ce vers qu'on chantait cette chanson depuis quarante ans ; à chaque fois qu'il repassait sur la bande, l'aide du chauffeur le reprenait en chœur.

> *Ik tīs si dilmen out-ti haï.*
> *Ik dard sa dilmen hota haï.*
> Comme un chant funèbre s'élève en mon cœur.
> Une douleur étrange étreint tout mon cœur.

Des gens marchaient toujours, quoique la nuit fût maintenant bien avancée ; il semblait qu'il n'y eût pas d'heure déterminée pour la marche et l'installation du camp. A un moment, nous dûmes ralentir pour laisser passer un groupe parti à la poursuite d'un taureau qui s'était échappé de la caravane et refaisait à toute vitesse, en sens inverse, le chemin de la journée.

Soudain, nous eûmes l'impression de nous être égarés. Nous descendîmes de la jeep. Il faisait très sombre. Le chauffeur envoya son jeune aide en éclaireur puis alla voir lui-même ce qui se passait. Il revint et s'éloigna lentement au volant de la jeep en nous abandonnant où nous étions. Nous perdîmes bientôt de vue les feux arrière de la voiture. Le jeune garçon réapparut et éclaira notre chemin à l'aide d'une torche électrique. Il me tendit sa petite main ; elle était étonnamment douce. Il nous sembla marcher sur une surface boueuse parsemée de rochers. Bientôt, nous aperçûmes à nouveau les phares de la jeep. Dans l'obscurité, il était difficile d'évaluer les distances. Les feux paraissaient très loin, comme si le chauffeur avait dû accomplir un certain détour avant de retrouver la piste. Mais soudain, quelques secondes plus tard, la jeep fut là, juste à quelques pas de nous.

Nous avions cru marcher sur de la boue et des rochers. Mais le lendemain, sur le chemin du retour, en plein jour, nous constatâmes que la langue d'un glacier était descendue jusque-là, coupant la route. La neige s'était accrochée au muret de protection en pierre. Une croûte dure et sale s'était formée à sa surface ; mais, au terme de cet été himalayen, sous cette carapace, s'était creusée une grande caverne blanche dont la fonte alimentait une cascade.

Nous avancions maintenant parmi les glaciers et les torrents. Partout retentissait le bruit glacial des chutes d'eau.

Le gîte d'étape de Naran était illuminé, mais personne ne nous répondit. A Balakot, au moment du marchandage pour la jeep, le chauffeur nous avait dit que la location d'une chambre dans l'hôtel gouvernemental coûtait cent vingt-cinq roupies. Maintenant, il affirmait que le prix était supérieur à deux cents roupies. Faisant mon calcul pour quatre chambres – moi-même, Masood, le chauffeur de la voiture qui nous avait amenés de Rawalpindi à Balakot (et qui, depuis, s'était montré silencieux et très effacé), le conducteur de la jeep et son aide – mon cœur se serra. Mais Masood (qui, en sus de son inquiétude permanente à propos des infections, développait une manière d'hypocondrie à propos de l'argent, de la peur de se faire rouler) déclara qu'il avait nettement stipulé que le chauffeur de la jeep et son aide devraient s'arranger tout seuls. Cependant, ce ne fut pas au gîte d'étape que nous conduisit le chauffeur, mais au Park Hotel, dont, plusieurs fois, sur la route, nous avions croisé les pancartes accrocheuses.

Le Park Hotel était un bâtiment long et bas, situé en retrait de la route ; des lumières tamisées brûlaient sous la véranda. Le chauffeur klaxonna et un homme enveloppé dans une couverture sortit d'un édifice plus petit qui se dressait sur le côté du parc. Il faisait froid et, ce, depuis un bon moment déjà ; mais l'hôtel n'était pas chauffé. L'homme à la couverture nous montra une chambre ; deux lits à sommier de bois, des appliques électriques. Masood se mit à marchander et m'attira hors de la pièce froide pour me conduire sous la véranda glaciale, où il me dit que si l'on ajoutait un lit supplémentaire dans la chambre, il ne m'en coûterait que soixante-quinze roupies. Ainsi, après avoir dû voyager en compagnie d'une véritable petite caravane et affronter l'idée d'avoir à payer une note de cent dollars (mille roupies) pour la nuit, on ne me proposait plus, pour la modique somme de sept dollars et cinquante cents, qu'une place dans un dortoir. Je déclarai que je voulais dormir seul car j'avais le sommeil léger. Masood discuta avec le souriant employé de l'hôtel et, finalement, on m'accorda une chambre supplémentaire pour vingt-cinq roupies.

Je demandai qu'on allumât du feu dans ma chambre. L'employé me répondit en souriant que ce n'était pas possible. La cheminée ne fonctionnait pas ; s'il faisait du feu, la pièce s'emplirait de fumée. Cela expliquait la propreté relative de l'âtre. Je commandai du thé bien chaud. Oui, on en apporterait avec le dîner. Et à ce propos, que désirais-je manger ?

Pouvais-je avoir des œufs ? Non, il n'y en avait pas. Songeant aux eaux limpides de la rivière, j'avançai : « Des truites ? » Masood, qui traduisait pour moi, répéta le mot en anglais. L'employé secoua affirmativement la tête et prononça à son tour : « Truites. » Et Masood, toujours traduisant, m'affirma qu'il y avait des truites.

« Quarante roupies pour le permis, ajouta-t-il.

– Quel permis ? On ne peut donc rien faire sans un permis ? » Le mot m'avait rappelé les ennuis que j'avais eus à Rawalpindi pour poster des livres et changer des traveller's chèques.

« Non », répondit Masood avec mauvaise humeur.

Il faisait trop froid pour approfondir la question. J'avais eu hâte de retrouver le froid. Mais, maintenant, j'en souffrais ; et, dans la pièce, la température semblait baisser de minute en minute. Ne m'étant pas muni du moindre lainage, je décidai de passer une seconde chemise sous ma saharienne. Lorsqu'ils virent que je me déshabillais, ils quittèrent la chambre pour aller sous la véranda. La porte resta ouverte ; cela me donnait une demi-intimité plutôt réfrigérante. J'aurais préféré une compagnie et même un peu d'aide. J'avais les doigts trop gourds pour parvenir à passer facilement les boutons ; et, partout alentour, on entendait le bruit glacial des chutes d'eau.

Quand, ainsi couvert, je retournai sous la véranda, l'employé de l'hôtel me présenta quatre truites flasques : visiblement, il n'avait pas eu loin à aller. Le chauffeur de la jeep et son jeune aide au châle kaki nous laissèrent. Comme l'avait exigé Masood, ils s'étaient débrouillés tout seuls : sans doute quelque chaude maison paysanne au toit de pisé les attendait-elle.

Masood et moi (et notre chauffeur silencieux) nous rendîmes dans la cuisine, à la recherche d'un peu de chaleur. Elle se trouvait dans l'autre bâtiment, plus petit et situé sur le côté du parc. Bien que nous ne soyons arrivés que depuis quelques minutes, que les négociations soient à peine achevées, et que l'on vienne tout juste d'apporter les quatre truites, notre dîner avait déjà mobilisé un véritable escadron dans la cuisine, un feu de bois brûlait sous la plaque de cuisson, un homme en chemise bleue à longs pans aplatissait entre ses mains des boules de pâte à *roti*, la queue de sa chemise sautant à chaque mouvement guilleret, et l'on avait levé, tronçonné et épicé les filets des truites, maintenant disposés sur une table de bois basse.

J'allai me poster devant le feu, à la façon des cuisiniers ; Masood s'assit sur une chaise cannée, devant la table basse. Sans cesse nous allions refermer la porte de la cuisine ; le personnel, entrant et sortant, la laissait régulièrement ouverte. Rien n'était plus important que ce feu : ni l'état de la table sur laquelle l'homme à la chemise bleue roulait les boules de pâte dans la farine, ni la qualité de l'eau, contenue dans un seau de plastique rouge, ni la vieille table de bois sur laquelle reposaient les filets de truite.

Toujours aussi vif, et maintenant satisfait de la forme de ses *roti*, le cuisinier s'empara d'un couteau pour gratter la graisse carbonisée qui adhérait à la plaque de cuisson circulaire. Il versa un peu d'huile sur la plaque, retira quelques bûches incandescentes pour réduire le feu, mit les filets à cuire, les enferma sous un couvercle d'aluminium, puis se pencha pour ramasser sur le sol noirâtre une vieille brique qu'il posa sur le couvercle.

« Et si nous restions ici pour dîner ? » me suggéra Masood.

Il avait lu dans mes pensées. Nous dînâmes donc dans la cuisine.

Un homme d'une stature imposante portant une toque de fourrure et un châle gris ardoise entra dans la cuisine. Ce n'était ni un villageois ni un montagnard. J'imaginai qu'il s'agissait d'un propriétaire terrien ou qu'il avait quelque chose à voir avec l'hôtel ; ou encore que c'était un policier, quelqu'un du service des renseignements, venu voir ce que faisaient les étrangers. Il nous apprit qu'il était « préparateur », pharmacien ou herboriste. Il avait une boutique à Balakot et une autre, ici, à Naran. « Ainsi, dis-je, vous avez deux magasins ? – Non, répondit-il, je n'en ai qu'un. » Celui de Naran ouvrait l'été (officiellement, la saison n'était pas terminée) et celui de Balakot l'hiver.

En plus de la truite, on servit un plat de viande à Masood et au silencieux chauffeur (discret même dans sa façon de se nourrir : il tenait absolument à avoir l'air de manger moins que Masood ou moi-même). La faim et le froid avaient fait oublier à Masood sa peur des infections. Il demanda qu'on lui apportât de l'eau, avec sa viande. Le garçon de cuisine, qui, ne nous avait pas quittés des yeux un instant, appuyé contre le fourneau, plongea un verre dans le seau de plastique rouge et le tendit, tout dégoulinant, à Masood, qui le vida d'un trait.

Le pharmacien s'en alla. Nous ayant dit ce qu'il faisait, où il vivait et ayant découvert qui nous étions et quelles langues nous parlions, il n'avait pas trouvé grand-chose à ajouter. Le cuisinier à la chemise bleue retira les bûches du fourneau. Il étouffa les flammes ; les braises moururent très vite. Nous n'avions plus rien à faire dans la cuisine ; il nous fallait ressortir dans le froid. Mais la nourriture nous avait réchauffés. La cour nous parut moins glacée, la chambre aussi. Mais Masood avait été affecté par l'impression de solitude et de désolation qui se dégageait de la vallée. Il resta dans ma chambre pour me parler de lui et de ses angoisses.

Ses principaux sujets de préoccupations concernaient son père, sa famille et l'argent. Il estimait qu'il aurait dû aider financièrement les siens ; mais il n'était pas en situation de le faire. D'autre part, il nourrissait des inquiétudes au sujet de sa carrière scientifique, qu'il ne pouvait poursuivre, faute d'argent. Agé de vingt-sept ans, il avait été étudiant toute sa vie ; et, à cause de la voie qu'il avait choisie, il lui fallait continuer à l'être pour quelque temps encore. C'était une lourde charge, pour son père. Mais celui-ci ne s'était jamais plaint ; ses enfants et leur éducation étaient sa seule fierté.

« Mon père ne peut pas continuer à travailler. C'est trop dur, pour lui, du matin jusqu'au soir. C'est un homme de soixante et un ans.

– Mais, s'il prend sa retraite, il n'aura plus rien à faire.

– Vous ne comprenez pas. Je vous ai déjà dit quel était le grade de mon père, dans l'armée. C'était un sous-officier, un subalterne. Vous ne savez pas ce que cela signifie, ici. »

A soixante et un ans, son père gagnait mille sept cents roupies par mois comme comptable. L'impossibilité d'arrondir ce maigre salaire et le désir de ne pas s'écarter de son domaine tourmentaient Masood.

« Je n'ai pas choisi la branche des sciences appliquées. Sinon, je n'aurais pas les mêmes problèmes.

– Avez-vous l'intention de quitter le Pakistan ?

– Je ne souhaite pas m'en aller. Il y a ici des postes correspondant à mes compétences. Mais, pour l'instant, le gouvernement a interrompu le recrutement. Peut-être n'est-ce que temporaire. Je n'en sais rien. J'ai déposé une demande de bourse auprès d'une université américaine. Ils me l'ont refusée. D'après eux, les Indiens et les Pakistanais abusent du visa étudiant. Ils obtiennent le visa, se rendent dans le pays, travaillent pendant un mois ou deux, puis disparaissent. Je pourrais aller en Angleterre, à Telford. Ils m'y ont accepté. Mais où trouver l'argent ? Il y a des pays où l'on peut croire à l'efficacité de la lutte. On peut espérer qu'elle donnera des résultats. Ici, c'est une question de chance. Dans ce pays, on ne peut compter que sur la chance. »

Il ne savait pas combien ces réflexions m'allaient droit au cœur. Cette conception de la lutte, de la vocation, de l'accomplissement, celle de la valeur humaine, n'appartient qu'à certaines sociétés. Elles n'avaient pas droit de cité dans l'île coloniale de La Trinité où j'avais été élevé, où ne s'exerçaient qu'à peine une centaine de métiers, tous très simples, et où la qualité du cacao et du sucre prévalait contre celle de l'homme. Le désespoir de Masood, son impression d'appartenir à un monde sans issues (tout en sachant qu'ailleurs existaient le progrès et la croissance) me ramenaient aux sentiments que j'avais éprouvés moi-même trente ou trente-cinq ans auparavant.

Les parents de Masood avaient quitté l'Inde pour le Pakistan en

1947. Ils avaient émigré, en tant que musulmans, vers un État musulman, dirigé selon des principes musulmans. L'orientation du pays n'avait pas changé ; mais, libérés par cette nouvelle vie, ils avaient, eux, évolué ; aujourd'hui, l'existence d'un État musulman ne suffisait plus à Masood et à son père. Les regrets que, d'après Masood, son père éprouvait parfois d'avoir quitté l'Inde étaient à la fois bien et mal fondés : en 1979, le père de Masood n'était plus l'homme qu'il avait été en 1947. Masood lui-même, qui n'avait connu que le Pakistan, ne respectait aucun héros religieux ou politique ; le seul grand homme pakistanais qu'il vénérait était un scientifique, Abdus Salam, qui travaillait en Europe (et qui devait recevoir le prix Nobel quelques semaines plus tard).

« Ils pourraient m'offrir un poste à l'université, reprit le jeune homme. J'en avais un. Mais je l'ai perdu. Tout est politique, ici. Les responsables qui me proposeraient un poste aujourd'hui auraient des ennuis avec les autorités. J'ai milité dans des organisations étudiantes.

– Quel est exactement votre niveau ?

– Dans mon université, j'étais parmi les cinq meilleurs. »

Il m'avait parlé d'une thèse, de recherches qu'il effectuait, d'un doctorat qu'il obtiendrait peut-être bientôt dans une université locale. Et puis, à ma grande surprise, il déclara : « Il se peut que je parte dans un mois. Un ami m'a trouvé un poste dans un lycée d'Afrique occidentale.

– Lequel ?

– Un lycée.

– Comment s'appelle-t-il ?

– Il n'a pas de nom. Ce n'est qu'un lycée. Une école secondaire. Ils appellent ça un lycée. J'ai réussi à savoir combien ils payaient. Trois mille six cents roupies par mois. » Trois cent soixante dollars.

« Ce n'est pas beaucoup.

– Mon ami m'affirme que, là-bas, on peut vivre avec huit cents roupies.

– Ça m'étonnerait.

– Cela me permettrait d'économiser vingt mille roupies.

– Et les impôts ? Vous êtes-vous renseigné à ce sujet ?

– Non, je n'ai pas réussi à savoir. Mais ce travail résoudrait mes problèmes financiers.

– Cela ne risque-t-il pas de compromettre votre carrière ?

– Bien sûr qu'il y a un risque, répondit-il avec irritation.

– N'y allez pas.

– Cela résoudrait mes problèmes financiers. Il faut que j'aide ma famille. Mon père a soixante et un ans. »

Un an : dix mois, peut-être. « C'est bon, dis-je. Allez-y. Et puis cela améliorera votre anglais. »

Cela ne lui plut pas beaucoup. « En '' expression et compréhension anglaise '', ça marchait bien. » Il m'indiqua sa note. Cependant, son anglais était fluctuant. Mais, pour Masood, seuls les diplômes importaient.

Le souriant employé de l'hôtel entra.

« Il veut les quarante roupies du permis de pêche maintenant, me dit Masood. Vous lui paierez le reste demain. »

En outre, il apportait, pour le lit, non pas le drap que je lui avais demandé et qu'il m'avait, du moins le croyais-je, promis, mais une nappe. Il ôta le lourd édredon puis étendit soigneusement la nappe sur le matelas comme sur une table ; il plia l'édredon et le laissa au pied du lit. Ensuite, il sortit.

Je commençai à faire le lit.

Masood m'assura qu'il fallait absolument laisser le drap (ou la nappe) sous l'édredon. « On ne sait jamais qui s'en est servi. » Il me fit une démonstration. « Couchez-vous comme ça. Essayez de ne jamais toucher l'édredon. » Cette façon de faire un lit était quelque chose qu'il avait – tout comme moi – dû apprendre. Dans les pays chauds, on ne se sert jamais d'une couverture ; on ne se couvre que d'un drap de coton. Masood me transmettait la méthode que l'expérience lui avait enseignée. Il était venu de si loin ; il avait eu tant à apprendre ; et personne pour le guider. On devinait ses origines modestes, à la façon dont en mangeant il recrachait les déchets sur le sol ; la distance qui le séparait maintenant de ses origines (ajoutée à son inquiétude générale) s'exprimait dans ses manières tatillonnes et son hypocondrie.

« Et couvrez ça aussi », ajouta-t-il en me désignant l'oreiller glissé dans une taie de damas vert.

Dès qu'il fut sorti, je suivis son conseil en posant l'endroit de la saharienne que j'avais portée dans la journée contre l'oreiller. Je tirai les minces rideaux de coton ; ils ne se joignaient pas. Il faisait froid, mais l'édredon était lourd et douillet. Bientôt, la chaleur dégagée par mon propre corps m'engourdit. Je m'endormis sur un bruit d'eau. Et – avec soulagement et plaisir – je constatai en m'éveillant que le jour était levé.

J'avais cru entendre la rumeur de la rivière. Au matin, je m'aperçus qu'il s'agissait en fait d'une chute d'eau, qui dévalait la pente de la montagne, juste derrière le Park Hotel. Au pied de la paroi, sur le côté de l'hôtel, un canal en pierre détournait l'eau. Dans cette vallée arrosée par la fonte des neiges, les canaux ne servaient pas à l'irrigation mais à prévenir les inondations.

A l'autre extrémité de la vallée – au-delà du parc de l'hôtel, de la route principale où marchaient des hommes et de jeunes garçons emmitouflés dans des couvertures, des maisons basses de la petite ville, de la rivière invisible – les montagnes étaient illuminées par le soleil levant qui adoucissait leurs plis noyés de brume. Le soleil était encore bas ; l'hôtel et le versant qui le dominait se trouvaient toujours dans l'ombre. Mais, un peu plus bas, au pied de la montagne, un rayon filtrait entre les branches des pins: étroit rai de lumière, dessinant comme des fougères aux frondes transparentes.

L'employé de l'hôtel, toujours souriant, apporta du thé pour trois. Il posa le plateau dans ma chambre. J'allai chercher Masood et notre chauffeur. Mais Masood était enfermé dans la salle de bains et ne parut pas avant un bon moment. Lorsqu'il nous eut rejoints, il dit qu'il venait de passer une mauvaise nuit. Il avait mal au ventre. Qu'avait-il avalé de plus que moi? La viande? L'eau? Oui, c'était sûrement l'eau.

« L'eau d'ici paraît pure, dit-il. Mais elle contient certains sels minéraux. Avez-vous déjà été à Gilgit? » Gilgit se trouvait un peu plus au nord. « L'eau est *noire,* là-bas. »

Il avait pourtant pris ses pilules. Mais, presque aussitôt, l'autre côté de sa nature reprenant le dessus, il s'assit et se mit à dévorer le petit-déjeuner plein de féculents composé d'épaisses tranches de pain poêlées, ainsi que d'un plat verdâtre de pommes de terre molles, huileuses et verdâtres à force de curry.

Le petit village comprenait quelques basses maisons de pierre sans style défini, certaines anciennes, et d'autres, les bâtisses municipales, plus récentes (le toit du gîte d'étape gouvernemental était rouge vif) ; et, brusquement, après le bazar, il cédait la place à une nature sauvage. Un certain nombre de boutiques ou d'échoppes étaient pourvues de fourneaux. Les boutiques rejetaient une eau écumeuse qui dévalait la piste rocailleuse; le sol était parsemé de déjections animales; entre les pierres, la terre était meuble et noirâtre. Même à une heure aussi matinale, on conduisait les moutons et autres bestiaux dans la vallée.

A en juger par l'incommodité du site, par la précarité et l'état de délabrement du bazar, le village devait être ancien, bâti sur un vieux chemin de montagne. Et la piste avait attiré toute une population: partout, on apercevait les mêmes maisons au toit plat adossées aux montagnes ou au bas-côté du chemin, à peine visibles sous leurs épaisses toitures de boue isolante soutenues par d'énormes madriers, ou parfois des troncs d'arbre, aptes à supporter le poids supplémentaire de la neige hivernale. Le bois de chauffage – des arbrisseaux, des branches de sapins mises à sécher – recouvrait les toits, parachevant le camouflage.

Il arrivait que, sur des terrasses caillouteuses reposant sur le roc, poussent de maigres plantations de pommes de terre, de poivriers ou de maïs (du blé pour la première récolte de l'été, du maïs pour la seconde, et, en hiver, du millet). Du grain, des pommes de terre... et du poivre! Les sapins étaient clairsemés. L'herbe s'accrochait par touffes aux flancs des montagnes, mouchetant les parois abruptes et évoquant, pour qui s'élevait et considérait ce spectacle d'une certaine altitude, un labyrinthe de sentiers de chèvres.

La fonte des neiges avait lavé et érodé les montagnes. Il restait encore dans les crevasses une ancienne neige à la couleur indéfinissable : ni blanche, ni brune, faisant plutôt penser à des flaques d'eau réfléchissant la lumière. En surface, cette neige formait une croûte ; mais, en dessous – quoique l'hiver fût proche de nouveau – elle fondait, et chaque crevasse alimentait un torrent. A trois mille mètres d'altitude, un plateau séparait les montagnes : restes de neige grisâtres dans de sombres fissures ; neige épaisse et blanche sur les crêtes, adoucissant les arêtes vives ; îlots de mousse sur les versants lisses et rougeâtres des hauteurs ensoleillées ; et, au milieu du plateau, un lac vert, une prairie couverte de myosotis et des petites fleurs jaunes que font venir les étés humides, profitant pour s'épanouir des dernières semaines de soleil avant l'hiver. De l'autre côté du lac se dressait un camp, quelques tentes de nomades : sombres triangles sur fond blanc. La circulation des hommes et des bêtes ne s'interrompait jamais.

Sur le chemin du retour, en redescendant vers la vallée, le chauffeur de la jeep s'arrêta près d'un campement afghan. Il cria quelques mots à une jeune fille ou une femme qui préparait des *roti* devant sa tente. Lorsqu'elle eut compris ce qu'il désirait, elle sourit et fit non de la tête. Masood m'expliqua qu'il demandait une sorte de racine. Une racine médicinale qui calmait la douleur. Plus tard seulement, je me dis qu'il s'agissait sans doute de ginseng.

Mais ce ne fut pas là son seul arrêt. Plusieurs fois, ce matin-là, il fit halte pour bavarder avec des chauffeurs de minicars. Notre homme semblait connu dans la région ; je ne l'avais pas remarqué à l'aller. Il était donc plus qu'un simple montagnard ; son élégance – les pantalons blancs, la chemise marron, la chevelure soignée – était étudiée.

Et des chuchotements, maintenant, avec les autres chauffeurs ! Des airs de conspirateur ! J'imaginai que, peut-être, il était à la recherche d'un autre genre de racine ou de drogue, moins curative. Mais, en fait, il parlait politique, s'entretenait des élections locales que le gouvernement militaire avait décrétées. Malgré les chèvres, les moutons, les chameaux, les tentes, les feux de bois et les Afghans aux costumes rouges et noirs et aux bijoux d'argent, la politique tenait une grande place dans la vallée. Le chauffeur de la jeep soutenait le parti d'Ali Bhutto. Même si ce dernier avait été pendu cinq mois auparavant, son parti avait toujours la faveur de la population de la vallée.

M. Bhutto, nous déclara le chauffeur, était le seul homme qui avait fait quelque chose pour les pauvres, au Pakistan. Avant Ali Bhutto, au temps du général Ayoub (qui dirigea le pays de 1958 à 1968), les pauvres ne pouvaient obtenir de passeports que pour des pays comme l'Afghanistan ou l'Inde, des pays qui n'offraient aucune chance, aucun travail. Sous Ali Bhutto, on pouvait avoir des passeports pour n'importe où – l'Europe, l'Amérique, l'Arabie Séoudite, Abou-Dhabi, n'importe où. Aujourd'hui, de nouveau, on n'en accordait plus.

Masood (qui portait un anorak de nylon bleu à fermeture à glissière et une calotte blanche brodée) me dit en anglais : « Ce sont les gouvernements étrangers qui sont responsables. Mais il est persuadé du contraire. »

Le chauffeur de la jeep nous raconta qu'il était né dans la vallée. Son père tenait une boutique ; il appartenait donc à un milieu plutôt favorisé. Il n'avait commencé à s'intéresser à la politique qu'après l'arrivée au pouvoir d'Ali Bhutto. « Toute la vallée était aux mains des grands propriétaires, autrefois, poursuivit le chauffeur (toujours selon la traduction de Masood). Ils faisaient trois récoltes dans l'année. Puis ils les vendaient. Les gens de la région travaillaient pour eux et recevaient pour tout salaire de quoi se nourrir. Voilà comment cela se passait par ici. »

Et ce pont, là-bas, qui traversait la Kunhar, avait été construit par Ali Bhutto.

Le chauffeur continuait de parler et s'échauffait tout seul. Il semblait maintenant bien différent de l'homme qui nous avait conduits dans la vallée et avait pris plaisir à marchander pour moi la couverture afghane. Masood cessa de traduire.

« Son esprit s'égare, maintenant, s'inquiéta le jeune homme au bout d'un moment. Il délire. Il raconte qu'Ali Bhutto n'est pas mort. »

A l'aller, nous avions voyagé en écoutant de mélancoliques chansons d'amour extraites de films ; elles avaient conféré un climat particulier au spectacle du coucher de soleil sur la rivière et des lumières brillant dans les maisons isolées. C'est une tout autre atmosphère qui nous accompagna sur le chemin du retour. Et je me mis à considérer les gens que nous croisions d'un autre regard : c'étaient eux les pauvres, les laissés-pour-compte. Mais ce n'était pas exactement ce que voyait le chauffeur.

« Ces maulanas, continua-t-il – Masood avait repris sa traduction –, se servent de l'Islam comme d'un outil. Nous sommes tous musulmans. Mais pas de la même façon qu'eux. Ils veulent détruire le Pakistan. Notre Islam est le meilleur. Nous seuls pouvons sauver l'Islam et le Pakistan. »

Nous dûmes nous arrêter. On chargeait des troncs de sapin dans un camion. On les transportait à la main du flanc de la montagne jusqu'à la remorque. La route était étroite ; il nous fallut attendre que le chargement soit terminé. Un minicar Suzuki rouge était immobilisé devant nous. Nous descendîmes de la jeep. Le passage des troupeaux avait réduit en fine poussière la surface de la piste. Le chauffeur escalada les obstacles qui barraient la route pour aller parler aux chargeurs, puis s'assit pour les regarder.

Masood et moi nous approchâmes de la gorge au fond de laquelle coulait la Kunhar.

« Je suis de son avis en ce qui concerne les maulanas, me dit Masood. Je partage sa réaction. Il y a quatre-vingt-cinq pour cent d'illettrés dans cette région.

— Mais ne trouvez-vous pas curieux que la seule liberté qu'il réclame soit celle de quitter le pays ? m'étonnai-je. Ne pense-t-il donc pas qu'un jour le Pakistan se développera et qu'on pourra y trouver du travail ? »

Masood ne comprit pas tout de suite. Lui-même songeait trop à fuir. Quand il eut enfin saisi, il protesta : « Mais les dirigeants de ce pays n'ont jamais eu cette ambition-là ou bien n'en ont jamais informé le peuple. Et maintenant, c'est l'armée qui est au pouvoir. »

Soudain, je me mis à regarder les paysans, les bergers et tous les spectateurs oisifs qui assistaient au chargement du camion, en contrehaut de la rivière verte et blanche, non plus comme des gens caractérisés par leur costume ou par un certain type de faciès, mais comme les pauvres, les oubliés. La tristesse de Masood et l'exaltation du chauffeur de la jeep m'avaient ébranlé.

« Que vont devenir ces gens ? demandai-je.

— Dieu seul le sait », répondit Masood.

Plus tard, il ajouta : « Rien ne leur arrivera. Que voulez-vous qu'il leur arrive ? » Il laissa passer un troupeau de moutons au dos teint qui fit voler la poussière, salissant sa calotte blanche, ternissant sa moustache tombante, puis, après un nouveau silence, il reprit, le regard fixé sur la rivière : « Ils ont les mains vides. Ils n'ont pas de fusils. Ils mourront par *millions.* » Ce n'était pas la révolte qui lui dictait ces paroles ; c'était le désespoir. « Savez-vous combien il existe de partis politiques dans ce pays ? Il y en a quatre-vingt-quatorze. *Que* voulez-vous qu'il arrive ?

— Quand avez-vous commencé à nourrir des inquiétudes pour l'avenir ?

— En 1971. » L'année de la création du Bangladesh. « Non, ce devait être avant. J'ai commencé à m'inquiéter en première année de faculté. »

Masood s'était mépris sur le sens de ma question. J'avais voulu parler du Pakistan en général. Mais ses angoisses personnelles le tenaillaient tellement qu'il avait cru que ma question ne concernait que lui. Il avait pensé que je souhaitais reprendre notre conversation de la veille.

Le chauffeur de la jeep s'était assis sur le versant de la montagne, ses jambes habillées de blanc repliées et écartées ; il observait toujours les chargeurs.

« Je donnais des cours particuliers, me dit Masood. Je gagnais quatre cents roupies par mois. Mais j'ai dû arrêter. Les parents des enfants me traitaient comme un valet. Jamais ils ne m'ont considéré comme un professeur. Quand j'avais rendez-vous à quatre heures et n'arrivais qu'à cinq, ils en faisaient toute une histoire. Si les enfants obtenaient de mauvais résultats, c'était moi que l'on blâmait. »

L'argent, sa carrière, sa famille : Masood en revenait aux sujets dont il m'avait déjà entretenu le soir précédent.

« Aujourd'hui, mon père se demande pourquoi il est venu. " Pourquoi suis-je venu ? Où est la dignité que j'espérais retrouver ici ? " » Mais comme je l'avais déjà pressenti auparavant, cela n'était qu'à demi vrai. Le père de Masood, ce musulman sergent d'armée, émigré en 1947 au Pakistan, avait, en 1947, trouvé la dignité qu'il cherchait.

On avait enfin fini de charger le camion. On resserra les troncs énormes les uns contre les autres à l'aide de bâtons, avant de les maintenir ensemble grâce à des cordes. Le camion s'ébranla. Le minicar Suzuki rouge l'imita. Nous les suivîmes, non sans mal, car une file de véhicules s'était aussi formée en sens inverse.

Nous fîmes halte dans la ville de Jared. Elle était célèbre pour son travail sur bois. Mais les pièces que j'eus l'occasion de contempler me parurent assez médiocres : des poignards, des plateaux, des cendriers – formes banales, pauvrement sculptées. Masood acheta pour quinze roupies un cendrier de noyer. Visiblement, il y avait eu là, autrefois, un artisanat traditionnel ; mais, aujourd'hui, l'absence de talent, d'œil, de jugement, semblait répondre à la pauvreté humaine environnante.

Nous doublâmes de nouveau le camion chargé de troncs et nous retrouvâmes derrière le petit Suzuki rouge. Nous avalions leur poussière.

Tout à coup, il se produisit un incident à l'arrière du Suzuki. Quelqu'un fut précipité sur la route. Puis une autre personne subit le même sort.

« Mais ils poussent des gens hors du car ! m'écriai-je.

– Une bagarre », supposa Masood.

Le Suzuki avançait toujours. Puis, soudain, il s'arrêta. Nous évitâmes le premier homme ; il n'était pas blessé et se relevait déjà. Ensuite, nous dépassâmes le corps d'un jeune garçon qui gisait sur la route – ses pantalons bouffants, dont le cordon s'était défait, dénudaient ses parties génitales. Les occupants du car couraient déjà dans sa direction. Nous doublâmes le Suzuki – le siège du conducteur était vide – et nous arrêtâmes une centaine de mètres plus loin, là où la route s'élargissait.

Je n'avais pas envie de voir du sang. Je fus soulagé que notre chauffeur se soit garé aussi loin. Ce qui s'était passé me paraissait confus. Mais le pare-brise du Suzuki avait explosé et l'explication de tout ceci se trouvait sur le versant abrupt de la montagne : un troupeau de chèvres, revenant lui aussi vers la vallée, vagabondait hors de la piste. Elles avaient délogé une pierre qui, dans sa chute, avait fait éclater le pare-brise et blessé le chauffeur. Pendant quelques secondes, le Suzuki avait poursuivi sa route sans être piloté. C'était alors, certainement, que l'un des passagers avait sauté du car. Puis le conducteur inconscient était tombé à son tour ; enfin quelqu'un, probablement l'homme assis à ses côtés, avait réussi à immobiliser le véhicule.

On transportait maintenant le blessé pour l'amener à notre jeep. Et notre chauffeur escaladait d'un pied sûr (c'était un homme de la région) la pente rocailleuse où, très haut au-dessus de la piste, on apercevait les chèvres et leur berger. Qu'allait-il donc faire là-haut ? Pourquoi tant de hâte ? La réponse était simple : il voulait corriger le pâtre et le ramener de force jusqu'à la route.

Le fier berger, cet homme qui conduisait son troupeau vers les pâturages d'hiver, n'était plus qu'une créature frêle et vulnérable. Notre chauffeur l'avait frappé au visage et couvert d'insultes. Son turban noir – sa dignité – pendait de son crâne chauve, déroulé en une longue bande de coton lâche ; et, poussé, bousculé, il arriva en bas, abandonnant derrière lui ses précieuses chèvres. Là, sur la piste, plusieurs passagers du Suzuki se précipitèrent sur lui pour le frapper puis retournèrent à leur place initiale. Au bout d'un moment, la colère les reprit et ils fondirent à nouveau sur le vieil homme – qui pleurait et, sans son turban, paraissait aussi petit qu'un enfant – pour lui rouer de coups la tête et la poitrine.

« Ils vont le tuer ! m'exclamai-je.

– Mais non, me rassura Masood. Ils vont s'arrêter, maintenant. Regardez, ils viennent de le faire monter dans le minicar. Ils vont l'emmener au poste de police. »

Après tout, ce n'était qu'un accident. Et qu'allaient devenir les chèvres ? Mais telle était la coutume ; Masood n'y voyait rien à redire. Notre chauffeur avait pourtant parlé des pauvres avec tant de compassion. Les pauvres étaient les gens du pays, ceux de la vallée ; les étrangers n'en faisaient pas partie.

On avait maintenant déposé le blessé dans notre jeep. Il était inconscient. Un homme avait pris place à l'avant et le tenait entre ses bras. Masood et moi nous installâmes à l'arrière ; et, de nouveau, le jeune aide du chauffeur s'accrocha acrobatiquement au véhicule. Le blessé ne saignait pas.

« Ses blessures sont internes, m'affirma Masood. Ils disent qu'il a été atteint par une très grosse pierre en conduisant. »

J'avais cru, à le voir à demi dénudé sur la route, qu'il s'agissait d'un très jeune homme. Je constatais maintenant qu'il était plus âgé ; qu'il était très maigre, qu'il devait ce visage et ce corps atrophiés à la sous-alimentation. Il ne reprenait toujours pas conscience. L'homme qui le tenait lui parlait doucement,comme à un enfant. Mais jamais le malheureux ne répondit, ni n'ouvrit les yeux.

Nous redescendîmes aussi vite que possible la vallée de Kaghan jusqu'à Balakot, longeant les gorges de la Kunhar, les chaînes de montagnes, les sapins immenses, les terrasses de maïs, les maisons au toit plat. De temps en temps, Masood ou le chauffeur de la jeep passait le dos de la main sur la joue du blessé. Ils le disaient vivant mais celui-ci ne fit jamais le moindre mouvement ni n'émit le moindre bruit.

Nous roulâmes ainsi pendant environ une heure. Et, lorsque nous arrivâmes enfin au petit hôpital gris de Balakot, nous ne rencontrâmes que des enfants dans la cour, et personne pour prendre le blessé en charge. Le médecin s'était rendu à Peshawar ; le pharmacien se trouvait à Mansehra. C'était donc à Mansehra qu'il fallait transporter le blessé. Mais cette tâche ne nous incombait plus : il fallait maintenant rendre la jeep.

Et, désormais, le chauffeur de la jeep était, lui aussi, déchargé de toute responsabilité. Il ne pouvait plus rien faire. Il s'était lancé dans un discours politique passionné ; il avait épuisé cette passion dans sa façon de maltraiter le berger afghan, et dans la sollicitude dont il avait fait montre à l'égard du blessé. Mais sa générosité – et son sens du drame – ne pouvait survivre à la longue et épuisante route de montagne jusqu'à Balakot. Lorsque nous le quittâmes – beau et désœuvré – il paraissait harassé, vidé.

Nous passâmes la fin de l'après-midi et le début de la soirée sur le chemin du retour – dans notre voiture empruntée, conduits par un chauffeur prêté, lui aussi. Passé les montagnes, le paysage s'adoucissait, devenait plus aride, et la végétation se diversifiait.

Ni Masood ni moi ne parlâmes beaucoup. Il n'y avait plus grand-chose à dire. Les ennuis de Masood rendaient sa compagnie pesante, et difficile toute conversation anodine.

Sur la route, les bicyclettes n'avaient pas de lanternes. Souvent, les cars et les camions ne possédaient pas de feux arrière, car il n'y avait aucune raison d'éclairer les endroits que l'on venait de traverser. Les charrettes, elles, n'étaient pas signalées du tout.

« Ils n'ont pas de lumières, fis-je remarquer avec une soudaine irritation.

– Non, ils n'ont pas de lumières », répéta platement Masood.

Je le déposai sur la route de Peshawar – Peshawar, la ville militaire de l'ouest, au creux de la large vallée qui menait au col de Khyber et à une autre région de l'Afghanistan.

9

Agha Babur

A RAWALPINDI, les journaux ne parlaient que des mesures de restriction prises par le gouvernement. Six ministères seraient sérieusement touchés. Les économies concernaient au premier chef le Baloutchistan : on ne prévoyait dans cette région ni création d'emplois ni hausse des salaires pour les gens en poste. Vingt-neuf fonctionnaires du Département des Poids et Mesures allaient être licenciés. Le *Pakistan Times* relatait que les fonctionnaires visés avaient « supplié le gouvernement de les reclasser pour leur épargner, à eux et leur famille, de sombrer dans l'angoisse et de mourir de faim en cette période d'inflation ». Cependant, d'après *Le Musulman,* ces victimes de l'austérité avaient simplement demandé qu'on les délivre « de l'angoisse et qu'on ne brise pas leur carrière ».

Les minicars qui faisaient la navette entre Rawalpindi et Islamabad avaient observé une grève de vingt-quatre heures pour protester contre les tracasseries policières. Les chauffeurs déclarèrent aux journaux que la police réclamait des pots-de-vin plus élevés. De son côté, la police affirmait que les chauffeurs s'étaient « mal conduits » avec les passagers.

Dans *Le Musulman,* vingt-quatre enseignants se plaignaient de n'avoir pu rejoindre leur poste, dans le sultanat d'Oman, situé au sud-est de l'Arabie, car les services d'émigration pakistanais ne leur avaient pas accordé le certificat de « non-objection ». Dans le même numéro, ce journal publiait une enquête sur le gouffre financier qu'avaient représenté les travaux d'agrandissement d'un gîte d'étape gouvernemental situé tout au nord du pays : prévus pour durer sept mois, ils avaient pris cinq ans.

Dans le *Pakistan Times,* un militaire en retraite signait un article ayant pour sujet l'indiscipline. « Personne n'ignore plus aujourd'hui que la société qui est la nôtre est corrompue et se livre à toutes les bassesses imaginables. Les enfants grandissant dans une atmosphère où la contrebande, le marché noir, la spéculation, la vénalité et la corruption... sont ouvertement admis, on ne peut s'attendre à ce qu'ils acceptent une discipline quelconque. Si ces enfants entrent dans des établissements éducatifs, ils essaient tout naturellement d'y reconstituer leur atmosphère familiale... » En guise de solution, il prônait une plus grande fermeté, une « main de fer », dans les écoles (où la politique ne devait plus avoir droit de cité) et dans les tribunaux. « Le recours à l'emprisonnement, à la flagellation et même à la peine capitale aura raison de ces fléaux. »

Sur le problème plus vaste de la crise pakistanaise, on pouvait lire, en première page du *Musulman*, un article alarmiste dû à A. H. Kardar, un homme sorti d'Oxford qui avait été autrefois capitaine de l'équipe de cricket du Pakistan. « C'est avec un sentiment de honte et de colère que nous constatons le manque évident de compétence et de formation, dans le domaine des questions économiques, de nos leaders politiques et de nos administrateurs... c'est avec honte et colère que l'on voit arriver de plus en plus de bateaux chargés de grain étranger... » Et – après tant de véhémence – que proposait-il ? Rien de concret. Seulement moins de politique ; et un peu plus de ce qui avait fait ses preuves auparavant. « De toute évidence, il nous faut choisir entre le matérialisme, ses manifestes politiques générateurs de divisions nationales, et la parole de Dieu. »

Outre tout ceci, le *Pakistan Times* publiait un compte rendu d'une exposition organisée par l'Arts Council. L'artiste se nommait Hamïd Sagher. C'était la première fois que ses œuvres étaient présentées au public ; le critique se montrait franc mais plutôt indulgent.

« [...] dès que l'on pénètre dans le vieux hall du Council, et que l'on foule le plancher, l'œil est attiré par une série de panneaux flamboyants et l'esprit partagé entre des réactions contraires. La variété des techniques et des styles est ahurissante... Pour comprendre cette diversité de styles, qui se heurtent parfois, il est nécessaire de savoir un certain nombre de choses sur l'artiste. Hamīd Sagher a commencé par écrire de la poésie. Il a accompli ses premiers pas de peintre dans le cadre de son travail au service d'une agence de publicité, avec pour seul guide son expérience professionnelle. Aucune formation particulière ne l'avait préparé à cette nouvelle vocation... En tant que poète, il est fasciné par les idées. En tant que peintre, il doit prendre ces idées au piège de ses couleurs et se sent inspiré par les conceptions provocatrices de ses amis. De tout cela est née en lui une tension qui lui permet d'illustrer ses idées de façon plutôt véhémente et parfois même évidente...

« Son œuvre baptisée " Intellect " représente une tête en feu. Le pastel intitulé " Lutte " montre des mains d'où jaillissent des flammes. " Le Mouvement ", avec son brasier et ses fumées, symbolise une lutte politique. Quelques taches d'un vert tendre viennent contrarier l'effet violent de ces formes embrasées. Dans " La Prière ", on voit des mains suppliantes entre lesquelles s'ouvrent de grands yeux, ainsi qu'un minaret entouré d'oiseaux... Les couleurs vives, le mouvement, la tension qui émane de ces œuvres, laissent bien augurer de l'avenir de ce peintre. Avec un peu plus d'expérience, un peu plus de moyens, Hamīd Sagher deviendra à n'en pas douter un artiste de premier plan. »

L'exposition se tenait dans la salle des Francs-Maçons. La franc-maçonnerie, considérée comme une organisation sioniste (et aussi, m'affirma-t-on parce que ses membres plaçaient Salomon au-dessus de tous les autres prophètes), avait été mise hors la loi quelques années auparavant. Et l'Arts Council avait pris possession de ses locaux.

Cela se passait dans une rue située derrière l'hôtel Flashman, rue envahie par les marchands de châles, de tapis et de vêtements. J'arrivai devant une imposante bâtisse de brique datant de la colonisation britannique – style ministère des Travaux publics – agrémentée de fenêtres en arceau et d'un portique auquel menait l'allée en arc de cercle qui traversait la pelouse. Au fronton du portique figuraient encore les deux compas formant comme une étoile incomplète, emblème des francs-maçons (partout, à Rawalpindi, apparaissaient les signes de ces usurpations, témoignages des expulsions qui avaient fait place nette. La maison du président avait appartenu à un Sikh ; Poonch House, l'un des palais du maharadjah hindou du Cachemire, était voué à la démolition).

Le responsable de l'exposition d'Hamīd Sagher se nommait Agha Babur. C'était un homme spirituel, d'une quarantaine d'années, mince, séduisant, dont les cheveux blancs, coupées en frange sur le front, lui tombaient dans le cou. Son bureau donnait dans la salle d'exposition. Il était très occupé – le vernissage devait avoir lieu l'après-midi même – mais il m'accorda un peu de temps.

Une femme assez grande (l'épouse de mon hôte ; plus tard, il m'apprit que sa santé n'était pas bonne) était assise au côté d'Agha Babur, silencieuse mais affable. Un homme plein de déférence envoyé par la radio faisait face à Agha Babur. Je m'assis sur le siège libre.

C'était Agha Babur qui avait rédigé la petite note consacrée à l'œuvre d'Hamīd Sagher qui figurait dans le catalogue.

« Il fallait que je l'écrive. Il est important pour nos artistes de posséder de telles brochures sur leurs expositions lorsqu'ils se rendent à l'étranger. Ils ne peuvent se contenter de fournir une liste des tarifs. Là-bas, en France, en Allemagne, en Italie, on ne les exposera jamais s'ils ne montrent qu'une liste de prix. Ils ont besoin de ces brochures. »

Les prix d'Hamīd Sagher n'étaient pas très élevés : de cinquante à deux cents roupies, cinq à vingt dollars.

Agha Babur avait été militaire avant de prendre en charge l'Arts Council. « Quand je suis arrivé, l'Arts Council était en train de couler. Je l'ai remis à flot. Si j'ai pu le faire, c'est parce que je suis un homme à idées. Je vais vous donner un exemple. 1975 était l'année du Tourisme.

Le ministère ne faisait rien. Le secteur touristique n'était pas très actif, à ce moment-là. J'ai écrit des lettres à toutes les ambassades pour les prier de m'envoyer leurs affiches touristiques. Dix pays m'ont répondu et j'ai organisé une Exposition Internationale d'affiches touristiques. Nous avons donné des prix. Le premier est allé à l'Espagne. Nous devions l'accorder à l'Espagne. Leur affiche représentait une scène de corrida. »

Assis sur sa chaise, les bras levés, arquant soudain le buste, il mima la pose du torero ; une lueur de plaisir brillait dans ses yeux.

« Elle était pleine de *mouvement*. L'exposition a fait beaucoup de bruit dans tous ces pays. J'ai écrit une lettre au ministre pour lui dire : " Voyez ce qu'on peut faire. Vos services *dorment*. " Alors, il m'a répondu : " Agha Babur, vous êtes un homme à idées. " Je n'en suis pas resté là. J'ai réussi à lui faire distribuer des tro-phées (il prononçait tro*faits*) par son ministère. Nous avons donc remis ces tro-faits et la cérémonie a été montrée à la télévision à Varsovie, à Ankara et en Espagne.

« Les idées me viennent comme ça. Le matin, en me rasant. Par exemple. Nous sommes dans le XIVe siècle de l'*hijra* islamique. Notre président a déclaré à La Havane : " Il y a quatorze siècles s'est produite une révolution. " » (Le président l'avait dit quelques semaines auparavant, à l'occasion d'une conférence des pays non alignés, auxquels le Pakistan venait à peine de se joindre.) « Eh bien, cela m'a donné une idée. Vous êtes la première personne à qui j'en parle. Vous avez ce privilège. Lorsque nous entrerons dans une nouvelle année de l'hégire, j'organiserai une exposition portant sur les calligraphies du Coran. »

Dans la brochure consacrée à Hamīd Sagher, Agha Babur avait écrit : « Dans ses tableaux au climat poétique, Hamīd Sagher traduit la nostalgie et l'angoisse dans un style naïf. Il est à la recherche d'une identité, d'une plus grande force... Son œuvre trahit l'individualisme d'un artiste confronté à des sentiments confus et incertains, comme s'il gisait, prisonnier de la caverne d'Ali Baba. » Et c'était signé, dans une écriture cursive alambiquée : *Agha Babur*.

Il attendait visiblement mon commentaire. Je lui lus à haute voix la dernière phrase. Cela sembla lui faire plaisir. Agha Babur, Ali Baba : peut-être ce premier nom (Agha Babur aimait à répéter son propre nom) lui avait-il suggéré le second.

Nous parlâmes du problème de l'anglais au Pakistan ; je m'étonnai que peu de gens le parlent. Il me contredit tout d'abord, pour sembler ensuite abonder dans mon sens. « La langue parlée est peut-être en recul. Mais pas la langue écrite. Bien que je sois fier de ma langue, l'ourdou, je n'oublie jamais que je suis aussi anglo-saxon. » Il voulait dire anglophone. « L'anglais fait partie de notre patrimoine, maintenant. Tous les Arabes et les Persans nous envient pour cela. Il serait dommage de le perdre. Quand le représentant du Pakistan monte à la tribune des Nations unies et fait pendant deux ou trois heures un discours dans cette belle langue anglaise, dès qu'il a terminé, les Arabes se précipitent sur lui et l'embrassent. Nous ne pouvons pas nous permettre de perdre notre anglais.

« J'avais Boukhari pour professeur. Le grand Boukhari. Une vraie terreur. Il vous flanquait votre copie en pleine figure. " Vous appelez ça écrire ? Vous appelez ça de l'anglais ? " Il avait une formule qui m'est restée gravée dans la tête. Il disait : " Pour l'instant, écrire est une souffrance. Tout le reste est agréable. Souvenez-vous de ça. Mais un jour viendra où écrire deviendra un plaisir, et tout le reste sera souffrance. " Vous ne trouvez pas ça beau ? " Écrire est une souffrance ; tout le reste est agréable. Mais un jour viendra... " »

Il s'interrompit puis reprit : « Vous êtes comme mon amie américaine Caro-lïne. Elle aussi prenait en note tout ce que je disais. »

J'étais en train de griffonner dans les marges du petit catalogue.

« Elle était mon guide, aux États-Unis. Une divorcée. J'étais invité à titre culturel par le Département d'État. Un jour, elle m'a dit : " Agha Babur, presque tous les gens qui ont vu la rive est croient qu'ils connaissent les États-Unis tout entiers. Au plus, ils font le voyage jusqu'à Los Angeles, sur la rive ouest. Et alors, ils croient qu'ils connaissent les États-Unis tout entiers. Vous êtes le premier que je rencontre à venir dans l'Utah. Qu'est-ce qui vous intéresse ? " Je lui ai répondu : " En tant que musulman, la polygamie. " C'était une boutade. Elle m'a parlé d'un projet de théâtre dans un grand magasin. Et je lui ai dit : " Caro-lïne, vous mettez l'art dans un grand marché. " Un supermarché, un hypermagasin. De toute façon, ce que j'ai dit était correct. C'est elle qui conduisait. D'une main, elle a sorti un carnet et s'est mise à écrire. J'ai crié : " *Caro-lïne !* Qu'est-ce que vous faites ? " Elle m'a répondu : " Agha Babur, il faut que je note ce que vous venez de dire. " »

Il posa une encyclopédie sur le bureau. Sur la petite carte des États-Unis, il avait tracé à l'encre bleue l'itinéraire de son voyage culturel. Il s'était également rendu à Disneyland, en Floride.

Le vernissage devait commencer à cinq heures trente. Mais nous nous trouvions au Pakistan et l'on avait demandé à l'ambassadeur d'Irak de venir prononcer l'allocution inaugurale et couper le ruban. Je pensai qu'il me suffirait d'être là à 6 heures. Mais l'exposition était située si près de mon hôtel que je m'autorisai à flâner pour admirer les châles et les tapis, et n'arrivai qu'à six heures cinq. Un policier montait la garde à l'entrée. Sur la pelouse, on avait dressé une *chamiana,* sorte de paravent de toile décorée, pour les rafraîchissements. Et j'étais irrémédiablement en retard. Les discours avaient déjà été prononcés.

En ancien militaire qu'il était, Agha Babur avait commencé la cérémonie à l'heure. Il avait prié l'ambassadeur d'arriver à 5 h 37, soit sept minutes après l'ouverture officielle ; et l'ambassadeur s'était montré d'une parfaite ponctualité. Lorsque je retrouvai le vieux plancher nu de la grande salle, le groupe des officiers faisait le tour de l'exposition : l'ambassadeur en costume trois-pièces sombre, Agha Babur en complet gris clair, l'artiste en costume pakistanais blanc et petit gilet de laine fauve. L'ambassadeur, homme de forte corpulence, avait l'air sérieux, triste, et écoutait en penchant la tête de côté ; le peintre était petit, timide, écrasé par l'événement et, en même temps, triomphant ; courtois, distingué, Agha Babur faisait un peu artiste, avec ses longs cheveux blancs.

La salle était bondée. Agha Babur avait une fois encore réussi son coup. Dans le désert social de Rawalpindi, il avait à nouveau su organiser une manifestation. Et l'exposition était un succès. Douze tableaux avaient déjà été vendus. L'ambassadeur irakien en avait pour sa part acheté cinq (dont « Intellect », la tête en feu) ; le représentant de l'ambassade indonésienne en avait choisi deux, l'ambassadeur est-allemand, ou son attaché, un, tout comme l'ambassadeur russe (qui ne parlait pas l'ourdou mais comprenait le persan, et qui, ayant touché les doigts du peintre, lui avait déclaré qu'il possédait des « mains d'artiste '').

Je fis la connaissance d'un ami d'Hamīd Sagher. Il travaillait dans l'enseignement ; et le petit jeune homme qui l'accompagnait exerçait la même profession. Ce dernier – sa chemise laissant entrevoir les poils noirs qui couvraient sa poitrine étroite –, ancien militaire, avait quitté l'armée pour devenir professeur. Il désirait maintenant se rendre en Angleterre pour y faire sa thèse. Comme beaucoup de ses compatriotes, il ne se satisfaisait pas d'être simplement pakistanais. Il se disait d'origine persane ; l'un de ses ancêtres avait émigré en Inde après la révolte des Cipayes, en 1857 (mais cet aïeul n'avait été que l'un parmi seize autres). La thèse qu'il comptait entreprendre en Angleterre avait pour sujet le roman politique : E.M. Forster, Conrad, Graham Greene.

« Greene ?

– Vous savez, il a écrit trois romans sur l'Afrique.

– Trois romans ? » J'essayai de réfléchir.

« Oui, ce roman sur l'Afrique, le *Fond* de quelque chose...

– *Le Fond du problème.* Mais cela ne me paraît pas très politique.

– Mais si. Il y a certains dialogues où l'on traite les indigènes de menteurs. Personne n'a expliqué que, si on les traitait de la sorte, c'était à cause du colonialisme. Ces gens étaient modelés par le colonialisme. Par l'histoire. Mais personne ne le dit jamais.

– Mais, si vous l'envisagez de cette façon, tous les écrivains peuvent être qualifiés de politiques. »

Le jeune homme – pâle, mince – n'avait pas véritablement réfléchi à sa thèse ; elle se résumait pour le moment à cette idée assez mince. Changeant de tactique, il me dit : " Et Kipling ?

— Personne n'a décrit les Indiens avec autant de véracité, répondis-je. Vous ne pourrez pas prendre Kipling en défaut là-dessus. »

Mais il n'avait pas vraiment lu Kipling, ne connaissant guère que son nom. Sur le ton de la confidence, il m'avoua alors : « Je n'avais pas l'intention d'étudier le roman politique anglais. C'était leur idée. Moi, je m'intéresse surtout aux sonnets de Shakespeare. Mais ils m'ont dit que le sujet était déjà trop rebattu.

— On a effectivement beaucoup écrit sur les sonnets. Que vouliez-vous en dire ?

— J'ai la conviction que Shakespeare était attiré par un jeune homme. Mais on a trouvé cela trop contre nature. »

Il me sembla préférable qu'il laisse les sonnets tranquilles.

« Ils considéraient cela contre nature... et, vous comprenez, je suis persan. Vous connaissez Hafiz, Saadi ? Les Européens sont très naïfs en ce qui concerne l'homosexualité. »

Il avait trente ans. Mais il n'avait pas beaucoup lu ; il savait peu de chose ; il n'avait guère d'idées. Je ne crois pas qu'il désirait réellement faire une thèse. Il voulait trouver du travail ; il voulait obtenir un visa et un certificat de non-objection ; il voulait partir.

Comment aurait-il pu s'aventurer dans les disciplines critiques d'une civilisation étrangère, lire, juger, alors qu'on ne lui donnait de l'histoire de son propre pays qu'une vision déformée, qu'on lui interdisait de la remettre en question ? Et comme il était étrange de parler, dans cette salle arrachée aux francs-maçons de Rawalpindi, du roman politique anglais et des conséquences du colonialisme, quand, quelques semaines plus tard, dans cette même ville, au nom d'un islam qu'il ne fallait jamais mettre en doute, les fourgons de police parcourraient les rues, on prendrait des photographies des flagellations publiques, on arrêterait l'un des meilleurs journalistes du pays et publierait des clichés le montrant enchaîné.

10

Les montagnes de sel d'un rêve

A RAWALPINDI, les soirées se faisaient plus fraîches, l'été touchait à sa fin. Mais le court trajet en car, des contreforts himalayens jusqu'à Lahore, dans la plaine du Pendjab, me ramenait vers la chaleur. En même temps, l'on passait de régions où l'agriculture dépendait de la pluviosité à des terres dont les fleuves du Pendjab permettaient l'irrigation.

Les plaines irriguées du Pendjab pakistanais avaient été le grenier de cette partie du sous-continent. Mais, si l'irrigation était une bénédiction pour certaines terres, elle pouvait être une malédiction pour d'autres. Comme le sol du Pendjab ne bénéficiait d'aucun drainage naturel, le niveau de l'eau avait monté de quelque trois mètres. Quarante pour cent des terres irriguées se trouvaient maintenant inondées ; un quart des champs avait été rendu inculte par une couche de sel, blanche en surface, noire et plus dévastatrice encore en profondeur. Ce fléau progressait de façon souterraine ; mais on devinait déjà les arbres dont les racines n'allaient pas tarder à pourrir, les champs où, bientôt, plus rien ne pousserait.

Le village de Raiwind se dressait au milieu d'une région nouvellement gagnée par la désertification. Quand on s'y rendait depuis Lahore, on apercevait (du fait de l'absence de tout relief) des kilomètres carrés de végétation desséchée (avec, çà et là, quelques taches, encore vertes et fournies). Il y avait un grand rassemblement à Raiwind. De loin, on eût cru une foire : des gens se dirigeant à pied, par des chemins plats et rectilignes, vers une grande ville de toile, et, tout là-bas, semblables à des jouets, des camions, des cars et des charrettes qui faisaient voler la poussière (mais l'eau stagnait dans les fossés).

C'était une fête islamique : au Pakistan, la passion religieuse ne retombait jamais. Après le ramadan et les festivités de la rupture du jeûne, le pèlerinage à La Mecque avait ranimé la ferveur ; et, maintenant, la Fête du Sacrifice approchait. Dans l'intervalle, se tenait ce rassemblement d'une fraternité musulmane mobilisée par l'idée que chaque fidèle était aussi un missionnaire de l'islam.

Ils étaient venus, à Dieu sait quels frais, de toutes les régions du Pakistan aussi bien que de nombreux pays étrangers. Ceux que l'occasion avait attirés ne se comptaient pas parmi les pauvres ; nombre d'entre eux étaient des commerçants. Pendant trois ou quatre jours, ils écouteraient des discours, vivraient et prieraient ensemble. Raiwind, où rien ne poussait, offrait le grand espace rêvé. Le sol était tellement détrempé, l'eau si près d'affleurer, qu'en certains endroits on avait l'impression de marcher sur un tapis de caoutchouc.

De nombreuses tentes de toile rayée proposaient des rafraîchissements. Une multitude de mâts de bambous émergeaient en divers endroits des vélums blancs et bosselés de la principale surface couverte : posées sur les cordes qui reliaient les mâts, des pièces de coton blanc, grossièrement cousues ensemble, faisaient des vagues, si bien que sous cet immense plafond de toile, dont on devinait à peine l'extrémité, on apercevait, là où l'étoffe paraissait déchirée, éventrée, des lambeaux de ciel bleu pâle et l'envers du coton d'un blanc aveuglant, écrasé par le soleil. Par ces interstices irréguliers filtraient des rais de lumière qui frappaient les gens et le sol. Sous le vélum blanc, qui tamisait la lumière plus qu'il ne faisait d'ombre, régnait une atmosphère aqueuse ; et, au-dessus de nos têtes, la surface mouvante du coton évoquait une mer. Ici et là, des hommes éventaient des religieux enturbannés, parfois même à l'aide de draps ; il arrivait que deux d'entre eux agitent simultanément de grands draps blancs, formant des dais éphémères au-dessus des saints hommes qui se reposaient. Partout, le sol était jonché de nattes, de sacs de couchage, de jarres emplies d'eau.

Tout était bien organisé ; chaque allée portait un numéro. On me renvoyait de groupe en groupe, m'arrachant aux conversations à peine entamées, et je finis par aboutir dans l'enclave étrangère, qui réunissait des Arabes, des Indonésiens et même des Africains (ceux-ci, visiblement habitués à ces rassemblements musulmans internationaux, s'amusaient ouvertement des réactions que suscitaient leur présence, leurs costumes et leur langue). De nouveau empêché de poursuivre la conversation qui s'engageait, je fus ensuite conduit dans la *chamiana* principale, où un scientifique au crâne rasé me jaugea du regard, et où l'on me présenta un général de brigade aérienne qui avait une magnifique barbe blanche, des yeux tristes et des manières douces ; il s'approcha de moi et se mit à m'entretenir de la vie future. L'un des buts du rassemblement, m'affirma-t-il, était d'amener les gens à réfléchir sérieusement à l'au-delà.

Ils s'accroupirent devant moi sur une couverture de coton posée à même le sol. Le scientifique me dit qu'il s'était rendu en Angleterre à la fin de la guerre ; il avait fait la traversée à bord d'un transport de troupes. Déjà, il y avait vu les prémices du mal qui allait ronger l'Occident, mais il s'était tu ; aujourd'hui, bien sûr, l'Occident admettait qu'il était malade.

Le scientifique ajouta qu'il ne voulait pas être « déchiré », comme l'avait été son père au temps des Indes anglaises : musulman chez lui, et européen loin de sa patrie. Eux tous – lui comme tous les membres de ce rassemblement – désiraient être musulmans à la façon des premiers disciples de Mahomet. Quand je lui demandai de me dire avec précision en quoi ce nouveau comportement différait de l'ancien, je ne pus obtenir de réponse claire.

Il faisait très chaud ; le scientifique au crâne rasé transpirait abondamment. Sous son turban, le général de brigade semblait mieux supporter la température ; il était plus impressionnant et, aussi, plus tourmenté. Il désirait se délivrer de ses pensées égoïstes pour ne plus songer qu'au plaisir d'Allah. Mais chacun de ses actes suscitait un doute en lui ; il y décelait toujours l'empreinte avilissante du moi.

« Restez pour la prière, me dit-il. Nous voir prier tous ensemble est un spectacle auquel les étrangers demeurent rarement insensibles. »

Mais c'était justement ce à quoi je voulais échapper : les prières, la vue de cent mille – ou peut-être deux cent mille ? – personnes se courbant à l'unisson au cœur de cette région en voie de désertification.

Sur le chemin du retour, je m'arrêtai dans un village. Plus rien ne poussait désormais par ici. Ses habitants n'étaient plus des paysans mais des ouvriers qui allaient travailler à Lahore, à deux heures de là. L'eau souterraine était l'ennemi : le plus petit trou se transformait vite en flaque et le bourg était plein de ces mares d'eau stagnante, parfois assez conséquentes, et bordées par les ordures du village. Il n'y avait aucune verdure. Mais, détail surprenant, il restait du bétail : des bouses destinées à servir de combustible séchaient sur les murs de boue.

Les hommes auxquels je m'adressai s'abritaient du soleil dans les ruines d'une bâtisse de pisé constituée d'une pièce unique et devant laquelle s'étendait une mare. Un peu plus bas, dans la rue poussiéreuse et défoncée, se dressait une maison de quelque importance. On m'affirma qu'il s'agissait d'une maison musulmane. Cette précision me parut étrange jusqu'à ce que je comprenne qu'en réalité l'on voulait me dire qu'avant le Pakistan, avant 1947, elle avait appartenu à un non-musulman. Aujourd'hui, le village était intégralement musulman, pur. A l'heure de la prière – bien qu'il n'y eût pas d'appel – deux des hommes se levèrent pour aller à la mosquée.

La terre était salée. Mais, grâce à leur foi, ces hommes vivaient en paix.

Et si fervente était la foi de certains qu'ils s'étaient laissé entraîner bien loin d'elle. Tel était le cas des Ahmadis. J'avais décidé de me rendre à Lahore pour en apprendre davantage à leur sujet.

Les Ahmadis se considéraient eux-mêmes comme les plus purs d'entre les musulmans. Outre le Prophète, ils vénéraient Ahmad, le Messie annoncé, qui était apparu en Inde, au XIXe siècle. Les Ahmadis, les disciples d'Ahmad, affirmaient que celui-ci était venu pour régénérer une foi déliquescente. Pour les autres musulmans, cette dévotion au Messie s'opposait au dogme selon lequel Mahomet était le dernier des prophètes, et constituait donc le pire des blasphèmes. On avait organisé plusieurs campagnes hostiles aux disciples d'Ahmad ; et, sous Ali Bhutto, les Ahmadis tant haïs avaient été déclarés non musulmans.

Cette secte m'intriguait depuis ma rencontre avec la jeune fonctionnaire ahmadi de Karachi – la veuve au sari vert. J'avais été frappé par son éducation, sa dignité, la façon dont elle acceptait les persécutions, le fait qu'il lui serait peut-être nécessaire de quitter un jour le Pakistan, en compagnie de ses enfants.

Je venais à Lahore dans l'espoir d'aller visiter, à quelque cent cinquante kilomètres de là, la communauté ahmadi de la petite ville de Rabwah. Mais il me fallait des introducteurs ; et, à Lahore, il était difficile de se faire introduire auprès des Ahmadis. Ils se montraient, on le comprend, assez secrets. Et les autres musulmans ne voulaient rien savoir à leur sujet ; soit ils feignaient de ne pas comprendre, soit ils se mettaient en rage.

On m'avait dit que les Ahmadis s'adonnaient à la casuistique ; qu'ils considéraient entre eux comme un second prophète celui qu'ils appelaient en public le Messie. Je croyais aussi savoir que les Britanniques avaient soutenu Ahmad dans le but de diviser les musulmans indiens. Pour finir, on prétendait qu'ils constituaient une force à l'intérieur de l'armée ; qu'ils faisaient de bons hommes d'affaires et « veillaient sur les leurs » ; qu'en devenant ahmadi, on s'assurait sécurité et protection.

Par l'intermédiaire du fils d'un officier en retraite, je rencontrai le colonel Anīs, qui avait servi dans l'armée pakistanaise. Il appartenait à la secte ; il avait quitté l'armée parce que les préjugés à l'égard des Ahmadis – notamment depuis leur mise hors la loi – étaient devenus intolérables. C'était un homme de quarante et un ans, massif mais musclé, et d'une carrure impressionnante. Son visage à l'expression sereine semblait toujours sur le point de sourire. Il avait été détenu pendant deux ans en Inde comme prisonnier de guerre, après la guerre du Bangladesh, en 1971. Dans le camp indien, il avait beaucoup lu, appris le français et effectué un certain nombre de dessins au crayon, d'une grande finesse et d'une précision quasi photographique. Il devait en partie sa sérénité à ces deux années d'exil et de concentration mentale.

Il était facile de se laisser séduire par cet homme. Il était plus difficile de pénétrer sa foi prodigieuse. Mais il s'y attendait : il m'assura que, pour comprendre les Ahmadis, il fallait savoir beaucoup de choses sur l'Islam, beaucoup. Je ne saisis ce qu'il voulait dire qu'après qu'il m'eut introduit auprès des chefs de cette secte, à Lahore. Il me conduisit là-bas, tard, un après-midi, et me laissa me débrouiller tout seul.

Une riche demeure de banlieue, trois ou quatre voitures garées dans l'allée ; un jardin vert et feuillu ; des baies vitrées au cadre de bois coulissant ; un sol recouvert de tapis ; des copies de meubles anciens ; des tables basses en bois sculpté ; des tableaux modernes pakistanais ; des domestiques ; du thé. Lieu étrange – où seul peut-être, le style surchargé indo-victorien, et la sensation d'étouffement qu'il procurait, ne paraissait pas déplacé – pour être initié aux mystères d'une religion qui me semblait venir d'un monde antique. Et, à en juger par leurs vêtements, leur éducation, leurs manières, les hommes qui m'attendaient – de tous âges : de la bonne trentaine à la soixantaine largement dépassée – auraient tous pu être des hommes d'affaires modernes. Sans doute était-ce le cas de plusieurs d'entre eux. Mais on devinait chez tous une autorité supérieure : ils considéraient eux-mêmes que leur foi faisait d'eux des êtres hors du commun.

Il n'était pas donné à beaucoup de reconnaître un messie, de faire partie des premiers élus ; cela les rapprochait de ceux qui, tout de suite, avaient cru en la mission du Prophète. On glorifiait aujourd'hui ces disciples pour leur courage et il en irait de même pour eux quand le monde entier se serait tourné vers le Messie annoncé. Et, malgré les persécutions, certains d'entre eux portaient en témoignage de leur foi un fin croissant de barbe au menton.

Un siècle auparavant, il n'y avait eu qu'un homme seul, Ahmad. Désormais, il existait dix millions d'Ahmadis de par le monde. Pourquoi, dans cent ans, n'y en aurait-il pas dix millions de fois dix millions ? C'était ce que l'imam – ou, si l'on veut, l'évêque – de Lahore (qui lui aussi portait le croissant de barbe) avait déclaré à Londres à un incrédule. Animés par cette foi inébranlable, ils pouvaient se permettre d'ignorer les railleurs et les « arrivistes ». La véritable religion, poursuivit l'imam, était masquée par la « culture ». Pour qui savait voir au-delà de cette chose éphémère, la religion apparaissait de nouveau.

Il y avait toujours des gens pour préférer nier les signes, me dit l'imam. Par exemple, il avait été prophétisé que, quand le Messie viendrait ou se révélerait au monde, se produirait à la fois une éclipse de soleil et de lune. Constatant qu'un tel double phénomène s'était produit au cours de l'année 1894, un incrédule s'était, de dépit, frappé la tête contre un mur, s'écriant : « C'est donc vrai ! Cet homme est le Messie ! » Mais il était resté sceptique.

« L'année dernière, déclara l'imam, s'est tenue une conférence à Londres, au Commonwealth Centre. Des centaines de délégués envoyés par de nombreux pays s'y sont rendus. Parmi eux, il y avait des scientifiques. Certains ont fait des communications. Mais la presse a ignoré la conférence. La télévision ne s'est pas déplacée.

– Quel était le sujet de la conférence ? demandai-je.

– Le Christ délivré de la croix », me répondit le vieil homme.

Le Christ n'était pas mort sur la croix. Lorsqu'on l'en avait descendu, il se trouvait seulement dans le coma. Le suaire de Turin prouvait que le sang avait coulé du corps d'un homme encore en vie. Les membres brisés du Christ guérirent et il s'en alla prêcher les tribus égarées d'Israël. Il poursuivit sa route jusqu'au Cachemire, dans le nord de l'Inde, où il mourut à l'âge de cent vingt ans.

« Qui organisait cette conférence ? »

L'imam parut déconcerté. « Mais... nous. »

Je n'en revenais pas. Mais cette croyance au sujet du Christ faisait partie des points essentiels de la foi ahmadi.

Certains musulmans croient (bien que rien, dans le Coran, ne vienne étayer cette idée) que le Christ (considéré par les musulmans comme l'un des prophètes ayant précédé Mahomet) reviendra sur terre en tant que rédempteur, ou Mahdi. Les Ahmadis pensent que la prophétie a été mal interprétée. Et voici pourquoi : le Christ n'attend pas, quelque part au paradis, de revenir sur terre : le Christ est mort. Il ne monta pas au paradis après la crucifixion. Il fut descendu de la croix, soigné, puis continua de prêcher jusqu'à l'âge de cent vingt ans. Il vécut jusqu'au bout sa vie d'homme ; et ce fut une très longue vie ; il ne peut plus revenir sur terre.

D'après les Ahmadis, la prophétie annonçait en fait qu'un Messie *ressemblant* au Christ descendrait sur terre en une époque de ténèbres, pour laver la religion de ses souillures et restaurer la pureté de l'Islam. Et cet homme était Ahmad, né en 1838 dans le village de Qadian, aujourd'hui en République indienne, juste de l'autre côté de la frontière pakistanaise. Jésus était né mille trois cents ans après Moïse ; Ahmad naquit mille trois cents ans après le Prophète. Jésus était né dans une colonie romaine ; Ahmad naquit dans une colonie britannique. Et ce n'étaient là que deux similitudes parmi tant d'autres.

Ahmad appartenait à une famille de propriétaires terriens. Mais, sous l'administration britannique, elle avait perdu ses huit villages, et le partage des autres biens entre les membres de la famille n'avait pas laissé grand-chose à Ahmad. On ignore presque tout de son enfance et de sa jeunesse. On sait que la compréhension de l'arabe lui vint sans qu'on lui eût appris la langue sacrée ; qu'il souffrait de vertiges, de diabète et bégayait légèrement. Il eut sa première révélation à l'âge de quarante ans. Mais il attendit 1890 – il avait alors cinquante et un ou cinquante-deux ans – pour annoncer sa mission. On découvrit que bien des détails concernant la vie d'Ahmad – y compris ses handicaps physiques et son lieu de naissance – avaient été prophétisés.

Ce fut sous forme de mots qu'il reçut ses révélations, et cela était important. S'il avait simplement prétendu être inspiré, sa parole n'aurait pas eu beaucoup de valeur. A une époque, il fut accusé de tentative de meurtre – c'était l'une des premières calomnies destinées à le discréditer – mais on l'acquitta. Il se maria tard ; eut un fils à l'âge de cinquante ans (un an avant d'annoncer sa mission) ; et ce fils devint le troisième chef spirituel du mouvement (Ahmad mourut en 1908). Tous ces événements avaient été prophétisés.

Comme m'en avait averti le colonel Anīs, c'était une histoire compliquée ; et peut-être n'en ai-je pas bien saisi tous les détails. La majeure partie de ce que je rapporte ici (mais pas tout) me fut racontée par Idrïs, le frère de l'imam de Lahore, au cours du long trajet qui nous conduisit, un matin, à la communauté ahmadi de Rabwah.

Idrīs souhaitait me faire comprendre que sa foi ne dérogeait en rien à l'islam et s'accordait avec la tradition et les prophéties. Je sentais aussi que la condamnation de la secte l'avait un peu inquiété et qu'il était soucieux de ne pas sembler blasphémer. Idrīs était un éminent homme de loi aux cheveux blancs ; ses explications s'avéraient généralement précises et détaillées.

Les sanctions prises par Ali Bhutto à leur encontre avaient été prophétisées. Et, de même, le châtiment qui frappa le Premier ministre. Il avait été annoncé qu'un dirigeant les déclarerait *kafirs*, impies ; et qu'ensuite les deux mains de cet homme seraient brisées. « La main qui tenait le décret, dit Idrīs, et celle qui le parapha. »

Je demandai à Idrīs s'il n'aurait pas mieux valu que les Ahmadis restent en Inde, près du lieu de naissance d'Ahmad, là où, à l'origine, ils s'étaient rassemblés.

« Sans le Pakistan et Ali Jinnah, me répondit-il, l'Inde serait devenue une nouvelle Espagne.

– Une nouvelle Espagne ?

– Un pays d'où l'islam aurait été balayé. Pourtant, aujourd'hui, nombre de savants affirment que l'islam a connu son apogée en Espagne. »

Longtemps avant la partition, le second calife ou second successeur d'Ahmad (son propre fils) avait prophétisé un exode : un exode rappelant celui du Christ après la descente de croix. Cette révélation lui était venue en rêve.

Nous avions jusqu'à présent traversé un paysage de plaine. Puis les collines surgirent, qui, tout de suite, nous apparurent abruptes. C'étaient les collines de sel du Pendjab et Idrī m'assura que, vues du ciel, elles semblaient un ultime prolongement de l'Himalaya. Elles étaient basses et rouges, si bien que les hommes qui exploitaient les mines de sel – très purs, les blocs évoquaient les veines du marbre – en revenaient rouges de poussière.

Le long des montagnes, coulait l'un des cinq fleuves du Pendjab, la Chenab, cours d'eau caractéristique du sous-continent indo-pakistanais : pas un fleuve aux rives bien définies mais une dépression immense et tourmentée qui, à la hauteur de Rabwah (au pied des collines salées) atteignait près de quatre ou cinq kilomètres de large : la plus grande partie de son lit, visible et sec, où s'éparpillaient des javeaux convexes, de grands bancs de vase grise, noirâtre là où elle était humide, des flaques d'eau, et puis le fleuve lui-même, plus pareil à une étendue d'eau dormante et peu profonde qu'à un courant, faisant paresseusement le tour d'une île.

Le second calife ahmadi, après avoir annoncé l'émigration des musulmans indiens, avait de surcroît vu en rêve un paysage semblable à celui-ci ; de fait, il émanait de ce paysage quelque chose d'onirique : l'escarpement de ses montagnes de roc rouge et le lit démesuré du fleuve fermant l'immensité monotone des plaines irriguées du Pendjab.

« Il avait vu un flot puissant, reprit Idrīs, qui nous emportait jusqu'à une région accidentée, où s'élevaient des monts et où l'on trouvait aussi des zones sableuses. »

Ces montagnes avaient leur importance car, dans cette migration, elles devaient figurer celle qu'avait gravie le Christ : on rapportait que Jésus et Marie, après avoir quitté la Galilée, avaient séjourné en un lieu élevé. Et le fleuve avait lui aussi une signification, car le Messie annoncé avait prédit que son peuple traverserait des temps difficiles et qu'ensuite, pour le réconforter, il lui apparaîtrait sur les bords du Nil ou d'un fleuve qui lui ressemblerait. Dans ce monde de prophéties, la « similitude » – pour reprendre le mot qu'employait constamment Idrīs – était tout. Le Nil, disait Idrīs, prenait sa source dans les Montagnes de la Lune ; or, Chenab signifiait « fleuve de lune ».

La communauté avait projeté de s'implanter sur les rives de ce fleuve tant aimé. De nombreux dévots avaient acheté là des lopins de terre. Mais, alors, le gouvernement pakistanais – décidé à persécuter les Ahmadis jusqu'au bout – avait attribué les terrains aux réfugiés biharis du Bangladesh. Les réfugiés contre les proscrits, exilés dépossédant d'autres exilés : avant que les Ahmadis expropriés de leurs terres aient pu obtenir des tribunaux la reconnaissance de leurs droits, les Biharis avaient déjà construit une mosquée, symbole de leur prise de possession. A Rabwah même, le gouvernement avait exigé près de deux hectares de terres déjà exploitées par la communauté pour y installer un poste de police ; là encore, les tribunaux avaient émis un arrêt suspensif en faveur des Ahmadis.

Au-delà du fleuve, au pied de l'une des montagnes rouges, baigné par une lumière que faisait trembler la chaleur, s'étendait le cimetière ahmadi. On enterrait là ceux qui avaient légué une partie de leur fortune à la communauté et au mouvement. Les tombes étaient basses ; le mur d'enceinte aussi. Le cimetière se fondait dans cet étrange paysage et, si Idrīs ne me l'avait pas désigné, je ne l'aurais pas même remarqué.

Lorsque les Ahmadis avaient acheté ces terres, une couche de salpêtre profonde de quinze à trente centimètres les recouvrait. Les cinq cents hectares qu'ils venaient d'acquérir avaient été laissés à l'abandon pendant des siècles. Aujourd'hui, sur ce sol, comme, par endroits, sur le roc rouge et salé, s'épanouissaient des pousses d'un vert vif, qui ajoutaient au paysage une touche supplémentaire de couleur. Et là se dressait une petite bourgade, où croissaient des arbres, bien que l'eau des puits – la seule dont on disposait par ici – fût un peu salée. Le centre des Ahmadis ressemblait à une cité bâtie par le gouvernement : de petits bâtiments de brique rouge poussiéreuse aux portes agrémentées de rideaux de joncs ; et des vérandas cernant des cours où, soigneusement arrosés, poussaient des lauriers-roses, des hibiscus et une variété de petits palmiers.

Idrīs me laissa au gîte réservé aux « personnalités » pour aller donner son nom au secrétariat de l'imam, l'actuel chef de la secte. L'imam, le petit-fils du Messie, était âgé de soixante-dix ans et licencié ès lettres d'Oxford, m'avait appris Idrīs. On m'apporta un Pepsi-Cola, puis du thé. Idrīs revint bientôt et m'annonça, non sans une certaine émotion, qu'il avait été « appelé ». Il pensait que je ne tarderais pas à être appelé, moi aussi.

Mais j'attendis en vain. Plus tard, Idrīs m'expliqua que l'imam était très occupé. Il recevait des milliers de lettres et devait affronter de nombreux problèmes administratifs ; et il fallait qu'il se rende à Rawalpindi le lendemain. En guise de consolation, il me montra une photographie – celle d'un homme au visage plein, coiffé d'un turban – et l'on me permit de monter jusqu'à une salle d'attente aux volets clos où, patientant comme dans un cabinet médical, se trouvaient une femme toute courbée, et voilée de noir, ainsi qu'une famille au complet, à l'air morne.

Dans le département consacré aux publications – bien que les autorités aient tenté de s'opposer à l'achat de leur nouvelle presse à imprimer – s'empilaient des tas de fascicules et des traductions du Coran. Balayant la poussière rougeâtre de chacun des épais volumes, Idrīs me fit admirer, langue par langue, page de titre après page de titre, les diverses éditions du livre saint. Les Ahmadis étaient très actifs en Afrique : ils avaient publié des Corans en swahili, en ganda et en yorouba. Quelle énergie, quelle organisation, dans ce petit coin du Pendjab ! Mais les Ahmadis ne visaient rien de moins que la conversion du monde entier.

De nombreux pays musulmans les avaient bannis ; mais le travail se poursuivait ailleurs. Le grand homme en blanc revenait d'une mission ahmadi située au Danemark. Il me fit penser à un diplomate rappelé depuis peu et contraint de réduire considérablement son train de vie. Avant d'enfourcher sa vieille bicyclette et de s'éloigner dans la lumière, il me raconta que les Scandinaves ressentaient le besoin d'une foi nouvelle et qu'il avait réussi à rassembler au Danemark une congrégation d'une importance non négligeable autour du Messie annoncé.

L'homme qui avait servi plus ou moins régulièrement à Londres pendant une vingtaine d'années était plus gros, plus enjoué, et avait une plus longue histoire à raconter. Il s'était occupé là-bas d'une congrégation forte de dix mille fidèles (des émigrants pakistanais pour la plupart, supposai-je) ; et il n'avait pas hésité à défendre vigoureusement la cause musulmane. La directrice de l'école où étudiait sa fille exigeait que celle-ci portât la jupe de l'uniforme scolaire au lieu des pantalons bouffants requis par la pudeur islamique. Il s'était plaint auprès des autorités supérieures et avait obtenu gain de cause. Sa fille continua à porter des pantalons et, lorsque l'affaire se fut ébruitée, de nombreux musulmans envoyèrent leurs filles dans cet établissement ; par la suite, la directrice le remercia. La loi garantissait la liberté de culte, dit-il. Il parlait du droit anglais, du droit d'un pays étranger.

Son grand problème avait été d'éviter que sa fille eût « l'esprit écartelé ». Mais ces « mouvements de libération de la femme » lui avaient tourné la tête et elle avait du mal à s'adapter au Pakistan et à Rabwah. Il essayait de la raisonner et de lui montrer combien la manière de vivre islamique convenait mieux aux femmes. Durant ses séjours là-bas, il avait vu se dégrader la condition féminine en Angleterre ; les hommes ne se levaient plus pour leur céder la place dans les bus ; il avait lu dans *l'Observer* que les maladies vénériennes se propageaient comme une « véritable épidémie ».

Mais qu'est-ce qui attirait tant sa fille dans ce mouvement de libération de la femme ? Il ne répondit pas. L'appel à la prière de treize heures jaillit des haut-parleurs : « Il n'y a pas d'autre Dieu que Dieu », psalmodié sur un ton mélodieux et modulé. Et l'ancien missionnaire à Londres se leva. Il mit sa toque de fourrure noire et me dit – avec un humour typiquement britannique : il avait conservé ses manières londoniennes, son assurance londonienne – qu'il ne voulait pas arriver en retard au déjeuner. Son épouse – contrairement à ce qu'on affirmait des femmes musulmanes – était un vrai tyran. A Londres, ajouta-t-il, on lui demandait souvent pourquoi il ne prenait pas quatre épouses. Il répondait généralement qu'il ne parvenait déjà pas à tenir tête à une seule.

Pour sa part, Idrīs était favorable à ce que les femmes restent recluses : la sienne portait le *pourdah*. Il croyait que la déception que m'avait causé ma conversation avec l'ancien missionnaire n'était qu'une certaine tristesse touchant à l'émigration pakistanaise en général. Et comme, dans la lumière blanche, nous revenions à pied en direction du gîte, il me déclara : « Les affaires des hommes sont soumises à des marées... » L'image du flot des eaux, le rêve du calife, la migration !

Nous déjeunâmes. Idrīs partit prier, ajoutant à la prière de trois heures celle d'une heure, qu'il avait manquée. Plus tard, je me rendis dans sa chambre et nous parlâmes. Il resta allongé sur l'un des lits, tantôt sur le dos, tantôt sur le côté. Je m'assis sur le tabouret placé devant la table de toilette. Il faisait très chaud. La roche salée des montagnes de Rabwah emmagasinait et irradiait la chaleur. En été, elle ne se refroidissait jamais. Mais Idrīs semblait serein. Avec son sel, son roc et son fleuve, cette terre était pour lui un sanctuaire. Il me dit qu'à Rabwah il se sentait toujours en paix.

Il se produisait toujours des anicroches, des tracasseries. Le matin même, il avait éprouvé un pincement au cœur : un homme de la ville s'était plaint à la police qu'il avait été expulsé de son logement sur l'ordre du chef de la secte. Cela n'était pas vrai; il s'agissait simplement d'une dispute entre un locataire et son propriétaire; mais les gens savaient que la police était toujours disposée à entendre de telles accusations portées contre les Ahmadis. Cela lui rappela un cas récent dont il avait eu à s'occuper : un ouvrier congédié s'était infligé à lui-même des blessures puis avait soutenu devant le tribunal du travail que des Ahmadis l'avaient rossé.

Il revenait souvent sur ce genre d'incidents déplaisants. Mais il aimait se trouver à Rabwah et avait la chance de pouvoir s'y rendre environ deux fois par mois. Je ne parvenais pas à comprendre sa foi. Mais, dans cette chambre, au moment où il oubliait ses angoisses, j'éprouvai une certaine tendresse à son égard. Il me plaisait de le voir se détendre ainsi sur le lit, à la recherche de la paix tout en assumant la nature prodigieuse de sa foi, sa croyance en un Messie venu purifier et restaurer la religion vraie. Il s'apaisait; ses traits se décontractèrent. Et je m'aperçus combien ses cheveux gris m'avaient induit en erreur : il avait en fait quelques années de moins que moi. Cette écrasante chaleur sèche, ce paysage d'un rêve auquel les hommes n'avaient donné que récemment toute sa signification, ce site de la délivrance et, peut-être, du martyr : on avait l'impression d'être ramené très loin en arrière.

Nous parlâmes des rêves. Ceux du second calife avaient été célèbres, même au temps de la domination britannique. Sir Mohammed Zafrullah Khan, l'un des Ahmadis les plus éminents, avait pris l'habitude de les communiquer au vice-roi britannique, lequel se montra sceptique jusqu'au jour où il reçut de cette façon quelques informations précises au sujet des avions de guerre alliés. Mais les rêves et les prophéties ne devaient pas être répandus inconsidérément; mieux valait ne pas les diffuser auprès du grand public; des troubles pouvaient s'ensuivre. Il était préférable de ne divulguer les prophéties qu'après leur réalisation : ainsi, celle prédisant qu'Ali Bhutto aurait les deux mains brisées.

Mais combien de temps durerait cette paix à Rabwah ? Y avait-il eu d'autres signes, d'autres rêves qui annonçaient un nouvel exode ?

J'avais touché là un point sensible. C'était justement la question qu'Idrīs voulait éviter de se poser. « Pour le moment, répondit-il avec circonspection, c'est ce lieu qui répond aux desseins de Dieu, c'est ici que l'on forme ceux qui guideront le monde et la race humaine tout entière. »

Nous sortîmes dans la chaleur ; il m'emmena visiter la mosquée et la grande cour dans laquelle, chaque année, se réunissaient les croyants. Nous vîmes l'école où l'on initiait des étudiants venus de tous les pays – les études duraient de six à sept ans –, disciples qui repartiraient pour répandre un peu partout la parole du Messie annoncé. Nous rencontrâmes un musulman indien de vingt-deux ans originaire de La Trinité, un Indonésien de vingt-six ans. Deux jeunes Nigérians, de douze et quatorze ans, se tenaient au bord du terrain de jeu brunâtre. « Par ici ! Par ici ! me lança Idrīs, je ne veux pas qu'ils se sentent ignorés. » Les jeunes garçons, sans doute des orphelins, s'approchèrent de nous ; rien à dire : des yeux brillants dans des visages tristes, deux enfants perdus dans la ville artificiellement créée au pied des collines de sel du Pendjab, loin de leur jungle africaine.

Le soleil commençait à descendre. Nous nous éloignâmes. Soudain, au milieu de la conversation, Idrīs joignit ses deux paumes ouvertes, dans le geste de la prière musulmane. Nous passions devant le cimetière. Il avait l'habitude, m'expliqua-t-il ensuite, de prier à l'intention des morts pour « qu'ils puissent s'élever plus haut encore au paradis ».

Le soleil couchant se reflétait dans la Chénab, le Fleuve de Lune. Et, quand nous eûmes traversé le cours d'eau, il embrasait les mares d'eau dormante des champs détrempés, terre agonisante, se transformant en sel et en marécage, marais plus visibles au crépuscule (l'eau attrapant les derniers rayons de lumière) que dans la lumière trop vive du jour.

A l'aller, Idrīs n'avait cessé de parler tout au long du chemin. Maintenant, il gardait le silence. On eût dit que le paysage le fascinait et donnait un tour plus anxieux à sa mélancolie naturelle.

Des volutes de fumée s'élevaient des feux de cuisine. Sur la route, flottait un nuage noir dû aux vapeurs crachées par les véhicules mal réglés. Aucune lanterne ne signalait les charrettes ; et, souvent, les camions n'avaient pas de feux arrière. Autrefois, me dit Idrīs, tous les véhicules étaient éclairés. Maintenant, il n'y avait plus de loi. « Quand la loi est bafouée par le législateur lui-même, comment voulez-vous que l'homme de la rue obéisse ? »

Les cas relevant de sa compétence se faisaient rares. Mais sa femme possédait quelques biens et avait des revenus. Il voulait voyager ; il aimait les voyages ; il n'avait que quarante-deux ans. Il ne me le dit jamais mais je sentis que lui aussi, comme la jeune femme ahmadi au sari vert que j'avais rencontrée à Karachi, songeait à émigrer, à partir avant d'être en butte à des persécutions plus cruelles.

Nous commençâmes à apercevoir les lumières de Lahore.

« Avez-vous pris note de cette prophétie ? me demanda-t-il. En 1989, le monde sera fatigué d'attendre le retour du Christ. Les Iraniens en auront assez d'attendre le douzième imam. Tous se tourneront alors vers nous. »

III

Conversations en MALAYSIA

La foi primitive

« ... Un pessimiste à demi nu, mâchant du bétel, se tenait sur la rive du fleuve tropical, à l'orée des forêts immenses et silencieuses ; un homme en colère, impuissant, démuni, un cri de violente révolte prêt à jaillir de ses lèvres ; un cri qui, eût-il été poussé, aurait résonné dans les solitudes vierges des forêts, aussi vrai, aussi grand, aussi profond que n'importe quel hurlement philosophique qui monta jamais des profondeurs d'un fauteuil pour déranger le désert impur des cheminées et des toits. »

JOSEPH CONRAD,
Un Paria des Iles (1896)

« Ces communautés qui n'ont encore derrière elles qu'une histoire brève produisent sur les Européens une étrange impression de fragilité et d'isolement. Elles ne se sentent pas les héritières du passé et, de ce fait, ce qu'elles essaient de transmettre à leurs successeurs paraît stérile et peu chargé d'émotion à ceux pour qui le passé est encore vivant et l'avenir illuminé par la connaissance des réalisations lentes et douloureuses des temps anciens. L'histoire fait prendre conscience que les affaires de l'homme n'ont pas de finalité ; il n'existe pas de perfection immuable ni de sagesse ultime auxquelles on puisse accéder. »

BERTRAND RUSSELL,
Portraits from Memory

1

Premières conversations avec Shafi : chassé du paradis

CE FUT à travers l'Inde ou le sous-continent indo-pakistanais que la religion gagna l'Asie du Sud-Est. Tout d'abord, se propagèrent l'hindouisme et le bouddhisme. Ils stimulèrent les grandes civilisations du Cambodge et de Java, dont les monuments – Angkor, Bārābudur – comptent au nombre des merveilles du monde. On affirme que ce ne sont ni des armées ni des colonisateurs qui répandirent ces religions indiennes, mais des marchands et des prêtres. Et ce furent encore ces grands voyageurs indiens qui, après l'islamisation du sous-continent, apportèrent la foi musulmane en Indonésie et en Malaisie[1], au XIVe ou au XVe siècle.

L'islam fut prêché en Asie du Sud-Est, ainsi que l'avaient été les religions indiennes. Il n'y eut pas d'invasion arabe, comme au Sind ; pas de massacre systématique de la caste des guerriers vaincus, pas d'implantation de colonies militaires arabes ; pas de partage de butin, pas de trésors ni d'esclaves envoyés au calife d'Iraq ou de Syrie ; pas de tributs, pas d'impôts frappant les incroyants. Il n'y eut ni calamité ni renversement brutal d'un ordre établi. L'islam se répandit comme une idée – un Prophète, une révélation divine, l'enfer, le paradis, un code dicté par Dieu – qui se greffa sur d'autres idées, plus anciennes. Aujourd'hui, des missionnaires islamiques viennent purifier cette religion hybride ; et c'est toujours du sous-continent – et notamment du Pakistan – qu'arrivent les plus passionnés d'entre eux.

Ils ne parlent pas du gouvernement militaire, du rôle économique de l'émigration, de la décomposition de la loi ou de la tragédie des musulmans biharis, dont ni le Bangladesh ni le Pakistan ne veulent. Ces faits sont distincts de l'islam, et les missionnaires ne sont là que pour propa-

1. La Malaysia comprend aujourd'hui la péninsule malaise (ou Malaisie) ainsi que les territoires de Sarawak et de Sabah, au nord de Bornéo. L'adjectif malais s'applique à la race malaise et à sa civilisation. L'adjectif malaysien s'applique à la fédération ou État de Malaysia, où cohabitent plusieurs races. *(N.d.T.)*

ger l'islam et dénoncer ses ennemis. Ils apportent leur passion, la passion propre aux musulmans du sous-continent : la passion d'un peuple qui, malgré l'existence du Pakistan, se considère comme une minorité menacée ; la passion d'un peuple qui – envisageant son passé comme « une plaisante histoire de conquête » – a cessé d'être conquérant ; et, par-dessus tout, la passion de musulmans qui se sentent en marge du véritable monde musulman. La distance qui séparait les Perses des Arabes fit naître la foi chi'ite et, chez les Persans, la conviction qu'au regard de l'islam ils sont plus purs que les Arabes. Un fossé plus large encore sépare les musulmans indiens des Arabes ; et leur ferveur est tout aussi farouche, si ce n'est même plus.

Chaque musulman est un missionnaire de l'islam : telle est l'idée qui pousse des hommes à se rassembler dans le désert gorgé d'eau du Pendjab. Après quatre jours passés sous la tente à prier tous ensemble, les dévots repartent tout imprégnés par la vision d'un monde sur le point de changer. Certains se rendent en Malaysia ; cela fait des années qu'ils y vont ; et, aujourd'hui, leur passion trouve un écho.

Il subsiste quelques ruines architecturales hindoues au nord de la Malaisie, mais, contrairement à ce qui se passa à Java ou au Cambodge, la civilisation indienne ne se développa guère dans ce pays. Cette contrée (bien que les Européens l'aient abordée sur les côtes) fut plus ou moins négligée et laissée aux Malais jusqu'au siècle dernier.

Les romans de Joseph Conrad donnent une idée de ce qu'étaient les régions les plus reculées de l'archipel malais, il y a un siècle : des caboteurs européens, concurrençant parfois les Arabes, qu'anime la vraie foi ; des comptoirs et établissements administratifs européens, installés au bord de la mer ou d'un fleuve, adossés à la forêt ; des paysans et des ouvriers chinois, s'enracinant là où ils le peuvent ; des sultans et des radjahs malais, guerriers escortés de leur cour ; et, en arrière-plan, les Malais, peuple des fleuves et des forêts, à moitié musulmans, à moitié animistes.

Mondes opposés et qui se heurtent : le monde des Européens progressant toujours plus loin en direction « de la frontière des ténèbres », l'univers clos et tribal des Malais : c'était l'un des thèmes principaux de Conrad. Et, aujourd'hui, en Malaysia, les révolutionnaires islamiques, les jeunes gens qui se révoltent, sont les descendants de ces peuples oubliés, qui ne quittaient jamais leur fleuve ou leur forêt. En Malaysia, ils furent les derniers à émerger ; ils ne sont apparus qu'après la fin du cycle colonial, après l'indépendance, après l'argent.

De nos jours, en Malaysia, on voit autre chose sur les embarcadères que des noix de coco ou du rotin. Le pays produit de nombreuses richesses : étain, caoutchouc, huile de palme, pétrole. La Malaysia est prospère. Profitant au plus grand nombre, l'argent a permis l'éducation de toute une génération de villageois et les a attirés vers cette civilisation qui, autrefois installée à « la frontière des ténèbres », est aujourd'hui universelle.

Ces jeunes gens n'aiment pas toujours ce qu'ils découvrent. Certains ont étudié à l'étranger, suivi une formation technique; mais la plupart d'entre eux ne savent pas vraiment où ils ont été. En Australie, en Angleterre, aux États-Unis, ils sont encore à la recherche des us et coutumes de leur terre natale; leur séjour à l'étranger les aigrit, les renferme plus profondément en eux-mêmes. Ils ne peuvent plus retourner dans leur village. Ils sont jeunes, mais ne retrouvent plus la vie qu'ils ont connue dans leur enfance.

Et ils en viennent aussi à comprendre qu'au cours du siècle écoulé, pendant qu'eux-mêmes ou leurs parents dormaient, leur pays – conception nouvelle : c'était un conglomérat de royaumes et de sultanats – était remodelé par le colonialisme : que la Malaysia prospère d'aujourd'hui est une création anglo-chinoise qui se développe sur des fondations coloniales. Les Anglais exploitèrent les mines et le sol. Ils firent venir des Chinois (les paysans diligents et sans attaches d'il y a un siècle) et, moins nombreux, des Indiens, pour effectuer les travaux que les Malais ne pouvaient pas faire. Désormais, les Britanniques ne dominent plus le pays. Mais les Malais ne composent que la moitié de la population.

Les Chinois ont évolué; c'est à leur énergie et à leur talent que le pays doit son essor. Néanmoins, ils sont écartés du pouvoir politique. Les Malais gouvernent; officiellement, la Malaysia est une nation musulmane, soumise à des lois civiques musulmanes; les relations sexuelles entre musulmans et non-musulmans sont interdites, et il existe une sorte d'inquisition; les discriminations légales à l'égard des non-musulmans sont révoltantes. Mais les Malais qui détiennent le pouvoir sont solidement établis, souvent issus de familles royales ou anciennes qui se sont aventurées dans le monde moderne il y a de cela quelques générations.

Aujourd'hui, dans les villages, les jeunes, déjà conscients d'avoir tant perdu, ne voient devant eux qu'un avenir bouché. L'argent, le développement, l'éducation leur ont simplement enseigné que le monde ne ressemble pas à leur village, que ce monde n'est pas le leur. Leur colère – la colère d'un peuple rural aux aptitudes limitées, aux moyens financiers limités, et à la connaissance de l'étranger limitée – est compréhensible. Désormais, ils ont une arme : l'islam. Grâce à lui, ils peuvent traiter d'égal à égal avec le monde. Il sert leurs griefs, leur sentiment d'inadéquation, leur révolte sociale et leur haine raciale.

Cet islam représente plus que l'ancienne religion de leur village. L'islam des missionnaires est une religion qui promet un changement imminent et la victoire; il prétend avoir un rôle à jouer dans l'évolution universelle. Dans *Lectures islamiques*, magazine local publié par les missionnaires, on peut lire que l'Occident, de l'avis même de ses philosophes, se laisse dévorer par son matérialisme et son avidité. Le vrai croyant, préoccupé qu'il est de l'au-delà, vit pour des idéaux plus élevés. Pour l'incroyant, celui qui n'a pas foi en la vie future, l'existence n'est que la recherche du plaisir. « Il consacre la majeure partie de sa fortune à mener grand train et à faire étalage de sa richesse, se vêt avec ostentation de soie et de brocart, mange dans des plats d'or et d'argent. »

De la soie, du brocart, de l'or, de l'argent ? Pouvait-on sérieusement parler ainsi dans une ville comme Kuala Lumpur ? Mais cela relève de la théologie, cela fait référence à la *hadith*, la tradition du Prophète. Un jour, Hudhaifa demanda de l'eau et un prêtre persan lui en offrit dans un vase d'argent. Hudhaifa le réprimanda; il avait entendu de ses propres oreilles le Prophète dire que les incroyants se servaient de vaisselle d'or et d'argent, et se vêtaient de soie et de brocart.

C'est ainsi que se présente le nouvel islam, et il apparaît aux jeunes gens des villages comme l'autre savoir, l'autre vérité, reposant sur un solide appareil culturel. Beaucoup de passion mais aucun programme constructif. Il faut d'abord mettre à bas le monde matérialiste; comme en Iran, comme au Pakistan, l'État islamique naîtra plus tard.

Et le message qui se propage à partir du Pakistan ne s'arrête pas en Malaysia. Il se répand jusqu'en Indonésie – cent vingt millions d'habitants (contre douze millions de Malais), plus pauvres, plus hétérogènes, plus fragiles et dont le passé récent a été marqué par des pogroms et des massacres. Là-bas, les ennemis du nouveau mouvement islamique qui touche la jeunesse le considèrent comme une forme de nihilisme : ils le qualifient de « fléau malais ». Ainsi, le fanatisme islamique pakistanais, avec tous ses particularismes, convertit à tour de bras en accentuant d'autres misères. Et les promesses de bouleversement politique se répandent comme autant de bonnes nouvelles.

La Malaysia exhale de la vapeur. A la saison humide, le matin, les nuages s'accumulent. L'après-midi, il pleut à verse, les montagnes bleu-vert disparaissent et, ensuite, les nuages s'attardent entre les crêtes, pareils à de la fumée. Les plantes grimpantes recouvrent peu à peu les haubans d'acier des poteaux télégraphiques ; elles engloutissent les branches mortes des cocotiers avant même qu'elles aient eu le temps de tomber ; elles enveloppent les troncs mourants, ou les arbres trop faibles pour leur résister, et l'ensemble fait penser à des buissons curieusement taillés. Ici, la pluie, le soleil et la vapeur n'évoquent pas la pourriture ou la lassitude tropicale ; ils sont synonymes de vigueur, de riche végétation à la croissance rapide, d'argent.

La vieille ville coloniale de Kuala Lumpur, la capitale malaysienne, est toujours fragmentée. Anciennes bâtisses au toit de tuile ; rangées d'étroites maisons chinoises (la boutique au rez-de-chaussée, donnant sous l'arcade dont les piliers soutiennent l'étage en avancée) ; kampongs ou villages malais – constructions modestes mais plaisantes, aux poutres vermoulues, et recouvertes de tôle ondulée que la rouille brunit – dans les quartiers réservés aux Malais lors de la fondation de la ville ; près de la gare ferroviaire, les édifices officiels britanniques : le palais de justice au style à la fois victorien, gothique et moghol, les dômes, les arches, les tours.

Cette ville coloniale est maintenant supplantée par les nouveaux quartiers résidentiels, les gratte-ciel de la cité moderne, l'autoroute de construction coréenne qui mène de l'aéroport à Kuala Lumpur, traversant d'abord des plantations (vue du ciel, la Malaysia occidentale est noire de forêts, mais il s'agit d'une forêt artificielle dont les arbres forment des rangées, et l'on aperçoit des colonnes de vapeur blanche, pareilles à la fumée des cheminées), puis longeant des fabriques et les usines des compagnies internationales.

Dans les jardins publics ainsi qu'en d'autres lieux de cette ville nouvelle, on peut voir de jeunes villageois malais vêtus à l'arabe, avec le turban et la robe. Le costume arabe – si loin du Pakistan, si loin de l'Arabie – témoigne de leur engagement politique. A l'université, on croise de jeunes filles qui, sans se limiter au voile, mettent aussi, malgré la chaleur, des gants et des chaussettes. Des groupes se distinguent par la couleur de leurs vêtements. Le voile représente plus que le voile ; c'est une marque d'agression. Pas à la façon des mèches nattées des Ras Tafarian de la Jamaïque, ces hommes engourdis par la vie marginale qui est la leur depuis des générations ; pas à la façon de l'accoutrement des hippies de bonne famille dont le seul désir est de tout laisser tomber ; ce sont les vêtements de villageois déracinés qui veulent rejeter ce qui leur est étranger et prendre la situation en main. Car l'un des aspects inavoués du rêve est que le monde se perpétue, avance de lui-même, et qu'on l'hérite tel qu'il est.

Shafi œuvrait pour la cause musulmane. Il n'était pas vêtu à l'arabe. Mais il comprenait les jeunes gens qui s'habillaient ainsi. Avant de venir à Kuala Lumpur, Shafi avait vécu dans un village du nord. Le trouble occasionné par son déracinement l'agitait encore.

« Quand j'habitais le village, me dit-il, l'atmosphère était entièrement différente. On sort du village. On est ébloui par les lumières, et on commence à sentir la civilisation matérialiste autour de soi. Et j'oubliais ma religion, mes devoirs – au sens où il faut prier. Mais pas jusqu'à sortir et faire des choses condamnables comme prendre des filles, boire, jouer ou me droguer. Je n'ai jamais perdu la foi. Je négligeais simplement de prier, je négligeais mes responsabilités. J'étais à la dérive. Je ne savais plus où j'en étais. Je me laissais aller, sans savoir quelle voie prendre.

– Où avez-vous habité à votre arrivée à Kuala Lumpur ? » lui demandai-je.

Il ne me répondit pas directement. Lors de nos premiers entretiens, les détails concrets ne lui venaient pas facilement. « Je suis resté dans une banlieue où on est exposé à la civilisation matérialiste, ce qui ne m'était jamais arrivé avant. Les garçons et les filles peuvent sortir ensemble. Vous échappez au contrôle familial. Vous n'avez plus à vous soucier d'une société qui, habituellement, dans un village, vous critique si vous faites quelque chose de mal. Imaginez que vous prenez une chèvre, une vache, un buffle – dans un endroit où la chèvre est attachée toute la journée – et que vous lâchez cette chèvre au milieu d'un troupeau d'autres animaux : eh bien, libérée comme ça, la chèvre vagabondera partout où elle voudra.

– Est-ce si mauvais pour elle ?

– Je pense que la chèvre serait très heureuse de courir où elle veut. Mais, pour ma part, je ne crois pas que cela lui ferait du bien. Si elle était capable de comprendre, j'aurais envie de lui dire : " Pourquoi donc veux-tu errer, si tu es attachée et nourrie par un maître qui veille sur toi ? Pourquoi veux-tu te sauver ? "

– Mais moi, je veux me promener librement, protestai-je.

– Que voulez-vous dire, librement ? A mon avis, être libre ne signifie pas aller où bon vous semble. La liberté doit s'exercer à l'intérieur d'un certain cadre. Parce que je ne nous crois pas capables d'aller où nous voulons et de tout obtenir. Cette liberté-là ne veut rien dire. Vous devez savoir exactement où vous désirez aller et ce que vous voulez faire.

– Mais ne saviez-vous pas ce que vous vouliez quand vous êtes venu à Kuala Lumpur ?

– Mon premier objectif était les études. Le chemin paraissait tracé. Mais ce premier objectif n'allait pas avec le genre de liberté dont je parlais, et c'est à ce problème que j'ai dû faire face, comme beaucoup de mes amis.

– Le même problème se pose aux autres gens dans les autres pays, objectai-je.

– Mais, dit Shafi, ont-ils les mêmes contraintes familiales que moi ?

– Quelles contraintes ?

– Des contraintes religieuses. Vous gardez en vous ces barrières morales. La tradition religieuse, la vie familiale, la société, la communauté du village. Et puis vous arrivez à la ville, où les gens courent sans cesse, où les gens sont libres. Ces valeurs se contredisent.

« Vous voyez, dans le village où j'ai été élevé, nous possédions seulement le strict minimum. Nous avions du riz à manger, et un toit. Mais nous n'étions pas à la mendicité. En ville, un repas peut vous coûter dix dollars. » (Dix dollars malaysiens valant approximativement deux dollars vingt américains.) « Dans une échoppe, on peut manger pour cinquante cents. Contrairement aux citadins, nous préférons, nous, consacrer à autre chose cette différence de neuf dollars cinquante. Selon notre façon de penser, nos traditions, notre religion, c'est du gâchis.

« Parfois, ma femme pense que nous devrions retourner au village et j'éprouve la même chose. Pas pour fuir le monde moderne mais pour tenter de retrouver une vie plus simple, plus vraie que celle que nous menons dans cette ville de gaspillage et de mensonges. Vous n'êtes pas honnête avec vous-même si vous pouvez manger à votre faim pour cinquante cents et dépensez quand même dix dollars.

« Pour vous donner un exemple. Récemment, le gouvernement a fait construire un skating. Au bout de trois mois, ils l'ont détruit parce qu'il se trouvait sur l'itinéraire où devait passer la grande route. Ils font passer les nationales et les autoroutes dans les villages. Et à qui appartiennent les camions qui viennent récolter le produit des pauvres et livrent à un prix exorbitant les marchandises fabriquées par les riches – télévisions en couleur, réfrigérateurs, climatiseurs, transistors ?

– Les gens n'ont-ils pas envie de ces appareils ?

– Au bout du compte, ils vont utiliser la télé couleur – que les gens apprécient – pour la publicité des produits qui entraîneront les villageois dans une vie superficielle.

– La vie au village ne semble-t-elle pas parfois morne pour la plupart de ses habitants ?

– Le village ? On y vit simplement. On n'y connaît pas – comment dire ? – la dilapidation. Il ne faut pas gaspiller. On ne doit pas se précipiter sur les choses. Si je pense parfois à retourner au kampong, c'est pour retrouver ma communauté et pas pour fuir le développement. La société du village est bien organisée. Quand quelqu'un meurt, une cloche sonne dans tout le kampong, où la plupart d'entre nous savent qui vient de rendre l'âme, quand il sera enterré, quelle est la cause de son décès et ce que deviendront ses proches – s'ils y vivent. Il n'y a pas de pollution, au village. Ni physique, ni mentale, ni sociale.

– De pollution sociale ?

– Quelque chose qui s'oppose à nos coutumes et à nos traditions. Dans le kampong, un homme n'a pas le droit de marcher à côté d'une femme qui n'appartient pas à sa famille. C'est interdit.

– Qu'y aurait-il de mal à cela ?

– L'essence même du respect et de la dignité humains dépend de l'honorabilité des rapports entre hommes et femmes. La loi doit protéger l'unité de la société. Vous ressentez le besoin que votre famille soit protégée. Quand les jeunes villageoises arrivent à Kuala Lumpur, elles ne veulent plus être protégées par la loi. »

Shafi avait trente-deux ans. Petit, mince, le front légèrement fuyant, il portait des lunettes et un fin collier de barbe. Autrefois, il s'était installé comme entrepreneur de construction. Mais il n'avait pas réussi ; il avait renoncé à cet emploi, ainsi qu'à d'autres, pour travailler à plein temps pour l' ABIM, le plus important et le mieux organisé des mouvements de jeunesse musulmane du pays ; et Shafi en vénérait le leader, Anouar Ibrahim, qui avait à peu près le même âge que lui.

L'histoire d'Anouar Ibrahim était exemplaire. Il venait de la côte ouest, région la plus développée de la Malaysia, et était une ou deux générations en avance sur Shafi. Son grand-père tenait un petit restaurant dans un village ; son père travaillait comme infirmier dans un hôpital ; Anouar lui-même avait fait ses études dans un collège fondé par les Britanniques et en principe réservé aux fils des princes et des sultans locaux. Anouar avait dû passer un examen d'entrée ; examen dont les enfants de sang royal étaient dispensés.

Les Anglais s'étaient engagés à respecter la religion musulmane des sultans et, dans le collège, on tenait scrupuleusement cette promesse. Mais Anouar pensait que la religion telle qu'on la pratiquait dans cet établissement n'était qu'un rite sans grande signification. Aussi, avec l'aide d'un professeur britannique (qui, plus tard, devait se convertir à l'islam), Anouar commença-t-il à étudier sa religion ; et il en vint à comprendre la valeur de la discipline, de l'unité et de la soumission à la volonté de Dieu. Déjà, à l'âge de seize ans, il allait parler de l'islam dans les villages ; c'était un orateur passionné. Issu de ses activités d'adolescent, son mouvement s'était développé pour devenir aujourd'hui extrêmement organisé, occupant un immeuble à Kuala Lumpur, avec des bureaux, du personnel et même une école.

Anouar entretenait des relations avec des mouvements musulmans étrangers – en Indonésie, au Bangladesh, au Pakistan. Il s'était rendu en Iran et avait rencontré l'ayatollah Khomeiny, ce qui avait accru sa réputation locale. Pour Anouar Ibrahim, l'islam était l'élément stimulant et purificateur dont la Malaysia avait besoin ; la véritable religion islamique réveillait les gens, surtout les Malais, tout en les préservant de la corruption de la politique raciste malaise, de la mesquinerie de la culture fondée sur l'argent et une imitation facile de l'Occident.

A l'ABIM, son bureau – le personnel occupant, lui, des boxes équipés de machines à écrire et de fichiers – évoquait le bureau d'un directeur de petite entreprise : un matériel moderne et une organisation moderne au service de l'islam puritain. Petit, mince, plus frêle que Shafi, il paraissait à peine sorti de l'adolescence. Il était séduisant ; et, ce qui ajoutait à son charme, il donnait l'impression, malgré l'autorité dont il jouissait sur le plan local, de ne jamais cesser d'apprendre, de méditer encore sur les choses. La large vision qu'il avait de l'islam lui conférait une assurance que ne possédaient pas tous ses compagnons ; et les voyages avaient encore étendu ses horizons. Il critiquait le caractère « superficiel » de certains groupes musulmans malais, leur approche simpliste des problèmes religieux et politiques. Il reconnaissait ne s'être pas encore penché sur l'aspect économique des choses ; il ajoutait qu'il n'en était pour le moment qu'au stade de la « prise de conscience ». Il me semble qu'il croyait vraiment pouvoir adapter un jour à son pays un système économique islamique semblable à celui du Pakistan.

J'aurais aimé parler plus longtemps avec Anouar. Après notre première rencontre dans son bureau de l'ABIM, l'idée me vint de visiter la Malaysia en sa compagnie et de voir le pays à travers ses yeux. Il était d'accord, mais cela ne put se faire. Tout ce qui concernait l'ABIM passant par lui, ses activités l'accaparaient : il se déplaçait sans cesse, en voiture, en avion ; on faisait souvent appel à ses talents d'orateur. Contraint d'annuler notre second rendez-vous il envoya Shafi me rejoindre au Holiday Inn où je séjournais.

Ce fut uniquement sur la recommandation d'Anouar que Shafi, cette fois-là, osa s'ouvrir à moi. Et, même ainsi, Shafi hésita à se mettre en avant, à s'exprimer en tant que porte-parole, à empiéter sur l'autorité de son chef.

« Ce n'est pas moi qui commande, s'exclama-t-il en riant dans le salon de thé Gardenia. Je ne suis qu'un général. »

Au début, il ne fut pas facile de discuter avec Shafi. Il parlait des aspects les plus abstraits du mouvement et, sur ces sujets, s'exprimait maladroitement. Il éludait les détails concrets, non parce qu'il était secret, mais parce qu'il avait l'habitude de répondre à des questions concernant la foi et le mouvement plutôt que sa vie privée.

Il m'affirma qu'il n'aimait pas le Holiday Inn et ce genre d'endroits.

Je crus qu'il exagérait, jusqu'à ce qu'il commence à m'entretenir du gaspillage de la vie citadine. Je ne parvins jamais à m'habituer à la contradiction qui existait entre l'homme qui me parlait – avec son air d'étudiant brillant et sûr de lui – et celui qui me disait être originaire d'un village indolent et vouloir y retourner.

Il désirait rentrer dans son village pour y retrouver la vraie valeur des choses ; et je me rendais compte que, pour lui, l'islam était le véhicule idéal. Mais Shafi (un homme compétent, un organisateur) avait été façonné par le monde qu'il rejetait ; c'était grâce à ce monde que son intelligence avait pu s'épanouir. Il ne lui aurait pas été facile de séparer la part de sa personnalité qu'il devait aux traditions ou à l'instinct de celle qu'il s'était forgée lui-même. Et puis son village avait changé ; la Malaysia avait changé ; la planète avait changé.

Ce fut de la situation présente d'un monde en mutation que, peu après le départ de Shafi, j'entendis parler le ministre des Affaires étrangères malaysien, à l'occasion d'un séminaire qui se tenait à l'université. Le ministre portait une chemise à fleurs : seule touche de style traditionnel. Lui – et le représentant indien de son ministère – commentait les débats de la récente conférence des pays non alignés, qui avait eu lieu à La Havane ; il évoqua les troubles qui agitaient les pays situés au nord de la Malaysia : la Thaïlande, le Kampuchéa, le Viet-Nam. Plusieurs ambassadeurs étrangers étaient présents. Les deux délégués de l'ambassade chinoise, en ensemble saharienne gris à manches courtes, tenant leur stylo droit, à la façon des calligraphes chinois, prenaient des notes. Ensuite, de grandes voitures emmenèrent certains des ambassadeurs. Le monde n'avait pas été modifié uniquement par les Chinois fortunés du pays, les constructeurs d'autoroutes et les fabricants de télévisions en couleur.

Ce fut sur un autre aspect du passé que porta la conversation, plus tard dans la soirée, lors d'un dîner auquel m'avait convié un éminent homme de loi indien. Ce dernier, James Puthucheary, avait autrefois joué un rôle actif dans la politique coloniale, en Malaisie et à Singapour. « J'ai été emprisonné par les Anglais, les Malais et même les autorités de Singapour, dit-il. Les seuls qui se montrèrent suffisamment corrects pour qu'il soit possible d'entretenir ensuite avec eux des relations amicales furent les Anglais. » Un jour, le secrétaire colonial britannique – qui, dans la hiérarchie, venait tout de suite après le gouverneur – vint le voir dans sa cellule. Avant d'entrer, il lui demanda : « Monsieur Puthucheary, cela vous ennuierait-il de me recevoir chez vous ? – Plus tard, continua M. Puthucheary, nous connûmes tous deux des jours meilleurs. » Le secrétaire colonial quitta le service de l'État pour entrer dans le privé ; Puthucheary acheva les études qu'il avait commencées en prison et devint avocat. « Nous nous retrouvions pour jouer au bridge. »

C'était une réunion de gens élégants et bien éduqués appartenant à la classe moyenne, conscients, de surcroît, qu'ils formaient un groupe hétérogène : Malais, Chinois, Indiens. De nombreuses voitures étaient garées sur l'allée et sur la pelouse. Vieilles batailles, règles anciennes ; et l'on aurait pu dire que – grâce à la richesse de la Malaysia – ces hommes venaient d'accéder à une dignité toute nouvelle. Pour eux, le cours de l'histoire s'était accéléré. Mais, déjà, les acquis paraissaient menacés par les griefs et la colère de ceux qui n'étaient pas représentés ici, ce peuple des fleuves et des forêts resté à l'écart de l'essor de l'époque coloniale et dont les fils constituaient aujourd'hui la première génération de villageois malais éduqués. Pour eux, le monde s'était transformé plus vite encore.

Le lendemain matin, les journaux prirent pour moi tout leur sens. *Des actions d'un montant de quinze dollars malais proposées aux bumiputras.* Un *bumiputra* (c'était un mot sanscrit, datant d'avant l'Islam) était un « fils de la terre », un Malais ; et, pour leur permettre d'acheter les actions qu'on leur réservait, on allait leur octroyer des prêts. Voilà comment le gouvernement favorisait les Malais, pour tenter de les élever au niveau des Chinois sur le plan économique. Mais cette méthode s'était avérée inefficace ; elle n'avait réussi qu'à créer une classe privilégiée d' « hommes de paille » malais. C'était contre ce genre de racisme qu'Anouar Ibrahim et l'ABIM se battaient, lui opposant leur conception d'une voie islamique plus pure.

L'ABIM applaudit la décision de rendre l'étude de l'islam obligatoire : pour les musulmans, l'islam serait désormais une matière imposée à l'école. *Rahman : Ne négligez pas votre épanouissement spirituel :* le conseil émanait d'un membre du gouvernement, ni plus ni moins musulman que n'importe qui. *Écoutez l'appel qui a franchi les sables du désert :* ainsi s'intitulait l'article de fond rédigé par un éditorialiste bien connu, en ce jour où l'on célébrait la fête du Sacrifice : beau morceau de lyrisme sur les souvenirs que laisse dans les familles le pèlerinage à La Mecque.

La moitié de la population seule était musulmane ; mais tout le monde devait se soumettre à l'islam. Les pressions venaient d'en bas : un désir de purification mais aussi un mouvement de nature raciste. Cela créait une atmosphère de tension générale, qui poussait les gens à fuir les étrangers, de peur que ceux-ci ne les trahissent ; atmosphère qui, étrangement, dans ce pays de pluie, de vapeur et de forêts, était celle d'un État fondé sur l'idéologie.

Le matin, Shafi arriva vêtu du costume que portent traditionnellement les Malais à l'occasion de la fête religieuse du Sacrifice. Il avait mis une tunique orange pâle à boutons dorés et des pantalons assortis (ceux-ci imités de la tenue chinoise) ; un sarong lui ceignait la taille comme une large écharpe lâche (le sarong était le vêtement d'origine des Malais et celui de Shafi, en bayadère pastel, lui avait été tissé par sa mère) ; il portait enfin une coiffure en velours noir à plis plats (la contribution indienne au costume malais). Il avait l'air d'un prince. Avec un poignard au côté, il eût rassemblé à un radjah du siècle passé, se tenant, entouré de sa cour, sur la rive d'un fleuve. Mais il était venu dans sa voiture ; et nous nous trouvions dans le hall du Holiday Inn.

« Avez-vous relu ce que je vous ai dit hier soir ? me demanda-t-il. Cela vous a plu ?

– J'ai bien aimé ce que vous m'avez dit à propos de votre cellule familiale.

– Vous voulez en savoir plus ? » Je le retrouvais impatient, plus ouvert. Ses efforts de mémoire de la veille, l'intérêt que je portais aux détails de sa vie, l'avaient excité.

« Oui. Mais je connais déjà votre philosophie et les idées de votre mouvement. Je voudrais maintenant quelque chose de plus intime. »

Nous quittâmes le hall pour nous rendre au salon de thé Gardenia, passant près du bar où, la nuit, les couples s'installaient dans la pénombre pour écouter « The Old Timers » – des Indiens et des Malais, ou peut-être seulement des Malais – chanter au micro des chansons populaires. Dans le salon de thé, nous nous assîmes près de la fenêtre qui donnait sur la piscine ovale que jouxtait un petit bassin, ovale lui aussi, réservé aux enfants. Ce matin-là, nous n'aperçûmes que des Blancs.

« Que pensez-vous de cela ? » demandai-je.

S'attendant à des questions personnelles, il s'était quelque peu crispé. Il se tourna pour observer les gens installés au bord de la piscine, me montrant son profil, sa peau douce et dorée de Malais, son front légèrement fuyant, ses lunettes, l'arête droite et la narine épatée de son nez camus, sa barbe. Il regarda avec attention ; une expression sérieuse se peignit sur son visage.

« Je ne sais pas ce que j'en pense, déclara-t-il enfin. Ce sont des étrangers, c'est tout. Ils n'appartiennent pas à notre culture.

– N'aimeriez-vous pas les rejoindre ?

– Non. Mais cette eau est rafraîchissante. Nous avons la même eau limpide, au village. Dans un environnement plus naturel. On voit le lit de la rivière. On voit les plantes rampantes, sur la berge. »

De l'autre côté de la piscine, se prélassait une femme d'une quarantaine d'années, en maillot de bain noir. Elle avait la peau très blanche et son corps, quoiqu'un peu alourdi, restait séduisant ; ses jambes étaient relevées sur les lanières de plastique blanc du fauteuil en une pose plus inélégante que provocante. Sous notre fenêtre, une jeune femme en bleu, plus petite, au corps plus ferme, était allongée sur le ventre. Toutes deux auraient pu attiser le désir d'un homme en pleine maturité sexuelle.

« Trouvez-vous ces Blanches attirantes ? » demandai-je.

Il les examina longuement, l'une après l'autre, avec la même expression sérieuse : il se concentrait pour essayer d'analyser ses impressions.

« Pour nous, c'est difficile de faire des comparaisons, répondit-il enfin.

– Mais les Blancs, et d'autres, trouvent les Malaises tout à fait ravissantes.

– Oui, je l'ai entendu dire. Mais est-ce bien vrai ? Éprouvent-ils réellement cette attirance ? »

Et, dans le salon de thé, traversé par des serveuses malaises en longue robe verte à laquelle était fixé un badge du Holiday Inn (« Beau et Confortable »), nous parlâmes de son village. Quoiqu'il eût plaisir à faire l'effort de réflexion et de mémoire nécessaire, Shafi éprouvait des difficultés à se raconter. Mes questions orientaient sans cesse son récit.

« Je connais chaque coin de mon village. Nous allions chasser des oiseaux ou attraper du poisson, soit en pantalons soit en sarong. Quand nous étions en pantalons, nous remplissions nos poches de cailloux. On s'en servait pour tirer les oiseaux au lance-pierre. Pendant les vacances scolaires, nous partions vers dix heures du matin, ou beaucoup plus tôt, si c'était le ramadan. Nous revenions pour le déjeuner, les poches vides de cailloux, mais bredouilles. Parfois, nous nous amusions à ramasser des graines de caoutchouc. Ensuite, nous placions chacun quelques graines dans un morceau de bambou et on le posait en équilibre sur des supports à une quinzaine de centimètres du sol, puis on tentait, en se plaçant assez loin, de le faire tomber. Celui qui y arrivait ramassait toutes les mises.

« L'une des autres occupations des enfants était de lire le Coran, même sans comprendre la signification des versets. Nos parents nous l'ordonnaient et on obéissait.

– Ne considérez-vous pas qu'il s'agit là d'un mauvais départ intellectuel ? l'interrogeai-je.

– Vous avez raison. Mais, quand on lit le Coran, il se passe autre chose. On nous conseillait souvent, et pas seulement nos parents, de lire le Coran. Chacune de ces lectures apportera quelque chose de bon dans votre vie. Je le ressens profondément.

– C'est de la magie, alors ?

– Cela se situe bien au-delà de la magie. Le Coran n'a pas été écrit par un être humain. Ce sont les hommes qui pratiquent la magie ; le Coran est au-dessus de cela. Nous avions un autre livre, rédigé par quelques chefs célèbres dans le village. Des textes religieux, principalement de nature éducative. Ils étaient imprimés à la ville. Comment prier, comment rester propre. Une propreté corporelle. Si vous disposez d'eau, vous vous lavez avec de l'eau. Sinon, vous avez le droit d'utiliser d'autres choses. Des pierres, du bois, de l'écorce, des feuilles, du papier. Mais pas d'os d'animaux qui n'ont pas été égorgés. Hygiène élémentaire.

« S'il n'y a pas de toilettes à proximité, vous devez choisir un endroit retiré où personne ne peut vous voir, éviter les sources où les gens viennent s'approvisionner en eau ; il ne faut pas non plus laisser de fèces sous les maisons [1] ou dans un endroit où elles pourraient indisposer les autres. C'est un enseignement sacré que l'on peut mettre en pratique quotidiennement. J'estimais donc que nous devions le respecter. On nous apprenait cela alors que nous n'avions pas encore douze ans.

1. Dans les kampongs, les maisons sont montées sur pilotis. *(N.d.T.)*

– Trouvait-on un livre semblable dans toutes les maisons du village ?

– On donnait un livre à chacun de ceux qui suivaient les cours. Le premier tome, le deuxième et le troisième. Le mien avait été écrit par le mollah de la mosquée. J'ai l'impression qu'il avait une grande pièce près du mur, longue de trois mètres et aussi haute, où il entassait des centaines de fascicules imprimés. Il en donnait d'abord un gratuitement. Mais, si on le perdait, il fallait en acheter un autre. Les cours se passaient le vendredi après-midi et le samedi matin à la mosquée. Pour les enfants de neuf à quinze ou seize ans.

– Les livres parlaient-ils de la masturbation ou de la sexualité ?

– On y enseignait principalement la propreté. C'était là le premier point. L'autre concernait la prière. Quelle eau il faut employer pour faire ses ablutions avant de prier. On doit se laver à l'eau claire. Normalement, pour qu'elle soit claire, il faut l'avoir prise dans un cours d'eau. L'eau dans laquelle vous vous lavez ne doit pas avoir un volume inférieur à quatre-vingts ou cent vingt litres. Alors seulement, vous pouvez dire qu'elle est claire. Si vous apercevez la moindre impureté, sentez la moindre odeur douteuse ou touchez une quelconque saleté, alors, l'eau est souillée.

« Celui qui manquait un cours sans raisons valables était puni. Et les parents approuvaient cette punition du mollah. De plus, le chef des anciens du village nous faisait un discours tous les vendredis matins. Mais celui-ci s'adressait à tout le monde, et pas seulement aux enfants. Il parlait des choses du ciel et de la terre. Des relations humaines. Des jeunes et des vieux, des hommes et des femmes. De la propreté, de la prière. Il se référait sans cesse au Coran et aux commentaires, et cela encourageait les gens à lire tous ces textes. Plus âgés, nous devons assister chaque jour aux lectures du Coran, matin comme après-midi.

« Mon village fait partie de Kota Bharu, dans le nord-est. Je considère que les gens de mon village sont plutôt actifs. Ils font du tissage – c'est ma mère qui a tissé le sarong que je porte. Peu d'entre eux travaillent pour l'État. Certains possèdent des plantations, des rizières, des cocotiers. Ainsi, ils emploient d'autres membres de la communauté.

« Quand j'y vivais, la population de mon village était d'environ deux mille habitants. Chacun possédait sa propre maison, bâtie sur un terrain qui était sa propriété ou celle d'un parent ou encore celle du département des affaires religieuses. Chacun se construit lui-même sa maison. Il n'y a pas de squatters et, si je m'en souviens bien, personne ne mendie. Il n'y a pas de mendiants dans notre kampong et je dirais même que c'était un village assez prospère. Un jour, un homme et sa famille ont dû partir parce qu'on avait vendu le terrain où se trouvait leur maison. Ils sont donc allés vivre dans un autre kampong et, plus tard, quand on leur a demandé comment cela se passait pour eux, ils nous ont répondu qu'on ne pouvait rien comparer à notre village. Chez nous, on pouvait trouver du travail plus facilement.

« Notre village n'était pas pollué par la culture jaune, par la littérature jaune. Il y avait une école où on apprenait à lire et à écrire, et c'était tout. En malais.

— Mais, à l'intérieur de structures aussi simples, il n'est sans doute pas possible de se développer intellectuellement, fis-je remarquer.

— Le développement intellectuel ne signifiait rien. Je vais vous donner un exemple. Très peu de jeunes gens quittaient le village pour faire des études. Les seuls qui partaient étaient les familles des mollahs. Ils s'en allaient seulement pour faire leur apprentissage religieux et pas pour suivre des études laïques. Ils allaient à La Mecque. Toute la famille des mollahs faisait le pèlerinage à La Mecque. Un des mollahs avait un parent là-bas.

« Il n'y avait pas d'étrangers dans notre kampong. Mais, tout près de là, se trouve un village chinois. Ils étaient différents, voilà tout. Ils mangeaient du porc et, nous, nous disons que cet animal est impur. Ils ne nous ressemblaient pas. Nous ne les trouvions pas laids. Ils avaient de petits yeux et la peau plus claire. Ils sont beaucoup plus sales que nous. Ça sent mauvais dans leurs cours. Les eaux usées de leurs cours puent. Ils élevaient des cochons et les porcheries, ça pue. Et, à chaque fois qu'une de ces bêtes s'échappait et entrait dans notre village, les gamins leur jetaient des pierres. Et on chassait aussi à coups de pierre tous les chiens errants qui venaient du village chinois. Parce que c'est interdit pour un musulman d'avoir des chiens et des porcs. Mais on ne se battait jamais avec les Chinois.

— Étaient-ils riches ?

— A l'époque, non. Ils étaient très stricts avec les enfants pour l'éducation. Après le dîner, ils surveillent que leurs enfants font bien leurs devoirs et récitent leurs leçons tout haut, dans la cuisine ou dans la grande pièce.

— Chez vous aussi, c'était strict, non ? Mais seulement au sujet de l'éducation religieuse.

— Chez nous, l'éducation religieuse est obligatoire. Presque tous les jeunes musulmans doivent l'avoir suivie. C'est un devoir. Mais on insistait plus sur les valeurs humaines que sur les valeurs religieuses.

— Mais vous avez pris du retard, intellectuellement.

— Oui, nous avons pris du retard, intellectuellement. Ou, plus exactement, je dirais que nous avons pris du retard pour ce qui est de l'éducation laïque, liée aux choses matérielles. Mais, pour ce qui est de devenir plus humains, plus responsables, plus raisonnables dans la manière de vivre, il me semble que nous sommes très en avance sur eux. Moralement, nous valons beaucoup mieux qu'eux.

— Mais vous ne possédiez aucun équipement technique.

— Non, nous ne possédions aucun équipement technique. Le

problème s'est posé un jour à un de nos mollahs. Il voulait se lancer dans l'extraction d'huile de coprah et dans la fabrication de savon. Ça n'a pas marché. Pourquoi ? A mon avis, il manquait de savoir-faire technique et ce n'était pas non plus un bon gestionnaire. On ne m'a pas permis d'aller voir la fabrique, alors, je ne peux pas en dire plus.

« Mais les questions techniques, on ne s'en est jamais préoccupé. Cela me rappelle une histoire. Quand on a commencé à construire un pont sur la rivière, à Kota Bharu, les mollahs et les *hadjis* (musulmans qui avaient accompli le pèlerinage à La Mecque) ont été très choqués. Ils ont crié : " Au nom du ciel, comment espèrent-ils construire un pont aussi énorme par-dessus la rivière ? " Quand ils ont vu les travaux de remblayage, ils ont vraiment eu un choc.

« Au fond, nous sommes des gens très bien, mais sans aucun équipement technique, pour la bonne raison que nous nous suffisons à nous-mêmes. Nous n'avons pas besoin de gratte-ciel, de grands ascenseurs, de routes. Nous n'avons pas besoin de la technologie.

— En êtes-vous bien sûr ?

— Non, je ne crois pas. Quand nous vivions au village, nous avons vu un calendrier avec la photo d'un immeuble de vingt-cinq étages, à Singapour, et ça nous a étonnés. C'était en 1957. Dans le village, nous sentions que nous n'avions pas besoin de ce genre de développement. Nous avons senti seulement la nécessité de toutes ces choses après avoir fait des voyages hors de Kota Bharu, à Kuala Lumpur et ailleurs.

— Comment aviez-vous obtenu ce calendrier ?

— Des parents à nous avaient fait le *hadj* (le pèlerinage à La Mecque) en passant par Singapour et ils avaient rapporté ce calendrier. Ils ont trouvé la ville très agitée — par exemple, ils nous ont raconté qu'à l'hôtel, ils avaient l'impression que les voitures passaient au pied de leur lit. Cela les avait empêchés de dormir. Je ne me rappelle pas plus de deux ou trois automobiles dans le village. Celui qui nous a décrit Singapour décrirait aujourd'hui le village un peu de la même façon — avec le bruit des voitures qui entre dans les chambres.

— Ne pensez-vous pas que la vie du village de votre enfance a disparu à tout jamais ?

— C'est tout à fait normal. Nous aussi, nous avons besoin des facilités de la vie moderne. Un bon service de cars, une bonne école. »

Curieuse conception de la simplicité ! Mais, outre le car, il fallait aussi une route, un service de voierie et toute une infrastructure.

« A quoi ressemblait votre école ? demandai-je.

— Dans la classe, le sol était en terre et, quand il pleuvait, elle était inondée. Et nous n'avions pas d'électricité. »

Mais le monde moderne avait pénétré dans cette école rudimentaire, arrachant Shafi, sans même qu'il s'en aperçût, à l'existence traditionnelle de son village. Il y avait un mouvement scout. Il dépendait de l'organisation britannique mais, pour Shafi, ce n'était que l'une des diverses activités de son école. Un jamboree fut organisé en Malaysia, en 1963. Ce fut pour prendre part aux compétitions qu'à l'âge de quinze ans, et en tant que membre du mouvement scout de son école, Shafi quitta Kota Bharu et se rendit pour la première fois dans la ville sino-britannique de Kuala Lumpur. Seize ans après, il revivait l'émotion, l'excitation de ce voyage. Cela se sentait dans sa façon de parler.

« Nous avons pris le train. Un jour et une nuit. Nous n'attendions que cela. Nous brûlions d'impatience. C'était une grande aventure. Pour tout le groupe. Pendant le voyage, nous cherchions des détails familiers. Par exemple, de bons restaurants malais – il y en avait à Kota Bharu. Mais nous n'en avons pas trouvé un seul. Nous avons eu du mal à manger ; pour nous, il faut manger de la nourriture musulmane.

« Au début, nous avons traversé des villages. Le soir, nous avons vu les grandes plantations d'hévéas et quelques forêts et puis, toute la nuit, la jungle. Mais, le matin, en approchant de Kuala Lumpur, nous nous rendons compte que nous passons près d'une communauté chinoise, d'une banlieue chinoise, qui ressemble à ce que nous connaissons, et nous comprenons que nous avons eu raison d'être pessimistes quant à la bonne nourriture musulmane et à la possibilité de rencontrer d'autres Malais. On voyait surtout des Chinois et des Indiens. Il était très difficile de communiquer. Parce que nous ne les connaissons pas. Pour nous, il est plus facile de parler à un Malais qui nous connaît déjà. Ça nous a causé un choc mais sans plus. Parce que nous nous y attendions. Mais nous n'étions pas du tout effrayés.

« On nous avait donné certains points de repère dans Kuala Lumpur, alors, nous avons trouvé facilement. Mais nous avions l'impression d'être nulle part. Nous étions perdus dans cette énorme communauté. A chaque fois que nous sortions, sur dix personnes, nous rencontrions à peine un Malais. Nous nous y attendions. Mais nous étions en groupe et nous n'y avons pas fait très attention. Nous nous trouvions au milieu d'une communauté non musulmane et non malaise, c'était le problème. Nous savions qu'il y avait des kampongs malais un peu partout dans la ville. Mais nous sommes restés où nous étions à cause de la compétition. »

Shafi était fatigué. Cet exercice de mémoire l'avait épuisé. Et la contradiction – telle qu'elle apparaissait dans notre conversation – qui existait entre son désir de retourner à la pureté de la vie villageoise, et son aveu du retard qu'avaient pris les Malais, le tourmentait. Mais, au fond de lui-même, il sentait – il savait – qu'il n'y avait là ni contradiction ni vice ; simplement, il ne parvenait pas à trouver les mots pour exprimer cela.

Il était treize heures. Trop tard pour que Shafi m'emmenât chez ses frères, comme il avait été prévu en ce jour de fête. En raison de l'événement, au Holiday Inn, la grande table du buffet du vendredi avait été dressée ici, dans le salon de thé, et non dans la salle aux miroirs, située à l'écart, au premier étage, où, habituellement, le vendredi (pour les non-musulmans et les musulmans qui n'observaient pas les rites), on offrait un spectacle accompagné de musique. Shafi était déprimé parce qu'il ne se sentait pas à l'aise dans cet hôtel, source de gaspillage, plein d'étrangers qui se moquaient de la foi et des règles : je le voyais à ses yeux. Nous dépassâmes le bar, sombre même en plein jour. De l'autre côté du couloir, se trouvaient des vitrines Selangor Pewter – des objets décoratifs d'artisanat local exposés dans tous les hôtels, dans toutes les boutiques de souvenirs, pour lesquels on faisait de la publicité dans toutes les brochures, tous les journaux.

Je ne pouvais penser sans étonnement à ces livres qu'on écrivait et publiait dans le village de Shafi, suites de règles pareilles à celles que rédigeaient en Iran des ayatollahs comme Khomeiny ou Chariat Madari, et que l'on trouvait chez tous les fidèles, qui pouvaient les consulter sans honte sur les sujets les plus intimes afin de déterminer ce qui était autorisé ou pas par le Coran et la tradition islamique. La vie simple revêtait la forme d'une existence rigide. Chaque acte était soumis à une loi que tous devaient connaître.

Au Pakistan, les fondamentalistes pensaient qu'en observant strictement les règles, on retrouverait la pureté des premiers temps de l'islam : la réorganisation du monde suivrait automatiquement la redécouverte de la vraie foi. Dans la Malaysia multiraciale, les souffrances et la passion de Shafi s'exprimaient d'une façon plus immédiate ; et il me semblait que, dans son désir de rétablir les règles, il recherchait en fait la sécurité de son enfance, la vie au kampong qu'il avait perdue.

Cette souffrance-là est de celles qui atteignent la plupart d'entre nous. En tant qu'individus responsables de nous-mêmes, constamment, il nous faut nous en accommoder. Shafi croyait être le premier homme à avoir été chassé du paradis. Il accusait le monde ; il se déchargeait sur l'islam de tout le poids de cette accommodation.

Cette idée ne me vint que plus tard. Cet après-midi-là, après le départ de Shafi, je restai sous l'influence de son état d'esprit. Le soir, au bar, je pus enfin goûter à l' « Aura Tropicale », boisson qu'offrait le Holiday Inn pour la fête. Les Old Timers continuaient à nous casser les oreilles ; le breuvage avait goût de jus d'ananas en boîte. Un peu plus tard, au salon de thé – encore –, je commandai une omelette. Elle n'était pas bonne. Mais le jeune serveur malais se montra empressé et très consciencieux. Et, le regardant dresser avec soin la table voisine, s'efforcer de faire de son mieux, je me dis : « Il est comme Shafi, il ne faut pas l'oublier. »

2

Deux filles courageuses

JE M'ÉVEILLAI à deux heures et demie du matin, sans parvenir à me rendormir. Lors d'une précédente nuit blanche, j'étais descendu au salon de thé à quatre heures et demie et l'avais trouvé désert, plein d'une odeur de détergent. Aussi, cette fois-ci, restai-je dans ma chambre. Juste après cinq heures, je commandai du café. Je dus téléphoner deux fois. Un garçon monta enfin, sale et peu aimable. Le lait était caillé ; cela me coupa l'appétit mais ne me remplit pas l'estomac.

Lorsque j'ouvris les rideaux, il faisait jour et, sur le champ de courses, de l'autre côté de la route, les chevaux s'entraînaient. C'était pour la vue sur l'hippodrome et sur les hauteurs de Kuala Lumpur que j'avais choisi le Holiday Inn. Chaque samedi et dimanche après-midi, la foule se rassemblait dans les tribunes et, toutes les demi-heures, se mettait à hurler, couvrant le bruit des haut-parleurs. Mais il n'y avait pas de chevaux, pas de courses. Celles-ci se déroulaient ailleurs ; la foule regardait la télévision et ne s'était réunie que pour parier car — en vertu des lois islamiques malaysiennes — les paris n'étaient autorisés à Kuala Lumpur que sur le champ de courses. Mais, présentement, des chevaux galopaient sur l'hippodrome fantôme : j'en aperçus d'abord deux, puis six, puis bien d'autres encore. J'étudiai la position des jockeys penchés sur l'encolure de leur monture, les étriers courts, les rênes horizontales.

Le ciel était couvert. Les montagnes fumaient. Des nues blanches se détachaient des crêtes ; et, au-dessus de la chaîne, un banc de nuages pluvieux gris clair s'élevait en moutonnant. Autour du champ de courses poussaient des arbres que je connaissais depuis mon enfance : des bananiers, des frangipaniers, d'autres à fleurs jaunes, de grands samans d'Amérique centrale qui, dans les plantations, servent à faire de l'ombre.

J'aurais souhaité être plus dispos, et avoir l'esprit plus libre, pour apprécier ce spectacle. La fatigue causée par l'insomnie se transformait en anxiété, en irritation : le lait tourné qui m'avait privé de mon café, les télégrammes demeurés sans réponse. Lorsque je descendis, il y avait une jeune fille à la réception. Je m'inquiétai de mes télégrammes. Elle me renvoya à la standardiste. Sur la porte, figurait la mention : « Réservé au personnel ». La standardiste, une jeune Malaise assez quelconque et portant des lunettes rondes, ne connaissait que quelques mots d'anglais.

Tandis qu'elle consultait son fichier, je déchiffrai les notes de service, rédigées à la fois en anglais et en malaysien. Il y en avait une que j'aurais préféré ne pas lire. « Des irresponsables, membres du personnel, avaient uriné et s'étaient soulagés » dans le vestiaire, ainsi que sur les assiettes et dans les verres du restaurant. La propreté rituelle n'avait rien à voir avec la propreté en soi, rien à voir avec la considération pour son prochain. Il existait des règles pour les villages ; mais il n'y en avait pas pour la ville. L'hôtel affichait un règlement ; il fallait le respecter parce que c'était le règlement – et que l'hôtel devait conserver son standing. Mais, à l'office, parmi leurs camarades, un ou deux Malais pouvaient toujours estimer que ces règles n'avaient plus cours.

La nausée ne me quitta pas. Quand je sortis, il me sembla sentir des odeurs ; et j'eus l'impression qu'elles me suivaient partout, même à l'hôtel Équatorial, où j'allai déjeuner. Là, je rencontrai un homme que je connaissais. Il m'expliqua que la ville n'avait pas été construite pour les musulmans. Ceux-ci devaient procéder à des ablutions rituelles avant la prière, soit cinq fois par jour ; ils se servaient de ce dont ils disposaient ; ils utilisaient les éviers et les lavabos pour se laver les pieds et les parties génitales. Toute l'excitation qu'avait fait naître en moi le récit de Shafi – une excitation qui était en partie responsable de mes insomnies de la nuit – se mua en un sentiment désagréable.

Mais tout alla bien de nouveau quand Shafi, vêtu de son costume de tous les jours, me rejoignit cet après-midi-là. Le voyant devant moi, si franc, si séduisant, mon trouble s'évanouit. Il avait amené avec lui un ami, homme de trente-quatre ans, aussi mince qu'il était petit. Le père de son ami avait été mollah dans un village. Lui-même s'était spécialisé dans l'étude de l'islam et, curieusement, avait choisi Birmingham en Angleterre pour y passer son doctorat. C'était maintenant l'un des responsables de l'ABIM. Il boitait, et avait perdu plusieurs dents dans un accident. Dès qu'il parlait ses dents manquantes lui donnaient l'air de sourire.

« Pourquoi êtes-vous tous si jeunes, dans le mouvement ? demandai-je.

– Nos parents étaient des gens simples, répondit l'ami de Shafi, paraissant toujours sourire. Quatre-vingt-quinze pour cent d'entre eux ne sont jamais allés à l'université. Et ceux qui ont fait des études n'ont acquis leurs compétences que pour les mettre au service de leurs maîtres coloniaux. »

Il s'exprimait avec la même franchise que Shafi. Et je sentis affluer de nouveau toute ma sympathie de la veille.

« Vous êtes exactement comme Shafi, dis-je. Vous ne cherchez pas à dissimuler quoi que ce soit.

– Qu'aurions-nous à cacher ? s'étonna Shafi. Dissimuler quoi ?

– Shafi, repris-je, quand je vous ai demandé hier matin ce que vous pensiez des Blancs réunis autour de la piscine, était-ce la première fois que vous deviez réfléchir à cette question ?

– Oui, la première fois.

– Mais comment est-ce possible, Shafi ? Ces gens vivent autour de vous. Ici même, dans le salon de thé.

– Je ne les *vois* jamais », affirma-t-il.

Il employait le mot dans ses deux sens : il n'avait jamais l'occasion de rencontrer des Blancs et, quand il en croisait, il ne les remarquait même pas.

Ni l'un ni l'autre n'avait encore touché aux sandwiches aux œufs que j'avais commandés à leur intention. Ils attendaient que je commence le premier. Je mangeai. Mais alors – bien que l'ami de Shafi n'eût pas déjeuné – ils se contentèrent de grignoter. Ils laissèrent leurs sandwiches presque intacts. Ils n'avaient accepté que je leur offre quelque chose à manger que par courtoisie ; dans un endroit comme le Holiday Inn, ils craignaient toujours d'avaler une nourriture défendue par leur religion.

Quand nous partîmes, pour éviter les marches, Shafi fit passer son ami boiteux sur la rampe recouverte de moquette, et destinée en principe aux bagages, qui suivait les escaliers. Au côté de ce petit homme frêle à la jambe gauche atrophiée, Shafi paraissait grand et protecteur. Je me rappelai le couple formé par Behzad et son amie handicapée, sur le quai de la gare de Téhéran : des révolutionnaires, que rien, pour l'instant, ne distinguait des autres, mais conscients de porter en eux la vérité et ses dangers.

Shafi m'avait promis de m'emmener à l'école de l'ABIM et de me présenter quelques « filles courageuses » avec qui je pourrais m'entretenir. Il était venu avec son ami pour que celui-ci puisse se faire une idée de moi. Apparemment, le jugement ne m'avait pas été défavorable ; et, tôt le lendemain matin, Shafi vint me chercher en voiture.

Considérant la cité moderne, trépidante, hétérogène, aux enseignes chinoises, anglaises et malaysiennes ; considérant les embouteillages et les gaz d'échappement qui tremblaient dans la chaleur ; considérant Shafi au volant de sa voiture, comme tout le monde (lui, qui, étant enfant, fréquentait, dans le lointain nord-est, une école dont le sol de terre s'inondait à la première pluie) ; je lui demandai s'il se sentait toujours aussi dépaysé dans cette ville.

Il me répondit que non. Mais il était devenu un étranger dans son village. Il ne s'agissait pas d'une image. Les maisons avaient changé ; les gens étaient partis ; d'autres étaient venus, qu'il ne connaissait pas. Le village n'était désormais plus le sien, à la façon dont il l'avait été autrefois.

A l'école, qui se trouvait à l'écart du centre de la ville, dans l'immeuble de trois étages de l'ABIM, je rencontrai un Australien, homme d'une quarantaine d'années, grand, portant des lunettes et une calotte, qui était assis, tout seul, et, apparemment, ne faisait rien. Shafi me dit qu'il était venu là pour étudier l'islam. Les jeunes Malais affairés qui occupaient les bureaux appartenaient à un type que je commençais à savoir reconnaître : des villageois dont le visage, fermé au premier abord, et trahissant même une certaine méfiance, s'éclairait soudain d'un sourire quand Shafi leur expliquait ce que je voulais ; ce masque austère cachait d'anciennes manières, l'ancestrale politesse villageoise.

Le secrétaire général resta plus longtemps sur la réserve. A peine Shafi m'eut-il présenté qu'il déclara que le monde avait sombré moralement au cours des deux ou trois derniers siècles, à cause de l'industrialisation. Il s'exprimait en homme qui allait remettre de l'ordre dans tout cela. Il produisait une impression d'autorité et ne lâchait jamais les dossiers qu'il tenait à la main.

Shafi avait du travail. Il me laissa en compagnie de Nasar. Je remarquai, comme chez beaucoup d'autres, sa petite taille et sa frêle ossature. Il y avait un siècle, ou plus, – quand les côtiers européens cabotaient de comptoir en comptoir, quand les Britanniques créaient leurs grandes plantations, que les Chinois affluaient, et que les établissements n'étaient constitués que de quelques baraques en lisière de forêt – Nasar avait eu pour ancêtre un cheikh, un Malais qui vivait en Arabie et escortait les pèlerins malais jusqu'à La Mecque.

De retour en Malaisie, dans son village situé à dix kilomètres de ce qui allait devenir Kuala Lumpur, ce cheikh eut un fils. Le fils, arrière-grand-père de Nasar, se maria à l'âge de douze ans. Vers la fin de sa vie, en 1934, il fonda un journal en langue malaise. Il s'efforça de secouer ses compatriotes, de leur expliquer que, s'ils voulaient survivre, il leur faudrait lutter. Mais personne ne l'écouta ; son propre fils, le grand-père de Nasar, qui se destinait au professorat de théologie, décida que l'enseignement n'était pas assez lucratif et préféra se consacrer, avec trois hectares et demi de terre, à la culture du riz. Le fils du fermier entra dans l'administration, au service des Eaux et Forêts. C'était le père de Nasar. Ainsi, cette famille, autrefois de culture arabe et jouissant d'une position privilégiée, était devenue, dans la Malaysia moderne, « une famille de la petite bourgeoisie ».

Nasar, lui, après avoir commencé ses études en Malaysia, s'était rendu en Angleterre, à Bradford, pour y préparer un diplôme de relations internationales. Là-bas, il avait appris que le but des grandes puissances n'était pas la paix ; elles ne se préoccupaient que de leurs sphères d'influence ; elles vendaient des armes. Et l'Angleterre telle qu'il l'avait vue à Bradford lui avait déplu.

« Ils sont trop individualistes. A Bradford, les gens me disaient : " Pourquoi ne vas-tu pas dans les pubs, dans les boîtes ? " Ils vous disent de sortir, de voir des gens, mais surtout pas votre famille. Ils sont le produit de leur technologie. Si on ne la contrôle pas, la modernisation de la Malaysia suivra le même chemin. Nous acceptons la technologie, mais à condition qu'elle n'affecte pas les bases de notre structure sociale. La mixité et l'alcoolisme constituent les principales menaces. Cela va de pair avec la mixité. La confiance est le fondement du bonheur familial. Allah a créé l'homme et la femme pour qu'ils se marient selon la loi et fondent une famille. Telle est la base de la structure sociale. Nous devons éviter la mixité. Ici, nous avons l'intention d'ouvrir une seconde école, pour que filles et garçons soient séparés. Nous estimons que le chômage actuel est dû en partie à cette philosophie de la libération féminine. »

La femme, la famille : voilà ce qui angoissait ces hommes frêles à peine sortis de l'enfance et dont, peut-être, la fragilité n'était pas seulement physique. A la fin de notre première conversation, Shafi avait dit : « Quand les jeunes villageoises arrivent à Kuala Lumpur, elles ne veulent plus être protégées par la loi. »

Les hommes devaient se trouver à la mosquée à midi trente, pour la prière du vendredi. Juste avant de partir, juste avant que les bureaux se vident et que l'on éteigne les lumières, Shafi me présenta les jeunes filles dont il m'avait parlé.

Nous nous installâmes dans la pièce qui donnait sur la grand-route. C'était une sorte de débarras, où se côtoyaient dans le plus grand désordre des gobelets de plastique encore pleins de café au lait posés sur une table, des classeurs et diverses publications, une chaise de bureau bancale à laquelle il manquait une roulette. Deux climatiseurs couvraient le bruit de la circulation.

Les jeunes filles représentaient deux types raciaux distincts. L'une, mince, avait la peau brune ; l'autre, potelée, le visage rond, avait le teint pâle. Toutes deux portaient des robes longues et avaient les cheveux dissimulés. La coiffe de fin coton noir de la jeune fille brune avait glissé en arrière et paraissait assez lâche ; il y avait dans son air d'adolescente un peu négligée quelque chose de provoquant. Son amie était plus soignée. Un foulard blanc lui enserrait la tête et, par-dessus, elle portait une coiffe rose agrafée sous le menton.

Elles semblaient un peu nerveuses. Elles fréquentaient l'école de l'ABIM depuis deux ans et s'y étaient inscrites parce qu'elles n'avaient pas suffisamment bien réussi dans les établissements d'État. Elles suivaient maintenant les cours de la dernière année.

Je les interrogeai sur leurs coiffures, qui me rappelaient celles des femmes de Téhéran. Elles m'apprirent qu'en malaysien cela s'appelait *tu-dong*.

La jeune fille au *tu-dong* noir déclara : « Il faut que la tête soit couverte.

– Aucun cheveu ne doit dépasser, renchérit sa camarade, au *tu-dong* serré blanc et rose.

– Mais on aperçoit un peu vos cheveux », fis-je remarquer à la jeune fille en noir. En fait, elle en laissait même paraître beaucoup.

Elle gloussa et prit un air de petite fille.

« Pourquoi faut-il dissimuler les cheveux ? demandai-je.

– Les cheveux, voyez-vous... », commença la jeune fille en noir, avant de glousser à nouveau. Elle se reprit, puis continua : « Certaines filles ont de très beaux cheveux et, parfois, les hommes éprouvent une attirance sexuelle pour la chevelure. »

Elle adressa quelques mots en malaysien à sa compagne et celle-ci sortit de la pièce.

« Est-ce donc mal ? dis-je. Mal pour les femmes ou pour les hommes ?

– Pour les deux. Pour une fille, c'est un péché, parce qu'elle séduit les hommes. »

La jeune fille en rose revint dans la pièce. « Les cheveux sont *aurat*, déclara-t-elle.

– *Aurat ?*

– Ce qu'on ne doit pas montrer. »

Elles se mirent à parler en duo, faisant les gestes appropriés. La fille en noir commença : « Les filles ne doivent montrer que leur visage. » Sa voisine ajouta : « Et les mains à partir du poignet.

– Et les pieds ?

– Les pieds ? Je ne crois pas..., répondit mon interlocutrice en noir. Je ne pense pas que les pieds soient *aurat*. » Ses propres pieds apparaissaient sous sa longue robe de coton, aussi froissée que sa coiffure ; elle portait de jolies petites sandales à talons hauts, ornées de lanières et de boucles.

« Les pieds sont *aurat* », décréta la jeune fille en rose.

Elles échangèrent à nouveau quelques mots en malaysien et la jeune fille en rose ressortit.

« Deux années dans cette école, c'est trop court, me dit sa camarade. Il y a tant de choses à apprendre. » Puis, comme pour me faire oublier ses hésitations au sujet des pieds féminins, elle ajouta, en s'aidant du geste : « Un homme est *aurat* de la taille aux genoux. »

La jeune fille en rose revint et déclara : « Les pieds sont *aurat*. »

(Qui donc se tenait à l'extérieur, prêt à répondre aux questions? Pouvait-il s'agir de l'Australien?)

« Il y a des filles qui se voilent le visage, reprit la jeune fille en noir. Elles sont nombreuses dans cette école. Mais ce n'est pas obligatoire.

– Pourquoi le font-elles, alors?

– Peut-être qu'elles en savent plus », hasarda la jeune fille en rose.

Son amie sourit, plus détendue, maintenant, et comme amusée de savoir si peu de chose.

Celle des deux qui était la plus ronde et la plus soignée paraissait aussi plus sérieuse. « Le but principal de ces philosophies est de préserver la beauté et la douceur de la femme. Nous avons le droit d'essayer d'être belles. Mais pas pour le montrer. Ça, c'est mal.

– Pourquoi est-ce mal? »

La jeune fille en noir, celle que j'en étais venu à considérer comme la plus frivole des deux, renchérit alors: « Tout ce que je sais, c'est que c'est très mal. » Elle éclata de rire. « Enfin, je *sais*, mais je ne peux pas l'expliquer.

– Aimeriez-vous avoir le visage couvert?

– Peut-être un jour. Quand nous en saurons plus.

– Et quand nous jugerons cela nécessaire, ajouta sa camarade.

– Que vous reste-t-il à apprendre? Vous avez passé deux ans, ici.

– Il y a *tant* à apprendre, soupira la jeune fille en noir.

– Nous ne savons pas l'arabe, précisa l'autre étudiante.

– Alors, vous ne comprenez pas les prières que vous dites?

– Celles-ci, nous les comprenons. Mais le Coran est écrit en arabe et nous aimerions pouvoir le lire dans cette langue.

– Auriez-vous préféré rester à l'école d'État, si vous aviez réussi vos examens? »

La jeune fille en noir acquiesça.

A sa façon fière et directe, son amie ajouta: « Maintenant, dans les écoles d'État, le système d'éducation est surtout axé sur l'enseignement général.

– La science, précisa la jeune fille en noir, qui, soudain, paraissait critiquer ces établissements. La science. La technologie. Et, pour entrer à l'université, il faut d'abord réussir tout un tas d'examens – si vous voulez avoir un bon travail, un niveau de vie élevé ou un bon salaire. On n'enseigne pas vraiment la religion, dans les écoles. Les filles ne prient pas. Elles ont oublié comment on prie. Et il *faut* prier.

– Leur dites-vous qu'elles risquent d'aller en enfer?

– Oh, *non!* s'écria la jeune fille en rose. Nous ne disons jamais une chose pareille. Nous devons être gentilles avec elles. Nous devons leur parler amicalement.

– Avez-vous de la peine pour elles?

– Eh bien, oui, répondit la brune.

– Est-ce mal de désirer un bon travail?

– Non, ce n'est pas mal, assura son amie. Mais il ne faut pas passer sa vie à rechercher la réussite matérielle. Parce qu'après la mort, il y a une autre vie. Alors, dans l'existence, il faut penser à la fois à la vie sur terre et à la vie après la mort.

– N'êtes-vous pas trop jeune pour penser déjà à la mort ? » demandai-je à celle qui portait des sandales à talons hauts.

La jeune fille en rose répondit pour elle. « La mort peut survenir à tout moment, déclara-t-elle d'un ton solennel.

– Et vous voulez aller au paradis ?

– Bien sûr. Au paradis, nous serons au milieu de braves gens. Et il n'y aura pas seulement des braves gens. Il y aura aussi notre Prophète. Vous avez entendu parler de notre Prophète ? Tout est beau et bon au paradis. Je ne pourrais même pas vous dire à quel point c'est bon. Notre Dieu nous l'a promis. On ne peut comparer le paradis aux choses de la terre.

– Trouvez-vous le temps de lire ?

– Oui, nous lisons, répondit la jeune fille en rose.

– Ah, ce que nous lisons ! se plaignit sa camarade.

– Quel est le dernier livre que vous ayez lu ?

– *Loin du bruit de la foule* [1], dit la jeune fille en rose.

– Mais c'est un livre du programme. Ce n'est pas ce que je vous demande. Je voudrais savoir ce que vous lisez pour vous-même, pour le plaisir.

– Avec tout le travail que j'ai en ce moment, je n'ai pas eu le temps de lire depuis longtemps. Je n'arrive pas à me rappeler, avoua la jeune fille en noir.

– Nous lisons du Barbara Cartland, des Perry Mason, déclara sa camarade.

– James Hadley Chase ! s'écria la brune, se souvenant soudain.

– Denise Robbins, ajouta la jeune fille en rose, le visage illuminé, comme lorsqu'elle avait décrit la vie au paradis.

– Harold Robbins ?

– Harold Robbins ne m'a pas plu et j'ai arrêté avant la fin », dit en gloussant la jeune fille en noir. Son amie sourit.

« Pourquoi n'avez-vous pas continué ?

– Je ne peux pas vous le dire. Je peux seulement vous traduire ce que nous disons en malaysien. Nous disons que c'est " un livre sale ".

– Et Barbara Cartland, et Denise Robbins ?

– Oh *non* ! protesta la jeune fille en rose avec ravissement. Ce ne sont pas des livres sales. » Puis, avec un petit air pincé, elle ajouta : « C'est de la littérature pour jeunes filles.

– Mais les personnages de ces livres ne vous paraissent-ils pas trop

1. Roman de Thomas Hardy. *(N.d.T.)*

éloignés de vous ? Ce sont des Anglais, des Européens, des Blancs. Ils sont chrétiens.

— Je lis seulement pour passer le temps », dit la jeune fille en rose, et je commençais à deviner, sous un apparent sérieux, un autre aspect de son caractère.

« Et c'est notre professeur qui nous a dit de les lire, précisa sa camarade.

— Pour améliorer notre anglais.

— Et les *Mills and Boon*, demandai-je, vous les trouvez, ici ? »

Cette collection de petits romans à l'eau de rose, que l'on achète plus sur le nom de l'éditeur anglais que sur celui des auteurs, a été largement diffusée dans de nombreux pays du Commonwealth. Elle comble le besoin de rêver de ceux qui, éduqués depuis peu, découvrent la vie citadine ; ces livres semblent donner une idée de la vie sentimentale moderne, et sont même lus par des étudiants, y compris des hommes.

« *Mills and Boon!* répéta doucement la jeune fille en rose, fondant comme au souvenir d'un plat particulièrement savoureux.

— Qu'est-ce qui vous plaît tellement dans ces livres ? »

Redevenue plus sévère, elle répondit : « Dans ces livres, l'amour est beau, parce que c'est uniquement en imagination.

— Vous voulez dire que vous n'aimeriez pas que ce genre de choses vous arrive ?

— Non.

— Mais où est le plaisir, alors ?

— Nous lisons simplement pour imaginer comme leur vie doit être belle.

— Belle ?

— Ils sont riches, continua-t-elle. Ils ont de grandes maisons, de grandes voitures. » Le ton de sa voix baissa, se fit plus tendre. « Et ils sont amoureux.

— Amoureux ? Votre mariage ne sera-t-il pas arrangé ?

— Oh *non!* Pas le nôtre ! »

De grandes maisons, de grandes voitures : ces vilains petits canards islamiques — quoique instruits des règles, quoique soucieux de la vie future — étaient-ils déjà en secret les cygnes de la ville ?

« Aimeriez-vous vivre dans un village ? leur demandai-je. J'ai discuté ici avec des gens qui estiment que rien ne vaut la vie au village.

— Non, répliqua la jeune fille en noir. Je veux vivre ici. »

La jeune fille en rose — redevenue sérieuse, récitant consciencieusement sa leçon — dit : « Le village est plus paisible. Je préférerais vivre au village. »

Sa camarade parut changer d'avis. Elle répéta : « Oui, la vie du village est plus paisible. » Puis elle hésita à nouveau : « Mais j'aime bien être en ville parce que c'est ici que tout se passe. »

D'un ton plus pénétré encore, la jeune fille en rose insista : « La vie du village est plus paisible. »

Comme quelqu'un qui vient d'analyser ses sentiments et de trouver le moyen de les exprimer, la jeune fille en noir ajouta : « Je préférerais rester en ville parce que c'est le centre du mouvement religieux.

– Mais il y a tant d'étrangers dans cette ville, dis-je, pour les faire réagir.

– Ça oui, répliqua aussitôt la jeune fille en noir avec conviction. Nous avons trop d'immigrés. » C'était ainsi que les Malais désignaient les autres – et notamment les Chinois ; mais les non-Malais rejetaient ce mot, arguant qu'ils résidaient là depuis un siècle. « Les immigrés posent des problèmes. Ce sont les Anglais qui les ont fait venir ici. Les Anglais ont imposé ici leur système britannique. Avant, nous avions des lois islamiques. »

J'avais cru que la jeune fille en noir – avec son *tu-dong* froissé, ses hauts talons, ses hésitations concernant les règles de l'Islam – était la plus frivole des deux. Maintenant, je me rendais compte que sur les problèmes politiques et raciaux, elle était de loin la plus véhémente. Ces sujets abordés, elle monopolisa la conversation. Son amie se contenta d'écouter, un doux sourire plaqué sur les lèvres.

« Les Chinois tentent d'accaparer notre économie, commença la jeune fille en noir. Ce sont de bons hommes d'affaires. Nous sommes à la traîne. Ils disent que les Malais sont paresseux, mais ce n'est pas vrai. Nous savons que ce n'est pas vrai, mais entendre ce genre de réflexions nous blesse. Si les Chinois n'étaient pas là, nous pourrions, nous aussi, nous montrer efficaces en affaires. Si vous regardez l'histoire, au temps du Sultanat de Malacca, les Malais avaient la réputation d'être les meilleurs en affaires.

– Pourquoi les Chinois vous inquiètent-ils tant ?

– Les Chinois ont la Chine, les Indiens l'Inde, nous, nous n'avons que la Malaysia.

– Et l'Indonésie et toutes les îles ? »

Elle fit la grimace ; son jeune front se plissa. « L'Indonésie est pleine de chrétiens – vous ne le savez pas ?

– Êtes-vous née à Kuala Lumpur ? » lui demandai-je.

C'était le cas, mais sa famille était venue d'Indonésie, de Java. « Il y a *longtemps*, précisa-t-elle.

– Avant la guerre », ajouta son amie.

Ainsi, la famille de la jeune fille en noir avait émigré au temps de la domination britannique. Elle était indonésienne, ce qui voulait dire qu'elle appartenait à une race proche de celle des Malais ; et elle était aussi musulmane. Quarante ans après l'arrivée de sa famille, elle pouvait se considérer comme Malaysienne. Au bout d'un siècle et plus, les Chinois – qui avaient forgé le pays – restaient des immigrés.

A l'intérieur de l'immeuble, les bureaux se trouvaient toujours plongés dans l'obscurité. Les hommes n'étaient pas encore rentrés de la mosquée. Les étudiantes m'accompagnèrent jusqu'en bas. La jeune fille en rose traversa la rue passante pour attendre un taxi avec moi. Sa camarade resta de l'autre côté, dans l'embrasure de la porte, presque coquette, maintenant, m'adressant des sourires et de petits signes de la main, se montrant amicale envers moi, un étranger ; mais emplie de ses passions confuses. Son *tu-dong* lâche et mal attaché ne dissimulait pas ses cheveux ; et, sous sa longue robe de coton terne, en forme de sac, – le vêtement de la pudeur islamique, symbole de son agressivité – on apercevait ses ravissantes petites sandales à talons hauts, avec leurs lanières et leurs boucles.

Être Malais revenait à être musulman – voilà ce que stipulait le code du nouvel État. Mais être Malais, c'était aussi devoir renoncer à la grande et prospère cité sino-britannique, où tout se passait. Dans les forêts et près des rivières, les villages de ce pays tropical avaient été touchés par l'argent ; et la richesse avait engendré de nouveaux délires, de nouvelles frustrations.

3

Entre Malacca et les Hautes Terres de Genting

La région était riche ; pluie, chaleur, rivières, un sol fertile éclatant de vie, couvert de bananeraies, de rizières, de palmeraies et de plantations d'hévéa. Sous les hévéas poussait de l'herbe ; et le bétail, qui, sans cela, aurait souffert du soleil, pouvait paître à l'ombre. La chaleur, difficilement supportable en ville, devenait plus agréable à la campagne. L'eau et le soleil favorisaient la végétation, qui assurait abri et fraîcheur ; la verdure recouvrait rapidement la terre rouge retournée par les travaux de voierie et du bâtiment. Les villages malais ne se trouvaient jamais bien loin ; les maisons au toit fortement incliné et aux murs bas de rondins étaient entourées de petits jardins exigus. A intervalles réguliers, on rencontrait de petites villes de l'époque coloniale, les communautés chinoises : des maisons d'un étage, de béton et de tôle ondulée, la boutique, en retrait, occupant le rez-de-chaussée et donnant sur le trottoir abrité par les arcades. Les dates – peintes sur les maisons, ou se découpant en chiffres de ciment – étaient récentes ; la plupart indiquaient les années trente ; la colonie s'était développée tardivement.

Ce fut un samedi, en me rendant à Malacca, au sud de Kuala Lumpur, que je vis tout cela. J'allais à Malacca à cause de tout ce qu'évoquait ce nom : le Détroit de Malacca, le jonc de Malacca, le poivre de Malacca.

Dans le centre de la ville, se dressait une église peinte en rouge et datant de 1753 ; on avait ouvert un musée près du portail d'un vieux fort européen en ruine. Mais, partout ailleurs, l'histoire semblait s'être consumée dans la chaleur. A marée basse, la mer se retirait très loin, découvrant une immense étendue de vase noirâtre ; les égouts de la ville s'y déversaient ; sur la vase, on distinguait les trous des petits crabes et les traînées laissées par les animaux amphibies : petits poissons volants et créatures noires pourvues de nageoires, qui se tortillaient.

Un navire était ancré au large. Une file de barques plates, chacune barrée par un Malais torse nu aux reins ceints d'un sarong, était remorquée vers le canal de la ville, vaste égout découvert, d'une couleur grise plutôt que noire ou brune, que bordaient des entrepôts et des maisons de l'époque coloniale récente.

L'histoire de la présence européenne remontait plus loin que ce tableau le suggérait. Il fut un temps où l'on considérait Malacca comme une sentinelle précieuse sur la route des épices menant aux îles des Indes orientales ; et les Portugais conquirent Malacca (à sept mois de mer du Portugal) en 1511, soit neuf ans avant que – de l'autre côté du monde – Cortès ne marche sur Mexico, et vingt-quatre ans avant que Pizarro n'entre au Pérou. Il était difficile de se représenter cela ; et plus étonnant encore de songer que le Portugal et l'Occident avaient débarqué ici peu après l'Islam.

Au gré de ses diverses métamorphoses, l'Occident était demeuré – et restait aujourd'hui – une force nouvelle, génératrice de changement et de trouble. Avec le temps, l'Islam avait fini par apparaître comme inhérent à la vie autarcique et – pour reprendre le mot qu'emploierait par la suite Shafi – « médiocre » des villages malais.

Ce problème de la médiocrité, la contradiction existant entre son désir de retrouver les coutumes de son village et celui de voir les Malais rattraper leur retard, préoccupaient Shafi. Il m'avait téléphoné à ce sujet. Il n'était pas satisfait de ce qu'il m'avait dit.

Et quand, le samedi, je lui parlai de mon excursion à Malacca et de la richesse des terres que j'avais traversées, il me répondit : « Il suffit de jeter une graine pour que quelque chose pousse. » Il feignit de lancer une graine dans la piscine du Holiday Inn. « Il suffit de mettre un simple crochet dans l'eau pour attraper un poisson. Cela explique peut-être pourquoi les Malais se sont montrés médiocres. Ils vivent près des rivières. Évidemment, cela leur assure de bonnes pêches, une terre fertile pour la culture du riz et une navigation fluviale facile. Leur vie est trop aisée, comparée à celle des Chinois, qui viennent d'un pays à quatre saisons. »

Il avait préparé quelques réflexions concernant la vie autarcique des villages, et c'était de cela qu'il souhaitait m'entretenir tout d'abord. « Nous formons une communauté très unie et nous ne savons pas grand-chose du monde extérieur. Vous m'avez demandé pourquoi nous n'avons pas de techniciens, de professionnels. Pour répondre à nos besoins, nous avons nos propres bâtisseurs, qui sont à la fois architectes, et peuvent concevoir des plans selon les vœux de leurs clients puis les mettre eux-mêmes à exécution. Nous n'avons pas de médecins. Mais nous avons une tradition médicale. Si ma mémoire est bonne, il n'y a jamais eu dans mon village de maladies assez graves pour qu'une opération immédiate soit nécessaire. »

Après ces explications, il recommença à parler de sa vie et de sa carrière. Sa première visite à Kuala Lumpur, en 1963, en compagnie des scouts de son école, lui avait causé un grand choc. Mais son second séjour, deux ans plus tard, fut moins dépaysant.

« Je m'étais habitué un peu, et je devenais plus courageux. J'étais venu avec un vieil homme, un parent éloigné ; nous sommes restés dix jours, chez plusieurs autres parents. Nous avons habité dans des kampongs malais et aussi chez d'autres parents dans un cadre plus moderne. Je vais vous donner un exemple qui montre que j'avais plus d'audace. Je suis allé au musée en taxi. En rentrant, après avoir marché pendant quelque temps, je me suis soudain senti incapable de retrouver mon chemin. Alors, seulement, j'ai repris un taxi.

— En quoi était-ce donc un acte de bravoure ? Vous aviez tout de même dix-sept ans.

— Mes parents ne m'auraient pas permis de venir à KL avec quelqu'un qu'ils ne connaissaient pas. Il n'y a pas beaucoup de gens comme moi qui quittent le kampong pour venir à KL. Ils n'ont pas peur. Peut-être qu'arrivés à KL, ils seraient effrayés, ou peut-être pas, mais, de toute façon, ils n'ont rien à y faire.

« Ainsi, je ne me suis pas senti perdu quand je me suis inscrit au collège, à KL, en 1966, pour préparer mon entrée à l'université. J'avais dix-neuf ans. Tous mes aînés, à l'école, étaient venus étudier ici, à KL. J'habitais dans un foyer d'étudiants, géré par les étudiants eux-mêmes. En 1968, je suis entré à l'Institut de technologie. Là, j'ai commencé à m'intéresser aux mouvements politiques étudiants. C'est à ce moment-là que j'ai fait la connaissance d'Anouar Ibrahim. J'avais vingt et un ans et lui aussi.

— Sortiez-vous avec des filles ?

— Qu'entendez-vous par sortir ? Voyez-vous, j'étais amoureux de quelqu'un, mais elle vivait dans sa famille et j'avais très rarement l'occasion de sortir avec elle. Et sortir avec d'autres aurait été une preuve d'infidélité. C'était une parente éloignée. C'était un amour d'enfance. Ç'avait commencé dans mon village, pendant les réunions familiales.

« Et puis, à KL, en 1969, des troubles politiques ont éclaté, des émeutes raciales entre Malais et Chinois. C'est à ce moment-là que je suis devenu un leader. Quelques amis m'ont invité à participer à un grand meeting, mais j'ai refusé. J'ai senti que, ce jour-là, les choses allaient mal tourner. Il s'agissait d'une manifestation des Malais contre les Chinois.

— Étiez-vous personnellement très hostile aux Chinois ?

— Oui. J'ai été élevé dans un certain sentiment d'hostilité à l'égard des Chinois. C'était une question de tabous religieux. Mais, à KL, les réactions étaient différentes. Elles concernaient la politique nationale. Vers sept heures du soir, le jour de la manifestation, je me trouvais dans un hôtel où j'ai entendu à la radio que le couvre-feu avait été décrété à KL. Cette nouvelle me donnait raison. Mon intuition était juste. J'ai organisé des groupes de sécurité autour du collège, pour que les étudiants puissent aller dîner calmement et restent tranquilles. Il n'y avait pas d'autres leaders. C'est donc par hasard que j'en suis devenu un. Après ces émeutes, nous avons tenu des meetings avec Anouar Ibrahim et d'autres organisations musulmanes étudiantes. Nous avons commencé à parler de nationalisme et de l'islam. Et c'est comme ça que tout a débuté.

– N'avez-vous jamais douté de votre foi, quand vous étiez étudiant ?

– Non. Je ne remettais en question que les systèmes. Pourquoi le mariage? J'ai même proposé l'idée d'instituer des mariages par contrat. En ce sens que, si vous désirez avoir un descendant, vous épousez la personne, étant bien entendu qu'après la naissance de l'enfant, le contrat prend fin. C'était complètement fou de ma part. Ça a été l'un de mes seuls égarements.

– Pensiez-vous à la jeune fille dont vous étiez épris ? Répondit-elle à vos sentiments ?

– Non, pas du tout. Après être sorti du collège, j'ai travaillé pour une organisation de jeunes. Puis, quatre ans plus tard, je suis allé aux États-Unis. »

Voilà qui était nouveau. Jamais, jusqu'à présent, Shafi ne m'avait laissé supposer qu'il avait voyagé à l'étranger.

« J'avais été voir l'attaché culturel de l'ambassade américaine après avoir entendu dire qu'il y avait des échanges de jeunes travailleurs. Au début, il m'a affirmé que toutes les places étaient prises mais, un mois plus tard, il a repris contact avec moi et m'a proposé le voyage.

« J'ai été très frappé par les États-Unis. Avant le départ, on nous avait donné tout un tas de choses à lire pour savoir à quoi nous devions nous attendre. Mais, à l'arrivée à l'aéroport Kennedy, le premier choc a été le choc biologique, le décalage horaire. Nous avions reculé d'un jour : nous étions toujours à la même date qu'au moment de partir. Je m'attendais à ce que l'aéroport Kennedy soit immense et à ce que tout soit différent. Je n'ai pas été ébloui. Dans l'avion, j'avais aperçu de magnifiques résidences, près de la plage, et j'avais trouvé ça beau. Et – arrivé à l'hôtel –, comme je l'avais prévu, j'ai dû rester avec un Africain.

– Vous aviez prévu cela ?

– Je n'ai pas été surpris de me retrouver avec un Africain parce que j'étais le seul Malaysien du groupe. » Mais, à la façon dont il avait souligné ce détail (l'Africain, dans son récit, restant anonyme), je sentis qu'après le long vol et le choc biologique qu'il avait éprouvé, cette expérience l'avait troublé. « Quand j'ai vu qu'on me mettait avec un Africain, j'ai soupçonné que les organisateurs du stage voulaient nous mettre en fonction de nos affinités et de nos origines. Je m'étais attendu à une certaine ségrégation pendant le stage. Ça ne m'a pas rendu malheureux. J'ai compris qu'ils nous mettaient tous dans le même panier, Malaysiens ou Africains, et que, pour eux, nous venons simplement de pays sous-développés – de civilisations du même niveau, si vous voulez.

« On ne nous servait que de la nourriture occidentale. C'était difficile pour moi d'apprécier la cuisine car j'avais toujours peur que les règles musulmanes ne soient pas respectées. Le second soir, mon directeur de stage m'a emmené voir un film classé X. Et j'ai senti que presque toutes les expériences que j'allais affronter en Amérique ne feraient pas partie de ma... » – il chercha le mot – « ... culture, seraient étrangères pour moi, que les choses, ici... que tout ce qui est bien en Amérique est mal en Malaysia, que tout ce qui est mal en Amérique est bien chez nous. Le progrès technique, le matériel moderne étaient tout à fait ce que je m'attendais à voir. Cela se trouve partout.

– Partout ? » J'étais intéressé par cette conception d'un monde développé existant tout naturellement, se trouvant là et voilà tout : résultant d'une division presque prédéterminée des hommes : les créateurs et les non-créateurs ; les incroyants et les croyants.

« Quand j'ai fait escale à Bangkok, Hong Kong, Tokyo, j'ai vu les mêmes choses : des gratte-ciel, des gens pressés, la technologie moderne. Mais, ce que je n'ai pas pu trouver, c'est quelqu'un avec la même culture religieuse que moi.

– Pourquoi cela vous a-t-il surpris ? Vous vous rendiez dans un pays étranger. Un grand pays, un pays important. Ce qu'il avait à montrer ne vous intéressait-il pas ?

– Non, ce qu'il y a à voir là-bas ne m'intéresse pas. Mais je me demande pourquoi, avec le stade de développement où ils sont, ils ne peuvent pas s'asseoir un instant pour méditer sur la création universelle. Les non-musulmans, ceux qui ne croient pas à la grandeur du créateur, ne prennent même pas le temps de réfléchir sur ce créateur. Plus tard, à Chicago, j'ai discuté de l'islam avec des Juifs, des Noirs et des Américains. Mais, comparée à la MT qu'ils pratiquent, la méditation transcendantale, ma courte explication les a vraiment intéressés.

– Que savez-vous des autres religions ?

– J'ai lu des choses ici et là. Mais que pouvons-nous comprendre de l'univers avec le cerveau limité que nous avons ?

– Ne pensez-vous pas que vous vous faites une trop haute idée de vous-même et que vous dénigrez trop facilement les autres ?

– On peut dire qu'un homme est civilisé quand il sait d'où il vient et où il va. Je ne peux pas admettre qu'un homme est éduqué et civilisé s'il passe toute sa vie à étudier l'univers et finit par vénérer les étoiles, sans savoir d'où il vient ni où il va. Ils n'ont pas trouvé la réponse.

– Pensez-vous donc avoir trouvé cette réponse, Shafi ?

– Je crois.

– Parlez-moi encore de votre séjour aux États-Unis.

— Avant mon départ de KL, quelqu'un m'a demandé ce que je désirais faire là-bas. Je lui ai répondu que je voulais étudier la politique de tous les pays civilisés — ou prétendûment civilisés — du monde moderne, pour ne pas refaire les erreurs qu'ils ont commises.

— Essayez-vous de me dire que c'est vous — et non pas eux — qui représentez la civilisation ?

— Pour nous, la civilisation ne signifie pas seulement le développement matériel. Pour nous, elle doit surtout aider l'homme, la personne, à progresser et à se rapprocher du créateur.

— Alors, vous ne devez pas avoir une très haute idée de moi, dis-je.

— Je vous en prie, ne le prenez pas ainsi. » Shafi se mit à rire. La repartie avait jailli instantanément ; j'eus l'impression qu'elle ne servait pas pour la première fois. « Si vous restez plus longtemps, peut-être que je pourrais vous convaincre. Mais pour en revenir aux U.S.A., quelqu'un m'a donné un livre. D'après les conversations et les débats qu'ils avaient eus avec les gens, ils avaient conclu que, pour eux, l'argent représentait la religion et le sexe le prophète. Fondamentalement, leur vie tourne autour de l'argent et du sexe.

— Croyez-vous que ma vie tourne autour de l'argent et du sexe ?

— Je vous répondrai par une question : quel but recherchez-vous en écrivant ? Expliquer les choses aux gens ?

— Oui. Enfin, je parlerais plutôt de compréhension.

— Vous ne le faites pas pour l'argent ?

— Si. Mais la nature même du travail est tout aussi importante. »

Je l'avais surpris. Il n'avait jamais songé que la vocation pût exister ; et — cela faisait partie de son honnêteté — il considéra le problème pendant un moment. Il aimait les discussions religieuses — je m'en rendais bien compte, maintenant ; néanmoins, lorsqu'il reprit la parole, ce ne fut pas pour nier ou contredire ce que je venais de lui dire de moi-même.

Avec un regard comme empli de compassion, il déclara : « Je vous assure que vous perdez quelque chose. Vous vous montrez injuste envers vous-même. Vous avez cherché la vérité et vous n'avez pas encore trouvé la vérité.

— Revenons aux États-Unis.

— Je me suis fait des amis, là-bas. A New York, à Chicago, à Washington, dans l'Indiana. Je travaillais dans un stage consacré aux Relations Extérieures, et tout spécialement aux pauvres. Mais j'avais hâte de retourner chez moi. Je crois maintenant qu'il est agréable de visiter rapidement les États-Unis, mais pas d'y vivre. Quand je suis rentré, j'ai travaillé pour la Croix-Rouge. Puis j'ai trouvé une place dans une entreprise de construction. Une entreprise malaise. Comme directeur général.

— Vous étiez très jeune.

— J'avais vingt-huit, vingt-neuf ans. Là, on faisait des affaires sans le moindre sens moral. La corruption était la règle. On trichait sur les constructions, le travail effectué ne correspondait pas aux normes.

– Était-ce parce qu'il s'agissait d'une firme malaise ?

– C'est le métier qui veut ça. Dans ce secteur, on rencontre plein de gens sans scrupules. Je n'ai pas pu supporter ce genre de pressions. J'ai quitté l'entreprise au bout d'un an. Je gagnais un bon salaire. Environ mille dollars par mois. C'était en 1973-1974. J'ai voulu monter ma propre affaire de construction, en essayant d'être honnête. L'honnêteté ne paie pas. J'ai décroché un contrat et j'ai tenté de le respecter – et, quand vous essayez d'être honnête dans cette branche, vous êtes bien le seul dans ce cas. Je devais construire une maison, et il y a des normes pour la fabrication du béton, et j'ai voulu les suivre, mais mes ouvriers – principalement des Chinois – n'ont pas suivi mes instructions. Alors, j'ai eu des ennuis. Les gens ne m'ont pas cru. Les clients ne m'ont pas cru et ils ont plein de préjugés dès qu'il s'agit des entrepreneurs malais. Leur méfiance se comprend, car les Malais sont tout nouveaux dans le métier. Une fois, je suis resté six mois sans décrocher un seul contrat. Ça a été une époque difficile. Mais c'est satisfaisant de savoir que vous faites cela pour vous-même et que vous restez honnête. Pour nous, musulmans, faire des affaires doit servir à répondre aux besoins de la société.

– Mais est-ce vrai de toutes les affaires ?

– Certaines ne cherchent que le profit. Après avoir fait ce métier pendant trois ans, j'ai commencé à me consacrer de plus en plus à des activités islamiques. Et j'ai senti que c'était plus dans le mouvement islamique que dans le monde des affaires – où je me trouvais – que je pouvais être utile à quelque chose.

– Et la jeune fille qui vous plaisait ?

– Je me suis marié en revenant des États-Unis. Pas avec elle, mais avec une jeune fille d'un village, qui est sans doute d'un milieu semblable au mien. Une fille des kampongs. Elle vient d'une famille pauvre d'un autre État. Cela change la tradition de ma famille. Car, dans ma famille, chez mes proches parents, personne ne s'est jamais marié avec quelqu'un d'un autre État. Mes parents ne s'y sont pas opposés. Mais j'ai senti que je brisais la tradition. Cela ne me gêne pas. Ma femme travaille dans une entreprise, une entreprise britannique. Les pratiques des affaires ne la dérangent pas. Elle fait surtout du secrétariat. Nous n'avons pas encore notre maison. Elle est en construction. Je l'ai achetée à un promoteur cinquante-huit mille dollars.

– Alors, vous avez renoncé à l'idée de retourner dans votre village ?

– Cela m'est égal de vivre au village ou en ville. J'aime le village parce que son environnement et sa société ont été respectés, parce qu'il n'a pas été pollué par l'argent. Les gens des kampongs ne sont pas matérialistes. C'est un peuple digne. Ils sont très pieux. J'aimerais autant vivre à la ville, si l'on pouvait y trouver cette même communauté pure, dans un environnement intact lui aussi. Ce n'est peut-être pas possible, mais je dois rester ici, à cause de la nature de mes activités dans le mouvement de jeunesse musulmane. Nous venons d'acheter collectivement quatre hectares de terrain, à environ vingt-cinq kilomètres de KL et nous essayons d'organiser une communauté autonome dirigée selon les principes de l'islam. Un jardin d'enfants islamique ; une coopérative ; un centre médical, avec des docteurs musulmans. En tentant d'éviter au maximum le gaspillage.

– Vous allez essayer de recréer la vie du village. Mais ne m'avez-vous pas dit que vous trouviez médiocre la vie de votre kampong, à Kota Bharu ?

– Oui, d'une certaine façon. Parce que nous serons, nous aussi, autonomes. La seule différence est que nous, nous suivrons une voie purement religieuse.

– Mais tous les Malais ne suivent-ils pas la même voie ?

– Non, pas tous. Il existe des communautés qui sont plus attachées à leurs traditions qu'à la religion. Et certaines de ces traditions sont tout à fait païennes. »

Il voulait dire qu'elles dataient d'avant l'Islam. Et je commençais à comprendre qu'au-delà de son désir de préserver les communautés malaises des villages, il était animé par la volonté missionnaire – suscitée par le renouveau islamique – de balayer les vieilles coutumes des kampongs, de purifier son peuple malais en l'amenant à renoncer à une part importante de lui-même. Mais il s'agissait là d'un autre problème. Shafi savait qu'il n'avait toujours pas répondu à ma question concernant la médiocrité.

« Vouloir rendre les Malais moins médiocres n'est pas très facile. Je n'ai pas encore eu le temps de réfléchir beaucoup à tout ça. »

Il avait perdu son village. Il s'était marié à une jeune fille étrangère à son État d'origine et avait brisé une tradition familiale. De par son éducation, ses voyages, sa profession, il avait, sans même le savoir, commis d'autres entorses à la tradition. Dans la civilisation moderne, sa tentative de faire des affaires avait échoué. Je me rendais compte que, sans l'islam, il ne lui serait plus rien resté. Mais, que cela lui plaise ou non, Shafi avait quitté la vie du kampong ; et, dans le monde moderne, il ne lui était pas possible de se cacher. Pour survivre, il lui fallait faire des efforts, de plus en plus d'efforts ; sa survie dépendait de sa vision des choses.

Après avoir quitté le salon de thé Shafi se tourmentait de nouveau à l'idée d'avoir pu sembler se mettre en avant, d'avoir pu donner de lui une image supérieure à celle de ses camarades. Je lui demandai : « Je voudrais que vous réfléchissiez à quelque chose. Je sais bien que vous cherchez la polémique, mais je ne discuterai pas avec vous. Cependant, il me semble que le fait d'être parti pour l'Amérique avec des idées préconçues vous a fait manquer certaines choses. Je crois que vous vous montrez très injuste à l'égard des gens de là-bas.

– Je reconnais qu'il y a là-bas des personnes dévouées, de bonnes personnes. Mais je ne veux pas faire de concessions. »

Extrait du *New Straits Times* du 6 novembre 1979

TROIS PERSONNES ACCUSÉES D'AVOIR DÉTRUIT DES IDOLES HINDOUES À TEMERLOH

Temerloh, lundi – Un ancien professeur de théologie et un étudiant accusés d'avoir détruit des idoles hindoues, l'an dernier, dans le district de Temerloh, ont décidé de plaider non coupable...

C'était aussi à ce genre d'incidents que conduisait la renaissance de l'islam parmi la jeunesse éduquée. Cela procédait d'une vision de l'islam assez simpliste et je sentis que ces événements mettaient Shafi mal à l'aise. Il déclara que cela n'avait aucune importance. Mais cela en avait.

L'ABIM, le groupe auquel appartenait Shafi, n'était pas le seul mouvement de jeunesse musulmane malaysien; Anouar Ibrahim, avec sa haute conception de l'islam, n'était pas le seul leader. Il existait d'autres porteurs de messages plus accessibles. C'étaient des missionnaires (venus d'Inde ou du Pakistan) qui avaient appelé à jeter bas les idoles en Malaysia. Après avoir consulté divers ouvrages, ils avaient calculé combien de milliers d'années de paradis gagnerait un musulman pour chaque idole détruite; et ils avaient évalué qu'il fallait détruire au bas mot trente idoles pour décrocher le gros lot, soit le paradis éternel.

En fait, la colère des Malais visait principalement les temples chinois – parfois de simples cubes de béton – qu'on rencontrait un peu partout dans les villes (il y en avait deux juste à côté du Holiday Inn). Mais les Chinois étaient puissants et pouvaient compter sur leurs sociétés secrètes. Les Tamouls hindous formaient une petite communauté pacifique. Aussi s'attaquait-on aux représentations hindoues. Au cours de plusieurs nuits – s'étalant sur une période de trois semaines, en 1978 – des temples tamouls furent profanés.

Puis, au temple de Kerling, ce fut la tragédie. Un groupe de cinq profanateurs (au nombre desquels deux étudiants) tomba sur huit gardiens du temple. Quatre des assaillants furent tués. Après cela, les saccages cessèrent. Et, présentement – plus important que l'affaire du temple de Temerloh – se déroulait le procès des huit gardiens de Kerling, accusés d' « homicide volontaire non prémédité ».

Le procès se tenait loin de Kerling, à Klang, sur la côte ouest, à une trentaine de kilomètres de Kuala Lumpur. C'est un chauffeur de taxi tamoul qui me conduisit là-bas. Mais son principal sujet de préoccupation n'était pas le procès; c'était l'argent, comme d'habitude.

La première fois que je louai ses services, je lui fis remarquer: « Vous n'avez pas mis votre compteur en marche.

— J'ai la tête ailleurs, s'excusa-t-il. Je suis en train de me demander comment aller à Malacca, demain. Ça va me coûter au moins cent quarante dollars. Je ne les ai pas. Ma sœur va se marier.

— Mais pourquoi cela coûterait-il si cher d'aller à Malacca? m'étonnai-je.

— Nous sommes sept, expliqua-t-il. Ma mère, ma sœur, ma femme et mes trois enfants. Sept. Ça va revenir à au moins vingt dollars par personne. En taxi de ligne. »

Et, tandis que sans cesse nous nous arrêtions et redémarrions dans la circulation enfumée de Kuala Lumpur, il me fit partager ses inquiétudes.

« Faut-il vraiment que vous vous y rendiez tous les sept? demandai-je. La présence de votre femme est-elle indispensable?

— Il *faut* qu'elle y aille. C'est sa sœur qui se marie.

— J'avais cru comprendre qu'il s'agissait de votre sœur.

— La sœur de ma femme est ma sœur.

— Ah! Très bien. Je vois qu'elle doit y aller. Mais... et votre propre sœur?

— Elle *veut* y aller. Elle connaît *très* bien la fiancée.

— Eh bien, laissez partir votre femme et votre sœur. Deux personnes. Quarante dollars.

— Et ma mère? Vous ne connaissez pas nos coutumes. Il faut que ma mère y aille.

— Parfait. Alors, pourquoi ne pas les y envoyer toutes les trois? Et vous, vous restez.

— Trois femmes? Partant toutes seules à Malacca?

— Eh bien, accompagnez-les, en ce cas.

— Mais si j'y vais, on ne peut pas laisser les enfants. Ce sont des petites filles et elles sont très jeunes. »

Ainsi, ils partiraient tous les sept pour Malacca, ou pas du tout. Un homme seul, avec six femmes ou petites filles à charge: pas étonnant qu'il paraisse si près de perdre la tête.

Et maintenant, tandis qu'il me conduisait au procès de Klang, il semblait de nouveau en proie au délire. L'argent, l'argent: il avait besoin d'une grosse somme. Si seulement il pouvait mettre la main sur soixante mille dollars, alors, tout irait bien. Il laisserait tomber le taxi et se lancerait dans la papeterie. Il y avait de l'argent à faire dans cette branche. Vous déposiez une caution de dix mille dollars chez un grossiste et il vous fournissait pour vingt mille dollars de marchandises, avec trois mois de crédit.

Si seulement, si seulement... Et il avait sept bouches à nourrir ; et ses trois enfants étaient toutes des filles ; et il y avait sa sœur à marier. Et ce gouvernement donnait tout aux Malais. Les Chinois valaient bien mieux. Ils faisaient des ennemis redoutables mais des amis sûrs. « Vous connaissez les Malais ? Vous aimez les Malais ? Ils sont toujours prêts à vous poignarder dans le dos. » En lui, une angoisse chassait l'autre.

« Êtes-vous allé à Malacca ? lui demandai-je. Avez-vous réussi à emprunter l'argent ?

– Oui, cent dollars à un Pendjabi. Et le mois prochain, je devrai lui en rendre cent vingt-cinq.

– Alors, cela vous fait du trois cents pour cent l'an. Et maintenant, vous cherchez à vous procurer soixante mille dollars. »

Il changea de sujet pour en revenir au début de la conversation : ses frais. Il me dit qu'il achetait dix cattis de riz par semaine. « A quoi correspond un catti ?

– Un kilo.

– Ainsi, vous achetez *vingt-deux* livres de riz par semaine ?

– C'est ça. »

Il m'avait dit qu'il louait son taxi à la compagnie vingt-deux dollars par jour ; il m'avait affirmé que Klang se trouvait à vingt miles ; et, maintenant, voilà qu'il achetait vingt-deux livres de riz par semaine. Décidément, il ne sortait pas de la vingtaine.

Tous ces ennuis ne l'empêchaient pas d'avoir énormément d'amis. Il semblait en rencontrer dans tous les embouteillages « Il travaille dans ma compagnie. » Une autre fois, c'était : « Vous voyez cette voiture. Avant, c'était moi qui la conduisais. Un jour, le patron m'a appelé et il m'a confié cette voiture et donné l'autre à ce type-là. C'est un très mauvais chauffeur. Conduire ne l'empêche pas de boire. Je ne fais jamais ça. Juste un peu de vin de palme. Une fois par semaine. Le samedi après-midi. Deux litres.

– Deux litres !

– C'est bon pour la santé.

– Vous n'avez pas d'argent, dis-je, mais vous avez trois enfants. Vous empruntez de l'argent à trois cents pour cent afin de vous rendre à un mariage à Malacca. Et, maintenant, vous me dites que vous vous saoulez tous les samedis. » J'aperçus dans le rétroviseur qu'une de ses incisives supérieures manquait. « Comment avez-vous perdu cette dent ?

– Dans un accident de motocyclette.

– Comment faites-vous pour attirer tous les ennuis ? Pourquoi ne retournez-vous pas à la campagne travailler votre terre ?

– Je n'ai pas de terre. »

Qu'ajouter à cela ? Il était difficile de s'imaginer que – longtemps avant l'arrivée de l'islam et des Occidentaux – ses ancêtres du sud de l'Inde avaient répandu leur religion, leurs légendes, leurs sculptures et leur architecture dans tout le Sud-Est asiatique. Il ne le savait pas lui-même. Il descendait d'Indiens recrutés au dix-neuvième siècle et après, pour travailler dans les plantations britanniques ; c'était tout ce qu'il connaissait de ses origines. Aujourd'hui – dans la Malaysia musulmane post-coloniale – il n'était plus rien. Il semblait aussi perdu que Shafi et les autres Malais des kampongs. Et peut-être, ne pouvant se raccrocher à une communauté ou au souvenir d'un passé empreint de pureté, à une foi religieuse, ne pouvant en vouloir au monde entier, ne sachant même pas qui blâmer, était-il plus désorienté qu'eux encore. Quant au saccage des idoles de Kerling et de Temerloh, au procès de Klang – auquel il prétendait d'ailleurs ne pas s'intéresser – il ne préoccupait que très superficiellement cet homme qui, depuis la naissance, ployait sous le fardeau du malheur.

Les villes succédaient aux villes sur cette portion de la côte occidentale développée : pas de villages malais, par ici. A Klang, nous dûmes demander où se trouvait le palais de justice. C'était un paisible bâtiment colonial d'un étage situé à l'écart du centre. Il n'y avait pas beaucoup de monde dans la cour. Et, à l'étage, dans la salle du tribunal, les bancs réservés au public étaient vides. Le procès faisait les gros titres des journaux ; on suivait l'affaire de près ; les gens n'étaient pas très rassurés. Mais l'événement lui-même paraissait confidentiel, aussi peu important que me l'avait dit Shafi : un magistrat malais, deux policiers malais, un jeune Indien, assez joli garçon, à la barre des témoins, une interprète indienne en sari jaune assise à côté de lui, un avocat indien portant des favoris, qui posait des questions.

Les sept autres accusés – qui, la fameuse nuit, avaient attaqué les profanateurs – se trouvaient dans le box, petit enclos délimité par une barrière de bois dressée au beau milieu de la salle ; ils paraissaient tout à fait décontractés. Quatre climatiseurs ronronnaient ; il était impossible de saisir le moindre mot prononcé par l'avocat, le témoin ou l'interprète. Un événement confidentiel ; pourtant, affolés par le monde moderne, au point de croire qu'en détruisant trente idoles ils gagneraient une éternité de paradis, quatre jeunes gens désorientés et naïfs y avaient laissé leur vie.

Nous retournâmes dans le centre ville et, après avoir fait un petit tour, nous dirigeâmes vers la jetée, qui traversait une plage de vase noirâtre. Sur cette boue dont elles avaient pris la couleur, pourrissaient des barques auxquelles manquaient quelques planches ; sur les eaux brunes, d'autres embarcations, encore en état de flotter, étaient amarrées entre de hautes perches ; des corneilles et un chat affamé fouillaient dans les déchets. La pluie se mit à tomber et obscurcit la vue, sans rafraîchir l'atmosphère, plongeant le paysage dans la grisaille, dessinant de fugitifs pointillés sur la vase presque liquide. On pouvait se représenter cette anse sans charme, un siècle auparavant :

un petit port de pêche, peut-être, où l'on eût pu penser que jamais la civilisation ne parviendrait.

Je vis réapparaître, tout trempé par la pluie, mon chauffeur tamoul qui avait un instant disparu. Il avait trouvé à acheter quelques crabes. De son élocution rapide et fiévreuse, il m'expliqua qu'à Kuala Lumpur, les crabes coûtaient deux fois plus cher.

« Allez-vous les revendre ? demandai-je.

– Non, je vais les garder pour moi et les ramener à la maison.

– Jamais vous ne vous procurerez les soixante mille dollars. »

Loin de la côte, une toute nouvelle route traversait les collines boisées pour mener jusqu'aux Hautes Terres de Genting. Les nuages s'amoncelaient au-dessus des sommets ; il faisait suffisamment frais pour mettre un pull-over. Et, au bout de cette route, après les hauts troncs blancs des arbres de la forêt, après l'obscurité des bois, les plantes rampantes, les grandes feuilles en forme de cœur, les fougères, les palmes et les bananiers sauvages, je ne découvris ni ville ni village, mais comme une vaste aire de loisirs, un terrain de jeu en béton noyé dans la brume, comprenant un lac miniature, des chemins de poupée, des petits trains, un hôtel et un casino.

En Malaysia, les plaisirs de l'argent étaient simples. L'argent soulignait les limites de pays comme elle, petits, frustes et qui découvraient tout après les autres. La richesse – apportée par le pétrole, le caoutchouc, l'étain, l'huile de palme – métamorphosait les vieilles coutumes. Mais elle ne faisait que transformer les gens en acheteurs de biens importés, qu'asservir le pays au monde développé, que maintenir les hommes dans leur condition de colonisés.

On pouvait comprendre la démission de quelqu'un comme Shafi ; la violence des iconoclastes ; et, chez d'autres Malais, le désir de prétendre qu'ils étaient arabes, qu'ils étaient aussi purs que les premiers disciples du Prophète.

4

L'Arabie

IL EXISTAIT une communauté islamique à Kuala Lumpur. On disait que les jeunes Malais qui vivaient là avaient rejeté la civilisation et les biens de consommation modernes ; ils cultivaient un petit lopin de terre et, du moins le croyaient-ils, menaient l'existence arabe – des Arabes d'autrefois, pas de ceux d'aujourd'hui. Ils n'aimaient pas beaucoup les visiteurs. Shafi – favorable à l'idée de la communauté, mais nullement désireux de se mêler des affaires d'un autre mouvement – leur transmit mon nom. Mais rien n'arriva pendant plusieurs jours.

Puis Khairul me téléphona. Il était membre de la communauté. Il parlait l'anglais d'une façon sèche et saccadée, rappelant l'accent des Japonais dans les vieux films de guerre américains. Et, semblant interpréter son rôle jusqu'au bout, il me demanda : « Comment puis-je savoir si vous n'êtes pas du KGB ou de la CIA ? » Sans doute savait-il très bien qu'il n'en était rien. Il me raconta que, quelque temps auparavant, ils avaient reçu deux journalistes du *Time*, et qu'ils en étaient venus à penser par la suite qu'il s'agissait en réalité d'agents de la CIA (en fait, comme je l'appris plus tard, le *Time* n'avait pas fait paraître l'article ; et Khairul – comme tant d'autres qui, prétendant fuir la publicité, se trouvent confrontés à un silence inattendu – avait dû être un peu vexé).

Il m'annonça qu'il allait venir me voir le soir même, accompagné de trois personnes. Je le priai de n'en amener que deux. Je lui expliquai que je me sentais trop fatigué pour discuter avec quatre personnes dans ma chambre du Holiday Inn.

« Quels sont les sujets qui vous intéressent ? demanda-t-il de sa voix coupante de Japonais. Les questions spirituelles, économiques ?

– Spirituelles. »

Aussitôt, je me dis que j'avais choisi la mauvaise réponse. Il eût mieux valu parler de l'aspect économique de la communauté. Anouar Ibrahim, de l'ABIM, m'avait déjà livré quelques détails sur les idées économiques de certains groupes islamiques malaysiens. Ils prétendaient que l'Occident courait à sa perte. « Et ils donnent l'impression que le système économique islamique repose principalement sur la préparation de *ketchap* (sauce piquante) et de nourriture *halal* (respectant les rites). En égorgeant une vache par semaine. »

Mais mes regrets à propos de la matière à aborder se révélèrent vains, de même que mes recommandations sur le nombre des visiteurs. Khairul et ses amis ne vinrent pas. Au lieu de quoi, je reçus un message me demandant de me trouver devant le Parlement, le lendemain matin, à dix heures. Je décidai de m'abstenir. Il me semblait qu'ainsi en ne me manifestant plus, il y avait une chance pour que la curiosité de Khairul soit piquée et que ce soit lui qui ait alors envie d'en savoir plus. Et la suite me donna raison.

Quelques jours plus tard, un soir vers sept heures et demie, Khairul me téléphona. Il attendait dans le hall du Holiday Inn, en compagnie de ses trois amis. Ils montèrent. Ou, plutôt, ils se ruèrent dans ma chambre. Trois d'entre eux – y compris Khairul lui-même – avaient une allure tout à fait saisissante, avec leurs turbans et leurs longues robes vertes.

Le quatrième portait une chemise et un pantalon. Il prit place dans l'un des fauteuils. L'un des hommes enturbannés s'assit dans l'autre fauteuil. L'œil brillant, la peau tannée par le soleil, d'une jovialité inattendue dans son costume arabe, Khairul s'installa sur la table basse qui séparait les deux sièges. Le dernier, un très petit homme barbu, qui se présenta comme journaliste et déclara vouloir prendre des notes, choisit la chaise de la table de toilette et, aussitôt, sortit un stylo et du papier.

« Que voulez-vous savoir ? » me demanda Khairul.

Devant cette soudaine invasion, et encore tout décontenancé par l'apparence de ces quatre hommes – turbans, robes douteuses – et leur état d'agitation, j'oubliai de nouveau le système économique islamique. « Vous êtes tous différents les uns des autres, dis-je. J'aimerais que vous m'expliquiez comment vous vous êtes réunis.

– Oui, répondit Khairul. Nous sommes tous différents. »

Tous, à l'exception de Khairul, venaient du Kedah, au nord de la péninsule. L'homme en chemise et pantalon – il paraissait plus chinois que malais, et se montrait plus calme que les autres – m'apprit qu'il était médecin. Khairul, lui, exerçait la profession d'avocat. L'homme au turban blanc et au visage de mulâtre se présenta comme un missionnaire, un *hadji,* quelqu'un qui avait fait le pèlerinage de La Mecque. C'était le moins raffiné des quatre, mais il parlait au nom du groupe. Khairul traduisait, et parut bientôt tout à fait à l'aise, croisant les jambes en tailleur sur la table basse, dans la lumière des lampes suspendues tamisée par les abat-jour d'osier tressé du Holiday Inn. Je me trouvais sur le lit, en pyjama.

Je demandai au *hadji* si la vie des kampongs avait pour lui un attrait romantique. Il me répondit que non. La vie des villages n'était pas islamique. « Il y subsiste de nombreuses traditions animistes et hindoues », précisa le docteur.

Cela correspondait à ce que Shafi m'avait déjà dit : cette contradiction qui déchirait le jeune homme était apparue à la fin de notre dernière conversation. Les coutumes du village étaient les véritables coutumes malaises ; mais il fallait les modifier. On allait devoir purifier la foi et bannir des villages les anciennes traditions païennes.

« Dans les kampongs, dit Khairul, la cérémonie du mariage se déroule encore selon les rites hindous.

– Cela a-t-il vraiment une importance ? »

Le *hadji* répliqua que oui ; cela allait à l'encontre du Coran.

Puis il raconta que la famille de sa mère était originaire du Yemen. Ils étaient arrivés au Kedah en passant par la Thaïlande. Sa famille paternelle venait, elle, de Sumatra. C'étaient – et nous éclatâmes tous de rire – des cannibales, des chasseurs de têtes. Son grand-père s'était le premier converti à l'islam. Son père, un pauvre fermier, enseignait la religion ; à sa mort, il laissa exactement un dollar. Il avait refusé d'envoyer son fils à l'école publique et préféré se charger lui-même de son éducation.

« Il m'a tout appris, poursuivit le *hadji,* dont Khairul traduisait toujours les paroles. Le Coran, l'arabe. Il m'a raconté l'histoire de Napoléon, d'Hitler.

– Que vous disait-il de Napoléon ?

– Qu'il a édicté des lois simples et efficaces. Mais on ne peut le comparer à Khalid, le compagnon et général du Prophète. Khalid disait qu'il éprouvait ses plus grandes joies quand les armées des croyants affrontaient celles des infidèles, que ne retentissait plus que le martèlement des chevaux, que ne brillaient plus dans la nuit noire que les étincelles jaillissant du choc des épées.

– Dans la nuit froide et noire, corrigea le médecin.

– Et maintenant, songez à Napoléon. Il a fait reculer ses armées pour pouvoir retrouver sa bien-aimée. C'est historique. Vous pouvez lire ça dans les livres. Ainsi, comment voulez-vous comparer les deux hommes ? Khalid a sacrifié sa vie à la cause de sa religion. Napoléon ne pensait qu'à l'amour. Les femmes sont dotées des mêmes attraits physiques partout. Mais la foi est une. » C'est ainsi que traduisit Khairul. « Si Napoléon avait été musulman, on l'aurait rejeté au dernier rang de l'armée et probablement mis en quarantaine.

– Vous voulez dire traduit en cour martiale ?

– C'est cela, répondit Khairul, reprenant le mot à son compte. Il aurait été traduit en cour martiale pour immoralité. »

J'aurais souhaité que le *hadji* m'en dise davantage sur son enfance. J'aurais aimé pouvoir comparer ses souvenirs avec ceux de Shafi. Mais il répliqua qu'il préférait aborder des sujets plus importants. Je m'obstinai pourtant.

« Quelles étaient les pratiques non islamiques qui vous choquaient, dans votre village ? demandai-je. Mises à part les cérémonies de mariage.

– L'usure.

– Qui était usurier ?

– Les Malais, les Chinois. » Et le *hadji* s'interrompit, pour ne pas me blesser.

« Les Indiens, compléta le journaliste assis devant la table de toilette. Les Chettiar. Avez-vous entendu parler des Chettiar ? »

Je lui répondis que oui. « Que reprochiez-vous aux Chinois ?

– Leur façon de vivre, dit le *hadji*, tout son visage rond éclairé d'un sourire. S'ils se convertissaient à l'islam, cela ne me dérangerait pas. Nous ne sommes pas racistes. » (Mais, en Malaysia, on prétendait que si la communauté chinoise embrassait la religion musulmane, les musulmans se feraient aussitôt bouddhistes.)

Le *hadji* avait gardé les vaches et cultivé les champs de son père jusqu'à l'âge de quinze ans. Puis ce dernier mourut. Un millier de personnes suivirent son enterrement.

« Mais pourquoi n'ont-ils pas aidé votre père ? Il enseignait la religion. Pourquoi l'ont-ils laissé mourir avec un dollar pour toute fortune ? »

Le *hadji* ne répondit pas. Il me dit qu'après la mort de son père, il avait continué à lire. Tout ce qui lui tombait sous la main. « J'ai lu un livre de Sukarno. *Révolution*. Révolution quelque chose.

– *A l'ombre de la Révolution* », affirma le docteur. (Ce n'était pas une traduction très exacte. Le titre original *Dibawah Bendera Revolusi*, aurait mieux été rendu par « Sous le drapeau de la Révolution ».)

Tout en prenant notre conversation en notes, le journaliste jetait des coups d'œil sur les papiers qui traînaient sur la table de toilette et je ne pouvais m'ôter la crainte qu'il ne découvrît des choses susceptibles de lui déplaire.

Il adressa quelques mots en malaysien à Khairul. Et ce dernier me demanda si je possédais un appareil photo. Je répondis que non. Me désignant le journaliste, Khairul continua : « Il a un appareil, mais pas de pellicule. Peut-il en acheter une ici ? »

Je dis qu'il pouvait toujours essayer ; dans le hall, la boutique était encore ouverte. Et le petit homme, portant une robe et de grands tennis blancs qui faisaient tache sur la moquette sombre du Holiday Inn, nous quitta.

J'aspirai une prise, expliquant qu'il s'agissait de tabac et de rien d'autre – je savais qu'ils désapprouvaient l'usage des stimulants.

« L'islam n'encourage pas le tabac, dit Khairul.

– N'encourage pas ?

— Ce n'est pas interdit. Mais ce n'est pas non plus encourageable. C'est l'équivalent du terme qu'on emploie en arabe, vous comprenez ?

— La plupart des industriels du tabac sont juifs et, si nous voulons détruire les Juifs, nous ne devons pas consommer leurs produits, déclara le *hadji*, toujours souriant. Il existe un très bon livre, à propos des Juifs.

— De Henry Ford, compléta le médecin.

— Le constructeur automobile, dit Khairul.

— Peut-on se le procurer ici ?

— A la librairie Perkim, m'indiqua Khairul. Vous le trouverez là-bas.

— Les Juifs sont les ennemis de Dieu, décréta le *hadji*. Connaissez-vous la théorie de l'évolution ?

— J'en ai entendu parler. »

Le *hadji* tourna vers moi son visage souriant. « Savez-vous pourquoi on a répandu cette théorie ?

— Pour un homme d'origine paysanne, vous connaissez beaucoup de choses, remarquai-je.

— Mon savoir est très limité. Je ne connais qu'une fraction de ce que recèle le Coran. »

Khairul, toujours assis, très à l'aise, sur la table basse, entre le médecin et le *hadji*, me certifia : « Quand vous connaissez le Coran, vous savez tout. L'économie, la politique, les lois familiales... tous les grands principes sont contenus dans le Coran. »

On frappa à la porte.

« Ce doit être votre ami », dis-je.

Je me levai, en pyjama, pour faire entrer le journaliste. Avec son turban, ses lunettes rondes teintées, sa barbe longue et peu fournie, sa robe et un vêtement semblable à un sarong que je n'avais pas remarqué auparavant, il avait l'air d'un petit derviche rabougri et brûlé par le soleil, perdu dans le désert des couloirs du Holiday Inn : ses grandes chaussures blanches touchant presque la porte, il donnait l'impression que, séparé de ses amis, sa timidité naturelle reprenait le dessus. Il n'avait pu trouver de pellicule.

Je retournai sur le lit et m'adressai au *hadji*, toujours aussi calme et souriant dans son fauteuil. « Vous me parliez de l'évolution. Vous prétendiez qu'on avait répandu cette théorie pour des raisons précises.

— Que savez-vous de l'histoire des Juifs ? m'interrogea le *hadji*.

— Très peu de chose.

— C'est une race de génies, dit le *hadji*. Saviez-vous cela ? On en trouve confirmation dans les livres saints.

— C'est une race de génies, répéta Khairul. Tout au long de l'histoire.

– Les autres races les jalousent parce qu'ils constituent un peuple de génies. Leur contribution dans le domaine des concepts est énorme. Karl Marx.

– Engels, ajouta Khairul.

– Tolstoï, lança le journaliste, qui avait recommencé à prendre des notes sur la table de toilette.

– Tous des Juifs », renchérit le médecin.

Je sentis que nous étions en train de nous éloigner de notre sujet. « Voulez-vous un peu de thé ? proposai-je.

– Est-il préparé par des musulmans, ici ? Comment le font-ils ? s'inquiéta le *hadji.*

– Ils utilisent du thé en sachets. Et les garçons sont malais. »

Le *hadji* n'eut pas l'air convaincu. Les quatre hommes échangèrent quelques mots en malaysien et Khairul décréta : « Nous prendrons une bouteille de quelque chose. »

Je me levai et me dirigeai vers le petit réfrigérateur placé dans un coin de la chambre, près du fauteuil du *hadji,* et portant la mention : « Votre bar personnel. » Deux rangées de bouteilles miniatures étaient posées dessus et, à l'intérieur, se trouvait une modeste provision de boissons. De la bière, du vin allemand, de l'eau gazeuse, du Coca-Cola, du Seven-Up. Ils choisirent le Coca.

« Une bouteille suffira, m'affirma Khairul. Ce sera assez pour nous quatre. C'est notre habitude. »

J'emportai la bouteille dans la salle de bains en leur expliquant, pour éloigner d'eux toute crainte de pollution : « Il y a un décapsuleur près de la porte. » J'apportai l'un des verres stérilisés et enveloppés sous cellophane, que je donnai au *hadji,* avec la bouteille.

Le journaliste examinait deux coupures de journaux qu'il avait prises sur la table de toilette.

« C'est au sujet de ce chauffeur de taxi et de l'Africain », dis-je.

Ils connaissaient l'histoire. La presse avait décrit l'affaire dans tous ses détails. Un chauffeur de taxi avait remarqué un pauvre Africain tout abattu à l'aéroport de Kuala Lumpur. Le Noir lui raconta qu'il avait perdu son billet d'avion, ses papiers et son argent. Le chauffeur emmena l'Africain chez lui. A ses propres frais, il fit passer, mais sans résultats, une annonce dans le journal pour qu'on rende ses papiers au malheureux ; il obtint une prolongation du visa ; il prêta de l'argent – le sien et celui de sa tante – pour offrir à l'Africain une chambre d'hôtel et un nouveau billet d'avion. Et, aujourd'hui, deux mois plus tard, le Noir, un Ghanéen, était revenu à Kuala Lumpur. Il avait donné à la tante du chauffeur de taxi deux mille dollars américains et, au brave homme lui-même, il promettait une voiture neuve, une Datsun.

Passant le verre de Coca-Cola à Khairul, le *hadji* me demanda : « Ce genre de choses arriverait-il dans votre pays ?

– Non.

– Dans les pays islamiques, cela se voit tous les jours. Pour vous, c'est un événement. Pour nous, ce n'en est pas un. »

Mais le chauffeur de taxi était chinois et, d'après l'un des articles, n'avait pas le droit de posséder son propre taxi.

Se curant le nez avec l'index, puis s'essuyant le doigt contre le bras de son fauteuil recouvert de velours, le *hadji* poursuivit : « Mais je n'ai pas fini mon histoire à propos des Juifs. Avant Moïse, il y avait une tribu juive en terre arabe. Et, au sein de cette tribu, vivait un prophète. Inspiré par Dieu, ce prophète ordonna aux Juifs de prier le samedi. Mais les Juifs ignorèrent ce commandement du prophète car, le samedi, les poissons pullulaient dans la mer ; aussi préférèrent-ils aller pêcher le samedi plutôt que de respecter le jour du Seigneur.

– Je ne connaissais pas cette histoire, dis-je.

– C'est dans le Coran, affirma le *hadji*. Cela eut pour effet de mettre le prophète très en colère et le courroux de Dieu... »

Là, Khairul éprouva quelques difficultés de traduction. Il s'interrompit et échangea quelques mots en malaysien avec le *hadji*. Puis il reprit : « Le courroux divin s'abattit sur les Juifs et Dieu jura de transformer toute la tribu en singes... »

Il s'interrompit à nouveau, pour glousser.

« En grands singes, corrigea sévèrement le médecin. Ils furent transformés en grands singes.

– Pendant sept jours, précisa le *hadji*.

– Au terme desquels ils moururent, dit le journaliste.

– Cette histoire est mentionnée dans la Torah, dans le Coran et dans le Testament, me certifia le *hadji*.

– Dans l'Ancien Testament, dit Khairul, commentant ainsi sa propre traduction. Nous ne reconnaissons pas Luc et les autres.

– Ce sont les trois livres de Dieu, reprit le *hadji*. Tous ceux qui vénèrent ces livres connaîtront cette histoire. Nous, les musulmans, nous croyons en l'Ancien Testament. Celui qui n'y croit pas n'est pas musulman.

– Parce que dans l'Ancien Testament, dit le docteur, il y a des versets qui annoncent clairement la venue de Mahomet.

– Il existe un livre sur la question, écrit par le professeur Benjamin, affirma Khairul. On peut le trouver à la librairie Perkim. L'auteur est un prêtre catholique converti à l'islam. Il se fait maintenant appeler professeur Abu Daud. »

Le *hadji*, un instant resté à l'écart de cette conversation en anglais, intervint de nouveau : « Je n'ai toujours pas terminé ce que je voulais vous dire sur les Juifs. D'avoir été transformés en singes, leur prestige moral fut diminué. Pour remédier à cet état de fait, se sachant déjà avilis eux-mêmes...

– Au regard du monde, commenta le docteur.

– ... les Juifs cherchent maintenant à entraîner toute la société avec eux.

– C'est là leur principe, ajouta le médecin. S'ils sont sales, il faut que les autres le soient aussi.

– Vous avez été surpris de m'entendre affirmer que les Juifs étaient les ennemis de Dieu, déclara le *hadji* aux yeux brillants et aux lèvres pleines. Cela prouve seulement que les Juifs sont mauvais. Vous m'avez posé des questions. Maintenant, laissez-moi vous en poser quelques-unes. Ainsi le veut l'islam. Vous m'interrogez, puis c'est mon tour. Je vous réponds, puis c'est votre tour. Croyez-vous que vos aïeux étaient des singes ?

– Non. »

Le *hadji* sourit et poursuivit (Khairul, après avoir bu du Coca-Cola, ne cessait de roter tout en traduisant) : « Cela prouve que les Juifs sont mauvais.

– Mais l'homme n'évolue-t-il pas ? m'exclamai-je. Je ne voudrais pas que vous vous sentiez visé personnellement » – et je m'adressai alors à eux tous – « mais ne m'avez-vous pas dit que vos ancêtres de Sumatra étaient des chasseurs de têtes ? Aujourd'hui, vous êtes un *hadji* et un homme cultivé.

– C'était une façon de vivre condamnable. Si l'islam est venu, c'est pour corriger les aberrations des hommes. Par exemple, avant l'islam, le calife 'Umar enterrait ses filles vivantes dès leur naissance. Avoir une fille était une calamité. C'était une pratique courante chez les Arabes, à cette époque. Plus tard, repenser à son passé, à son existence d'avant l'islam, l'a fait pleurer et sangloter.

– Ses amis l'ont souvent vu pleurer dans le désert, affirma le médecin.

– Et, une fois converti à l'islam, il devint le meilleur des hommes.

– Avez-vous lu un livre intitulé *La Route de La Mecque* ? me demanda Khairul. Ça, c'est un livre ! Il est de Mohammed Asad, un Juif autrichien. »

Le journaliste, silencieux depuis un long moment, demanda : « Comment s'appelait-il, auparavant ? Pold quelque chose.

– Léopold, répondit Khairul. Vous pouvez aussi vous procurer ce livre dans la librairie Perkim.

– C'est une autobiographie, non ? intervint le médecin.

– Oui, dit Khairul, une autobiographie. C'est un livre *magnifique*. »

Le *hadji*, une fois encore laissé en dehors de la conversation, reprit la parole : « Croyez-vous en l'existence d'un créateur ?

– Non, avouai-je.

– Mais c'est la base même de l'islam !

– C'est trop compliqué pour moi, conclus-je après un court échange de propos. Je me sens perdu dès que je pense trop à l'univers.

— Pour moi, cette impression d'égarement semble indiquer que vous êtes satisfait de votre sort. »

Je ne savais pas s'il se montrait compatissant ou critique.

« Avez-vous parlé aux chefs religieux, lorsque vous vous trouviez en Iran ?

— J'ai rencontré des ayatollahs. Khalkali, Chirazi.

— Ah ! Chirazi ! s'exclama le *hadji*. De quoi vous êtes-vous entretenus ?

— De la religion, un peu. Je crois qu'il craignait d'avoir affaire à un communiste. »

Ils se mirent à rire.

« Comment cela se passe-t-il, maintenant, en Iran ? demanda le *hadji*.

— C'est la pagaille. Pas de lois. Les usines ne tournent pas. Les mollahs ne savent pas comment diriger le pays. Peut-être aurez-vous à affronter ce genre de situation, ici aussi.

— Si les musulmans respectent l'islam, s'ils s'y conforment très strictement... » A nouveau, Khairul buta sur la traduction.

— Le reste suivra, acheva le docteur.

— Quelle différence y a-t-il entre la vie de vrais musulmans que vous menez aujourd'hui, et celle qui était la vôtre autrefois ? » demandai-je.

Pas de réponse.

Le *hadji* se contenta de dire : « On peut deviner au premier coup d'œil si l'on se trouve en présence d'un hindou, d'un animiste ou d'un musulman. »

Comment ? Cela se lisait-il sur le visage ? Une sorte de grâce ou de félicité transparaissait-elle sur les traits du croyant ?

Non, le *hadji* pensait à des détails plus simples. Le non-croyant mangeait du porc et ne se préoccupait guère de la nourriture qu'il avalait.

Je les questionnai sur leur tenue. Les gens pieux devaient-ils obligatoirement se vêtir comme ils le faisaient ?

« La façon dont on s'habille est régie par cinq principes, m'expliqua Khairul. Ce sont des commandements d'Allah. Les hommes doivent être couverts du nombril aux genoux. Les femmes doivent tout dissimuler, à l'exception du visage et des mains.

— A l'université, fis-je remarquer, certaines femmes couvrent même leurs mains.

— C'est encore mieux, reconnut Khairul.

— Pourquoi portez-vous des robes vertes ?

— L'islam recommande le port du blanc et du vert.

— Pourquoi ?

— Parce que c'est ainsi que vivait le Prophète. Porter comme vous du batik est déconseillé.

— Du batik ? » Je tirai sur la veste de mon pyjama à motifs Marks and Spencer.

« Ce genre de batik est réservé aux femmes, observa Khairul.

— Les hommes doivent porter des tissus unis, ajouta le journaliste.

— Mais le pyjama vient des pays islamiques. Par le style, par les coloris, il est islamique. Les Européens l'ont rapporté d'endroits comme la Turquie et l'Inde.

— Il vient des pays islamiques, convint le *hadji*. Mais il n'en est pas fait mention dans les commandements d'Allah.

— Vous ne comprenez pas les beautés de l'islam, déplora Khairul. Quand vous aurez compris les cinq principes, vous en verrez la beauté. Ils s'appliquent à tout. Dans l'islam, certaines choses sont obligatoires. D'autres sont encourageables. C'est un mot technique, une traduction littérale de l'arabe.

— Vous voulez dire permises ?

— Permises ? Non, encourageables est mieux. D'autre part, certaines choses ne sont pas encourageables, comme votre batik. Et d'autres encore sont *haram*, interdites. Comme, pour un homme, de montrer ses genoux. La cinquième catégorie est *harus*, discrétionnaire.

— Discrétionnaire, aberration... vous ne manquez pas de vocabulaire, Khairul.

— Je suis avocat », me rappela-t-il. Et, comme pour faire ressortir ses mérites : « J'ai fait toutes mes études en malaysien. Laissez-moi vous donner une idée de ce qu'est le principe discrétionnaire. Un homme d'affaires, qui n'a besoin que de cinq chemises, en achète quarante parce que ses moyens le lui permettent. Il aura à répondre de son extravagance dans la vie future. Ces cinq principes couvrent tous les aspects de la vie. Tout... la politique, l'économie, la vie familiale et même, pourquoi pas, la toux. Il y a *tant* à apprendre sur l'islam. Vous pouvez y consacrer des *années* sans pour autant épuiser le sujet.

— Parlez-moi de la toux et des cinq principes.

— Je vais vous donner un exemple. Si vous vous trouvez en compagnie et avez honte de tousser mais que, trois jours plus tard, vous vous réveillez avec une douleur au côté, parce que vous vous êtes retenu, alors, ce n'est pas bien. Il est obligatoire de tousser si, en vous en empêchant, vous risquez d'altérer votre santé. Tousser est encourageable si vous vous cachez la bouche puis dites : " Allah soit béni. " Mais il n'est pas encourageable de tousser si l'on ne se couvre pas la bouche. Et tousser à la figure de quelqu'un » — il se tourna vers le docteur et fit comme s'il allait lui cracher au visage — « faire cela, c'est horrible. C'est *haram*. Interdit. C'est contraire à l'islam, c'est un péché.

— Et la toux discrétionnaire ?

— *Harus*. Quand vous êtes tout seul et que vous ne risquez pas d'offenser qui que ce soit, vous pouvez vous lever, ou vous asseoir, pour tousser. C'est laissé à votre entière discrétion. Tous les détails sont prévus. »

Puis il fut temps pour eux de partir. Le *hadji* avait un meeting ; ses amis me dirent que c'était un grand prêcheur et qu'il voyageait beaucoup. Le médecin devait retourner à sa clinique.

« Il faut que vous alliez la voir, me déclara Khairul. Elle est si merveilleusement islamique. Vous n'avez pas bonne mine ; je vois que vous ne vous portez pas bien. Mon ami vous aurait soigné *magnifiquement*. Il pourrait vous soigner, maintenant.

– Je suis suivi par un autre médecin, arguai-je. Je ne puis en changer. »

Le docteur, prenant soudain un air curieusement professionnel, conclut : « C'est vrai. »

La communauté se trouvait non loin de Kuala Lumpur, dans une région montagneuse et boisée. Un peu avant, sur le bord de la route, une pancarte l'annonçait. Je ne m'étais pas attendu à ce genre d'indication. Mais – bien que la communauté eût la réputation d'être assez secrète – elle n'avait aucune raison de se cacher, puisque ses membres se vêtaient à l'arabe.

L'endroit convenait parfaitement à un village malais, à ses maisons de bois montées sur pilotis ou sur piliers, ses jardins verts et ses hauts arbres feuillus. Mais on avait percé dans la forêt une large rue ; et cette rue était bordée de maisons malaises modernes – modernes car équipées de lucarnes, non de fenêtres et parce que le rez-de-chaussée, entre les piliers, avait été muré pour agrandir l'espace habitable.

La pluie avait transformé la route de terre en boue. J'aperçus de nombreux jeunes gens en robe ou manteau vert et turban blanc. Tout au bout de la rue, on s'efforçait de dégager une voiture embourbée. Parmi les gens qui poussaient, je crus reconnaître le *hadji;* tout semblait possible, ici. Mais je me trompais ; simplement, le turban blanc conférait un air mulâtre à certains visages malais. D'autres silhouettes vertes et blanches (patientant avant la prière, tels des acteurs attendant d'entrer en scène) flânaient autour de la véranda ou du porche d'une boutique où – contribuant à l'autonomie de ce système islamique – la communauté vendait de petites choses aux automobilistes de passage.

J'achetai un peu de patate douce frite, présentée dans un sac de plastique agrafé. Cela avait moins goût de patate douce que d'huile de friture.

« Vous voyez le genre de saloperies qu'on fait aujourd'hui, me dit le chauffeur du taxi. » Je crus qu'il voulait parler du village. Je lui proposai des patates douces.

« Non », me répondit-il avec colère. Il voulait parler des patates.

5

Le saccage du vert paradis

SHAFI venait de Kota Bharu, dans le nord-est peu développé de la péninsule. Je désirais voir le village qu'il pleurait tant – autrefois épargné par la pollution et peuplé de gens pieux, dignes, encore indemnes du matérialisme. Kota Bharu constituait la première étape du voyage à travers le pays que le jeune homme avait organisé pour moi.

Cela commença plutôt mal. Le chauffeur tamoul à la dent manquante, cet homme poursuivi par la malchance, devait me conduire à l'aéroport. La veille de mon départ, il fit gaiement irruption dans le hall du Holiday Inn et m'annonça que c'était à lui qu'échouait la tâche de m'emmener à l'aéroport ; m'ayant rebattu les oreilles de tous ses problèmes au cours de nos nombreux trajets en commun, il se considérait maintenant comme mon ami. Et, ainsi que je m'y attendais à moitié, il lui arriva une nouvelle catastrophe. Pendant la nuit, une voiture rentra dans son taxi (mais il me certifia que l'assurance allait le dédommager) et, le lendemain matin, je dus me démener pour trouver un autre chauffeur.

En une heure de vol, je parvins à Kota Bharu, noyé sous la mousson (pour Shafi, parti dix-sept ans auparavant de Kota Bharu, il avait fallu voyager une journée et une nuit à travers les grandes plantations d'hévéa puis la jungle pour éprouver le choc d'une première visite à Kuala Lumpur). Le pilote dut s'y reprendre à deux fois avant de pouvoir se poser sur la piste de Kota Bharu. Nous atterrîmes sous une pluie battante et les passagers gagnèrent le modeste hangar de l'aéroport par petits groupes, abrités sous des parapluies aux couleurs vives. Et, contrairement à ce que Shafi avait prévu, Rahman ne m'y attendait pas.

Un taxi m'emmena à l'hôtel dont on venait de me communiquer le nom. Kota Bharu était inondé ; une ville coloniale délabrée datant des années vingt et trente – petites boutiques basses, petites maisons basses, toits de tuile, tôle ondulée – au sein de laquelle l'argent nouvellement acquis faisait surgir une cité de béton et de verre. Tout neuf et de dimensions réduites, l'hôtel se flattait d'offrir le confort moderne. Je découvris – cela m'apparut comme un petit miracle, mais il n'existait en fait qu'un seul hôtel à Kota Bharu – que Rahman m'avait déjà réservé une chambre pour la nuit.

Il téléphona un peu plus tard. Il s'étonna de ce que personne ne m'eût accueilli. Il ne s'était pas contenté d'envoyer un homme à ma rencontre ; il en avait envoyé trois, trois professeurs. Il leur avait même précisé qu'après les années que j'avais passées en Angleterre, ma peau devait certainement être blanche. Ses élucubrations – à l'opposé de la franchise de gens comme Shafi – étaient formulées de façon que je me rende compte qu'il s'agissait bien de mensonges : Rahman me faisait ainsi comprendre qu'il n'avait pas l'intention de m'accorder trop de son temps. Rahman travaillait au service du gouvernement. Il ne voulait pas trop avoir affaire à Shafi, à l'ABIM, et à un visiteur recommandé par cette organisation.

Il pleuvait sans discontinuer. Rahman me rejoignit à l'hôtel tard dans l'après-midi. Ce petit homme replet et souriant portait une saharienne bleue à manches courtes. J'espérais qu'il me conduirait dans le village de Shafi ou dans un kampong similaire. Mais cela ne faisait pas du tout partie des intentions de Rahman ; il ne voulait pas donner en public l'impression de me servir de guide. Au lieu de quoi, dans le jour qui déclinait rapidement, nous roulâmes sous la pluie – champs inondés, petites maisons malaises isolées et détrempées dominées par de grands arbres fruitiers tout dégoulinants – jusqu'à un collège musulman où Rahman allait pouvoir se décharger en partie de moi, son dangereux visiteur, sur deux ou trois autres personnes qui se montrèrent aussi mal à l'aise que lui.

Ils avaient servi du thé. Le breuvage était sucré, additionné de lait et froid. Et mes hôtes paraissaient déterminés à ne rien dire. S'agissait-il des camarades d'enfance de Shafi, avec qui il pêchait et chassait les oiseaux au lance-pierres ? Oui, certes. Peut-être pas précisément eux mais des gens qui leur ressemblaient. Shafi n'était pas le seul à avoir évolué.

L'un d'eux était maître de conférences en philosophie. Maître de conférences ? Un homme qui avait les mêmes origines paysannes que Shafi ? Oui, au collège, il donnait des cours sur les tentatives des philosophes arabes et persans pour faire la synthèse entre la pensée islamique et la pensée grecque. Cela me parut un sujet assez ardu et le professeur reconnut que c'était en effet très complexe, ajoutant avec une certaine tristesse qu'il lui restait encore beaucoup à lire, notamment dans le domaine de la philosophie grecque. Il avait fait ses études au Caire, à l'université islamique de Al Azhar. Il ne s'y était pas plu (mais bien peu de villageois malais paraissaient avoir apprécié leurs voyages). Il avait trouvé les Arabes indisciplinés et peu dignes de confiance.

J'aurais aimé l'entendre parler davantage du temps qu'il avait passé à Al Azhar. Mais il prétendit – nouveau mensonge – qu'il avait à faire. Il devait dîner en compagnie de sa femme. Et après le dîner ? Il lui fallait sillonner la région pour porter la nouvelle d'un décès familial ; il s'agissait d'une coutume malaise (et c'était la première référence aux traditions villageoises dont Shafi m'avait parlé).

Puis vint l'heure de la prière. Ils me laissèrent à mon thé et passèrent dans une pièce voisine faire leurs dévotions. Ils prirent leur temps.

Lorsqu'ils reparurent enfin, le secrétaire du collège, qui portait une tunique boutonnée jusqu'en haut et semblait lui-même assez collet monté, se dégela quelque peu. Il m'apprit qu'il avait passé trois jours en Angleterre, à « Queensway, WC 2 [1] ». De ce séjour, il se rappelait trois choses : les gens se déplaçant par le métro ; un orateur, à Hyde Park, qui prétendait que soixante pour cent des Anglais étaient homosexuels ; et (fait assez contradictoire), le spectacle d'hommes et de femmes s'embrassant en public.

« Quel manque de manières ! poursuivit le secrétaire. Ici, quand nous prenons un poisson, nous le nettoyons, nous le faisons frire et puis nous le mangeons. Eux, ils attrapent le poisson et le mangent aussitôt. Nous en sommes encore à laver le poisson qu'ils s'essuient déjà la bouche. »

Laissant de côté les métaphores de village, Rahman déclara : « Ici, l'acte sexuel se consomme à un moment et dans un endroit précis.

– C'est quelque chose de tout à fait intime, renchérit le maître de conférences. De secret et de sacré. Nous n'en parlons pas même à nos amis.

– Ce peuple est perdu », conclut le secrétaire.

Le professeur d'arabe nous rejoignit. Il était plus grand que les autres et portait un sarong, ainsi qu'une calotte blanche. Il avait un visage inexpressif. Il se mit à manger. Le professeur d'arabe nous assura que les gens en avaient assez des romans et que c'était pour cette raison qu'ils se tournaient vers le Coran.

« C'est plus *naturel* », commenta Rahman.

Mais n'existait-il pas de romans arabes ?

Si, répondit le professeur d'arabe tout en mangeant. Il y avait un romancier égyptien. Mais l'un de ses livres partait dans une direction, et le suivant dans une autre, montrant combien l'homme lui-même était désorienté.

De quoi parlaient ces romans ?

Il ne savait pas. Il se contentait de répéter ce que ses élèves lui avaient dit. Il mangea encore un peu du gâteau malais, but des quantités de thé froid, se leva, rajusta son sarong, et s'éloigna d'un pas pesant.

Ils étaient contents de leur sort : ils me le répétèrent à satiété. Ils

1. Quartier de Londres. *(N.d.T.)*

tenaient à ce que je sache qu'ils étaient satisfaits. Rahman travaillait dans l'administration, gagnait mille dollars par mois et possédait une voiture. « Je me plais, ici », déclara-t-il. Il n'éprouvait pas la moindre envie d'émigrer vers une autre région de la Malaysia. Ici, l'esprit de compétition n'existait pas ; ils n'avaient pas à se soucier des Chinois ; ils n'avaient pas à s'inquiéter des problèmes auxquels les Malais se heurtaient dans d'autres États du pays.

La pluie tombait sans répit. Nous allâmes dîner dans un restaurant malais, géré par une organisation malaise. L'établissement était plus imposant que tout ce que Shafi avait pu connaître dans son enfance. Le décor laissait un peu à désirer, mais Rahman semblait heureux de me faire admirer ce restaurant, comme un modèle d'entreprise malaise. « Vous voyez, me dit-il, nous ne retournons pas tous à l'islam. »

Le professeur de philosophie nous avait accompagnés. Il avait apparemment oublié son dîner avec sa femme et les devoirs que lui imposait son deuil. Mais il n'avait inventé cette histoire que pour me dissuader de trop le questionner sur Al Azhar, la philosophie ou tout autre sujet épineux.

Tous — et c'était là une de leurs fiertés — étaient pères de famille nombreuse. Rahman avait cinq enfants ; le secrétaire collet monté, quoique très jeune, en avait trois, et le professeur de philosophie quatre.

« Nous sommes optimistes, m'affirma ce dernier. Mon père était pauvre. Pourtant, je m'en sors bien. Et tout ira de même pour nos enfants.

— Allah a dit qu'aucune créature vivante ne serait laissée sans ressources, ajouta le secrétaire.

— Mais que penser d'un endroit comme le Kampuchéa ? demandai-je.

— Ils ont cherché eux-mêmes ce châtiment, répondit le secrétaire. C'est ce qu'Allah a dit au sujet des incroyants.

— Une fourmi vous pique à la jambe, commença Rahman. Mais vous ne tuez pas cette fourmi-là en particulier. Vous vous débarrassez de toutes. »

Je les interrogeai à propos d'un article paru dans le journal du matin. Une histoire avait circulé, disant qu'on recherchait quarante personnes pour terminer la construction du port, et que les villageois empêchaient leurs enfants d'aller à l'école.

Ils m'expliquèrent qu'il s'agissait d'une vieille histoire. Rahman raconta que, lorsqu'il était enfant, une semblable rumeur avait couru, selon laquelle il manquait quarante personnes pour achever la construction de la voie ferrée. Ce genre de bruits avait une explication très simple. Les parents désiraient que leurs enfants restent à la maison et n'aillent pas vagabonder trop loin, car le village, où ne brillaient que de rares lumières, était obscur. Quand il était petit, on lui disait aussi que, si l'on grimpait à un bananier, les parties génitales risquaient de pourrir et de se détacher : ce n'était que pour empêcher les gamins de monter aux arbres. Si vous vous asseyiez sur un oreiller, vous attrapiez des furoncles aux fesses : c'était pour que les oreillers restent propres.

« Mais, aujourd'hui, les gens sont plus évolués, conclut Rahman. On se contente de dire aux enfants qu'en s'asseyant sur les oreillers, ils vont les salir. »

Nous parlions; et il pleuvait; je sentais ma poitrine se contracter dans l'air humide; je songeai à ma petite chambre d'hôtel où le climatiseur soufflait un air glacé sans qu'on pût le régler.

Shafi pleurait la vie des kampongs qu'il avait perdue; il en parlait comme d'une époque révolue, qu'il ne pourrait faire revivre qu'au sein d'une communauté. Mais cette existence – la communauté, les traditions, la sérénité – subsistait encore pour ces hommes, malgré leur voiture et leur profession moderne. C'était Shafi qui avait changé. L'islam que pratiquaient ces hommes s'accordait avec leur bonheur. L'islam de Shafi – celui qui stimulait et purifiait les Malais, celui qui détruisait les coutumes condamnables et les faux espoirs – cet islam-là était révolutionnaire et servait une cause que mes hôtes n'auraient pu comprendre.

Je m'habituais difficilement à être considéré comme un émissaire de cette révolution. Mais c'était pourtant ainsi qu'ils me voyaient et, dès la fin du dîner, on m'abandonna. Le lendemain matin, Rahman me téléphona pour me dire qu'il devait se rendre à la mosquée à onze heures et avait un « programme » chargé avec sa femme jusqu'à trois heures. Il ne pourrait donc m'emmener nulle part, pas même me faire visiter une fabrique de batik. Il ne pourrait pas non plus me reconduire à l'aéroport.

Il pleuvait. J'étais coincé à l'hôtel. La feuille de papier journal que « le préposé à l'entretien » de l'hôtel avait scotchée sur la bouche du climatiseur n'avait pas affaibli le courant d'air glacé qui circulait dans la petite pièce. Pour réchauffer un peu l'atmosphère, je dus ouvrir les lucarnes de la salle de bains, ce qui eut pour résultat de faire entrer la pluie. Le hall de l'hôtel était minuscule. Je partageai mon temps entre ce hall, la salle à manger et ma chambre jusqu'au moment où, tard dans l'après-midi, il me fallut me rendre à l'aéroport sous les trombes d'eau. Le soleil se montra un instant; puis il se remit à pleuvoir. De l'eau tombait sur la chaussée inondée, soulevant de grandes éclaboussures blanches.

Penang se trouvait sur la côte occidentale à une demi-heure à peine de vol. Cette côte représentait la région la plus développée, la plus exploitée du pays, où s'étaient concentrés les plantations britanniques, les usines et les Chinois industrieux. Anouar Ibrahim, de l'ABIM, était originaire de Penang, et voilà pourquoi Shafi m'avait organisé une escale là-bas. Mais, après l'expérience de Kota Bharu, je n'étais plus très sûr d'en avoir envie. L'avion qui atterrissait à Penang repartait aussitôt pour Kuala Lumpur, et je fus tenté de rester à son bord. Mais je descendis.

C'était un court voyage, j'eus pourtant l'impression d'avoir changé de pays. Penang possédait un aéroport international; il ne pleuvait pas ; et Abdullah, un universitaire de trente-quatre ans, m'attendait.

Des usines aux noms prestigieux, une ville active et parfois même élégante : Abdullah, tout en m'y faisant pénétrer, m'entretint tout d'abord de banalités, cherchant comment se comporter avec moi, puis donna peu à peu libre cours à sa passion : les multinationales, les bas salaires, l'insouciance des Malais, leur inaptitude à soutenir la concurrence, le besoin d'un renouveau de l'islam. Abdullah était un Malais au teint pâle et aux traits de type européen. Il n'était pas heureux; son obsession l'en empêchait. Par son intermédiaire, je rencontrai Mohammed, plus jeune de deux ans et au faciès plus asiatique. Mohammed était professeur, et lui aussi portait sur ses épaules la croix de son peuple.

Ils me conduisirent à l'hôtel E & O, et me laissèrent m'installer. Le E & O était un grand hôtel datant de l'époque britannique qui avait conservé un certain standing. Pénétrer dans son vaste hall procurait une sensation de fraîcheur. Mon salon donnait sur une terrasse agrémentée de palmiers et d'arbustes ;la mer s'étendait au-delà, mais, dans l'obscurité, elle était invisible. Et quel soulagement éprouvai-je alors – malgré toute la compassion que m'avaient inspirée les tourments d'Abdullah et de Mohammed – de me retrouver loin de la Malaysia malaise, de l'autosatisfaction et de la fourberie des habitants de Kota Bharu ! Je respirais enfin plus librement; et, dans la grande salle à manger aux nappes amidonnées, où les serveurs chinois se montraient vifs et efficaces, je me sentis l'esprit si insouciant que je vidai presque à moi tout seul une bouteille de Riesling australien.

L'effet du vin ne s'était pas encore tout à fait dissipé quand, très ponctuellement, à dix heures, Abdullah et Mohammed me rejoignirent comme convenu. Ils montèrent dans ma chambre. Je commandai du thé et du café. Le garçon chinois qui s'était tout d'abord comporté d'une façon amicale, voire indiscrète, à l'égard de l'étranger que j'étais, se ferma soudain en apercevant les Malais, comme s'il pressentait ce que j'avais déjà deviné : que les deux Malais au beau visage mélancolique s'estimaient investis d'une mission raciale et religieuse.

Un moment, en les examinant, assis dans les fauteuils de rotin, je me sentis éloigné d'eux. Et, le garçon parti, je fis part à Mohammed et Abdullah de la pensée qui m'était venue dans la salle à manger : dans un vieil hôtel colonial comme celui-ci, à demi désiré, à demi répété, un villageois malais devait avoir l'impression d'être devenu un étranger dans son propre pays.

« Vous avez trouvé le mot juste, approuva Mohammed, le plus jeune des deux, celui qui avait des traits asiatiques.

– Nous ne sommes plus chez nous, renchérit Abdullah.

– Éprouviez-vous le même sentiment lorsque vous étiez enfant ?

– Surtout quand on nous a emmenés à la ville, répondit Mohammed. J'ai d'abord été à l'école au kampong. Puis j'ai été envoyé au lycée dans une petite ville, à Butterworth. » Il prononçait ce nom anglais à la manière locale : « But'worth ». « C'est juste de l'autre côté du canal. Et, déjà, j'avais un peu l'impression d'être un étranger. » Il avait alors onze ans.

« Je me rappelle encore la première fois où je suis allé voir mes professeurs. C'étaient des pères et des frères, comme on dit chez vous. Mon oncle m'a accompagné à l'école. Elle se trouvait tout près d'un cimetière chrétien. Ces tombes et cette chapelle existent encore à côté de l'école. Il régnait constamment cette ambiance, cette atmosphère chrétienne et étrangère. Et, bien sûr, le matin, nous devions chanter une de leurs chansons.

– Des cantiques. Vous souvenez-vous encore de l'un d'eux ?

– Non, aucun. » Mais il lui restait quelques rudiments de l'instruction religieuse chrétienne qu'on lui avait donnée. « Pas l'islam. On ne nous a jamais enseigné l'islam. Cela se passait vers 1957. Nous étions sur le point d'obtenir notre indépendance. C'est sans doute cette éducation qui a désorienté notre jeunesse, les gens de notre génération. Vous êtes musulman, vous avez été élevé dans un milieu musulman, dans un kampong, et vous êtes lâché... On vous transplante dans cet environnement. C'est pourquoi je pense que, jusqu'à une date récente, ma conception du monde était très peu conforme à l'islam.

– Qu'entendez-vous par là ?

– L'idée qu'on se fait de la vie en général. Que pense-t-on de l'homme et de la société ? Quelle conception a-t-on de la Nature ? Fait-elle partie de soi ? Doit-on l'affronter, la dominer ou vivre côté à côte avec elle ? Et, enfin, quelle idée se fait-on du surnaturel ? Représente-t-il une force ?

– Et vous, comment concevez-vous la Nature ? En tant que musulman et Malais ?

– Nous verrons cela plus tard.

– Quelle conception de la Nature considérez-vous qu'on vous a inculquée à l'école ?

– Maintenant... ? » Il était surpris ; c'était pourtant lui qui avait abordé le sujet. Il réfléchit un instant. « Il ne s'agissait pas de conceptions spécifiquement chrétiennes. C'était plutôt un mélange d'idées chrétiennes et laïques. L'une d'elles – comme on nous l'enseignait à l'époque – disait que la Nature devait être exploitée et conquise. Attendez... qu'avant tout la Nature ne possédait pas d'âme et qu'on ne pouvait trouver la paix qu'en l'asservissant. »

Je songeai à ma propre scolarité à La Trinité, elle aussi colonie où les Britanniques avaient établi leurs plantations. M'avait-on inculqué les mêmes notions ?

« Êtes-vous d'accord avec ce que vient de dire Mohammed ? demandai-je à Abdullah.

– Tout à fait.

– Était-ce ce que vous compreniez à l'époque, lorsque vous étiez enfants ? Ou est-ce ce que vous pensez aujourd'hui ?

– Nous en prenons conscience maintenant que nous nous retournons vers l'islam, répondit Mohammed.

– Mais n'avez-vous pas étudié à l'école Wordsworth et la poésie anglaise de la nature ?

– Cela n'occupait pas une place importante dans le programme. On ne nous en parlait qu'en classe de littérature anglaise. Et on nous présentait ces gens comme des Romantiques. A l'école, leurs préoccupations étaient tout autres. Car, pendant toutes nos études on mettait l'accent sur la façon d'exploiter les mines d'étain, de couper les arbres et de construire des usines. »

Et Mohammed avait raison. La Malaisie britannique, sur la côte occidentale, n'était que mines et plantations. On avait fait venir des Chinois, des Indiens et même quelques Javanais pour y travailler, tandis que les Malais, rebutés par cette vie de caserne, restaient dans leurs villages verdoyants, au bord des rivières. Aujourd'hui encore, ces kampongs malais demeuraient enchanteurs, parcelles de forêt éclaircies, ombre des arbres fruitiers, bananeraies, maisons de bois sur pilotis pleines de chambres aérées pour y dormir et de vérandas fermées jusqu'à mi-hauteur pour se réunir. Rien de semblable à la discipline des plantations, où l'on faisait pousser les hévéas en rangées formant des massifs rectangulaires, où chaque arbre coupé était aussitôt remplacé et où les ouvriers vivaient dans des cantonnements : rien de semblable aux mines ou aux petites villes écrasées par le soleil et composées d'alignements de boutiques en béton. Enfant des kampongs, Mohammed aurait dû être partagé entre deux mondes, deux paysages – bien plus que je ne l'avais été à La Trinité. Mais jusqu'à quel point en avait-il eu conscience ? Dans quelle mesure la vie instinctive des villages malais lui avait-elle permis d'y voir clair ?

« Quelle était votre propre conception de la Nature ? »

Il avait esquivé la question une première fois. Et, même maintenant, il hésitait. « A cette époque-là ? J'aurais été sûrement incapable de le dire.

– Mais essayez, maintenant.

– De formuler mes idées ? » Et, avec une franchise qui rappelait celle de Shafi, il se tut, tentant de réfléchir à une question sur laquelle il ne s'était jamais penché jusque-là.

Je m'efforçai de l'aider : « Sans doute les Malais savent-ils eux aussi arracher la broussaille, puis planter des bananiers et des manguiers autour du village pour empêcher la forêt de reprendre ses droits ? N'est-ce pas là une conquête sur la Nature ?

— J'appellerai plutôt cela coexister avec elle. C'est ainsi que les Malais voient les choses. La volonté de dompter la Nature, comme l'entendent aujourd'hui les Occidentaux, n'existait pas.

— Il s'agit davantage d'exploiter ce dont on a besoin, intervint Abdullah.

— En même temps, reprit Mohammed, ils épargnent ce dont ils ne se servent pas dans l'immédiat.

— Quoi exactement ?

— Les éléments naturels. Les éléments de la Nature. »

Il me semblait maintenant que ce qu'ils avaient entrepris d'exposer — ce qu'ils essayaient d'adapter à un mode de vie où ce genre de questions n'intervenait pas — était les idées occidentales à propos de l'écologie et de l'environnement.

Quand j'eus insisté un peu, Mohammed, s'y reprenant à deux ou trois fois, me répondit : « Dans l'ensemble, je ne suis toujours pas très sûr de ce que les Malais pensent de l'homme, de la société et du supranaturel.

— Le supranaturel ? Pourquoi utiliser un mot aussi à la mode ?

— On ne peut l'éviter si l'on veut comprendre la conception du monde de n'importe quel peuple et, en l'occurrence, des Malais ou des musulmans. »

Je dus me contenter de ces impressions assez vagues.

Il parut se rendre compte qu'il n'avait pas été très clair. « Je voudrais ajouter quelque chose à propos de ce que j'ai dit au sujet des mines d'étain, reprit-il. Quand nos professeurs nous apprenaient que la Nature devait être conquise, exploitée, ces idées sont toutes liées à la révolution industrielle. »

C'était l'étudiant en histoire qui ressurgissait. Mais il y avait autre chose. Je sentais qu'il recourait à des idées doublement empruntées : des idées issues de l'Occident, dont les nouveaux missionnaires de l'islam s'étaient emparés et qu'ils avaient simplifiées dans leurs nombreuses publications : des idées concernant la mort de l'Occident, son échec spirituel et le gaspillage des ressources du monde.

« Cela vous est-il déjà venu à l'esprit quand vous étiez à l'école ? » demandai-je.

Il ne répondit pas.

Abdullah, qui était resté silencieux pendant presque tout l'entretien, le fit à sa place : « En ce qui me concerne, j'ai commencé à me rendre compte de toutes ces choses au lycée, en classe de seconde. Je veux dire... que nous n'existons pas par pur hasard. Notre existence a une signification plus profonde. J'ai reçu une éducation religieuse depuis ma plus tendre enfance, parce que ma famille était très puissamment attachée à l'islam. C'est vers l'âge de dix-sept ans, que j'ai commencé à éprouver de moi-même ce genre de sentiments.

— Il a dû se passer en vous quelque chose qui a provoqué ce changement. Quelque chose qui vous a poussé à remettre en question ce qu'on vous enseignait au lycée. Vous souvenez-vous d'un détail précis ?

— Je me rappelle qu'en classe de littérature anglaise, on nous faisait lire un livre particulier. *Homme et Dieu.* La mythologie grecque. Sur Zeus, Aphrodite, Milo et toutes ces déesses grecques. Apollon. Ces personnages qui, d'après les Grecs, étaient des dieux prenant forme humaine — et s'adonnaient à toutes sortes d'activités, c'est cela ? Comme la rivalité, la débauche. Et cela, bien sûr, sans tenir compte de l'aspect moral — c'était donc ce que je trouvais répugnant, moi, en tant que musulman. Par exemple, je me souviens de Jupiter qui apparaissait sous la forme d'un homme et séduisait une princesse — je ne me rappelle pas son nom. Et puis, à côté de cela, quand on étudiait la géographie, la formation du relief, mettons, comment se forme un volcan, on nous disait comme ceci, comme ceci et comme cela. Mais, en instruction religieuse, on nous apprenait que tout ceci avait été créé par quelqu'un qui régissait l'univers tout entier. J'allais souvent discuter de ces choses avec mon professeur d'instruction religieuse. Je dirai aussi que j'ai eu la chance de naître dans une grande famille. Alors, à la maison, parfois, nous parlions, également. Comment cela pouvait-il arriver si brutalement, ces volcans, comme on nous l'affirmait en classe de géographie ? Il fallait bien qu'ils soient créés par quelque chose.

— Je ne viens pas du même milieu qu'Abdullah, reprit Mohammed. J'étais probablement plus malais que musulman. Ma famille n'était pas très religieuse, je pense, elle ne possédait pas une connaissance très approfondie de l'islam. Et puis je suis allé à l'école de la mission, et l'enseignement que j'ai reçu là-bas était un mélange de christianisme et de laïcité. Pour eux, ce terme de " laïc " englobait tous les maux : il signifiait matériel, athée, occidental et non-malais. Alors, quand j'ai terminé l'école secondaire, j'étais laïc. Cela embrouillait ma vie plus encore. Je ne savais pas grand-chose de l'islam. Ma conscience islamique était faible. Je me suis mis à étudier l'islam davantage quand j'ai commencé à exercer mon métier de professeur.

— Comment se traduisait votre confusion ? demandai-je. Mes propres origines sont beaucoup plus complexes que les vôtres et je m'y retrouve très bien. Et il existe beaucoup de gens comme moi. Aujourd'hui, dans le monde, énormément de gens ont un départ compliqué dans la vie.

— Même en y repensant maintenant, cela ne vous trouble pas ? dit Mohammed.

— Même en y repensant. »

Il sourit. « Vous n'êtes pas troublé parce que vous acceptez.

– Ne pouviez-vous accepter ce que vous étiez ? Vous étiez un Malais qui allait à l'école de la mission parce que c'était le meilleur établissement que vous pouviez fréquenter. Ne saviez-vous pas qui vous étiez et pourquoi vous vous trouviez là ?

– Sans doute pas. » Et il répéta : « Sans doute pas. » Il réfléchit un instant et ajouta : « A l'époque, je ne me rendais probablement pas compte que j'étais désorienté. » Après une nouvelle pause, il reprit : « Même si je vous ai dit que ma famille n'était pas très religieuse, je savais que je priais et que tous les miens priaient. Et puis, brusquement, on vous demandait de chanter ces cantiques chrétiens. Cela a sûrement dû me perturber. Et une autre pratique qui a dû me troubler était ce mélange des sexes. » Il avait gardé pour la fin cette surprise brutale que lui avait causée son arrivée au lycée de la mission. « Là-bas, on vivait constamment avec les filles. On nous disait de les prendre par la main, de danser. »

Mohammed avait trente-deux ans. Il était professeur, avait des amis à l'université. Mais, vingt ans après, il n'avait toujours pas accepté ce viol des tabous du village. Et, comme en compagnie de Shafi, au Holiday Inn de Kuala Lumpur, il m'était difficile de faire l'association entre ce que j'avais entendu et l'homme élégant qui venait de prononcer ces paroles : un homme apparemment à l'aise dans son fauteuil de rotin, au milieu d'une chambre donnant sur une terrasse agrémentée de palmiers, d'arbustes et sur une piscine, tout près de la mer.

« Cela fait une heure et demie que nous parlons, fit-il remarquer. Et nous n'avons pas encore abordé les sujets dont vous vouliez que je vous entretienne. La restructuration de la société. »

C'était vrai. Mais j'avais préféré éviter cet aspect de la question. J'avais compris, lors de notre dialogue du début de l'après-midi, que la destruction de la société le passionnait davantage que sa restructuration; que la seule réorganisation qui l'intéressait se résumait à l'islam et ses abstractions. Et je ne m'étais pas trompé. La Malaysia – avec ses problèmes douloureux : l'insouciance des Malais, l'énergie des Chinois, la politique raciale, la corruption liée à l'argent nouvellement acquis, la dépendance technologique de ce petit pays encore arriéré – disparut, devint elle-même une abstraction, une terre de pure foi, de totale soumission à Allah. Et cette soumission réglait tous les problèmes.

A minuit, ils durent s'en aller. Ils n'aimaient pas conduire tard la nuit. Mohammed me laissa deux textes pour que je les examine. L'un était un essai qu'il avait lui-même signé : « Les défauts du Modernisme : l'orientation du *Nahdah* (renaissance) dans le monde musulman. » Il était rédigé dans le style des brochures missionnaires islamiques. L'une des divisions était intitulée « La faillite de l'Occident » (« le vice et la luxure, l'alcool et les femmes, la débauche et les tentations ») ; une autre « La perfection de l'islam ». Il existait une certaine logique derrière tout cela. L'Occident, auquel Mohammed devait sa formation scolaire et professionnelle, était la première victime de l'esprit critique qu'il lui avait inculqué. L'Islam, qui n'était pour rien dans cette formation, qui ne lui offrait que la foi salvatrice, échappait à la critique.

Mohammed avait rédigé au crayon le second texte en prévision de notre rencontre. Cela résumait ce qu'il m'avait dit à propos de la restructuration de la Malaysia, et se présentait de façon tout aussi abstraite. Son « système religieux » reposait sur le culte d'Allah ; son « système social » s'appuyait sur la liberté, « la fin de la corruption et des malversations dans l'administration », la protection des femmes et de la vie familiale, « l'interdiction de la prostitution et des lieux de rendez-vous homosexuels » ; son « système économique » exigeait qu'on gagne son argent honnêtement « sans corruption, sans jeux, sans exploiter les pauvres et les faibles ». Mais l'épine se trouvait à la fin de l'exposé. Dans le dernier paragraphe, qui concernait le « système politique » de son état idéal, Mohammed imaginait « un imam à la tête du pays : le calife est le représentant de Dieu sur la terre ». En fait, il appelait de ses vœux quelqu'un comme l'ayatollah Khomeiny. Khomeiny gouvernait selon la volonté de Dieu. Mohammed souhaitait voir la Malaysia dirigée par un homme investi des mêmes pouvoirs. C'était sa seule proposition concrète.

Voilà où l'avaient mené sa passion malaise et musulmane, sa connaissance de l'histoire, la prise de conscience de son identité et ses premières réflexions. Il n'envisageait aucune réforme, aucune solution de progrès. Il ne réfléchissait pas dans le concret. Il lui était difficile – à lui qui dépendait de l'expression et de la pensée des autres, qui plaquait ces conceptions sur ses propres émotions muettes – il lui était difficile d'être concret. Il désirait seulement que le monde soit remodelé, et pouvoir le posséder de nouveau aussi soudainement (dans son souvenir, quand l'enfant des kampongs se rendit à l'école de la mission, près du cimetière) qu'on le lui avait arraché. C'était là la promesse de son islam.

Les nouvelles en provenance du monde musulman n'avaient rien d'encourageant. Le nouveau siècle de l'ère islamique – dont les croyants attendaient tant – s'ouvrait sur une série de calamités. Un avion pakistanais transportant des fidèles qui revenaient du pèlerinage s'était écrasé juste après avoir quitté l'aéroport de La Mecque. A La Mecque même, la grande mosquée avait été pendant plusieurs jours le théâtre d'affrontements armés, et l'on comptait de nombreuses victimes. Au Pakistan, la loi martiale avait été renforcée ; les élections annulées ; la flagellation publique remise en vigueur ; un journaliste pakistanais connu avait été arrêté et des photograhies le montraient enchaîné. En

Iran, l'ambassade américaine avait été prise d'assaut par des étudiants qui retenaient plus de cinquante Américains en otages, sans autre raison que d'entretenir le drame : la révolution islamique avait tourné à l'aigre et dérivait maintenant, sans objet.

Mais Mohammed et Abdullah ne croyaient pas aux mauvaises nouvelles venues des terres de la foi. Mohammed estimait que les informations concernant le Pakistan signifiaient simplement qu'on restructurait enfin le pays. Pour Abdullah, les événements d'Iran n'étaient pas convenablement rapportés par les agences Reuter ou Associated Press. Nous en avions discuté au début de la soirée et Abdullah m'avait déclaré : « Il nous faut nos propres agences de presse. »

Je rentrai à Kuala Lumpur, au Holiday Inn.

La standardiste me demanda au téléphone : « Comment allez-vous ? Et votre poitrine ? Vous savez, si vous avez de l'asthme, vous ne devriez pas boire glacé. Et vous devriez essayer les chauves-souris.

– Les chauves-souris ?

– Les chauves-souris. Chauves... souris. C'est ce que font les gens dans les kampongs. Vous prenez une chauve-souris. Vous lui ôtez le cœur que vous faites rôtir jusqu'à ce qu'il soit croustillant, vraiment croustillant. Ensuite, vous le pilez, vous le mélangez avec du café et vous buvez cela deux fois par jour. C'est ce qu'on fait dans les kampongs. Et ça marche très bien.

– Mais cela doit être minusucle, un cœur de chauve-souris.

– Peut-être qu'ils en mettent deux ou trois, je ne sais pas. Mais ça marche très bien. »

Quand Shafi vint me rendre visite pour apprendre comment s'était déroulé mon voyage, je lui dis : « Mais vous ne m'aviez pas prévenu, à propos de la pluie, à Kota Bharu. C'est comme parler du Groënland sans mentionner la glace. »

Il éclata de rire. « Ça m'est sorti de l'esprit. Quand il y avait des inondations, les gens sortaient sur la route pour toucher l'eau. Pour eux, c'était un événement. Ensuite, nous montions dans des barques. On raconte – mais je ne l'ai jamais vu moi-même – que les jeunes filles sortaient de leur maison en robe de fête, dans leur plus belle robe, et que les garçons en profitaient pour les regarder. Ils ne s'enfonçaient pas plus haut que le genou. Et le bateau. Sous chaque maison, on gardait une barque, qu'on préparait pour la promenade. On ramait tout autour du village pour voir à quoi cela ressemblait quand il y avait de l'eau là où, normalement, elle n'aurait pas dû se trouver. Quand l'inondation commençait, on coupait des troncs de bananier, qu'on assemblait avec un morceau de bambou qui passait au travers, et on allait pagayer sur ce radeau.

— Vous me décrivez là un véritable paradis. Le seul fait d'en parler fait briller vos yeux. »

C'était ainsi qu'il me racontait parfois son village, non pas comme un autochtone mais comme un voyageur romantique qui se souviendrait d'une contrée lointaine.

« Nous attendions la pluie avec impatience. J'aime toujours l'eau. »

Quelques jours plus tard — Anouar Ibrahim s'était rendu à une conférence islamique au Bangladesh et il y avait moins à faire dans les bureaux de l'ABIM — Shafi revint me voir. Nous prîmes un taxi pour aller nous promener. Nous traversâmes les nouvelles zones résidentielles situées dans un magnifique paysage vallonné, à l'ouest de la ville. Je remarquai un quartier bien tenu où l'argent semblait affluer rapidement, mais ce n'était pas ce que Shafi désirait me montrer. La différence existant entre l'ancien et le nouveau était celle qui séparait les Malais des Chinois. Mais, même lorsque les bâtiments étaient nouveaux, Shafi savait immédiatement distinguer les Malais des Chinois.

Je me mis à participer à son jeu. J'étais novice; je choisis des exemples faciles. Nous dépassâmes une maison devant laquelle s'empilaient des tas de bois. « Chinoise ? » hasardai-je. « Chinoise », acquiesça Shafi. J'en repérai une autre dont le jardin était orné d'orchidées. « Malaise ? » lançai-je. « Non, chinoise », rectifia-t-il. J'abandonnai.

Un peu plus tard, alors que la banlieue cédait la place à la campagne, nous aperçûmes quelques jeunes filles, dont l'une était tout à fait ravissante, assises à l'ombre d'un abri d'autocar. Elles étaient malaises.

« Peuple éternel, dit Shafi.

— Pourquoi dites-vous cela ? »

Mais il avait donné à ce mot une signification bien à lui. Et ce n'était pas le romantique qui parlait mais le réformateur. « Un peuple éternel. Un peuple pour qui le temps n'a pas de limites et qui ne s'inquiète pas du temps. Ils peuvent se permettre d'attendre un car. Ils ne sont pas pressés d'accomplir leurs tâches et, dans certains villages, on voit même des gens qui jouent au mime. Qui font des parties de cartes, qui bavardent. " Où allez-vous ? — Je vais au marché. " Si vous leur demandez : " Pour quoi faire ? ", ils vous avouent qu'ils n'ont pas de but précis sauf de voir des gens en route, de rencontrer des amis, de leur dire bonjour et, ensuite — vers l'heure du déjeuner —, de rentrer chez eux. Et, quand ils croisent des amis, c'est pour leur demander : " Comment vont les enfants ? Comment était la pêche ? Y a-t-il beaucoup de poisson au marché ? Que va devenir cette famille ? Où en est la crue ? Quatre mètres ? Cinq mètres ? " Un peuple éternel. »

Nous atteignîmes les plantations de palmiers. Les arbres aux troncs rugueux et aux feuilles vert sombre poussaient en rangs. De lourdes grappes des fruits jaunes et rouges dont on tirerait l'huile étaient entassées encore humides de pluie sur un côté de la palmeraie. Les nuages s'accumulaient; il allait pleuvoir à nouveau. Nous fîmes demi-tour en direction de la ville.

« Des champignons! » s'exclama le chauffeur et Shafi lui demanda de se garer près de l'étal malais où on les vendait. Il s'agissait de gros champignons blancs à longs pieds présentés en bouquets.

« Ils ne sont pas cultivés, me dit Shafi. On les ramasse dans la forêt.

— On dirait des fleurs, fis-je remarquer.

— C'est une sorte de fleur », répondit Shafi d'une voix étrangement douce en regardant les bottes qu'il venait d'acheter. Et, quand nous nous fûmes remis en route, il ajouta : « Dans mon village, on disait toujours : " Ne prends jamais une bêche pour déterrer un champignon. Si tu fais ça, le champignon ne repoussera plus jamais. " Je croyais que c'était à cause du métal. Mais je me trompais. Quand vous déterrez un champignon avec une bêche, vous enlevez en même temps la terre où se trouvent toutes les spores. »

Les jeunes filles attendaient toujours leur car.

Aux abords de Kuala Lumpur, Shafi demanda au chauffeur de quitter la grand-route. Nous traversâmes des baraquements où s'installaient les Malais qui affluaient vers la ville. Les maisons ressemblaient à celles des villages, mais, plus proches les unes des autres, elles ne laissaient pas place à la verdure. De nouvelles maisons surgissaient tous les jours; Shafi me désigna de grands hangars où s'entassaient du bois et d'autres matériaux de construction destinés aux nouveaux arrivants.

« Les Chinois, jeta Shafi. Qui profitent de la situation.

— Mais ils offrent aussi un service.

— Pour eux, le service ne représente que soixante-dix pour cent.

— C'est suffisant. Vous voudriez que les hommes soient parfaits. C'est ce qui nous sépare. »

Nous déjeunâmes au Holiday Inn. Désormais, Shafi ne faisait plus de difficultés à propos de la nourriture.

« Est-il tout à fait vrai, lui demandai-je, que vous n'aviez jamais réfléchi, ni parlé de votre vie comme vous l'avez fait avec moi?

— C'est vrai. Pour moi, ce qui est passé est passé. Je pense que je n'ai pas le temps de réfléchir sur tout ça. » Et il ajouta : « Sur le bon vieux temps. »

Il ne possédait aucune connaissance historique. Ses parents lui avaient parlé de l'occupation de la Malaisie par les Japonais pendant la guerre; maïs c'était à peu près tout. Dans d'autres régions, de vieilles légendes circulaient; mais il n'en existait pas à Kota Bharu, ou, en tout cas, il ne les avait jamais entendues. A l'école, l'histoire ne l'intéressait pas. Et, maintenant, il n'avait plus assez de temps pour apprendre et pour lire; son travail en faveur du mouvement l'accaparait. Il était resté proche du riche passé de son peuple : l'hindouisme, le bouddhisme, l'animisme.

Il vivait dans les limbes. Il sentait qu'en tant que Malais il ne possédait rien : et, en réaction, il souhaitait – dans la mesure où une telle chose était possible – ne plus rien incarner que sa foi, être une sorte d'homme abstrait. Pour être civilisé, avait-il dit, un homme devait savoir d'où il venait et où il allait. Cela n'avait rien à voir avec l'histoire ; pour Shafi, il s'agissait d'une question relevant strictement de la foi religieuse. Tout découlait de la vraie foi. Son amour pour les Malais, son désir de transformer le monde de façon qu'il leur convienne, lui faisaient souhaiter qu'ils deviennent aussi purs que lui-même croyait l'être. C'était la grande tâche qu'il s'était assignée.

« Mais la religion ne détourne-t-elle pas les gens de ce qu'ils devraient faire ? demandai-je. Ne leur fournit-elle pas une échappatoire facile ? »

Se méprenant sur le sens de ma question, il répondit à côté. « Nous sommes la première génération. Peu de gens sont capables de comprendre le mode de vie islamique dans son intégralité. Nous voulons sortir de la tradition, qui n'est pas la véritable façon de vivre islamique. Mais ce processus est difficile et prend du temps. »

Je lui demandai comment il envisageait ses relations avec la Nature. Je lui rapportai ce que Mohammed et Abdullah m'avaient dit à Penang : que les musulmans cherchaient à vivre en harmonie avec la Nature, tandis que les non-musulmans, et notamment les Occidentaux, tentaient de la dominer.

Il ne releva pas ces affirmations. « Je vais être très franc avec vous. Dans mon village, il n'y a pas encore le progrès. Pas de mines d'étain, pas de grandes plantations d'hévéas. Je n'ai donc pas grand-chose à dire à ce sujet. » Son expérience me parut plus limitée, plus personnelle. « Quand j'étais jeune, j'avais l'impression de vivre dans un environnement propre. Les rivières n'étaient pas polluées par les produits chimiques. Les seules impuretés dont nous avions à souffrir étaient l'odeur des cochons et de la porcherie qui arrivait de la communauté chinoise voisine. Quand j'avais quinze ans, on a commencé à installer des ateliers de batik – trois, un malais et deux chinois – et les déchets chimiques étaient déchargés dans la rivière. Et cela nous a empêchés de continuer à aller nous baigner dans le petit cours d'eau qui passait près du village. Ils avaient souillé notre rivière. Ils auraient dû mettre leurs déchets dans un trou. Ma bande – les garçons de mon âge – a très mal pris cela. Nous avons appris que cela venait d'un atelier chinois et nous les avons méprisés encore plus.

– J'ai lu un roman malais. L'auteur parle de flaques d'urine sous la véranda des maisons.

– C'est de la pollution biologique et, parfois, on se sert d'excréments comme engrais. Des fientes d'oiseaux ou de poulets. Cependant, nous n'utilisons pas les excréments des cochons, à cause de nos interdits religieux.

– Trouviez-vous belles les montagnes lorsque vous étiez enfant ? Et les jeunes plants de riz ?

– Nous y étions habitués. On ne se demandait jamais si c'était beau ou pas. Mais nous avons lu des romans où on parlait de champs de riz et du bruit du vent, un bruit naturel, à travers les bambous, ce qui nous a fait prendre conscience de la beauté autour de nous.

– Vous m'avez dit ce matin, en me montrant les maisons, que les Chinois plantaient pour des raisons commerciales et les Malais en fonction de valeurs esthétiques.

– Je n'ai pas dit esthétiques. »

Mais il avait effectivement prononcé le mot. Cela m'avait frappé. Peut-être – quoiqu'il eût pu paraître justifié – n'avait-il pas vraiment voulu employer ce terme. Il avait essayé de m'expliquer que les Chinois utilisaient leur maison et leur cour à des fins commerciales ; que les habitants de la maison devant laquelle s'étendaient des parterres d'orchidées, cultivaient ces fleurs pour les vendre. Le Malais faisait de sa cour un jardin qui s'intégrait à son foyer ; on la considérait toujours comme un fragment de la bonne terre, de la Nature, même si une partie des fruits et des légumes qu'elle produisait était destinée à la vente. On ne pouvait rendre tout cela par un seul mot. « Esthétique » (quoique convenant assez bien) n'était qu'un raccourci utilisé par Shafi, le mot sans doute discutable qu'il avait laissé échapper. Peut-être n'avait-il pas réellement réfléchi à la question. Peut-être – bien que la différence fût tangible, sensible et visible – n'existait-il aucune définition de cette différence, entre maisons malaises et chinoises, qu'on ne pût faire voler en éclats.

Et je me demandais dans quelle mesure – ajoutée à son manque de conscience historique – cette inaptitude à traduire ses sentiments par des mots avait conduit Shafi là où il était. Hors du contrôle des mots, ses impressions étaient restées des impressions et s'étaient muées en ferveur religieuse ; avaient conduit Shafi à apprendre les articles abstraits d'une foi missionnaire ; avaient occulté ses motivations, éclipsé sa cause et lui avaient dissimulé une partie de sa propre personnalité. En lui, désormais, la religion tuait l'émotion authentique. Il aimait son passé, son village ; aujourd'hui, il travaillait à leur destruction.

« Un jour, me raconta-t-il, j'ai eu une petite dispute avec mon père à propos de la maison et de la plantation d'un bananier. J'aimais beaucoup les belles fleurs et je voulais en semer devant la maison. Mais mon père a creusé un *grand* trou juste devant la maison et après avoir fait brûler pendant plusieurs jours des détritus, des ordures – des feuilles de bananier, des mauvaises herbes et tout ce qu'on peut ramasser dans un jardin – il a planté un bananier. Cela m'a beaucoup déçu. Il m'a expliqué : " Du bananier, nous tirerons des fruits. Les fleurs, qui ne sont pas mangeables, ne nous donneront jamais rien. "

« J'ai demandé à mes sœurs et à mes frères de me soutenir mais le bananier est resté où il était. Au bout de quelques mois, il a commencé à donner des fruits et mon père s'est mis à me taquiner : " Regarde, nous récoltons les fruits de notre travail. Et tu n'as rien obtenu des fleurs que tu as plantées. " En fait, mon père avait creusé le trou à l'endroit exact où j'avais l'habitude de planter des fleurs. Plus tard, et jusqu'à aujourd'hui, l'envie m'est passée de cultiver des fleurs, car elles n'ont que leur beauté à offrir.

– Et maintenant, demandai-je, que pensez-vous de l'incident ?

– Mon père avait raison. Même aujourd'hui quand, ici, dans notre maison de Kuala Lumpur, ma femme veut semer des fleurs dans des pots, j'insiste pour que nous fassions pousser des légumes à la place. »

IV

INDONÉSIE

Usurpations

« Les gens d'ici ont perdu leur religion. »
SITOR SITUMORANG

1

Assauts

TOUT à la fin de mon séjour, Shafi changea d'attitude à mon égard. Le matin de mon départ, il me téléphona pour me communiquer le nom de quelques personnes appartenant au mouvement musulman en Indonésie. Il ajouta que, là-bas, ces organisations rencontraient plus de difficultés que dans son pays. En Indonésie, l'armée tenait les rênes du pouvoir et se montrait hostile au mouvement. Puis Shafi me donna un nouveau coup de fil. Il voulait que je passe le voir en me rendant à l'aéroport ; il désirait me faire ses adieux. Mais lorsque, une heure plus tard, je pénétrai dans les locaux de l'ABIM, il ne se trouvait pas dans son bureau ; et il ne daigna pas descendre lui-même.

A la place, il m'envoya un homme plus âgé que lui. Ce dernier portait une calotte malaise noire et revenait tout juste d'un voyage en Suisse, où il avait été servir la cause de l'islam ; ces nouveaux musulmans se déplaçaient énormément (au sein de certains mouvements malaysiens, la nouvelle courait que l'Europe se convertissait rapidement à l'islam. La Scandinavie, connue pour son libéralisme et sa sagesse, avait déjà succombé ; la France était à moitié musulmane ; en Angleterre, les nouvelles recrues se comptaient chaque jour par centaines).

L'homme qui revenait de Suisse me parla de la prise de l'ambassade américaine à Téhéran. Il me dit que les communiqués de presse occidentaux étaient si partiaux qu'il ne savait que croire. En Suisse, il avait entendu dire que les Américains avaient payé des Iraniens pour attaquer une *autre* ambassade occidentale, dans le but de discréditer la révolution. Mais les gardiens de la révolution avaient découvert le complot et conduit le commando à l'ambassade américaine.

Et c'est assez attristé, en pensant à Shafi – et à l'islam qui camouflait sa cause – que je repris la route à travers les riches plantations bien ordonnées jusqu'à l'aéroport de Kuala Lumpur ; et qu'un peu plus tard dans l'après-midi, j'atterris à Jakarta.

Il avait plu. Une boue rouge bordait la chaussée. De longues clôtures de tôle ondulée (dissimulant quoi ?) ; des marchands de fruits assis sur le sol humide, des paniers à leur côté ; des cars au pot d'échappement fumant ; la foule ; l'impression d'une grande ville encombrée – toits de tuile rouge, arbres innombrables – s'étendant au pied des gratte-ciel éparpillés ; une fumée épaisse montant des grandes artères. Après la spacieuse Kuala Lumpur, je retrouvais l'Asie. De jeunes vendeurs de journaux et de petits mendiants au corps difforme étaient postés à tous les carrefours. Des hommes avançaient à pas courts et rapides, portant des marchandises dans des paniers pendus à chaque extrémité d'une perche flexible posée en équilibre sur leur épaule (plus tard, au centre de l'île, dans la ville de Jogjakarta, j'essayai de porter une charge de potier ; l'épaule souffrait moins que les mollets, ébranlés à chaque pas pesant : il fallait adopter une démarche légère et rapide).

Mais Jakarta était aussi une ville de statues et de monuments révolutionnaires : une flamme de la liberté, une phalange de combattants n'ayant pour toutes armes que des lances de bambou, un gigantesque personnage brisant des chaînes. De style importé, parfois russe, parfois expressionniste, ils semblaient déplacés dans cette ville. Mais ce qu'ils commémoraient était bien réel : la fierté nationale et la liberté pour laquelle le peuple s'était âprement battu.

A Jakarta, on ne pouvait ignorer le poids du passé. Et ce passé remontait au-delà des luttes pour la liberté, au-delà de l'époque coloniale. Les Hollandais avaient régné pendant plus de trois siècles ; Jakarta était la ville qu'ils avaient fondée sous le nom de Batavia. Mais il ne se subsistait plus aucune inscription en hollandais. Partout, les mots, écrits en caractères romains, étaient indonésiens et la racine de certains d'entre eux venait du sanscrit. Jakarta – l'ancienne Batavia – était un nom sanscrit signifiant « la cité de la victoire ». Et la présence, si loin vers l'est, de ces vestiges du sanscrit, plongeait l'esprit plusieurs siècles en arrière.

L'hôtel s'appelait le Barabudur Intercontinental, nom qui évoquait un temple bouddhiste du IXe siècle bâti au centre de Java. Le plan horizontal de ce grand temple aux neuf terrasses constituait la base du sigle de l'hôtel : trois cercles concentriques en pointillés emprisonnés dans une série de cinq rectangles dont les coins étaient joints par une ligne brisée. Il figurait sur les cendriers ; il apparaissait, tissé sur les tapis des ascenseurs, fondu dans l'émail des carreaux qui recouvraient le fond de la grande piscine, joignant les ondulations de son motif à celles des eaux bleues.

Comme la Malaysia, l'Indonésie était un pays musulman. Mais le passé préislamique qui, en Malaysia, tenait en quelques coutumes villageoises, apparaissait en Indonésie – ou à Java – comme une grande civilisation. L'islam, arrivé seulement au XVe siècle, était la foi officielle. Mais le passé hindou-bouddhiste, qui s'était auparavant étendu sur une période de quatorze cents ans, survivait de bien des manières –

à demi effacé, vaguement mystérieux, mais inspirant toujours une crainte respectueuse, à l'image du temple de Bārābudur. Et c'était ce passé qui donnait aux Indonésiens – ou aux Javanais – le sentiment de leur unicité.

A Jakarta, les statues dédiées aux combattants de la guerre et de la révolution témoignaient d'une emphase excessive; certaines semblaient grotesques. Mais elles commémoraient l'histoire récente; et l'on ne pouvait prendre connaissance de ces épisodes héroïques et terrifiants sans éprouver une sensation de vertige.

Ce furent les Japonais qui, quand ils occupèrent l'Indonésie en 1942, abolirent l'usage du hollandais. Ils ordonnèrent que toutes les inscriptions rédigées dans cette langue soient supprimées ou masquées; et, du jour au lendemain, après une présence de trois siècles, le hollandais disparut. Les Japonais portèrent au pouvoir Sukarno et d'autres leaders nationalistes (emprisonnés ou exilés par les Hollandais), pour former, durant la guerre, une sorte de gouvernement indonésien. Ils organisèrent l'armée indonésienne. C'est cette armée qui, après la guerre, combattit pendant quatre ans les Hollandais, alors que ceux-ci tentaient de reprendre le contrôle du pays. Et c'est cette armée qui, plus tard, au cours des vingt années de la présidence de Sukarno, maintint l'unité des îles éparpillées de l'archipel, réprimant en diverses régions les mouvements séparatistes musulmans et chrétiens.

L'indépendance ne fut pas chose facile pour l'Indonésie. Elle ne se présenta pas sous la forme d'une renaissance et de plans quinquennaux. Elle s'accompagna d'une succession de petites guerres; elle n'apporta que chaos, vains déploiements et un prolongement à la rhétorique nationaliste de Sukarno. L'étoile de Sukarno pâlit. La puissance de l'armée s'accrut. Et ce fut elle qui, finalement, en 1965, déposa Sukarno. Elle prétendait que les communistes projetaient, avec l'approbation passive du président, de s'emparer du pays. Et, après le chaos et les déceptions de l'indépendance, l'archipel vécut une ère de terreur telle qu'il n'en avait jamais connu.

Cent mille personnes furent arrêtées. Les Chinois furent victimes de massacres (quoique résidents en Indonésie depuis des siècles, ils enduraient régulièrement des pogroms : les Hollandais eux-mêmes en tuèrent des milliers à Jakarta, en 1740). Et l'on avance qu'au cours des soulèvements populaires qui secouèrent tout l'archipel, un demi-million de personnes soupçonnées d'être communistes furent traquées puis abattues. Certains parlent d'un million. Les Indonésiens sont encore pétrifiés par les événements de 1965 et après. Lorsqu'ils évoquent cette période, ils font penser à des gens qui, de loin, contempleraient une partie mystérieuse d'eux-mêmes.

Aujourd'hui, l'armée détient le pouvoir. Partout, on voit des camions militaires couleur kaki; et Jakarta est semé de casernes occupées par les unités de « kommando » (étrangement, ce terme spécifiquement hollandais a été retenu) qui arborent le drapeau national indonésien rouge et blanc. L'armée s'est transformée en organisation politique et a décrété qu'elle devrait être représentée massivement dans tous les gouvernements.

C'est elle qui assure l'unité de l'archipel. Et son hégémonie – après les années de dérive et de rhétorique du règne de Sukarno – a procuré quinze ans de paix à l'Indonésie. Durant cette période, et grâce au pétrole indonésien, Jakarta a fait jaillir ses gratte-ciel; les artères principales ont été pavées; on a commencé à organiser les services indispensables à une ville d'une telle importance. Grâce à ce répit a pu grandir une génération de jeunes gens éduqués, la première en cinquante ans à connaître la stabilité. Mais l'emprise de l'armée s'émousse. Et déjà – piège qui menace tous les pays comparables à l'Indonésie –, malgré la stabilité politique et la croissance, l'agitation renaît.

Cette turbulence se manifeste dans le nouvel islam, islam qui dépasse le rituel, qui dénonce les injustices dont sont victimes les créatures d'Allah et les voies sataniques qu'empruntent les gouvernements de ce monde : islam qui pousse ses fidèles à renoncer farouchement à tout, pour mieux franchir le pas.

Se documenter sur les événements récents de l'histoire indonésienne donne le vertige. Et les considérer à travers la vie d'un seul homme revient à se demander comment, n'ayant ni véritables lois ni vraie patrie auxquelles se raccrocher, sa personnalité a pu résister à tant d'assauts.

Suryadi avait une bonne cinquantaine d'années. Petit, très brun, il était d'une apparence frêle. Il était né dans l'est de Java et se considérait comme l'un des « musulmans statistiques » indonésiens. Il n'avait pas reçu d'éducation religieuse; s'il avait quelque religion, c'était celle dans laquelle il baignait. Il n'était pas sûr de croire en la vie future; et il ignorait qu'il s'agissait là d'un des articles de foi fondamentaux de l'islam.

Il appartenait à la noblesse, mais, à Java, cela signifiait simplement qu'il n'était pas issu de la paysannerie. Les Hollandais avaient contrôlé Java par l'intermédiaire des anciennes cours féodales du pays. Mais Java n'était qu'une colonie agricole, et les Hollandais n'exigeaient pas que les aptitudes de cette noblesse fussent très élevées. Le noble grand-père de Suryadi avait en fait travaillé comme simple employé de bureau; et son père était comptable dans une banque.

En tant que noble, Suryadi avait eu la possibilité de fréquenter une école hollandaise. Les frais d'inscription étaient abordables; et, de toute façon, Suryadi en fut exonéré. On y dispensait un enseignement excellent, comme l'attestait l'anglais parfait dans lequel il s'exprimait. Et, récemment, souhaitant se remettre à l'allemand, il s'était inscrit au centre culturel germanique de Jakarta, le Goethe Institute, et avait découvert que, grâce aux connaissances enseignées par les Hollandais quarante ans auparavant, il pouvait suivre directement les cours de niveau « intermédiaire » ; par la suite, il réussit sans peine à obtenir un diplôme reconnu par l'Allemagne.

Début 1942, les Japonais occupèrent Java. Les communiqués de Radio Tokyo annonçaient que les Japonais donneraient son indépendance à l'Indonésie, et nombreux furent ceux qui s'apprêtèrent à accueillir les envahisseurs comme des libérateurs. Suryadi terminait sa dernière année de lycée. Les professeurs hollandais furent remplacés par des Indonésiens, et le directeur, ou principal, par un Japonais. Pendant six mois, les cours se poursuivirent comme auparavant. Puis – il est toujours étonnant de constater comme la vie continue, même pendant les époques les plus troublées – Suryadi entra à l'université. Là-bas, les lecteurs et les professeurs étaient tous japonais. Mais ceux-ci ne parvenaient pas à maîtriser les langues étrangères. S'en rendant compte eux-mêmes, les Japonais engagèrent bientôt des Indonésiens, qui enseignèrent sous leur contrôle.

Les Indonésiens utilisèrent cette tribune pour prêcher le nationalisme. Déjà, les bonnes dispositions à l'égard des Japonais commençaient à disparaître. Pour Suryadi, il n'était pas douteux qu'on détournait toute l'économie du pays au profit de l'effort de guerre japonais. On déporta des milliers d'Indonésiens pour les faire participer à la construction du chemin de fer birman (et, de cette migration forcée, subsiste encore une communauté indonésienne en Thaïlande). On interdit les radios ; désormais, on ne pouvait plus écouter les stations qui avaient naguère retransmis les nouvelles pleines d'espoir diffusées par Radio Tokyo.

A cette époque, se produisirent deux incidents qui amenèrent Suryadi à exprimer ouvertement son opposition aux Japonais. Les autorités universitaires décrétèrent que tous les étudiants devraient se raser la tête. Ainsi l'exigeait la discipline des monastères zen. Et Suryadi ressentit cela comme l'occupant le désirait : une atteinte à sa personnalité. Puis, un jour, lors d'une parade – les étudiants étaient soumis à un entraînement militaire – l'un de ses camarades fut giflé par un officier japonais. Tous les Indonésiens s'estimèrent humiliés, et Suryadi organisa en compagnie de ses amis une manifestation de protestation dans l'université. Trente d'entre eux, aussi bien professeurs qu'étudiants, furent arrêtés par la police secrète japonaise et jetés en prison.

En prison, ils entendirent qu'on torturait des gens accusés de s'être livrés à des activités antijaponaises, ou même d'avoir écouté la radio. Mais Suryadi et les membres de son groupe furent traités comme des prisonniers politiques ; et l'on continua de leur faire subir la discipline des monastères zen. On les frappait à l'aide de verges de bambou, mais il ne s'agissait que d'une humiliation rituelle. Les baguettes de bambou à l'extrémité fendue ne faisaient pas mal ; elles produisaient simplement un claquement sonore. Après un mois de ce traitement, Suryadi et ses compagnons furent relâchés. Mais on les renvoya de l'université. Suryadi ne put donc jamais terminer ses études.

Ils préférèrent alors se faire oublier car les leaders nationalistes indonésiens coopéraient toujours avec l'occupant. D'après Suryadi, Sukarno refusa jusqu'au bout de croire que le Japon pourrait perdre la guerre ; il ne voulut pas même croire que la bombe avait été lâchée sur Hiroshima. Sukarno et les nationalistes attendirent la reddition des Japonais pour proclamer l'indépendance de l'Indonésie. Et s'ensuivirent quatre ans de luttes contre les Hollandais.

Que d'événements avaient marqué les vingt-six premières années de sa vie ! Mais aucune rancœur n'habitait Suryadi. Ces événements avaient été trop considérables ; on ne pouvait en rejeter la faute sur personne en particulier. Il ne nourrissait de haine ni pour les Hollandais ni pour les Japonais. Aujourd'hui, il traitait avec les uns comme avec les autres ; il les respectait pour leur probité en affaires. En Asie du Sud-Est, les Japonais avaient la réputation d'être des partenaires commerciaux intransigeants (la mainmise nippone sur le marché indonésien avait déjà provoqué des émeutes antijaponaises à Jakarta) ; néanmoins, Suryadi trouvait les Japonais plus généreux que les Hollandais.

Suryadi n'entretenait aucune rancœur et l'on pouvait dire qu'il avait su surmonter tous les obstacles. Mais on percevait en lui une mélancolie tout indonésienne, la tristesse d'un homme qui se sentait isolé et se retrouvait maintenant – après la domination hollandaise, l'occupation japonaise, les quatre ans de guerre contre les Pays-Bas, les vingt années de la présidence de Sukarno – sans cause à défendre. Plus d'une fois, l'Indonésien qu'il était avait cru que le monde s'ouvrait à lui mais, très vite, il s'était refermé de nouveau.

Il était resté coi au long du régime Sukarno. Ensuite, le gouvernement militaire avait semblé régénérer le pays. Mais, aujourd'hui, il se passait quelque chose de nouveau. On commençait à revendiquer une sorte de culture javanaise. Suryadi était javanais ; les danses et les légendes javanaises, les spectacles de marionnettes constituaient une partie de lui-même. Mais il estimait qu'on faisait un mauvais usage de cette culture ; elle encourageait la renaissance des attitudes féodales, l'armée remplaçant peu à peu les cours d'autrefois. Suryadi savait reconnaître au premier coup d'œil les vieilles survivances féodales. Il constatait qu'à présent le salut du soldat à l'officier évoquait plus qu'un simple salut militaire ; il s'accompagnait d'une fugitive inclination féodale. C'était une forme sournoise de régression. Suryadi aurait espéré autre chose pour son pays.

Et puis il avait perdu sa fille. Elle s'était convertie à la cause du nouvel islam – le fléau malaysien, comme on l'appelait ici. A l'école, puis à l'université, elle s'était toujours montrée une jeune fille très vivante. Elle avait pratiqué la danse javanaise ; elle plongeait ; elle aimait camper. Mais, à l'université, elle avait rencontré l'un de ces nouveaux musulmans, l'un de ceux qui redécouvraient leur islam ; elle s'était mise à changer. Quand elle sortait, elle dissimulait ses cheveux ; elle portait de longues robes aux couleurs ternes ; et, bientôt, son caractère, lui aussi, devint morne.

Un jour, Suryadi et sa femme accomplirent l'irréparable. Fouillant dans les papiers de la jeune fille, ils étaient tombés sur un engagement signé de sa main. Elle y promettait de se conformer en tout aux volontés d'un certain professeur musulman ; il la guiderait sur le chemin du paradis. Elle, qui aurait pu, comme Suryadi et sa femme, faire partie des musulmans statistiques, suivait désormais les enseignements de la vraie foi.

Suryadi le prit très mal. Il estimait maintenant qu'il aurait dû se montrer plus calme, au début ; en laissant trop paraître sa consternation, il avait sans doute poussé la jeune fille à s'éloigner plus vite encore de lui. Un jour, il lui avait dit : « Imagine que quelqu'un te propose d'aller camper, aujourd'hui. Lui répondras-tu : " Je ne peux pas y aller car je ne suis pas sûre de trouver de l'eau pour faire mes ablutions avant la prière ? " » Il avait prononcé ces mots avec une irritation teintée d'ironie. Mais, un moment plus tard, revenant vers lui, elle lui avait déclaré : « J'ai vérifié. Rien, dans le Coran, ne dit que c'est obligatoire lorsque l'on voyage. » Et Suryadi avait alors compris qu'elle était devenue imperméable à l'humour ; que le langage familial allusif lui était désormais étranger. Cette déchéance intellectuelle était ce qui le chagrinait le plus. « Mais tu n'as donc plus de cervelle ! s'était-il écrié. As-tu besoin de te plonger dans ce livre à tout moment ? Ne peux-tu plus penser par toi-même ? » Elle lui avait répondu : « Le Coran est la source de toute la sagesse et de toute la vertu du monde. »

Elle avait épousé le militant musulman qui l'avait ouverte à la foi. Elle était diplômée ; lui poursuivait ses études à l'université ; mais, en bonne épouse musulmane, elle était entièrement subordonnée à son mari. C'était là le nouveau malheur que Suryadi devait apprendre à accepter : sa fille, autrefois si vivante, n'était plus aujourd'hui pour lui qu'une étrangère.

Pourtant, récemment, il avait trouvé une petite raison d'espérer. Un jour qu'il la reconduisait chez ses beaux-parents, près desquels elle vivait en compagnie de son mari, il lui avait dit : « Je t'ai acheté une petite maison. Pourquoi n'allez-vous pas y vivre ? Pourquoi ton mari s'obstine-t-il à vouloir rester avec ses parents ? Ce n'est pas bon. Pourquoi ne se décide-t-il pas à agir par lui-même ? » Elle lui avait alors répondu : « Il souffre d'un complexe d'infériorité, père. »

Et cette petite preuve, la première depuis longtemps, que sa fille était encore capable de réfléchir et de juger, réconforta grandement Suryadi. Elle avait pris conscience de ce qui, pour Suryadi, paraissait clair : le jeune homme était un piètre étudiant qui ne possédait pas le bagage nécessaire et ne parvenait pas à se faire à la vie universitaire. Il était encore loin d'obtenir son diplôme et ne consacrait pas assez de temps à ses études. Pendant le ramadan, le mois du jeûne, il avait complètement cessé de travailler, jeûnant toute la journée et passant ses soirées à prier à la mosquée. Cela paraissait plus simple que d'affronter des ouvrages rébarbatifs ; sa rigueur religieuse faisait l'admiration du groupe islamique de l'université.

La fille de Suryadi s'était rendu compte de tout cela par elle-même. La réplique révélatrice avait été prononcée quelques semaines auparavant. Et, maintenant, Suryadi attendait le jour où elle en découvrirait un peu plus.

« Mais j'ai eu de la chance, déclara Suryadi, juste avant que nous nous séparions. Contrairement à tant d'autres, en Indonésie, la pression ne m'a pas contraint à me brancher sur une autre longueur d'onde.

– Une autre longueur d'onde ?

– Vous savez comment sont les gens, ici. Ou peut-être l'ignorez-vous. Ils deviennent mystiques. Des gens logiques, rationnels. Quand ils désirent ardemment quelque chose, ils se mettent à brûler de l'encens ou à aller passer la nuit dans un cimetière. Dès qu'ils se sentent frustrés, ou quand ils voient qu'ils stagnent, dans leur travail ou leur carrière.

– Vous appelez ça du mysticisme ?

– Comment voulez-vous que je l'appelle autrement ? »

L'islam était la religion officielle des Indonésiens. Derrière survivaient les impulsions du vieux monde, les vestiges d'un passé hindou-bouddhiste et animiste, n'appartenant désormais plus à un système. On s'enorgueillissait des temples du IXe siècle de Bārābudur et de Prambanam – le premier bouddhiste et le second hindou. Mais, n'en comprenant plus toute la signification, le peuple en avait été comme dépossédé. S'ils avaient autrefois tenu un rôle prépondérant, il appartenait aujourd'hui aux savants d'en élucider les mystères ; Bārābudur demeurait une énigme, une cause de querelles académiques. Ce furent les Hollandais qui firent redécouvrir aux Javanais le site de Bārābudur : voilà en tout cas ce qu'affirmait Gunawan Mohammed, poète et écrivain. Gunawan – musulman mais à sa propre façon, typiquement indonésienne – disait en parlant du passé et en soulignant son propos du geste : « Quelque part, le cordon a été coupé. »

Pour ce peuple, le passé était à la fois mort et vivant. Et – qu'ils parlassent des massacres de 1965 ou de nuits passées dans un cimetière –

les Indonésiens s'exprimaient comme si une part d'eux-mêmes leur restait mystérieuse.

Aujourd'hui, la paix instaurée par l'armée, l'industrialisation et les progrès du savoir, l'arrivée dans leur pays de la nouvelle civilisation technologique leur avaient rendu le monde plus étranger encore. Un samedi soir, j'allai me promener dans le quartier commerçant du centre de Jakarta, Pasar Baru, le Nouveau Bazar, avec ses trottoirs défoncés, la boue, les boutiques pleines de marchandises importées, les étals de nourriture, les haut-parleurs déversant leur musique. Dans cette atmosphère de foire, j'arrivai devant une librairie. C'était un magasin fort clair, qui s'étendait sur deux niveaux. On y trouvait des ouvrages spécialisés en langue anglaise : médecine, psychologie, technique. La librairie proposait aussi des livres anglais sur des sujets mystiques ou occultes : taoïsme, Yi-King, les travaux de Paul Brunton sur les mystères de l'Égypte et de l'Inde. Voilà comment se présentait la civilisation nouvelle : technologie et magie, une civilisation dont le noyau serait absent.

Après cinquante ans d'une histoire débridée, les gens étaient perdus dans un monde qui n'était plus le leur. Qu'ils aillent de l'avant, vers la nouvelle civilisation, ou qu'ils retournent, comme la fille de Suryadi, à la foi arabe la plus pure, ils pénétraient toujours dans un univers qui ne leur appartenait pas, et s'éloignaient sans cesse davantage d'eux-mêmes.

2

Sitor : reconstruire le passé

L'INDONÉSIE se livrait lentement et, lorsque je rencontrai Sitor Situmorang, je ne compris pas immédiatement l'homme dans toute sa complexité. Il était poète ; à la fin du régime de Sukarno, il avait collaboré avec le gouvernement et, après l'arrivée au pouvoir des militaires, avait été emprisonné pendant dix ans, de 1965 à 1975. Lors de notre première entrevue – et, par la suite, cela me parut à peine croyable – je passai à côté de la facette politique de cet homme qui, au cours de ses dix années d'emprisonnement, n'avait été autorisé ni à lire ni à écrire la moindre ligne. Je pense que si je manquai cet aspect de sa personnalité c'est que Sitor avait souhaité me le dissimuler : peut-être, à ce moment-là, était-il fatigué de cet épisode de son passé.

Il m'apparut comme un écrivain humain et réfléchi. Il me parla d'une autobiographie qu'il éprouvait quelque difficulté à écrire. C'était un petit homme de cinquante-six ans, au visage osseux, de type négrito, et aux sourcils hérissés ; le sac de toile contenant des livres qu'il portait en bandoulière lui donnait un curieux air d'étudiant d'aujourd'hui.

Il était originaire du nord de la grande île de Sumatra. A Sumatra, le milieu était plus sauvage qu'à Java. Les musulmans y pratiquaient un islam plus pur ; on y sentait moins l'influence hindou-bouddhiste ; il subsistait des régions christianisées ; et des tribus animistes y vivaient encore. Sitor appartenait à l'une d'elles ; il était batak. Ses origines tribales étaient au cœur des problèmes que lui posait la rédaction de son autobiographie.

Je songeai aux difficultés que Shafi avait éprouvées pour ordonner les étapes de sa vie tellement plus courte, pour décrire son parcours du village jusqu'à la ville. Sitor se heurtait à des problèmes du même type. Mais son passé tribal était plus reculé ; il avait perdu tout lien avec ses racines ; et il avait découvert qu'écrire sans comprendre d'où il venait équivaudrait à coucher sur le papier une simple succession d'événements. Il avait donc provisoirement abandonné la rédaction de son livre pour tenter de remonter jusqu'aux sources de sa tribu. Il était retourné dans son village natal, au nord de Sumatra, en compagnie d'une jeune anthropologue canadienne. Elle l'avait aidé à retracer en partie son passé tribal ; et cela avait été l'illumination.

Voilà ce qui ressortit de notre première rencontre. Notre entretien fut bref car nous avions tous deux d'autres choses à faire. A ce moment-là, je m'efforçais encore d'entrer en contact avec des groupes musulmans – ils se montraient plutôt méfiants.

Sitor m'accompagna jusqu'à l'un des bureaux ; il se trouvait sur son chemin. J'eus l'impression qu'il se comportait avec l'assurance d'un homme jouissant d'une certaine notoriété. Mais, quand quelqu'un lui adressa un signe du haut d'une fenêtre, Sitor me le fit remarquer. « Je ne le connais pas, vous savez », m'assura-t-il. Et, même alors, je ne compris pas vraiment ce que pouvaient représenter pour Sitor – après dix années de prison, après dix années de silence littéraire, entre quarante-deux et cinquante-deux ans – ces petites preuves qu'on ne l'avait pas oublié.

Les musulmans paraissaient insaisissables. Mes courses en taxi dans l'air humide, avant et après le déjeuner, n'aboutirent à rien. La fatigue occasionnée par ces déplacements et la lassitude engendrée par mon séjour à l'hôtel m'assaillirent dans l'après-midi. Ma chambre se trouvait au quinzième étage. J'avais l'impression de vivre depuis très longtemps dans cet univers silencieux et climatisé, apercevant des toits de tuile rouge, des arbres, des gratte-ciel, une réclame pour XEROX, des avions descendant pour atterrir sur le petit aéroport situé sur la gauche, la circulation sur les routes passant de chaque côté du parc de l'hôtel, les gaz d'échappement flottant au-dessus de la chaussée comme une brume brunâtre, s'élevant et se mêlant aux nuages qui apportaient de nouvelles pluies. Jakarta n'était pas une ville où il faisait bon se promener l'après-midi.

Et je téléphonai à Sitor. Je ne me l'imaginais pas comme quelqu'un dont la vie avait été marquée par la politique et la prison. Le matin, lors de notre première rencontre, il m'avait donné l'impression d'être un homme qui avait atteint une certaine sérénité, un homme paisible et rassurant.

Une femme répondit au téléphone. Elle parlait bien l'anglais. Et Sitor fut si long à prendre le combiné que je craignis de l'avoir tiré de sa sieste ou interrompu dans son travail – la rédaction de son autobiographie. Lorsqu'il répondit enfin, il se montra aussi aimable et attentif que je l'avais espéré.

« Vous devriez quitter le Barabudur et vous installer dans un autre hôtel, me conseilla-t-il.

– Vous croyez que ce n'est pas un établissement très honnête ?

– Non, mais cela vous reviendrait simplement moins cher. »

Alors, il comprit. Il comprit ma solitude.

« Venez chez moi, proposa-t-il. Venez à sept heures. Il faut que je voie un jeune homme à six heures. Non, venez plutôt à six heures et demie. »

Il vivait à Jalan Maluku. Quelques hommes paressant, après la chaleur de la journée, devant un éventaire de boissons éclairé au néon, indiquèrent son chemin au chauffeur du taxi. Une voiture à bras passa, poussée par un homme qui frappait sa charrette avec une baguette de bambou. Quoiqu'elles fissent partie de la vie de Jakarta, et qu'il s'en trouvât dans la salle de restaurant du Barabudur pour faire couleur locale, on n'apercevait guère de ces charrettes chargées de nourriture dans les environs de l'hôtel.

Il s'agissait d'une grande maison moderne en béton, précédée d'un portail qui semblait fait de bambou. Sitor apparut, vêtu d'une tunique indonésienne. « Le bambou cache le métal », m'expliqua-t-il en désignant le portail. Et il m'apprit que le marchand ambulant vendait des nouilles ; il le savait à cause du claquement caractéristique de la baguette. A chaque sorte de nourriture des rues correspondait un accompagnement musical particulier.

La maison appartenait à l'Allemagne et jouissait d'une sorte de statut diplomatique. Elle se trouvait temporairement inoccupée. Elle était garnie de peu de meubles ; mais il y avait une sculpture moderne indonésienne et de nombreux tableaux, indonésiens eux aussi.

Nous traversâmes toute la maison. « Voici la terrasse », me dit Sitor, comme pour éprouver le mot devant un professeur. Nous nous assîmes là. Le jeune homme qu'il attendait à six heures n'était pas venu. « C'est un homme très occupé, me dit Sitor. Il milite pour les droits de l'homme. »

Une petite maison, que Sitor appelait le « pavillon », se dressait dans l'un des coins du parc très vert et très soigné. C'était là qu'il habitait.

« Barbara va nous rejoindre », m'annonça-t-il.

Adi, le jeune homme attendu, arriva enfin. Mince, la trentaine, il avait le visage anguleux et les cheveux coupés court. Il nous dit qu'il venait de travailler pendant douze heures d'affilée et ne pourrait rester très longtemps. S'il s'attardait trop, une véritable petite guerre du Vietnam l'attendrait à la maison.

« Adi est l'un de nos nouveaux leaders, m'apprit Sitor. Il est musulman.

– Je suis musulman, confirma Adi.

– Pourquoi ? » C'était le genre de questions qu'on pouvait poser en Indonésie.

« Mes parents étaient musulmans. Cette religion me paraît en outre plus rationnelle que le catholicisme. Je n'ai jamais rien compris à cette histoire de Trinité. Je préfère encore le protestantisme. Et l'hindouisme repose sur un système de castes ; je ne peux accepter cela. »

La nuit tombait. Une lumière s'alluma sous la véranda du pavillon.

Et, à contre-jour, le visage plongé dans l'ombre, apparut une femme grande et mince en robe longue. Elle semblait soigner une plante suspendue ou quelque animal dans une cage.

Sitor commença de s'agiter. Un tel trouble, à son âge, à la seule vision d'une femme! Il se ressaisit et déclara avec une lenteur délibérée : « Barbara est hollandaise. »

Une servante déposa sur notre table des assiettes contenant des sucreries. Barbara franchit la courte distance qui nous séparait, perdant de son mystère comme elle sortait de la pénombre du pavillon pour entrer dans la lumière de la maison principale. Elle portait une robe de batik bleu. Barbara était jeune, trente ans à peine, et séduisante; elle avait de l'assurance et du style. Sitor s'apaisa.

« Qu'est-ce que c'est? demandai-je en désignant les sucreries.

— On les confectionne à partir de haricots, répondit Barbara dans un anglais presque sans accent.

— Et c'est bon?

— Il les aime. Cela doit être bon. »

« Il », c'était Sitor.

Elle adressa à Adi quelques mots en indonésien.

Les friandises étaient rondes, avec des creux, évoquant de petites balles de tennis devenues malléables. L'enveloppe duveteuse renfermait une composition moelleuse : grasse, sucrée, sans grande saveur, rappelant les confiseries que j'avais goûtées en Malaysia.

« On me faisait subir un interrogatoire à propos de ma condition de musulman, déclara Adi en anglais.

— Mon Dieu! s'exclama Barbara. Un interrogatoire! »

Mais ce mot hantait présentement l'esprit d'Adi. On venait juste d'arrêter un caricaturiste.

« L'armée n'a pas le sens de l'humour, déplora Adi.

— C'est grave? demandai-je.

— C'est leur manière de procéder. Ils vont le garder un jour ou deux, le questionner de façon amicale. Quoique amical ne soit pas exactement le mot. »

Plus tard, Sitor me raccompagna jusqu'à la rue. Les voitures à bras s'étaient multipliées avec le soir, annoncées par toutes sortes de bruits.

S'éloignant de Barbara, si belle dans sa longue robe de batik, une certaine fébrilité le reprit.

« Retournez auprès d'Adi, le priai-je.

— Adi est un vieil ami.

— Vous êtes marié avec Barbara?

— Selon les rites de la tribu. » Il éclata de rire en pleine rue. « Revenez samedi matin, je vous montrerai les photos. La tribu a insisté. Nous vivions ensemble depuis déjà deux ans.

— Vous avez cinquante-cinq ans, Sitor?

— Cinquante-six.

– Et toujours la passion ! Elle ne nous quitte donc jamais ?

– L'anthropologue canadienne m'a demandé à peu près la même chose : " Encore, à votre âge ? " Elle avait vingt-quatre ans. »

Il se remit à rire, découvrant les dents au milieu de l'ossature saillante de son visage de négrito.

Le samedi matin, à la lumière du jour, dans la maison principale presque vide, tout m'apparut différent. Sitor souffrait d'une rage de dents et prenait divers médicaments. Barbara portait ses vêtements de travail : les tons plus fades de l'Europe. Elle me sembla aussi plus mince. La clarté plus franche du soleil vieillissait son visage d'un an ou deux mais, même ainsi, elle ne paraissait guère avoir plus de la trentaine. Elle était pressée et avait l'air de quelqu'un qui ne pense qu'à se rendre à son travail. Elle s'occupait d'un centre d'artisanat indonésien financé par les Hollandais ; avant de partir, elle laissa des instructions à Sitor à propos de ses oiseaux encagés et, notamment, de son perroquet rouge.

Je ne parvenais pas à retenir l'attention de Sitor. Il avait mal aux dents ; et, sans cesse, arrivaient des gens qui venaient échanger quelques mots avec le célèbre poète. Nous étions convenus de parler ce matin-là de son autobiographie. Mais il faisait durer mon attente ; à un moment, il me laissa même pour se rendre aux toilettes. Quand nous fûmes enfin prêts, il se montra incapable de parler. Il avait tout trop bien préparé, avait trop réfléchi. A peine avait-il prononcé une phrase qu'il y apportait des réserves, ce qui l'empêchait d'aller au bout de son propos. Il se mit à employer de grands mots. D'autre part, il survenait toujours de nouveaux visiteurs et, en Indonésie, les échanges de politesses étaient interminables.

Par toutes les portes du salon, on apercevait de la verdure : on avait merveilleusement tiré parti du climat pour créer de petits îlots frais et verdoyants, des arbres aux grandes feuilles ombrageant chaque seuil. Et, constamment, de la rue – la chaleur s'installant à mesure que la matinée avançait – nous parvenait le concert des charrettes à bras.

Finalement, nous décidâmes de nous contenter de bavarder. Sitor apporta des albums et me montra des photos en couleur de son village du nord de Sumatra. Les clichés avaient été pris quelques semaines seulement auparavant, lorsque lui et Barbara s'étaient rendus ensemble pour la première fois dans le village. Sitor m'avait déjà dit qu'il appartenait à une tribu et, aussi, qu'il faisait partie d'une famille de chefs. Pour moi, ces mots n'évoquaient pas grand-chose. Les photographies m'aidèrent à comprendre un aspect de la réalité : elles m'apprirent que, pour Sitor, membre d'une tribu et fils de chef, il existait un endroit à Sumatra, une parcelle de la terre, qui était absolument et inaliénablement sien.

Pendant dix-huit générations, les ancêtres de Sitor avaient régné sur une petite région de dix kilomètres sur vingt, au nord de Sumatra. C'était une contrée montagneuse et rocailleuse, qui ne méritait guère qu'on se batte pour l'occuper. Les Hollandais ne s'y aventurèrent que tard, vers la fin du XIXᵉ siècle. C'était le père de Sitor qui avait mené la lutte contre eux ; sa résistance avait duré de 1884 à 1908. Quoique cela parût difficile à croire, Sitor m'affirma que son père était né en 1850 et mort en 1963. Il avait donc vécu cent treize ans ? Oui, c'était le surhomme de la tribu. Sitor avait une sœur de quatre-vingts ans ; et lui-même avait été conçu alors que son père était âgé de soixante-treize ans. Après la capitulation de la tribu, son père avait été nommé par les Hollandais administrateur de la région. Il garda sa position de chef ; et, par rapport au passé, la situation n'évolua guère.

Le territoire de la tribu que contrôlait le père de Sitor se composait de trois vallées qui, du haut de montagnes hautes de mille huit cents mètres, convergeaient vers un lac splendide. Les photographies montraient, en bas, dans les vallées, de pâles rizières entourées de remblais ou de murets de pierre. Le riz ne poussait pas en plants épais couleur d'émeraude, comme sur les terres plus riches. Les tons de ce paysage paraissaient curieusement neutres, sobres. C'était là que Sitor avait passé les premières années de sa vie, perdu au sein de l'immense famille du chef ; il ne se rappelait pas la moindre conversation avec son père ou avec sa mère. A l'âge de six ans, on l'envoya dans une école hollandaise réservée aux enfants de son rang, les fils de chefs. Mais seulement aux garçons, pas aux filles. Cela expliquait pourquoi la sœur de Sitor — qui avait quatre-vingts ans — était restée une villageoise illettrée, une femme qui, pour Sitor, jusqu'à son illumination anthropologique, avait fait partie d'un passé révolu.

C'était un peuple isolé. Mais, quelle que fût la façon dont ils atteignirent ces vallées, ces Bataks avaient apporté avec eux — ou développé — un art décoratif et d'extraordinaires talents de bâtisseurs. De hauts murs de pierre protégeaient le village ; les entrées étaient extrêmement étroites et pouvaient être aisément défendues ou même condamnées. Les maisons formaient un carré. Elles étaient surmontées d'un toit cornu, à forte inclinaison, qui, creusé en son milieu, remontait sur le devant pour s'achever en deux pointes évoquant chacune la proue d'un navire : cette configuration, m'expliqua Sitor, protégeait les maisons contre les vents violents de la région.

Dans le village de Sitor, l'emploi, pour les toits, de tôle ondulée, constituait le seul ajout moderne à cette architecture. Les maisons reposaient sur de solides piliers de bois mortaisés que consolidaient des traverses de bois elles aussi, ou bien de métal. Entre ces pilotis et le haut toit incliné, les murs semblaient extrêmement bas. Il faisait très sombre, à l'intérieur. Il s'y trouvait des lits de bois ; ils reproduisaient, quoique de façon modifiée, cette silhouette de navire à deux proues. Et, au milieu du carré circonscrit par les maisons, le sarcophage de pierre qui contenait le crâne des chefs affectait lui aussi cette forme cornue. L'avant-train d'un lézard était sculpté dans le couvercle du sarcophage. Les pattes postérieures figuraient sur le bas du tombeau. Le lézard symbolisait la chance.

Sitor avait été coupé de cette vie lorsque, à l'âge de six ans, il avait été envoyé à l'école hollandaise. Il s'agissait d'un établissement chrétien mais il était ouvert à ceux qui ne pratiquaient pas cette religion. On exigeait cependant des élèves qu'ils parlent le néerlandais, aussi bien pendant les cours qu'entre ceux-ci. Les plus longues vacances scolaires ne duraient qu'un mois. Sitor en profitait alors pour rentrer au village. Son père (âgé de quatre-vingts ans) et sa mère l'accueillaient chaleureusement, mais ils ne causaient jamais. Il dormait simplement dans l'une des maisons du village et se nourrissait à la marmite commune. Quelque lointain parent veillait toujours à ce qu'il y eût quelque chose à manger.

Il terminait sa dernière année de lycée à Jakarta lorsque arrivèrent les Japonais. Ils débarquèrent d'abord au sud de Sumatra, à la mi-février 1942. Deux semaines plus tard, une fois Sumatra vaincue, ils accostèrent l'ouest de Java. L'armée hollandaise battit en retraite. Les rues de Jakarta se vidèrent; les gens restaient enfermés chez eux. Mais, un jour, Sitor et quelques-uns de ses amis sortirent à bicyclette. C'est près d'un grand monument colonial hollandais, non loin de l'endroit où se dresse aujourd'hui l'hôtel Intercontinental Barabudur, que Sitor aperçut son premier soldat japonais.

Le soldat roulait lui aussi à bicyclette, sur l'un des fameux vélos pliants de l'armée japonaise. Tout en sueur, il paraissait fatigué; une odeur de transpiration se dégageait de son uniforme de toile mince de mauvaise qualité. Il arrêta les jeunes garçons et, quoique ne parlant que le japonais, leur fit comprendre qu'il voulait la bicyclette de Sitor.

Le vélo pliant japonais était de médiocre fabrication et il fallait appuyer dur sur les pédales. Sitor montait une robuste machine britannique, une Humber, une Raleigh ou une Phillips. Cette bicyclette, déjà trop grande pour Sitor, l'était encore davantage pour le Japonais. Il essaya de l'enfourcher, mais s'aperçut qu'il n'y parvenait pas. Sitor mesurait un mètre cinquante-huit; le Japonais faisait quelques centimètres de moins.

Le monument hollandais, près duquel cet incident avait eu lieu (remplacé aujourd'hui par une gigantesque statue de bronze qui représentait un homme triomphant en train de briser ses chaînes), montrait l'un des premiers colons néerlandais désignant, selon la description de Sitor, la terre conquise d'Indonésie. Et, à l'époque, ayant sauvé sa bicyclette, Sitor s'était dit qu'il paraissait bien étrange qu'un homme aussi petit que ce soldat japonais ait pu mettre en déroute les grands Hollandais.

Sitor n'approcha jamais l'occupant de plus près que ce jour-là. Dans le quartier de Jakarta où il habitait, la vie se poursuivait comme auparavant. Il en allait de même dans les quartiers hollandais ; ce ne fut que plus tard qu'on regroupa les femmes et les enfants hollandais dans des camps. Cependant, l'école de Sitor fut fermée. Quand, au bout de quelques semaines, les trains recommencèrent à rouler, Sitor et ses amis prirent l'habitude de se rendre dans les collines proches de Jakarta pour y cueillir des fruits et des légumes qu'ils revendaient ensuite dans les rues. Plus tard, il trouva un travail plus rémunérateur. Les Japonais avaient décrété que toutes les inscriptions en hollandais devraient être ôtées ou masquées. Ainsi, Sitor se mit à parcourir la ville en recouvrant de peinture les noms hollandais.

Six mois plus tard, l'occupant ordonna à tous les étudiants non javanais de retourner dans leurs îles respectives. Les Japonais, m'expliqua Sitor, voulaient fragmenter l'Indonésie en zones d'occupation plus faciles à contrôler ; ils souhaitaient aussi éloigner de Jakarta les étudiants désœuvrés, potentiels fauteurs de troubles. Profitant de cette possibilité de rentrer chez lui aux frais de l'occupant, Sitor retourna à Sumatra, dans le village où, depuis l'âge de six ans, il n'avait jamais séjourné plus d'un mois. Il y resta pendant trois ans. Son frère possédait une bonne bibliothèque ; c'était celle d'un homme qui avait reçu une solide éducation hollandaise. Et, quand la guerre se termina, s'il n'avait pas achevé ses études, Sitor n'en avait pas moins beaucoup lu.

Arriva alors la période agitée de l'après-guerre indonésienne : la proclamation par Sukarno et quelques autres de la République indonésienne ; la lutte contre les Hollandais ; la présidence de Sukarno ; et puis, en 1965, le soulèvement contre celui-ci. L'armée créée par les Japonais apparaissait comme le nouveau maître du pays. Sitor fut arrêté en raison de ses liens avec le régime de Sukarno et passa dix ans en prison, jusqu'en 1975. On ne lui permettait ni de lire ni d'écrire. Il n'avait droit qu'à une visite par mois et celle-ci était limitée à un quart d'heure. Que faisait-il de son temps ? Il parlait avec ses compagnons d'infortune ; cela lui permit de connaître des gens qu'il n'aurait jamais connus ; sur le plan politique et social, il apprit énormément.

Qui que soit ou ait été Sitor à Jakarta, dans son village, il restait un homme de la tribu. Et, quand il sortit de prison, il dut se prêter de nouveau à des rites initiatiques. Pour cette cérémonie, on sortit le crâne de son grand-père du sarcophage de pierre sur lequel figurait le lézard sculpté symbolisant la bonne fortune. On lui fit tenir un plat où reposait le crâne et un citron considéré comme agent purificateur. Un cousin de Sitor assistait à la cérémonie. Il était médecin et s'aperçut que la mâchoire inférieure du crâne avait bougé tandis qu'on le transportait jusqu'au plateau. Il tendit la main et remit la mâchoire en place. Cela rendit furieux le chaman. En touchant le crâne ancestral, le cousin risquait de faire fuir la chance et d'attirer le malheur sur eux tous.

Sitor possédait une photographie en noir et blanc de l'incident : Sitor, inconscient du drame qui se déroulait dans son dos, tenait à la hauteur de ses épaules le plat où reposaient le crâne et le citron ; le chaman, le visage déformé par la colère, la chevelure hérissée, faisait de grands gestes pour annuler les effets néfastes de l'acte irrévérencieux du cousin.

Marqué par son passé politique, Sitor ne réussit pas à retrouver de travail. Mais il avait conservé sa réputation de poète. Un jour, deux ans environ après sa sortie de prison, il fut invité à venir lire des poèmes chez un Hollandais de Jakarta. L'assistance se composait d'une vingtaine de personnes, principalement des étrangers. Quelqu'un arriva en retard. Sitor, qui se tenait le dos à la porte, se retourna pour voir qui entrait et découvrit une jeune et grande Européenne dont la beauté lui coupa le souffle. Et, plus encore que sa beauté, me dit Sitor : son « aura ». Toute la pièce en fut transformée. Il décida sur-le-champ qu'il lui fallait faire la connaissance de cette jeune fille. La chance le favorisa : elle alla s'asseoir près d'une Anglaise qui avait prié Sitor de dire l'un de ses poèmes dans sa traduction anglaise.

Ainsi, la lecture terminée, Sitor put aborder franchement la jeune fille. Il lui déclara qu'il désirait la connaître ; il lui demanda s'il pouvait la revoir. Il découvrit que ce n'était pas sa poésie qui l'avait attirée ici. Elle voulait seulement rencontrer l'homme qui avait entretenu des liens avec Sukarno et passé dix ans en prison. Sitor ne se vexa pas en apprenant qu'elle ignorait tout de sa poésie. Barbara était hollandaise. Elle avait été envoyée en Indonésie par une organisation hollandaise dans le but de favoriser le développement de l'artisanat local ; elle jouait un peu le rôle d'un membre du Peace Corps américain[1].

Ils s'étaient rencontrés un 25 mai. Barbara ne pensait plus qu'à son retour en Hollande ; elle devait partir le 16 juin. Et, coïncidence extraordinaire, Sitor venait d'être invité par une organisation culturelle hollandaise et prévoyait de se rendre là-bas le 28 juin. Deux ans plus tard, il se souvenait encore des dates précises. Ainsi, bien que Barbara n'ait pu lui donner que deux rendez-vous à Jakarta avant de partir, elle fut en mesure de lui en accorder bien d'autres en Hollande.

Il ne lui fut pas facile de savoir quelle impression il produisait sur la jeune femme. Barbara était hollandaise et très froide. Mais il fut subjugué par le nouveau monde qu'elle lui fit découvrir, les idées nouvelles auxquelles elle l'initia. Il avait passé dix ans en prison, loin des livres et

1. Peace Corps : corps des « volontaires de la paix » créé en 1961 par le président Kennedy pour donner aux pays en voie de développement une nouvelle image de l'Amérique. *(N.d.T.)*

vivant sur d'anciennes conceptions ; il avait manqué toute une décennie de l'évolution intellectuelle occidentale.

Barbara avait grandi dans les années soixante, appartenait à la génération de 1968. Elle était imprégnée des écrits de Schumacher et d'auteurs de ce style. Et, pour Sitor, qui avait été élevé pendant l'époque coloniale, Barbara et ses amis apparaissaient comme une nouvelle race de « missionnaires ». Les jeunes gens que lui présenta Barbara ne désiraient pas convertir les autochtones, mais les aider d'une façon plus pratique.

D'où venaient-ils ? Comment l'Europe avait-elle pu engendrer cette génération stupéfiante ? Tout au long de son séjour en Hollande, Sitor se trouva dans un état permanent de forte excitation émotionnelle et intellectuelle : celui qui se laissait guider par cette grande Hollandaise remarquablement intelligente et de vingt ans sa cadette, était un homme de cinquante-trois ans, issu d'une tribu, au faciès négrito (ses sourcils hérissés lui donnant par moments l'air d'un pirate chinois), haut d'un mètre cinquante-huit, diabétique et brisé politiquement.

De retour en Indonésie, ils décidèrent de vivre ensemble. Quand la tribu l'apprit, elle insista pour qu'ils se marient selon ses rites. Sitor appartenant à une tribu « exogame » — il prononça avec aisance ce terme du vocabulaire anthropologique —, il était nécessaire que Barbara subisse les rites initiatiques d'une tribu distincte mais parente.

Quelques semaines seulement avant notre entretien, lui et Barbara s'étaient rendus au village pour la cérémonie. Il faisait frais et humide dans les montagnes rocailleuses qui dominaient les vallées ; sur les photographies, on distinguait la brume et les nuages bas ; les couleurs étaient pâles. Un repas rituel se déroula dans l'une des maisons à l'extravagant toit cornu. Barbara et Sitor mangeaient du porc, avec les doigts. « Regardez, me dit Sitor, désignant l'une des photographies. C'est *moi*. Dans *mon* village. C'est authentique. Ce n'est pas pour les touristes. » Il était vêtu comme un étranger, portait des bottes de caoutchouc et baissait les yeux sur une vieille femme tissant sur un métier artisanal. « Et là, c'est ma sœur. Elle ne sait ni lire ni écrire. » Un autre cliché les montrait, Barbara et lui, sur le seuil de la maison paternelle, la maison du grand chef, qui appartenait désormais au frère de Sitor ; c'était là que Sitor devait conduire Barbara pour la cérémonie du mariage.

Il avait été très impressionné par son voyage et, en vérité, la distance parcourue était immense. En une génération, il avait connu des expériences qui, pour d'autres Indonésiens, représentaient quatre ou cinq siècles d'évolution. Et pourtant, il ne parvenait pas à écrire son autobiographie. Il avait fait deux tentatives au cours des trois dernières années et laissé des centaines de pages de côté. La matière était trop riche, trop extraordinaire ; il avait voulu exprimer les transformations de la personnalité de l'écrivain, qui constituaient pour lui l'essence même de cette expérience, mais n'avait réussi qu'à enregistrer une suite d'événements.

Me parlant de ce qu'il avait écrit, il me dit : « Il n'y a aucune vision synthétique de l'ensemble. Je ne suis pas parvenu à décrire mon évolution au travers du prisme de ma personnalité en tant qu'individu. Et ce que j'ai vécu ne se limite pas à un contexte artistique, personnel et politique. »

Il n'avait pas été capable de se définir lui-même parce qu'il ne savait pas qui il était. Il s'était retrouvé coupé de ses racines. On l'avait envoyé à l'école hollandaise alors qu'il était âgé de six ans ; on lui avait fait oublier ses croyances tribales. Fait curieux pour un écrivain, il avait passé sa petite enfance dans un univers quasiment muet : ses parents ne lui parlaient jamais. C'est pourquoi l'anthropologue canadienne lui avait été d'une aide aussi précieuse.

Elle avait séjourné cinq mois dans son village et il l'avait accompagnée là-bas pour lui servir de guide et d'interprète. Il me montra une photographie de l'anthropologue : une grande et ravissante jeune femme en ensemble saharienne : visiblement, être batak et s'appeler Sitor présentait quelques avantages. Grâce à ses questions judicieuses, elle avait su reconstruire pour lui son passé ancestral. Il n'eût pas été capable de le faire lui-même. Ainsi, aujourd'hui, quand il essayait de nouveau de rédiger son autobiographie, il pouvait au moins affirmer : « Voilà comment vécurent mes ancêtres pendant dix-huit générations. »

« Mon histoire est compliquée, dit Sitor. Mais je m'y retrouve. »

Pendant toute la matinée, diverses personnes étaient passées le voir. Un homme, un Allemand parlant l'anglais, était venu visiter la maison. Les autres souhaitaient avant tout rencontrer Sitor, le poète. Il les accueillait tous chaleureusement. Après quatre années de liberté, constater qu'on s'intéressait à lui lui procurait toujours le même plaisir.

A midi, Barbara rentra. Elle alla soigner ses oiseaux, l'un après l'autre. Sitor et moi nous dirigeâmes vers le pavillon. Situé au bout d'un long jardin, perpendiculairement à la maison principale, il était décoré avec le genre d'objets artisanaux dont Barbara était venue encourager la production : des nattes de jonc, des chaises de rotin, des paniers de Timor. Barbara connaissait son sujet : elle avait l'œil très sûr.

Les serviteurs (Barbara et Sitor en employaient deux) avaient préparé un repas composé de poisson frit et de riz suivis de concombres confits dans le vinaigre. Sitor mangeait très peu, à cause de son diabète.

« Retournez-vous bientôt en Europe ? demandai-je à Barbara.

— J'espère que non. » Elle mordit d'un air décidé dans un morceau de concombre.

« J'aimerais y retourner, déclara Sitor. Je voudrais bien qu'on m'y invite pour une période assez longue. Ici, il y a trop de choses qui me font mal. »

L'heure dont Barbara disposait pour déjeuner passa rapidement : elle dut nous quitter. Je pris une autre tranche de poisson frit ; Sitor me regarda manger. Sur l'un des murs de la petite pièce était accroché un tableau surréaliste représentant, au milieu d'une multitude d'oiseaux, un couple nu vu de dos, un homme à la peau brune, et une femme d'un rouge sombre. Un ami peintre avait téléphoné un jour où l'un des oiseaux de Barbara était mort ; ému par le chagrin de la jeune femme, il avait peint ce tableau pour elle. Partout, étaient exposés des nus dessinés d'une plume violente par Sitor lui-même.

Pour Barbara, le charme de l'Indonésie et de Sitor, le poète ; pour Sitor, Barbara et l'Europe, le charme et la sécurité. L'Europe ne réservait plus de surprises à Barbara. Mais, à la fin de son voyage, Sitor s'émerveillait encore du vieux continent. Il savait maintenant son village ancestral, les vallées, le lac, les murs de pierre, les maisons de contes de fées. Mais il ne pouvait plus y retourner ; il ne pouvait prétendre être ce qu'il n'était plus. Sans l'Europe (ou plus précisément la Hollande), ses invitations culturelles et l'intérêt qu'elle portait à la « complexité » du poète, il ne lui restait que l'Indonésie, devenue pour lui une terre de douleur et d'échec, où il ne pouvait désormais plus trouver de travail, et où l'on pourrait le réduire au silence sans que rien ni personne fût en mesure de l'aider.

Et, bien des heures plus tard seulement, je me rendis compte de ce qui avait été écarté de notre longue conversation : les vingt années séparant 1945 de 1965. Je n'avais pas interrogé Sitor sur cette période : son enfance et son présent m'avaient davantage intéressé. Pendant ces vingt ans, les premiers de l'indépendance indonésienne, Sitor avait écrit des poèmes et atteint à la célébrité. Il était par la suite devenu un homme politique assez puissant. A cette époque, pour certaines personnes, et notamment pour ceux qui, à la fin de la présidence de Sukarno, purent faire figure de « contre-révolutionnaires », il avait passé pour un ennemi redoutable. Et, comme je devais l'apprendre plus tard, il existait des gens pour penser que Sitor avait brisé leur carrière. Certains, même après tout ce temps, ne lui avaient pas pardonné.

Mais l'homme qui me raconta cela ajouta presque aussitôt : « Je préfère pourtant ne rien dire contre lui. Il a souffert plus qu'aucun d'entre nous. »

3

La déscolarisation

ADI SASONO, que j'avais rencontré le premier soir chez Sitor, m'affirma que je comprendrais mieux les musulmans indonésiens si j'allais dans les campagnes visiter les écoles islamiques traditionnelles. On appelait ces écoles de village des *pésantréns*. Adi avait un associé qui s'intéressait tout particulièrement aux *pésantréns* ; et ce fut cet homme, militant musulman non moins dévot qu'Adi, qui organisa mon voyage. Il me conseilla d'aller voir un *pésantrén* moderne – il y en avait un très réputé près de Jogjakarta et de Bārābudur ; et aussi de passer par l'un des plus anciens, qui se trouvait aux environs de Surabaya.

Ces *pésantréns* de village préservaient l'harmonie existant entre la communauté et l'école, la vie rurale et l'éducation. Elles différaient en cela des établissements de type occidental qui, installés dans la campagne asiatique, provoquaient une rupture psychologique. L'ami d'Adi m'apprit que le célèbre théorien de l'éducation Ivan Illich était venu en Indonésie pour étudier les *pésantréns*. Je n'avais pas lu ses ouvrages et, de son système de la « déscolarisation », ne connaissais que le mot. Mais, sachant qu'il jouissait d'une haute réputation, je pensai qu'il serait intéressant de me rendre là où (à ma grande surprise, je dois l'avouer) lui-même était allé.

J'entrepris mon voyage en compagnie de Prasojo, un étudiant de dix-neuf ans ; je n'aurais pu trouver meilleur guide. Prasojo avait passé un an en Arizona grâce à une bourse accordée par l'American Field Service. Il parlait couramment l'anglais, avec un accent américain. Il s'était tellement plu en Arizona, avait appris tant de choses et vouait une telle gratitude à l'American Field Service, qu'il envisageait de lui envoyer une partie de ce que j'allais lui donner.

Il me sembla aussi que Prasojo avait envie de me témoigner autant de bonté, à moi, un étranger, qu'on en avait fait preuve à son égard aux États-Unis. Pendant tout le voyage, il porta un jean sur la poche duquel était cousu l'écusson AFS. D'une taille juste au-dessus de la moyenne,

Prasojo avait les traits asiatiques. Cette particularité faisait l'objet d'une plaisanterie familiale. Son père, un homme corpulent au physique indubitablement indonésien, s'exclamait souvent : « Mais comment ai-je fait pour avoir un fils chinois ? »

Nous prîmes la navette aérienne de la compagnie Garuda jusqu'à Surabaya, sur la côte nord, à l'est de Java. Le rivage était souillé de boue. Les rivières dessinaient des méandes brunâtres sur la terre verte, surexploitée et surpeuplée. Autour de Surabaya, le paysage n'était que rizières s'étendant en longs rubans, ce qui facilitait l'irrigation, mais laissait deviner depuis le ciel un travail aussi minutieux que colossal.

Comme les rizières, les maisons – que nous aperçûmes plus tard, à la sortie de Surabaya – étaient très longues et très étroites. Devant les maisons situées à quelque distance de la route, les cours ombragées étaient impeccablement tenues. Poussant sur la terre nue, des bananiers, des cocotiers, des manguiers, de la canne à sucre et des frangipaniers. Les rizières s'étendaient immédiatement derrière les habitations. Durant le parcours en voiture, nous eûmes l'impression de traverser un seul et long village ; ici, Java paraissait d'une petitesse infinie, difficile à relier aux royaumes et empires fameux d'antan : un pays qui semblait ne plus appartenir qu'à un peuple industrieux, le *wong chilik*, le petit peuple, accablé par sa propre fécondité, quatre millions d'habitants au début du siècle dernier, quatre-vingts millions aujourd'hui.

C'est Prasojo qui m'apprit ce terme *wong chilik*, ajoutant que cette expression (malgré sa sonorité merveilleusement évocatrice) était à la fois insultante et vieillie. Néanmoins, pour certaines personnes n'appartenant pas à la paysannerie, il importait encore qu'on reconnût leur rang. Ceux-là s'appelaient eux-mêmes des « nobles », *raden*, et faisaient précéder leur nom de la lettre *R*. On reconnaissait aussi leurs maisons à un toit particulier en forme de chapeau, détail qui m'aurait échappé si Prasojo ne me l'avait fait remarquer, tant toutes les demeures m'avaient paru tassées les unes contre les autres, identiques et agréables : toits de tuile rouge, murs de bambous entrelacés pour les pauvres, en dur pour les moins pauvres, cours ombragées emplies de fruits et de fleurs.

Prasojo m'expliqua que les fenêtres constituaient une nouveauté. Les maisons traditionnelles javanaises n'en possédaient pas ; et, avec les murs de bambou, qui protégeaient des regards et de la chaleur tout en permettant la ventilation, les fenêtres n'étaient pas nécessaires. Dans les maisons traditionnelles, la lumière pénétrait grâce à des ouvertures ménagées dans le toit. Mais les murs de béton obligeaient à percer des fenêtres ; et je pus constater que les lucarnes de verre étaient en vogue chez les moins pauvres.

Chaque petite cour était marquée par deux montants entre lesquels aucun portail ne s'ouvrait. Les piliers affectaient une forme curieuse, surmontés de pyramides à degrés ou aux faces irrégulières, ou encore de losanges, les pyramides ou les losanges parfois coupés en deux : du béton mais qui, visiblement, imitait la brique. Ces piliers qui, au début, donnaient à penser que les terres et les travailleurs dépendaient de la vaste plantation d'un unique propriétaire, étaient en fait les vestiges du style architectural du dernier empire hindou de Java, l'empire de Majapahit, qui s'effondra à la fin du XVe siècle.

C'était ainsi que le passé pré-islamique avait survécu : comme une tradition, un mystère. On pouvait lire *Indrapura,* « la Cité d'Indra », en lettres peintes sur le car qui nous précédait; et *Indra Vijaya,* « la Victoire d'Indra », sur de nombreuses boutiques. Mais cet Indra n'était plus le dieu aryen du panthéon hindou. Pour Prasojo, aussi bien que pour le chauffeur de notre voiture, Indra n'évoquait plus qu'un personnage du théâtre de marionnettes javanais. Prasojo entreprit de me raconter la légende musulmane locale des cinq frères Pandava, qui représentaient les cinq principes de l'islam. Je n'ai pas l'impression que Prasojo concevait ce que cette légende avait de véritablement merveilleux : l'histoire qu'il me résumait était tirée de l'ancien poème épique hindou du Mahābhārata, qu'on s'était transmis à Java pendant quatorze siècles, qui s'était ancré dans la culture javanaise et qu'on avait ensuite adapté à l'islam. De bien beaux mystères vivaient en Prasojo, javanais et musulman. Plaquée sur son passé, l'éducation aurait pu détruire ce qui était devenu sa foi, sa personnalité.

En fin d'après-midi, nous arrivâmes à la ville de Jombang. Là se trouvait le fameux vieux *pésantrén.* Mais, une fois quittée la grand-route, nous découvrîmes qu'à Jombang les écoles paraissaient pulluler. Partout, les cours terminés, bavardaient des groupes éparpillés de jeunes musulmanes : avec leurs cheveux couverts, leurs blouses et leurs sarongs, elles faisaient penser à de petites religieuses. Où était notre *pésantrén,* et en quoi se différenciait-il des autres établissements ? Nous sillonnions la ville à toute allure, le chauffeur conduisant sa voiture comme si nous roulions toujours en pleine campagne; nous nous engouffrâmes dans de sombres ruelles. Puis, nous nous aperçûmes que nous étions passés devant notre école à plusieurs reprises : elle était si ordinaire que, malgré la pancarte, nous l'avions manquée; elle ne ressemblait nullement à la retraite champêtre, mi-école, mi-village, que je m'étais (tout comme Prasojo) attendu à découvrir.

Il y avait une clôture. Et, derrière, dans une cour sableuse qu'agrémentaient quelques arbres, se dressaient des bâtiments rudimentaires de deux étages en béton. Une mosquée ouverte à arcades, dont le pavement était légèrement surélevé par rapport au sol, occupait le milieu de la cour. Je vis des garçons, en sarong et chemise, assis ou affalés sur le bord du carrelage ou sur une marche, en train d'écouter un texte arabe récité d'une voix claire et égale par un professeur invisible.

Nous dépassâmes le tableau d'affichage des journaux – présentés, dehors, entre un panneau de bois et une vitre – pour nous diriger vers le bureau situé sur le côté de la mosquée. Mais il ne s'y trouvait personne. Des chemises et des sarongs multicolores séchaient sur la balustrade des vérandas du bâtiment. On voyait partout, en sarongs, le dos nu, de jeunes garçons à la peau cuivrée, les muscles pectoraux et abdominaux de leurs beaux corps minces d'Indonésiens délicatement dessinés.

Ils nous regardaient, eux aussi. Puis, petit à petit, ils commencèrent à s'attrouper autour de nous. Lorsque Prasojo et moi-même nous remîmes à marcher, ils nous firent escorte. Ils formaient toute une foule quand, après avoir suivi les allées étroites, poussiéreuses, et les caniveaux boueux qui séparaient les bâtisses, nous arrivâmes à l'autre extrémité du complexe : partout, des vêtements suspendus, des sarongs déroulés, la vision de petites chambres encombrées (huit garçons par chambre, précisa quelqu'un à Prasojo). Devant le hangar qui servait de cuisine et de boutique à l'école, le sol était tapissé de boue et de détritus : dans la cour bourbeuse, au-dessus d'un feu, un petit garçon en sarong grattait le fond d'une casserole brûlée pleine de riz gluant. Il leva vers nous et vers la meute qui nous accompagnait un regard terrorisé. Peut-être, songeai-je, tous les centres médiévaux du savoir avaient-ils ressemblé à cet endroit.

Mais... était-ce « Illich » que l'un des garçons, puis un autre, venait de crier ?

Un très petit homme d'environ un mètre quarante-cinq, coiffé d'un calot noir, s'approcha de nous et nous reconduisit, avec toute notre suite, jusqu'à un bâtiment situé à l'entrée, près de la mosquée. Il ouvrit une porte, nous fit pénétrer, Prasojo et moi, dans une grande pièce, et la referma au nez des jeunes curieux. Il avait l'air très sévère, sous son calot noir.

« Il dit que nous semons la perturbation, traduisit Prasojo.

— Je n'ai rien fait pour cela », protestai-je.

Dans la grande pièce, des chaises étaient alignées sur deux rangées, de part et d'autre de tables basses. Nous nous assîmes.

Et tout comme, en Afrique orientale, à certaines saisons, un nuage de fourmis volantes, attiré par la lumière, vient buter contre les fenêtres, les étudiants du fameux *pésantrén* de Jombang (mais attiré par quoi ? Par ce visiteur dont la présence attestait leur renommée ?) s'agglutinèrent contre les carreaux, faciès mongoloïde sur faciès mongoloïde, grimace sur grimace. Bien que je me fusse réfugié dans cette pièce, ils singeaient chacune des paroles que je prononçais. Et, distinctement maintenant, entre les commentaires et les mimiques, on percevait le nom de « Illich ! Illich ! » La visite de cet homme célèbre — ou l'intérêt que, disait-on, il leur portait — les avait-elle rendus si vaniteux ?

Quelqu'un d'autre entra dans la pièce.

« Ils disent que nous devons nous faire inscrire sur le registre, m'informa Prasojo. Un cours d'arabe se déroule dans la mosquée et nous le perturbons. Ils reçoivent énormément de visiteurs, ici. »

Bien entendu.

« Il faut signer le registre dans le bureau, insista Prasojo.

– Mais il n'y a personne dans le bureau. Nous y sommes déjà passés. »

Nous patientâmes un certain temps. Puis il s'avéra que l'homme au calot noir ne possédait aucune autorité, qu'il ne s'agissait pas même d'un professeur, mais d'un étudiant, qui fréquentait cette école depuis neuf ans. Il ne nous avait conduits dans cette pièce que pour s'accaparer nos personnes. Je pensai que nous pourrions l'amener à nous aider.

« Donnez-lui la lettre d'introduction, demandai-je à Prasojo. Dites-lui de l'apporter à son guide. »

On m'avait affirmé à Jakarta que les *pésantréns*, fonctionnant de façon traditionnelle et sans structures, n'avaient pas de « principal ». Il y avait un *kiyai*, un guide.

Docilement, l'homme au calot noir prit la lettre et sortit.

« Ne pourriez-vous aller parler au professeur d'arabe ? » suggérai-je à Prasojo.

Le cours se poursuivait. Caché quelque part dans l'ombre de la mosquée, le professeur récitait sans trêve.

Prasojo fut horrifié. Il ne pouvait interrompre une lecture.

« Que faire, alors ?

– Attendre. »

Nous attendîmes. Le cours d'arabe terminé, nous sortîmes, affrontant la foule. Des garçons au torse nu flânaient sous les vérandas des bâtiments ; certains fumaient des cigarettes indonésiennes au clou de girofle, qui dégageaient un parfum douceâtre. Mais la cohue grimaçante qui se pressait maintenant autour de nous nous rendait difficile tout mouvement ou échange de paroles. Le petit homme au calot noir revint, toujours aussi vif, précis et imperturbable, tenant à la main la lettre d'introduction. Il n'avait pas trouvé son guide.

Prasojo me reconduisit jusqu'à la pièce dont nous venions. Son mécontentement lui conférant une étrange raideur, il me déclara : « Puis-je vous laisser ici un instant ? Moi, je vais trouver quelqu'un. »

Il sortit. Je m'aperçus qu'aucun des garçons ne le suivait, ils continuaient à m'examiner, bouche bée. Mais, le soir tombant, l'heure de la prière et du dîner approchant, l'intérêt qu'ils me portaient commença à décliner. Plus rarement maintenant, et parfois de loin (l'un des enfants qui s'éloignait, sa curiosité satisfaite), retentissait le cri de « Illich ! ». Cependant, la politesse indonésienne ne s'était pas perdue. J'étais assis seul mais quelqu'un, venant d'une autre pièce, apporta plusieurs verres de thé (comme si tout un groupe de personnes devait me rejoindre), en plaça un devant moi sans me regarder puis sortit.

Prasojo revint en compagnie de deux hommes. L'un d'eux, un étudiant, se contenta de nous observer sans prononcer un mot. L'autre, professeur d'anglais, était aussi petit que le jeune homme au calot noir. Tout sourires, il paraissait désireux de mettre son anglais en pratique. Prasojo rafraîchit ses ardeurs. Ils échangèrent quelques phrases en indonésien et Prasojo m'expliqua que le professeur allait nous conduire à un autre *pésantrén,* situé à une demi-heure de route de là, où nous pourrions rencontrer quelqu'un qui serait en mesure de répondre à nos questions.

Nous n'avions apparemment pas grand-chose à perdre. Nous nous mîmes donc en route à la nuit tombante, traversant l'interminable village javanais, et, assis près du chauffeur, le souriant professeur d'anglais ne nous dérangea nullement. Brusquement, au bout de quelques minutes, il se retourna et demanda : « Avez-vous souvent visité cet endroit ? » Ayant préparé puis formulé sa question en anglais, ayant reçu sa réponse, il resta assis tranquillement jusqu'à la fin du voyage.

Le *pésantrén* devant lequel nous arrivâmes paraissait plus moderne et fonctionnel que celui de Jombang : un ensemble de bâtiments bien conçus, de béton et de tôle ondulée, disposés autour d'une cour impeccablement tenue. C'était l'heure de la prière du soir : quelqu'un chantait l'appel. Le suppléant du guide, un vieil homme portant des lunettes à verres épais et un long sarong bleu nous reçut dans un bureau non éclairé. Il nous déclara que nous avions de la chance : M. Wahid devait se rendre dès le lendemain à Jakarta. Et, dans l'obscurité, il nous conduisit, à travers des jardins, jusqu'à une maison privée, pour y rencontrer M. Abdur Rahman Wahid, qui savait tout des *pésantréns.* Alors seulement je me souvins que M. Wahid faisait partie des gens qu'on m'avait conseillé d'aller voir. La presse de Jakarta lui avait consacré plusieurs articles. Son expérience des *pésantréns* avait commencé à faire de lui une personnalité.

Un hasard – la rencontre de Prasojo avec le professeur d'anglais – me permettait donc de rencontrer ce M. Wahid. Et ce qu'Abdur Rahman Wahid (petit homme entre deux âges, plutôt replet, vêtu d'un sarong) m'expliqua dans son salon de style occidental – la lumière diffuse d'un plafonnier, un poste de télévision installé dans un coin de la pièce, des femmes qui entraient et sortaient, une famille, des serviteurs, des tasses de thé disposées sur une table basse – ce que M. Wahid m'expliqua métamorphosa la journée, donna une signification aux événements confus de cette fin d'après-midi et éveilla mon esprit à un prodige de l'histoire.

D'abord le nom. En indonésien, on appelait le quartier chinois d'une ville *pérshinén : pér-china-én,* « là où étaient les Chinois ». Ainsi, *pésantrén* venait de *pér-santri-én,* « là où étaient les hommes sages », *santri* étant une variante de *shastri*, mot sanscrit désignant l'homme qui avait appris dans les *shastras* hindous, les Écritures.

A Java, à l'époque hindou-bouddhiste, un *pésantrén* était un monastère dont la communauté villageoise assurait la subsistance en échange de son soutien et de sa protection spirituelles. Lorsque les systèmes philosophiques de l'ancienne civilisation s'effondrèrent, les musulmans soufites s'emparèrent aisément de ces lieux ; et ce fut tout naturellement que les villageois continuèrent à se rendre dans ces endroits pour y chercher conseil. Chaque homme pouvait aller à n'importe quel moment voir le guide, ou *kiyai*, d'un *pésantrén* afin de lui demander un conseil personnel ou d'ordre religieux. Il n'était pas nécessaire d'y suivre des cours ; on pouvait donc dire que l'instruction dispensée par les *pésantréns* ne reposait sur aucune « structure ».

Sous la domination hollandaise, à la fin du XIXe siècle, les villages commencèrent à évoluer. Certaines personnes s'enrichirent et voulurent donner une éducation à leurs enfants. Ce furent ces gens, cette classe de parvenus, qui accélérèrent la transformation des *pésantréns*, alors centres soufites, en écoles pour les enfants. A Java, l'islam lui-même était en train de changer. L'influence du soufisme, cette ascèse mystique qui se rapprochait des anciennes religions, régressait. L'ouverture du canal de Suez et le développement de la marine à vapeur sortirent Java – jusque-là la limite orientale de l'Islam – de son isolement. Au temps des bateaux à voile, il fallait des mois pour se rendre à La Mecque. Avec la vapeur, trois ou quatre semaines suffisaient. Un nombre croissant de gens accomplirent le pèlerinage. De plus en plus de fidèles entrèrent en contact avec la foi pure : le Prophète, le messager de Dieu, et ses stricts commandements.

Durant la dernière décennie du XIXe siècle, les *pésantréns* se transformèrent en écoles. Le *pésantrén* scolaire de Jombang, celui que nous venions de visiter, avait été fondé en 1896. Mais ils demeuraient des centres religieux. Les villageois continuaient à les aider financièrement et à s'y rendre pour demander conseil. Tous les trente-cinq jours, les guides des *pésantréns* d'une même région se réunissaient en vue de discuter des questions qui pouvaient se poser. Récemment, par exemple, on avait débattu du port des cheveux longs pour les hommes. Les guides avaient alors agi selon les règles de l'islam. Ils parcoururent le Coran et autres textes saints relatant la vie du Prophète, mais ne purent rien découvrir qui concernait les cheveux longs. Ils décidèrent donc que la longueur des cheveux ne constituait pas un problème. Pourquoi les guides se réunissaient-ils tous les trente-cinq jours ? Il s'agissait d'une réminiscence de l'époque hindou-bouddhiste. Les semaines avaient alors cinq jours, et les guides des monastères se rencontraient toutes les sept semaines.

Il se faisait tard. Mais, au *pésantrén* de M. Wahid, les cours se poursuivaient dans un bâtiment situé au fond du jardin. Ici, on observait toujours les horaires du monastère, on exigeait toujours des internes qu'ils fassent leurs dévotions, de jour comme de nuit. Nous sortîmes dans le jardin voir comment se déroulaient les cours. Des garçons s'entassaient dans une pièce (située sur le devant de la petite maison du professeur) et jusque sur le seuil de la porte. La salle était très faiblement éclairée; le professeur souffrait des yeux. Il lisait ou psalmodiait en arabe, sans jamais s'interrompre, et les élèves suivaient sur leurs livres. C'était un cours de droit islamique.

M. Wahid m'assura que le professeur était l'un des hommes les plus érudits de la région. Il ne percevait aucun salaire, seulement cinq cents roupies par mois, même pas un dollar. Mais les villageois le nourrissaient; le *pésantrén* lui payait ses transports et lui avait fait construire une petite maison.

La classe terminée, les garçons se levèrent. Certains s'agglutinèrent autour de nous. Le petit professeur aux lunettes à verres épais sortit de sa maison obscure et resta, humble et silencieux, auprès de nous, tandis que nous parlions de lui. Il n'avait que trente ans, m'apprit M. Wahid, mais il savait déjà une grande partie du Coran par cœur.

« Trente ans et il sait le Coran par cœur! m'exclamai-je.

– La moitié, corrigea M. Wahid, la moitié. »

Je ne trouvais pas cela terriblement remarquable, de la part d'un homme de trente ans, qui n'avait qu'un seul livre à connaître à fond. M. Wahid et moi-même discutâmes amicalement de cette question tandis que le professeur se tenait, silencieux, modeste, le dos voûté, dans la clarté diffuse de sa propre maison, attendant qu'on lui permît de se retirer : improbable successeur des moines bouddhistes d'autrefois, vivant toujours (comme le Bouddha l'avait commandé aux religieux) sur la générosité de la communauté, mais la payant aujourd'hui de retour en enseignant l'arabe aux enfants.

Nous reprîmes le chemin de Jombang en compagnie du professeur d'anglais. Il ne nous précisa pas combien, mais reconnut gagner plus d'un dollar par mois. Cependant, il ne possédait pas de maison et personne ne lui faisait don de sa nourriture. Il s'en sortait, mais bien difficilement. Dans le village, un bol de riz coûtait cinquante roupies, environ huit *cents* américains. Un bol de riz agrémenté de « quelque chose » pouvait atteindre le double de cette somme.

A la lumière des lampes, le *pésantrén* de Jombang paraissait différent, plus sobre. Le portail principal était clos. Pour empêcher les garçons de sortir, m'expliqua le professeur d'anglais. Nous entrâmes par la porte restée ouverte, près de la maison du guide; les enfants avaient trop peur du guide pour emprunter cette issue-là.

Les éclairages étaient faibles. Le centre semblait plus calme que dans l'après-midi. Mais les élèves flânaient toujours en sarong dans la maison baptisée Al Fattah et – comme de nuit, dans un parc plein d'oiseaux perchés sur les arbres – l'irruption d'un visiteur provoquait encore tout un remue-ménage. Il y avait huit garçons par chambre ; et la règle voulait que les jeunes gens (ils arrivaient au *pésantrén* à treize ans et le quittaient à vingt-cinq ans) fussent tous d'âge différent. Mais les chambres n'étaient pas toujours assez spacieuses pour huit, et certains des garçons devaient dormir dans la mosquée.

Ici et là, dans la faible clarté de la cour, des jeunes gens feignaient d'étudier. Feignaient seulement, car il faisait trop sombre pour lire. Ils plongeaient le nez dans : un ouvrage de droit islamique, *La Grammaire arabe, L'Histoire de l'Islam, Comment prier*. Sur ce dernier livre figuraient huit dessins décomposant les attitudes de la prière islamique ; comme les garçons priaient cinq fois par jour, leur utilité ne me parut pas évidente. La soirée était déjà avancée ; et, au *pésantrén*, on se levait de bonne heure.

Le centre soufite s'était transformé en école ; les jeunes devaient se plier à la discipline des moines et des derviches : ce n'était plus seulement la tradition mais dépassait la simple éducation. Il s'agissait de rompre avec le passé indonésien ; c'était l'islamisation. Il en résultait un bouleversement plus grand que celui qu'aurait pu apporter n'importe quel programme scolaire occidental. Pourtant, les élèves concernés trouvaient ce système attirant, car, comme autrefois chez les moines, on continuait de célébrer l'idée de pauvreté ; une idée qui, reprise en 1980 dans une école javanaise, pouvait quasiment se résumer en cette formule : les pauvres apprenant aux pauvres à être pauvres.

Nous passâmes la nuit à Surabaya. Une puissance impériale ou universelle ne se rappelle pas toutes les petites batailles qu'elle a livrées. Mais, là où on s'est battu, les gens se souviennent. En 1945, après la guerre, Anglais et Indonésiens s'étaient affrontés à Surabaya. On pouvait voir dans la ville des statues commémorant cet épisode ; et, lorsque nous y eûmes jeté un coup d'œil, Prasojo et moi entamâmes le trajet de six heures qui devait nous conduire à Jogjakarta, au sud-ouest de Surabaya. Nous reprîmes la route de Jombang et retraversâmes le village interminable, repassant devant les piliers qui évoquaient l'empire javanais hindou de Majapahit, depuis longtemps disparu.

Le musée de Majapahit, où nous fîmes halte, n'était pas très riche. Mais, un peu plus loin, de l'autre côté de la petite rue, se dressait un temple. Une ombre verte baignait l'allée bordée de maisons de bambous entrelacés, dépourvues de fenêtres. Une pancarte « stop » – fixée sur un poteau de bambou à l'extrémité vaguement enfoncée dans un trou – en réglementait l'accès, que contrôlait une petite fille. Contre un droit de cent roupies, en l'échange desquels elle me donna un ticket, la gamine leva le piquet et nous laissa passer : l'argent était destiné au village.

Dans une cabane à toit de chaume située au bord de l'allée, une pièce de bois était suspendue à une traverse. C'était là qu'à tour de rôle les villageois montaient la garde pendant la nuit. Le tronc était évidé et, sur l'un des côtés, percé d'une fente verticale; frappé à l'aide d'un maillet, il produisait un bruit retentissant. On s'en servait pour indiquer l'heure et donner l'alerte en cas de vol ou d'incendie : le feu constituait le principal ennemi.

Et, juste après le village ombragé, en plein soleil, surgit une splendeur séculaire : la haute tour de brique rouge du temple majapahit, sobre, géométrique, massive; style antique que copiaient les pyramides et les losanges taillés juchés sur les piliers que nous avions croisés tout le long de la route depuis Surabaya. Il ne restait pas grand-chose du monument lui-même. Les statues qui ornaient autrefois la tour avaient été descendues de leurs niches. Mais, après la foule, l'uniformité, les petites maisons et les longues bandes des rizières, les ruines attestaient le passé de ce peuple et donnaient une autre dimension au paysage.

Prasojo ne connaissait ni la raison d'être ni la signification du temple. Seul l'impressionnait le fait qu'on l'eût construit sans l'aide de machines. Et, aussi, qu'on ne se fût pas servi de mortier. Avec les siècles, la chaux avait soudé les briques ensemble : ce détail avait fait l'émerveillement d'un Allemand que Prasojo avait rencontré.

Nous mangeâmes quelque chose dans un *café* chinois. « Vous pouvez reconnaître qu'ils sont chinois ? » me demanda Prasojo et je lui répondis que oui. Le village s'étirait; les paysans et leurs petites maisons nous accompagnaient toujours. Soudain, le décor devint plus accidenté et la route se mit à serpenter au milieu de forêts de jeunes tecks, aux troncs droits et aux feuilles arrondies. C'était, m'apprit Prasojo, les Japonais qui, durant la guerre, avaient coupé tous les tecks de Java. Cette remarque éveilla mon intérêt; en effet, la veille, au petit aéroport de Jakarta, où étaient exposées des photographies d'antiquités indonésiennes, Prasojo m'avait affirmé que c'étaient les Japonais qui, avec leurs épées, avaient tranché ou mutilé les têtes de pierre de tous les bouddhas. Puis, dans le musée majapahit, notre conversation portant de nouveau sur le sujet, je lui avais déclaré que (mis à part les pillards) les musulmans avaient été les plus grands iconoclastes de l'histoire, les plus grands coupeurs de nez de statues anciennes. Il eut, au début, quelque mal à accepter cette idée. Puis, comprenant, il avait simplement répondu : « C'est pour empêcher que les gens ne les adorent. »

Même en plein midi, l'humidité régnait dans les forêts de tecks. Par moments, Prasojo s'assoupissait. Il avait demandé au chauffeur de passer des cassettes de pop-music; cela ne l'empêcha pas de s'endormir. Le relief s'aplanit, s'ouvrit sur une immense plaine bordée, d'un côté, par une frange de collines bleutées et, de l'autre, au loin, par une chaîne de hautes montagnes. Il avait plu ; tout scintillait. Le vert des rizières resplendissait. Et, contre ce vert, chaque touche de couleur vive – habits ou sarongs des paysans au travail dans les champs – devenait éclatante, rehaussée par son reflet dans l'eau. Le riz poussait en rangées rectilignes ; les champs le montraient à différents stades de maturité.

Comme la lumière déclinait et que la chaleur de l'après-midi s'atténuait, Prasojo sortit de sa torpeur puis, bientôt, retrouva toute sa vivacité. Le sommeil avait fait mieux que le reposer : il se mit à commenter avec poésie le pays que nous traversions. Il avait été élevé près d'ici. Il me parla avec émotion du temps où il se levait le matin, avant l'aube, et marchait jusqu'à la route pour y attendre le car, une torche en feuilles de palmier à la main. Il évoqua ses « rendez-vous » de l'après-midi. Ils se situaient toujours entre quatre et six heures ; passé sept heures, on ne pouvait plus aller nulle part. La fille s'asseyait en amazone sur le porte-bagages de la motocyclette et s'accrochait à la taille du garçon ; là résidait tout le plaisir de ces rendez-vous.

« C'est le meilleur moment de la journée », dit Prasojo.

Le soleil rougeoyait. La lumière était rouge ; ses rayons écarlates filtraient à travers les arbres et ensanglantaient la route. Une brume légère montait des champs ; les collines bleutées s'estompaient ; le soleil et le ciel se reflétaient dans l'eau des rizières.

« Il nous est difficile de vivre à l'étranger, me déclara Prasojo. Nous avons vite le mal du pays. »

Tout leur faisait regretter leur pays. Tout ce que nous avions connu en cette journée, la fraîcheur du matin, la chaleur de midi, l'atmosphère apaisante et les couleurs du crépuscule. Tout ce que nous avions vu sur la route et dans les champs : le cycle de la culture du riz, la variété des travaux, les hommes portant leurs fardeaux accrochés à chaque extrémité d'une perche de bambou, les cyclo-pousses, les charrettes à chevaux (chaque région avait son style d'attelage). Les Indonésiens connaissaient leur pays dans ses moindres détails ; ils savaient tout des maisons, des vêtements, de la lumière. Chaque saison, chaque jour avait son relief particulier. Lors de son séjour en Arizona, la première chose qui vint à l'esprit de Prasojo, en s'éveillant le lendemain de son arrivée fut : « Je ne suis pas en Indonésie. »

Toutes ces confidences jaillirent sous l'effet de la lumière déclinante, le meilleur moment de la journée javanaise. La route était encombrée de gens qui s'abandonnaient aux plaisirs de cette heure de la journée en se détendant et bavardant. Les charrettes rentraient. Garçons et filles chevauchaient ensemble leurs bicyclettes – Prasojo me les désigna du doigt.

Il me raconta certaines des choses qui l'avaient déconcerté en Arizona. Un matin, pour se montrer poli et amical, il demanda à son voisin, comme il l'aurait fait à un Indonésien : « Que comptez-vous faire, aujourd'hui ? » En Indonésie, son interlocuteur lui aurait répondu : « Je vais aller à la rizière. Aujourd'hui, il faut que je fasse ceci et cela. » Mais, en Arizona, son voisin – un homme de trente ans – lui avait répliqué : « Ça ne vous regarde pas. » Ou encore, Prasojo, comme il l'eût fait en Indonésie, se rendait chez un ami, sans raisons précises, simplement pour le voir. Et – en Arizona – la mère du garçon lui demandait : « Qu'est-ce que vous voulez ? », ce qui, en Indonésie, eût été considéré comme grossier. « Nous ne sommes pas aussi individualistes que ça », conclut Prasojo.

A Java, si un homme désirait récolter son riz, il en informait les autres villageois. Ceux-ci venaient l'aider et recevaient un peu de riz en échange. Le grand-père de Prasojo, un fermier, aimait à dîner devant sa maison, de façon à pouvoir héler ses amis lorsque ceux-ci passaient : « Viens manger avec nous. » Bien sûr, cela n'était pas concevable en ville. A Jakarta, votre table aurait été complète en un rien de temps. Mais sa mère avait conservé le sens du partage ; et il lui arrivait de se disputer à ce sujet avec le père de Prasojo au point parfois qu'elle en pleurait. Quoiqu'elle ait fini, douloureusement, par apprendre qu'elle ne pouvait nourrir Jakarta tous les soirs, elle continuait, quand elle prenait le train, à emporter beaucoup plus de provisions qu'il n'en fallait pour elle et sa famille, simplement pour le plaisir de partager avec les autres voyageurs du compartiment.

Cependant, tout Indonésien qu'il était, Prasojo avait adoré voyager. Pendant son séjour en Arizona avec l'American Field Service, il avait découvert avec stupéfaction la variété de la race humaine. Autrefois, il n'aimait guère les Hollandais, à cause du passé colonial de son pays (quelques semaines plus tard, il me raconta une algarade qui avait opposé son grand-père fermier à un Hollandais) ; mais, en Arizona, il avait fait la connaissance d'un jeune Néerlandais qui lui avait inspiré beaucoup d'amitié et il s'était débarrassé avec joie de ses vieux préjugés. Et comme il était agréable de pouvoir appeler un jeune Allemand « Hitler » et que le garçon comprenne la plaisanterie ; comme il était drôle, lorsque Prasojo refusait du porc, d'entendre quelqu'un lui lancer : « Hé ! Quand est-ce que tu vas laisser tomber cette religion ? »

Il avait d'abord séjourné chez une famille luthérienne, puis chez une famille presbytérienne et, enfin, chez des agnostiques ; il s'était bien entendu avec tout le monde. Mais il restait suffisamment indonésien pour n'avoir pas su comment répondre lorsque en Amérique quelqu'un lui demanda : « Est-ce que vous vous plaisez mieux aux États-Unis qu'en Indonésie ? » Prasojo ne voulut pas blesser l'Américain qui lui posait la question ; mais, en même temps, il ne put renier l'amour qu'il portait à son pays. Son séjour en Arizona lui avait donné envie de devenir écrivain et il avait rédigé un essai autobiographique d'une centaine de pages : *Merden Bukan Casa Grande,* « Merden n'est pas Casa

Grande ». Casa Grande était la ville de l'Arizona qui l'avait accueilli et Merden le nom de son village javanais.

Nous arrivâmes au temple de Prambanam à la tombée de la nuit. Après avoir vu tant de photographies, je fus surpris de découvrir la tour majestueuse située si près de la route, tellement intégrée à la vie du village ; cela semblait à peine croyable.

Le temple hindou du IXe siècle – les vieilles photographies n'en montraient que la base imposante et une accumulation de pierres descellées – avait été scrupuleusement reconstitué par les Hollandais : on avait placé des pierres blanches là où l'on n'avait pas pu retrouver les blocs d'origine. Le temple avait constitué le centre d'un ensemble considérable. Les travaux de restauration se poursuivaient toujours. On avait soigneusement disposé et numéroté les pierres de temples plus petits. Cependant, le village empiétait sur les ruines. A l'extérieur de la clôture qui protégeait le monument, on brûlait des ordures dans les vestiges d'une petite tombe sur laquelle on voyait encore quelques motifs sculptés. « Cela me fait mal », avoua Prasojo. De nouveau, il s'émerveillait par-dessus tout qu'on eût pu construire quelque chose d'aussi énorme sans l'aide de machines, sculpter aussi bien la pierre sans instruments perfectionnés.

Un groupe de jeunes filles du pays, bien espiègles à cette heure de la journée, se mirent à monter et descendre les quatre marches d'un petit escalier, en nous interpellant, Prasojo et moi, puis, bientôt, s'enfuirent en gloussant le long de la balustrade de la terrasse. Le ciel s'assombrissait au-dessus des champs humides ; les siècles semblaient peser sur le temple.

La balustrade était ornée de scènes tirées du *Rāmāyana*, l'épopée hindoue que Java et d'autres pays du Sud-Est asiatique s'étaient appropriée. Mille ans après l'édification de Prambanam, la légende restait vivante à Java. Prasojo la connaissait bien, grâce au théâtre de marionnettes. Il en savait les personnages, les épisodes ; il en comprenait la morale. Des monuments comme Prambanam se référaient à une théologie complexe, hindoue ou bouddhiste, pour affirmer l'autorité ou la quasi-divinité d'un roi. Cette théologie avait disparu et, avec elle, les rois et les prêtres ; la civilisation qui nous était parvenue ne concernait que le côté le plus attrayant de ces anciennes croyances.

Prasojo était mahométan ; il comptait des amis parmi les nouveaux musulmans. Mais, jusqu'à présent, il se sentait très peu concerné par leur idéal qui voulait purifier la société, créer des êtres abstraits, des hommes de pure foi qui ne seraient plus rien d'autre qu'un ensemble de règles. Prasojo possédait sa civilisation javanaise trop à fond pour accepter cela : c'était bien de sa civilisation qu'il m'avait parlé tout au long du voyage.

Les conversations entre amis occupaient une place importante dans la vie de Prasojo. Il avait des amis à Jogjakarta. Il passa la nuit chez eux et, plus tard, me raconta qu'il s'était rendu dans un restaurant en compagnie de cinq camarades et que là, pendant une heure, il s'était bien « amusé ».

Il souhaitait que nous nous levions tôt le lendemain matin pour aller voir les étudiants de Jogjakarta qui prenaient le chemin de l'école à bicyclette, roulaient à sept de front, et faisaient retentir leurs sonnettes en échangeant des rires. Pourquoi se comportaient-ils ainsi dans la circulation de Jogja ? « Parce qu'ils sont heureux. » Et ils étaient heureux parce que c'était de leur âge et qu'ils entamaient une nouvelle journée. Mais ces étudiants à bicyclette – et les autres deux-roues – causèrent des embouteillages qui retardèrent Prasojo. Je manquai donc ce spectacle.

Cependant, le jeune homme arriva en compagnie de l'un de ses amis : les dires de Prasojo en avaient fait une sorte de personnage mythique : l'ami constituant l'un des piliers de cette société javanaise sécurisante. Prasojo ne dissimulait pas la joie que lui procurait la présence de son camarade. Il le touchait, me parlait de lui avec un grand sourire. Mais, tout le temps qu'il resta avec nous, l'ami garda le silence, sans cependant paraître s'ennuyer, content simplement d'être avec Prasojo.

Le *pésantrén* de Jombang nous avait déçus. Mais Prasojo fondait de grands espoirs sur celui de Pabelan. Pabelan représentait le *pésantrén* modèle. Il s'agissait d'un établissement d'enseignement islamique « traditionnel » qu'on avait transformé en un type d'école que certains trouvaient convenir parfaitement à Java : pas une usine à diplômes (il n'en délivrait pas), mais une institution « non structurée », enseignant les matières essentielles, une « coopérative » autogérée où professeurs et élèves travaillaient ensemble, où les premiers ne se limitaient pas à leurs attributions d'enseignants, le village et l'école s'aidant l'un l'autre, villageois et étudiants ne s'en tenant pas strictement à leur rôle respectif. C'était ainsi que je le comprenais : une communauté éducative, une organisation autonome, une formule préservant l'harmonie du village, telle que me l'avait décrite Prasojo.

Pabelan se trouvait à une heure de Jogja, sur la route qui menait au temple de Bārābudur : paysage de terre riche et volcanique sur laquelle se multipliaient les villages et les rizières. Nous tournâmes dans un chemin qui s'enfonçait entre les arbres et, tout au bout, aperçûmes un groupe de maisons javanaises blanchies à la chaux, situé sur un vaste terrain sablonneux planté de cocotiers et de flamboyants. Nous découvrîmes le bureau, dans une grossière bâtisse villageoise, et, là, les difficultés commencèrent.

Deux hommes occupaient le bureau. L'un d'eux s'appelait Taufiq. Petit, le visage rond, la trentaine, son visage s'éclairait en permanence d'un large sourire et, souvent, il partait d'un grand rire. Il refusa d'admettre que le bureau en était un. Cela me déconcerta car, derrière une vitrine, j'apercevais de nombreux dossiers.

Puis Taufiq m'expliqua qu'il n'y avait pas de préposé au bureau. Les membres du *pésantrén* le gardaient à tour de rôle, et, de ce fait – cela amusa énormément Taufiq –, certains visiteurs n'avaient absolument pas l'impression de se trouver dans une pièce de ce genre. Si Taufiq représentait le *pésantrén* ce matin-là, c'était simplement qu'il tenait son tour.

Mais comment s'opérait la liaison ? Qui s'occupait des dossiers qu'on voyait derrière la vitrine ? Taufiq ne voulut pas répondre ou, peut-être, n'entendit pas ce que je lui demandais. Il me présenta son voisin – un jeune homme bien de sa personne, parlant couramment l'anglais – comme un guide, un chef de village. Il ne correspondait pas à l'idée que je me faisais d'un chef de village. Et, essayant de sortir de la perplexité dans laquelle Taufiq m'avait déjà plongé, je manquai partiellement les explications qu'il fournissait à Prasojo sur l'absence de véritables professeurs dans cette école.

Lorsque je lui prêtai de nouveau attention, Taufiq déclarait sur son ton égal : « Nous vivons en paix avec la nature. »

Ces préoccupations écologiques éveillèrent mon intérêt : quoique la notion parût moderne, on l'avait aussi jugée coranique, et c'était à ce double titre qu'on l'avait intégrée au nouvel islam. Je ne repris véritablement le fil de la conversation qu'en entendant Taufiq assurer que, si nous étions étrangers, nous n'en étions pas moins les bienvenus. Nous pouvions rester pour le déjeuner, ou même pour dormir. Telle était la règle, à Pabelan : être musulman signifiait servir son prochain.

« Est-ce uniquement pour cela que vous servez votre prochain ? lui demandai-je. Certains servent leurs prochains simplement parce que ce sont leurs frères. »

Le chef du village répondit : « Nous sommes musulmans et nous voulons nous montrer bons.

– Qu'entendez-vous par bons ? »

Debout, très droit, il dit : « Respecter l'usage. Ne pas déplaire. »

C'était une bonne réponse, une réponse de musulman : s'en tenir à l'usage musulman et ne pas déplaire aux musulmans.

« Est-ce bien ou mal de porter les cheveux longs ? » le questionnai-je.

Cette fois encore, il n'hésita pas un instant : « Ce n'est pas un problème. »

Ayant passé avec succès ce petit test islamique, il se détendit. Il me dévisagea avec une soudaine attention. « Êtes-vous arabe ?

– Non. Qu'est-ce qui vous le faisait penser ?

– Vous ressemblez à notre Prophète. »

Prasojo parut scandalisé. « Comment pouvez-vous *dire* cela ? Personne ne sait à quoi ressemblait le Prophète.

– Personne ne le sait, convint le chef, tentant maintenant de louvoyer entre le blasphème et la discourtoisie. Mais on pourrait s'attendre que le Prophète ressemble à un homme comme lui. »

Nous examinâmes la carte de l'archipel indonésien fixée au mur. Pabelan en occupait le centre. Vers le village convergeaient des traits rouges partant de tous les districts d'Indonésie – indiqués par des punaises – qui avaient envoyé des étudiants au *pésantrén*.

Prasojo, peut-être par jeu, peut-être non, désigna une toute petite île du nord de l'archipel. « Comment ont-ils entendu parler de vous, là-haut ?

– Cessons de discuter, décida Taufiq. Et sortons. »

Et, laissant le chef seul dans le bureau, nous sortîmes dans la cour sableuse. L'odeur de fumier, très puissante dans le petit local, s'atténua à l'air du dehors. Des adolescents et des hommes, parmi lesquels un vieillard portant un calot noir, fabriquaient des châlits de bois à l'ombre d'un cocotier.

« Vous me dites qu'il n'y a pas de professeurs, demandai-je à Taufiq. Qui leur apprend à fabriquer ces lits ?

– Chacun enseigne à l'autre ce qu'il sait. »

Nous nous dirigeâmes vers les artisans. Sans doute habitués aux visiteurs, ils ne nous prêtèrent aucune attention.

« Que dois-je demander, maintenant ? s'informa Prasojo.

– Qui paie le bois.

– Les gens nous donnent des choses, répondit Taufiq. Et nous, nous en vendons. Nous fabriquons des meubles et nous les vendons. Au village, certaines personnes ignorent que j'appartiens au *pésantrén*. Elles me prennent pour un marchand. » Et il repartit de son rire grave ; il avait le goût de l'incognito, du mystère.

« Regardez ! me lança Prasojo. Des filles. Et elles sont tout à fait jolies. »

Il avait bien l'œil d'un garçon de dix-neuf ans. Il s'agissait de très jeunes filles ; accroupies sur le sable autour d'un trou assez large, elles ramassaient des racines de cocotier en morceaux qu'elles jetaient ensuite dans un panier. Quand nous nous approchâmes pour les observer, elles se montrèrent moins actives, arrachant délicatement et sans hâte les fragments mous de racine de cocotier.

« Elles amassent du combustible, pour faire la cuisine, dit Taufiq. C'est une coopérative.

– Combien de temps consacrent-elles à cette tâche ? demanda Prasojo.

— C'est vendredi, répondit Taufiq. Elles n'ont pas cours. »

Prasojo commença à s'inquiéter du sort de ces ravissantes jeunes filles. « Vous voulez dire qu'elles y passent toute la journée ?

— C'est une coopérative », répéta Taufiq, sans cesser de sourire.

Mais, alors même que nous les regardions, les jeunes filles décidèrent qu'elles avaient fait leur journée. Elles se levèrent lentement, calèrent leurs petits paniers de racines de cocotier contre leur hanche, et s'éloignèrent d'une démarche ondoyante.

Par endroits, sur le sable, des cordes blanches délimitaient des terrains de volley-ball. Mais personne ne jouait. Ici et là, posés sur des nattes, on avait exposé des matelas à l'air et au soleil.

« C'est le dortoir des filles, m'apprit Prasojo. Voulez-vous y jeter un coup d'œil ? »

Je n'étais pas disposé à laisser Prasojo se servir ainsi de moi comme prétexte. « Cela pourrait les gêner », protestai-je. A la place, nous nous dirigeâmes vers un petit groupe de garçons qui nettoyaient une mare. Un gros tuyau était relié à une pompe électrique à l'arrêt ; et, les pieds dans l'eau verdâtre, couverte d'écume, les adolescents pêchaient les feuilles et autres impuretés à l'aide d'épuisettes. Un homme d'âge moyen dirigeait les opérations.

« C'est lui qui a fondé le *pésantrén* en 1962, m'informa Taufiq.

— Désirez-vous lui parler ? » proposa Prasojo.

Je lui répondis que non ; je n'aurais su quoi lui dire.

Un peu plus loin, nous découvrîmes un dortoir de garçons. Encombré de lits et de valises, il était prévu pour trente-deux enfants, dont certains se trouvaient là, allongés sur leur couche.

« Celui-ci porte un nom célèbre, confia Taufiq à Prasojo en lui désignant un garçon. Son frère est chanteur. » Quand il eut appris comment il s'appelait, Prasojo eut l'air impressionné.

Devant un autre dortoir, des enfants se tenaient à côté d'un amoncellement de valises, de sacs et de paquets. Avec leur petit calot noir sur la tête, ils semblaient habillés de pied en cap, comme s'ils venaient juste d'arriver et attendaient qu'on leur montre où aller.

« Nous les faisons déménager environ tous les dix jours, expliqua Taufiq. Pour qu'ils se mélangent. Ici, peu importe qu'on soit javanais, soudanais ou sumatriens. Ils sont tous indonésiens. Vous voyez ce garçon, là-bas ? dit-il à Prasojo. Il vient de Timor. »

Prasojo parut intéressé. « Lequel ?

— Timor, répéta Taufiq en éclatant de rire. Notre nouvelle colonie. Bientôt, nous annexerons l'Australie.

— Vous ne devriez pas *dire* des choses pareilles ! » s'exclama Prasojo.

Songeant aux enfants qu'on obligeait à déménager, je déclarai : « Et s'ils n'ont pas envie de bouger ? Vous dites qu'il n'y a pas de professeurs, que c'est une coopérative.

– C'est vrai. Il n'y a absolument pas de structure.

– Mais s'ils ne veulent pas bouger?

– Par là-bas, dit Taufiq en désignant un point situé au-delà des arbres et de deux terrains de volley-ball, nous possédons un peu de terre. Nous la cultivons.

– Combien ? demandai-je, oubliant les enfants.

– Deux hectares et demi. »

Dans une nouvelle construction – qui avait dû coûter cher – se trouvaient des instruments de musique. Mais c'était vendredi et personne n'en jouait. Sur un tableau, on avait affiché des photocopies d'articles en indonésien et en anglais consacrés au *pésantrén.* Trois d'entre eux étaient en anglais. Ils se répétaient l'un l'autre, notamment pour ce qui était de l' « interaction » entre l'école et le village et, sans doute, avaient tous puisé à une même source. L'un des articles mentionnait Ivan Illich – il semblait difficile d'éviter son nom dès qu'il s'agissait de *pésantréns* – et avançait que le *pésantrén* de Pabelan constituait un parfait exemple de « déscolarisation ».

Taufiq et Prasojo attendirent que j'aie fini de lire.

« Vous dites que l'école n'est pas structurée et qu'il n'y a pas de professeurs, commençai-je. Combien de temps les étudiants séjournent-ils ici ?

– Six ans, répondit Taufiq.

– Je n'ai pas l'impression de comprendre très bien tout ce que je vois.

– Regardez, me dit Prasojo. Un journal mural. »

Dans une cabane rudimentaire où les empreintes de pas avaient rejeté en petits tas l'épaisse couche de poussière qui recouvrait le sol, trois garçons fixaient le journal au mur. Les articles étaient tapés à la machine et les marges justifiées à droite comme à gauche : cela signifiait donc que, quelque part dans ce village de huttes et de maisons javanaises, il existait une machine à écrire électrique et quelqu'un capable de s'en servir.

Nous dépassâmes une vieille hutte en fibre de coco tressé, devant laquelle était assis un vieillard.

« Qui est-ce ?

– Un villageois, me répondit Taufiq, content que je lui aie posé cette question. Et celui-là aussi est un villageois : le village, l'école, il n'y a pas de différence.

– Prasojo, dis-je, je crois que je commence à attraper froid. Peut-être ferions-nous mieux de rentrer à Jogja. »

Taufiq ne tenta pas de me retenir. Nous reprîmes la direction du bureau. En chemin, nous nous arrêtâmes devant des cageots posés sur des planches.

« C'est là que nous conservons le riz, m'expliqua Taufiq. Les villageois nous en donnent. Et, quand ils en ont besoin, nous leur en donnons.

Ce Taufiq ne cessa de m'étonner jusqu'à la fin.

Quand nous nous retrouvâmes dans la voiture, je confiai à Prasojo : « Je ne crois pas que ce soit une bonne école. Pourquoi faire tant d'histoires pour en arriver là ? Et pourquoi ne se contentent-ils pas de construire une véritable école ? Y a-t-il vraiment quelqu'un qui reçoive une éducation, ici ? Ou s'amusent-ils juste à jouer aux villageois ?

– Vous ne pouvez pas dire une chose pareille. Vous ne pouvez pas passer un quart d'heure dans un endroit et vous en faire une idée définitive.

– Nous sommes restés plus d'un quart d'heure.

– Je ne pense pas que vous ayez compris ce que vous avez vu.

– C'est aussi mon impression.

– On ne fabriquait pas des lits, dans mon école, dit Prasojo. On n'en faisait pas et on n'en vendait pas. C'est une idée nouvelle.

– Moi, j'ai travaillé le bois, à l'école, affirmai-je.

– Vraiment ? » Il se tut.

Nous traversâmes une rivière à sec, au lit couvert de roches basaltiques noires : l'une des coulées de lave du Merapi.

« Avez-vous entendu parler d'un écrivain anglais nommé Charles Dickens ? » demandai-je. Aussitôt, il me parut absurde d'avoir posé une telle question au milieu des rizières javanaises. « Eh bien, en 1837 ou 1838, Charles Dickens a écrit un roman intitulé *Nicolas Nickleby* où il décrit une école semblable à ce *pésantrén*. Elle était dirigée par un certain Mr. Squeers. Il croyait que l'éducation devait passer par la pratique. Pour la botanique – allez vous promener dans le jardin. Pour la zoologie – allez brosser les chevaux.

– J'ai entendu parler de Charles Dickens mais je n'ai pas lu *Michael Nickleby*.

– *Nicolas Nickleby*. J'aurais eu horreur qu'on m'oblige à rester dans ce genre d'école.

– Ce serait *criminel* si, en quittant l'Indonésie, vous écriviez une chose pareille. On n'oblige personne à rester ici.

– Ce n'est pas ce que je voulais dire, Prasojo. J'entendais par là que si j'étais enfant, et que mes parents m'envoient dans un endroit comme celui-là, j'y serais très malheureux. »

Je l'avais blessé ; j'avais mis à rude épreuve sa courtoisie javanaise. Il croyait en ce système du *pésantrén*, comme en un système à la fois javanais et musulman. Ne s'étant jamais rendu à Pabelan auparavant, il se sentait peut-être aussi dérouté que moi par ce qu'il y avait vu et par ce que Taufiq nous avait dit. Mais la réputation de l'endroit forçait son respect.

Un peu plus tard – comme nous approchions de Jogja et qu'apparaissaient les premiers panneaux d'affichage – il aborda de nouveau le sujet, quoique de façon détournée. « Quelle est pour vous la différence entre l'éducation et le savoir ? » me demanda-t-il.

Et, pour la première fois, retournant dans ma tête sa question, j'entrevis ce que Taufiq avait essayé de me faire comprendre.

Mais je n'appréciais pas beaucoup ce genre de discussion. « Je ne suis pas sûr de pouvoir répondre. C'est une fausse question. L'éducation et le savoir ne sont pas toujours distincts l'un de l'autre. »

Il feignit d'avoir compris. Alors que, sous le soleil de midi, nous pénétrions dans Jogja – motocyclettes et bus crachant la fumée, boulangeries hollandaises, réclames pour cigarettes indonésiennes au clou de girofle, cyclo-pousses à la haute selle (l'effort des tireurs portant moins sur les mollets que sur les bras, à cause de la pression qu'ils devaient exercer constamment pour maîtriser l'avant de leur véhicule) – alors que nous pénétrions dans Jogja, Prasojo fit semblant de prendre à la légère ce que je venais de dire.

Mais, une fois la voiture arrêtée devant l'hôtel, il ne put se contenir plus longtemps. « Je ne voulais pas faire le guide, vous savez, commença-t-il. J'ai *plaqué* l'école pendant une semaine pour vous accompagner. Mon professeur a trouvé que ce serait une bonne chose que je parte avec vous. Et c'est lui qui a convaincu le principal de m'accorder ses trois coups de tampon. » Puis, de la façon la plus inattendue, après cette sortie, il se confondit en excuses. « Je suis désolé de vous avoir emmené à la fabrique de batik, ce matin. Vous n'aviez pas demandé à la voir. Je vous ai fait perdre votre temps. »

Je lui étreignis le bras, comme pour lui présenter mes propres excuses. Et il accepta ce geste un instant avant d'ouvrir la portière de la voiture.

Mais cette idée d'une communauté éducative villageoise – si ce que j'avais entendu était exact – ne revenait-elle pas à mettre en commun de médiocres talents et à abuser les pauvres ?

Une partie du mystère s'éclaircit dans la soirée lorsque nous nous rendîmes à une réception offerte par 'Umar Kayam. Les parents d'Umar l'avaient baptisé du nom du poète persan ; mais, pour les Indonésiens, ce nom n'évoquait personne d'autre que lui. Cet homme séduisant et de haute stature, proche de la cinquantaine, était professeur à l'université de Jogjakarta et, de surcroît, écrivain; Prasojo le tenait en grande estime. 'Umar et ses amis – dont l'un avait fait ses études à Pabelan – prirent le parti de Prasojo.

Ils m'affirmèrent que je n'avais pas compris Pabelan. Je m'y étais rendu lors d'un jour de repos, où il n'y avait pas de cours, et j'avais été induit en erreur par des problèmes de langue. Il y avait des professeurs à Pabelan. Lorsque Taufiq m'avait affirmé qu'il n'y en avait pas, il avait sans doute voulu dire qu'il n'existait pas là-bas de professeurs religieux, rien de comparable aux *ustads* dont, autrefois, chaque parole avait force de loi. Pabelan était fondamentalement une institution religieuse et islamique ; mais on y enseignait aussi d'autres matières ; elle possédait une bibliothèque et un laboratoire. Cette tentative d'établir une école comme celle-ci dans un village, en utilisant les ressources locales, constituait une expérience.

« Mais, Prasojo, protestai-je, Taufiq ne nous a-t-il pas dit que l'établissement n'employait pas de professeurs et qu'il n'était pas structuré ?

– Peut-être Taufiq n'était-il pas très au courant. Je vous ai dit que vous vous faisiez trop vite une opinion. C'est votre droit, bien sûr. Mais vous jugez trop rapidement. »

Mais n'avaient-ils pas cru me dire, à Pabelan, ce qu'à leur avis j'avais envie d'entendre ? Lorsque Taufiq et le chef du village m'avaient pris pour un musulman, voire pour un Arabe, ils avaient insisté sur le côté musulman de l'établissement. Plus tard, revenu de son erreur, Taufiq avait eu recours, de façon peut-être abusive, à des mots ayant unc résonance moderne : « coopératives », « pas d'élites », « non structuré ». Peut-être n'avais-je été abusé que par la traditionnelle courtoisie javanaise – il se trouvait à Jakarta des Indonésiens pour la maudire.

'Umar Kayam me parla surtout des villages javanais. La culture du riz exigeait désormais de plus grands efforts. Les nouveaux plants poussaient deux fois plus vite que les anciens et donnaient deux récoltes par an. On avait besoin de ce supplément de nourriture mais cette double récolte brisait le rythme ancestral de la vie paysanne, perturbant les fêtes et les spectacles de marionnettes qui importaient tant aux Javanais. Les gens étaient devenus trop nombreux et c'en était fini de l'ancienne conception des familles : on ne faisait plus appel aux parents pour la moisson, en échange d'une partie de la récolte. La vie ritualisée de la communauté, telle que Prasojo l'avait décrite avec tant de cœur, se désagrégeait. Et l'islam tel qu'on le pratiquait dans des endroits comme Pabelan constituait partiellement la réponse à cet effondrement.

Bien que cette idée ne lui sourît pas, nous retournâmes le lendemain matin à Pabelan pour tenter d'y découvrir ce qui m'avait échappé.

M'avaient échappé le haut portail à l'entrée du village et la pancarte de bienvenue. Les cocotiers, les flamboyants aux fleurs rouges et les toits de tuile des bâtiments de l'école me semblèrent former un tableau plus attrayant que la veille. Il y avait moins d'étudiants dehors. Le porche de la mosquée était désert. Par une porte ouverte derrière le bureau, j'aperçus quelques jeunes filles en train de coudre. Elles m'expliquèrent qu'elles confectionnaient une banderole de bienvenue à l'occasion de la visite du ministre des Affaires religieuses attendu pour ce jour-là. Puis elles se mirent à glousser et s'enfuirent en courant.

L'homme qui faisait ce matin-là office de secrétaire et de porte-parole dans le bureau était plus petit que Taufiq et portait un calot noir. J'eus l'impression que lui aussi allait m'embrouiller. Nous percevions l'écho d'une classe d'arabe, les jeunes filles chantant les réponses à leur professeur, mais l'homme qui gardait le bureau m'affirma que les cours n'étaient pas commencés. Je demandai si les étudiants travaillaient aux champs. C'était une question provocatrice mais il y répondit avec le plus grand sérieux. Il m'apprit que les étudiants ne se rendaient aux champs que l'après-midi. Enfin, je lui demandai où se trouvait Taufiq.

« Il est en train de laver.

– De se baigner ?

– Il lave des vêtements.

– Et il en lave beaucoup ?

– Beaucoup, oui. »

Cela me sembla le genre de choses que Taufiq devait aimer faire dans le *pésantrén*. « Je vais aller voir Taufiq faire sa lessive. »

Nous allâmes jusqu'à une allée située à l'arrière des bâtiments. Une maison évacuait dans un caniveau de béton ses eaux usées qui s'écoulaient un peu plus loin au fond d'un trou noirâtre et détrempé.

« Qu'est-ce que c'est que ça ?

– Une canalisation, un conduit, me répondit le secrétaire du bureau, comme s'il passait un test de vocabulaire.

– S'agit-il d'un bâtiment scolaire ?

– Il appartient à un villageois. »

Près de cette maison se trouvait une rangée de douches et, juste en face de ces cabines en béton, une série de lavoirs découverts et murés jusqu'à mi-hauteur. Dans l'allée qui séparait les douches des lavoirs, j'aperçus Taufiq, un seau de plastique rouge à la main : Taufiq, les joues toujours aussi rondes, et l'air plus joyeux que jamais.

« Bonjour, s'exclama-t-il. Je suis très hereux de vous revoir. Je savais que vous alliez revenir. Mais, veuillez m'excuser pour le moment. J'ai du lavage à faire. »

De l'autre côté des cabines, des garçons coupaient les cheveux de leurs camarades. Un jeune homme de dix-huit ans attendait son tour, une serviette posée sur les épaules. Il venait de Sumatra et devait bientôt retourner dans son village. Il m'assura qu'il avait l'intention de se consacrer à son kampong. Tout ceci me parut bien sympathique, mais je désirais apprendre quelque chose de plus précis. Après réflexion, il ajouta qu'il envisageait de devenir professeur. Il ne put rien ajouter de plus.

Prasojo, le secrétaire et moi rebroussâmes chemin. Nous aperçûmes de nouveau Taufiq dont seules la tête et les épaules dépassaient du mur du lavoir. Il portait un tee-shirt rouge. Il nous gratifia de son sourire et dit : « Je fais mon lavage. »

« A-t-il beaucoup de linge à nettoyer ? » demandai-je au secrétaire.

Comprenant où je voulais en venir, le secrétaire répondit : « Il ne lave que ses propres vêtements. »

Nous nous approchâmes du bâtiment neuf où des jeunes filles chantaient en arabe. Les guimpes serrées qui dissimulaient leurs cheveux leur donnaient à toutes le même visage mongoloïde aux traits inexpressifs. Le cours touchait à sa fin ; le professeur empilait les cahiers. Il me sembla que les derniers vers du chant des jeunes filles commençaient tous par *Allah*, mais Prasojo me détrompa.

Je m'adressai au secrétaire. « Hier, Taufiq m'a dit qu'il n'y avait pas de professeurs ici. »

Tout en marchant, notre guide s'entretint quelques instants en indonésien avec Prasojo. Celui-ci traduisit : « Taufiq voulait dire qu'il était lui-même professeur mais, qu'en même temps, les autres lui en apprenaient... le chef du village, par exemple. Il se considère donc aussi comme un étudiant. »

Nous dépassâmes la maison de style javanais qu'on m'avait présentée la veille comme le tout premier bâtiment du *pésantrén*. Sur la porte, quelqu'un avait peint en anglais les mots : *L'Ancienne Maison*. Les murs étaient des panneaux de bambous tressés. Au milieu de la surface non cloisonnée de la maison, quatre piliers de bois, renforcés en haut par des traverses, soutenaient le toit de tuile. Sur trois côtés courait une plate-forme continue, élégamment conçue : d'épais supports de bambou et, pour la plate-forme elle-même, une surface de bambou plus mince et fendu, polie par l'usage. Vingt-deux garçons dormaient sur cette plate-forme. Contre les murs s'appuyaient de petits placards peints de différentes couleurs. C'était là la conception originale du *pésantrén* : l'édifice du village où les enfants venaient apprendre l'arabe et chanter le Coran, avec un professeur local.

Nombre de couches étaient éparpillées sur la plate-forme de bambou. Mais, dans un coin, ce que nous prîmes tout d'abord pour un ballot de literie se révéla être un jeune garçon, dont on avait entouré la tête d'un linge blanc pour indiquer qu'il était souffrant. Il était tombé malade la veille ; le médecin devait venir dans l'après-midi. Cela n'avait pas d'importance.

Nous ressortîmes dans le monde plus moderne de l'« interaction ». A l'ombre des cocotiers, on continuait à fabriquer des lits, sept ou huit hommes, d'âges variés, sciaient et rabotaient.

« Allez-vous vendre ces lits ? C'est l'impression que j'ai eue hier.

– Non, les lits sont pour nous. Il nous en faut beaucoup ici.

– Où trouvez-vous l'argent pour acheter le bois ?

– Ça, je ne sais pas.

– Ces hommes sont donc des ouvriers ? Les payez-vous ?

– Ils sont du village. Et on les paie.

– On nous a affirmé hier qu'il s'agissait d'une coopérative. Taufiq disait que tous étaient ici à la fois villageois et étudiants, et s'enseignaient les uns les autres. »

Le secrétaire devint silencieux. Nous observâmes les hommes qui sciaient et rabotaient. En travailleurs accaparés par leur tâche, ils ne nous prêtèrent pas grande attention.

Prasojo essaya de ranimer la conversation. Ramassant une pioche, il demanda : « Mais ceci appartient bien au *pésantrén*, n'est-ce pas ? »

Toujours pensif, le secrétaire répondit que oui d'un air absent.

« Leurs rabots sont superbes, remarquai-je.

– Désirez-vous en acheter un ? » proposa Prasojo.

Mais le secrétaire s'était remis à parler : « Taufiq voulait dire que certains de ces hommes n'avaient jamais fabriqué de lits auparavant. Peut-être faisaient-ils des chaises. Peut-être construisaient-ils des maisons. Mais ils n'ont appris à fabriquer des lits qu'en venant ici. De cette façon, on peut les considérer comme des apprentis. Je crois que c'est cela que Taufiq a voulu dire. »

Brusquement, comme s'il venait de faire une découverte, Prasojo s'écria : « Cet endroit est comme un campus. Mais un campus où les étudiants continuent de travailler. »

S'il s'agissait d'un campus, on n'en avait pas moins l'impression de se trouver dans une cour de ferme. Devant le dortoir des filles (que Prasojo avait voulu visiter la veille) s'étendaient quelques mares où barbotaient des canards et leur nombreuse progéniture. Nous nous frayâmes un chemin dans la boue, dépassâmes des tas d'ordures, des fils chargés de linge. La mare aux poissons m'apparut aussi verte et sombre que la veille, avant le nettoyage. La pompe électrique Honda se trouvait toujours là, reliée à la mare par un tuyau de caoutchouc.

Nous franchîmes le muret situé derrière le dortoir des filles et, plus bas, dans un endroit plus sale encore et répandant des effluves de ferme, nous découvrîmes des maisons villageoises ; des femmes nous sourirent et nous interpellèrent depuis les cours jonchées d'ordures d'où semblaient surgir leurs habitations.

« Travaillent-elles pour le *pésantrén* ?

– Ce sont des villageoises, quand elles ont le temps, elles viennent travailler à la cantine. »

La cantine se trouvait non loin du parc à vaches. L'endroit grouillait de villageois qui creusaient, nettoyaient, transportaient ; en bruit de fond, on percevait les chants d'une autre classe d'arabe. Le campus transformé en basse-cour évoquait maintenant une ferme seigneuriale du Moyen Age, bourdonnant d'une fébrile activité paysanne. Alors, comme pour répondre à ma pensée, apparut une file de villageois à l'allure médiévale, qui transportait d'encombrantes pièces de bois.

Agissant de sa propre initiative, Prasojo arrêta l'un d'eux, un homme solide, musclé et déjà plus très jeune. Malgré son fardeau, il ne se départit pas de sa courtoisie javanaise ; il répondit à Prasojo que, oui, il aimerait bien être étudiant. Mais il n'avait pas le niveau nécessaire et n'aurait pu payer les droits qui s'élevaient à dix dollars par mois. Il gagnait cinq cents roupies par jour, soit quatre-vingts *cents* américains. Mais on lui fournissait aussi la nourriture.

Les chants en arabe venaient d'un bâtiment scolaire tout neuf. Sous la véranda, un groupe de femmes curieuses et gaies bourraient des matelas de kapok, qui, tout autour d'elles, emplissait l'air de ses flocons.

Prasojo échangea quelques mots avec le secrétaire puis m'apprit : « On emploie soixante-dix professeurs, ici. Ils tiennent des registres de présence et chaque étudiant possède un dossier. On ne peut pas dire que l'école soit non structurée. » Il ricana. « Elle est au contraire *très* structurée. » Les professeurs, d'anciens étudiants, étaient tous volontaires. A la fin de leurs études au *pésantrén*, ils restaient un an ou deux pour enseigner ; alors, ils gagnaient de huit à quarante dollars par mois.

Tant d'efforts, une telle organisation, pour reproduire l'atmosphère du village, pour apprendre aux villageois à être des villageois !

En retournant au bureau, nous retrouvâmes Taufiq qui, son lavage terminé, avait abandonné son seau de plastique et ses bassines. Il avait troqué son tee-shirt rouge contre une chemise à fleurs propre et portait maintenant des pantalons lilas clair qui moulaient ses cuisses courtes et musclées. Son visage rond était rasé de frais. Il paraissait prêt à affronter la journée – et peut-être même la rencontre avec le ministre des Affaires religieuses. Il nous gratifia de son grand sourire.

« Le chef s'attendait que vous passiez la nuit ici, m'apprit-il. Il s'est personnellement occupé de vous trouver un endroit où coucher. Mais vous êtes parti. Il pensait aussi que vous resteriez déjeuner. Il avait envoyé les garçons pêcher du poisson et tout préparer. »

Du poisson ! Et moi qui croyais que ces garçons nettoyaient la mare. C'était d'ailleurs ce que Taufiq lui-même m'avait dit.

Je demandai si l'on pouvait me procurer des copies des articles qui avaient été publiés à propos du *pésantrén*. L'article dans lequel Taufiq avait parlé du *pésantrén* comme d'une « communauté d'enseignement » m'intéressait tout particulièrement. Taufiq m'affirma qu'il allait me les apporter et s'éloigna.

Nous attendîmes.

« Vous pensez qu'il va me trouver ces duplicata ? dis-je au secrétaire.

– Oui. Il est parti à la salle des photocopies. »

La salle des photocopies ! Une photocopieuse moderne, ici, où l'on apprenait l'islam et où l'on faisait tout pour ressembler à des villageois !

Taufiq revint avec les doubles, non seulement des articles demandés, mais aussi d'une lettre qu'il venait juste de recevoir d'Australie.

Nous ressortîmes dans la cour et nous dirigeâmes vers la voiture. Un petit garçon en haillons passa près de nous, transportant sur son dos un énorme fruit vert.

« C'est un étudiant ? » demandai-je à Taufiq d'un ton railleur.

Prasojo gloussa.

« C'est un villageois et un étudiant », répondit Taufiq.

Le jeune homme souriait mais son sourire ne m'abusa pas : il parlait sérieusement. J'étais heureux de m'en aller car, cinq minutes de plus et Taufiq, avec les circonvolutions de son langage hautement philosophique, nous aurait encore égarés.

Dans la voiture, en traversant le village, je jetai un coup d'œil sur la lettre en provenance d'Australie. Elle datait de trois semaines et son auteur appartenait à une quelconque université. Mais Taufiq l'avait-il véritablement lue ?

« Cher Taufiq. Une fois encore, je dois te remercier pour les moments que nous avons passés ensemble. Cela m'a semblé bien trop court mais j'espère que nous pourrons poursuivre notre dialogue de façon épistolaire. Quand je réfléchis à mon séjour en ta compagnie à Pabelan, tout reste encore assez confus dans mon esprit... Qu'espérez-vous que fassent les étudiants quand ils quittent Pabelan ?... Chacun a la capacité de participer au développement du village mais que peut-il faire pour ceux qui n'ont que très peu ou pas du tout de terre ? Quelle sorte de principes islamiques a-t-il appris à Pabelan qui puissent l'aider dans ce genre de situation ?... Que vous enseigne l'islam à propos de l'Indonésie et que peut-on faire concernant la pauvreté ? »

4

La déesse du riz

ET C'ÉTAIT là tout le problème. Quel message l'islam pouvait-il transmettre à ces villages ?

Une semaine plus tard, je retournai à Jogjakarta pour me rendre en compagnie d''Umar Kayam dans l'un des villages situés au pied du volcan Merapi. La pente du Merapi suivait une inclinaison très douce ; un panache de vapeur flottait toujours au-dessus de son dôme et, parfois, le sommet disparaissait dans les nuages. La lave rendait le sol fertile. La terre humide des rizières, que les paysans labouraient profondément à l'aide de charrues tirées par des bœufs, ou retournaient à la pioche, était noire et volcanique. Les rizières entourées de murets de boue montaient jusqu'aux villages, de telle façon que, vus du ciel – toits de tuile rouge parmi la verdure des arbres, havres de fraîcheur au milieu de ces étendues tropicales –, ceux-ci paraissaient délimités par des enceintes aux arêtes vives.

Ces villages offraient plus qu'une ombre rafraîchissante. Nous entrions alors dans de petits mondes enchanteurs où tout – la nourriture, les maisons, les outils, les rites, les civilités – avait évolué au cours des siècles pour atteindre à une sorte de perfection. L'ensemble formait un tout parfaitement cohérent, de même que les rizières alentour – dont certaines ne dépassaient pas vingt acres – s'imbriquaient étroitement.

Que ses murs soient en dur ou en bambou, chaque maison était ombragée ; et chaque arbre avait une utilité que je découvrais, comme par exemple de fournir du kapok. Il existait de nombreuses espèces de bambous, certains épais et sombres, presque noirs, d'autres plus élancés et de couleur jaune, striés de traînées vertes qui avaient coulé des panicules gorgées d'eau. A partir du bois de ces bambous, on fabriquait des lits, des meubles, des murs, des plafonds, des nattes. Mais le riz régnait en maître. Il constituait la principale nourriture et accaparait les villageois ; il marquait les saisons. Dans chaque maison traditionnelle, on trouvait une petite pièce, située derrière la grande salle soutenue par des piliers; autrefois, cette petite pièce était consacrée à la déesse Sri, Devi Sri, la déesse du riz.

'Umar me conduisit au village de Linus, et Linus nous accompagna. Linus était un jeune poète de Jogja qui, jusqu'à présent, avait tiré ses seules ressources de la lecture de poèmes. Il était catholique; il se faisait appeler (bien qu'il eût aussi un nom indonésien dont il ne se servait pas) Linus Agustinus. Sa mère était catholique; ce fut pour l'épouser que le père de Linus s'était converti. Ils formaient une famille de fermiers. Le père de Linus était le chef du village. Depuis la prise du pouvoir par les militaires, ce poste était soumis à l'élection et le chef devait veiller à ce que les projets du gouvernement soient menés à bien – inciter les paysans à planter le nouveau riz, par exemple. Tant qu'il occupait ses fonctions, le chef recevait la jouissance d'une terre de cinq hectares; dans le centre de Java, cela représentait beaucoup.

Le village se trouvait à l'écart de la route de Pabelan et 'Umar connaissait bien la région. Pendant la révolution – la guerre contre les Hollandais – ces derniers avaient envahi Jogjakarta et l'armée révolutionnaire s'était repliée dans les villages. A cette époque, 'Umar faisait partie du corps d'étudiants; ils logeaient chez les paysans.

« Étiez-vous bien organisés? » lui demandai-je. Ma question fit rire 'Umar. « A votre avis? » Cela avait été une période de chaos; et il était difficile, comme toujours en temps de paix, de songer à la guerre dans un cadre aussi paisible: des villages si petits et si fragiles, des cultures si vulnérables et réclamant tant de soins.

La maison familiale de Linus était une bâtisse en dur qui reposait sur des piliers bas et au sol de béton. Mais elle respectait le style javanais. A l'intérieur, au-dessus de la porte, on apercevait une icône catholique. Et, sur le mur, se trouvait un personnage en peau de buffle du théâtre d'ombres javanais: une figurine représentant le Krisna noir, non pas le dieu badin des légendes hindoues, mais le Krisna de Java, homme sage et avisé convenant parfaitement à la maison d'un poète. La bibliothèque de Linus contenait ses livres d'école et d'université ainsi que *Les Poèmes choisis de T. S. Eliot,* que lui avait offerts la BBC : Linus avait gagné un second prix de poésie dans un concours organisé par le département indonésien de la BBC.

On apporta des verres de thé fermés par des couvercles en étain, une assiette où s'empilaient des épis de maïs fumants et une autre chargée d'autant de petits pains. On reconnaissait bien à cette prodigalité l'hospitalité traditionnelle des Indonésiens. Mais elle appelait de la part des invités une égale politesse. Personne ne voulait être le premier à boire ou à manger; et il arrivait souvent qu'on attendît le moment de la séparation avant de boire le thé, alors qu'il était refroidi.

L'un des plats fut apporté par l'une des jeunes sœurs de Linus, ravissante petite fille de dix ou douze ans, vêtue d'une robe. Puis une autre jeune fille, nettement plus âgée, vint jeter un coup d'œil sur les visiteurs. Elle avait le visage déformé ; ses dents avançaient ; sa robe tombait bizarrement sur elle. Ses mouvements paraissaient mal coordonnés et, en marchant, elle faisait lourdement traîner ses chaussons sur le sol de béton lisse. Elle s'assit sur une chaise, à l'autre bout de la pièce, et nous observa sans rien dire ; puis, un moment plus tard, elle se leva et sortit de la même démarche laborieuse.

Au bout de quelques minutes, 'Umar me glissa avec tact : « Vous avez sans doute remarqué la sœur de Linus. Elle ne va pas très bien. » Elle était tombée malade, encore toute jeune. On l'avait conduite chez le médecin et l'assistant de celui-ci s'était trompé en lui injectant le médicament, ce qui avait eu des conséquences désastreuses pour son système nerveux. La maison du poète, la maison du chef du village, abritait aussi une tragédie.

La mère de Linus entra : la femme pour qui un homme s'était converti, fondant ainsi une famille catholique. 'Umar se leva sans se redresser complètement et s'effaça de côté, grand homme s'efforçant de paraître plus petit que cette femme déjà menue. Et, avant que nous nous rasseyions tous, un flot de paroles musicales coula de leurs lèvres.

Elle avait la petitesse et la minceur des Indonésiennes et, dans la rue, serait sans doute passée inaperçue. Mais, ici, loin de la foule, dans sa propre maison, la beauté de notre hôtesse resplendissait ; et on pouvait remarquer avec quel soin elle était vêtue – une blouse, une large ceinture d'étoffe, un sarong (ses filles portaient de simples robes). On devinait, derrière le sourire indonésien (à la longue quelque peu troublant) qui flottait en permanence sur ses lèvres, des manières exquises et, en cette femme de fermier, la représentante d'une grande civilisation. Son visage était serein et ouvert ; elle tenait la tête haute, et même légèrement inclinée en arrière ; son ossature était délicate, ses yeux brillants, quoique profondément enfoncés dans leurs orbites, et ses lèvres admirablement dessinées révélaient des dents parfaites. Quand elle parlait sans gêne ni timidité – elle donnait constamment l'impression d'être sur le point d'éclater de rire.

Elle et 'Umar s'entretinrent ainsi un long moment et, apparemment, ils avaient beaucoup de choses à se dire. Mais 'Umar m'expliqua plus tard que tout ceci faisait partie du rite. Ils avaient employé la langue de la politesse javanaise, qui différait de celle de tous les jours ; en fait, ils s'étaient raconté peu de chose. La mère de Linus lui avait dit qu'elle revenait de l'école où elle avait dû aller chercher le bulletin de l'un de ses enfants ; c'était pourquoi elle n'avait pu nous accueillir à notre arrivée. Elle était honteuse de recevoir des gens aussi distingués que nous dans un endroit qui méritait à peine le nom de maison et n'était qu'une pauvre hutte. Et, en des termes semblables, 'Umar s'était excusé de notre intrusion, qui avait peut-être troublé l'harmonie de son foyer. Voilà donc comment s'était déroulée leur conversation, les excuses répondant aux excuses.

Un problème concret avait cependant été évoqué. 'Umar ne mentionna la chose que dans l'après-midi, quand nous eûmes quitté la maison pour nous promener dans le village. La mère de Linus s'inquiétait pour son fils. Il ne venait pas souvent au village ; il restait dans sa petite maison de Jogja ; il n'était pas marié et n'avait pas d'emploi. Et, me dit 'Umar, un détail la préoccupait particulièrement : Linus avait vingt-huit ans.

« Mais, demandai-je à Linus, n'est-elle pas fière, au fond d'elle-même, que vous soyez poète ?

– Elle n'aurait pas la moindre idée de ce que signifie être un poète, me répondit Linus en anglais.

– Il n'existe qu'une seule façon par laquelle Linus pourrait le lui faire comprendre, reprit 'Umar. Ce serait de lui dire ou de lui suggérer qu'il est un poète dans la tradition classique. Mais ce serait ridicule. Elle refuserait de croire une telle chose. »

Pour quelqu'un comme la mère de Linus, vivant dans une civilisation achevée, la poésie formait un ensemble de textes déjà écrits, transmis, comme les écritures : on n'y pouvait rien ajouter.

Mais, bientôt, une occasion allait se présenter à Linus. Un journal de Jogja lui avait proposé de s'occuper de la page culturelle, pour vingt-cinq dollars par mois. Le trajet en car jusqu'à Jogja n'était pas long, mais la vie que Linus essayait de se forger – lecture de poèmes, journaux – ne semblait pas appartenir au même monde que le petit village créé par la culture du riz.

L'allée ombragée du village fit un coude. Le sol balayé était du noir de la lave. L'eau dévalait les caniveaux – sans eau, il ne peut y avoir de riz. La mosquée était un bâtiment tout simple reposant sur des piliers bas : pas de dôme, pas de toit particulier. L'islam n'était pas arrivé à Java en tant que civilisation ; on ne le percevait que comme une foi, ou un complément aux anciennes croyances ; il reprenait ce qui existait déjà. La mosquée était ouverte ; à l'intérieur, quelques nattes de bambou, et rien d'autre. A quelques pas de là, à un nouveau coude de l'allée de terre noire, se dressait l'église catholique, aussi simple que la mosquée, mais agrémentée, en haut des marches de ciment, d'un portique de tôle ondulée, et surmontée d'une croix.

La mosquée était ouverte, comme doivent l'être les mosquées. L'église était fermée. Mais la serrure semblait assez succincte. Linus brisa une branchette d'hibiscus, l'introduisit dans la serrure et tourna. L'église m'apparut aussi nue que la mosquée. Il y avait un Christ. Haut sur les murs étaient accrochés trois petits tableaux encadrés, figurant trois des stations du chemin de Croix. Les verres qui les protégeaient disparaissaient sous les chiures de mouche et les toiles d'araignées ; les couleurs des tableaux étaient passées et deux d'entre eux avaient glissé de leur cadre. Tout en haut du mur, juste en dessous des gouttières, le grillage était tordu en nombre d'endroits.

Le christianisme était arrivé en Indonésie peu après l'islam. Il s'agissait de la religion de la puissance colonisatrice ; mais, à l'instar de l'islam, les villageois ne l'avaient embrassé que comme complément à leurs anciennes croyances. Et ce fut l'islam, la foi officielle de ce peuple, qui nourrit la fierté indonésienne au temps de la domination hollandaise. Non loin de là – le village était petit et courte la promenade, mais on avait l'impression de remonter le cours de l'histoire javanaise – se trouvait une maison sur laquelle une pancarte indiquait qu'il s'agissait du bureau de la *Muhammadijah*. Ce mouvement musulman indonésien réformiste et nationaliste était né pendant l'époque coloniale ; on le disait désormais « conservateur ».

Un petit village, une rapide promenade ; et maintenant – dans cette bourgade aux maisons éphémères – l'histoire faisait un saut de plusieurs siècles. Nous traversâmes le village jusqu'à la maison du *koum* musulman. 'Umar Kayam me traduisit cela par « patriarche » et m'expliqua dans les grandes lignes quelles étaient les tâches du vieil homme. Les familles musulmanes faisaient appel à lui lors des grandes occasions – naissance, deuil, aniversaire, ou, simplement, quand elles désiraient organiser une cérémonie ; il accomplissait alors le rituel du *salamatan*, qui consistait notamment à consacrer la nourriture puis à la distribuer. Souvenir de mon enfance, il me sembla reconnaître en cette cérémonie une survivance hindoue et je vis en ce *koum* musulman une sorte de successeur du prêtre hindou.

J'eus la surprise de découvrir qu'il vivait dans une masure, au bout du village, tout près des rizières ; une maison tombant en ruine, à l'intérieur une pièce sombre, dehors une véranda servant de débarras, des murs de bambou qui s'affaissaient, la chaux virant au gris quelques centimètres au-dessus de la terre noire.

Il ne nous invita pas à entrer. Il sortit et resta dans la cour de devant, sur le sol noir et détrempé, à l'ombre des arbres. Il portait un short et un tee-shirt blanc. Sa femme, qu'il ne nous présenta pas, demeura debout sous la véranda, à nous observer. Il ressemblait plus à un fermier ou à un paysan qu'à un prêtre. Entendre quelles étaient ses autres attributions me causa une nouvelle surprise : en tant que *koum*, il faisait la toilette des morts et les enveloppait dans un linceul. Le *koum* musulman accomplissait donc à la fois les tâches rituelles du prêtre et celles de l'intouchable. Il incarnait, d'une façon extraordinaire, cet homme de rites hérité du système de castes hindou.

Petit, musclé et encore vigoureux, sa peau brune luisant au soleil, il avait soixante-quatre ans, mais seuls son visage et la chair flétrie autour des genoux trahissaient son âge. Il avait les pommettes très saillantes ; la pâleur de son front et ses cheveux aplatis suggéraient qu'il portait un volumineux chapeau quand il travaillait au soleil.

C'était de la toilette des morts qu'il parlait présentement à 'Umar, d'un ton si jovial qu'on eût pu croire qu'il allait éclater de rire. Il évoquait ses fonctions sans la moindre gêne. Il tenait de son père sa position de *koum,* ainsi qu'une cinquantaine d'ares de terre. Ce labeur dans les rizières expliquait son aspect physique. Il avait bien réussi. Il se considérait comme un homme heureux, qui avait vécu une vie utile et satisfaisante.

Il ne concevait donc aucun regret ? Les choses avaient-elles vraiment bien tourné pour le pays ?

Il s'étouffa de rire. Bien tourné ? La situation n'avait cessé de s'améliorer. Jamais la vie n'avait été meilleure ; il vivait à la bonne époque. Que pourrait-il regretter du passé ? Il y avait eu les Hollandais ; et puis, alors qu'il était âgé de vingt-six ans, les Japonais avaient occupé Java.

A quoi avait ressemblé cette période ? Comment s'en était-il sorti avec les Japonais ?

De nouveau, sa réponse ressembla à un grand éclat de rire. Cela avait été une époque *horrible,* raconta-t-il. On manquait de tout. Il n'y avait pas de vêtements. Ils devaient se confectionner des pantalons dans de la toile à sac. Et ensuite avait éclaté la révolution, la guerre contre les Hollandais. Le village compta parmi ceux que les Hollandais, après leur entrée dans Jogjakarta, fouillaient régulièrement ; il avait souvent dû s'enfuir et se cacher. Non, le bon temps, c'était maintenant.

Et Sukarno, celui qui avait mené la lutte contre les Hollandais ?

Ce vieil homme, ce paysan qui se tenait devant son taudis, me fit une réponse étonnante. Son visage s'éclaira ; sa voix s'adoucit. « Ah ! soupira-t-il. Il était beau. Il parlait bien. »

Après avoir traduit, 'Umar ajouta : « Ici, la beauté est importante. Un leader doit avoir belle allure. Mais je suppose que c'est vrai dans la plupart des pays. »

Cela me parut pourtant étrange, même à Java, avec ses rites et sa politesse : la beauté et un don d'orateur pour faire traverser des guerres cruelles à tout un peuple. Étaient-ce donc les seuls atouts de Sukarno, au début, dans les années trente ?

« Demandez-lui quand il a entendu parler de Sukarno pour la première fois. »

La réponse fit rire 'Umar. « Il dit en 1945. Je dois avouer que je ne m'attendais pas à cela.

– J'espérais qu'il allait me parler du Sukarno des années trente, dis-je.

– Ce n'est pourtant pas très étonnant. Sukarno a passé la plus grande partie de cette période en exil. En ce temps-là, les médias n'avaient pas la même importance qu'aujourd'hui. Et ceux qui existaient étaient contrôlés par les Hollandais. J'aurais cru qu'il avait entendu parler de Sukarno pour la première fois pendant l'occupation japonaise, quand ceux-ci l'ont tiré de son exil. »

Ainsi, le vieil homme n'avait appris l'existence de Sukarno qu'après la proclamation de l'indépendance, en août 1945. Sukarno s'était brusquement imposé comme leader, non seulement parce qu'il conduisait une armée, mais aussi parce qu'il était séduisant et s'exprimait avec éloquence.

A l'autre bout de la cour, deux vaches blanches mangeaient de l'herbe coupée. Le tintement des cloches accrochées à leur cou accompagnait la voix rieuse du vieil homme. La vie avait bien tourné pour lui, après tout mieux qu'il aurait pu s'y attendre pendant l'occupation japonaise, quand les temps étaient durs et qu'il ignorait jusqu'à l'existence d'un leader.

Mais pourquoi, quoique ayant si bien réussi, avec ses attributions de *koum* et ses cinquante ares de terre, ce qui représentait beaucoup, vivait-il dans une hutte aussi misérable ?

Linus et 'Umar échangèrent quelques phrases, à la suite de quoi ce dernier déclara : « C'est une question de mode de vie. » Il posa alors la question au *koum* et celui-ci répondit : « Ainsi le veut l'islam. »

On ne suivait plus guère cette façon de vivre, regretta-t-il. Seul un tiers des musulmans respectait les règles de leur religion ; seul un tiers allait à la mosquée. Mais un changement s'amorçait parmi les jeunes. Pourquoi ? Peut-être, hasarda-t-il, était-ce parce qu'on enseignait maintenant la religion dans les écoles gouvernementales comme une véritable matière, et que les élèves devaient l'étudier s'ils voulaient obtenir de bonnes notes.

'Umar et lui poursuivirent un moment la discussion. Quelques coqs javanais, maigres et aux longues pattes, trottinaient sur le sol humide de la cour ; les cloches des vaches tintinnabulaient ; la femme du vieil homme nous observait en souriant depuis la véranda sombre et encombrée de tout un bric-à-brac.

« Je le questionnais au sujet du *wayang*, m'expliqua 'Umar, le théâtre d'ombres. Pour savoir si, en tant que musulman, il trouvait à redire aux légendes hindoues. Il m'a dit que non ; que ce n'étaient que des histoires. »

Nous retournâmes dans la maison de Linus – encore du thé, du maïs fumant, un plat de fruits séchés coupés en fines tranches et frits. Lorsque nous prîmes congé, la mère de Linus sortit pour nous raccompagner. Dans la cour de devant, des épis de maïs égrenés séchaient sur une natte. Ils seraient vendus car, en les broyant, on en tirait de l'huile ; rien ne se perdait ici. Cette fois-ci, je remarquai sur le bord de la route la petite hutte qui servait de boutique : la famille de Linus faisait aussi du commerce.

'Umar voulait me montrer la maison traditionnelle javanaise. Linus savait où il s'en trouvait une. Aucune visite n'étant attendue, la maison était en désordre; mais la maîtresse des lieux nous laissa visiter sa demeure avec le sourire puis nous montra bientôt où aurait dû se trouver la petite pièce consacrée à la déesse du riz. Et, quand nous nous retirâmes, à l'issue de cette intrusion, il me sembla que 'Umar s'inclinait très bas et s'effaçait de façon particulièrement cérémonieuse. Élégance d'un autre temps; et, à quelques centaines de mètres de là, sur la route de bitume, passaient les deux-roues.

Mais, par ici, nous avions provoqué un petit remue-ménage. Les enfants étaient sortis pour nous regarder. Chaque fillette tenait une poupée, mais il s'agissait d'une poupée vivante: un petit frère ou une petite sœur à califourchon sur sa hanche.

Nous ne nous trouvions qu'à une demi-heure de route de Jogja. Mais tous ne parvenaient pas à accomplir, comme l'avait fait Linus, le voyage du village jusqu'à la ville. Linus était un privilégié. Il était poète; il savait qui il était; peut-être n'était-ce pas un homme comme les autres. Peu de villageois lui ressemblaient. Le village les avait modelés. Ils avaient besoin de la sécurité de la grande famille, de la sécurité de la communauté villageoise, si féodale que fût son organisation, si pénible que fût l'obligation des veilles nocturnes ou du travail en commun dans les rizières. Pour ces hommes, le village constituait véritablement un lieu enchanteur, dont il était difficile de s'arracher. Et si quelqu'un était contraint de s'en aller – tout simplement parce qu'il n'y avait présentement plus assez de terre pour le faire vivre – c'était la famille élargie, et une atmosphère semblable à celle du village qu'il recherchait, à l'usine, ou au bureau, même en plein Jakarta.

L'islam, comme le christianisme, complétaient les religions plus anciennes. La religion du village était une foi syncrétique; la conception de la bonne vie découlait elle aussi d'une idée composite. Le peuple s'accommodait à la fois de la mosquée, de l'église, de Krisna, de la déesse du riz, de survivances du système de castes hindou, de la conception bouddhiste du nirvāna et de la représentation musulmane du paradis. D'après 'Umar Kayam, personne n'était en mesure de dire précisément à quelle confession il appartenait. Les gens déclaraient: « Je suis musulman, mais... », ou bien: « Je suis chrétien, mais... »

Et 'Umar me raconta l'histoire suivante à propos des villageois de Prambanam. En 1965, après la prise du pouvoir par les militaires, le gouvernement, s'inquiétant de l'essor qu'avait pris le communisme dans les derniers temps de la présidence de Sukarno, avait exigé que chacun précisât son appartenance religieuse exacte. Les habitants de Prambanam se trouvèrent bien embarrassés. D'un côté, ils se considéraient comme musulmans, croyaient au Prophète et en son paradis.

Mais, au fond d'eux-mêmes, ils pensaient qu'ils ne pouvaient pas se dire musulmans : ils dérogeaient à un trop grand nombre de règles islamiques. Ils savaient qu'au IXe siècle leurs ancêtres avaient construit les grands temples de Prambanam, que l'on venait admirer du monde entier ; et, quoique n'en comprenant plus la signification, ils n'ignoraient pas que ces temples étaient hindous. Ils aimaient regarder le théâtre de marionnettes inspiré du *Rāmāyana* et du *Mahābhārata*, et savaient qu'il s'agissait de poèmes épiques hindous. En conséquence, les habitants de Prambanam jugèrent qu'ils devaient se déclarer hindous.

Le problème fut alors qu'ils n'avaient aucune idée de ce que la religion hindoue exigeait d'eux. Ils n'avaient pas de prêtres et ne connaissaient pas les rites qu'il leur fallait accomplir. Ils envoyèrent chercher des prêtres hindous balinais et ceux-ci vinrent les instruire, en compagnie d'un orchestre, un gamelan balinais. Mais ce fut peine perdue. On ne pouvait faire revivre le passé ; on ne pouvait ressusciter les rites et la théologie d'autrefois. Ainsi, le peuple de Prambanam redevint ce qu'il avait toujours été, un peuple à la religion syncrétique.

Un jeudi, tard dans l'après-midi, à cette heure de la journée que Prasojo considérait comme la plus belle à Java, je vis dans l'une des grand-rues de Jogja, une femme assise devant sa petite boutique, qui confectionnait en feuilles de bananier de petits sachets de pétales de rose, de jasmin et de fleurs vertes d'ilang-ilang, au parfum suave. Attendant un enfant, elle devait s'asseoir les jambes écartées. Les feuilles de bananier se trouvaient dans un panier. Les pétales, fleurs et autres se répartissaient dans divers récipients. Travaillant vite, elle prenait deux bandes de feuille de bananier, les assemblait puis les fixait au bas à l'aide d'une nervure de feuille de cocotier pour former une pochette, y jetait des pétales rouges et blancs, ajoutait du jasmin, parfois quelques gouttes de parfum, et, finalement, scellait de la même façon le sachet à son sommet. Certaines fois, si le client le désirait, elle agrémentait le tout d'un peu de pâte jaune ou d'un bâtonnet brun. Sa clientèle se composait de jeunes filles et de femmes. Les sachets coûtaient quinze roupies, moins de trois *cents* américains. Ils servaient d'offrandes aux esprits des morts ; on les disposait dans les maisons ou sur les tombes ; on les achetait surtout le jeudi soir car, le vendredi, on observait le jour saint des musulmans.

'Umar Kayam habitait en face d'un cimetière chinois. L'endroit était calme et agréable mais certains de ses amis refusaient de se rendre chez lui. Il leur assurait que les Chinois formaient un peuple industrieux à qui tout réussissait et que leurs esprits devaient être de bons esprits. Mais, souvent, ils ne voulaient rien entendre.

Cette foi qui inspirait une crainte sans bornes était par ailleurs une religion d'un extraordinaire raffinement. Ces gens qui côtoyaient les esprits des morts perpétuaient aussi des légendes qui, avec le temps, étaient devenues des textes moraux. On ne pouvait revenir aux rites et à la théologie complexe de l'hindouisme. Mais l'hindouisme avait légué à Java ses aspects les plus humains et les plus littéraires, ses poèmes épiques, le *Rāmāyana* et le *Mahābhārata:* et le *wayang,* le théâtre d'ombres, assurait la continuation des légendes.

Le *Mahābhārata* était le plus long; une séance durait neuf heures et la tâche était lourde pour l'animateur qui manipulait tous les personnages et faisait toutes les voix. On représentait plus souvent le *Rāmāyana;* et, dans le centre de Java, le mot *Rāmāyana* figurait partout – à l'arrière des autocars, sur les enseignes des boutiques. Les histoires, modifiées et complétées au cours des siècles, faisaient désormais partie de l'imaginaire collectif. Les personnages étaient à la fois divins et humains. Même dans le programme du théâtre où, juste en face du Sheraton, on jouait une version abrégée du *wayang* destinée aux touristes, on les appelait R. Rama, R. Lesmana, R. Hanoman – R. pour *raden,* marque de noblesse dont certaines personnes aimaient encore à faire précéder leur nom – si bien que ces figurines archaïques et stylisées dont on projetait l'ombre sur un écran blanc, tout en rappelant aux spectateurs un passé héroïque, gardaient un certain lien avec le présent.

Ces histoires étaient plus que des histoires. Loin d'être simplistes, elles présentaient des ambiguïtés. Voici, d'après *Les Caractères humains dans le wayang,* recueil d'articles dû à Sri Mulyono, un maître du théâtre d'ombres, un bref aperçu du récit du *Rāmāyana.* Le roi Rahwana d'Alengka a enlevé Sinta, la très belle épouse du roi Rama de Mangliawan. Le roi Rama envahit Alengka pour délivrer sa femme. Wibisana, le frère cadet du roi Rahwana, lui reproche d'avoir enlevé la belle Sinta et le supplie de rendre la jeune femme à son mari. Rahwana refuse de l'écouter et Wibisana se rallie à l'armée assaillante. Wibisana eut-il raison de servir ce qu'il considérait comme la cause juste ? Ou doit-on juger sa décision comme une trahison ? Fallait-il qu'il se mêlât de l'affaire ?

L'armée assaillante commence à gagner. Désespéré, le roi Rahwana se tourne vers son autre frère, Kumbakarna. Il lui dit : « Tu es mon dernier recours. Mes généraux sont morts. On ravage notre pays. Aide-moi. » Kumbakarna l'adjure : « Rends Sinta à son mari. Il en est encore temps. » Rahwana refuse. Et il apprend à son frère : « Tes fils ont été tués par l'envahisseur. » Kumbakarna devient comme fou, se lance contre l'ennemi et trouve une mort horrible. Quelle cause a-t-il servie ?

Quelle que soit son interprétation de l'histoire, politique ou mystique, un bon animateur laisse juge le spectateur. Celui qui regarde réagit selon son caractère et les circonstances. Et le récit est en fait plus dense qu'il n'y paraît dans ce résumé. En effet, chaque personnage, même le méchant Rahwana, même la belle Sinta, est marqué par son ascendance et porte le poids de ses propres dilemmes. Chacun est engagé dans sa propre quête et, au moment où il intervient dans l'histoire, traverse une période de crise ; ainsi, comme dans les romans ou les drames les plus profonds, chaque rencontre est chargée de sens. Ces légendes sont d'une richesse illimitée. On peut revoir ce spectacle un nombre infini de fois ; mieux le public le connaît et plus il est en mesure de le comprendre ; et son interprétation de motifs, la conduite des personnages, son opinion sur ce qui est bien, mal ou opportun, évoluera constamment.

On ne trouve le salut que dans le bien suprême, le nirvāna ; on y parvient par la conquête des sens – mais le chemin est semé d'illusions. Et la conception islamique du paradis s'accorde aisément avec le rêve hindou-bouddhiste d'une vie débarrassée des angoisses et de la confusion de ce monde. L'idée musulmane du Dieu omnipotent apparaît dans la conception hindoue plus mystique de Vichnou, Visnu, qui, comme le dit Sri Mulyono, est : « Vérité... Réalité, la source de toutes choses et de toute vie. »

Dans le théâtre d'ombres, la morale simpliste de l'islam, qui trouve toujours ses réponses dans le livre ou les actes du Prophète, laisse place à autre chose. L'hindouisme et le bouddhisme perdent leur complexité. Il semblerait qu'en ce pays du bout du monde, le peuple de Java ait retenu des religions qui sont parvenues jusqu'à lui, ce qu'il y a de plus humain et de plus libérateur pour forger la sienne. 'Umar Kayam considérait le *wayang* et les poèmes épiques comme le cœur de la religion et de la civilisation javanaises. Ils expliquaient les rites, l'art de la courtoisie et la constante préoccupation du comportement humain qui caractérisaient ce peuple.

Ce souci constant de la beauté et de la correction masquait un autre aspect du caractère indonésien. En 1965, après que Sukarno et son gouvernement communisant eurent été renversés, entre cinq cent mille et un million de personnes furent massacrées dans le pays. Toutes les frustrations engendrées par cet excès de raffinement se libérèrent alors ; on en profita pour régler toutes les querelles personnelles. Dans la Bali hindoue, qui attire aujourd'hui tant de touristes, les tueries furent aussi sanglantes que partout ailleurs. Mais là-bas, comme pour donner une note rituelle à la boucherie, les bandes armées se faisaient accompagner de gamelans pour accomplir leur œuvre.

L'islam était l'une des composantes de la religion syncrétique. Et les questions soulevées par l'universitaire australien dans sa lettre à Taufiq subsistaient. Que pouvait offrir aux villages le nouvel islam missionnaire, l'islam des *pésantréns* ? Quel type de débat, quelles idées nouvelles sur la répartition des terres, proposait-il à ces villages, qui n'étaient pas aussi enchanteurs qu'ils le paraissaient et où l'équilibre était rompu ?

La surpopulation accablait le pays. Le programme gouvernemental de limitation des naissances menaçait le système de la grande famille et la sécurité garantie par lui. La nourriture manquait. Mais la nouvelle variété de riz qui donnait deux récoltes l'an brisait le rythme ancestral de la vie villageoise, contrariait le déroulement des fêtes, ne laissait plus aux gens le temps d'assister aux spectacles de marionnettes et, de cette façon, sapait la vieille civilisation en détendant les liens qui unissaient les hommes. Les fermiers étaient endettés. Les deux moissons annuelles les contraignaient à emprunter de l'argent aux banques pour acheter de l'engrais et des semences. L'extension du système bancaire rural était destinée à venir en aide aux paysans, mais emprunter à la banque n'était pas comme emprunter au prêteur d'argent du village, que tout le monde connaissait. Être débiteur des banques c'était devenir la marionnette ou la victime d'une institution impersonnelle.

Le *koum* du village de Linus avait dit que la jeunesse était mieux instruite aujourd'hui à l'école quant à l'islam et que, pour cette raison, elle se sentait plus concernée par la foi. Mais l'islam du *koum* était encore l'islam traditionnel des villages ; et, avec ses cinquante ares de terre, ce que lui rapportaient ses attributions religieuses et ce qu'il savait du passé, le vieil homme considérait qu'il vivait à la bonne époque. Ceux qui ignoraient tout de l'occupation hollandaise ou japonaise, ceux que le village ne pouvait plus nourrir et qui se voyaient maintenant exclus du seul mode d'existence qu'ils connaissaient étaient nombreux. Ils vivaient à la mauvaise époque ; et l'islam qui leur parlait n'était pas celui du *koum* mais un islam qui sanctifiait leur sens de l'injustice.

A Pabelan, on m'avait donné une photocopie d'un article tiré d'un journal non identifié. Il s'agissait de l'interview d'un *kiyai* musulman ou guide d'un *pésantrén* réalisée par un « chrétien profane ». « Vous me demandez quelle est aujourd'hui la situation des paysans et comment le *kiyai* peut changer cette société injuste ? De nos jours, les paysans connaissent un sort inique. La plupart d'entre eux sont pauvres car ils ne possèdent pas de terre. Beaucoup ne trouvent pas de travail. Les grands propriétaires préfèrent acheter des machines plutôt que d'employer de la main-d'œuvre. Les petits fermiers vendent leur production à bas prix. Pendant ce temps, dans notre société, les riches ne cessent de s'enrichir. Ils tirent leur fortune de l'argent que donnent ou que prêtent à notre pays les nations les plus prospères. Maintenant, comment un *kiyai* peut-il contribuer à modifier un tel type de société ? Comment peut-il contraindre les grands propriétaires et les riches à renoncer à leurs biens qui, selon l'islam, appartiennent à Allah et doivent être rendus à ceux qui sont les créatures d'Allah ? »

Mais qui étaient les créatures d'Allah et qui ne l'étaient pas ? Quelles terres pouvait-on redistribuer dans la Java surpeuplée ? Java n'était pas la Malaysia. Dans le village de Linus, la plupart des paysans ne cultivaient qu'une vingtaine d'ares. Pouvait-on les considérer comme riches ? Le *koum*, avec ses cinquante ares, avait l'impression de vivre dans l'aisance. Quelles terres aurait-il pu rendre ?

L'islam qui arrivait dans les villages – et auquel se mêlaient des idées d'emprunt nouvelles, concernant les méfaits de la machine et le mauvais usage qu'on faisait de l'aide étrangère – était l'islam qui, en cette fin de XXe siècle, avait redécouvert ses racines politiques. Le Prophète avait fondé un État. Il avait inculqué aux hommes un idéal d'égalité et d'unité. Les querelles dynastiques qui, très tôt, avaient éclaté dans cet État, faisaient désormais partie de la théologie musulmane ; ainsi, cette religion, qui emplissait les journées des hommes de rites et de cérémonies cultuelles, qui préparait les fidèles à la vie future, leur donnait en même temps un sens aigu des injustices de ce monde, en l'intégrant à leur foi.

Cet islam de la fin du XXe siècle soulevait des questions politiques. Mais il présentait le même défaut qu'à l'origine – défaut que l'on retrouvait tout au long de l'histoire mahométane : il ne proposait aucune solution pratique ou politique à ces questions. Il n'offrait en réponse que la foi, que le Prophète, qui saurait tout résoudre – mais qui avait disparu depuis longtemps. Cet islam politique n'était que violence et anarchie.

Soudain, les touristes affluèrent à Jogjakarta, des groupes venus du Japon, d'Allemagne, de Taiwan et d'Australie ; et le Sheraton commença de s'emplir. Que cherchaient-ils à Jogja ? A quoi s'intéressaient les Australiens ? Où allaient-ils ? Aux temples de Bārābudur et de Prambanam, je n'avais aperçu que des visiteurs indonésiens, et quelques rares Allemands. Dans le hall du Sheraton, un gamelan jouait pendant une heure et demie, chaque matin et chaque après-midi ; mais personne ne semblait écouter. Au restaurant du septième étage, une troupe de premier ordre de danseurs classiques javanais se produisait tous les soirs pendant une heure ; mais la salle était toujours à moitié vide. En fait, Jogja ne consistait qu'une étape sur la route de Bali, l'île au nom enchanteur, véritable but du voyage : Bali pour Noël.

Ces Australiens m'intriguaient. Mais je savais au moins ce qui avait attiré l'un d'eux. Il préparait une étude sur les charbonniers de Java. On s'était rendu compte qu'ils constituaient un corps de métier en voie de disparition, en raison du déboisement de l'île ; et, apparemment, il y avait à Jakarta des gens qui, quoique vendant des tomates, réparant des chaussures ou poussant des charrettes à bras chargées de nourriture, prétendaient qu'ils étaient charbonniers. Une ravissante sociologue, qui avait attrapé la typhoïde en se rendant sur le terrain pour recueillir des informations sur un village javanais, m'avait déjà parlé de cette triste manie. Et j'avais cru que le sujet ne méritait pas d'autres développements.

Mais l'Australien que je venais de rencontrer avait déjà consacré deux mois à approfondir la question. Deux mois ! Mon exclamation le fit rire. Deux mois ne représentaient pas grand-chose. Une étude exigeait des interviews, des questionnaires, des tableaux. La vie universitaire pouvait paraître facile, mais elle avait ses servitudes !

Il me téléphona la veille au soir de mon départ de Jogja. Cet après-midi-là, il avait aperçu dans la rue un homme portant un chargement de bois sur son dos. Il avait eu envie de courir après lui – de toute évidence un charbonnier, quelqu'un qui vendait du charbon de bois – pour l'interroger. Mais, en promenade avec des amis javanais, en cette heure agréable de la journée, il s'était abstenu et avait manqué l'occasion. Il avait regardé l'oiseau rare – qui sait, peut-être le dernier charbonnier de Java central – qui, courbé sous son fardeau, s'était éloigné dans la pénombre puis avait disparu dans les fumées noires des bus et des deux-roues de Jogja.

Mais l'Australien avait pris ses précautions. A Jogja, il avait trouvé quelque chose à louer. Quant à moi, le Sheraton me mit dehors la veille de Noël et je dus rentrer à Jakarta, au Barabudur Intercontinental. Je n'eus donc pas le loisir de visiter le palais royal de Jogjakarta ; d'admirer ses mandalas bouddhistes ; les neuf portails qui représentaient les neuf orifices du corps humain ; les salles qui symbolisaient tant de choses, les arbres chargés de significations multiples ; tous les mystères confondus hindous, bouddhistes et musulmans de la royauté de Java, en parfait accord avec la splendeur d'une civilisation unique.

5

La perte de la personnalité

A NOËL, le Barabubur Intercontinental de Jakarta changea de clientèle. Les représentants des compagnies multinationales, les économistes et les conseillers étrangers s'en allèrent. La plupart d'entre eux étaient des hommes d'âge mûr solitaires. Certains rentraient chez eux ; d'autres partaient vers la fraîcheur des montagnes ou pour les îles. A l'occasion des fêtes, le Barabudur offrait des tarifs réduits aux Indonésiens ; et les autochtones affluaient par familles entières ; c'était une manière de passer les vacances très en vogue parmi les classes les plus aisées.

Les enfants couraient sur la moquette des couloirs et jouaient avec les ascenseurs. Des nounous, ou ayahs, parfois pieds nus, dorlotaient les bébés. Une famille chinoise, sacrifiant à ce style de vacances sans y prendre vraiment plaisir, passa toute une matinée assise, en silence, sur la banquette capitonnée située près de la porte de l'ascenseur, au quinzième étage. Le chef de famille, un vieil homme au visage ravagé, ne portait pas de chemise sur son maillot de corps. Vues du quinzième étage, les têtes couvertes de cheveux noirs, qui émergeaient de la piscine ornée du sigle ondulant de l'hôtel, paraissaient anormalement développées et (impression renforcée par leur nombre) évoquaient des têtards. Un matin, j'en comptai soixante-trois dans la piscine.

Des plaisirs simples ; mais qui nourrissaient les ressentiments. Ressentiment contre les Chinois, contre les étrangers, contre les gens doués des talents qui faisaient défaut aux Indonésiens. Ressentiment, peut-être, à l'égard de ces compétences elles-mêmes et du nouvel ordre qu'elles apportaient, ordre que personne n'acceptait complètement : hommes nouveaux, statuts nouveaux, puissance nouvelle, richesse nouvelle. Les gens qui possédaient l'argent n'étaient pas les bons. Et ils se donnaient des airs de grands seigneurs. Et ces privilégiés venaient se divertir au Barabubur, montrant ainsi l'autre face de la nouvelle société.

« Pas cher pour vous », me dit la jeune fille qui tenait la boutique, quand j'allai acheter une bouteille de porto pour les fêtes. « Mais cher pour nous. » Et son grand sourire – différent cependant du sourire que je lui connaissais – me glaça.

On se heurtait constamment à de tels griefs. Les Indonésiens refusaient de reconnaître tout ce qui avait été accompli pendant ces quinze années de paix. Plus le pays devenait riche, mieux on le dirigeait, et plus il était facile de considérer comme normal l'aspect positif des choses et de ne plus voir que les nouvelles inégalités. Et les gens de regretter 1945, quand tous vivaient dans le même dénuement et partageaient la même idée de ce qui était bien et de ce qui était mal. Dans les villes commes dans les villages, chaque amélioration rendait le problème plus aigu et enfonçait un peu plus les hommes dans le doute.

« La perte de la personnalité », la disparition de la perception commune du bien et du mal, tel était le thème de Darma-sastro.

Darma-sastro était haut fonctionnaire dans l'un des nouveaux services consacrés à la technologie. On me l'avait présenté comme l'un des hommes les plus brillants de la nouvelle génération indonésienne ; il me reçut dans son bureau, un soir, à l'issue de sa journée de travail. Darma-sastro avait autour de la quarantaine. Il fumait dans une pipe en maïs américaine un tabac hollandais fort odorant ; en Indonésie, cela lui donnait un genre. Il n'était pas beau mais il avait de l'assurance et une certaine présence. Il appartenait à une famille de haute noblesse. Darma-sastro ne mentionnait ce fait que pour en minimiser l'importance ; mais c'était peut-être ses origines qui lui permettaient de traiter avec détachement la nouvelle élite – « dix mille personnes, pas plus », m'assura-t-il – dont il faisait également partie.

Darma-sastro me déclara : « Il y a aujourd'hui parmi nous des gens qui ont perdu leur personnalité ou leur identité. Ils sont désormais détachés de leur village. Ils sont devenus trop riches ou trop importants. Ils considèrent qu'y retourner serait déchoir. Ils ont perdu le sens de la sécurité qu'assure la société villageoise fondée sur la solidarité. Cependant, ce ne sont pas des individus autonomes, comme on l'entend en Occident. Ils sont incapables de vivre d'une façon indépendante et, en tant qu'individus, d'entretenir des relations avec autrui sur une base de totale égalité.

« Certains sont allés à l'étranger mais, souvent, si leur corps est parti, leur esprit est resté dans ce pays. Comment les reconnaît-on ? » C'était ainsi que s'exprimait Darma-sastro, faisant les questions et les réponses. « Ils s'arrangent pour se retrouver entre eux. Ils continuent de manger à l'indonésienne. Ils ne se mêlent pas aux Occidentaux. Ils ne s'abonnent pas aux journaux. J'ai connu des Indonésiens qui ont passé trois ans aux États-Unis sans avoir jamais ouvert un journal américain. Qu'est-ce qui les intéresse, alors ? Ils regardent la télévision. Les contacts avec l'Occident sont réduits au strict minimum et c'est exactement ce qu'ils désirent. Sortis d'Indonésie, ils ne sont plus bons à rien. Ils restent des villageois. Ils ne sont venus en Occident que pour obtenir un diplôme et pouvoir retourner chez eux munis de cette attestation de leur nouveau statut.

« Mais ils n'appartiennent pas à la noblesse. Ils ne savent pas ce que *noblesse oblige* [1] veut dire. Aussi, nantis de leurs nouveaux titres, recherchent-ils principalement la puissance et la richesse. C'est la plaie. Autrefois, les gens importants étaient conscients de leurs responsabilités envers la société. Si vous étiez noble, vous étiez censé montrer l'exemple. Les gens dont je viens de vous parler ne peuvent pas se poser en arbitres de ce qui est bien et de ce qui est mal, car eux-mêmes sont désormais incapables de distinguer le bien du mal. Pourquoi ? En perdant leur identité, ils ont perdu le sens des valeurs, excepté celles qui sont associées à l'idée de pouvoir. Ce sont des gens sans cesse préoccupés par leur propre sécurité.

« Ce n'est pas encore la jungle, mais cela pourrait venir. Il existe des millions de gens qui sont moralement bons mais ils sont sans pouvoir pour faire régner le bien. Par ailleurs, et ceci est important, ils sont quelques milliers à avoir la possibilité de faire régner le bien, mais sans en avoir la volonté. Alors, on se sent perdu. C'est cela, à la dérive. Vous savez que vous devez faire le bien et éviter le mal. Mais, maintenant, il vous faut réfléchir. Et c'est quand vous commencez à réfléchir que vous vous sentez emporté par le courant. C'est alors que vous sentez que toute la société est à la dérive. Croyez-moi, pour quelqu'un comme moi, cela demande un effort mental et moral de choisir ce qui est bien. Et cela, c'est mal.

« D'où vient l'argent qui favorise cet état de fait ? Du pétrole. » Il arpenta le bureau aux murs garnis de contre-plaqué, désignant les armoires métalliques, le matériel moderne. Il commença à s'agiter tout en parlant. « Je vis principalement grâce au pétrole – aux revenus que le gouvernement tire du pétrole et aux taxes sur les autres produits d'exportation. Cela, c'est quand je suis en ville. Quand je sors des grandes cités, je vis de mes terres. Nous exploitons les gens. Je leur fais payer des taxes, vous voyez. J'exige d'eux des impôts. Il faut que ces gens comprennent que j'ai des besoins – ils ne peuvent venir à moi les mains vides.

« Je vous étonne ? Autrefois, en Europe, la puissance d'un noble s'évaluait en hectares de terre. A Java, elle se mesurait au nombre des gens qui vivaient dessus. Car les hommes représentaient la véritable richesse : travail non rémunéré, tribut du métayer, armée. Nous ne

1. En français dans le texte. *(N.d.T.)*

sommes plus des nobles, aujourd'hui, mais nous n'avons pas oublié que les hommes représentent la véritable richesse. »

Vu du ciel, Jakarta paraissait une mosaïque d'arbres et de toits de tuile rouge. Mais la carte de la ville n'indiquait que très peu de grandes rues. C'étaient ces artères bordées de gratte-ciel neufs, de parcs et de monuments qu'empruntait la circulation. La ville proprement dite se trouvait entre ces rues. Jakarta était une agglomération impossible à appréhender, un assemblage de villages ou de kampongs urbains qui reproduisaient la structure désordonnée des bourgades campagnardes. Aucun plan ne pouvait signaler les coudes et les sinuosités des ruelles et des passages.

Au centre de Jakarta, ces villages étaient construits en dur. Mais, dans les quartiers plus périphériques subsistaient encore quelques îlots de verdure : des maisons bâties à l'ombre d'arbres fruitiers, au milieu de jardins non clôturés, et dont on balayait la cour deux fois par jour. Ces villages formaient toujours des communautés ayant chacune leur « chef » attitré. Il aurait suffi de peu de chose pour améliorer la situation de ces kampongs. Mais nombre de ces communautés villageoises urbaines étaient instables. Près du centre de la ville, le terrain était précieux ; on achetait des villages entiers pour les remplacer par des quartiers modernes ; et la communauté devait trouver alors à se reloger plus loin. Les familles se multipliaient ; la terre faisait l'objet d'incessants partages ; on construisait des maisons de plus en plus petites et les ruelles qui les séparaient étaient de plus en plus étroites.

Dès lors, il n'était pas question de procéder au ramassage des ordures : on les abandonnait aux chiffonniers, ces hommes qui, une hotte de bambou finement tressé sur le dos, fouillaient dans les détritus, à la recherche de tout ce qui était susceptible d'être vendu : une boîte, une bouteille, un morceau de papier qui, une fois défroissé, pourrait passer pour du papier d'emballage. Chaque précieux arbre fruitier était défendu par du fil de fer, don d'une petite parcelle de terre javanaise que protégeaient des barbelés et qu'entouraient les maisonnettes. Et, partout, des ribambelles d'enfants, aussi nombreux que les poulets.

Le matin où Prasojo et moi visitâmes la ville, nous aperçûmes un petit groupe de gamins assemblés sous un litchi. Un vieil homme était grimpé dans l'arbre et, à l'aide d'une baguette de bambou, attrapait des grappes de fruits rouges et piquants. Prasajo et moi nous arrêtâmes pour regarder. Le fils du cueilleur nous remarqua. Voyant que nous étions étrangers, il ramassa une poignée de fruits et nous les offrit en exécutant le geste de courtoisie javanais hindou : tendant la main droite, qui contenait les fruits, et touchant son coude droit des doigts de la main gauche.

Les fruits représentaient de l'argent pour la famille ; on les cueillait pour les vendre. A quelques centaines de mètres de là, de l'autre côté du labyrinthe du village, passait la grande route, noyée dans la fumée noire des diesels et bordée de petits étals. Jakarta comptait cinq millions d'habitants. Ici, chez un peuple au bord du gouffre, survivaient miraculeusement les coutumes des villages campagnards et les charmes de la vieille civilisation.

Prasojo fut moins touché que moi par le don des litchis. Il trouvait cela tout naturel. « C'est ainsi que je me conduis moi-même, m'assura-t-il. C'est le comportement de ceux qui vivent encore dans la communauté. Dans la " société ", ce même garçon vous aurait plutôt volé vos fruits. »

Les membres de la communauté respectaient toujours le vieux système coopératif des kampongs javanais. Dans la « société », l'homme était seul ; il avait quitté son village et ses amis pour se laisser engloutir par la ville. Prasojo considérait que ces gens « jouaient » avec leur vie ; il les appelait des joueurs. C'étaient ceux-là qui devenaient chiffonniers. C'étaient ceux-là qui ramassaient des mégots de cigarettes (à l'aide de deux longues tiges de bambou pareilles à de grandes baguettes chinoises) pour vendre le tabac à partir duquel on confectionnerait des cigarettes pour les pauvres. C'étaient les paumés de Java et certains ne possédaient même pas de « papiers ». La surpopulation avait exclu de la civilisation javanaise ces gens qui touchaient le fond, et qui, tout autant que les membres de la classe privilégiée dont parlait Darmasastro, avaient perdu leur personnalité. Avec leur hotte sur le dos, leurs longs bâtons, leurs activités dérisoires, leurs yeux éternellement baissés vers le sol, ces gens, qui semblaient vivre en marge de l'animation et de la foule, constituaient un avertissement pour tous les autres : les choses avaient tôt fait de mal tourner.

Jakarta était en plein essor. La ville, comme le pays tout entier, avait besoin de ressources et de compétences. Mais celles-ci engendraient des ruptures douloureuses ; la disparition des anciennes structures et des anciennes valeurs du bien et du mal, suscitait la colère du peuple.

Les vacances se terminèrent. Les nouveaux riches quittèrent le Barabudur Intercontinental avec leurs enfants et leurs ayahs. On vida la piscine pour la réfection annuelle ; là où ondulait l'eau bleue, brillaient maintenant les carreaux blancs ; les ouvriers taillaient et donnaient des coups de marteau. Les représentants des multinationales, les conseillers et les économistes revinrent. La paix régna à nouveau dans les couloirs. Le monde des affaires reprenait ses droits.

6

Formation psychologique à Bandung

Nous entrions dans la saison des pluies. Même quand la lumière était belle, le sud de Jakarta disparaissait dans les nuages ; les gratte-ciel, les arbres et les toits rouges s'estompaient. Le relief paraissait plat mais, lorsque les nuages se levaient, au sud on apercevait les montagnes. Perchés dans ces montagnes, se trouvaient les chalets où les gens qui voulaient fuir la chaleur et l'humidité de Jakarta passaient leurs vacances.

Une autoroute traversant les champs cultivés – elle avait soulevé à une époque de vives protestations de la part des étudiants mais drainait aujourd'hui une importante circulation – permettait d'accomplir une partie du chemin. Lorsqu'elle s'arrêtait, on retrouvait la Java surpeuplée, et une route étroite bordée d'éventaires de légumes et de fruits qui sinuait au travers d'un village interminable (se densifiant parfois au point de former une petite ville) pour franchir ensuite des côteaux plantés de thé au-dessus desquels flottaient des nuages chargés de pluie et une brume à laquelle se mêlaient les fumées noires des cars, des camions et des deux-roues. Par endroits, la terre détrempée du remblai de la route s'était éboulée et découvrait les racines étonnamment épaisses et longues d'un théier, qui pendaient mollement au-dessus de la chaussée.

Passé les théiers et la brume, la route plongeait dans une vallée claire et dégagée, plantée de rizières, avant de remonter à l'assaut de montagnes escarpées aux sommets en forme de cône, pour aboutir au plateau où se dressait la ville de Bandung. Bandung où, en présence du président Sukarno et de Nehru, s'était tenue la fameuse conférence afro-asiate de 1955 ; Bandung au climat frais, l'un des nombreux « Paris » d'Asie, pour reprendre le surnom employé au temps du colonialisme : Bandung, célèbre aussi pour son institut de technologie, fondé par les Hollandais, et terrain d'élection de la révolution. Sukarno avait été à Bandung. C'était là qu'il avait obtenu son diplôme d'ingénieur.

Et Bandung conservait encore sa réputation de ville radicale. C'était l'un des centres du renouveau islamique indonésien. A l'occasion du week-end, un grand nombre des amis de Prasojo avaient quitté Jakarta pour aller suivre un séminaire islamique « de formation psychologique » qui se déroulait sur trois jours à la mosquée de l'Institut de technologie.

Il était dirigé par un homme jouissant d'une grande réputation auprès des musulmans indonésiens, M. Imaduddin, ingénieur en électricité et professeur à l'Institut. A Jakarta, certains l'admiraient pour son courage ; d'autres l'estimaient dangereux. Il venait de passer un an en prison et n'en était sorti que depuis cinq mois. Son nom, Imaduddin, plus arabe qu'indonésien, laissait deviner le genre de musulman qu'il était.

Au crépuscule, avec leurs trottoirs malpropres et leurs éventaires de fortune, les abords de Bandung n'avaient pas grand-chose de parisien. Mais c'était l'heure magique, l'heure des rendez-vous dont m'avait parlé Prasojo, et nous roulâmes un moment derrière un couple à scooter, la jeune fille (elle étreignait la taille de son pilote) parée avec soin en vue de cette promenade dans la fumée et le vacarme de la circulation, assise en amazone, ses mules menaçant à tout moment de tomber.

« Vous me demandiez à quoi ressemblait un teint de *langsat*, me dit Prasojo. Eh bien, cette jeune fille a une peau de *langsat*. »

La couleur de ce fruit, le langsat, était considérée comme le teint idéal pour la femme indonésienne. Ce fruit était ocre pâle, couleur de brique claire ; la jeune fille du scooter avait le teint lumineux des Chinoises du Sud.

Notre examen prolongé l'embarrassa. Quand le chauffeur de notre voiture l'éclaira de ses phares, son compagnon, qui avait déjà fort à faire avec la circulation, commença à s'énerver ; plus d'une fois, il se retourna pour nous foudroyer du regard. Lorsque enfin, le scooter parvint à s'éloigner en se faufilant entre les autres véhicules, la jeune fille au teint de langsat et aux mules prêtes à tomber nous adressa un sourire malicieux, et Prasojo s'exclama : « Vous avez *vu* ? Vous avez *vu* ? »

Pour trouver l'Institut et la mosquée, nous dûmes demander notre chemin presque à chaque coin de rue. Les bâtiments se trouvaient dans le quartier colonial, la partie la plus ancienne de la ville : images dans le soir que perçaient les lumières électriques, de rues larges et silencieuses, de maisons en retrait, d'une grande bâtisse administrative dont le toit javanais sculpté ne paraissait plus qu'une simple coquetterie architecturale, un vestige exotique de l'époque coloniale.

La tour cylindrique de la mosquée était « moderne ». Il était sept heures passées et, dans l'espace pavé qui séparait la mosquée de ses dépendances, où se tenait le séminaire, des garçons et des filles attendaient que commencent les cours de la soirée. De l'ombre, de douces voix féminines appelèrent : « Prasojo ! Prasojo ! » Quel succès avait ce garçon ! Les filles l'aimaient autant qu'il les appréciait ; elles s'attroupèrent autour de lui comme si elles ne l'avaient pas vu depuis des semaines. Ces jeunes gens étaient gais comme des campeurs en vacances. C'était la jeunesse de Jakarta, les enfants de la classe moyenne. Ils ne ressemblaient en rien aux jeunes des *pésantréns* ou à ceux, plus austères encore, des mouvements musulmans.

Imaduddin fut prévenu par téléphone, et quelqu'un nous conduisit jusque chez lui. Avant que nous n'ayons eu le temps de descendre de la voiture, Imaduddin lui-même, de taille moyenne, de belle carrure, le visage large, souriant et ouvert, sortit de sa maison pour nous accueillir ; il s'effaça pour nous prier d'entrer.

C'était bien la maison d'un professeur d'université, avec ses fauteuils simples et ses étagères, mais on y décelait aussi une touche plus typiquement indonésienne : deux jeunes filles, des parentes ou des servantes, étaient assises à même le sol, dans un coin de la pièce. Elles se levèrent à notre entrée puis s'éclipsèrent, sans doute pour aller préparer le thé de bienvenue.

Imaduddin lut la lettre d'introduction qu'avait apportée Prasojo. Son visage s'éclaira à mesure qu'il la déchiffrait ; il m'affirma être fort honoré. Il ne paraissait pas ses quarante-huit ans. Il avait la peau lisse, des yeux noirs et brillants et une grande bouche souriante. Il était séduisant, très avenant. Mais comment avais-je entendu parler de lui ? s'étonna-t-il. Je lui donnai le nom d'un journaliste de Jakarta, et Imaduddin s'exclama en riant : « Mais dites-lui donc que je me bats toujours pour ma liberté ! Après cinq mois l'Institut ne m'a pas encore confié de charge, cette année.

– Pourquoi vous craignent-ils, à votre avis ?

– Je ne sais pas. Sans doute ma popularité auprès des étudiants leur fait-elle un peu peur. »

Je l'interrogeai sur son nom.

« C'est Ima-dud-din, m'expliqua-t-il. Cela signifie le pilier de la foi.

– L'avez-vous choisi vous-même ? » Cela se faisait parfois, en Indonésie. Prasojo s'était trouvé lui-même un nom et en avait informé ensuite ses parents.

« Non, c'est mon père qui m'a donné ce nom. Il était étudiant à Al Azhar, au Caire. On m'a appelé Ima-dud-din toute ma vie. »

On apporta le thé de bienvenue, dans des tasses de porcelaine et non dans des verres. Il était accompagné de deux sortes de biscuits, présentés dans des bocaux. Ce n'était déjà plus l'hospitalité villageoise.

En prison, il avait subi de sévères interrogatoires. Le premier avait duré vingt heures, mais Imaduddin ne pouvait pas dire qu'on l'avait torturé. Parmi les autres prisonniers se trouvaient des gens très célèbres. Il avait rencontré le Dr Subandrio, ancien ministre des Affaires étrangères au temps de la prise du pouvoir par les militaires, en 1965. L'armée l'accusait d'avoir fomenté, en compagnie d'autres conspirateurs, un coup d'État communiste et il avait été condamné à mort. Trois jours avant l'exécution, la reine Elisabeth d'Angleterre était intervenue en sa faveur, et la peine avait été commuée. Et, depuis tout ce temps – pratiquement oublié du monde – cet ancien ministre de Sukarno était resté en prison : il n'était pas confortable de songer à cela tout en buvant du thé dans la maison d'Imaduddin.

Et il était étrange, aussi, d'imaginer Imaduddin, le nouveau musulman, et Subandrio, le vieil homme de l'ancienne gauche, aux causes opposées mais jugées toutes deux également néfastes pour l'État indonésien, sympathisant dans la prison de l'armée.

Comment se faisait-il qu'on eût permis à Imaduddin de parler au Dr Subandrio ? Au bout de quelque temps, me dit Imaduddin, les geôliers avaient fini par se montrer plutôt amicaux à son égard ; et il avait obtenu certains privilèges. Ce séjour en prison ne paraissait pas si terrible, après tout ; et, en fait, pour Imaduddin, il n'avait pas eu que des inconvénients. Juste avant son arrestation, Imaduddin s'était rendu dans certains pays arabes. Les Arabes n'avaient cessé de le faire manger. Personne n'avait prévenu Imaduddin que, à la table des Arabes, mieux valait manger très lentement et suivre le rythme de votre hôte car, tant qu'il mangeait, il vous fallait continuer aussi. Ainsi, parti vers ces pays où l'appelaient ses affaires islamiques avec un poids de soixante-dix kilos, Imaduddin en était revenu avec huit de plus. Il pesait donc soixante-dix-huit kilos lorsque la police était venue le chercher ; s'il ne s'était pas encore complètement débarrassé de ces kilos superflus, il en avait cependant perdu quelques-uns en prison ; le médecin militaire qui l'avait suivi s'était déclaré satisfait de ses progrès.

Mais, depuis sa remise en liberté, l'Institut de technologie ne lui avait pas confié le moindre poste. Il ne s'occupait plus pour le moment que de son travail de missionnaire islamique parmi la jeunesse. Ses cours de formation psychologique étaient très réputés. Il les avait commencés sept ans auparavant et en avait même donné quelques-uns à l'intention de groupes d'étudiants musulmans, en Angleterre. A Jakarta, la demande était très forte. Soixante-sept personnes avaient posé leur candidature pour participer à ce séminaire ; il n'avait pu en accepter que quarante-sept.

Une dernière gorgée de thé, un dernier petit gâteau, et vint le moment de nous séparer – moi, pour chercher un hôtel, en cette difficile période de vacances, et Imaduddin pour aller retrouver ses étudiants.

« Vous comprenez maintenant pourquoi il est si populaire, me dit Prasojo. Vous avez remarqué sa façon de vous serrer la main ? Il a serré la mienne comme s'il me connaissait depuis très longtemps, comme s'il était vraiment heureux de me voir. Je suppose que je devrais essayer de l'imiter, si je veux améliorer mes relations avec les gens. » Son séjour en Amérique l'avait profondément marqué. Il avait apporté des albums de photos prises pendant son voyage aux États-Unis avec l'American Field Service : fêtes entre étudiants de tous les pays, le Grand Canyon, la neige.

Le cours était commencé depuis une heure quand je revins. La salle de classe se trouvait dans un bâtiment semblable à un hangar, le dispensaire attaché à la mosquée. Le sol était carrelé ; des inscriptions couvraient déjà le tableau noir ; des néons éclairaient la salle. Les étudiants étaient assis sur des chaises pliantes métalliques, au large dossier rutilant. Les filles occupaient la droite de la salle et les garçons, moins nombreux, la gauche. Les cheveux des jeunes filles disparaissaient sous des foulards ou autres coiffes aux couleurs gaies – jaune, vert, lilas, rose, pourpre, blanc. Chacun des participants tenant un carton vert où figurait son nom. L'instructeur, un jeune homme moustachu de petite taille, portait une chemise à fleurs.

Imaduddin avait pris place dans le fond de la salle. Lorsque je me fus assis près de lui, il m'apprit que nous assistions à un exercice de « communication ».

On demanda à quatre ou cinq étudiants de sortir et l'instructeur, muni d'un magnétophone, se mit à lire un texte – relatant un accident de voiture – à un jeune homme. On pria alors l'un de ceux qui étaient sortis, une étudiante, de revenir dans la salle. Le jeune homme entreprit de lui raconter l'histoire. Elle lui posa des questions ; il s'embrouilla ; la classe éclata de rire. Les étudiants avaient l'habitude du théâtre d'ombres ; ils avaient l'instinct du jeu. La classe de formation psychologique se mit à ressembler de plus en plus à un spectacle de marionnettes ; et l'hilarité ne fit que croître tandis que l'histoire, passant d'un étudiant à l'autre, s'éloignait davantage du texte original.

« Tout ceci est enregistré, m'expliqua Imaduddin. A la fin, on repasse la bande, pour que tout le monde puisse constater les transformations qu'a subies l'histoire. Cet exercice est destiné à les aider quand ils partiront dans le monde prêcher l'islam. »

Mais on n'écouta jamais l'enregistrement ; ce ne fut pas nécessaire. L'instinct de comédien des participants l'emporta ; et l'exercice – la déformation d'une histoire deux ou trois fois racontée – tourna vite à la bouffonnerie.

Puis l'on passa aux choses sérieuses. Et, comme de bons étudiants, qui s'étaient bien amusés et désiraient maintenant tirer les enseignements de cette comédie, les jeunes gens se calmèrent et dirent à leur instructeur ce que cet exercice leur avait apporté. Ils avaient appris des choses essentielles : l'importance du questionnement, l'analyse rationnelle.

Il me sembla que ces enseignements pourraient se retourner contre eux car le message qu'ils s'apprêtaient à porter au monde était extraordinaire : un Prophète inspiré par Dieu, des lois arbitraires, un pèlerinage vers une certaine pierre, un mois de jeûne. Mais, pour l'heure, nous nous trouvions plongés dans l'islam, et ces articles de foi échappaient à l'interrogation. Le questionnement et l'analyse étaient réservés à des sujets plus internes : les *hadiths*, la tradition et la vie du Prophète. Certains *hadiths* méritaient plus que d'autres d'être pris en considération ; ceux qui suivaient les *hadiths* les plus douteux pouvaient vite être conduits à s'écarter de la voie islamique. Et les étudiants étaient passés directement à ce sujet : le jeu auquel ils s'étaient prêtés avait aussitôt dirigé leurs pensées vers les *hadiths* et, même, vers certains passages du Coran. On lut ces versets à voix haute. Et la jeune fille à la peau de *langsat* assise à l'arrière du scooter semblait maintenant bien loin, semblait appartenir à un autre monde, un univers frivole.

Et manipulant son magnétophone japonais, le jeune instructeur moustachu paraissait satisfait. Imaduddin ne l'était pas moins. Il ne prétendait pas avoir inventé lc jeu ; il avait tiré cette idée de diverses sources. Mais c'est à lui que revenait l'adaptation islamique.

L'instructeur reprit la parole. Les étudiants se levèrent et disposèrent bruyamment les chaises métalliques par cinq, de façon à former de petits cercles – cinq était le chiffre de l'islam. Jusqu'à présent, je n'avais vu que le dos et les foulards colorés de la plupart des jeunes filles ; je découvris alors leur visage. On ne pouvait dire d'aucune d'elles qu'elle avait un teint de *langsat*. Presque toutes paraissaient originaires de Sumatra, plus islamisée que Java.

« Je crois avoir identifié six étapes dans le jeu, dis-je à Imaduddin. L'instructeur lit un texte ; l'histoire s'altère ; la classe fait ses commentaires ; on cherche à en illustrer les conclusions à partir des *hadiths* du Prophète ; on lit quelques versets appropriés du Coran ; puis les étudiants s'assoient par groupes de cinq.

– C'est cela. Mais cette nouvelle disposition fait partie d'un nouveau jeu. »

On leur distribua des enveloppes. Chacune contenait des morceaux de papier de forme différente, et le but de l'exercice était de former des carrés à l'aide de ces bouts de papier. Aucune enveloppe ne renfermait un carré complet mais la répartition avait été faite de telle sorte qu'en utilisant tous les morceaux de papier, chaque groupe de cinq pouvait confectionner cinq carrés.

« Ils doivent coopérer sans s'adresser la parole, m'expliqua Imaduddin. Personne n'a le droit de prendre un morceau de papier à l'un des autres membres de son groupe. Mais il peut accepter ce qu'on lui offre. »

Nous circulâmes entre les groupes, cinq têtes baissées et proches à se toucher, avec çà et là un pitre, exagérant sa perplexité et composant délibérément des motifs absurdes. Je surpris avec amusement un garçon en train de tricher, s'emparant de l'un des morceaux de papier de son voisin et l'ajoutant à sa propre figure. Un cri et des applaudissements jaillirent d'un groupe de jeunes filles : elles avaient terminé. C'était comme une partie de loto. Nouveaux cris, chamailleries amicales entre garçons et filles : l'atmosphère était chargée de sexualité adolescente. Puis, une fois encore, on passa à l'aspect sérieux de l'exercice : les chaises remises en place, l'instructeur demanda aux étudiants de lui livrer leurs réflexions. L'un après l'autre, les commentaires fusèrent. Et il était ahurissant d'écouter tout ce que ce petit jeu leur avait inspiré, de constater comme il les avait menés loin sur la voie de l'islam.

L'instructeur inscrivait les remarques sur le tableau noir. Imaduddin m'en fit la traduction. Ils avaient tiré cinq enseignements – cinq était le nombre clé de l'islam ; il existait cinq principes islamiques. « La nécessité de coopérer pour atteindre le but commun. Ceux qui renoncent trop facilement ne parviennent jamais à leurs fins. Il faut savoir donner aux autres sans rien demander. Il est indispensable de se connaître les uns les autres. La persévérance.

– Mais, fis-je remarquer, ils ont déjà parlé de la persévérance. " Ceux qui renoncent trop facilement ne parviennent jamais à leurs fins. " »

Imaduddin en convint.

Les étudiants ne s'étaient égarés qu'un instant. Une jeune fille coiffée d'un foulard safran leva la main et parla ; l'instructeur écrivit quelques mots au bas du tableau et Imaduddin me glissa : « Voilà qui est important. Le sentiment d'appartenir à un groupe. »

Toutes ces réflexions avaient été suscitées par le jeu. Malgré la petite tricherie dont j'avais été le témoin, les jeunes gens s'étaient dirigés droit vers la conception islamique de l'unité ou de l'union : des hommes humbles devant leur créateur, un groupe dont la cohésion était maintenue par des lois rigides. Il existait un corollaire dont personne ne parlait : était rejeté tout ce qui ne faisait pas partie de cette communauté car tout ce qui lui était étranger devenait impie, impur, infidèle. Eux étaient les justes, détenaient la vérité ; la confirmation de leur foi les comblait de bonheur. Et, une fois encore, les étudiants citèrent quelques versets du Coran judicieusement choisis. A nouveau, comme, tournant les pages du livre, les étudiants et l'instructeur lisaient différents versets, chacun fit appel à son érudition pour s'interroger à leur sujet.

Tout en bavardant, l'instructeur distribua des feuilles polycopiées. « Il m'appelle pour que j'aille lire un poème, m'expliqua Imaduddin. Il est d'Iqbal. C'est la dernière réunion du séminaire de formation psychologique et je lis toujours ce poème en manière de clôture. Je l'ai choisi car il est chargé d'émotion. Il a, comme vous vous en doutez, été écrit en ourdou, puis traduit en arabe par Effendi et de l'arabe en indonésien par Mohammed Natsir. » Iqbal, l'idéologue du Pakistan ; Natsir, l'ancien leader du Parti musulman indonésien, aujourd'hui interdit.

Imaduddin (avec du retard, car la courtoisie indonésienne exigeait qu'il m'explique le poème) finit par se diriger vers le bureau. Il chaussa ses lunettes, commença à lire et la métamorphose s'opéra. Toute son affabilité, son apparente jovialité s'effacèrent au profit d'une personnalité nouvelle, non celle d'un acteur du théâtre d'ombres mais celle d'un mollah, de l'homme qui, dans la mosquée, récite le Coran un jour de passion musulmane. Il m'avait dit que le poème était chargé d'émotion ; et, en le déclamant, sa voix se brisa. Par moments, il semblait sur le point d'éclater en sanglots : un islam de douleur, d'enfer, de paradis et de rédemption. Et, d'après ce que j'avais compris, tel était le thème du poème d'Iqbal : comment, sans le Prophète, ou sans avoir connaissance de sa mission, pourrait-on supporter de vivre en ce monde ?

Il m'avait assuré que la lecture du poème prendrait six minutes ; elle en dura plus d'une dizaine. Il était maintenant dix heures et demie passées. La classe de formation psychologique était commencée depuis plus de trois heures. Le séminaire touchait à sa fin. Mais ses participants devraient être levés dès trois heures, le lendemain matin. Non, comme je l'imaginai, parce que la discipline et l'abnégation cimentaient l'esprit communautaire mais parce que, comme me l'apprit Imaduddin, il était stipulé dans le Coran que certaines prières devaient être prononcées au milieu de la nuit et que le milieu de la nuit signifiait entre minuit et six heures.

Cela ne paraissait pas gêner beaucoup les étudiants. Ils ressemblaient à de joyeux vacanciers excités par la perspective du dénouement que constituerait ce dernier lever matinal. Ils quittèrent leurs chaises métalliques et sortirent d'un pas hésitant, les filles se dirigeant vers certaines dépendances de la mosquée, les garçons vers d'autres. Ils étaient les enfants de la classe moyenne de Jakarta, Indonésiens tout particulièrement menacés de perdre leur personnalité. Dans l'islam, dans la vie de la mosquée, avec ses règles et ses rites, ils retrouvaient, ou reconstruisaient, quelque chose ressemblant à ces anciennes communautés féodales ou rurales qu'ils n'avaient pas connues.

Imaduddin me dit qu'il n'allait pas se lever avec ses étudiants pour la prière de trois heures. Mais, à trois heures et demie, il serait debout. Il s'astreignait à cette discipline le lundi et le jeudi car, ces jours-là, il jeûnait. Il s'agissait d'une coutume propre aux musulmans d'Indonésie et l'on m'avait dit qu'elle prenait peut-être ses origines dans des pratiques animistes. Ce jeûne n'en était pas un au sens strict du terme ;

comme pendant le mois de ramadan, il était possible de manger avant et après le coucher du soleil. Certains, en ces périodes de jeûne, poussaient le raffinement jusqu'à ne prendre que des aliments blancs, le blanc étant la couleur de la pureté, et, aussi, une couleur commode, car elle permettait aux Indonésiens de manger autant qu'ils le voulaient de leur plat favori, le riz. Mais je n'entendis parler de cette particularité que plus tard et ne pus donc interroger Imaduddin au sujet de la nourriture blanche.

Lorsque je le revis, le lendemain matin, dans son bureau, qui jouxtait la salle de classe de la nuit précédente, il m'apprit qu'il jeûnait le lundi et le jeudi car le Prophète pratiquait l'abstinence ces jours-là. Le Coran n'y faisait aucune allusion mais un *hadith* digne de foi relatait le fait. Et Imaduddin se préoccupait aussi de son poids. Outre ses jeûnes islamiques, il faisait du jogging. Il me dit qu'il devait se surveiller ; il approchait de la cinquantaine. Il estimait qu'il ne s'était pas encore remis de ses excès alimentaires arabes. Mais son voyage remontait à près de dix-huit mois. Son embonpoint me donnait plutôt à penser que ses deux jeûnes hebdomadaires attisaient un appétit dévorant.

Tant d'hommes en un seul ! Il recourait à des magnétophones et à des jeux empruntés à la psychologie occidentale pour la formation islamique de ses étudiants. Il était mû par la passion du mollah ; mais il pratiquait aussi le jogging. Il avait traversé une période extraordinaire de l'histoire indonésienne ; il avait rencontré certains des grands hommes de son pays. Il avait bénéficié de l'indépendance de sa patrie, profité de son développement chaotique et de l'ouverture du monde aux gens de sa génération. Il était devenu ingénieur en électricité ; il avait voyagé ; et préparé un diplôme supérieur aux États-Unis.

Il avait vécu de nombreux bouleversements ; il avait participé au grand brassage universel. Mais cette existence hors du commun n'impressionnait pas outre mesure Imaduddin ; il trouvait naturel le monde dans lequel il vivait. Aucune nouveauté ne méritait d'être explorée. Imaduddin était né dans une famille musulmane de Sumatra. Toute chose était contenue dans ce commencement : depuis, ne s'y étaient ajoutés que des événements, des instruments et l'âge.

Le père d'Imaduddin, comme celui-ci me l'avait appris la veille, était diplômé de l'université islamique d'Al Azhar, au Caire. Il occupait une position importante dans le parti musulman *Masjumi*.

« Au temps des Hollandais, mon père enseignait l'islam dans une école religieuse qui dépendait du sultanat. C'était une école renommée, et mon père en était le principal. Pendant la révolution, la guerre contre les Hollandais, je fus enrôlé dans l'armée musulmane, la *hizbullah*. J'ai été entraîné à la guérilla pendant deux semaines, en 1946 ; ils m'ont mis une étoile et un galon, et m'ont nommé sergent. A quinze ans ! En fait, *hizbullah* signifie : les soldats de Dieu.

– Pourquoi l'appelez-vous armée musulmane ? N'étiez-vous pas tous des Indonésiens qui se battaient pour l'indépendance de l'Indonésie ?

– Il y avait tant de fractions, dans l'armée révolutionnaire, à cette époque ! Les communistes, le PKI, avaient leurs propres unités ; ils les appelaient l'Armée rouge. Les socialistes avaient eux aussi leurs propres groupes armés. Les nationalistes et Sukarno possédaient les leurs. Nous nous sommes parfois battus les uns contre les autres – après le départ des Hollandais.

« Notre indépendance une fois obtenue, je suis retourné au lycée. En 1947, le gouvernement révolutionnaire avait ouvert le premier établissement secondaire de notre région. On m'a donc inscrit à ce lycée et j'y suis resté jusqu'en 1953.

– Qu'est-ce qui vous a décidé à devenir ingénieur électricien ?

– En 1952, le Dr Hatta, le vice-président, a visité Sumatra et a parlé du développement du pays. Il s'est rendu aux grandes chutes de Medan et a prononcé un discours sur l'électricité. J'ai été fasciné par ce qu'il disait. L'année suivante, en 1953, j'ai terminé mes études secondaires. J'ai obtenu les meilleures notes. Quand j'ai demandé à mon père de m'envoyer à Bandung, il m'a répondu : " Je n'ai pas d'argent. Mais, si tu veux y aller par tes propres moyens, je t'en donne la permission – avec ma bénédiction. "

« Ma mère a vendu l'une de ses bagues et je suis parti pour Jakarta avec juste assez d'argent pour payer mon passage et manger pendant un ou deux mois. Le bateau a quitté Sumatra vers six heures du soir. Nous avons navigué pendant trois nuits et avons accosté à Jakarta le soir du quatrième jour. J'ai été stupéfait par la foule.

« Nous étions arrivés à Jakarta de nuit, mais, comme le port était fermé, nous avons dû attendre le lendemain matin avant de pouvoir débarquer. En fait, à bord du bateau, nous étions quatre garçons qui venions de terminer nos études secondaires. Alors, tôt le matin, nous sommes allés au ministère de l'Éducation, et je me suis dirigé tout droit vers le service des bourses. Je leur ai montré mes notes et une lettre de recommandation de mon lycée. L'un de mes camarades connaissait quelqu'un à Jakarta, mais il n'était pas certain que cet homme pourrait nous loger tous les quatre chez lui. Par chance, il a pu nous accueillir tous. Nous avons dormi par terre dans le salon. En réalité, il s'agissait de la maison de Sutan Sjahrir, le secrétaire général du Parti socialiste indonésien.

– Mais, protestai-je, c'est un des grands noms de l'histoire indonésienne. Vous ne pouvez pas le lâcher comme ça dans la conversation. »

Je fus surpris qu'il en parlât avec autant de désinvolture : Sutan Sjahrir, l'une des premières figures importantes du nationalisme indonésien, exilé par les Hollandais de 1934 à 1942, et Premier ministre du pays pendant la première année de l'indépendance.

« A vrai dire, reprit Imaduddin, Sutan Sjahrir était venu nous voir à

Sumatra. J'étais l'un des animateurs du mouvement étudiant dans mon lycée, à Medan, et c'est là que je l'ai rencontré. Il était à la recherche de jeunes gens prometteurs – c'était la façon d'agir des socialistes. Et vous imaginez ce que cela représentait pour un adolescent de parler avec ce grand homme.

« Nous avons quitté Jakarta le jour même et nous sommes rendus à Bandung avec une lettre d'introduction pour le secrétaire général du Parti socialiste de Java occidental. Et lui aussi nous a hébergés pour quelques nuits. Alors, nous sommes allés à l'ITB, l'Institut de technologie de Bandung, et nous nous sommes inscrits.

– Mais voilà une histoire merveilleuse à propos de Sutan Sjahrir.

– Les socialistes étaient comme ça. Toujours en quête de nouveaux sympathisants. En fait, je ne pourrais pas être socialiste, car je suis dejà musulman. Tout ce qu'il y a de bon dans le socialisme se trouve déjà dans le Coran.

– Mais le Coran ne vous donne pas les institutions. C'est ce que le socialisme essaie de faire. Vous ne pouvez vous contenter d'idées.

– Libre à nous de choisir nos institutions. La *hizbullah*, l'armée musulmane, a été créée par le Parti *Masjumi*. Mon père fut l'un des leaders de ce parti, représentant sa région, le Nord de Sumatra. Et il siégeait au conseil supérieur du clergé musulman. Donc, quoique attiré par Sutan Sjahrir, sa personnalité et ses capacités intellectuelles, je ne pouvais pas être socialiste car j'étais déjà musulman. Je l'admirais comme l'un de nos leaders nationaux, mais rien de plus.

– Le *Masjumi* avait-il véritablement un programme ?

– Absolument. Un pouvoir décentralisé. Deux chambres. Une économie coopérative. La participation des habitants de la région à son économie.

– Est-ce là l'islam ou du régionalisme ?

– Le *Masjumi* insistait sur le développement rural. La plupart des musulmans vivent dans des régions rurales. »

Musulmans, musulmans : il employait ce mot comme d'autres auraient dit Indonésiens.

Et, lors du premier vendredi qu'il passa à l'Institut de technologie de Bandung, Imaduddin éprouva une grande surprise.

« On était très peu religieux en 1953, par ici. Il n'y avait aucune mosquée à proximité. Il fallait faire trois kilomètres à pied pour en trouver une, dans un village. La plupart des professeurs de l'Institut étaient hollandais – et ils ont gardé leurs postes jusqu'en 1957, année où Sukarno les a renvoyés. Généralement, les cours se faisaient en anglais. Telle était la règle, pour ceux qui ne savaient pas l'indonésien. En ce premier vendredi, j'ai découvert que certains professeurs donnaient des cours aux heures des prières. Je venais de Sumatra et avais été élevé dans une famille musulmane très pratiquante. Pour moi, ne pas pouvoir me rendre à la mosquée pour les prières du vendredi représentait un véritable traumatisme.

« Je me suis levé et j'ai demandé à un professeur hollandais la permission d'aller à la mosquée. Il s'est montré très compréhensif et m'a donné son autorisation. Deux ou trois étudiants m'ont suivi. Je suis allé à la mosquée mais j'ai raté mon cours. Ainsi, le vendredi, il me fallait toujours choisir : les cours ou la prière. C'est comme ça que l'idée m'est venue qu'il fallait faire construire une mosquée près du campus. Ce premier vendredi, trois ou quatre étudiants seulement ont quitté le cours avec moi. Aujourd'hui, je crois que le *New York Times* a fait une enquête et que, d'après lui, deux mille étudiants se rendent régulièrement à la mosquée.

– Vous aviez demandé une bourse. L'avez-vous obtenue ?

– Oui, au bout de deux mois. L'argent de ma mère, l'argent de la bague, m'avait permis de vivre pendant ce temps-là. Cela représentait cinq cents roupies (quatre-vingts *cents* américains d'aujourd'hui, après toutes les dévaluations). La bourse se montait à trois cents roupies par mois, ce qui était suffisant. Louer une chambre revenait à peu près à une centaine de roupies. »

Plusieurs personnes entrèrent dans le bureau. Parmi eux se trouvait un homme d'une quarantaine d'années, petit, vêtu avec soin, peut-être d'origine modeste, peut-être le père d'un étudiant. Il se montra plein de déférence à l'égard d'Imaduddin ; et ce dernier, avec la courtoisie spontanée qui avait fait si grande impression sur Prasojo (et sur moi-même) l'après-midi précédent, s'excusa puis se leva afin d'accueillir ses visiteurs.

J'abandonnai mon fauteuil pour aller m'asseoir derrière le bureau pendant qu'Imaduddin s'entretenait avec les nouveaux venus. Sur une pile de courrier se trouvait la photocopie d'une lettre à en-tête. Ce n'était pas la circulaire officielle que j'avais crue tout d'abord. Il s'agissait d'une lettre personnelle, adressée par un professeur d'université américain, qui envoyait à Imaduddin ses bons vœux de fin d'année et en profitait pour lui donner des nouvelles de sa famille. La chaleur américaine, bienveillance pour tous les hommes de toutes les cultures ; ici, sur le bureau d'Imaduddin. Le professeur américain et l'étudiant asiatique, l'infidèle et le missionnaire : sur quel malentendu se fondait leur amitié !

En 1947, à une époque particulièrement troublée, le gouvernement révolutionnaire avait ouvert une école secondaire à Sumatra. Depuis, Imaduddin était passé par toutes les étapes de la vie scolaire et universitaire ; et, en 1963, dix ans après son arrivée à Bandung avec cinq cents roupies en poche, l'Institut de technologie l'avait envoyé aux États-Unis pour y préparer des diplômes supérieurs. Il avait passé trois ans là-bas, d'abord dans l'Iowa, puis à Chicago. Pendant l'été 1966, ses études terminées, il fit un remplacement de neuf semaines à l'université de Cornell en tant que spécialiste de la langue indonésienne. Il gagna cent dollars par semaine et, avec ces neuf cents dollars, se rendit en Europe puis à La Mecque.

« A La Mecque, j'ai pleuré. La première fois que je suis entré à la mosquée, là-bas, celle où se trouve la pierre noire, j'ai pleuré. Et, au moment de partir, de nouveau, je n'ai pas pu retenir mes larmes. »

C'est ainsi qu'après le départ de ses visiteurs il me raconta ses trois premières années passées à l'étranger. Voilà comment il ménagea la progression dramatique : d'abord, trois années d'études supérieures, puis la chance lui sourit avec ce remplacement à Cornell et, enfin, l'apothéose, dans la Grande Mosquée de La Mecque.

« En fait, la lettre que vous regardiez » – il l'avait donc remarqué – « m'a été envoyée par mon professeur. Il est chrétien. Il a écrit une lettre de protestation au gouvernement lorsqu'on m'a arrêté. »

Après ce séjour hors de son pays, il porta un regard plus international sur les problèmes de l'islam. A Cornell, il avait rencontré un Malaysien. En 1971, par l'intermédiaire de cet homme, il se rendit en Malaysia pour aider à la reconversion d'un lycée technique en université. Imaduddin passa deux ans en Malaysia, de 1971 à 1973 ; là-bas, il fréquenta le Mouvement des jeunesses musulmanes et il considérait encore les membres de cette organisation comme ses « frères ». Il pensait que c'était ce séjour qui l'avait rendu suspect aux yeux des autorités indonésiennes – qui, et elles n'étaient pas seules en Indonésie, se méfiaient du « fléau malais » et craignaient tout particulièrement la montée du radicalisme à l'Institut de Bandung.

1973 fut l'année de la hausse du prix du pétrole, l'année où le soudain afflux d'argent dû à l'or noir parut venir récompenser la foi arabe. L'activité missionnaire musulmane redoubla ; dans une douzaine de pays non islamiques, des étudiants musulmans pas très évolués, au comportement jusqu'alors timide dans ce monde étranger, à peine capables de faire le lien entre leurs études techniques et les nations qui les accueillaient, estimèrent que le temps était venu de proclamer la vraie foi. Imaduddin voyagea, en Libye, en Angleterre, s'élevant de plus en plus haut dans la hiérarchie des organisations internationales d'étudiants musulmans, de plus en plus demandé pour ses séminaires de formation psychologique, qui dépoussiéraient les enseignements passéistes des mollahs.

Son emprisonnement n'avait pas stoppé son ascension. Sa carte de visite, blanche, noire et verte (le vert, couleur de l'islam) indiquait : *Muhammad Imaduddin Abdul Rahim – Secrétaire général – Fédération Internationale Islamique des Organisations Étudiantes*. Il n'y figurait aucun nom indonésien.

« Mais, remarquai-je, tous vos noms sont arabes.

– Ils ne sont pas arabes. Ce sont des noms musulmans. »

L'appel à la prière de midi se fit entendre depuis la tour de la mosquée – cette mosquée qui n'existait pas encore lorsque Imaduddin était arrivé à l'Institut de Bandung pour y étudier l'électricité. Il me dit qu'il serait de retour dans un quart d'heure et me laissa jeter un coup d'œil sur sa bibliothèque.

Certains de ces livres, en anglais, étaient les ouvrages de base du missionnaire musulman : *Le Mythe de la Croix – Jésus, Prophète de l'islam.* D'autres étaient des traductions indonésiennes éditées par le mouvement, des brochures. Un des livres avait été écrit par un Égyptien, Qutub. Je ne savais rien de ce Qutub ; d'après Imaduddin, il avait été tué par Nasser. Je remarquai aussi l'une des œuvres du maulana Maudoodi, le fondamentaliste indo-pakistanais qui, par intransigeance, s'était opposé à la création du Pakistan, estimant que les musulmans indiens n'étaient pas suffisamment purs pour mériter un état islamique. Pendant trente ans, après la fondation du Pakistan, il avait milité (sans néanmoins jamais rien proposer de concret) pour l'islamisation des lois et de l'État. Après avoir joué un rôle totalement négatif pour son pays, s'en remettant à la médecine occidentale, il avait fini par s'envoler pour un hôpital de Boston, où il mourut.

Imaduddin revint. L'heure du déjeuner était passée et je sentis qu'Imaduddin, qui jeûnait ce jour-là, commençait, surtout après les prières, à souffrir de la privation de nourriture.

« N'êtes-vous sensible qu'à l'islam ? lui demandai-je.

– J'aime une certaine musique occidentale. *Le Messie* d'Haendel. J'aime Bach. La musique religieuse. »

Mais l'intérêt qu'on portait en Indonésie aux monuments des anciennes fois lui déplaisait.

« Êtes-vous allé à Canberra ? me demanda-t-il. Vous avez vu l'ambassade indonésienne, là-bas ? C'est un édifice de style hindou. Notre pays n'est ni hindou ni bouddhiste. Il est musulman à quatre-vingt-dix pour cent.

– Barabudur et Prambanam sont de grands monuments indonésiens.

– Barabudur appartient à la communauté internationale tout entière. »

La communauté internationale, la civilisation universelle : pourvoyeuses de magnétophones, de jeux psychologiques et de diplômes supérieurs d'ingénieur en électricité ; et, aujourd'hui, de surcroît, gardiennes de l'art et de la culture indonésiens.

En tant que musulman et Sumatrien, Imaduddin estimait qu'il fallait purifier l'Indonésie. Sa foi était si grande qu'il en arrivait à séparer son pays de son histoire, de ses traditions, de son art : de son originalité. Sa foi était trop simple pour l'Indonésie, en tout cas pour Java, et même pour le *koum* du village de Linus. Et l'Indonésie – cette nation surpeuplée, dont tant de gens étaient exclus et dont seule l'armée parvenait à assurer la cohésion – paraissait trop fragile pour pouvoir se prêter à ce genre d'exigences.

« Promenez-vous autour de Jakarta. Faites quinze ou vingt kilomètres dans la banlieue, et vous découvrirez ce qui se passe véritablement ici. La terre n'appartient pas à ceux qui la travaillent. Ce que je sais de l'islam me dit que je ne puis posséder un lopin de terre si je ne le cultive pas moi-même. Seul Allah en a le droit. En conséquence, si l'on dirigeait vraiment ce pays selon les lois islamiques, l'État devrait répartir les terres de façon qu'il ne puisse exister de grands propriétaires.

– Y a-t-il eu un État islamique où l'on a appliqué cette règle ?

– Oui. Au temps d'Abū-Bakr et d' 'Umar, au temps des quatre premiers califes. »

Autrement dit, tout au début de l'Islam, au cours d'une période de trente années qui s'acheva avec la mort d'Ali, le gendre du Prophète, en 661 après Jésus-Christ. Le mollah d'un village pakistanais m'aurait répliqué la même chose. Ici, à Bandung, je me serais attendu à une autre réponse de la part d'Imaduddin.

« Je vais vous raconter quelque chose, reprit-il. L'un des plus fidèles compagnons du Prophète était un homme répondant au nom de Bilal. C'était un esclave noir libéré par Abū Bakr, qui avait pour mission d'appeler le peuple à la prière. Quand le Prophète et ses compagnons émigrèrent à Médine, Mahomet donna à Bilal un lopin de terre à cultiver. Sous le règne d''Umar, le second calife, Bilal, vieux et affaibli, n'eut plus la force de cultiver toute sa terre. Aussi 'Umar lui en reprit-il une partie pour la confier à quelqu'un d'autre.

– Croyez-vous qu'un pays puisse être gouverné de la même façon aujourd'hui ? Par un seul homme ?

– Cela répondait aux besoins de l'époque. Et nous parlions de réforme agraire, non de la nature du pouvoir. D'ailleurs, même 'Umar s'appuyait sur une sorte de conseil des sages.

– Pourquoi ce système s'est-il effondré ?

– C'est le cinquième calife qui l'a détruit. Il voulait fonder une dynastie : le début du féodalisme dans l'histoire de l'islam.

– Et vous pensez que l'autorité islamique s'est exercée ainsi depuis lors ?

– Oui, je le crois. Mais, si vous voulez mettre l'islam en pratique aujourd'hui, il faut construire l'État sur des bases républicaines.

– Voulez-vous donc dire que l'islam a échoué ?

– Non, pas l'islam. Les hommes. Les musulmans.

– Et vous estimez qu'il est désormais possible de leur faire prendre un nouveau départ ?

– Je le crois. Notamment en Indonésie. Car la structure politique correspond tout à fait à ce que préconise l'islam. Le président, le conseil ou le parlement, l'armée. Il nous faut maintenant des hommes pour faire fonctionner ce système, de véritables musulmans.

– Est-ce la raison pour laquelle le gouvernement se méfie tant de vous ? Est-ce pourquoi d'aucuns vous trouvent si courageux ? »

Il parut surpris. « Il ne s'agit pas là de courage. » Et il était sincère : il ne faisait que son devoir.

Quelques étudiants entrèrent dans le bureau pour venir faire leurs adieux. Ils étaient tout intimidés mais leur visage rayonnait. Le séminaire avait été un succès. Tous les tee-shirts *Renaissance de l'islam* (l'inscription était en anglais) avaient été vendus. Imaduddin semblait aussi ému que ses étudiants. Il les raccompagna jusqu'à la porte et continua à bavarder un moment avec eux dans la lumière du soleil : chemise blanche, pantalons gris retenus par une ceinture, fort, séduisant, rassurant.

« Je prépare la future génération des dirigeants de l'Indonésie, déclara Imaduddin lorsqu'il m'eut rejoint. Je crois que la constitution répond à peu près aux critères de l'islam. Je forme la génération nouvelle qui va prendre la relève. »

Prendre la relève. Mais de quoi et comment ? Il ne s'agissait pas de changer les institutions mais de mettre en place des hommes aussi purs et intransigeants que lui-même. « Je ne suis qu'un professeur, un simple professeur. C'est du moins ainsi que je me considère, m'avait dit Imaduddin. L'éducation de la jeunesse me passionne. Parce que je crois que nous avons maintenant besoin d'un véritable leader musulman. »

De cela – comme au temps d' 'Umar et des autres califes respectueux de la voie droite – viendrait le salut. Voilà où menait son fondamentalisme : la nécessité d'un leader pieux, non pas un homme doué d'une conscience individuelle, de compassion ou de sagesse, mais un homme qui vivrait conformément au livre, pourrait se poser en successeur du Prophète, connaîtrait si parfaitement les actes et les révélations de Mahomet qu'il serait en mesure de conduire les affaires de l'État comme le Prophète lui-même aurait pu le faire. C'était par sa conception de la piété et du bien que l'islam se différenciait des autres systèmes éthiques.

La logique de la foi d'Imaduddin – et sa morale – était assez simpliste : l'injustice était non islamique, et l'Indonésie était pleine d'injustices. Et ce même Imaduddin qui se plaignait de l'injustice chez lui pouvait visiter certaines nations islamiques sans se révolter contre le despotisme musulman. Il s'y rendait comme en des pays où la foi avait triomphé. En de tels pays, on n'était pas à l'affût des iniquités ; on n'avait d'yeux que pour le leader et on se sentait purifié par la perfection de sa foi.

Il me raconta qu'il avait passé deux jours au Pakistan. Apparemment, il ne savait pas grand-chose de la fondation ni de l'histoire de ce pays. Pour lui, il s'agissait simplement d'un État musulman, que la poésie d'Iqbal rendait unique. Des institutions du Pakistan, de ses lois islamiques fantômes, de sa loi martiale et de son échec constitutionnel, de son désert politique, des flagellations publiques, de la censure, de l'humiliation des intellectuels – il ignorait presque tout.

Pourquoi en savait-il si peu ? « Peut-être est-ce la faute de la presse occidentale », me répondit-il. Et c'était en raison de la méfiance que lui inspirait cette presse qu'il ne comprenait pas bien ce qui se passait en Iran. Il ne recevait que quelques rares informations « de l'intérieur ».

Un journaliste musulman de Jakarta, à qui je racontais tout ceci, m'affirma : « Rien ne les empêche de s'informer. Ils peuvent envoyer des gens sur place. S'ils ne savent rien, c'est qu'ils ne veulent pas savoir. Cela desservirait leur cause. »

A vrai dire, leur cause était mieux servie par la presse occidentale. *La Renaissance de l'islam* : on avait vu cette expression, figurant en anglais sur les tee-shirts vendus à la fin du séminaire de formation psychologique, sur la couverture de nombreux magazines internationaux anglo-saxons. Imaduddin lui-même, parlant de la fréquentation de sa mosquée, avait cité le *New York Times*.

A Jakarta, l'un des anciens étudiants d'Imaduddin, président d'une importante organisation de jeunesse dépendant de la mosquée d'un quartier aisé, m'affirma que l'islam constituait le plus grand mouvement de renouveau dans le monde, gagnant sans cesse de nouveaux adeptes un peu partout. Il l'avait lu dans le *Time* et dans *Newsweek*. Et *Newsweek* avait, dans un article, fait figurer le nom du Prophète et celui d'un autre musulman dans une liste des cinquante personnes qui ont le plus influencé l'histoire du monde. « Cela fait partie de l'histoire, maintenant », m'assura l'ancien étudiant, entendant simplement par là que c'était dans *Newsweek*. (L'histoire considérée comme un grand registre divin confié, à l'instar de tant de choses, à la garde de l'autre civilisation.) Le jeune homme, grand, et au teint de *langsat*, était issu de la classe moyenne. Depuis qu'il avait suivi le séminaire de formation psychologique d'Imaduddin, il était hanté par l'idée de la mort et de la vie future. Mais, dans un coin de son esprit, il restait perméable à un orgueil bien de ce monde.

Newsweek et le *Time* contribuaient à l'élaboration de l'histoire qu'ils décrivaient. L'islam apparaissait comme pur et parfait ; il fallait rejeter l'Occident laïc, qui menaçait de se décomposer : tel était le message. Mais l'Occident mettait bien du temps à mourir. Un nombre sans cesse croissant de gens se laissaient happer par le monde nouveau. Et, face à cette civilisation nouvelle, dont le centre semblait si lointain, semblait tellement échapper à tout contrôle, des hommes de culture récente comme le président de l'organisation de jeunesse de Jakarta n'avaient conscience que de leurs insuffisances. Ils n'étaient pas fils de paysans, n'avaient pas été élevés dans des *pésantréns*. Ils aspiraient à égaler les plus hautes compétences occidentales ; ils cherchaient les encouragements dont ils avaient besoin auprès du témoin occidental. Cela faisait partie de leur profonde dépendance. Cette dépendance était la source d'angoisses qu'ils tentaient (comme des adolescents) d'apaiser dans les rigueurs quotidiennes de leur nouvelle pratique religieuse : les cinq prières par jour, les jeûnes superflus. La religion qui était la leur, mais qu'ils avaient si longtemps négligée, était maintenant devenue leur propriété privée. Cela leur donnait l'impression de former une entité ; ils voyaient là la promesse d'un triomphe imminent. C'était aussi cette religion qui leur avait permis de s'intéresser de nouveau à eux-mêmes – et, comme le leur avaient fait comprendre les journaux, aux autres.

Le rejet et la dépendance : la classe montante semblait enfermée dans ce cercle vicieux. L'une des jeunes filles qui participaient au séminaire de formation psychologique d'Imaduddin – assise à l'écart des garçons, la tête couverte, elle avait tiré les enseignements coraniques des petits jeux occidentaux auxquels j'avais assisté – l'une de ces jeunes filles devait se rendre à Londres. Elle disait que c'était pour y devenir mannequin. Mais, en fait, c'était seulement pour suivre des cours dans une école de mannequins. L'Europe commençait à faire venir des Indonésiennes de façon organisée, dans le but de les faire participer à des présentations de mode. J'avais eu l'occasion de voir une brochure à ce sujet. Elle s'adressait à la classe moyenne, à la classe montante du pays. Il y avait de quoi séduire les jeunes filles et leurs parents, car ce métier représentait pour eux une façon d'accéder facilement au nouveau monde. Mais il n'était point besoin de beaucoup d'imagination pour deviner qu'un jour, une fille ou deux s'égareraient et que ce pas en avant deviendrait une source supplémentaire d'affliction commune.

7

Les révolutions interchangeables

PRENDRE LA RELÈVE. L'islam exaltait la violence – violence née de la foi, violence politique : l'une pouvait se confondre avec l'autre. Et, plus d'une fois, au cours de ce voyage, j'avais rencontré des hommes sensés qui attendaient avec sérénité de grands bouleversements.

En Iran, il y avait eu Behzad, mon guide à Téhéran puis dans les villes saintes de Qom et de Machhad. Non musulman, il était communiste et fils de communiste. Mais son communisme ressemblait à une version de la foi chi'ite iranienne, version de la colère chi'ite suscitée par le sentiment d'injustice : une colère qui prenait ses racines dans le vieil Empire perse balayé au VIIe siècle par les Arabes. Les bons musulmans estimaient que la meilleure période de l'histoire de l'humanité avait été celle du règne du Prophète et des quatre premiers califes orthodoxes ; Behzad croyait qu'on avait connu cet âge d'or en Russie, entre 1917 et 1953. Les ténèbres s'étaient dissipées ; on avait renversé une société inique ; les prisons et les camps de Russie étaient pleins de méchants. Pour Behzad, l'idée de justice restait inséparable de celle de châtiment. L'ayatollah Khomeiny parlait au nom du Dieu vengeur ; Behzad, le communiste, s'exprimait comme Khomeiny.

Au Pakistan, tout au nord, dans la vallée de Kaghan, j'avais parlé avec le gentil Masood. S'il restait attaché à l'islam, c'était de façon sentimentale. Mais, contemplant à mes côtés la gorge de la froide et verte Kunhar, il avait laissé les angoisses que lui inspiraient sa famille et son propre avenir se muer en un désespoir politique plus vaste, concernant son pays tout entier, et il s'était exclamé : « Ils mourront par millions. »

Et, à Jakarta, un homme d'affaires me confia de semblables inquiétudes. Nous nous rencontrâmes, tard un après-midi, au restaurant de l'hôtel. On me l'avait présenté comme un économiste, quelqu'un qui travaillait en relation avec l'administration, un homme qui préparait l'avenir. Il était tout cela, mais partageait aussi le sentiment indonésien selon lequel les choses allaient mal. Et la colère le consumait : colère contre les Chinois (trop doués pour l'Indonésie, « semblables à des pièces détachées de Rolls-Royce sur une automobile japonaise »), contre les multinationales, les parvenus, les ignorants qui gouvernaient aujourd'hui son pays.

« Les dirigeants des nations développées – pour la plupart – sont riches extérieurement mais très pauvres à l'intérieur d'eux-mêmes. » Il posa sa main sur son cœur. « Ils peuvent acheter une Mercedes, mais n'ont aucune idée de ce qu'elle représente – ils ne sont pas capables d'apprécier l'ingéniosité et les efforts mis en œuvre pour créer une telle voiture. Vous n'avez aucune raison d'acheter une machine à écrire IBM, si vous tapez quarante mots à la minute. » Il n'avait pas beaucoup d'humour mais sa colère (et son goût pour la métaphore scientifique) finissait par lui donner un certain esprit.

Ce musulman était originaire de Sulawesi, l'ancienne île de Célèbes, où – comme à Sumatra et dans l'ouest de Java – était né dans les années cinquante un puissant mouvement séparatiste musulman. Et il subsistait en lui quelque chose de la violence de cette époque, qui, pourtant, avait bénéficié du maintien de l'unité indonésienne. Cet homme parti de rien possédait maintenant une solide culture ; il avait étudié à l'étranger, aux États-Unis ; les affaires dans lesquelles il s'était lancé avaient fructifié ; il avait participé au développement de son pays après les années de marasme qui avaient marqué la fin de la présidence de Sukarno. Mais cela ne lui suffisait pas. Sa réussite le dérangeait. Elle lui avait permis de voir plus clairement quel genre de gens s'étaient portés à la tête du pays, et c'était de tous ceux-là qu'il souhaitait maintenant être débarrassé. Il désirait aujourd'hui jeter à bas l'État grâce auquel il était sorti de sa condition.

« Il y aurait énormément de gens à éliminer, me dit-il. Il faudrait tuer un ou deux millions de ces Javanais. » On devait supprimer tous ceux qui, comme lui, s'étaient élevés dans la société : tous ceux qui occupaient les meilleurs postes dans l'administration, dans les affaires, dans l'université, tous ceux qui habitaient les belles maisons. « A Jakarta, j'ai l'impression d'avoir perdu ma sensibilité. J'ai un bureau au neuvième étage de l'un de ces grands immeubles modernes. Tout l'immeuble est climatisé. Il y a l'air conditionné dans la voiture que j'utilise pour aller à mon travail. Rentré chez moi, je reste à la maison, à lire. Je regarde la télévision. Où donc suis-je en train de passer ma vie ? Je suis incapable de comprendre la pauvreté. Comment pourrais-je entendre la plainte de la société ? »

Il y avait trop d'injustices, trop de chômeurs – et leur nombre ne cessait de croître au fil des ans. Le gouvernement, les multinationales, les industriels chinois venus de Singapour ou de Hong Kong ne créaient pas suffisamment d'emplois. La colère constituait la seule réponse de cet homme : colère apparemment politique mais qui était en fait islamique, une fin en soi ; et, aussi, une violence raciste.

« Presque tous les docteurs en philosophie sont chinois. C'est un véritable cancer, qui sans cesse s'étend et gagne en puissance, qui détruira tout ce qu'il touche, et contre lequel nous ne pouvons rien. *Quel* que soit le système auquel ils s'attaquent, il faut toujours que ces gens fassent mieux que les autres et se montrent les plus forts.

– Mais vous avez besoin d'hommes capables.

– Ces gens – et il ne parlait plus seulement des Chinois d'Indonésie mais aussi du personnel des multinationales et de tous les étrangers en général – fonctionnent en fait comme un courant électrique en 220 volts. Cependant, le réseau de notre société ne supporte que le 110 ; donc, si on le branche directement sur du 220, il va sauter. Il faut un transformateur. Le secteur public et la jeunesse intellectuelle sont censés jouer ce rôle. Seulement, en raison d'une certaine avidité pour les biens matériels, ce secteur se contente la plupart du temps de se connecter sur le réseau en 220 volts. Car ces jeunes technocrates, quand ils commencent à conduire, veulent des Rolls-Royce, ou, tout au moins, une Volvo. »

Ainsi, il fallait que tout disparaisse. « Le combat qui se prépare opposera les universitaires aux étudiants des *pésantréns*. Un jour, ces derniers se lanceront à l'assaut de Jakarta et brûleront ce bel hôtel. L'islam peut agir comme de la cocaïne. Il vous rend euphorique. Vous allez à la mosquée et cela vous met dans cet état-là. Et, quand vous êtes défoncé, tout ce qui arrive devient la volonté d'Allah. »

Un terrible massacre s'était déjà produit en Indonésie. En 1965, on avait liquidé les communistes. Il y avait eu un million de victimes, m'affirma-t-il, et non un demi-million comme certains le prétendaient aujourd'hui. Et on aurait dû en tuer davantage : on comptait à cette époque deux millions et demi de communistes. Cela signifiait donc qu'un million et demi de personnes avaient échappé à la tuerie et que nombre d'entre elles vivaient encore en Indonésie.

« Si le carnage commence, lui demandai-je, y participerez-vous ?

– Peut-être. J'espère que non. Mais c'est possible.

– On m'a dit qu'en 1965 certains se faisaient accompagner de musiciens gamelans pour accomplir le massacre.

– Bien sûr. Cela ajoutait à la beauté. »

Cela se passait après le thé, et la brasserie du Barabudur Intercontinental – derrière les vitres, des jardins – était remplie des gens qu'il décriait : Chinois, hommes d'affaires indonésiens prospères, cadres quadragénaires des multinationales. Il parlait fort, et en anglais.

« Vous exprimez-vous ainsi lorsque vous avez affaire aux représentants de l'État ? demandai-je.

– Non. Je leur livre des faits, des chiffres, des plans et des études.

– Alors, pourquoi me tenez-vous de tels propos ?

– Vous n'êtes pas un scientifique. Vous voulez découvrir qui je suis.

C'est une partie d'échecs que vous jouez avec moi. Je vous réponds donc comme à un adversaire. »

Je ne jouais à aucun jeu avec lui. On l'avait informé, avant de venir, du but que je poursuivais. Peut-être n'y avait-il pas cru. Il était particulièrement petit et son visage était affligé d'un défaut léger, mais cependant bien visible. Il avait dû en souffrir ; en Indonésie, on aimait la beauté. Dans la brasserie, il s'efforçait d'attirer l'attention. Comme beaucoup d'Indonésiens, il avait le sens du spectacle. Mais sa colère n'était pas vraiment feinte ; et ses rêves de violence pouvaient devenir une réalité. 1965 en témoignait.

Un jour, j'eus l'occasion de m'entretenir des tueries de 1965 avec Gunawan Mohammed, le rédacteur en chef du *Tempo*, le principal hebdomadaire indonésien. A l'époque, Gunawan n'avait encore que vingt-cinq ans (les Indonésiens avaient traversé tant d'épreuves : plus tard seulement, je me rappelai que, lors d'un précédent entretien, Gunawan m'avait raconté qu'en 1946, pendant la révolution – il n'avait alors lui-même que six ans – son père avait été exécuté par les Hollandais. Mais Gunawan n'en gardait pas rancune au peuple hollandais. « C'était la guerre », avait-il conclu).

Gunawan expliquait très simplement le carnage de 1965. « La peur. Vous ne pouvez imaginer combien les gens avaient peur des communistes. Ils paraissaient si puissants, et personne ne savait quelles étaient leurs intentions. » A l'époque, il n'habitait pas très loin du siège des jeunesses communistes et, pendant ces jours de terreur, il était resté chez lui, un fusil à portée de la main. « S'il l'avait fallu, je crois que j'aurais tué. »

Je tombai sur un livre indonésien daté d'avant cet épisode sanglant. Il s'agissait d'une traduction anglaise de *La Poésie progressiste contemporaine indonésienne*, anthologie de poésie communiste indonésienne publiée en 1962 par la Ligue pour la culture du peuple. Apparemment, de l'histoire ancienne ; mais tout ce qui avait été édité par la Ligue restait interdit. Et il avait fallu attendre décembre 1979, alors que je me trouvais encore en Indonésie, pour que Pramoedra Ananta Toer, très célèbre écrivain qui avait entretenu des relations avec la Ligue, fût libéré de prison, en même temps que les vingt mille dernières personnes (selon les chiffres officiels) détenues depuis 1965 pour leurs activités communistes – le gouvernement indonésien cédant, dit-on, aux pressions du président Carter.

On ne peut songer sans frémir à ce qu'a été la vie de Pramoedra au cours des quatorze dernières années : emprisonné à l'âge de quarante et un ans, rendu au monde à cinquante-quatre, ses premiers livres interdits, toute une période de sa maturité gâchée. Il ressemblait à

Sitor Situmorang, que j'avais rencontré quelques jours seulement après mon arrivée en Indonésie, dont je n'avais pas su, sur le moment, apprécier à leur juste valeur les épreuves qu'il avait traversées, et dont j'avais cru, à tort, qu'il n'avait guère eu à lutter pour devenir ce qu'il était, intellectuellement et socialement.

En 1962, Sitor jouissait d'une certaine puissance, en Indonésie. Il s'était fait un nom grâce à ses premiers poèmes lyriques. Il avait joué ensuite un rôle plus politique, occupant les fonctions de secrétaire général de la Ligue pour la culture nationale ; et trois de ses poèmes, écrits après un voyage en Chine, figuraient dans l'anthologie.

A Pékin j'ai rencontré Zoila
la jeune Cubaine. Fièrement
elle me tend l'étendard
de son pays, célébrant
la victoire de sa patrie
sur l'agression américaine.

Il paraissait triste et à peine croyable qu'une telle simplicité ait pu mener à tant de souffrances pour Sitor et son pays. Mais on n'aurait su en faire maintenant le reproche à Sitor : comme me l'avait dit quelqu'un, il n'avait que trop enduré. Et c'était autre chose que je cherchais à découvrir derrière ses poèmes politiques.

« Les gens d'ici ont perdu leur religion », m'avait-il un jour déclaré. Il parlait en homme qui avait été coupé de son passé tribal, arraché à son village à l'âge de six ans et envoyé en pension dans une école hollandaise. Il n'avait éprouvé la nécessité de reconstruire ou de comprendre ce passé qu'après sa sortie de prison, et avait entrepris de rédiger son autobiographie ; ayant perdu ses racines, il s'était trouvé incapable de donner un sens à sa vie. Et il me semblait qu'en 1962, le socialisme ou le communisme avait remplacé pour lui le passé ou la communauté qui lui manquait. En Chine, il avait visité une commune.

Dans cette commune
j'ai rencontré et éprouvé
vie sociale, solidarité et espoir.
Je veux m'abreuver à la chaleur
de vos espoirs
je veux étreindre vos mains
qui travaillent sans relâche.
Je veux manger de ce pain
le pain de la commune, symbole
de vie sociale, de solidarité et
des espoirs humains retrouvés.
La liberté dans l'amour, dans
les idéaux et la réalité du monde socialiste.

Le pain de la commune ; la vie sociale, la solidarité et l'espoir : ces thèmes n'étaient pas propres à Sitor. Maintenant plus que jamais, c'étaient les thèmes de toute l'Indonésie. C'étaient les thèmes des *pésantréns* musulmans. Et cela constituait la surprise que réservait cette anthologie communiste de 1962 : dans les poèmes, les thèmes et la sensibilité restaient bien souvent à la fois musulmans et indonésiens.

L'injustice :

A bali aussi le riz mûrit sur des kilomètres à la ronde
mais à bali aussi des milliers de paysans meurent de faim.
Nous venons à bali admirer les danseurs
nous venons à bali admirer les temples innombrables
tout ceci est typique de bali
nous venons à bali et les paysans meurent
pas à cause d'une pénurie des récoltes
Ceci aussi est typique de bali
ceci aussi est lourd de signification
(Putu Oka : « Bali »)

Indonésiens et musulmans se lamentent sur la simplicité et la fraternité perdues :

Il ne faudrait pas évaluer la vie en termes de richesse
même si la richesse est le but poursuivi
mais dénombrer les cycles de la pauvreté
lorsque celle-ci impunément se répand sur la terre.
dans un restaurant un homme du monde se gave
par terre un mendiant une boîte à ses pieds
est-ce là un juste partage ?
(Putu Oka : « La vie »)

La colère et la vengeance :

Belle Periangan, proie des flammes et rougie par elles
paysans pris au piège, calcinés sur leur terre natale
camarades, frères, de ce défi la volonté sera
maîtresse
résistance, vengeance dans tous les cœurs
(Sobron Aidit : « Tristes Souvenirs d'un Paysan Tijandur »)

Les tourments politiques se muant en blessure religieuse :

Mère !
depuis bien des années tu attends
un désir infini tourmente ton cœur

mais tes souffrances vont sans cesse croissant.
Sueur et peine, sang et larmes
terroristes, usuriers et seigneurs
s'unissent pour te vider de ton sang
Est-il vrai Mère
que toutes les créatures de la terre sont aimées de toi ?
(Rukiah Kertapati : « Plaidoyer »)

Le sauveur :

Et alors, quand les noms de ces juges mesquins auront tous disparu
oubliés, carbonisés ou rongés par les rats
ton nom vivra encore, — Fils du Peuple
né d'un ventre puissant
ton nom vivra toujours, jamais la mort il ne connaîtra
car tu es la vie même
(M.S. Ashar : « Liberté et Prison »)

La vengeance, avec, pour perspective, l' « union » retrouvée :

Nous ne possédons rien
hormis nos cœurs brûlants durcis par la souffrance
qui un jour deviendront lave, tonnerre et feu
s'abattront sur l'ennemi et le feront poussière.
Nous sommes les opprimés manants et anonymes
qui soutiennent la liberté
nous avons gardé notre pays de devenir une prison
(Sabarsantoso Anantaguna : « Les opprimés soutiennent la Liberté »)

Et, enfin, la foi totale :

Longtemps j'ai rêvé d'une société pour les gens de ma classe
des rayons lumineux
d'un avenir pour Udin et les autres
qui ont soif d'un amour unissant tous les hommes
dans l'égalité
oh, comme tout est sale et noir aujourd'hui
mais attends, demain le brasier renaîtra de la braise, une lave en fusion
jaillira de la terre
le jour viendra où l'ennemi périra
par la pointe du couteau
la lutte pour le peuple n'aura pas été vaine
elle a fait germer la graine vigoureuse semée
par Lénine

Au *pésantrén* de Pabelan, on m'avait remis la photocopie d'une interview – peut-être tirée d'un magazine chrétien des Philippines – accordée par un *kiyai* indonésien, guide d'un *pésantrén*. « Comment le *kiyai* peut-il contribuer à changer cette forme de société ? Comment peut-il contraindre les grands propriétaires et les riches à renoncer à leurs biens qui, selon l'islam, appartiennent à Allah et doivent être rendus à ceux qui sont les créatures d'Allah ? Comment le *kiyai* peut-il faire prendre conscience aux fermiers de leur importance en tant qu'êtres humains à qui l'on doit rendre justice ? »

Ceux que l'on appelait les créatures de la terre dans l'un des poèmes de 1962 devenaient en 1979 les créatures d'Allah. Et, si on y regardait de près, on relevait bien d'autres similitudes : la vraie foi, une société injuste, des voyages de rêve aux pays où la foi régnait.

Imaduddin m'avait affirmé qu'il ne pouvait être socialiste car toutes les bonnes idées du socialisme se trouvaient déjà dans le Coran. Il ne croyait pas si bien dire. L'islam de la révolte était une religion rénovée par les idées de la seconde moitié du XXe siècle. Il ne suffisait plus aux hommes de se soumettre tous à Allah pour se sentir unis. Les hommes étaient « les créatures d'Allah » , et l'époque récente avait vu s'étendre la signification de ces mots : ces créatures d'Allah prenaient toute leur « importance en tant qu'êtres humains à qui l'on doit rendre justice ». La terre et ses richesses appartenaient à Allah et non aux hommes : aujourd'hui, cette idée devenait plus politique que religieuse.

Après qu'une génération eut connu la paix, le courant révolutionnaire de 1965 menaçait de resurgir. Bien qu'aujourd'hui islamique, il ressemblait étrangement à celui qui l'avait précédé : comme si la colère et le désir de vengeance devaient toujours marquer ce pays surpeuplé, au passé féodal, où tant d'hommes étaient écrasés, où l'ancien équilibre était rompu, où chaque pas en avant éloignait un peu plus le peuple de la sécurité, où le nouveau monde déversait ses présents mais exigeait beaucoup en retour, et où tous les hommes, qu'ils se situent en bas ou au sommet de l'échelle, vivaient dans la crainte de perdre leur personnalité.

REPRISE

Le rassemblement des croyants

1

Soumission

KARACHI, PAKISTAN, six mois plus tard. Il s'était passé beaucoup de choses au cours de ces six mois ; le monde musulman venait de connaître une période très troublée. A Téhéran, les étudiants iraniens avaient envahi l'ambassade américaine et retenaient en otages plus de cinquante membres du personnel. La mosquée de La Mecque avait été le théâtre d'un siège et d'une fusillade, ce qui avait révélé l'existence de mouvements clandestins au sein du royaume d'Arabie Saoudite. Les Soviétiques avaient envahi l'Afghanistan.

Au Pakistan même, des changements s'étaient produits. En août et en septembre, j'avais entendu parler d'élections prochaines. Ces élections avaient été reportées et la loi martiale renforcée ; la presse était censurée ; on procédait à des flagellations publiques. Après son arrestation, un journaliste connu avait été conduit au tribunal, enchaîné, et on l'y avait condamné à un an de prison. Dans les villes septentrionales d'Islamabad et de Rawalpindi, la foule – qui jugeait les événements de La Mecque téléguidés par les États-Unis – avait attaqué les locaux de l'ambassade américaine. Un scientifique pakistanais résidant en Europe avait reçu le prix Nobel ; mais il appartenait à la secte proscrite des Ahmadis, qui vénéraient leur propre Messie ; et son passage au Pakistan avait provoqué une émeute étudiante.

Cela ressemblait à de la terreur et à du despotisme. Mais l'État prétendait que son but était toujours de suivre le véritable chemin de l'islam. Il fallait prendre cette affirmation au pied de la lettre. En Indonésie, en Malaysia, en Iran, l'islam servait ou abritait d'autres causes. Au Pakistan – même s'il se trouvait des politiciens et des hommes ambitieux parmi les fondamentalistes – la foi ne servait qu'elle-même.

Dans le monde musulman, le Pakistan occupait une place à part ; il avait été créé par les musulmans indiens, minorité qui n'avait jamais cessé de se sentir menacée. Et il existait au Pakistan des gens qui avaient porté la foi à ses ultimes limites. Pour eux, l'islam représentait plus que le salut personnel, plus qu'un ensemble de croyances ; il était devenu un pays, une culture, une identité ; on devait le servir, quel qu'en fût le prix pour l'individu ou pour l'État lui-même. Le poète Iqbal, esquissant en 1930 son projet d'État musulman indien séparé, avait déclaré : « Il n'est pas exagéré d'affirmer que l'Inde est peut-être le seul pays au monde où l'islam, en tant que force unificatrice d'un peuple, a su donner le meilleur de lui-même. » Et, approchant de la fin de mon voyage islamique, je sentais qu'il en allait bien ainsi.

En août, après la mousson, Karachi m'était apparu comme une ville verdoyante. La pluie n'était pas tombée depuis et, maintenant, en février, je découvrais des jardins jaunis, des arbres poussiéreux, parfois même dépourvus de feuilles ; aucune pluie n'arroserait la ville avant juin.

Je songeai à aller voir Nusrat. C'était le journaliste du *Morning News* qui m'avait emmené dans les tribunaux de Karachi. Je me rappelais sa façon de parler un peu brusque, ses joues rondes, ses moustaches tombantes. Au palais de justice, il s'était indigné de la pénurie de chaînes pour les prisonniers, certains étant menés par de simples cordes attachées à leur bras. Il m'avait affirmé qu'il allait écrire un article à ce sujet – le manque de chaînes, la négligence de l'administration pénitentiaire. Nusrat était toujours en quête de nouveaux papiers. Il travaillait dur ; il aimait son métier ; il était mû par une inquiétude permanente. C'était un homme de foi. L'une des premières phrases qu'il m'adressa fut pour me dire qu'il se considérait comme un mauvais musulman – entendant par là que son ardeur religieuse ne lui paraissait pas suffisante : car, pour lui, comme il l'ajouta alors, l'islam et la vie future représentaient ce qu'il y avait de plus important au monde.

Je m'étais montré agressif envers Nusrat. Il m'avait appris qu'il désirait se rendre aux États-Unis afin d'y obtenir un diplôme de techniques de la communication ou des mass media, pour trouver peut-être ensuite un emploi dans une organisation internationale. Le postulat selon lequel – tandis que le Pakistan et la religion conservaient un statut à part, privilégié – le monde extérieur n'existait que pour être exploité, m'avait irrité. Je lui avais dit qu'il n'était pas qualifié pour entreprendre ce qu'il projetait de faire. Et j'avais regretté mon mouvement d'humeur à l'égard de ce garçon si amical, ouvert, inquiet.

Un taxi me conduisit jusqu'aux bureaux du *Morning News*. Au dernier étage, le nom du journal s'étalait sur un grand panneau ; de petites boutiques occupaient le rez-de-chaussée. De hautes marches permettaient d'accéder à l'immeuble. Cela ne ressemblait pas à l'entrée des locaux d'un grand quotidien. On avait plutôt l'impression de pénétrer par cet escalier dans une administration subalterne. Et ce sentiment se confirmait lorsqu'on parvenait à l'étage : sur le sol, un vieux carrelage dont les couleurs avaient pâli, comme effacées par la poussière ; du matériel de bureau en piteux état ; des murs couverts d'une vieille détrempe ; quelques hommes installés lymphatiquement derrière des bureaux.

Il se révéla qu'il ne s'agissait pas de l'immeuble que je cherchais : là ne se trouvait que le service publicité. Les membres de la rédaction travaillaient derrière, dans un autre bâtiment. Je redescendis par un escalier métallique en spirale. Par endroits, les marches de fer étaient tellement usées qu'y apparaissaient des trous. Un balayeur nettoyait les degrés en ciment de l'escalier latéral de l'immeuble qui abritait la rédaction, déversant à l'aide d'un seau un paquet d'eau noirâtre sur une marche, en imprégnant bien le ciment, puis passant à la marche inférieure : cela expliquait les carreaux ternis du service publicité. Il s'interrompit pour me laisser monter.

C'était un immeuble neuf mais, à cette heure matinale, il régnait à la rédaction la même atmosphère que dans les bureaux que je venais de traverser. Dans une pièce encombrée de dossiers — poussiéreux, comme s'ils avaient été rangés là pour l'éternité — je remarquai une jeune fille assise derrière une table. Elle s'occupait de la page jeunesse du *Morning News*. Elle était en train de répondre à des lettres d'enfants et — comme si le matériel avait été adapté à la fonction — se servait d'une machine à écrire de très petite taille. Elle ne portait pas le voile : cela paraissait curieux. Sur d'autres tables se trouvaient des machines ayant atteint des stades variés de décrépitude — comme celles que j'avais aperçues sur les bureaux des écrivains publics du bazar de Karachi (un soir, un homme d'affaires dictait une lettre avec grandiloquence à ce secrétaire occasionnel), près du palais de justice. Karachi, où les marches métalliques se trouaient et où les carreaux passaient de couleur, conférait aux locaux son atmosphère particulière : je retrouvais dans la rédaction du *Morning News* l'ambiance du greffe que j'avais visité en compagnie de Nusrat.

La jeune fille téléphona pour moi au domicile de Nusrat. Mais il ne se trouvait pas chez lui. Il était déjà sorti, en quête d'un nouvel article. Je reconnaissais bien là Nusrat. Je laissai un message pour lui à la jeune fille qui tenait la rubrique enfants. Il adorait son métier, lequel ne lui laissait aucun répit ; songer qu'il rapportait dans cette pièce sa copie toute fraîche ne manquait pas de surprendre.

Il me téléphona un peu plus tard.

« Je viens juste de rentrer. Je ne m'attendais pas à vous revoir. Je pensais qu'on vous avait dégoûté pour de bon. Et maintenant, vous avez changé ma vie. »

Je reconnus sa voix chaleureuse, son débit saccadé. L'hyperbole — cette figure de style qu'affectionnait la poésie ourdou — me parut particulièrement émouvante. En effet, j'étais déjà plus ou moins au courant de sa mésaventure.

Les bureaux m'avaient semblé tourner au ralenti. Mais, quelques mois à peine auparavant, un drame s'était produit. Le *Morning News* avait commis une bévue dans sa page féminine. On y avait reproduit un article de l'*Arab News* concernant une femme illustre de l'histoire arabe, l'arrière-petite-fille du Prophète. Pour diverses raisons, l'article avait été jugé outrageant par la communauté chi'ite. Il y avait eu des manifestations, des menaces, et le gouvernement s'était vu contraint d'agir. Il avait fermé le journal pendant trois jours puis ordonné une enquête.

Le Pakistan vivait une époque troublée. Si les autorités n'avaient pas pris ces mesures, et si le *Morning News* avait eu à sa tête un directeur plus faible, l'affaire aurait pu tourner au désastre. Ghauri, le directeur, assuma pleinement la responsabilité de ce qui était paru dans son journal et se comporta de bout en bout en homme de courage et d'honneur. Il était extrêmement malade. Quoique approchant seulement de la cinquantaine, on lui donnait beaucoup plus. Il était resté pendant des mois entre les mains des médecins ; sa maladie l'empêchait de dormir régulièrement. Quand je le rencontrai, il me parut souffrir et avoir des difficultés à se tenir droit sur son siège. Mais il avait trouvé la force de faire traverser à son journal les épreuves de toutes ces semaines, jusqu'à ce que l'enquête ait éclairci l'affaire.

Désormais, tout était rentré dans l'ordre. Mais pas pour Nusrat. C'était lui qui supervisait la page féminine. C'était lui, aussi, qui avait commis l'erreur, en reproduisant l'article de l'*Arab News*. Pendant des semaines, des mois, Nusrat avait été rongé par l'angoisse et un sentiment de culpabilité ; le directeur l'avait vu se recroqueviller sur lui-même.

Que contenait donc de si offensant l'article qu'avait publié le *Morning News* ? Si on veut le comprendre, il est nécessaire de préciser quelques points de l'histoire de l'islam. Pour les musulmans chi'ites, Ali, le gendre du Prophète, aurait dû être le premier des successeurs (ou califes) de Mahomet. Écarté par trois fois, il ne fut que le quatrième calife, puis (après un règne de cinq ans seulement) mourut assassiné. Ali avait deux fils. Ni l'un ni l'autre ne reçut la charge de calife. Le premier fut empoisonné. Le second périt au combat alors qu'il tentait de revendiquer le califat. Ce deuxième fils, Husayn, avait une fille – la petite-fille d'Ali, l'arrière-petite-fille du Prophète. L'article incriminé la concernait.

Le rôle de cette femme soulève des controverses entre les deux principales sectes musulmanes. Les Arabes (ou orthodoxes) laissent entendre qu'elle se détourna de la cause de son père et de son grand-père Ali. Ils prétendent qu'après la mort de son père, elle alla mener joyeuse vie dans la ville arabe de Médine ; que Médine, croulant sous les richesses apportées par les conquêtes arabes, était devenue au VIIIe siècle un centre des arts et de la luxure : musiciens, chanteurs, courtisans, esclaves, merveilleux lieux de débauche ; et que la fille de Husayn, plusieurs fois mariée, régnait sur la ville.

Pour les chi'ites, qui pleurent Ali et ses fils, cette histoire à propos de la petite-fille du quatrième calife n'est qu'un tissu d'infamies et de calomnies. Ils la nient de toutes leurs forces et affirment que l'enfant, morte très jeune, n'eut pas le temps de devenir adulte. Mais l'article de la page féminine du *Morning News* – reprenant le texte paru dans l'*Arab News* – donnait de l'histoire de cette femme la version arabe, ou orthodoxe, qui faisait d'elle une protectrice des arts de l'Arabie du VIIIe siècle, une créature enjôleuse, aux mœurs dissolues.

L'article n'aurait pu être publié à un plus mauvais moment. C'était le mois de muharram, au cours duquel les chi'ites se lamentent pendant dix jours sur la mort d'Ali et de ses fils. Au Pakistan, la loi martiale interdisait les rassemblements ; mais, durant ce mois de deuil, les chi'ites avaient l'autorisation de se réunir dans les mosquées, les parcs ou sur les terrains de jeu, et c'est là qu'ils s'excitèrent contre le *Morning News*. Un jour, quarante ou cinquante étudiants allèrent protester devant l'immeuble du journal ; il y eut des menaces téléphoniques ; on parla d'organiser une manifestation de quarante mille personnes devant les locaux du *Morning News* et même d'incendier la rédaction. A un autre niveau, commença à courir le bruit d'une conspiration internationale dirigée contre le monde musulman tout entier. Les affrontements de la mosquée de La Mecque venaient juste d'avoir lieu ; à Téhéran, les étudiants avaient pris l'ambassade américaine ; un avion pakistanais transportant des pèlerins s'était écrasé peu après avoir quitté l'aéroport de La Mecque.

Ç'avait été une très mauvaise période pour le journal. Il aurait pu être fermé pour de bon et beaucoup de gens se seraient retrouvés au chômage. De surcroît, les chi'ites enragés de Karachi représentaient pour les membres du journal une menace directe. Et pas seulement les chi'ites ; pendant le mois de muharram, même les musulmans orthodoxes partageaient la passion soulevée par Ali et ses fils. Nusrat avait dû vivre un cauchemar. Par-dessus tout, il désirait servir la foi ; et, dans le pays de la foi, il avait dû se sentir terriblement seul. Sans doute avait-il vu différemment le monde qui l'entourait : l'aspect des rues, la foule. Il risquait de se faire agresser à tout moment.

Ghauri m'expliqua – était-ce par désespoir ou par lassitude ? – : « Il y a quatre versions de l'histoire de cette femme. La première est celle que nous avons imprimée. La seconde dit que l'enfant mourut à neuf ans et demi. Dans une troisième, elle meurt à onze ans et demi. La quatrième, la plus vraisemblable, affirme qu'elle n'a jamais existé. »

« Vous avez changé ma vie », m'avait affirmé Nusrat au téléphone. Mais ce n'était pas là ce qu'il avait voulu dire.

Et, quand nous nous retrouvâmes, je le reconnus de loin. Il portait une veste de tweed à carreaux vifs, seule concession à l'hiver de Karachi ou, comme l'on disait sous les Anglais, à « la saison froide ». Je n'avais jamais vu cette veste auparavant mais elle était hardie, bien dans le style de Nusrat, avec ses lunettes rondes à verres teintés et sa moustache tombante.

« Je suis à l'heure pile, remarqua-t-il.

– Vous avez cinq minutes de retard.

– Oui, j'ai cinq minutes de retard. »

Nous montâmes en ascenseur jusqu'au restaurant Chandni, tout en haut de l'Intercontinental.

« Comment va le journal ?

– Pas très bien. J'en ai fait interrompre la parution pendant trois jours. Mais vous avez dû en entendre parler. »

Il s'exprimait d'un ton désinvolte. Il aurait aussi bien pu m'entretenir d'une quelconque activité syndicale, d'une victoire sur le patronat. Et j'eus l'impression que nous en resterions là pour cette question. Ce n'est que tout en haut, dans le restaurant lumineux, alors que nous nous servions au buffet de l'Intercontinental (un peu moins fourni, me sembla-t-il, qu'en août), c'est à ce moment seulement – Karachi prenant partout autour de nous une teinte brune, la saison froide touchant à sa fin, le ciel de février déjà pur, la porte ouverte du restaurant laissant entrer l'air tiède – que je remarquai combien les cheveux de Nusrat avaient blanchi. En cinq mois, il avait bien changé.

« Vos cheveux ont blanchi.

– Vous avez remarqué ? C'est venu comme ça. Sans raison. N'y cherchez pas une cause particulière. J'aime bien les cheveux gris. Ça me plaît assez.

– Cela vous va bien. Quel âge avez-vous ?

– Trente-trois ans. Mais j'étais déjà comme ça quand nous nous sommes connus. Vous n'avez pas dû vous en apercevoir, mais j'avais déjà les cheveux gris. »

Lorsque nous eûmes pris place à une table, il me dit : « Je n'avais pas prévu d'aller au journal avant quatre heures de l'après-midi, l'autre jour. Le jour où l'on m'a transmis votre message. C'est donc un coup de chance que je sois ici en ce moment. J'aurais pu me trouver hors de Karachi. J'aurais pu vous manquer. Cela ne vous fait-il pas croire aux coïncidences ?

– Vous travaillez trop.

– Je travaille beaucoup. Je commence à m'en ressentir. Savez-vous ce que j'ai fait, il y a quelques jours, pour la rubrique loisirs ? J'ai inséré la photo d'une actrice indonésienne en costume national. La page serait partie comme cela à l'imprimerie, si quelqu'un ne m'avait pas fait remarquer qu'on voyait le contour du corps de la jeune femme. Je n'y avais pas prêté attention. Je n'avais vu que le costume national. Que faut-il que je fasse ? Je ne sais pas jusqu'où je peux aller dans cette page loisirs. Je ne sais même pas si une telle rubrique est vraiment souhaitable dans une société islamique. »

Il s'interrompit, dans l'attente d'un commentaire de ma part. Mais je gardai le silence.

« C'est très important, reprit-il. C'est un problème dont il faudrait débattre dans notre société. Et le statut de la femme ? Doivent-elles travailler à l'extérieur ? Ou rester à la maison ? Les femmes peuvent-elles avoir des professeurs de sexe masculin ? Et inversement ? Ce sont des questions primordiales.

– Pourquoi est-ce donc tellement important ?

– Parce que nous devons créer une société islamique. Nous ne pouvons suivre la voie tracée par l'Occident. Nous ne parviendrons à nous développer que grâce à une société islamique. C'est ce qu'on nous dit. »

Nous avions déjà parlé de tout ceci au mois d'août. Il savait ce que j'en pensais. L'espace d'un instant, je me demandai s'il faisait de l'ironie. Mais il était tout à fait sérieux. L'impression d'insouciance que suggéraient ses joues rondes, sa moustache, et sa veste trop voyante, était trompeuse. Ses cheveux grisonnaient et le souci le rongeait. En cinq mois, il avait changé, autant que le paysage de Karachi.

En août, dans les jardins situés derrière l'Intercontinental, j'avais vu des hommes tondre le gazon à l'aide d'une tondeuse tirée par un bœuf. Désormais, il n'y avait plus d'herbe à couper ; mais les jardiniers travaillaient toujours, tirant un lourd rouleau sur ce qui évoquait maintenant un morceau de lande.

« Quand pleuvra-t-il ? demandai-je.

– En juin. Ou en juillet. Le mois prochain, il va commencer à faire chaud. A ce moment-là, on rationnera l'eau. Ces temps-ci, tout le monde ne parle plus que de l'Afghanistan. Mais, quand la chaleur sera là et qu'il y aura des rationnements d'eau, cela deviendra le principal sujet de conversation. »

Je retrouvais là le journaliste, l'éditorialiste. Mais alors, il ajouta : « Il y a le problème des intérêts bancaires. C'est là-dessus que devraient se pencher les économistes. Voilà ce que nous devons élaborer, un système bancaire fonctionnant sans intérêts. Maintenant, quand je vais toucher mes deux cent quarante-huit roupies à la banque, cela me fait vraiment plaisir qu'on me donne cet argent, comme ça. Alors, ma femme me dit : " Je ne vois vraiment pas pourquoi tu es si content. " Et elle a raison. C'est mal. Ma femme est une bonne musulmane. Et, comme vous le savez, je suis un mauvais musulman.

– Vous ne pouvez dire une chose pareille. La première fois que nous

nous sommes rencontrés, vous m'avez affirmé que les deux choses qui comptaient le plus pour vous étaient l'islam et la vie future. Vous vous souvenez ?

– Mais j'ai fait mes études dans une école laïque. Et je ne dis pas toujours mes prières. »

Après une pause, il ajouta : « Je crois qu'ils ont une assez bonne idée de moi.

– Qui ça " ils " ?

– Les fonctionnaires, les bureaucrates. Ils passent, je sais, mais les dossiers restent. Je voulais donc dire que le dossier – mon dossier – doit être plutôt bon. Dieu choisit la façon dont Il accorde Ses faveurs. Quand certaines choses se produisent, on ne peut que croire. Songez à ma chance – vous rencontrer la dernière fois, recevoir votre message cette fois-ci, alors que je n'avais pas l'intention de me rendre au journal avant quatre heures. Et maintenant, déjeuner avec vous, discuter avec vous. Pensez à toute cette suite de coïncidences. »

J'examinai son visage défait. « Je pense que vous devriez voyager un peu, lui conseillai-je. Partez quelque temps pour l'étranger. Vous commencez à voir des fantômes.

– Non, non, si je partais, je partirais pour de bon.

– Vous devriez prendre du repos.

– Vous avez raison. J'en fais trop. Ce matin encore, je me disais : " Si tu continues comme ça, tu vas tomber malade. " Ce qui me tourmente, maintenant, c'est que je n'aime pas vraiment les gens. Je ne vois personne, vous savez. Si je suis ici, c'est parce que c'est vous. Il m'arrive de haïr les gens. Parfois, ils me portent sur les nerfs. L'autre matin, par exemple, je suis allé dans un bidonville, à Clifton, pas très loin de la maison de Bhutto. Cela faisait longtemps que je voulais écrire un article à leur sujet. J'aurais dû éprouver de la compassion pour ces gens. Je voulais me montrer compréhensif et, effectivement, ils m'inspirent de la sympathie. Mais ils m'ont mis en colère. Comment avaient-ils pu vivre dans de telles conditions pendant trente-deux ans ? A deux minutes à peine de chez Ali Bhutto. Pourquoi n'ont-ils jamais manifesté devant sa maison ? Alors, je me suis mis en colère et je m'en suis voulu pour ça. Voilà dans quelles dispositions j'étais quand je me suis rendu au bureau et que j'ai trouvé votre message. Et voilà pourquoi trouver ce message juste à ce moment-là a été providentiel. »

Il avait apporté un dossier contenant les chroniques qu'il avait rédigées au cours des derniers mois. Toutes les semaines, il commentait les problèmes du moment dans le *Morning News*. Il souhaitait les réunir en un recueil et désirait que j'y jette un coup d'œil. Il pensait que ces articles constituaient le reflet d'une période importante.

Ce n'était pas le cas. Mais ils étaient l'œuvre d'un professionnel. Jamais, dans ces chroniques, il ne faisait allusion aux ennuis qu'il avait connus pendant ces semaines pénibles. Il traitait des questions sociales; du plaisir que lui procurait le fait de pouvoir sortir en veste de tweed à Karachi, pendant la saison froide; du rationnement du sucre. Il y avait quelque chose à propos des magazines pour « filles » – qui convenaient peu à « cette époque de mutation »: seule indication qui pouvait rappeler ses propres problèmes.

Un article qui commençait par un paragraphe concernant une flagellation publique dénonçait en fait les insuffisances des transports en commun. Les gens n'avaient pu assister à la flagellation à cause du manque de bus. Il ne fallait chercher là aucune ironie. Dans ses écrits, comme dans la vie, Nusrat, en dépit de son apparente insouciance, faisait preuve d'une certaine absence d'humour. Cela contribuait à sa candeur, à son charme. Il ne s'agissait pas chez Nusrat d'autocensure. Nusrat ne remettait rien en question: il s'accommodait de son pays et de la foi de son pays. S'étant engagé dans la voie de l'islam, le Pakistan était un État idéologique. Nusrat acceptait cette idéologie. Citoyen d'un État idéologique, il était croyant, précisément le genre d'homme qui n'aurait pu supporter d'être rejeté. La méfiance de ses proches aurait déjà constitué pour lui un cruel châtiment.

Lorsque je le revis, je lui avouai qu'à mon avis ses chroniques ne pourraient pas faire un livre. Il le prit mal.

« Vous laissez de côté tous les problèmes importants, lui expliquai-je.

– Mais des gens comme Art Buchwald [1] font paraître des recueils de leurs articles. »

Je lui demandai des nouvelles de sa femme. Je me rappelais qu'elle ne se portait pas très bien, en août.

« Elle s'est fait opérer d'un ulcère, me répondit-il. J'essaie d'éviter de parler avec elle du côté négatif de l'existence. Par exemple, je ne lui dirai pas ce que vous pensez de mes chroniques.

– Ce sont de bonnes chroniques.

– Si quelqu'un devait me casser la figure aujourd'hui, je ne rentrerais pas le lui dire. Évidemment, si je rentrais chez moi tout meurtri et sanguinolent, je ne resterais pas assis sur une chaise sans rien dire. Il faudrait bien que je lui raconte quelque chose. Mais, en principe, je ne lui en parlerais pas. Elle s'inquiète encore plus facilement que moi. »

Ainsi, pendant la crise qu'il avait traversée, chez lui, il n'avait pu se confier à personne. Cependant, comme me l'avait fait remarquer son directeur, il avait tenu bon. Il n'avait pas cherché le soutien des personnes haut placées qu'il connaissait; il avait continué à faire son travail. Il ne craqua qu'à la fin. Une fois close l'enquête ordonnée par le gouvernement, et un trait tiré sur toute l'affaire, Ghauri, le directeur, l'invita à venir dîner chez lui.

« C'est terminé, maintenant, commença Ghauri. Le journal est

1. Célèbre journaliste américain, auteur, entre autres, de *Watergate and Co.* *(N.d.T.)*

sauvé. Mais, dites-moi franchement, l'avez-vous fait délibérément ? Je vous donne ma parole que, quelle que soit votre réponse, je ne ferai rien contre vous. Je veux seulement savoir. »

Tout d'abord, Nusrat ne comprit pas que la question avait été posée sérieusement. Lorsqu'il s'en rendit compte, il éclata en sanglots. L'idée que son directeur, qui avait pris tant de risques pour le défendre, avait pu douter de lui, lui parut intolérable. Ghauri n'insista pas ; il avait obtenu sa réponse. Et ce fut Mme Ghauri qui réconforta Nusrat.

J'eus l'occasion de voir l'article litigieux. Il était illustré par un tableau européen du XIXe siècle, dû à un peintre inconnu, qui représentait une femme arabe, le visage découvert, mais décemment vêtue, à demi couchée sur un canapé. Comme l'article, l'illustration avait été empruntée à l'*Arab News*. Mais ce qui pouvait passer en Arabie choquait encore au Pakistan. L'article lui-même ne contenait pas grand-chose qu'on n'eût pu trouver dans l'*Histoire des Arabes* de Philip K. Hitti, manuel des plus répandus. Mais la femme en question avait été l'arrière-petite-fille du Prophète ; et il se trouvait au Pakistan des gens — appartenant à l'une ou l'autre secte — pour considérer que le simple fait d'évoquer sa beauté constituait un manque de respect.

La foi poussait les hommes à des extrémités. Avec le Coran et la tradition pour seuls guides, personne ne pouvait jamais être sûr qu'il se montrait suffisamment bon musulman ; personne ne pouvait jamais être sûr qu'il s'était totalement soumis à Allah et qu'il avait vraiment renoncé à lui-même. Des êtres comme Nusrat exigeaient toujours plus d'eux-mêmes. Pour un homme soucieux de se soumettre, d'offrir un cœur et un esprit absolument purs, le monde recelait d'innombrables pièges : comme le plaisir qu'éprouvait Nusrat en touchant à la banque ses deux cent quarante-huit roupies d'intérêt, son irritation en rencontrant ses frères musulmans dans les bidonvilles.

« Vous avez tendance à attirer les ennuis, n'est-ce pas, Nusrat ? » lui déclarai-je.

J'avais touché juste. « La semaine dernière, me raconta-t-il, je suis allé à la mosquée assister à un mariage. La sœur d'un ami. Le fiancé était en retard. C'était l'heure de la prière. Alors, mon ami m'a dit : " Allons prier. " J'ai fait mes ablutions. C'était une soirée plutôt fraîche et l'eau était glacée. A la mosquée, j'ai pris un chapeau de paille — une sorte de calotte —, je l'ai mis sur ma tête et j'ai commencé à prier. Mais, quand je me suis prosterné, le chapeau est tombé par terre et j'ai pensé : " Dieu sait que je ne me suis pas préparé pour cette prière. " J'ai vu une main s'approcher et j'ai eu l'impression que quelqu'un allait m'interrompre. Mais cette main m'a simplement remis le chapeau sur la tête. Quand je me suis penché à nouveau, il est retombé et je l'ai vu rouler dans un coin. Je me suis dit : " Si l'on a vraiment l'intention de prier, la prière est valable, même sans chapeau. " Personne n'a remarqué l'incident. Pourquoi ces choses-là n'arrivent-elles qu'à moi ? Il est miraculeux que je n'aie encore jamais eu d'accident d'auto. Je pense que je le dois à la miséricorde de Dieu, ou à Sa protection ou quelque chose comme ça. »

Je l'interrogeai au sujet du journaliste de Rawalpindi qu'on avait condamné à un an de prison.

Il répondit d'un ton assez détaché ; j'en fus surpris.

« Peut-être l'a-t-il répété trop souvent. Peut-être n'aurait-il pas dû l'écrire dans un journal étranger. Certaines choses peuvent être dites dans un journal local mais pas dans un journal étranger. Et *vice versa.* »

Il projetait toujours de se rendre en Occident pour étudier les mass media. Mais il en parlait différemment, à présent. Devenu pénitent, il entendait maintenant servir son pays et l'idéologie islamique.

« Nous construisons une société entièrement nouvelle et, de même, nous devons repenser le rôle des médias. Nous devons déterminer dans quelle mesure la conception des mass media telle que l'Occident l'a répandue peut s'adapter aux pays en voie de développement en général et aux pays musulmans en particulier. Peut-être que c'est possible. Peut-être que non. »

Mais, enfoui dans cette nouvelle personnalité, subsistait l'homme qui lisait Art Buchwald et rêvait de publier comme lui des recueils de chroniques.

La dernière fois que nous nous vîmes, il me dit : « Personne ne s'est jamais aperçu que mes cheveux sont devenus gris, ou, en tout cas, on ne m'en a jamais rien dit. » Et, juste avant que nous nous séparions, il ajouta : « Pouvez-vous essayer de me trouver un endroit où je pourrai lire, écrire et étudier pendant cinq ans ? Parce que, autrement, dans cinq ans, si vous me rencontrez de nouveau, je serai peut-être devenu un marchand de ciment ou un exportateur de prêt-à-porter. Alors, je n'aurai sans doute plus le temps, comme aujourd'hui, de m'asseoir, de parler en votre compagnie, de partager toutes ces choses avec vous. »

2

Hiver islamique

EN AOÛT, à l'aéroport de Londres, les passagers iraniens à destination de Téhéran étaient chargés de marchandises européennes. Plus tard, en ce même mois, à l'aéroport de Téhéran, les émigrés pakistanais qui rentraient chez eux croulaient sous les marchandises européennes et japonaises. Les marchandises : elles faisaient tourner le monde. Et maintenant, en février, à l'aéroport de Karachi, m'attendait le tableau qui complétait les deux premiers : les émigrants pakistanais et leurs familles quittant le pays de la foi pour ceux de l'argent.

Ils étaient munis de leur certificat de « non-objection » et de l'autorisation délivrée par le Bureau de l'émigration. Mais ils n'étaient pas encore sûrs de leur sort. Ils savaient seulement que, s'ils ne voulaient pas que la foule les laisse en arrière, il fallait pousser ; aussi poussaient-ils en brandissant leurs précieux documents ; et les contrôleurs vérifiaient. Une mère emmenait avec elle cinq de ses enfants. La plupart des femmes portaient un voile, parfois d'un blanc sale (complété d'une sorte de voilette de coton dissimulant les yeux), parfois noir.

Les femmes et les enfants envahirent la partie « non-fumeurs » du Boeing 707, lui conférant une atmosphère de zénana – ou appartements des femmes. De ce fait, le côté « fumeurs » était quasiment vide. Je changeai de place.

En août, vues du ciel, les étendues du Baloutchistan et d'Iran m'étaient apparues d'un brun et d'un noir noyés dans des brumes de chaleur. Et maintenant, refaisant le trajet en sens inverse, je découvrais la neige. Elle ensevelissait les montagnes. Les plaines étaient nues mais la neige saupoudrait chaque petite éminence. Survolant ainsi les cimes blanches, nous arrivâmes à Téhéran qui, même en hiver, gardait sa couleur sable. L'hôtesse nous apprit qu'à l'extérieur le thermomètre indiquait zéro degré.

Frères, visiteurs, bienvenue au nom de la Hijra (le nouveau siècle de l'ère islamique) *et de la révolution,* pouvait-on lire sur une pancarte écrite à la main, dans le hall d'arrivée. Les grandes photographies, aux couleurs passées, datant de l'époque du Chah et représentant des antiquités perses étaient toujours là. A l'entrée du Bureau d'immigration, on avait collé au scotch un portrait en couleur de l'ayatollah Khomeiny sur l'une de ces affiches.

Une petite queue s'était formée. Peu d'entre les passagers avaient quitté l'avion à Téhéran. Le Japonais qui me précédait avait déclaré qu'il exerçait la profession de « correspondant ». Cela souleva des difficultés. Un douanier lui fit signe de le suivre hors du bureau. Pour moi aussi, l'affaire se compliqua. J'étais « écrivain ». Il me fallait un visa; sans visa, je ne pouvais rester.

On me prit mon passeport et m'envoya dans une petite pièce donnant sur le hall. Elle était pleine de fonctionnaires, certains portant une veste aux épaules ornées d'étoiles, d'autres en manches de chemise. Ils se montrèrent tous amicaux. Mon passeport traînait avec trois ou quatre autres sur une table, et personne ne semblait s'en préoccuper. Avec ou sans veste, les douaniers allaient et venaient; on discutait beaucoup.

Le correspondant japonais disait à quelqu'un : « Mais vous êtes un peuple révolutionnaire. Au Japon, nous nous intéressons aux peuples révolutionnaires. »

Un grand homme moustachu en pull-over jaune s'adressait à deux ou trois fonctionnaires iraniens : « Mais vous ne pouvez pas m'envoyer en Syrie. Ils ne vont jamais me laisser débarquer, là-bas.

– Le premier avion qui part, lui répliqua l'un des Iraniens. Le monde entier veut venir en Iran.

– Mais ils ne vont pas me laisser débarquer, en Syrie. Ils vont me renvoyer ici. »

La peau cuivrée, des cheveux aux reflets rouges (visage et chevelure paraissaient teints au henné), une femme d'une trentaine d'années vêtue d'un jean moulant répétait : « Je suis turque! Je suis turque! » comme pour en appeler à la solidarité musulmane.

Je commençais à craindre qu'on m'oubliât. J'interpellai l'homme qui m'avait pris mon passeport. Il se tenait derrière la table, apparemment désœuvré. Avec un grand sourire, il me pria de sortir mon sac Lark du bureau qui, effectivement, devenait un peu encombré. Je pris mon sac et allai le poser à l'extérieur, sur le sol humide : un homme lavait par terre et, après tout ce que j'avais lu à propos de l'Iran, cela me parut surprenant : des gens continuaient de faire leur travail, d'assurer l'entretien.

Je me sentais passif, incapable de réagir. Le voyage de six mois que je venais d'accomplir avait été marqué par une suite de hasards; j'avais pris les choses comme elles étaient venues. Et je n'avais guère dormi. Le vol était parti très tôt le matin et, la veille, à Karachi, je m'étais couché fort tard. Il me plaisait de voir le voyage se terminer de la façon dont il semblait devoir s'achever.

L'homme qui m'avait pris mon passeport me suivit à l'extérieur du bureau. « Par quelle compagnie êtes-vous arrivé ? me demanda-t-il.

– Par la PIA. »

La jeune Iranienne qui représentait la PIA se trouvait à l'autre extrémité du hall, un porte bloc-notes à la main : le vol avait suscité quelques problèmes. L'homme la héla ; elle s'approcha ; ils échangèrent quelques mots.

« Vous devez retourner à Karachi, m'affirma-t-elle.

– De toute façon, je pars.

– Vous êtes écrivain et vous n'avez pas de visa.

– Je sais. Pouvez-vous me trouver une place dans un vol pour Londres ?

– Ce n'est pas possible aujourd'hui. Mais vous pouvez retourner à Karachi.

– Mais je ne veux pas retourner à Karachi. Il n'y a plus de chambres. Une conférence sur la pédiatrie s'ouvre aujourd'hui à l'Intercontinental et toutes les chambres sont réservées. »

Quelle autre destination pouvais-je choisir ce jour-là ? Quelles étaient les villes où l'on n'exigerait pas de moi un visa ?

« Puis-je aller à Athènes ? »

Je ne désirais pas particulièrement me rendre à Athènes. Si ce nom m'était venu à l'esprit, c'était simplement qu'au cours des six mois et demi écoulés, à force de le voir figurer sur tant de publicités pour les compagnies d'aviation, j'avais fini par conclure que cette ville était remarquablement bien desservie.

La jeune femme sembla trouver l'idée bonne. Elle coinça son bloc-notes contre sa poitrine et dit : « Le jeudi, il y a un vol de la Japan Airlines.

– Retenez-moi une place.

– Mais c'est demain.

– Nous sommes bien jeudi, aujourd'hui ?

– Aujourd'hui, répliqua-t-elle sèchement, nous sommes mercredi treize.

– Où puis-je aller, aujourd'hui ?

– Il n'y a plus de vol, aujourd'hui. Le dernier est celui de Karachi. Êtes-vous sûr que vous ne voulez pas y aller ?

– Vous savez, dis-je, retournant la situation, je suis venu en août sans visa. »

Elle réagit comme si j'avais soudain résolu le problème. « Vous êtes venu en août sans visa ? Vous le leur avez dit ?

– C'est indiqué sur mon passeport. »

Elle pénétra dans le bureau bondé et, ressortant quelques instants plus tard, elle m'annonça : « Ils ont fait une erreur. Vous pouvez rester. »

Et, quand je fus appelé dans la petite pièce, tout le monde parut véritablement ravi d'avoir trouvé le moyen de contourner les récentes directives du ministère concernant les journalistes et les visas.

« Mais *vous*, dit l'un des fonctionnaires au correspondant japonais, qui n'avait toujours pas quitté le bureau, et continuait de protester, *vous*, vous allez devoir repartir. »

La jeune femme turque aux cheveux rouges reçut également l'autorisation d'entrer. Pourquoi l'avaient-ils prise pour une journaliste ? Elle se tenait devant le comptoir de la douane, avec une énorme quantité de marchandises provenant de Taiwan ou du Japon, des articles généralement tout neufs, encore dans leurs emballages de carton ou de polystyrène.

Je pris l'autre file et examinai le dos de l'agent des douanes, une jeune femme en jupe de laine épaisse et pull-over, qui portait ses propres vêtements et non l'uniforme. Elle procédait au contrôle, assise, très décontractée, sur le comptoir, les jambes croisées. Son pull-over moulait son buste et la jupe enserrait étroitement ses cuisses ; elle était de la toute dernière élégance.

Je n'avais que mon sac de voyage Lark. Un homme s'adressa à la jeune femme et sembla lui conseiller de me laisser passer. Elle se retourna – ce n'était pas une beauté, hélas – et jeta un coup d'œil sur le passeport que je tenais à la main puis me tourna le dos à nouveau.

Quand mon tour arriva enfin, la jeune femme des douanes me demanda : « Vous anglais ?

– Non.

– Mais votre passeport ?

– J'ai la citoyenneté britannique.

– Ouvrez. »

La vue de mon pyjama à motifs Marks and Spencer – ce « batik » non islamique que Khairul et ses amis arabisants de Kuala Lumpur avaient réprouvé, quand ils m'avaient surpris dans ma chambre du Holiday Inn – adoucit cette fille de la révolution iranienne, lui faisant penser, peut-être, à son père ou à ses frères.

« Ça, et c'est tout ?

– Oui.

– Pas de vin ?

– Pas de vin.

– Ça va. »

Dehors, dans l'air froid, attendaient les bandits bien nourris de la compagnie de taxis de l'aéroport, plus prospères maintenant qu'en août, grâce à la place que l'Iran avait retrouvée dans les informations internationales et aux allées et venues incessantes d'une foule de journalistes. Pour me conduire en ville, ce n'était plus cinq cents rials mais huit cents qu'ils exigeaient. Je marchandai, mais sans grande conviction ; ils baissèrent leur prix de cent rials.

« Mais l'hôtel où vous allez, c'est fermé, déclara l'un d'eux.

– Fermé ! » Je me souvins qu'en août il se trouvait déjà en bien piteux état. « Tant pis, j'irai à l'Intercontinental.

– Vous avez réservé ?

– Non.

– Alors, pour vous, c'est fermé. Il n'y a que cinq hôtels à Téhéran ouverts pour vous. » Il énuméra des noms.

Je compris qu'il employait les mots « ouvert » et « fermé » d'une façon bien particulière, et qu'il détournait les arrivants vers certains hôtels. J'en revins donc à ma première idée. Cela ne parut pas le déranger. Il avait fait ce qu'il avait pu pour ses hôtels ; il faisait froid ; il retourna s'abriter.

Mêmes embouteillages, même nuage de gaz d'échappement ; même façon démentielle de conduire, de manier les voitures comme des charrettes à bras ; la ville de béton et de brique, couleur sable en hiver comme en été, les arbres nus, aussi poussiéreux que les voitures, la boue hivernale en train de sécher, les étals et les boutiques de fruits – oranges, pommes golden – attirant le regard, les slogans multicolores, les dessins au pochoir et les affiches transformant les murs en une immense palette, ce qui ajoutait à l'impression générale de saleté. Un embouteillage me donna le loisir d'examiner un homme au teint vif et chaudement vêtu qui, à l'aide d'un balai de brindilles, chassait la poussière du trottoir dans le caniveau : de nouveau, je fus surpris de constater que l'on continuait de veiller aux tâches municipales, sans se préoccuper des événements qui faisaient la une de l'actualité.

En août, j'étais arrivé un vendredi, jour férié, où, de surcroît, se déroulaient des élections. Dans les rues ne régnait pas l'animation habituelle ; les magasins étaient fermés. Téhéran semblait avoir été déserté pour de bon ; mais, le soir, j'avais assisté au transfert des urnes dans des voitures, sous la surveillance de gardes armés. Ce jour-là – quelque temps après un référendum sur la République islamique – on élisait une Assemblée d'experts chargés d'élaborer une constitution islamique. Khomeiny avait demandé au peuple de voter pour les mollahs. Et les religieux avaient gagné.

L'Assemblée avait rédigé une constitution qui plaçait Khomeiny plus haut que quiconque, plus haut même que le président. Khomeiny devenait le régent de Dieu, le représentant sur terre (ou en Iran) du douzième imam (resté caché ou « invisible » depuis quelque mille ans). Puis cette constitution avait fait l'objet d'un référendum ; ensuite, il y avait eu des élections municipales ; et, enfin, des présidentielles. Celles-là, les mollahs les avaient perdues. En août, les portraits au pochoir qu'on voyait sur les murs représentaient presque tous Khomeiny ; désormais, apparaissait aussi le visage de celui qu'on avait récemment élu président. Et, quelques semaines plus tard, le peuple devait retourner aux urnes, pour élire l'Assemblée nationale.

Entre ces divers scrutins, on avait pris d'assaut l'ambassade américaine et fêté le premier anniversaire de la révolution : ce jour-là, dans la confusion générale, plusieurs personnes avaient été écrasées par un tank. C'était la surexcitation qui faisait vivre le peuple de Téhéran. Au bout de trois mois, l'affaire des otages américains jouait le rôle d'un feuilleton populaire au déroulement particulièrement lent, vers lequel l'homme de la rue se tournait quand il n'avait pas de drame plus palpitant à se mettre sous la dent.

L'hôtel n'était pas fermé. A l'entrée, la loge était occupée ; j'aperçus des voitures garées sur l'esplanade. L'hiver avait jauni le jardin de devant. Sur les pelouses ovales desséchées s'accrochaient des taches vertes, qui formaient comme des ombres étranges, au pied des buissons et des arbres. La pluie, la neige et la suie avaient maculé les lauriers, les sapins et autres arbres à feuilles persistantes ; le soleil hivernal et l'air sec du plateau de Téhéran avaient transformé la boue de la ville en fine poussière. Mais le personnel de l'hôtel s'activait toujours : l'allée était balayée et les rosiers taillés.

Une chaleur réconfortante régnait dans le hall et l'ascenseur, qui me mena au huitième étage, fonctionnait mieux qu'en août. Un sommier métallique reposait contre le mur du couloir. Mais aucun client n'avait confié son linge à l'une des femmes de chambre, comme je l'avais fait moi-même, lors de mon précédent séjour : aucuns vêtements ne séchaient, pendus aux poignées de porte des chambres inoccupées.

Le ménage n'avait pas été très bien fait dans ma chambre. Il manquait plusieurs anneaux à l'un des rideaux, dont une extrémité traînait par terre. Il n'y avait plus de cendriers ; plus de prospectus de l'hôtel, plus de nomenclature des services, plus de papier à lettre ; plus de carton, posé sur le poste de télévision, donnant, comme en août, les programmes, déjà interrompus à l'époque, de la chaîne « internationale » de la télévision iranienne. Mais les meubles étaient de bonne qualité et les installations robustes. En six mois, aucune dégradation notable apparemment ne s'était produite.

Le chasseur de l'hôtel, homme encore jeune, grand, mince, chauve et portant des lunettes, n'offrait plus quant à lui qu'une allure misérable. On eût dit qu'il n'avait pas supporté de vivre dans cet hôtel désert ; qu'il avait vieilli plus vite que l'établissement ou que son uniforme de groom. Je lui donnai cent rials. Beaucoup trop ; mais il ne réagit même pas. Il me dit : « Donnez-moi quelque chose. Ma tête n'est pas bien. Vous me donnez quelque chose. » Je lui remis quelques cachets. C'était cela, le médicament et un peu d'attention, qu'il désirait, et non les rials.

Plus tard, je descendis au salon de thé, situé à l'entresol. En août, il régnait une atmosphère de désolation dans cet endroit où les serveurs, las de leur oisiveté, paraissaient avoir perdu foi en eux-mêmes. Aujourd'hui, je le découvrais désert. On avait disposé, sur quelques-unes des nombreuses tables, des tasses à thé, des soucoupes et des serviettes de papier ; mais personne ne prenait le thé ou le café.

Assis derrière une table vide, un homme en pantalon noir et veste grise semblait assoupi, la tête sur les bras. Accablé par la tragédie que vivait Téhéran, il paraissait incarner un désespoir infini. Était-ce un serveur ou un client ? Impossible de le deviner. Le sommet de sa tête affalée révélait une tonsure mais le long de ses oreilles descendaient des pattes très fournies. Ce mélange de pathétique et d'ostentation avait quelque chose de touchant.

Il ne dormait pas. Il leva la tête ; ses yeux surpris, rouges et larmoyants, profondément enfoncés sous un front saillant, mirent un moment à accommoder sur moi. Le bouton de col de sa chemise blanche était ouvert et sa cravate noire desserrée. Toujours vautré sur la table, il finit par me dire : « Vous bien ? Vous ça va ? D'où vous venir ? »

Je le lui appris.

« Vous vouloir quelque chose ? »

Cela ressemblait à un ordre. Mais il avait l'air désireux de s'activer. Et le café, lorsqu'il me l'apporta, n'était pas mauvais.

« Café bon ? Service bon ?

– Oui, oui. Mais comment vous sentez-vous ?

– Pas bien. Un rhume. J'ai un rhume. »

Il n'avait pas seulement attrapé froid. Il cherchait désespérément un second emploi et s'imaginait que je pouvais l'aider. A la fin, je fus obligé de le fuir.

En août, il y avait vingt-sept clients, dans cet hôtel qui pouvait en recevoir quatre cents. Maintenant – comme je le découvris en descendant à la réception, où les standardistes mangeaient des pépins de pastèque contenus dans un sachet de plastique rose et tentaient de se débrouiller avec les appareils ITT – l'établissement en accueillait quarante-deux. Cela ne faisait pas grande différence. Pourtant, la direction de l'hôtel s'efforçait d'attirer la clientèle. Dans le hall, sur une table, on avait mis à sa disposition un téléphone au-dessus duquel on pouvait lire : *Bienvenue aux reporters !* et puis, en anglais, en français et en italien : *Ligne directe pour les journalistes*. Derrière la réception, autour d'un bar équipé d'un percolateur (en août, cette partie du hall était fermée), pour égayer un peu les lieux, on avait suspendu, tels des mobiles, quelques petits cartons où étaient tracés à la main les mots *Thé Persan*.

A l'image des douaniers et de la jeune contrôleuse de l'aéroport, le personnel de l'hôtel donnait maintenant l'impression d'être un peu en représentation. Tout le monde paraissait de meilleure humeur, plus amical, plus décontracté. En août, l'hôtel, privé de sa direction, était placé sous le contrôle d'un *komité* révolutionnaire. Le vendredi, dans la salle à manger, la radio diffusait à plein volume les discours prononcés à l'occasion des grandes prières collectives qui se déroulaient à l'université de Téhéran. Mais des inquiétudes d'ordre matériel assombrissaient alors le sentiment de liberté et l'exaltation religieuse. L'un des employés de la réception – perpétuant ainsi les aptitudes traditionnelles des Persans – se livrait à un petit trafic de pièces anciennes. Un jour, l'un de ses collègues (homme aux manières assez grossières et qui, par ailleurs, faisait aussi le taxi pour l'hôtel) me parla avec angoisse de l'avenir de ses enfants. Il m'avait demandé conseil et nous avions discuté des universités indiennes. Quand, six mois plus tard, j'abordai à nouveau le sujet, il se déroba. L'éducation de ses enfants était redevenue une question privée.

Le personnel de l'hôtel – qui ne dépendait désormais plus d'un *komité* – s'était habitué non seulement à la crise mais aussi à la liberté, liberté à l'intérieur comme à l'extérieur de l'établissement. Ces gens semblaient s'être réconciliés avec eux-mêmes. Un serveur, à qui j'avais donné cinquante rials pour m'avoir monté du thé dans ma chambre, revint presque immédiatement avec une assiette contenant deux petits gâteaux et me dit en anglais : « Vous êtes mon invité. »

En août, une affiche révolutionnaire était fixée sur la porte d'entrée en verre de l'hôtel : d'un côté, Yasser Arafat, de l'Organisation de libération de la Palestine et, de l'autre, Khomeiny, le vengeur. L'affiche avait maintenant disparu. A sa place figuraient sur les murs de grands portraits encadrés de Khomeiny, portraits officiels d'un homme qui représentait aujourd'hui plus qu'un chef d'État. Cette lueur de colère qui lui donnait un air fourbe ne brillait plus dans ses yeux; le vieil homme levait désormais un regard triomphant. Plus de sourcils froncés, plus de geste de défi, plus de poing serré : ses mains étaient celles d'un homme de paix, d'un homme en paix. Elles reposaient sur ses genoux et révélaient des doigts longs et fins.

Au nord de Téhéran, la neige recouvrait les montagnes. La lumière matinale, tombant sur la neige, révélait l'orientation et le contour de chaque crête. Puis les fumées de la ville et des automobiles s'accumulèrent, estompant la chaîne lointaine. L'été dernier, ce *smog* m'était apparu de la même couleur que la roche; et j'avais cru que les montagnes étaient dissimulées par la brume de chaleur qui s'élevait du plateau poussiéreux. Maintenant, sur le fond blanc de la neige, on voyait distinctement s'amasser la fumée, tel un gros nuage noir. Vers midi, les cimes enneigées disparaissaient complètement, et ce, jusqu'au crépuscule, où, pour quelques instants, les rayons du couchant embrasaient les plus hauts sommets, lesquels évoquaient alors une falaise rougeoyante suspendue au-dessus du ciel plombé de la ville qui s'obscurcissait rapidement, trouée çà et là de lumières électriques, et qui, bientôt, se mettait à palpiter au rythme des néons : ancien clinquant, étonnamment bien préservé.

La ville était libérée mais elle restait la création du Chah. Un an après la révolution, elle attendait toujours sa justification. Pour beaucoup de gens – ainsi, le personnel de l'hôtel se rassemblant pour bavarder dans des chambres inoccupées et à peine entretenues, ou, dans la salle équipée d'un standard téléphonique ITT, cet homme dormant à même le sol, enroulé de la tête aux pieds dans une couverture, comme sur le sable du désert – pour beaucoup de gens, la ville demeurait un vaste campement.

Ici ou là, on poursuivait la construction de petits bâtiments. Mais, au sommet des hauts immeubles inachevés, les grues ne bougeaient toujours pas. Avec la pluie et la neige, les fûts métalliques des engins avaient rouillé ; les murs de brique grossièrement cimentés mais pas encore enduits de plâtre paraissaient se désagréger. Les magasins regorgeaient de produits d'importation : c'était là qu'allait l'argent, l'argent du pétrole, qui affluait chaque jour, comme par magie. Cette soudaine opulence avait créé (importé) la cité moderne, avait nourri les inégalités et les troubles qui conduisirent à la révolution. Et cette même richesse avait donné à la révolution le temps de voir venir.

Avenue de la Révolution (anciennement Chah-Reza), au sud de l'université de Téhéran, les marchands d'images proposaient toujours des vues de lacs suisses ou de forêts ; des photos d'animaux ; un petit garçon remontant la fermeture à glissière de son pantalon, une fillette essayant les chaussures de sa mère ; des portraits d'enfants ou de très belles femmes aux joues inondées de larmes. Parmi tout ceci, apparaissaient encore les thèmes de la révolution. Les marchands de cassettes passaient les vieux discours de Khomeiny. Certains vendaient toujours les albums photo de la révolution : des exécutions, des cadavres dans les morgues, du sang. Maintenant, on trouvait aussi des portraits de Che Guevara et des affiches en couleurs représentant divers types de mitrailleuses. Et toujours, chaque deux mètres, de grandes piles de littérature communiste russe traduite en anglais ou en persan – malgré la caricature où l'Iran, sous la forme d'un solide paysan, était aux prises avec deux serpents, l'un nommé Amérique et l'autre Russie ; malgré le crâne casqué qui, sur une autre caricature, représentait l'ennemi composite : la Russie dans une orbite, l'Amérique dans l'autre, sous le casque une écharpe portant à un bout les couleurs du drapeau britannique et, à l'autre, celles du pavillon israélien.

Cela aurait pu ressembler à un jeu – s'il n'y avait eu une révolution et si le sang n'avait vraiment coulé. Les tueries paraissaient bien loin de cette atmosphère de campus et de kermesse hivernale. Au coin des rues et sur les trottoirs se dressaient des étals de betteraves confites sentant le caramel chaud : les petites boules, piquées au bout d'un bâtonnet, reposaient sur le fond d'un chaudron de sirop bouillonnant qui enrobait constamment les betteraves et les tenait au chaud : une nourriture d'hiver, plus agréable à voir et à sentir qu'à déguster, chair presque sans saveur sous le caramel.

Il y avait toujours foule au rassemblement pour la prière du vendredi à l'université de Téhéran, mais rien de comparable avec le million de personnes que j'avais vues le second vendredi du mois d'août, où je m'y étais rendu en compagnie de Behzad, et où deux heures durant, nous avions observé les hommes et les femmes drapées de noir s'écouler en deux files séparées avant de remplir le campus et d'engorger les rues, où le martèlement ininterrompu des talons produisait un grondement pareil à celui d'un fleuve, et où la poussière s'élevait pour former bientôt un nuage au-dessus des fidèles. Cette forme d'enthousiasme – certains y avaient vu la perfection de l'union islamique – ne pouvait durer. Et l'initiateur de ces rassemblements, Taleghani, l'ayatollah bien-aimé, n'était plus ; nous étions en hiver, et il était apparemment moins tentant de s'asseoir pour écouter les discours révolutionnaires d'ayatollahs d'importance mineure qui se servaient de fusils en guise de houlettes.

En ce vendredi hivernal, les activités révolutionnaires consistaient à se retrouver devant les grands portails de l'université pour réunir des objets de première nécessité destinés aux victimes des inondations du Khuzistan, la province pétrolière du sud-ouest. Des volontaires faisaient signe aux automobilistes de ralentir ; d'autres lançaient ou se passaient de main en main des ballots afin de les faire parvenir jusqu'à des fourgonnettes ou des camions, où d'autres camarades, bien trop nombreux en fait, attendaient pour les empiler. D'une façon générale, il y avait trop de volontaires, trop de cris, trop de gens pour tenter de régler la circulation, trop d'hommes affairés mais inefficaces.

Qu'allait-il advenir de ce chargement de galettes de pain persan ? Cela avait dû coûter de l'argent ; on les avait apportées toutes chaudes ; elles fumaient tandis qu'on les sortait dans l'air froid ; et puis on les glissait avec frénésie – comme s'il s'agissait d'une question de vie ou de mort – dans des sacs de plastique, qu'on jetait dans un camion, avec des couvertures et des vêtements. Ce pain ne serait-il pas dur comme du bois quand il parviendrait enfin au Khuzistan ?

Mais ce n'était pas le pain qui importait. Seuls comptaient vraiment l'excitation et les gestes. Ces volontaires en veste kaki matelassée et pull-over étaient des révolutionnaires qui, au bout d'un an, essayaient toujours de vivre pleinement leur révolution, montraient toujours le même zèle à régler la circulation (pour prouver leur solidarité avec la police, aujourd'hui la police du peuple et non plus celle du Chah), et à établir la force de l' « union » islamique, grâce à laquelle ils avaient remporté la victoire. C'étaient des révolutionnaires – pareils à ceux qui avaient attaqué l'ambassade des États-Unis et pris les otages – dont la cause s'affaiblissait.

Behzad m'avait dit en août à propos du grand rassemblement pour la prière : « Ce n'est pas un événement religieux. C'est un événement politique. »

Fils communiste d'un père communiste et persécuté, Behzad avait envisagé l'union islamique à sa manière, interprété le triomphe et la misanthropie chi'ites à sa manière, avait vu dans cette révolution la promesse, pour plus tard, des bouleversements qu'il espérait. Et ces volontaires islamiques en tenue guévariste se considéraient véritablement comme les révolutionnaires de la fin du XXe siècle.

La foi chi'ite d'Iran, vouée depuis mille trois cents ans à la cause perdue d'Ali (spolié de ses droits, assassiné, et dont on avait aussi massacré les fils), était la religion des victimes et des opprimés. « Les habitants de la terre ne sont que des chiens qui aboient, des bêtes chicanières. Les uns crient après les autres. Les forts dévorent les faibles ; les grands soumettent les petits. Ce sont des bêtes de somme, les uns sous le joug, les autres en liberté. » Ces mots étaient tirés des *Maximes d'Ali*, que m'avait offertes, à Rawalpindi, le gentil médecin chi'ite. Ce livre avait le pouvoir de le réconforter ; il pensait qu'il m'apporterait autant qu'à lui.

L'injustice, la méchanceté des hommes, la bassesse du monde tel qu'il était, la vengeance à venir, la joie de l' « union » : Behzad était communiste mais sa passion ressemblait à la passion chi'ite. Et, en août, comme un chi'ite, Behzad avait commencé à ressasser les injustices qui l'accablaient : de plus en plus, la révolution de Khomeiny se retournait contre les hommes de la gauche.

Ensemble, nous nous étions rendus dans la ville sainte de Qom, à cent cinquante kilomètres au sud de Téhéran. Nous y avions rencontré des étudiants en théologie ; puis nous avions rendu visite au juge islamique de la révolution, l'ayatollah Khalkaki. Sur le chemin du retour, traversant le désert en direction de Téhéran, nous avions appris par l'auto-radio que le journal de gauche que lisait Behzad, *Ayandegan*, venait d'être fermé, et que sa rédaction avait été occupée par des gardiens de la révolution.

Plus tard, nous avions visité la ville sainte de Machhad, loin au nord-est, près de la frontière afghane. Nous étions revenus par le train, en compagnie de l'amie de Behzad. Communiste elle-aussi, elle appartenait à une famille d'anciens grands propriétaires terriens. Pendant le voyage, elle avait lu avec ostentation un pamphlet communiste publié en Iran. Elle et Behzad avaient joué aux cartes jusqu'à ce qu'un gardien de la révolution fasse irruption dans notre compartiment pour rappeler à mon guide que les jeux de cartes étaient interdits pendant le mois de ramadan, et plus particulièrement en ce jour où l'on pleurait Ali. L'incident mit Behzad en colère. Pour lui, le gardien n'était pas un homme du peuple ; il le considérait comme un serviteur de la classe dominante.

De nouveaux ennuis l'attendaient à Téhéran. Des gardiens de la révolution avaient pris d'assaut la permanence de la faction communiste au sein de laquelle militait Behzad. J'avais moi-même été témoin de la suite des événements : des sacs de sable, des mitrailleuses, de jeunes hommes, des révolutionnaires islamiques en tenue de guérilleros, d'un côté de la rue passante; de l'autre, les expulsés, les jeunes communistes, sans armes, vêtus comme des étudiants ou de petits employés, qui, simplement, attendaient. Et Behzad devait rejoindre ses camarades l'après-midi même.

L'image que j'emportai fut celle de Behzad et de son amie, sur le quai de la gare de Téhéran, au terme du trajet de nuit qui nous ramenait de Machhad. Des amis de la jeune fille étaient venus l'attendre; elle et Behzad marchaient devant moi. Lui, grand, mince, la musculature développée par la pratique du ski et de l'escalade. Elle, petite, qu'une hanche atrophiée et un pied déformé faisaient boiter. Des deux, c'était elle la plus téméraire – négligeant de porter le voile, laissant le pamphlet communiste ouvert sur la banquette, de façon qu'en passant dans le couloir, chacun pût apercevoir le marteau et la faucille rouges sur la couverture jaune. Lui jouait le rôle du protecteur, marchant un peu penché vers elle, visiblement plus heureux de la présence de la jeune fille qu'elle-même ne semblait l'être de sa compagnie à lui.

Behzad avait déménagé et ses examens l'accaparaient. Lorsque enfin, je réusssis à le joindre au téléphone, et que je lui demandai comment il allait, il me répondit, devinant mon inquiétude : « Ne vous en faites pas. Il ne m'est rien arrivé. »

Le lendemain, deux jours avant son examen, qui devait durer six heures, il vint me chercher en fin d'après-midi à mon hôtel pour me conduire à l'appartement qu'il partageait avec un ami. Je me rappelai quelqu'un d'allure très juvénile, qui gloussait dans un compartiment de chemin de fer et jouait avec une jeune fille à un jeu de cartes simplet. Dans le hall, j'eus l'impression de rencontrer un adulte, un homme au visage grave. Il portait un veston; en août, il m'avait assuré qu'il n'en possédait pas. Il me sembla aussi qu'il avait la chevelure plus fournie.

« Vous avez les cheveux bouclés, maintenant, Behzad ?

– Je les ai toujours eus comme ça.

– Vous faites plus vieux.

– J'ai vingt-cinq ans. Ce n'est pas jeune. »

Nous sortîmes et nous dirigeâmes vers l'avenue de la République islamique, l'ancienne avenue du Chah.

« Le personnel de l'hôtel semble plus heureux, fis-je remarquer.

– Tout le monde commence à comprendre que la vie continue.

– On dirait qu'ils se sont habitués à la liberté.

– La liberté pour eux, peut-être. Mais pas pour des gens comme nous. Il faudra qu'éclate une nouvelle révolution. »

Nous traversâmes l'avenue, Behzad me guidant au milieu de la circulation, comme il l'avait fait en août, et nous attendîmes un taxi de ligne. Ceux qui n'étaient pas complets avancèrent vers nous, puis nous abandonnèrent sur place quand Behzad leur eut indiqué où nous désirions aller. Il faisait froid; je n'avais ni pull-over ni pardessus. Nous nous tenions sur la chaussée, à moins d'un mètre du flot de la circulation, et, juste derrière nous, passait l'un des caniveaux profonds de Téhéran, qui charriait maintenant une eau boueuse.

« Rebroussons chemin et prenons l'un des taxis de l'hôtel, proposai-je.

– Le peuple de Téhéran se déplace en taxi de ligne, décréta-t-il. Nous ferons de même. »

L'un des taxis orange finit par s'arrêter. Une femme corpulente vêtue de noir, qui attendait à quelques mètres de nous, s'avança pour y prendre place.

« Comment allons-nous nous installer ? demandai-je.

– Je m'assiérai près d'elle. »

Quand le taxi eut démarré, je lui dis : « Comment va votre amie ?

– Je ne la vois plus. Cela s'est passé peu de temps après votre départ. Je ne l'ai revue qu'une fois.

– Depuis Machhad ?

– Non, depuis que j'ai cessé de la voir. J'ai entendu dire qu'elle avait quelqu'un d'autre, maintenant.

– Mais pourquoi ? Qu'est-il arrivé ?

– C'est moi qui l'ai voulu. C'était une question de personnalité. Nous ne nous entendions plus. »

Nous roulions dans la circulation qui, en ce début de soirée, animait Téhéran. Les boutiques étaient illuminées : le clinquant de la métropole. Huit ans auparavant, à Buenos Aires, ville qui, d'une certaine façon, ressemblait à Téhéran, un Argentin m'avait déclaré, non sans une certaine aigreur, alors que nous nous trouvions à l'heure de pointe : « Vous pourriez penser que nous sommes ici dans un pays développé. » Je me rappelais ces mots, maintenant, assis près de Behzad, conscient de la gravité nouvelle du jeune homme, essayant de voir la ville avec ses yeux.

Au bout d'un moment, il reprit : « Mais je l'aime toujours. Je pense encore à elle.

– Vous y pensez souvent ? Tous les jours ? Une fois par semaine ?

– Je pense à elle quand j'ai l'esprit libre. Il y a beaucoup de choses, maintenant. Mais je pense à elle. »

Nous descendîmes dans une rue qu'on avait baptisée Felestin, Palestine, parce que l'Organisation de libération de la Palestine y avait installé ses bureaux. Obscure et calme, elle était bordée de platanes des deux côtés.

« Vos divergences étaient-elles d'ordre politique ?

— Il y avait de cela. Je voulais me lancer dans une action politique organisée. Elle n'était pas d'accord. Elle souhaitait que nous continuions comme avant, agissant contre le régime quand l'occasion s'en présentait.

— La guérilla ? Le cinéma ?

— Quelque chose comme ça. »

Ce n'était pas surprenant : cette révolutionnaire, fille de grands propriétaires terriens, jeune femme cultivée en pays musulman, se sentait contrainte, pour bien des raisons, à exagérer ses positions. Elle devait chercher à se trouver au cœur du danger.

« Mais ce n'est pas cela qui nous a séparés, poursuivit Behzad. Sur le plan politique, il n'y a pas de différence fondamentale entre nous. Nos caractères ne s'accordaient pas — vous devez comprendre. »

Nous prîmes une rue latérale et, ensuite, un passage. C'était un quartier de petits immeubles. Les voitures étaient garées tout contre les maisons. La ruelle était silencieuse et sombre, à peine éclairée par quelques rares lampadaires et les rais de lumière filtrant entre les rideaux des fenêtres.

Dans la pénombre, Behzad me déclara pensivement : « Je crois que je ne vais pas pouvoir terminer mes études. Si j'avais trouvé du travail, j'aurais déjà arrêté. Mais il n'y en a pas.

— Depuis combien de temps faites-vous des études ?

— Cinq ans.

— Et vous en auriez encore pour combien de temps ?

— Un an.

— Alors, pourquoi abandonner maintenant ? Une année, ce n'est rien.

— Même si je les termine, cela ne me donnera pas de travail.

— Mais il n'en sera pas toujours ainsi. Quoi qu'il arrive, quelle que soit l'activité politique que vous entreprendrez, il sera toujours préférable que vous ayez une qualification.

— Oui, ce serait cinq années perdues. »

On eût dit qu'il avait maintes fois réfléchi à la question.

Nous arrivâmes devant l'immeuble où il logeait. De là-haut, d'un appartement aux lumières allumées et aux rideaux ouverts, nous parvenait un air de pop-music.

« Quel genre de quartier est-ce, ici, Behzad ? Petite bourgeoisie ?

— Non, non. Nous nous trouvons en plein centre de Téhéran. C'est un quartier chic. N'est-il pas curieux que j'habite dans un tel quartier ? »

(Mais était-ce si étrange ? Un révolutionnaire, fils de professeur de province ; l'université dans la capitale ; une petite amie, ou une ancienne petite amie, issue d'une famille de grands propriétaires, le cercle de plus en plus large de ses connaissances, les contacts avec l'étranger : Behzad ne se dirigeait-il pas vers la seule voie qu'il pouvait prendre, s'il voulait se retrouver avec des gens qui lui ressemblaient ?)

Un quartier chic, mais l'appartement était très chichement meublé ; et il avait bien l'air d'être habité par deux célibataires. Une salle qui – malgré les quelques meubles – donnait l'impression de n'être pas encore aménagée : d'un côté, on entrevoyait une chambre à coucher, ou, plutôt, une pièce avec un lit ; de l'autre, la cuisine. Dans un coin, près d'une petite bibliothèque remplie d'une quantité de gros ouvrages universitaires et de dictionnaires, se trouvait un bureau encombré des livres et des papiers de Behzad. Il ne faisait pas chaud.

De la cuisine, où il était parti faire du thé, Behzad me lança : « Il y a eu une grève et nous n'avions plus de gas-oil. Plus de pétrole, en Iran ! Ici, le chauffage a été coupé pendant vingt-quatre heures. C'est revenu, maintenant. »

Mais les radiateurs restaient froids. La musique que nous avions entendue dans la rue venait, très fort, de l'appartement situé juste au-dessus.

« C'est un couple divorcé, m'expliqua Behzad. Ils font la fête tous les soirs.

– Un couple divorcé ?

– Ils étaient mariés. Et puis ils ont divorcé. Maintenant, ils vivent ensemble à nouveau et ils font la fête tous les soirs. C'est très gênant. » Il sortit de la cuisine et ajouta : « J'ai été tellement occupé pendant ces derniers mois. Il y a tant de choses. Mais je reste là à réfléchir et je ne fais rien. Je ne sais pas quoi faire.

– Vous voulez parler de vos activités politiques ?

– C'est une telle pagaille. Je passe un temps fou à me demander quoi faire. Vous n'appelleriez sans doute pas ça une activité politique mais, pourtant, c'en est une. Il faut savoir où on va. Rien n'a changé, ici, depuis le Chah, vous savez. Les travailleurs et les classes laborieuses vivent toujours dans les mêmes conditions. Rien n'a changé pour eux. Cela fait la troisième fois depuis le début de ce siècle que le peuple d'Iran se laisse duper. C'est à cela que je pense tous les jours. Et, parfois, cela m'empêche de travailler. Il y a soixante-dix ans, nous voulions nous débarrasser des rois qadjars. Alors, nous avons obtenu une constitution. Mais elle n'a jamais été appliquée. C'était la première fois que nous tombions dans le piège. La deuxième fois, ce fut en 1953, quand nous avons voulu chasser les Pahlavi, qui avaient remplacé les qadjars. Le coup d'État américain a tout fait échouer. Et maintenant, pour la troisième fois, vous voyez ce qui arrive. Une révolution, et puis, plus rien. Khomeiny est un petit bourgeois. Ils vont remettre en route tout le système et l'appeler islamique. C'est tout. »

C'étaient là, me sembla-t-il, des pensées qu'il avait dû ressasser bien des fois.

« Voilà une curieuse façon de décrire Khomeiny, remarquai-je.

— Il y a deux hommes en lui. Il a été le leader révolutionnaire qui a combattu le Chah. On ne pourra jamais lui enlever ça. Aucun des journalistes américains qui sont venus ici n'a vraiment compris ce qu'a été Khomeiny, un grand révolutionnaire. Mais il y a deux hommes en lui, celui d'avant et celui d'après la révolution.

— L'eau bout. » Un grondement nous parvenait de la cuisine.

« Non, pas encore. Je connais la bouilloire. Quand l'eau bout, elle fait un autre bruit. En Iran, et dans les pays comparables à l'Iran, on peut diviser la société en trois classes. La bourgeoisie, la petite bourgeoisie et le prolétariat. Dans une révolution démocratique bourgeoise, la petite bourgeoisie peut être révolutionnaire. Mais, quand il semble que le système du pays risque d'être vraiment bouleversé, cette classe, la petite bourgeoisie, s'oppose à la révolution. Khomeiny appartient à cette classe. C'est un petit bourgeois et il ne peut pas accepter le socialisme.

— Mais, avez-vous toujours vu les choses comme ça, Behzad? Quand Khomeiny parlait de tyrannie, de fraternité et d'égalité, ne saviez-vous pas qu'il parlait de l'islam? L'islam peut passer pour une idéologie politique. L'ignoriez-vous?

— Pour exprimer ce qu'ils veulent, les gens emploient des expressions différentes. Ainsi, la petite bourgeoisie dit : " Nous sommes musulmans. " L'islam n'est pas pour le socialisme.

— Mais n'est-ce pas là que vous avez commis une erreur? Quand nous sommes allés au rassemblement pour la prière de Taleghani, au mois d'août, vous m'avez dit qu'il s'agissait d'un événement politique. Ce n'était pas du tout ainsi que je voyais les choses.

— Peut-être que je ne les vois plus ainsi maintenant. Je vous ai dit ça parce que la religion meurt un peu partout dans le monde. Il y a beaucoup de gens qui essaient de la ranimer, mais ils n'y parviennent pas. Même les Américains s'y mettent. Ils viennent nous parler d'Allah. Mais en vain. »

Il décida que l'eau bouillait et je le suivis dans le désordre de sa petite cuisine de célibataire. Après avoir fait infuser le thé, il se servit de la bouilloire d'aluminium comme d'un samovar, retournant le couvercle et posant la théière dessus — bien souvent, en Iran, on sentait ainsi la proximité de la Russie.

Nous bûmes le thé dans des verres.

« Nous ne sommes pas libres, aujourd'hui », reprit Behzad. Il parlait de son mouvement. « Ils ont fermé notre journal. Ça s'est passé en août. Vous vous souvenez? Nous avons appris la nouvelle à notre retour de Qom. Et puis ils ont pris notre permanence. Vous vous rappelez le matin où nous sommes rentrés de Machhad? Des camarades de ma petite amie – de mon ancienne petite amie – étaient venus la chercher à la gare. Ils lui ont annoncé la nouvelle et elle est partie avec eux. Je suis allé manifester contre la saisie, l'après-midi.

– C'est à ce moment-là que j'ai commencé à m'inquiéter pour vous.

– Ce mouvement de protestation a duré trois jours. Le troisième, ils ont organisé une manifestation hostile à notre parti. Ç'a été une manifestation très importante, très puissante. Nous n'avons pas pu résister. Ils nous ont dispersés. Et maintenant, nous ne pouvons plus rien faire.

– Mais, devant l'université, les bouquinistes vendent plein de littérature communiste. Apparemment, personne n'essaie de les en empêcher. Et puis il y a tous ces cinémas qui passent des films soviétiques.

– Ce n'est rien de vendre des livres communistes. Vous pouvez lire et écrire tout ce que vous voulez. Mais ils ne vous laisseront pas agir. Deux mois après qu'ils nous eurent expulsés de notre permanence de Téhéran, il y a eu ces problèmes au Kurdistan. Vous en avez entendu parler ? Khomeiny a annoncé à la télévision que l'armée allait mettre tous ses moyens en œuvre pour écraser le mouvement. Ils ont envoyé des tanks, des hélicoptères et cent six canons. Ils ont tué au moins cinq cents personnes. Et puis Khomeiny a reconnu qu'il avait fait une erreur ; il avait été mal informé de ce qui se passait là-bas. Savez-vous comment se sont passées les exécutions ? Vous voulez que je vous montre des photographies ?

– Non, ce n'est pas la peine. J'ai déjà trop vu de ce genre de photos en Iran. »

Sans m'écouter, il alla dans la chambre – au-dessus de nous, le vacarme s'assourdit un peu – pour revenir muni de deux photographies et de la photocopie d'un pamphlet en persan. Les clichés n'étaient pas aussi macabres que je l'avais craint. En fait, j'avais déjà eu l'occasion de les voir. Il s'agissait de documents officiels : dix hommes attendaient, les yeux bandés, d'être exécutés par des gardiens de la révolution qui se tenaient à quelques mètres d'eux. La scène avait été photographiée deux fois, la première, vue de droite, presque en face des condamnés, et la seconde, de gauche. Sur la deuxième photographie, un homme gisait, mort, sur le sol ; à quelques pas de lui, un genou en terre, le fusil encore pointé, on voyait un gardien de la révolution : aucune froideur dans cet acte, rien d'impersonnel dans ce meurtre. Tout aussi émouvante me parut la silhouette de l'un des hommes aux yeux bandés, sur la droite : il tenait la tête haute. C'était une belle façon de mourir. Mais pour quoi ? Avait-il seulement servi sa cause ?

« Les hommes que vous voyez sur ces photographies sont tous de gauche, m'expliqua Behzad. Certains ont été exécutés quatre heures après leur arrestation. Khomeiny a envoyé Khalkali là-bas, et il a arrêté tout le monde. »

Khalkali, le juge, le bourreau de la révolution : le paysan d'Azerbaïdjan gras et jovial qui n'avait jamais conçu le moindre doute à propos de lui-même et qui, petit berger (quoiqu'il ne se fût jamais considéré comme pauvre), avait gravi les échelons du pouvoir et assassiné Hoveyda, le premier ministre du Chah.

« En août, vous m'avez dit que Khalkali était un clown et qu'il n'avait aucun pouvoir. » Mais cela se passait six mois auparavant, alors que Behzad avait sa propre idée sur le tour que pouvait encore prendre la révolution.

« J'avais tort. Vous vous souvenez, il vous a dit qu'il possédait l'arme avec laquelle Hoveyda a été abattu. Savez-vous qui a tué Hoveyda, en réalité ? Un mollah, l'un de ces hommes qui portent la barbe et le turban. Un jeune homme d'une trentaine d'années. On sait qui c'est. »

Les photographies de l'exécution étaient des documents officiels, mais les reproductions que possédait Behzad constituaient des pièces sacrées, qui, peut-être, figureraient un jour dans un nouvel album de la révolution et des martyrs iraniens. Sur les clichés officiels, les condamnés restaient anonymes, de simples rebelles. Sur les reproductions de Behzad, on voyait un chiffre arabe au-dessus de chacun des hommes aux yeux bandés : on les avait tous identifiés. Il s'agissait de citadins issus de la classe moyenne. Bien que Behzad ne me l'ait pas dit, ils appartenaient (comme je l'appris d'une autre source) à la section de son parti qui avait opté pour la guérilla, soutenant divers mouvements de minorités ethniques. Les leaders étaient passés dans la clandestinité ; l'un d'entre eux était une femme.

Certains de ses amis étaient morts et (ayant rompu avec sa petite amie) il était resté à Téhéran, à poursuivre ses études et tenter de gagner un peu d'argent. Depuis octobre, Behzad n'avait cessé de se reprocher sa propre inactivité.

Il me désigna le pamphlet en persan. « A l'heure actuelle, il y a quinze cents prisonniers politiques en Iran. Vous pouvez me croire, imprimer et vendre des livres communistes, cela ne représente pas grand-chose. »

Le thé chaud nous avait fait du bien, dans cet appartement glacial. Il retourna dans la cuisine remplir de nouveau les verres. Il laissa tomber des morceaux de sucre dans son thé et fit tourner le liquide.

« Vous ne mettez pas le morceau de sucre sur votre langue pour boire le thé ? » m'étonnai-je.

Il sourit. « Parfois.

— Comment était votre amie, intellectuellement ? »

Il garda un instant le silence. Il semblait ne pas avoir compris. Mais enfin, il répondit : « Très bien. De ce point de vue nous nous entendions bien. Comme je vous l'ai déjà dit, c'était juste un problème de caractère.

— Vous m'aviez dit que sa famille était très musulmane.

– Seulement son frère. Il ne m'appréciait pas beaucoup. Il est dans les affaires. Mais il n'avait rien de particulier contre moi. Il me trouvait simplement ennuyeux, à parler toujours de politique. » Son visage s'éclaira ; il sourit. « Mais son père m'aimait bien. Je crois même qu'il m'aimait beaucoup. » Il me désigna une brochure posée sur la table basse qui nous séparait. « Vous vous souvenez, quand nous avons parlé de cet homme ? »

Le fascicule était rédigé en persan. Une photographie de Staline figurait sur la couverture et, en frontispice, on découvrait un second portrait du même homme, exécuté dans le style réaliste soviétique. J'avais jeté un coup d'œil sur la brochure, sans l'examiner vraiment : elle ressemblait tant à tous les livres et fascicules qu'on vendait avenue de la Révolution, en face de l'université.

« Où a-t-elle été imprimée ? demandai-je.

– A Tabriz. (En Azerbaïdjan, tout au nord-ouest.)

– Que pensez-vous de lui, aujourd'hui ?

– Je l'*adore !* s'écria Behzad. Plus je lis de choses à son sujet et plus je l'aime. Il a été l'un des plus grands révolutionnaires. Connaissez-vous le discours qu'il a prononcé au début de la guerre ?

– En 1939 ou en 1941 ?

– Quand les Allemands ont envahi la Russie.

– 1941.

– La mère patrie réclame... vous ne connaissez pas ce discours ?

– Pourquoi dites-vous qu'il a été l'un des plus grands révolutionnaires ?

– Parce qu'il a construit le socialisme en Russie. Cela a été la première révolution socialiste du monde et un grand tournant dans l'histoire de l'humanité. Peut-être a-t-il fait quelques erreurs. Mais, à mon avis, personne n'aurait mieux fait, que lui ce qu'il a entrepris. Ce qu'il a fait en Russie, nous devons le faire en Iran. Nous aussi, nous devrons procéder à des purges. Beaucoup. » Il se mit à sourire, comme s'il craignait que je le trouve ridicule de rêver à une telle tâche, dans son état actuel d'impuissance. « Nous devons exterminer *toute* la bourgeoisie. Toute la bourgeoisie qui compose la classe dominante. » Il eut le même sourire que lorsqu'il m'avait dit que le père de son ancienne petite amie l'aimait bien.

Il ne pouvait me raccompagner jusqu'à l'avenue de la République islamique, pour me mettre dans un taxi de ligne. Il lui fallait réviser un peu. Il m'appela une voiture.

« Demain, me dit-il, quelqu'un donne une soirée. Je sais que mon ancienne petite amie y sera. Et la personne qui organise la soirée m'a téléphoné pour me demander de venir. Je lui ai dit : " Mais tu sais que je ne la vois plus. " Et elle a répondu : " C'est bien pour cela que je te demande de venir. " Qu'est-ce que vous pensez de ça ? »

Je le laissai à ses livres et à ses notes. Il prenait ses cours de mathématiques d'une fine écriture persane, mais en employant les chiffres occidentaux (ou arabes ou indiens). La plupart de ses manuels étaient américains. Il avait été nourri par tant de civilisations ; tant de choses avaient concouru à faire de lui ce qu'il était. Mais maintenant, en ce qui aurait dû être l'aube de sa vie intellectuelle, comme nombre de ces musulmans auxquels il s'opposait, il s'était coupé lui-même du reste du monde.

Behzad, ainsi que les autres étudiants d'Iran et les trois cent mille jeunes Iraniens qui, selon les estimations, étudiaient à l'étranger, étaient en fait les enfants du Chah, les premiers fruits intellectuels de l'État qu'il avait tenté d'édifier. Mais ils formaient une classe trop neuve, pas assez mûre, à laquelle il manquait une tradition intellectuelle ; ils étaient trop nombreux ; et ni eux ni l'État n'avaient été en mesure de faire face à la situation.

Le Royal Hilton de Téhéran, perché au nord de la ville, aux jardins saupoudrés de neige, s'appelait maintenant le Hilton International de Téhéran. En août, il avait simplement cessé d'être « Royal ». Le mot – en lettres de style oriental – avait été ôté de l'enseigne placée au-dessus de l'allée et arraché du mur de marbre, à l'entrée ; mais, en ces deux endroits, les lettres disparues avaient laissé des marques fantomatiques. Il n'en était plus ainsi. On avait poli le mur de marbre et on y avait fixé le nouveau nom ; et les pluies hivernales avaient lavé les contours poussiéreux de l'ancien mot sur la pancarte blanche au-dessus de l'allée.

L'hôtel avait un nouveau monogramme. Mais on s'était si bien arrangé pour que le HIT ressemble à l'ancien RHT, qu'il fallait un certain temps pour remarquer qu'au salon de thé, les serviettes de papier étaient toujours « Royal ». Elles devaient faire partie d'un stock énorme (de même, sur la plupart des billets de banque en circulation, figurait encore l'effigie du Chah).

En août, le Hilton m'était apparu comme un endroit lugubre. Maintenant, il semblait revivre. Il proposait un service de nettoyage express. La chemise que je confiai à la blanchisserie me fut rendue une demi-heure plus tard, au salon de thé (où l'on servait dans de la porcelaine de Rosenthal), nettoyée, repassée et empaquetée.

Behzad m'avait dit que les hôteliers de Téhéran commençaient à s'inquiéter depuis que des étudiants avaient occupé un des plus fameux établissements de la ville. Après s'être plaints de l'absence de clientèle, ils s'étaient soudain activés, allumant, la nuit, la lumière dans les chambres vides, et essayant, d'une façon générale, de donner l'impression – comme le personnel de mon propre hôtel – que tout allait bien pour eux.

Mais les hôtels comme le Hilton connaissaient de nouveau une véritable animation, grâce aux journalistes et aux équipes de télévision qui affluaient en raison de l'affaire de l'ambassade américaine (les moyens déployés par les télévisions américaines paraissaient particulièrement démesurés). Étrange situation : des Américains retenus en otages dans une partie de la ville, et d'autres Américains accueillis plus que chaleureusement un peu partout ailleurs dans Téhéran. Et pas seulement des Américains : il y avait aussi des correspondants japonais, français, anglais et espagnols. Certains d'entre eux, les journalistes de la presse écrite, avaient été sur les dents pendant les premiers temps de l'affaire qui, maintenant, ne semblait plus guère avancer. Les envoyés des chaînes de télévision, avec tous leurs assistants et tout leur matériel, finissaient par paraître plus excitants que les événements qu'ils couvraient. Je vis ainsi un jour un correspondant français débiter son compte rendu face à la caméra, juste devant l'Intercontinental : scène absurde et déplacée, pour moi qui sortais de l'hôtel, après le déjeuner.

Derrière les murs, se jouait de façon permanente la tragédie de l'ambassade occupée et des otages. En voiture, ce n'était pas très loin ; les taxis étaient toujours disposés à vous y conduire. Et – comme pour les plus fameux sites touristiques – on avait presque un peu honte d'y aller pour la première fois. Les vieux routiers avaient cessé de s'y rendre ; au bout de trois mois, pour eux, il n'y avait plus rien à voir.

Un long mur de brique rouge ; derrière l'enceinte, les bâtiments bas de l'ambassade ; à l'arrière-plan, les montagnes couvertes de neige – ici, au nord de la ville, les montagnes ne se trouvaient plus très loin, car aucune brume, aucun gratte-ciel n'en bouchait la vue. Le long mur d'enceinte était barbouillé de slogans en persan ou en anglais ; et d'autres slogans figuraient sur des calicots, que ces trois mois avaient rendus sales et grisâtres. Des cordes courant de tronc d'arbre en tronc d'arbre interdisaient l'accès du trottoir, et des jeunes gens armés en pantalons kaki, bottes noires et veste matelassée kaki gardaient toutes les entrées. Devant le portail principal, les cordes cédaient la place à un échafaudage d'acier tubulaire, érigé moins, semblait-il, pour la sécurité que pour pouvoir diriger la foule.

La première fois que je m'y rendis, au coucher du soleil, à l'heure de la prière, un petit groupe de manifestants scandait des formules en réponse à un leader, comme il aurait pu répondre à un mollah, dans une mosquée ; et, à ce chœur, se mêlait le son de nombreuses radios diffusant le véritable appel à la prière. Face à l'hommage indirect à eux rendu par cette petite foule, les gardiens demeuraient impassibles. Avec le soir, des nuages s'amoncelèrent dans le ciel d'hiver ; la pénombre gagna les montagnes enneigées. La manifestation et les prières radio-diffusées s'achevèrent. Les gens se mirent à bavarder et à boire du thé.

A l'exception du magasin gouvernemental d'artisanat qui, curieusement, proposait une vente promotionnelle d'une semaine, les boutiques situées de l'autre côté de la rue paraissaient avoir fermé, certaines vitrines étant même badigeonnées de l'intérieur au blanc d'Espagne. Là, sur le trottoir et sur une partie de la chaussée, régnait une atmosphère de foire : des éventaires de livres, de nourriture (principalement des petits pains), des tréteaux sur lesquels on servait du thé (des sachets plongés dans des verres d'eau chaude).

Derrière l'échafaudage du portail principal, le mur de l'ambassade était couvert de photographies de révolutions et d'atrocités, protégées par du polyéthylène : le Vietnam, l'Afrique, le Nicaragua : les grandes causes de cette fin du XXe siècle auxquelles les étudiants désiraient rattacher la leur. Des sacs de sable s'entassaient au coin de l'enceinte et l'allée qui longeait ce côté de l'ambassade était barrée et gardée.

En traversant cette allée, on trouvait un autre bouquiniste ainsi qu'un marchand d'images : de nouveau, la beauté des larmes, larmes inexplicables mouillant les joues de femmes magnifiques et d'enfants innocents. Mais ce sentimentalisme persan, l'autre face de la misanthropie chi'ite, servait ici la révolution : un dessin, dans les tons bruns, représentait un enfant en haillons qui, les yeux brouillés de larmes, les poignets de sa chemise effilochés, sa veste trouée aux coudes, appuyait sa petite main sur l'épaule de Khomeiny. Lui, Khomeiny, les sourcils froncés, paraissait fixer des yeux un point situé au-delà de l'enfant; on eût dit un homme méditant la vengeance. Il se dégageait de cette image une force certaine. L'apercevant dans la quasi-obscurité, une femme d'âge mûr en *tchador* noir eut un sursaut et porta la main à son cœur.

Ce soir-là, les programmes de télévision se terminèrent par un petit film de cinq minutes, sans commentaire, montrant Khomeiny au repos après sa crise cardiaque, dans sa chambre d'hôpital de Téhéran. Il était allongé sur une chaise longue; une couverture jaune dissimulait ses jambes et ses pieds. La caméra passa lentement de l'homme au lit puis aux meubles très simples de la chambre pour revenir sur l'ayatollah. A un moment, on présenta un gros plan de sa main gauche : des doigts très longs et une peau incroyablement lisse pour un homme de quatre-vingts ans. Une ou deux fois, le petit doigt se souleva, comme d'un geste involontaire, puis retomba. Il ne fit pas d'autre mouvement au cours des cinq minutes que dura la séquence, ni ne montra la moindre émotion. Ce n'était plus un homme méditant la vengeance; c'était un homme qui avait accompli son œuvre. Pendant tout ce temps, en fond sonore, on entendait un chœur masculin psalmodiant trois mots : « *Khomeiny e Imam! Khomeiny e Imam!* » « Khomeiny est notre imam. » Le guide suprême, le représentant du douzième imam, l'imam caché, le régent de Dieu.

La seconde fois que je passai devant l'ambassade américaine, la foule était moins importante et il n'y avait pas de manifestation. Sous une tente verte, non loin du portail principal, un jeune homme et une jeune femme en vêtements militaires matelassés vendaient de grandes affiches en quadrichromie : les mains du peuple iranien serrant la gorge du président Carter pour lui faire vomir le corps d'un Chah miniature, qui jaillissait de la bouche ouverte, un sac plein d'argent au bout de chaque bras.

Un photographe étranger de grande taille, vêtu d'un blouson de cuir brun et portant son matériel en bandoulière, discutait avec l'un des gardes du portail principal, sans doute pour obtenir l'autorisation d'entrer. Les grilles s'ouvrirent, mais seulement pour laisser passer un autre garde. Pas de drame, rien d'autre à voir.

Ce fut pour plus tard, sur le chemin qui me ramenait à mon hôtel. Deux rues plus bas, avenue de la Révolution, dans cet ancien quartier de magasins chics qui faisait partie de la cité bourgeoise créée par le Chah au nord du vieux Téhéran, un petit garçon s'était assis par terre, près d'un tas de sacs en plastique remplis d'ordures. Utilisant des détritus prélevés dans les sacs, il avait allumé un feu au milieu du trottoir.

Le feu venait juste de prendre. Le vent chassait des flammèches et des fragments de papier incandescents en direction des passants. Le garçon, qui avait environ dix ans, s'était installé tout près du brasier. Mais il ne cherchait pas à se réchauffer. Une expression de colère sur le visage, il déchirait sa chemise ; et, déjà, son ventre était dénudé. Il faisait très froid ; le vent soufflait. L'enfant, assis tout contre le feu, avec deux boîtes d'allumettes à côté de lui, continuait de déchiqueter sa chemise. Ses pieds nus étaient crasseux ; son visage, lui aussi, était sale. Des gens s'arrêtèrent pour lui parler ; il leva les yeux – un regard fixe dans un doux visage aux traits réguliers – et continua à mettre sa chemise en lambeaux ; et les gens qui s'étaient arrêtés reprirent leur chemin. Un bossu, qui visiblement n'avait pas toute sa raison, sortit de la foule des passants, tourna autour de l'enfant et du feu, les bras ballants, la mâchoire pendante, puis s'éloigna d'une démarche désordonnée.

Un brasier au milieu du trottoir, à l'heure de pointe : signal de détresse, auquel personne ne pouvait répondre. Les larmes des enfants n'étaient belles que sur les images. Poussée à son paroxysme, l'hystérie de ce petit garçon aurait correspondu à l'état d'esprit de bien des passants ; et cela faisait peur.

Cela m'effraya, moi aussi. Ignorant le persan, j'étais plus impuissant encore que ces gens qui, au début, s'étaient arrêtés pour parler au petit garçon. Je remontai l'avenue de la Révolution, puis tournai dans l'avenue Hafiz, me faufilant à chaque carrefour au milieu de la circulation (je traversai l'ancienne rue de la France, désormais rebaptisée Neauphle-le-Château, nom de la ville française d'où Khomeiny, alors en exil, avait téléguidé la révolution) ; je longeai le long mur de brique de l'ambassade soviétique (quelque chose comme un château d'eau, installée au sommet d'un immeuble moderne : le territoire des ambassades des grandes puissances du XIXe siècle, l'Angleterre, la France, la Russie, la Turquie, occupait de vastes surfaces du centre de Téhéran) ; enfin, après divers commerces et boutiques, un magasin de machines à écrire, la librairie française, et une boutique offrant un grand choix de matériel électrique (sur le seuil duquel une petite fille enveloppée dans un *tchador* de coton à fleurs était assise, pour vendre des chewing-gums contenus dans une boîte), j'arrivai – dans l'ombre, maintenant, de l'immense pont routier dont les piliers séparaient en deux une avenue Hafiz tout éventrée – à mon hôtel, lui aussi à l'abri de sa haute enceinte.

Si j'avais suivi mon projet initial, si la vision de cet enfant près de son feu ne m'en avait ôté l'envie, j'aurais continué à descendre l'avenue de la Révolution jusqu'à l'université. Alors, j'aurais assisté au grand événement de la journée. Soixante mille étudiants modjaheddin s'étaient rassemblés sur le campus. Les modjaheddin, les « soldats de la foi », étaient musulmans, mais ils se situaient aussi à gauche et, pour cette raison, n'étaient pas vus d'un bon œil par tout le monde. Une partie de la foule de Téhéran, du « peuple », avait attaqué les modjaheddin, et il y avait eu des combats à coups de bâtons, de couteaux et de pierres. On avait dénombré trente-neuf blessés.

De cette grande agitation, qui se produisait à quelques minutes de marche de l'hôtel, nous ne perçûmes pas le moindre remous. Et, si je n'en avais pas entendu parler, un peu plus tard dans la soirée, par un correspondant étranger, je n'en aurais peut-être jamais rien su. Le lendemain était un vendredi, jour férié et, ce jour-là, le *Tehran Times*, le journal de langue anglaise, ne sortait pas.

Un an après la révolution, Téhéran était toujours à la dérive. Tout le monde était libre ; tout le monde attendait ; tout le monde était nerveux. On eût pu croire qu'il ne se passait rien dans la ville. Mais Téhéran était un champ de bataille, plein de luttes intestines.

Le drame – de l'ambassade américaine – qui avait attiré des centaines de journalistes à Téhéran avait, ironie du sort, porté un coup fatal à la presse de langue anglaise locale. Qu'était devenu *Le Message de la Paix*, si virulent en août, si ardent à glorifier la foi et à condamner ce qui s'en écartait ? Et pourquoi l'*Iran Week* (titré à la manière de *Newsweek*) – avec ses bureaux modernes et ses journalistes que la révolution avait rendus un peu vains – pourquoi l'*Iran Week* était-il devenu si difficile à trouver ? *The Iranian* (dans le genre du *New Statesman*) était considéré comme le meilleur hebdomadaire, mais l'édition que j'achetai se révéla la dernière. La décision de fermer avait sans doute été prise à la hâte : le dos de couverture proposait encore des abonnements, et le petit éditorial s'achevait par « à bientôt ».

Le *Tehran Times*, un quotidien, avait diminué de moitié. Il ne comptait plus que quatre pages, n'était donc plus qu'une feuille double. En août, c'était un journal florissant de huit pages, où l'on trouvait des publicités, de grandes signatures, des articles religieux. Il avait combattu pour la révolution et pour la foi. L'effervescence régnait dans sa rédaction ; on y rencontrait même des collaborateurs européens ou américains (un Américain, qui s'était, disait-on, converti au chi'isme, faisait preuve de plus de ferveur que tous les autres membres du journal). M. Parvez, le rédacteur en chef, occupé à relire des épreuves, avait cru, quand j'étais venu le voir, que je cherchais du travail. Et, avec sa générosité naturelle, il avait semblé prêt à m'en offrir.

Il n'était plus question de commettre aujourd'hui une telle erreur. Le calme avait pris possession de la rédaction. Je ne retrouvai pas M. Parvez installé derrière un bureau couvert d'épreuves. Il arpentait nonchalamment la pièce vide. Il ne se souvenait pas de moi, mais il parut heureux de voir quelqu'un, heureux de parler. Il s'assit à son bureau nu et m'invita à m'asseoir sur le meuble lui-même.

Les choses allaient mal, me dit M. Parvez, très mal. Depuis que les étudiants avaient violé l'ambassade, de nombreuses compagnies étrangères avaient fermé leurs portes. Il avait perdu de la publicité et des lecteurs. Le journal ne tirait plus qu'à treize mille exemplaires, ce qui ne suffisait pas même à couvrir les frais d'impression. A chaque édition, il enregistrait un déficit de trois cents dollars. Aussi, pour lui et ses associés, le vendredi, jour où le journal ne paraissait pas, était-il un véritable jour de repos.

« Pourquoi ne suspendez-vous pas la publication jusqu'à ce que les choses reviennent à la normale ? lui demandai-je.

– Non, non. J'affirme que si nous manquons un seul numéro... »

Il n'acheva pas sa phrase. Parler de malheur, c'était le faire venir.

Il avait quarante-neuf ans. En août, j'avais cru comprendre que c'était un Iranien originaire d'Inde. Maintenant, moins accaparé par ses tâches professionnelles, plus nostalgique, il m'apprenait qu'il était né à Bhopal, en plein centre de l'Inde. Dans ce pays, il avait commencé sa carrière littéraire comme poète écrivant en ourdou, cette langue mi-persane, mi-indienne, si chère aux musulmans indiens. Parvez était un nom de plume qui datait de cette époque. Plus tard, en Iran, où il avait obtenu sa naturalisation, il s'était orienté vers le journalisme en langue anglaise. Après la révolution, il avait investi dans le *Tehran Times* tout l'argent que lui avaient rapporté ses précédentes aventures. Jusqu'à présent, il n'avait rien récupéré. « Je n'ai pas touché un rial. » Renoncer maintenant aurait été tout perdre.

« Nous emprunterons de l'argent, nous en trouverons quelque part, et nous tiendrons jusqu'au nouvel an. »

Cinq semaines nous séparaient du nouvel an iranien, qui a lieu dans la troisième semaine de mars : date magique dont tout le monde parlait à Téhéran. En ce jour béni, pensait-on, les choses pourraient changer. Peut-être qu'on trouverait une solution, que les otages américains seraient relâchés et que le pays pourrait prendre un nouveau départ. La révolution à l'intérieur de la révolution avait fait tomber le pays bien bas. Les étudiants qui détenaient les otages agissaient selon leurs propres lois. Eux-mêmes s'appelaient : « les étudiants musulmans qui suivent la ligne de l'imam Khomeiny », mais personne ne disait qui les contrôlait ni ce qu'ils étaient censés faire. Ils critiquaient tout le monde ; ils se servaient des documents de l'ambassade pour faire des « révélations » à propos de tout le monde ; ils avaient même fait des « révélations » au sujet de *Tehran Times*.

« Ils sont capables de garder les otages un an », m'affirma M. Parvez. Dans un souffle, il ajouta : « Ils pourraient même les tuer. »

Il restait assis, immobile, sur sa chaise. Mais son visage, qu'il ne tournait pas toujours vers moi, était agitée de tics nerveux : les sourcils grisonnants, les yeux, les commissures des lèvres. Il parlait doucement, d'une voix teintée de surprise, comme si, de minute en minute, il découvrait l'ampleur du désastre.

« Nous pensions passer à douze pages, me dit M. Parvez. En octobre, nous avons tenu une réunion. Nous devions passer à douze pages le premier janvier. Et puis voilà ce qui est arrivé. »

Des affiches tapissaient toujours les fenêtres qui donnaient sur la rue. *Tout le monde lit le* Tehran Times. *Demandez-le tous les jours et partout. Nous avons des nouvelles pour vous.*

On n'avait pas recouvert les machines à écrire qui se trouvaient toujours sur les bureaux nus. De l'autre côté de la pièce, j'aperçus la machine sur laquelle travaillait en août M. Jaffrey. C'était vers M. Jaffrey que M. Parvez m'avait envoyé lorsqu'il eut compris que je désirais seulement parler avec quelqu'un. Et M. Jaffrey, quoique n'ayant pas fini de taper son article, m'avait accordé un peu de son temps.

« Comment va M. Jaffrey ?

— J'ai dû m'en séparer. J'ai dû me séparer de tout le monde. Avant, nous étions vingt, ici. »

Comme M. Parvez, M. Jaffrey était un chi'ite originaire de l'Inde. Il avait commencé par émigrer au Pakistan, avant de choisir l'Iran, la patrie des chi'ites. C'était M. Jaffrey qui m'avait initié à la logique déconcertante — aussi mystérieuse pour moi à la fin de mon voyage qu'elle me l'était apparue au début — de la renaissance islamique. Évoquant les injustices de la société iranienne, il m'avait affirmé que, dès l'époque du Chah, il avait estimé que « l'islam était la réponse ». Cela m'avait dérouté. Des revendications religieuses comme solution aux problèmes politiques ? Pourquoi ne pas se battre pour des salaires équitables et l'application de la loi ? Pourquoi lutter pour l'islam et la perfection de la foi ?

Mais, alors, M. Jaffrey m'avait fait part de désirs plus profonds, qu'avaient masqués jusque-là des griefs d'ordre politique. En tant que musulman et chi'ite, m'assura-t-il, il attendait depuis toujours le *jama'a tawhidi;* ce qu'il m'avait traduit par « le rassemblement des croyants ». Ce rassemblement s'était réalisé en Iran : la joie sans bornes de pouvoir compter sur un véritable imam, les grandes prières collectives, une union islamique parfaite. Mais ce rassemblement, cette société, n'avait engendré ni lois ni institutions; on n'avait pas accompli le moindre pas dans cette direction. Ce rassemblement n'avait réussi qu'à apporter l'anarchie, l'hystérie, et à vider ces bureaux. Et maintenant, la machine à écrire de M. Jaffrey, qui avait tapé tant d'articles islamiques, restait silencieuse : posée, découverte et de travers, sur la table nue (il n'y avait plus de garçon de bureau, désormais, pour apporter des œufs sur le plat au journaliste harassé). Cette machine à écrire, les locaux modernes, l'imprimerie, les publicitaires, les distributeurs, les lecteurs : tout cela dépendait de la complexe société « matérialiste » dont, inconsciemment, M. Jaffrey faisait partie. Cette société complexe était régie par ses propres lois, des lois implacables. Elle exigeait plus que la foi; autre chose était nécessaire.

« Ce n'est pas trop dur, maintenant, pour M. Jaffrey ? demandai-je à M. Parvez.

– C'est difficile pour lui. Mais ça l'est pour tout le monde.

– Sa machine à écrire est encore là. »

M. Parvez embrassa le bureau du regard. Ses paupières frémirent. D'une voix brisée, il me dit : « Ici... ici, c'était un bureau spécial. » Avec un lent mouvement de la tête typiquement indien, il poursuivit, comme s'il évoquait un souvenir très ancien et très cher qui, peut-être, aurait pu lui inspirer l'un de ses poèmes en ourdou : « C'était notre salle des informations locales. Et celle-ci – il me désigna la pièce située derrière lui – était notre salle des reporters. Maintenant, nous ne sommes plus que deux.

– Qui rédige les éditoriaux ?

– C'est moi.

– Ils sont excellents. » Et, au milieu de ce champ de mines qu'était l'Iran, c'était vrai.

« Je ne peux plus me concentrer. Je dois affronter des problèmes financiers trop énormes, trop compliqués.

– C'est là que votre foi devrait vous aider. »

Mais les trois mois écoulés l'avaient usé. Chaque jour, depuis la prise de l'ambassade, une quelconque déclaration, ou un incident, l'encourageait à croire que le dénouement approchait; chaque jour, cet espoir était déçu. Et il lui fallait aussi faire face à des problèmes familiaux. Il avait un fils qui faisait ses études aux États-Unis; heureusement, le garçon venait d'écrire qu'il n'avait pas besoin d'argent pour l'instant. Un autre de ses fils était sur le point d'obtenir lui aussi son visa étudiant pour les États-Unis quand l'affaire de l'ambassade avait éclaté.

« Monsieur Parvez, remarquai-je, vous êtes un bon musulman et un bon chi'ite. Votre journal dénonçait fréquemment les civilisations matérialistes. Pourquoi vos fils font-ils leurs études aux États-Unis ? »

Ce n'était pas le moment d'insister. Il paraissait trop soucieux. Parlant de son second fils, celui qui n'avait pu obtenir le visa, il me déclara : « C'est son avenir. Il veut devenir informaticien. Et en Angleterre... c'est très cher. »

Ainsi, tout au fond de lui, M. Parvez était divisé. Une partie de lui-même avait choisi la foi et s'opposait à tout ce qui s'en écartait ; dans un monde devenu insaisissable, il espérait pouvoir rester fidèle à ce qu'il était aussi longtemps que possible. L'autre partie de lui-même reconnaissait la supériorité du monde extérieur, nécessaire à l'avenir de ses fils. C'était de ce déchirement – aussi bien que des excès du Chah – qu'était née en Iran la révolution islamique. Et voilà où elle aboutissait.

Le lendemain, dans le *Tehran Times*, on pouvait lire l'interview d'un visiteur indien musulman. Les non-musulmans, disait cet homme, étaient toujours impressionnés par « la globalité du système islamique », quand on le leur décrivait ; mais alors, ils demandaient toujours dans quel pays musulman était appliqué ce système. « C'est l'Iran qui constitue la meilleure réponse à cette question importante, écrivait le *Tehran Times*, en rapportant les propos du visiteur, car la nation iranienne s'est lancée dans le mouvement révolutionnaire le plus courageux que l'histoire de l'humanité ait jamais connu, une entreprise unique pour établir le règne de l'islam. »

Toujours les grands mots ; mais, en Iran et ailleurs, les hommes allaient devoir faire la paix avec le monde qu'ils savaient exister au-delà de la foi.

Ce n'était pas de l'intérieur qu'était venue la renaissance de l'islam. Elle était due à des événements et à des circonstances extérieurs, à la propagation de la civilisation universelle. C'était cette fin du XXᵉ siècle qui avait rendu l'islam révolutionnaire, donné une nouvelle signification aux anciennes conceptions islamiques d'égalité et d'union, secoué de leur torpeur des sociétés statiques ou attardées. C'était la fin du XXᵉ siècle – et non la foi – qui pouvait fournir les solutions – dans le domaine des institutions, de la législation, de l'économie. Et, paradoxalement, de la renaissance islamique, du fondamentalisme islamique, qui paraissait regarder en arrière, on garderait, dans de nombreux pays musulmans, à cause de la charge émotionnelle héritée de la foi du Prophète, l'idée d'une révolution moderne. Behzad, le communiste (pour qui la révolution russe, plutôt que la révolution iranienne, représentait

« le plus grand tournant de l'histoire ») était façonné par l'islam bien plus qu'il ne le croyait. Et, désormais, dans les pays musulmans, il y aurait de plus en plus de Behzad qui, en négatif de la passion islamique, concevraient la vision d'une société purgée et purifiée, un rassemblement des croyants.

Août 1979 - Février 1981

La composition
et l'impression de ce livre ont été effectuées
par l'imprimerie Aubin à Ligugé
pour les Éditions Albin Michel

AM

Achevé d'imprimer le 20 octobre 1981
N° d'édition, 7327. N° d'impression, L 13999
Dépôt légal, 4e trimestre 1981

Imprimé en France